Python 3

Curso Práctico

Python 3

Curso Práctico

Alberto Cuevas Álvarez

nl nueva librería®

La ley prohíbe
fotocopiar este libro

Cuevas Alvarez, Alberto
Python 3 : curso práctico / Alberto Cuevas Alvarez - 1a ed. - Ciudad Autónoma de Buenos Aires : Nueva Librería, 2018.
560 p. ; 24 x 17 cm.

ISBN 978-987-1871-53-7

1. Lenguaje de Programación. I. Título.
CDD 005.

Nueva Librería
Estados Unidos 301
Ciudad Autónoma de Buenos Aires, Argentina
libros@nuevalibreria.com.ar
www.nuevalibreria.com.ar

ISBN 978-987-1871-53-7

Hecho el depósito que marca la Ley 11.723

Maquetación: Antonio García Tomé
Diseño de portada: Antonio García Tomé

Impreso en Argentina, Nueva Librería,
Estados Unidos 301, Buenos Aires. Abril de 2018

A mis padres Alberto y Felisa,
a mi hermana Ana y a mi novia Inés,
por animarme y apoyarme
en la realización del libro.

ÍNDICE

PRÓLOGO

El lenguaje de programación *Python* se ha convertido por méritos propios en uno de los más interesantes que existen en la actualidad, especialmente recomendable para las personas que se inician en el mundo de la programación. Su curva de aprendizaje no es tan grande como en otros lenguajes, lo que unido a una sintaxis legible, limpia y visualmente muy agradable, al hecho de ser *software* libre (con la comunidad de usuarios especialmente activa y solidaria que eso conlleva) y a la potencia que nos proporciona, tanto por el lenguaje en sí como por la enorme cantidad de librerías de que dispone, lo hacen apetecible a un amplio espectro de programadores, desde el novel al experto. *Python* se usa actualmente, debido a su extraordinaria adaptabilidad, a la posibilidad de incorporar código desarrollado en otros lenguajes o a la existencia de módulos y herramientas para casi cualquier campo imaginable, en prácticamente todos los ámbitos informáticos, desde el diseño web a la supercomputación. Este libro pretende ser una guía útil para descubrir, desde cero y apoyándose en multitud de ejemplos explicados paso a paso, sus fundamentos y aplicaciones. Para ello no solamente se recorrerán los elementos principales del lenguaje y su filosofía, sino que se conocerán también varias de las librerías de su ecosistema que nos permitan crear aplicaciones gráficas completas y visualmente atractivas.

El libro está pensado para un lector que se inicia en la programación, con conocimientos básicos (o incluso nulos) de otros lenguajes. Las explicaciones son muy detalladas y minuciosas, algo que un tipo de lector agradecerá mientras que a otro pueden parecerle excesivas. En la forma de escribir he usado un lenguaje coloquial e informal, huyendo de definiciones demasiado técnicas o abstractas. La intención es que el aprendizaje sea dinámico, para lo cual la mayoría de las veces se han presentado los conceptos mediante ejemplos prácticos, comprobando al instante lo visto de forma teórica.

He usado la plataforma *Windows* (concretamente la versión *8.1*) sin hacer referencia (por motivos de simplicidad y espacio) a cómo se realizarían determinadas tareas en otras plataformas. Si el lector tiene conocimientos básicos de sistemas operativos, podrá seguir con completa normalidad el libro (variando sencillos elementos) en cualquiera de ellos, incluso usando herramientas (como editores o *IDE´s*) distintas a las empleadas por mí[1].

No he pretendido abarcar todas las características de *Python* (que son muchas, muy variadas y algunas muy sofisticadas), pero sí tratar sus conceptos fundamentales, sobre la base de la programación orientada a objetos. Poder crear aplicaciones gráficas completas, flexibles y de una cierta complejidad (lo cual es en sí un gran aliciente para la lectura del libro) nos hará conocer dos herramientas interesantes del ecosistema *Python* (las librerías *PyQt* y *Matplotlib*) y la forma de interactuar con ellas.

El diseño del libro aconseja su lectura secuencial, desde la primera página a la última, sin saltarse capítulos. En los casos que he considerado oportunos he presentado tablas que nos permitan posteriormente una consulta de determinadas características, de forma rápida y sencilla. También he usado colores para diferenciar los distintos elementos que componen comandos, funciones o gráficos. A pesar de que en la versión impresa no serán tan evidentes, el lector no tendrá ningún problema en su distinción, en parte porque todos los códigos que aparecen en el libro están disponibles en forma de ficheros en la página web del mismo. También se dispondrá en ella de cada uno de los programas usados (en su totalidad *software* libre).

La intención última es que el lector aprenda los fundamentos del lenguaje y disfrute del maravilloso mundo de *Python*. Espero que así sea.

1 Si trabajamos con *GNU/Linux* o *Mac OS X* deberemos descargar las versiones para estas plataformas de las herramientas que aparecen en el libro. Para el caso del *IDE*,en lugar de *PyScripter* (solo disponible para *Windows*) aconsejo el uso de *PyCharm* (*https://www.jetbrains.com/pycharm/download/*), que es multiplataforma.

1

INTRODUCCIÓN

1.1 SISTEMAS DE NUMERACIÓN USADOS EN INFORMÁTICA

En nuestra vida cotidiana usamos, para representar los números, un sistema de numeración **decimal** ("deci", de base 10) que consiste en el empleo de 10 símbolos distintos (*0,1,..,9*) posicionalmente[2], de la siguiente manera[3]:

10^3	10^2	10^1	10^0
1000	100	10	1
7	3	9	8

$$7398 = (7 * 10^3) + (3 * 10^2) + (9 * 10^1) + (8 * 10^0)$$

Los ordenadores usan internamente el sistema **binario** ("bi", de base 2, donde tendremos solo dos valores posibles[4], *0* y *1*). Cada uno de esos posibles 0´s o 1´s es lo que se denomina un ***bit***, y la reunión de 8 *bits* es un ***bits***. Un ejemplo de número binario de 4 *bits*[5] es el siguiente:

2 Significa que dependiendo de la posición que ocupan se multiplicará por uno u otro valor.
3 Consideramos por simplicidad el uso de solo cuatro dígitos.
4 Estos valores, en los transistores que componen el procesador, se corresponden a que pase (1) o no (0) corriente por ellos.
5 Se denomina en inglés *nibble*.

2^3	2^2	2^1	2^0
8	4	2	1
0	1	0	1

El número binario *0101* corresponde al decimal *5*, que es el resultado de $(1*2^2)+(1*2^0)$. Los números binarios suelen ir precedidos del símbolo *0b*.

El tamaño de la memoria o de algunos elementos del procesador de un ordenador se mide en *bits*, *bytes* o múltiplos de éstos. Así podremos leer que el micro en cuestión "es de 64 *bits*" o la memoria RAM[6] de la que disponemos "es de 16GB". Dos tablas de las distintas unidades que podemos encontrar es la siguiente[7]:

Prefijo	kilo	mega	giga	tera	peta	exa	zetta	yotta
Símbolo	kB	MB	GB	TB	PB	E	Z	Y
Factor	10^3	10^6	10^9	10^{12}	10^{15}	10^{18}	10^{21}	10^{24}

Prefijo	kibi	mebi	gibi	tebi	pebi	exbi	zebi	yobi
Símbolo	KiB	MiB	GiB	TiB	PiB	Ei	Zi	Yi
Factor	2^{10}	2^{20}	2^{30}	2^{40}	2^{50}	2^{60}	2^{70}	2^{80}

Por tanto si hablamos de 16GB (16 *gigabytes*) de RAM estaremos hablando de 10^9 *bytes*, y si decimos 16GiB (16 *gibibytes*) tendremos 2^{30} *bytes*. En el primer caso hablamos de 1000000000 unidades y en el segundo de 1073741824. Se introdujo la segunda tabla para terminar con la confusión que generaba el llamar *kilobyte* a 2^{10} *bytes* (y análogamente para los demás prefijos), algo que se hacía desde siempre de forma histórica.

También tenemos en informática otros sistemas de numeración: el octal (base 8) y el hexadecimal (base 16). El sistema **octal** podrá tener 8 dígitos de valores *0,1,...,7*, de la siguiente manera:

6 Los conocimientos básicos de los distintos elementos y terminologías del PC se dan por conocidos por parte del lector.

7 En la tabla *factor* se refiere a factor multiplicador.

8^3	8^2	8^1	8^0
512	64	8	1
7	1	5	0

El número *7150* en octal corresponde[8] al decimal *3688* y al número binario *111001101000*. Los números octales suelen ir precedidos del símbolo *0o*.

El sistema **hexadecimal**, pensado para representar números muy grandes de forma cómoda, tiene base 16, por lo que sus posibles valores irán de *0...9, A, B,...,F* donde *A* equivale a *10*, *B* a *11* ... y *F* a *15*.

16^3	16^2	16^1	16^0
4096	256	16	1
8	A	0	0

El número hexadecimal *8A00* corresponde[9] al decimal *35328*, al binario *1000101000000000* y al octal *105000*. Los números hexadecimales suelen ir precedidos del símbolo *0x*.

1.2 LENGUAJES DE PROGRAMACIÓN

Los programas informáticos, denominados *software* en inglés, son un conjunto de instrucciones que damos al ordenador para que éste las vaya realizando o *ejecutando*. El ordenador no interpreta directamente el lenguaje humano, sino que tiene sus propias instrucciones, muy sencillas comparativamente con las que solemos usar en nuestro día a día. La máquina solo "entiende" esas instrucciones, por lo que cualquier lenguaje de programación que usemos deberá ser traducido para que el procesador de nuestro ordenador[10] las pueda ejecutar. Tenemos por tanto dos extremos: por un lado el lenguaje humano y por otro el lenguaje que entiende el ordenador (denominado *lenguaje máquina*). Entre ellos, en informática se han desarrollado multitud de otros lenguajes, unos más cercanos al de la máquina (*lenguajes de bajo nivel*) y otros más cercanos al nuestro (*lenguajes de alto nivel*).

8 El resultado de *(7*512) + (1*64) +(8*5)*.

9 El resultado de *(8*4096) + (10*256)*.

10 En los países de América Latina es más común el uso del término *computadora*, que viene del latín *computare*, que significa calcular. La forma usada mayoritariamente en España es un galicismo derivado de *ordinateur*, que a su vez proviene del latín *ordinator*, que podríamos traducir como *"el que ordena"*.

En un muy simplificado esquema podríamos representarlos así:

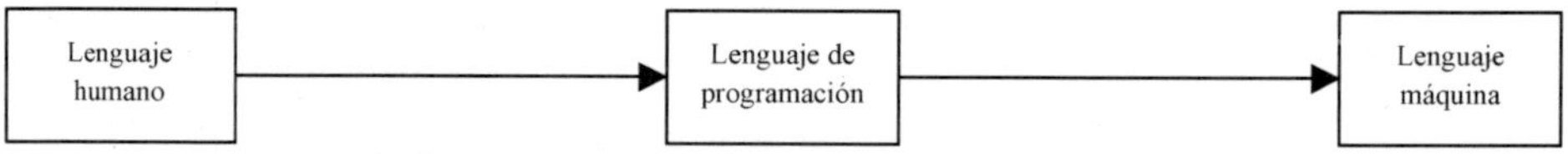

Iremos viendo diferentes lenguajes, desde los más cercanos a la máquina a los más lejanos.

1.2.1 Lenguaje máquina y lenguaje ensamblador

El lenguaje máquina está preparado para ejecutarse directamente, de forma nativa, en el microprocesador. Son instrucciones individuales, escritas en código binario y que cambian de un procesador a otro. Por su propio diseño, el lenguaje máquina que ejecuta un microprocesador *Intel i7* no es el mismo que el de un IBM de la serie *POWER*, por poner un ejemplo. Una instrucción en *código máquina* puede ser algo en un principio tan críptico como lo siguiente:

0011000101001001

¿Qué significan cada uno de éstos ceros y unos? Dependerá del procesador concreto y de su código máquina asociado pero imaginemos un caso concreto que, aunque inventado, no deja de tener su valor didáctico. En primer lugar dividimos la instrucción en bloques de cuatro *bits*[11] cada uno, quedando así:

0011 0001 0010 0100

¿Cómo interpretar ahora estos bloques? Pues los cuatro primeros *bits* podrían ser el código binario que indique el número asociado a una determinada[12] instrucción del procesador, que pongamos por caso es ***SUM*** y se encarga de sumar determinados elementos que le indicamos posteriormente. Los cuatro *bits* siguientes podrían ser el código de uno de los *registros*[13] que vamos a sumar. En este caso es el registro *BX*. Los siguientes cuatro *bits* pueden ser el código binario del registro 2, es decir, *CX*. Y por último *0100* puede ser el código del quinto registro (*EX*). Uniendo todo ello obtenemos:

SUM BX, CX, EX

11 Un bit es cada uno de los elementos del código binario y su valor solo puede ser *0* o *1*.

12 En nuestro caso el número binario *0011* es *3* en decimal, por lo que se ejecutaría la instrucción número *3*.

13 Un registro es una pequeña zona de memoria que tiene el procesador donde almacena los datos que va a procesar o los resultados de operaciones. Hay varios de ellos (que se suelen denotar *AX*, *BX*, *CX*...) y cuyos códigos binarios asociados serían respectivamente *0000*, *0001*, y así sucesivamente.

En nuestro código máquina inventado esta instrucción significaría "suma el contenido del registro *BX* con el contenido del registro *CX* y el resultado almacénalo en el registro *EX*". Esta forma, a pesar de seguir siendo lejana al lenguaje humano, es más cómoda que la sucesión de *0´s* y *1´s*, a la par que más fácil de leer, y sería un ejemplo de *lenguaje ensamblador*[14]. Este lenguaje fue creado para hacer menos tedioso tanto la escritura como la lectura o la modificación del código máquina. Usamos un nemónico para representar cada una de las instrucciones del set de ellas que tiene el procesador, de forma que podamos saber qué operación hace: *SUM* para sumar, *SUB* para restar, *MUL* para multiplicar…

Pero recordemos que el procesador solo lee directamente el código máquina, por lo que para poder ejecutar código en ensamblador necesitamos un programa que lo traduzca a ceros y unos. Ese programa se llama también *Ensamblador* (*Assembler*). En nuestro ejemplo, y solo para una línea, actuaría esquemáticamente así:

Un programa escrito en lenguaje ensamblador consta de muchas instrucciones secuenciales que se almacenan en un fichero, denominado *fichero fuente*. Tras actuar sobre él, el ensamblador genera un fichero totalmente en código máquina, que ya está preparado para ejecutarse directamente en el procesador. El proceso real es más complejo y lleva consigo operaciones intermedias, pero usaremos este modelo simplificado ya que solo nos interesa tener un conocimiento genérico.

Escribir programas en ensamblador, a pesar de ser más fácil y legible que en código máquina, sigue teniendo los siguientes inconvenientes:

- Largo y tedioso, ya que cualquier operación sencilla de las que estamos acostumbrados en nuestro ordenador requiere de múltiples operaciones en ensamblador.

- Debemos conocer la estructura interna del microprocesador con el que estemos trabajando, ya que, como comentamos, varía de un modelo a otro.

Es por ello que en la práctica se desarrollaron lenguajes más próximos al humano, los denominados *lenguajes de alto nivel*[15]. En ellos las instrucciones (cada una de ellas puede equivaler a muchas en ensamblador) son mucho más fáciles de entender y manejar. El coste de todo ello es una menor velocidad de procesado.

14 *Assembly language* (o más coloquialmente *Assembler*) en inglés.
15 *High level language* en inglés.

1.2.2 Lenguajes compilados y Lenguajes interpretados

Un *compilador* es un programa que traduce un determinado lenguaje a otro, que suele ser (aunque no es obligatorio[16]) el lenguaje máquina. De ser así tendríamos, muy esquemáticamente ya que el proceso es más complejo y con elementos intermedios, lo siguiente:

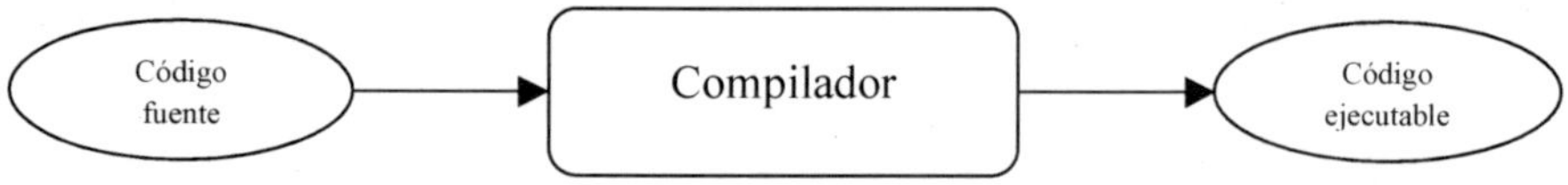

El código fuente será el de nuestro lenguaje de alto nivel y el código ejecutable el código máquina para el microprocesador. El proceso se llama *compilación* y los lenguajes que hacen uso de ello se llaman *lenguajes compilados*.

Un *intérprete* ejecuta las instrucciones del código fuente directamente, una a una, sin compilarlas en el momento, sino haciendo uso de elementos ya compilados previamente. Los lenguajes que hacen uso de él se denominan *lenguajes interpretados*. A pesar de que hay muchos matices en la distinción compilado/interpretado, usaremos lo comentado como una aproximación básica para su distinción.

1.3 GENERALIDADES SOBRE PYTHON

Python fue creado en Holanda por Guido van Rossum en 1990, en principio como un pasatiempo aunque poco a poco, debido a las características que veremos, fue ganando adeptos en todos los ámbitos hasta extenderse rápidamente, tanto a nivel de usuarios como en el de personas que desarrollaban el lenguaje. Como curiosidad, decir que el nombre de *Python* lo puso Guido en honor de la compañía de cómicos británicos *"Monty Python's Flying Circus"*.

Tres características principales que definen a *Python* son: lenguaje de propósito general, interpretado y orientado a objetos. Su filosofía se basa en una sintaxis simple y limpia (lo cual facilita enormemente su lectura, mantenimiento y extensión, algo extremadamente agradable y aconsejable), y en potentes y extensibles librerías.

16 Podría ser un código intermedio o incluso texto.

Analizaremos algunas de estas características:

1. Lenguaje de propósito general.

   En la actualidad *Python* se aplica en muchos campos de muy diferente naturaleza, en gran parte debido a su flexibilidad para incorporar código escrito en otros lenguajes[17] y a unas bibliotecas[18] muy potentes que le permiten extender sus capacidades fácilmente. Especialmente interesante es su crecimiento en el área científica, donde podemos encontrarlo en proyectos del más alto nivel.

2. Lenguaje interpretado.

   Que *Python* sea interpretado significa que el código que escribimos es traducido y ejecutado instrucción por instrucción mediante su intérprete, como comentamos con anterioridad. No obstante *Python* permite, mediante el uso de *scripts*[19], una programación similar a la de un lenguaje compilado, por lo cual podríamos decir que *Python* es *pseudocompilado*.

3. Lenguaje orientado a objetos.

   Aunque *Python* permite también la programación funcional y la imperativa, la orientada a objetos es en la que está basada del lenguaje (por ejemplo todos los datos en *Python* son objetos) y la que le confiere gran potencia. Daremos unas nociones básicas de este tipo de programación al inicio del capítulo 3 y dedicaremos por completo el capítulo 5 para profundizar en sus conceptos fundamentales.

Podríamos añadir más características interesantes, como el hecho de ser multiplataforma. Existen versiones para los sistemas operativos más usados en la informática personal (*Windows*, *GNU/Linux y Mac OS X*) además de otras no tan conocidas en ese ámbito(*BeOS, AS/400, HP/UX, Solaris...*).

Python en la actualidad está mantenido y desarrollado por un equipo muy amplio de personas, es *software* libre y puede ser descargado de forma gratuita (además de otras muchas herramientas y documentación) desde la web de la *Python Software Foundation*:

https://www.python.org/

17 No haremos uso de ello en este libro pero es una característica muy importante de *Python*.

18 En una primera aproximación entenderemos *bibliotecas* como código ya hecho que podemos incorporar al nuestro de forma sencilla.

19 Un *script* es una serie de instrucciones consecutivas que almacenamos en un fichero de forma unificada para posteriormente ser ejecutadas en bloque.

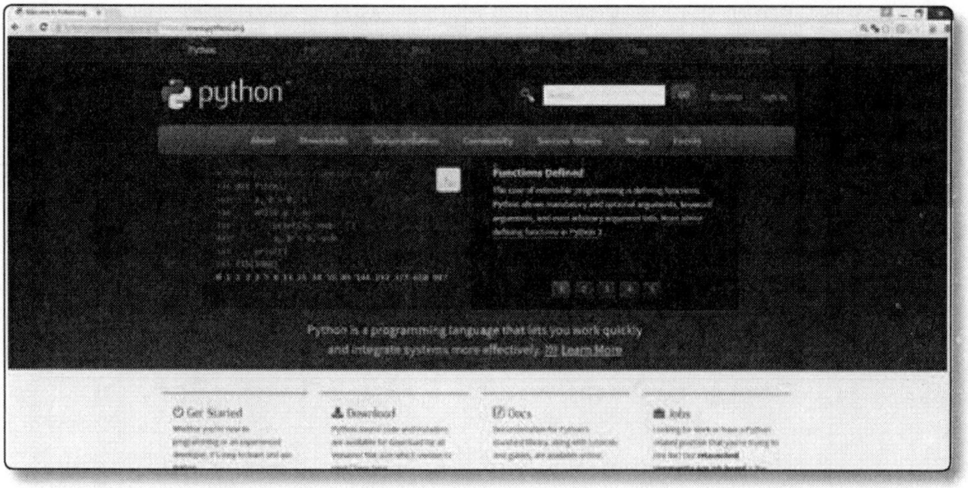

Algo curioso y no demasiado habitual en otros lenguajes es que en la actualidad coexisten dos versiones: *Python* 2 y *Python* 3. Esto genera más de un problema ya que son incompatibles entre sí. Podríamos pensar que al ser la versión 3 más reciente que la 2, tendríamos por lo menos compatibilidad hacia atrás. No es así. Un programa escrito con la sintaxis de *Python* 2 no funcionará en un intérprete de *Python* 3, y a la inversa (aunque eso parecería más lógico). Aunque el lenguaje proporciona una herramienta llamada *py2to3* que traduce código escrito en la versión 2 a la 3, no es solución suficiente. Tener dos versiones de *Python* es un problema y más si vemos que, de lejos, en la actualidad (junio de 2016) la versión 2 de *Python* es la más utilizada y que determinadas herramientas solo funcionan o están diseñadas para ella. En el futuro todo migrará a la versión 3 (en poco menos de 4 años se dejará de evolucionar la rama de la versión 2), pero no deja de ser incómoda la situación en algunos casos. Como ya comenté en el prólogo, este libro se centra totalmente en la versión[20] 3 para el sistema operativo *Windows*.

1.4 INSTALAR PYTHON EN NUESTRO ORDENADOR. PRIMEROS PASOS

Dentro de la web *https://www.python.org/* tenemos una sección *Downloads* dedicada a la descarga de las distintas versiones de *Python*. La rama 2 y la 3 tienen a su vez distintas versiones que han ido saliendo a lo largo del tiempo, añadiendo

20 Concretamente usaremos la versión 3.3.5. Por compatibilidad con herramientas que emplearemos con posterioridad (o con sistemas antiguos) y dado que no perdemos nada de generalidad en los propósitos del libro al no usar la más actualizada (que en el momento actual es la versión 3.5.1).

parches y características a las anteriores. Nada más colocar el puntero del ratón sobre *Downloads* nos aparece (como muestra la siguiente imagen) las distintas opciones para los distintos sistemas operativos.

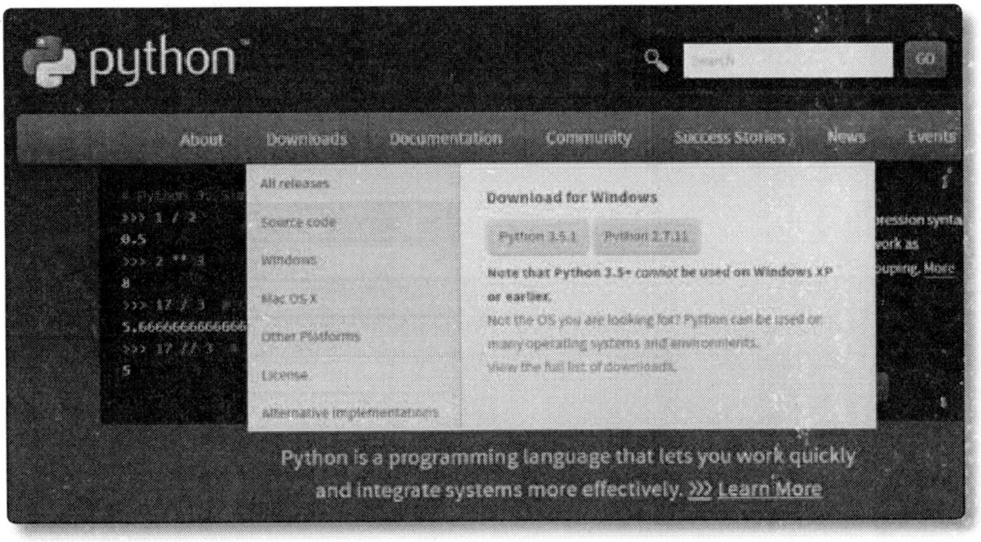

En nuestro caso, haremos clic en *Windows* y buscaremos la versión 3.3.5 (que data del 9 de marzo del 2014 y es la última versión binaria[21] de *Python* 3.3) en la lista que nos aparece[22].

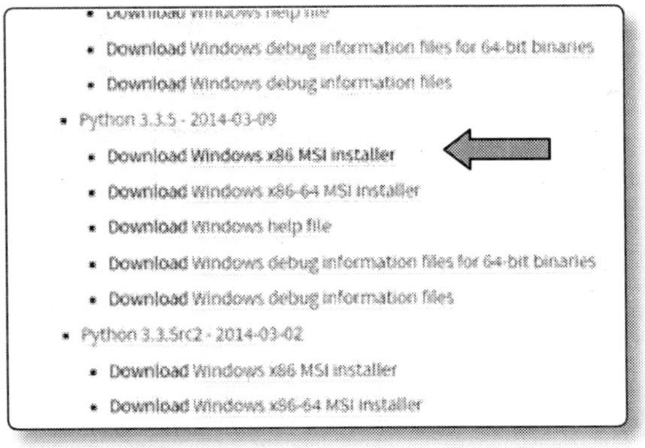

21 No tendremos que compilar el código (en otras instalaciones sí) y dispone de sistema de instalación cómodo.

22 He usado la versión *x86* para una mayor compatibilidad con ordenadores antiguos.

A continuación comenzará la descarga a nuestro ordenador. Al finaliza haremos clic en la flecha de la derecha de la descarga y seleccionaremos *Abrir*:

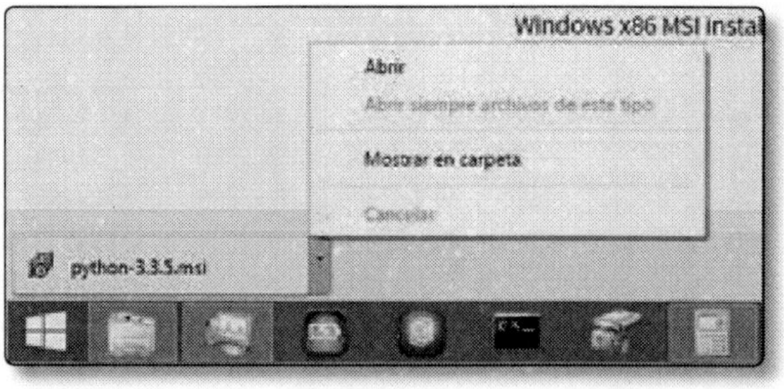

Comienza entonces un asistente de instalación donde haremos clic en *Next* u *Ok* para todos los cuadros de diálogo que nos vayan saliendo. Si todo ha salido bien, al final nos aparecerá una ventana indicando que la instalación se ha producido de forma satisfactoria. Una vez instalado, se habrá creado una carpeta en nuestro sistema con la siguiente dirección:

C:\Python33

En ella el instalador ha incluido una serie de elementos. Mediante el explorador de archivos de *Windows* podemos acceder a la citada carpeta, que tendrá un contenido similar al siguiente:

Haciendo doble clic sobre el fichero de nombre *python* ejecutaríamos el intérprete y estaríamos ya en condiciones de introducir órdenes, pero lo haremos ahora de otra manera, llegando al mismo lugar. Mediante el menú *Inicio* de *Windows 8.1* accederemos a las aplicaciones, donde aparecerá un apartado para nuestro recién instalado lenguaje:

Vemos que tenemos la opción de desinstalar (*Uninstall Python*) o leer los manuales (*Python Manuals*) pero nos centraremos en las dos opciones que nos permiten ejecutar y por tanto iniciar el intérprete de *Python*. Son las siguientes:

1. *Python* (command *line*)
2. IDLE (Python GUI)

La primera opción nos permite ejecutar *Python* en la línea de comandos, también denominada *"modo consola*[23]*"*. Este modo es totalmente en modo texto, sin ayudas gráficas. Hacemos clic en ella y obtenemos la siguiente ventana flotante en nuestra pantalla:

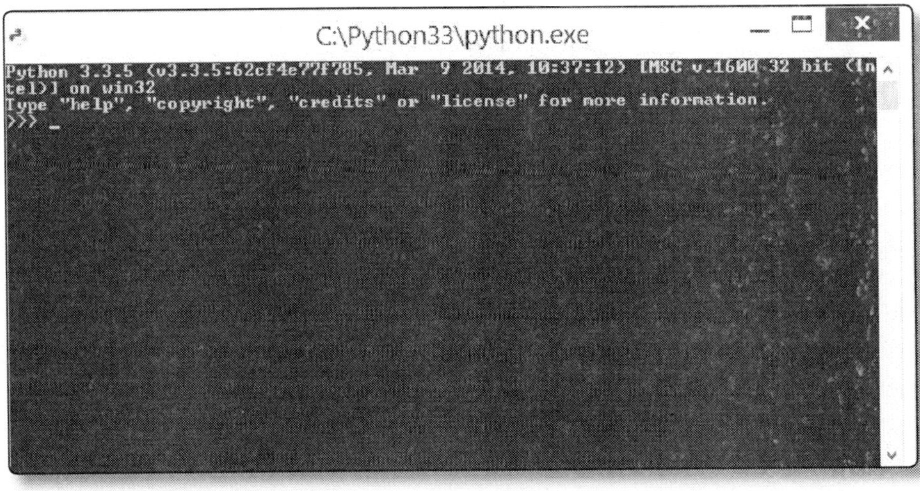

23 El término *consola* (*console* en inglés) viene de cuando los ordenadores antiguos consistían en un gran ordenador central y muchos pequeños que solo tenían una pantalla y un teclado, sin procesador propio, que eran las *consolas*.

En ella vemos información de la versión del intérprete y sobre qué tipo de procesador y sistema operativo está trabajando. También nos informa de palabras clave que podemos introducir para obtener información sobre cosas como la licencia, el *copyright* o la ayuda. Éste último caso es muy útil para obtener información sobre varios aspectos del lenguaje. Como curiosidad, comprobaremos que la ventana no puede ser modificada en su anchura mediante el uso del ratón. Una buena práctica si vamos a usar a menudo el intérprete es, una vez abierto, hacer clic con el botón derecho del ratón en su icono de la barra de tareas de *Windows* y seleccionar *"Anclar este programa a la barra de tareas"*. De esta manera podremos acceder a él de forma cómoda con sólo un clic.

Lo primero que notamos es el símbolo >>>, que es el indicador (*prompt* en inglés) de entrada de comandos, y el cursor parpadeando. Esto indica que está a la espera de que introduzcamos alguna instrucción para ejecutarla. Teclearemos lo siguiente[24]:

```
>>> print ("Hola Python")
Hola Python
>>>
```

¡Ya hemos ejecutado nuestra primera instrucción en el intérprete de *Python*! En este caso ha sido una muy sencilla que saca por pantalla la frase *"Hola Python"*. Observamos que la instrucción necesita estar escrita de una manera determinada, con paréntesis y colocando el texto entre comillas, unas comillas que luego no aparecerán por pantalla. La instrucción que hemos ejecutado es una de las funciones incluidas por defecto en el intérprete (*built-in functions*) y tiene un formato concreto para usarse adecuadamente. Si no lo seguimos, obtendremos un error.

Una vez que ha impreso la frase por pantalla, el intérprete se queda a la espera de que se vuelvan a introducir más instrucciones. Si tecleamos *Ctrl+z* aparecerán en la pantalla los símbolos ^Z. Al pulsar *Enter* saldremos del intérprete. Es la combinación de teclas usada para ello.

Tras ver (aunque haya sido fugazmente) el uso del intérprete *Python* en *modo consola* (o desde la línea de comandos), usaremos a continuación el *IDE* (*Integrated Development Environment*, entorno de desarrollo integrado) que viene con la instalación de *Python* y que se denomina *IDLE*[25]. De forma genérica un *IDE* tiene integradas una serie de herramientas.

---

24 Para introducir correctamente el comando deberemos pulsar la tecla *Enter* tras escribirlo.

25 Podría interpretarse también como *Integrated Development and Learning Environment* (entorno de desarrollo y aprendizaje integrado), aunque como curiosidad hay quien afirma que *IDLE* viene (al menos en parte) en honor a Eric Idle, uno de los miembros fundadores del grupo *Monty Python*.

Las principales son:

- Editor de texto con sintaxis resaltada, completado automático, indentado inteligente...
- Intérprete de comandos, también denominado *Shell*.
- Depurador (*debugger*) con opción de ejecución del programa paso a paso, ver valor de variables y de otros elementos del sistema como la pila[26].

Para ejecutar *IDLE* volveremos al menú *Aplicaciones* de *Windows 8.1* y haremos clic en su icono. Aparecerá la ventana[27] del *Shell*, que ahora sí podremos modificar en tamaño a nuestro gusto:

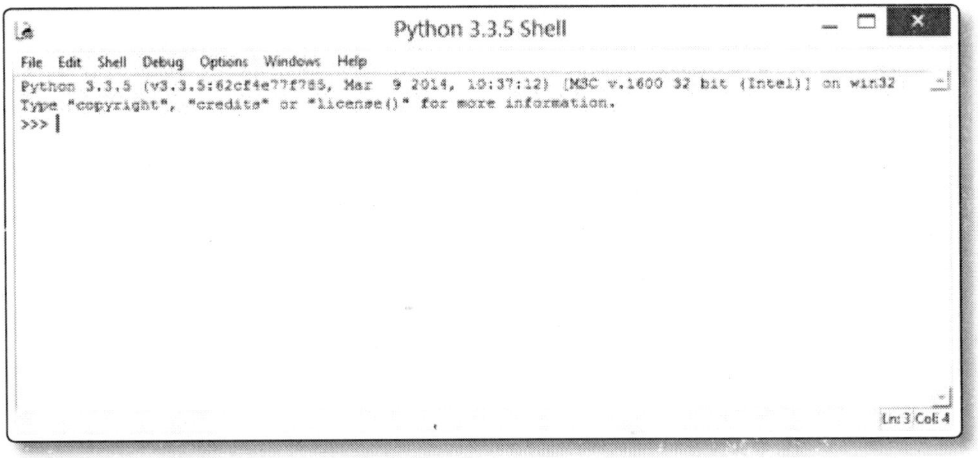

Observamos que la ventana tiene una barra de menús (*File*, *Edit*...) con multitud de opciones, algo de lo que carecíamos con anterioridad. Esto nos permitirá hacer muchas más cosas que desde el modo consola. Si repetimos el ejemplo usado anteriormente para sacar por pantalla un texto, veremos que formatea de forma especial cada una de las palabras, usando un código de colores para los elementos de distinto tipo. Si tecleamos:

```
>>> help()
help> keywords
```

26 Veremos en capítulos posteriores qué es una pila y cómo se usa.
27 Podremos igualmente anclarla a la barra de tareas de *Windows*.

Por pantalla aparece (notar que al teclear *help()* el *prompt* cambia de >>> a *help>*):

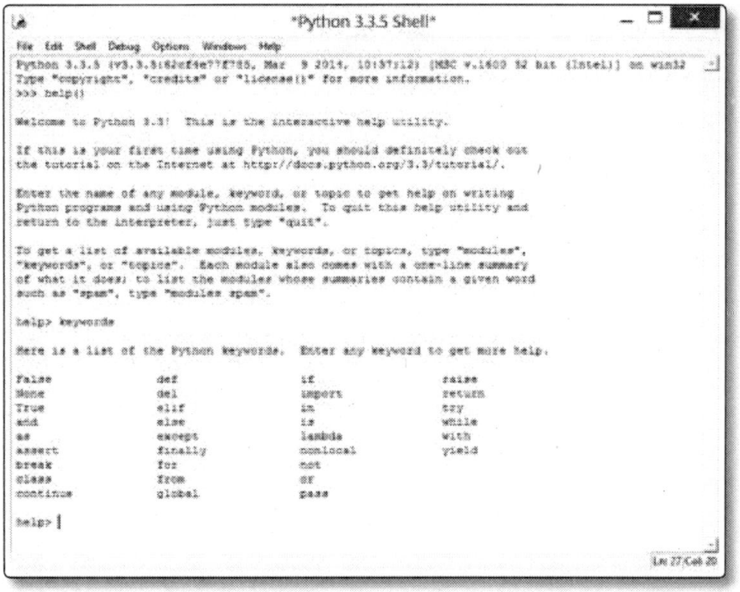

En ella aparecen todas las palabras clave (*keywords*) de *Python*. No son demasiadas. El lenguaje está diseñado desde el principio con intención de que los elementos básicos sean pocos y todo lo simples que se pueda. Iremos viendo a lo largo del libro varias de estas *keywords* y cómo usarlas. Puede que haya llamado la atención al lector que *print*, el único elemento usado hasta la fecha, no aparezca en la lista. Eso es porque *print* es una *función* que viene por defecto con *Python* (*built-in function*), y por lo tanto un elemento distinto. Veremos poco a poco qué diferencia hay entre estos elementos del lenguaje.

También, si nos fijamos más detenidamente, observaremos que salvo *False*, *None* y *True* el resto está escrito con todo minúsculas. Es importante escribir los comandos **exactamente** como nos lo indiquen ya que *Python* es un lenguaje que distingue entre mayúsculas y minúsculas[28], por lo que *If* es distinto de *IF* y a su vez de *iF*. En el momento que no escribamos la sintaxis correcta, el intérprete nos indicará que hay un error. Como ejemplo podemos teclear (estando el *prompt* como *help>*[29]) en *IDLE "if"* (no incluir las comillas) y obtendremos una ayuda de cómo debemos

28 Se denomina *case sensitive* en inglés.

29 Si hemos quitado accidentalmente el prompt help()>> (por ejemplo por haber pulsado *Enter*) volver a teclear help().

usar el comando de ese nombre[30]. Posteriormente si tecleamos *IF* nos indicará que no hay documentación en *Python* para él. Para seguir viendo cosas desde *IDLE*; pulsaremos *Enter* y volveremos al *prompt* habitual del intérprete (>>>).

1.5 CREAR FICHEROS DE CÓDIGO PYTHON

Ya sabemos cómo se introducen instrucciones individuales en el intérprete. Una vez que ha ejecutado una de ellas, éste espera a que se introduzca otra nueva. Pero esta forma de introducir el código no es la recomendable cuando queremos desarrollar un programa complejo, ya que necesitamos poder escribir la serie de instrucciones juntas y luego ejecutarlas secuencialmente. Para ello, deberemos almacenar todas ellas en un fichero para posteriormente indicar al intérprete que queremos ejecutarlo. ¿Cómo conseguiremos esto? Veremos algunas consideraciones:

1. El código lo guardaremos en un fichero de texto con extensión *.py*, es decir, debe tener el formato *nombredelfichero.py*. Es una convención necesaria para que el intérprete lo identifique y ejecute correctamente. Este fichero se puede crear fácilmente con cualquier editor de textos, como el sencillo *Bloc de notas* de *Windows*.

2. El fichero creado de la forma indicada se denomina *script*, *módulo* o *fichero fuente*. Ejecutar un fichero de este tipo se denomina habitualmente *ejecutar un script* o ejecutar *Python* en *modo script*, en contraposición a ejecutarse en *modo interactivo*, instrucción a instrucción, como hemos visto hasta ahora.

Estando en *IDLE*, vamos al menú *File®New File* y nos aparecerá una ventana flotante con varios menús y con el cursor parpadeando en una zona en blanco. Aquí es donde teclearemos el código que aparece a continuación:

30 No debemos preocuparnos por no saber interpretar de momento el formato que aparece en la ayuda. De forma progresiva comentaremos a qué se refiere cada uno de los elementos representados.

Notamos que no aparece el *prompt* del modo interactivo (>>>), sino que podemos introducir el código como en un editor de texto. Tecleamos *Enter* al final de cada instrucción. Una vez escritas las dos líneas, hacemos clic en *File®Save As,* tras lo cual nos preguntará dónde, con qué nombre y con qué extensión queremos guardar el fichero. Antes de ello crearemos una carpeta[31] en el *Escritorio* de *Windows 8.1* con el nombre *Ficheros_Python*[32]. Es muy importante, ya que en ella guardaremos todos los ficheros que iremos creando a lo largo del libro. Una vez creada accedemos a su interior y guardaremos el fichero con nombre *Primer_script* y con extensión[33] *.py*

Tras hacer clic en *Guardar* ya tenemos en nuestra carpeta el primer fichero *script* de *Python*. ¿Cómo lo ejecutamos ahora? Una opción es acceder mediante las herramientas de *Windows* a la carpeta creada y hacer doble clic sobre el fichero en cuestión. Antes de hacerlo, observamos que el sistema nos indica de forma visual (mediante un icono personalizado) que nuestro archivo es un archivo *Python*. Una vez hecho el doble clic, observamos fugazmente cómo se inicializa el intérprete de *Python* en modo consola, pero enseguida desaparece. En realidad, se ha ejecutado nuestro *script,* pero al finalizar de sacar por pantalla las dos líneas de texto, han salido del modo consola y ha desaparecido la ventana que lo contenía. ¿Cómo podemos ver la salida que ha generado nuestro programa? Como aún tenemos abierta la ventana del fichero creado (notar que una vez guardado ya aparece en la parte superior de la ventana su nombre y dirección completa) la activamos. Haciendo clic en *Run→Run Module*

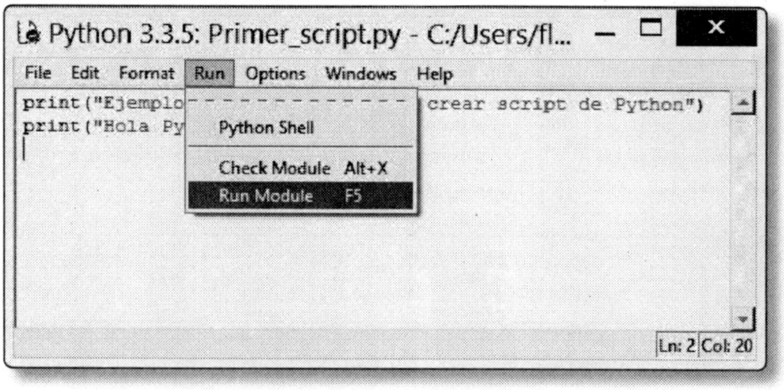

31 Podemos hacerlo desde el propio cuadro de diálogo que tenemos abierto.
32 No olvidar en guion bajo.
33 Si no le indicamos extensión sino solamente el nombre, nos pondrá automáticamente la extensión *.py*.

Obtendremos la salida en la ventana del editor *IDLE*:

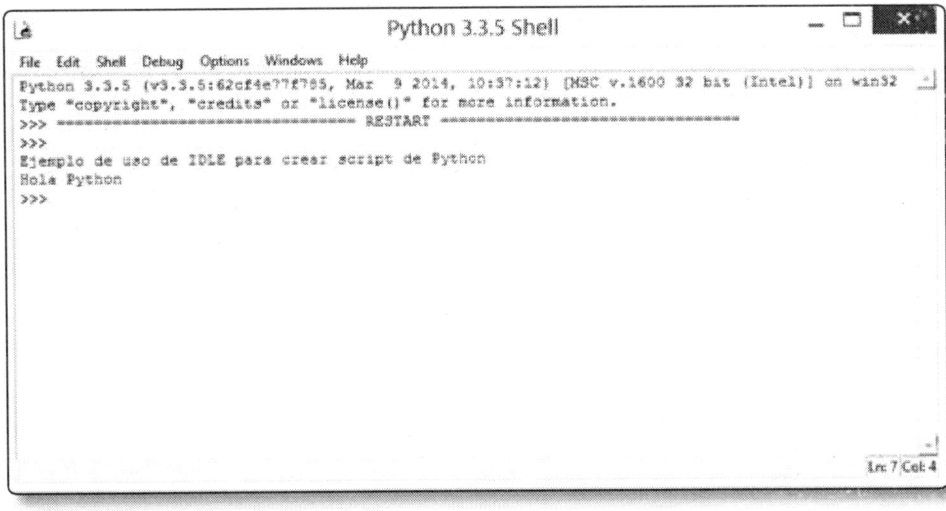

¿Podemos ejecutar de alguna otra manera nuestro *script*? Sí. Por ejemplo, podríamos ejecutar el *símbolo del sistema* anclado a nuestra barra de tareas de Windows y teclear:

```
Python Primer_sript.py
```

¿Obtenemos algo? Sí, un error. ¿Por qué? Cuando accedemos al símbolo del sistema, lo hacemos por defecto nuestra carpeta de usuario. Pero dado que el fichero que queremos ejecutar no está exactamente en esa carpeta, el sistema no lo encuentra y manda un mensaje de error que nos indica que no ha encontrado el fichero:

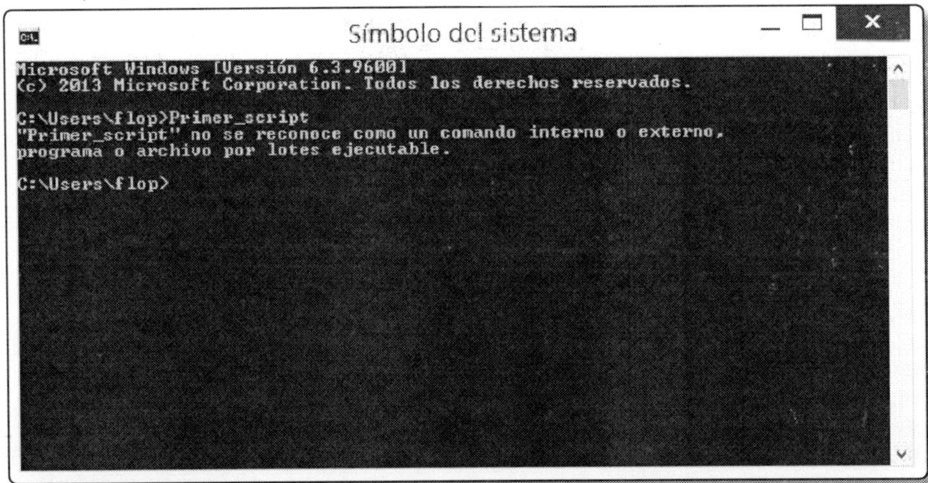

Para subsanar este error tenemos las siguientes alternativas:

1. Ir mediante comandos del sistema[34] a la carpeta que hemos creado en el *Escritorio* de nuestro ordenador. Para ello bastaría con teclear secuencialmente los siguientes comandos[35]:

```
cd Desktop
cd Ficheros_Python
```

   Tras ello ejecutaremos nuestro *script*, de la siguiente manera:

```
Primer_script
```

   No hay que indicarle la extensión. Al comprobar que es un fichero de *Python* ejecuta automáticamente el intérprete. De esta manera obtendremos la salida en la propia ventana del sistema.

2. Indicarle la dirección completa del fichero tras el comando *python*:

```
python C:\Users\flop\Desktop\Ficheros Python\Primer_sript.py
```

   El lector tendrá que sustituir la carpeta *flop* por su nombre de usuario en *Windows*[36].

Aún tendríamos otra forma de ejecutar el fichero. Sería accediendo a la carpeta mediante ventanas de *Windows* y una vez en ella, manteniendo la tecla de *Mayúscula*[37] (*Shift*) pulsada, hacer clic con el botón derecho del ratón. Nos aparecerá una ventana emergente en la que seleccionaremos *Abrir ventana de comandos aquí*, tras lo cual se nos abrirá una ventana del sistema estando dentro de la carpeta deseada, por lo que solo debemos ejecutar el *script*:

```
Primer_script
```

Esta forma de acceso, por comodidad, será usada habitualmente a lo largo del libro.

---

34 Son comandos tipo *DOS (Disk Operating System)*. En este caso usaríamos el comando *cd* (*change directory*) para ir cambiando de directorio.

35 Recordar que debemos pulsar *Enter* al finalizar cada línea de comandos.

36 Esto se hará de forma sistemática en el libro. Se indicará apropiadamente.

37 Es cualquiera de las dos flechas verticales situadas a ambos lados del teclado. No confundir con *Bloq Mayús*, que está encima de una de ellas.

1.6 ESTILO DE PROGRAMACIÓN EN PYTHON. INSERTAR COMENTARIOS

Cualquier persona que haya intentado leer y analizar código, seguro que se ha enfrentado al problema de inicialmente no entender bien ni cómo está estructurado ni cómo funciona. Dos problemas suelen aparecer:

1. No hay documentación de qué hace el código y de qué manera, o la que hay es tan exigua que no nos aporta demasiado.

2. El código está desordenado, lo que dificulta su lectura.

Con tiempo podremos analizarlo, ver qué hace y ordenarlo, pero esa labor puede llegar a ser larga, tediosa y frustrante. *Python* está pensado y diseñado desde su raíz para que el código esté bien estructurado y sea muy legible, obligándonos a ello. Se apoya en:

1. Indentación correcta obligatoria: las instrucciones deben tener unas sangrías determinadas en base a unas reglas que iremos viendo. De lo contrario se generaría un error.

2. Coloreado de código: en los editores el código tiene diferente color dependiendo del tipo de elemento del que se trate, lo que facilita su identificación.

Vayamos de nuevo a *IDLE* y tecleemos el siguiente comando:

```
>>> print("Hola Python")
```

Nos fijamos que el código se colorea automáticamente: *print* aparece en magenta, los paréntesis en negro y el texto entrecomillado (también valdría entrecomillarlo entre comillas simples) de verde. Estos colores (que se pueden personalizar a nuestro gusto) indican que *print* es un comando[38], que *"Hola Python"* es un texto y que los paréntesis son símbolos. Esto nos aporta claridad al código, al margen de dotarlo de un mayor atractivo visual que el aburrido blanco sobre negro al que estamos obligados si ejecutásemos el intérprete desde el símbolo del sistema.

Si por error hubiésemos colocado un espacio en blanco antes del comando, en un principio no parecería que ese detalle impidiese que se ejecutase la función *print* correctamente, pero al pulsar *Enter* nos aparece un error: *SyntaxError: unexpected indent*, que nos indica que es un error de tipo sintáctico por una indentación no

38 Aunque técnicamente es una función, hablamos genéricamente de comando como instrucción ejecutable.

esperada, es decir, por el espacio en blanco que hemos colocado. Incluso aparece una pequeña barra vertical en rojo que nos indica dónde está el error (si fuesen más espacios aparecería una barra más ancha). Si tecleamos la instrucción sin uno (o cualquier) espacio anterior, se ejecutará correctamente. Éste es un ejemplo de que *Python* no nos permite un indentado desordenado, sino que debemos seguir unas pautas determinadas para dar claridad al código y que una persona que inspeccione el código (podemos ser nosotros mismo pasado un tiempo) se encuentre una distribución limpia. Además es muy aconsejable distribuir el código con espacios (cuando se pueda ponerlos) que faciliten la lectura de la instrucción y cada uno de sus componentes. Por ejemplo sería recomendable poner:

```
>>> print ( (2 + 12) * (23 – 15) ) / 54
```

En lugar de:

```
>>> print((2 + 12)*(23–15))/54
```

No obstante, ésta última forma es perfectamente válida. Hay incluso una guía de estilo llamada *PEP-8* para generar código en *Python* que es muy recomendable seguir. Algunos de sus puntos fundamentales[39] son:

- Usar sangrías de cuatro espacios.
- Las líneas no deben superar los 79 caracteres.
- Usar líneas en blanco para separar bloques grandes de código, funciones y clases.
- Intentar poner los comentarios en una sola línea cuando sea posible.
- Usar espacios alrededor de operadores y después de las comas, pero no nada más comenzar el paréntesis. Ejemplo: *dato = f1(19, 7) + f2(12, 4)*.
- No usar caracteres *no-ASCII* en los identificadores, salvo que sepamos claramente que la persona que va a leerlo puede implementar códigos más completos (como *Unicode*).

Con anterioridad, también comentamos que *Python* es *case sensitive*, es decir, que distingue entre mayúsculas y minúsculas. Además hablamos de que la función *print()* debe tener un cierto formato para ejecutarse adecuadamente. En la

39 No importa que aún no sepamos qué son algunos de los elementos a los que se refiere. Posteriormente podremos entenderlo completamente.

siguiente imagen aparecen varios ejemplos adicionales en los que no nos atenemos a ese formato, generando errores:

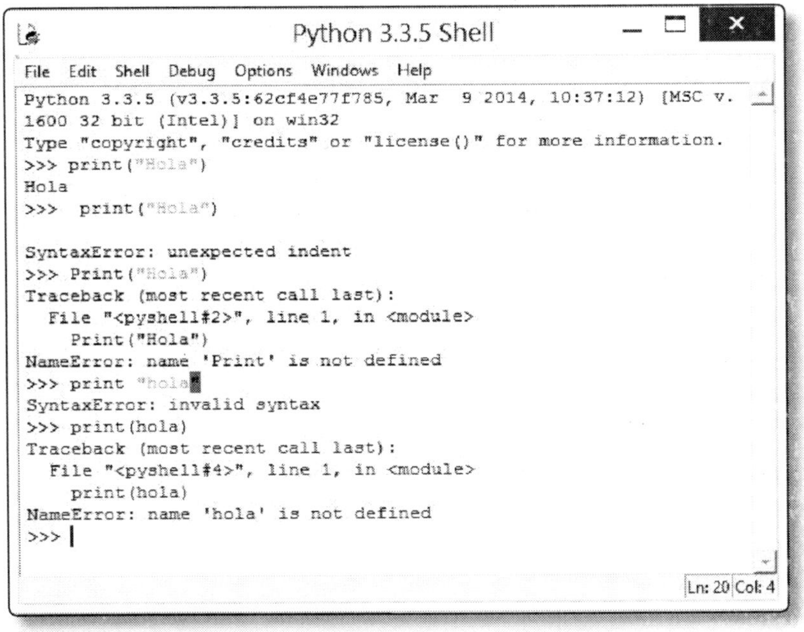

El primer comando es correcto. En el segundo cometemos un error de indentación. En el tercero el intérprete no reconoce el comando *Print,* ya que nombre correcto es *print*. En el cuarto nos aparece un error de sintaxis al olvidarnos los paréntesis; y en el quinto nos informa de que la variable *hola* no está definida. No tardaremos en ver qué son las variables para *Python* y cómo las usa.

Notemos además que para ejecutar las instrucciones en *Python* no debemos acabarlas en ningún símbolo como '. 'o '; 'al estilo de otros lenguajes de programación, ya que nos daría de nuevo error.

Observamos cómo *Python* obliga a tener distribuido correctamente el código, generando errores si no es así. A documentar correctamente el código no estamos obligados, pero es una práctica más que recomendable, no solo para que posteriormente otras personas puedan saber qué hace el código y cómo, sino para que lo sepamos nosotros mismos pasado un tiempo[40]. Para ello tenemos la ayuda de los *comentarios*, que es texto que el intérprete de *Python* no reconoce como código y lo pasa por alto cuando se ejecuta el programa.

40 A veces ese tiempo es sorprendentemente corto.

Hay dos opciones para introducir esos comentarios:

1. Mediante el uso del carácter #: comentarios en una línea. Colocando el símbolo de almohadilla[41](no tiene que estar justamente al principio de la línea), el texto que aparezca después a lo largo de esa misma línea será interpretado como comentario. Esto solo valdría para una línea, por lo que si queremos poner comentarios en dos de ellas seguidas, tendríamos que colocar al inicio de ambas un carácter #. Para evitarlo usaríamos la siguiente opción.

2. Mediante el uso de los caracteres ''': comentarios en un párrafo. Colocando el texto entre dos de éstos elementos (comillas triples), todo lo que aparezca en el medio será considerado comentario, teniendo la posibilidad de escribir cómodamente en más de una línea.

En la imagen de la izquierda aparece un ejemplo de *script* que crearemos desde *IDLE*[42] y que guardaremos en nuestra carpeta *Ficheros_Python* del escritorio con el nombre *Ejemplo_comentarios* y con la extensión por defecto *.py*. Una vez hecho podremos ejecutarlo[43] y veremos en el *shell* que solo ejecuta el comando *print*, el resto lo interpreta como comentarios.

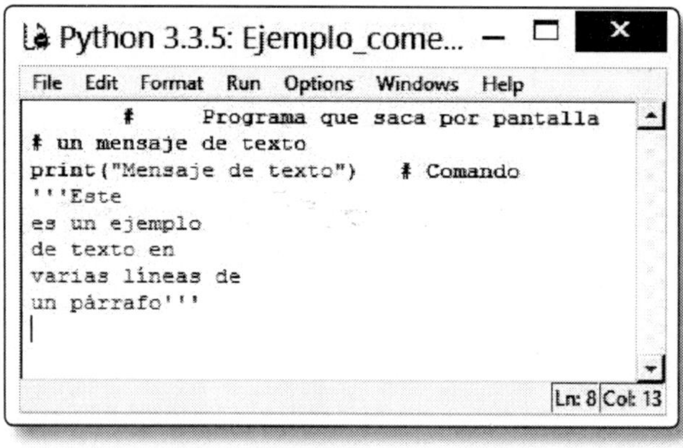

De esta manera podremos documentar los programas que realicemos, teniendo en cuenta que debe ser una descripción concisa, destacando los aspectos fundamentales y relevantes, sin extendernos más de lo necesario, ya que eso emborronaría nuestro código.

41 En inglés es el símbolo de peso libra.
42 Estando en el *shell*, *File→New Window* o *Ctrl + n*.
43 Menú *Run→Run Module* o pulsando *F5*.

Nos hemos encontrado ya con varios de los denominados *caracteres especiales*. Una pequeña tabla de ellos será la siguiente:

Carácter/es	Nombre	Función que realizan
" "	Comillas dobles (apertura y cierre)	Encierran cadenas de caracteres (texto).
( )	Paréntesis (apertura y cierre)	Usados en formatos de funciones.
#	Almohadilla	Precede comentarios de línea.
'''	Comillas triples	Encierran comentarios de párrafo.

1.7 ERRORES EN PYTHON. TIPOS DE ERRORES

A pesar de haber tecleado aún muy poco código en *Python,* ya hemos comprobado lo fácil que es cometer un error. Hemos visto alguno de ellos al, por ejemplo, realizar un mal indentado o cambiar una letra minúscula por una mayúscula. Los errores se dividirán en tres categorías principales:

1. Errores de sintaxis (*Syntax errors*)
2. Errores en tiempo de ejecución (*Runtime errors*)
3. Errores lógicos (*Logic errors*)

Cometeremos un **error de sintaxis** cuando no nos atengamos con exactitud al formato sintáctico que nos impone *Python*, algo que suele ser habitual. Dejarnos sin cerrar unos paréntesis o unas comillas son casos habituales. El intérprete nos informará del error con detalle, por lo que será muy fácil poder subsanarlo. Ejemplos de instrucciones que nos generarían errores de sintaxis son:

```
>>> print("Hola)
>>> print "hola"
>>> print ("Hola").
```

Los **errores en tiempo de ejecución** aparecen mientras se está ejecutando el programa en el intérprete y éste detecta operaciones no permitidas, del estilo de introducir un número al esperar el programa un carácter, u operaciones matemáticas no realizables como la división por cero. Al detectar este tipo de errores el intérprete para la ejecución del programa de forma instantánea e informa de ello por pantalla, por lo cual no suele ser difícil de identificar rápidamente la fuente del error. Los errores de sintaxis en realidad son tratados como un error de tiempo de ejecución, ya que es cuando se ejecuta en el intérprete cuando nos lo indica. No obstante, cuando usemos completos editores de código en *Python,* nos los indicará con anterioridad a la ejecución en el intérprete, con el consiguiente ahorro en tiempo. Un ejemplo sería:

```
>>> print (100 / 0)
Traceback (most recent call last):
File "<pyshell#5>", line 1, in <module>
  print (100 / 0)
ZeroDivisionError: division by zero
```

Los **errores lógicos** ocurren cuando las cosas no salen como nosotros queremos, es decir, si el resultado del programa no es correcto. El motivo puede ser muy variado y difícil de encontrar, dependiendo de la complejidad del código. Puede ocurrir que no obtengamos ningún tipo de error pero que tampoco consigamos el objetivo. En este caso sería necesario revisar totalmente el programa, a veces con la ayuda de un *debugger*[44], para encontrar el error. Es sin duda el tipo de error más difícil de subsanar.

1.8 EL INTÉRPRETE DE PYTHON COMO UNA POTENTE CALCULADORA

Hasta ahora solo hemos visto ejemplos muy sencillos. Antes de adentrarme en explicar detalladamente cómo funciona el lenguaje *Python*, comprobaremos que podemos visualizar el intérprete como una potente calculadora en línea con la que obtener rápidamente valores de expresiones numéricas. Por ejemplo, si necesitamos calcular el valor de la siguiente expresión:

$$\left(\frac{25\cdot 12^2}{16}\right)\cdot 3$$

Podremos conseguirlo tecleando lo siguiente en el intérprete:

```
>>> ( ( 25 * 12 **2) / 16) * 3
675.0
```

Observamos que el símbolo de la multiplicación es el '*', el de la potenciación el '**' y que hemos usado paréntesis para más claridad. También que el resultado nos aparece con punto decimal. También podemos usar variables, asignarles un valor

44 Depurador. Es un programa que nos ayuda a, paso a paso, ver qué va haciendo nuestro programa.

y calcular en base a ellas. Manteniendo el ejemplo puesto anteriormente:

```
>>> a = 25
>>> b = 12
>>> c = 2
>>> d = 16
>>> e = 3
>>> (( a * b**c) / d) * e
675.0
```

El símbolo '= ' es el usado para asignar a cada una de las variables los valores correspondientes. En breve explicaré en detalle todos estos elementos. De momento sirvan los ejemplos para visualizar la capacidad del intérprete *Python* para calcular expresiones complejas.

2

EMPEZANDO A PROGRAMAR

2.1 INTRODUCCIÓN. GENERALIDADES

En el capítulo 1 vimos generalidades sobre los lenguajes de programación y una primera y simple aproximación a *Python*. Nos adentramos ahora en el que será nuestro objetivo final: crear programas que solucionen los problemas que planteamos. Para hacerlo debemos implementar un *algoritmo*, que básicamente es la descripción detallada de las acciones que debemos realizar para llegar a la solución buscada.

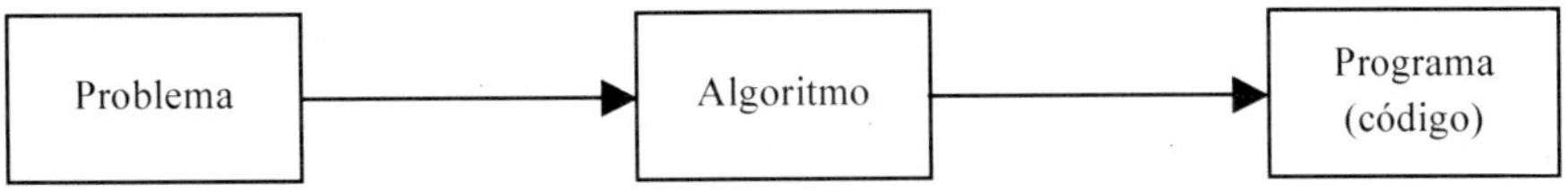

El algoritmo se escribe generalmente en *pseudocódigo*, que es una mezcla de lenguaje cotidiano, expresiones matemáticas y código. Es muy aconsejable que antes de teclear absolutamente nada de código, entendamos perfectamente cómo se soluciona el problema y los pasos necesarios para conseguirlo. Es decir, tener resuelta "a lápiz" la solución antes de pasar al código. Es un error muy habitual en programadores noveles ponerse directamente a teclear el código sin tener claro cómo lo resolverían "a mano".

Trabajemos sobre un problema concreto y simple: imaginemos que queremos generar un programa para una minifrutería donde solo se venden cuatro artículos (manzanas, peras, melocotones y naranjas) y los clientes compran varios artículos, con libertad para elegir el número de unidades de cada producto. Queremos saber en base a lo que ha comprado un solo cliente, y conociendo el precio de cada artículo, el total que va a tener que pagar. Analizando el problema vemos que necesitamos lo siguiente:

- Saber el precio por unidad de cada producto.
- Saber el número de unidades que el cliente se lleva de cada producto.

Con esto, y aplicando un sencillo algoritmo, podremos obtener fácilmente la respuesta. El algoritmo sería algo tan simple como lo siguiente:

1. Conseguir del usuario el precio de las cuatro frutas y el número de unidades compradas de cada uno de ellos.

2. Realizar la operación:

   Total = (número de manzanas * precio de manzana) + (número de peras * precio de pera) + (número de melocotones * precio de melocotón) + (número de naranjas * precio de naranja)

3. Informar al usuario del precio a pagar.

De cara a poder trabajar en nuestro ordenador y bajo *Python*, nos surgen las siguientes preguntas:

1. ¿Cómo introducimos los datos necesarios en nuestro ordenador?

2. ¿Dónde los almacenamos y de qué forma?

3. ¿Cómo podemos operar sobre ellos para obtener el resultado?

4. ¿Cómo sacamos la información del total a pagar?

Todas estas preguntas nos servirán para introducir conceptos básicos.

Las preguntas 1 y 4 nos llevarán a cómo poder introducir o sacar datos de nuestro programa. Por defecto, los canales estándar para ello (no por ello los únicos) son el teclado y la pantalla. Veremos los conceptos de *input* y *output* o elementos de entrada/salida.

La pregunta 2 nos llevará a ver los conceptos de variable, constante, identificador y tipos de datos.

La pregunta 3 hará que introduzcamos qué entendemos por operadores, los distintos tipos de ellos y las expresiones.

2.2 ELEMENTOS DE ENTRADA/SALIDA, VARIABLES E IDENTIFICADORES

Para realizar operaciones con datos (considerando que no los hemos obtenido aún), nuestro programa tendrá que conseguirlos inicialmente para posteriormente almacenarlos en la memoria del ordenador. Lo primero, si los datos son introducidos por teclado, se consigue mediante la función[1] ***input()***. Si tecleamos desde el *Python Shell* de *IDLE*[2]:

```
>>> input("Introduce el precio de una manzana: ")
```

Veremos que por pantalla nos aparece el texto introducido, incluidos los posibles espacios en blanco[3]. Al teclear *0.3* y pulsar *Enter*, obtenemos:

```
Introduce el precio de una manzana:  0.3
'0.3'
```

Vemos que nos ha dejado introducir una cantidad decimal donde la coma decimal es un punto[4] y que nos devuelve por pantalla *'0.3'*. ¿Qué significa esto? Que lo que hemos introducido se interpreta como una cadena de caracteres, es decir, como un texto (por ello lo rodea de comillas simples). Pero nosotros queremos que nos lo trate como un número, ya que posteriormente vamos a hacer operaciones numéricas con él. Para ello debemos usar la función ***eval()***. Si tecleamos:

```
>>> eval(input("Introduce el precio de una manzana: "))
```

Obtenemos al pulsar *Enter*:

```
Introduce el precio de una manzana:  0.3
0.3
```

En este caso sí lo va a tratar como un número. Hemos conseguido en parte lo que queríamos porque nos ha dejado introducir un número por teclado e interpretarlo como tal pero, ¿cómo hacemos para operar posteriormente con él? Debemos guardarlo en memoria. La *memoria* de un ordenador podemos visualizarla como una cuadrícula de celdas dentro de las cuales están (en formato binario de una determinada longitud) los *datos*. Estos datos pueden representar, por ejemplo, números (enteros, reales) o caracteres (mediante por ejemplo el *código ASCII*[5]). Cada una de estas celdas tiene una dirección que las identifica totalmente, pero trabajar con la dirección

---

1 A partir de ahora las funciones las nombraremos por su nombre y dos paréntesis.

2 Podríamos usar perfectamente el intérprete de *Python* en línea de comandos.

3 En nuestro caso hemos puesto dos espacios en blanco después de los dos puntos por motivos estéticos y de claridad.

4 En *Python* el punto es el símbolo para separar la parte entera de los decimales. En otros lenguajes o programas informáticos podría ser otro símbolo, como la coma.

5 Veremos más sobre códigos como *ASCII* en el tema 5 de este capítulo.

es engorroso y nada útil. Para ello usamos las **variables**, que son zonas de memoria reservadas para almacenar datos que pueden, por lo menos sobre el papel, variar en el tiempo de ejecución del programa, de ahí su nombre. Las variables pueden ser de varios *tipos* dependiendo del dato que almacenen (números enteros, números reales, caracteres,…). Cada una de estas variables tiene un **identificador**, un nombre, ya que podemos crear muchas variables que contienen muchos datos distintos a pesar de poder ser del mismo tipo. En nuestro caso en concreto, queremos almacenar en memoria el precio por unidad de una manzana, por lo que crearemos una variable de nombre *precio_manzana*[6] que usaremos para recibir de la función *eval()* el dato introducido y almacenarlo en memoria. De la siguiente manera:

```
>>> precio_manzana = eval(input("Introduce el precio de una manzana: "))
```

Obteniendo, si introducimos 0.3 y pulsamos *Enter*:

```
Introduce el precio de una manzana: 0.3
>>>
```

Ahora no nos aparece el número introducido sino el *prompt* del intérprete, ya que el *0.3* se ha almacenado en memoria, pudiendo acceder a él mediante la variable con identificador *precio_manzana*. Tecleando:

```
>>> precio_manzana
0.3
```

Obtenemos el valor que contiene la variable indicada. Para asignar el valor introducido por teclado a la variable hemos usado el símbolo '=', que es un ejemplo de *operador***,** más concretamente el *operador de asignación*. Sobre éste, de momento, solo debemos saber que asigna lo que está a su derecha al elemento que está a su izquierda. En breve veremos más cosas sobre los operadores. Tecleamos la siguiente línea:

```
>>> precio_manzana = eval(input("Introduce el precio de una manzana: "))
```

La forma de interpretarla es que la función *input()* recoge el dato introducido por teclado en forma de texto, la función *eval()* transforma ese texto en número, y mediante el *operador de asignación* guardamos ese dato numérico en la variable con identificador *precio_manzana*.

Centrémonos ahora en comentar más cosas sobre variables e identificadores. Empezaremos viendo cómo funciona el tema de asignar memoria para almacenar un determinado tipo de dato. Por ejemplo, cuando hacemos *a = 3* estamos asignando

6 Como veremos más adelante, es conveniente poner a las variables identificadores que nos den a entender qué es lo que están conteniendo de cara a una mejor legibilidad del programa.

el valor *3* a una variable de nombre (identificador) *a*. Al hacer esto en memoria se almacena (en un determinado formato que veremos más adelante) el citado número *3*. Ese almacenamiento se produce en una celda (o varias) de memoria que el intérprete de *Python* ha asignado para la variable *a*. Sería algo como lo mostrado en el siguiente esquema:

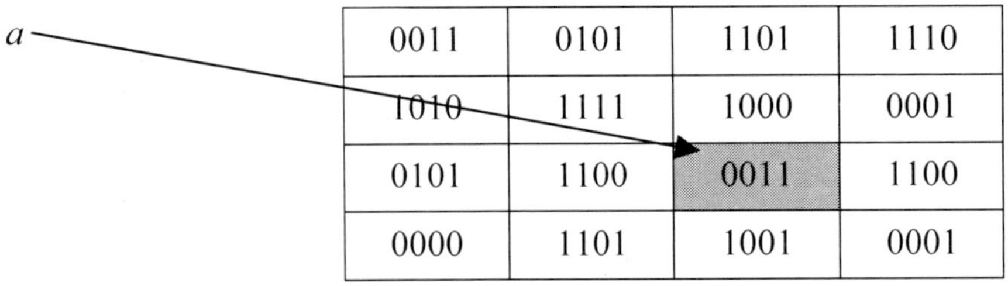

En él las celdas contienen números binarios de 4 *bits* y se han representado 16 celdas que imaginemos corresponden a las direcciones[7] *100, 101,..., 115*. Al hacer *a = 3*, el identificador *a* nos permitirá acceder a la celda 110 donde se ha almacenado el número *3* en binario (*0011*). La variable *a* se dice que *referencia* al valor almacenado en memoria.

Una de las características de *Python* respecto a las variables, es que no es necesario declararlas previamente como en otros lenguajes de programación. Esto se denomina **tipado dinámico**, es decir, que es el intérprete quien identifica (de forma dinámica, sobre la marcha) qué tipo de variable es dependiendo del dato que contiene. Aporta comodidad al programador, ya que éste se desentiende de la tediosa necesidad de declarar previamente a su uso el tipo de cada una de las variables que usaremos posteriormente en el programa, ya que éste puede contener multitud de ellas.

Hay una cosa muy curiosa en *Python* en relación a las variables, sobre todo si se viene de otro lenguaje de programación. Para explicarla imaginemos que tras haber hecho *a=3*, hacemos *a=4*. Lo más lógico sería pensar que el contenido de la celda a la que apunta *a* cambia su contenido de *0011* a *0100*. Es lo que ocurre en muchos lenguajes, pero no en *Python*. En *Python* se *crea* un valor *4* que se almacena en memoria (en otra celda distinta) y es a esa celda a la que ahora apunta la variable *a*. Es decir:

7 En formato decimal, que es el que usamos habitualmente en la vida real. El número de celda aumenta de izquierda a derecha y de arriba a abajo.

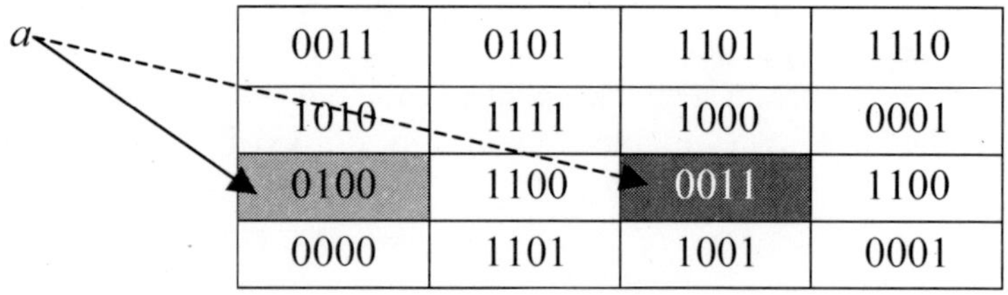

La variable *a* deja de apuntar[8] a la celda número *110* (de contenido *0011*) y apunta ahora a la celda número *108*, que tiene el valor *0100* (*4* en decimal) como contenido. He considerado que el intérprete ha elegido la celda *108* (podría haber escogido cualquier otra zona no reservada de memoria) porque es una celda en la que estaba permitido escribir (no había ningún dato actualmente activo almacenado en ella, estando marcada como libre), cosa que tras escribir el *4* en ella ya no ocurre. Veremos más particularidades sobre cómo trata *Python* los datos en capítulos sucesivos, sobre todo al hablar de los objetos[9]. Sin entrar en mucho detalle, comentaré que lo que hace es crear el objeto *"número 3"* en memoria y hacia él apunta inicialmente la variable *a*. Posteriormente se crea en memoria el objeto *"número 4"* y la variable *a* pasa a apuntar a él, dejando al objeto *"número 3"* sin nadie que le apunte, y por lo tanto inaccesible desde nuestro programa.

La palabra identificador no solo es aplicable a las variables. Por ejemplo *print* es un ejemplo de identificador para una función. Podemos considerarlo como un nombre que le ponemos a elementos que aparecen en el programa. Hay una serie de normas para usarlos:

- Debe ser una secuencia de letras, dígitos y el símbolo de guion bajo '_'.
- No puede empezar con un dígito, así que debe hacerlo con guion bajo o con un carácter.
- Puede tener cualquier longitud.
- No debe coincidir con las palabras reservadas de *Python* (*keywords*), que son palabras básicas del lenguaje. Como vimos en el capítulo 1, tendiendo a la mayor simplicidad posible, no son demasiadas.

8 De ahí la línea discontinua.

9 La programación orientada a objetos es una de las bases de *Python*, donde todos los datos son objetos.

En el caso de detectar que un identificador no es legal, nos mandará un error de sintaxis. Ejemplos de identificadores erróneos serían:

12cartas, tres+cuatro, tres posiciones

Alguna de las formas correctas para ellos son las siguientes:

_12cartas, tres_mas_cuatro, tres_posiciones.

Es muy aconsejable que los identificadores sean muy descriptivos de lo que contienen o lo que realizan, de cara a una posterior lectura y comprensión del código. De no ser así, éste puede ser de muy difícil lectura incluso para el creador del mismo pasado un tiempo desde su escritura. También lo es llevar un criterio de cara a nombrar variables. Uno podría consistir en poner los nombres de variables todo en minúsculas si es una sola palabra, y si está compuesta de varias comenzar con minúscula la variable y colocar en mayúscula la primera letra de cada palabra nueva. Por ejemplo: *numeroDeUsuarios, valorTemperatura.*

Otro sería colocar todo en minúsculas haciendo uso del guion bajo para separar palabras. Por ejemplo *numero_de_usuarios, valor_temperartura.*

Todo este tipo de reglas nos aportará claridad al código. En el libro seguiremos generalmente normas que iré comentando a medida que vayamos viendo determinados conceptos.

2.3 OPERADORES, OPERANDOS Y EXPRESIONES. NÚMEROS DE PUNTO FLOTANTE. CONSTANTES

Hemos usado ya el *operador de asignación* '=' para dar un valor a una variable. Un **operador** es el símbolo que representa una determinada operación entre **operandos**, que son los elementos sobre los que actúa. Hay *operadores unarios* (que actúan sobre un solo operando) aunque los más habituales son los *binarios* (que actúan sobre dos operandos).

Ejemplos típicos de operadores son los **operadores numéricos**:

Símbolo	Nombre	Ejemplos	Resultado
+	Suma	12 + 2 12.21 + 2.343	14 14.553
-	Resta	12 - 2 12.21 - 2.343	10 9.867
*	Multiplicación	12 * 2 12.21 * 2.343	24 28.608030000000003
**	Potenciación	12 ** 2 12.21 ** 2.343	144 351.7019697334923
/	División real	12 / 7 12.5 / 3.2	1.7142857142857142 3.90625
//	División entera	12 // 7 12.5 // 3.2	1 3.0
%	Resto	12 % 7 12.5 % 3.2	5 2.8999999999999995

Los operadores representados en la tabla son operadores aritméticos *binarios*, siendo un ejemplo de operador aritmético *unario* el *operador negación* ('-'), que comparte símbolo con el operador resta pero actúa solamente sobre un elemento. Por ejemplo: *-3*, *-12.5* son dos ejemplos de operador unario negación aplicado al número *3* y *12.5* respectivamente.

Observamos que tenemos dos tipos de división: la real y la entera. En el primer caso, se hace una división actuando sobre números reales, con decimales. Digamos que es la división habitual en la que obtenemos un cociente que multiplicado por el divisor da el dividendo, usando para ello el número de decimales que haga falta. En el segundo caso la división se transforma en el siguiente esquema (he puesto un ejemplo de valores enteros y otro de valores reales):

12 (dividendo)	7 (divisor)	12.5 (dividendo)	3.2 (divisor)
5 (resto)	1 (cociente)	2.8999999999999995 (resto)	3.0 (cociente)

Para obtener el cociente aplicamos el *operador división entera* ('//') y para obtener el resto usamos el *operador resto* ('%'). Observar que en la división entera el cociente es siempre un número entero (a pesar de que nos aparezca en formato decimal para el caso de división de números reales que hemos representado en el esquema superior).

*Dividendo =(divisor * cociente) + resto*

*12 = (7 * 1) + 5*

*12.5 = (3.2 * 3.0) + 2.8999999999999995*

Estas operaciones nos serán de mucha utilidad en muchos casos prácticos.

Hasta el momento hemos realizado operaciones entre números del mismo tipo (ya sean enteros o reales). ¿Qué ocurriría si hacemos operaciones donde hay números reales y enteros? ¿Se nos permitirá hacer la operación? La respuesta a esta última pregunta es sí, ya que el intérprete convierte los números enteros en números reales y posteriormente se realiza la operación ya con todos números reales. Por ejemplo:

```
>>> a = 2
>>> b = 1.35
>>> a + b
3.35
>>> a * b
2.7
>>> a % b
0.6499999999999999
>>> a // b
1.0
>>> a / b
1.4814814814814814
```

En este caso, antes de realizar las operaciones, el valor *2* de la variable *a* ha sido sustituido por *2.0*. Posteriormente se realizan las operaciones como si hubiese sido desde el comienzo una operación entre dos números reales. Se ha hecho una *conversión de tipo* automática aplicada a la variable *a*.

Volvamos al *operador de asignación*, cuyo formato es:

variable = expresión

Una **expresión** es una combinación de variables, operadores y valores que tras computarla se llega a un valor. Es ese valor el que *posteriormente* se almacena en la variable. Es decir, primero se evalúa la expresión y luego se asigna a la variable.

Es por ello posible tener a la variable a la que asignamos la expresión formando parte de la propia expresión. Por ejemplo:

```
>>> a = 3
>>> a = a + 1
>>> a
4
```

En este ejemplo asignamos a la variable el valor *3* directamente en la primera línea. En la segunda primero se suma uno al valor de *a* (obteniendo *4*) y posteriormente se asigna ese *4* de nuevo a la variable *a*. Tecleamos *a* y *Enter* para ver su valor.

Si hacemos ahora:

```
>>> a = 3.2
>>> b = 7.1
>>> a * b
22.72
```

En este ejemplo *a * b* es una expresión formada por dos variables y un *operador binario*. Hemos asignado dos valores reales a las variables *a* y *b* y luego obtenido su multiplicación, sin guardar el resultado en una nueva variable. De cara a introducir números reales, es el *símbolo punto* ('.') el usado obligatoriamente en *Python*. Si usásemos la coma, estaríamos introduciendo otro tipo de dato que veremos más adelante. Introduzcamos ahora una expresión más complicada y guardemos el resultado en una variable de nombre *c*:

```
>>> a = 2.1
>>> b = 7.2
>>> c = a + b * 10
>>>
```

Ahora no aparece el resultado, que tenemos almacenado en *c*. ¿Qué valor tiene *c* exactamente? Podríamos pensar que es *93*, resultado de sumar a y b y multiplicar por 10 lo obtenido, pero al teclear *c* y pulsar *Enter*:

```
>>> c
74.1
```

¿Qué ha ocurrido? Pues que ha entrado en escena el concepto **de prioridad de operadores**, que consiste básicamente en que de cara a evaluar una expresión existe un orden de ejecución de operadores, donde hay algunos con más prioridad que otros. El orden de prioridad de operadores aritméticos es el siguiente:

- El que más rango de ejecución tiene es el operador unario de negación (-).
- El siguiente de más rango es la potenciación (**).
- El siguiente grupo de más prioridad es el grupo de la multiplicación (*), la división real (/), la división entera (//) y la operación de resto (%).
- El grupo de menos prioridad es el formado por la suma (+) y la resta (-).

Salvo el operador unario de negación, el resto son operadores *binarios*.

Nos surgen dudas:

1. ¿Cómo hacemos si queremos que el orden de ejecución no sea el establecido?

   Podría ser el caso de nuestro anterior ejemplo si quisiésemos que el resultado fuese 93 y no 74.1. Para ello usaremos los **paréntesis**. Lo que esté entre paréntesis será lo primero que se ejecute dentro de una expresión. Aplicado a nuestro ejemplo, teclearíamos:

```
>>> a = 2.1
>>> b = 7.2
>>> c = (a + b) * 10
>>> c
>>> 93.0
```

   Obtenemos ahora el resultado que queremos, ya que el interior del paréntesis ha sido lo primero que ha calculado el intérprete. Dentro de ese paréntesis el orden de ejecución es el marcado por la prioridad de los operadores. En este caso solo tenemos uno, así que no hay problema. Tenemos la posibilidad de tener **paréntesis anidados**, es decir, paréntesis dentro de paréntesis, que a su vez pueden estar dentro de otros paréntesis, y así sucesivamente. En ese caso se calculará primero el paréntesis más interno, luego el segundo más interno, y así sucesivamente. Por ejemplo:

```
>>> ( ( ( a * b) + c) / a) * 21
1081.2
```

   Es un ejemplo de paréntesis anidados y el resultado de:

   - Multiplicar a y b (paréntesis más interno).
   - Sumar al resultado c (segundo paréntesis más interno).
   - Dividir el paso anterior entre a (tercer paréntesis más interno).

- Ya sin paréntesis, multiplicar el anterior por 21.

2. Si en una expresión aparecen varios operadores con igual prioridad, ¿cuál de ellos se ejecuta primero?

   En ese caso se ejecutarán los operadores de izquierda a derecha en orden de aparición. Veamos algún ejemplo:

```
>>> 12 * 3 % 7          # 12 * 3 = 36        36 % 7 = 1
1
>>> 3 % 7 * 12          # 3 % 7 = 3          3 * 12 = 36
36
>>> (12 * 3) % 7        # 12 * 3 = 36        36 % 7 = 1
1
>>> 12 * (3 % 7)        # 3 % 7 = 3          12 * 3 = 36
36
>>> 3 % (7 * 12)        # 7 * 12 = 84        3 % 84 = 3
3
```

Hasta ahora hemos visto ejemplos de asignación de expresiones a UNA variable. Es posible hacer una **asignación múltiple**, de la siguiente manera:

variable_1, variable_2,...,variable_n = expresión_1, expresión_2,...,expresión_n

Es imprescindible que el número de variables y de expresiones sea idéntico, ya que de lo contrario generaríamos un error en el intérprete. Un ejemplo:

```
>>> a , b , c = 12, 2, 7
>>> a
12
>>> b
2
>>> c
7
>>> a , b, c = 1, 2
Traceback (most recent call last):
File "<pyshell#19>", line 1, in <module>
   a , b, c = 1, 2
ValueError: need more than 2 values to
unpack
```

Otro ejemplo sería:

```
>>> a = 2
>>> b =3
>>> a , b = a+b, a-b
>>> a
5
>>> b
-1
```

```
>>> a = 1
>>> b = 2
>>> c = 3
>>> a, b, c = ((a*b)+a)*b, 10, 20
>>> a
6
>>> b
10
>>> a , b = b, a
>>> a
10
>>> b
6
```

Las expresiones pueden ser todo lo complejas que queramos, y es muy fácil intercambiar de forma directa el valor de dos variables. También podríamos usar esta asignación múltiple para introducir por teclado el valor de varias variables numéricas:

```
>>> a ,b,c = eval(input("Introduce valores de a,b y c: "))
Introduce valores de a, b y c: 6, 3, 2
>>> b
3
```

O hacer una asignación de un mismo valor a varias variables:

```
>>> a = b = c = d = 10
>>> a
10
>>> c
10
```

Eso es debido a que el orden en el que se ejecutan los operadores de asignación es de derecha a izquierda, es decir:

d = 10
c = d
b = c
a = b

Por lo tanto no es obligatoria la existencia de un único operador de asignación en una línea de código. También existen lo que se denominan **operadores aumentados de asignación**, que consisten en combinar los operadores aritméticos binarios que ya vimos con el operador de asignación. Por ejemplo, cuando tenemos lo siguiente:

```
>>>a = a + 1
```

Podemos sustituirlo por:

```
>>> a += 1
```

Obtendremos el mismo resultado, es decir, que *a* valga *2*. Debemos ser cuidadosos y no colocar espacios en blanco entre los dos símbolos combinados (en nuestro ejemplo el + y el =) ya que nos daría un error de sintaxis. Estos operadores están pensados para variables que se modifican mediante una operación y luego son reasignados a la misma variable. La tabla completa, junto a algún ejemplo, sería:

Operador	Nombre	Ejemplos	Equivalente a:	Valor de *a* si el valor previo de *a* era 3
+=	Suma asignación	a +=3	a = a + 3	6
-=	Resta asignación	a -= 3	a = a - 3	0
*=	Producto asignación	a *=3	a = a * 3	9
**=	Potencia asignación	a **= 3	a = a ** 3	27
/=	División real asignación	a /=3	a = a / 3	1.0
//=	División entera asignación	a //= 3	a = a // 3	1
%=	Resto asignación	a %=3	a = a % 3	0

Notaremos que en el operador *división real asignación* la operación ha generado que el intérprete automáticamente cambie el tipo de la variable, pasando de ser un tipo entero a un tipo real.

Ya comenté con anterioridad que *Python* trata dos tipos numéricos principales: los enteros y los reales. Los segundos tienen parte decimal y ésta está separada de la parte entera por un punto, denominado *punto decimal*.

3, *6*, *1232*, *-35* son ejemplos de números enteros.
1.23 , *2322.0* , *0.1223232* son ejemplos de números reales.

A los números reales también se les denomina *números de punto flotante*. ¿Cuál es el motivo? Todo viene derivado de que los números enteros y los números reales, al ser almacenados en memoria, lo hacen en distintos formatos. Los números reales se almacenan en forma de **notación científica**. ¿Qué es exactamente? Imaginemos que tenemos tres números reales: *12.334*, *0.000121* y *12345.6789*. Queremos almacenarlos en un formato homogéneo, para lo cual los transformamos en:

82.334 ⟶ $8.2334 * 10^1$ *3.21*
0.000321 ⟶ $* 10^{-4}$
72345.6789 ⟶ $7.23456789 * 10^4$

Esa es su notación científica. Solo tenemos un dígito antes del punto decimal, un número de varios dígitos para representar la parte decimal dentro del formato y un exponente de 10. Son esos tres elementos los que se almacenan en memoria en el caso de un número real, en contraposición con un número entero en el que solo se almacena ese número en concreto (aunque tenga que hacerse en varias celdas de memoria si el número es demasiado grande para hacerlo solo en una). En nuestro ejemplo hemos visto cómo hemos tenido que desplazar el punto decimal para poder "empaquetar" nuestro número real con el formato deseado. De ahí viene el nombre de número en punto flotante (*floating point*), de haber tenido que mover ("flotando") ese punto decimal a una nueva posición de cara a almacenar el número.

Los números en notación científica se representan con ese número decimal (con un solo dígito antes del punto) seguido de la letra *'E'* (o *'e'*) y el exponente que necesitamos, siendo el *'+'* opcional si el número es positivo. Nuestros tres números en notación científica serían:

82.334	⟶	*8.2334E+1*	o	*8.2334e1*
0.000321	⟶	*3.21e-4*	o	*3.21E-4*
72345.6789	⟶	*7.23456789E4*	o	*7.23456789e+4*

Los números en coma flotante no pueden ser todo lo grandes o pequeños que queramos. En el primer caso el sistema nos dará un error por desbordamiento (*overflow*) y en el segundo nos lo redondeará a 0 (*underflow*). Ejemplos:

```
>>> 1211.21 ** -150
0.0
>>> 5324.45 ** 150 Traceback
(most recent call last):
File "<pyshell#3>", line 1, in <module>
   5324.45 ** 150
OverflowError: (34, 'Result too
large')
```

Por lo general nos podrá dar más problemas el *overflow* que el *underflow*, ya que el primero genera un error y el segundo no, siendo el redondeo aplicado no importante en la mayoría de los casos.

Llegado a este punto podemos pensar si hay algún tipo especial de dato o de sintaxis para definir valores **constantes**, como pueden ser π, e, o simplemente cualquier valor que no varía en toda la ejecución de nuestro programa. La respuesta es no. *Python* no tiene un tipo especial para este tipo de datos. En su lugar asignamos una variable a ese valor constante y la pondremos con letras mayúsculas[10] para denotar que es un valor que no cambiará en el programa.

---

10 Es una convención, ya que no es obligatorio que sea así.

Por ejemplo:

```
>>> PI = 3.14159
>>> r = 21.43
>>> diametro = 2 * PI * r
>>> diametro
134.64854739999998
```

Imaginemos que tenemos un programa y usamos directamente un valor constante, por ejemplo el valor *21* para el IVA[11] que tenemos que aplicar a la venta de productos. Y pensemos que ese valor *21* es usado *45* veces en nuestro programa, dentro de expresiones. A pesar de ser un número corto, sería mucho más conveniente definir *IVA=21* y posteriormente usar dentro de las expresiones la constante IVA, ya que:

- Por un lado nos daría más legibilidad al código, sabiendo que ese 21 que aplicamos es el referido al IVA.
- Pensemos que en otro caso el valor constante no sea tan corto sino que tenga 12 decimales. Sería mucho más sencillo asignarle una constante y usarla posteriormente que estar repitiendo constantemente esa cifra tan larga.
- Finalmente, si en un momento cambiase el IVA a aplicar, en lugar de tener que cambiar el 21 por el nuevo valor 45 veces, cambiando solamente el valor de IVA se cambiaría instantáneamente en las 45 expresiones en las que lo usamos.

Es conveniente, por lo tanto, el uso de constantes en los programas ya que con ellas el código es más legible y más cómodo de modificar.

2.4 ALGUNAS FUNCIONES INTERESANTES DEL INTÉRPRETE PYTHON

En este momento, con los operadores que hemos visto, podremos realizar múltiples operaciones y obtener resultados, pero para realizar otra serie de acciones numéricas nos será necesario acudir a **funciones**, algunas ya incluidas en el intérprete y denominadas *built-in functions*, y otras externas reunidas en grupos de funciones denominadas **librerías** que tendremos que "importar" para poder trabajar con ellas. Una *función*, de forma resumida, es un determinado código reunido bajo un nombre

11 En España, impuesto sobre el valor añadido.

que realiza una serie de operaciones. De forma genérica[12] recibe unos datos de entrada (los identificaremos mediante los *parámetros de entrada*) y devuelve (aparte de las operaciones realizadas) unos datos de salida (*salida*):

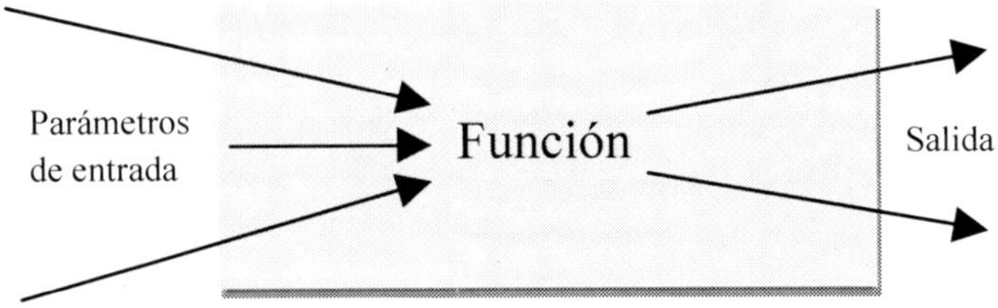

Denominaremos **parámetros de entrada** a los elementos teóricos que recibe la función (al indicar el formato de ésta), y **argumentos de entrada** a los datos concretos que recibe la función en una llamada. Será importante tener esta distinción en mente ya que se empleará en todo el libro.

Veremos, con la ayuda de la documentación de *Python*[13], cómo actúan algunas de estas funciones ya incorporadas en el intérprete. Para acceder a ella podríamos hacer clic sobre *Python Manuals* en la zona reservada a *Python 3.3* en el menú *Aplicaciones* de *Windows 8.1* (ya accedimos con anterioridad allí al ejecutar *IDLE*), pero una forma más directa es desde el propio *IDLE*, pulsando *F1* o mediante el menú *Help→Python Docs*. Al hacerlo aparecerá la pantalla principal de la documentación, con cuatro pestañas[14] en la parte superior izquierda de la ventana:

- *Contenido*: búsqueda por temas.
- *Índice*: búsqueda por palabra clave.
- *Buscar*: búsqueda por palabra clave más profunda
- *Favoritos*: para almacenar búsquedas favoritas para un acceso más directo a ellas.

En la parte derecha de la pantalla principal de la documentación aparecen varios temas a los que podemos acceder y navegar en ellos de forma similar a como lo hacemos en un navegador.

12 Habrá funciones que no reciban ningún argumento de entrada, que no devuelvan ningún dato de salida, o que solo devuelvan uno. Hablaremos de ello con posterioridad, a medida que vayamos viendo cómo trata en concreto *Python* las funciones.

13 Es importante saber usar y entender la ayuda de *Python* de cara a usar correctamente los elementos que lo componen.

14 En otros libros (o incluso por parte del lector) puede ser nombrado de otra manera.

2.4.1 Las funciones int() y eval()

Si deseamos buscar por palabras clave e ir a la información más importante sobre ella, activaremos la pestaña *Índice* haciendo clic sobre ella y teclearemos *"int"* dentro del cuadro de texto etiquetado con *"Escriba la palabra clave que desea buscar"*. Al pulsar *Enter* automáticamente en el cuadro posterior aparecen las coincidencias con nuestra palabra clave. Haremos doble clic sobre la opción *int() (built-in function)* y aparecerá una pantalla como la siguiente:

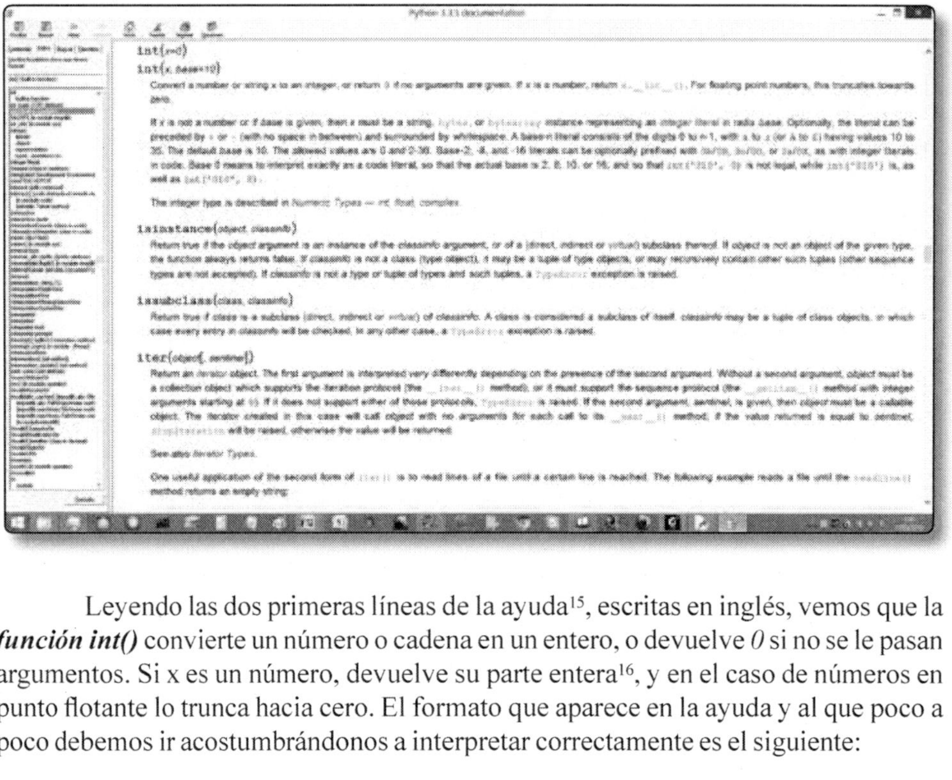

Leyendo las dos primeras líneas de la ayuda[15], escritas en inglés, vemos que la ***función int()*** convierte un número o cadena en un entero, o devuelve *0* si no se le pasan argumentos. Si x es un número, devuelve su parte entera[16], y en el caso de números en punto flotante lo trunca hacia cero. El formato que aparece en la ayuda y al que poco a poco debemos ir acostumbrándonos a interpretar correctamente es el siguiente:

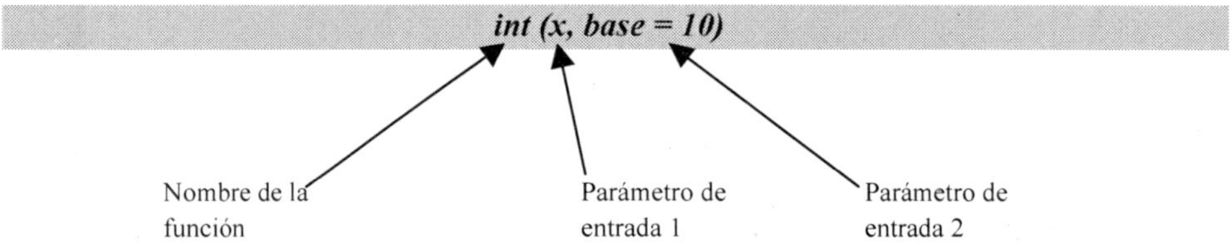

15 Las siguientes líneas de la ayuda nos indican del uso de la función en casos más complejos. De momento desecharemos esa información, ya que sería para un uso más avanzado. Nos quedaremos con el uso habitual y más simple de la función.

16 En temas posteriores veremos qué significa exactamente lo que en la ayuda aparece como *"devuelve x.__int__()"*, que a efectos prácticos es devolver la parte *entera*.

En este caso tenemos una función con dos *parámetros de entrada*, que aparecen en las funciones tras su nombre, encerrados entre paréntesis y separados unos de otros por comas. Uno (la *x*) es el número sobre el que se va a aplicar la función, y el otro (*base*) es la base numérica[17] en la que vamos a operar. Al aparecer este segundo parámetro con un valor ya asignado, significa que si solo pasamos la *x* a la función, nos cogerá por defecto *base =10* (base decimal), por lo que si queremos actuar en otra base (hexadecimal u octal, por ejemplo) debemos indicarlo en un segundo argumento, pero si queremos operar en base 10 no es necesario incluir éste. La salida de la función es el resultado de la función *int()*, que podemos (o no) asignarla a una variable. Veamos todo ello en el intérprete:

```
>>> int()                  # Si no se le pasa nada a la función...devuelve 0.
0
>>> a = "12"               # Si se le pasa una cadena con un número entero en ella.
>>> int(a)                 # devuelve ese número entero.
12
>>> int (12)               # Si le pasamos un número entero,nos lo devuelve.
12
>>> int (12.23)            # Si le pasamos un número real, nos devuelve su parte
12                         # entera.
>>> int (12.99)            # Siempre es la parte entera, a pesar de poder estar
12                         # mas cerca de otro entero.
```

Sobre el papel, los casos más interesantes son los que transforman una *cadena* representando un número entero en un *número* entero propiamente dicho, y el que elimina (trunca) la parte decimal de un número real *convirtiéndolo* en un número entero. La función no modifica la variable que pueda ser pasada como argumento, es decir, efectúa un cálculo que puede ser asignado a otra variable pero sin modificar la original que pasamos a la función:

```
>>> a = 21.89
>>> b = int (a)
>>> a, b
(21.89, 21)
```

En este caso hemos hecho que el intérprete nos represente por pantalla las dos variables, para una representación más compacta de la información. Nos puede valer de momento a efectos de visualización pero, en temas posteriores descubriremos que de ese modo se define otro tipo de dato.

¿Qué ocurriría si *la cadena de caracteres* que le pasamos como argumento no es un número entero?

---

17 Ya vimos (de forma informal) los sistemas en base 2, 8, 10 y 16 en el capítulo 1 al hablar de los sistemas numéricos.

```
>>> a = "56.21"
>>> int (a)
Traceback (most recent call last):
File "<pyshell#1>", line 1, in <module>
  int (a)
ValueError: invalid literal for int() with base 10: '56.21'
>>> eval(a)
56.21
```

Nos genera un error, ya que no es un argumento válido, como tampoco lo sería "hola", que produciría un error similar. Por lo tanto, la función *int()* no vale para manejar directamente cadenas que representen números reales. La función ***eval()*** (que vimos al principio del capítulo) sí que transforma en un valor de tipo real el contenido de la cadena, así que para obtener la parte entera de un valor real almacenado en una cadena de caracteres, habría que usar las dos funciones anidadas:

```
>>>int(eval(a))
56
```

Como curiosidad sobre la función *int()* veremos algo que nos será útil en casos concretos, y es lo siguiente:

```
>>> a = "0000121"
>>> int(a)
121
>>> eval(a)
Traceback (most recent call last):
File "<pyshell#4>", line 1, in <module>
  eval(a)
File "<string>", line
10000121
     ^
SyntaxError: invalid token
```

Observamos que *int()* elimina los ceros que puedan aparecer a la izquierda en una cadena que representa un entero, cosa que no puede hacer la función *eval()*. Pero cuidado, sabemos que si esa cadena representa un número real, *int()* dará error, mientras que *eval()* la procesará sin problemas, aunque simplemente transformándola en el número real correspondiente:

```
>>> a = "000121.23"
>>> eval(a)
121.23
```

Con una pequeña tabla a modo de resumen, este es el trato de las funciones *int()* y *eval()* a las cadenas que representan números:

	int(a)	eval(a)
a = "121"	121	121
a = "121.89"	ERROR	121.89
a = "000121"	121	ERROR
a = "000121.89"	ERROR	121.89

Veamos alguna cosa interesante de la función *eval()*, ya que de momento solo la hemos usado para convertir una cadena que contenía valores numéricos en los propios valores numéricos de cara a operar con ellos. Pero *eval()* como su nombre indica, *evalúa* la *expresión* que se le pasa en forma de cadena[18]. Ejemplos:

```
>>> a = 12
>>> eval ("a * 2")                    # 2a
24
>>> eval("4*a**2+32")                 # 4a^2+32
608
```

2.4.2 La función round()

Veamos qué aparece en la ayuda sobre la función *round()*. La forma de acceder a ella es exactamente igual que para *int()*. Tras teclear "round" en el cuadro de texto de búsqueda y seleccionando *round() (built-in function)*, obtendremos en la ventana de la derecha información sobre el formato de la función, que es el siguiente:

round (number[, ndigits])

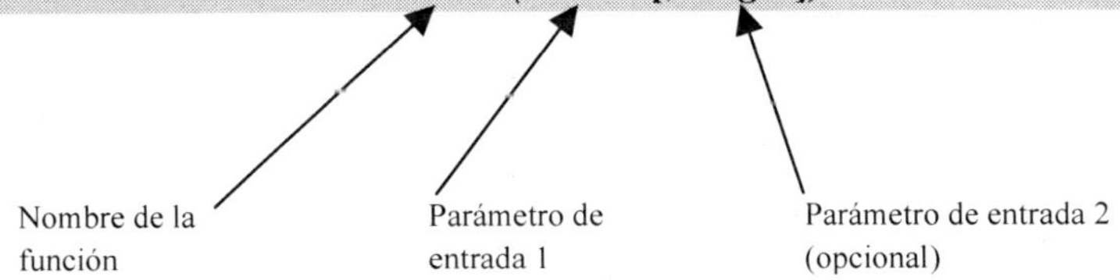

La función *round()* tiene dos *parámetros de entrada*. Uno es el número a redondear (*number*) y el otro el número de decimales (*ndigits*) que queremos que tenga el número ya redondeado. Este último parámetro es opcional (por eso, tanto el parámetro como la coma que separa ambos parámetros de entrada aparece entre corchetes, que nos indica que puede o no aparecer cuando llamamos a la función) y si se omite se redondeará sin decimales, truncando el número hacia uno natural. El

18 La cadena que le pasamos a la función *eval()* puede estar encerrada entre comillas simples o dobles.

redondeo se hace dependiendo del número de decimales que queremos que aparezcan y siempre hacia el elemento (del número de decimales que indiquemos) más próximo. ¿Qué ocurre si el número que queremos redondear está a la misma distancia de el siguiente elemento por encima y por debajo? Por ejemplo, ¿cómo redondeará *1.25* con un decimal? Porque está (sobre el papel[19]) a la misma distancia por arriba y por abajo (*0.05*) de *1.30* y de *1.20*. La norma genérica es que se redondeará hacia el elemento PAR, es decir, el *1.20*:

```
>>> round(1.25)
1
>>> round(1.25, 1)
1.2
>>> round(1.4625,3)
1.462
```

En este caso le decimos que queremos redondear *1.4625* a un número de 3 decimales y lo redondea correctamente hacia el decimal PAR, en este caso *462*. No obstante, por cómo trabajan los ordenadores con los números reales, no es posible saber a ciencia cierta si eso va a ser así, pudiendo encontrar comportamientos extraños (como se indica pertinentemente en la documentación de *Python*):

```
>>> round(1.255,2)
1.25
```

En este caso, y siguiendo la norma genérica, el número debería haber sido redondeado a *1.26* y sin embargo lo ha hecho a *1.25*. Así que actuaremos con precaución en estos casos, siendo conscientes de esta curiosa forma de actuar. Ejemplos de un uso sin sobresaltos de la función *round()* son:

```
>>> round(1.21)
1
>>> round(1.89)
2
>>> round(1.5)
2
>>> round(3.5)
4
>>> round(-3.5)
-4
>>> round (1.35,1)
1.4
>>> round(1.4999, 2)
```

19 Al representar números en punto flotante, nunca será exactamente 1.500000000000000 el valor. Es una característica intrínseca a cómo trata el ordenador este tipo de números y que consideraremos más adelante.

```
1.5
>>> round(1.462,2)
1.46
>>> round(1.467,2)
1.47
```

¿Cuál sería el motivo para que, siempre que se pueda, en caso de equidistancia (es decir, si el último decimal es 5) se redondee buscando el elemento par? Pues que en la mitad de los casos se redondee hacia arriba y en la mitad hacia abajo, independientemente de que el número sea positivo o negativo. Ya que no hay un motivo para redondear siempre hacia arriba o hacia abajo, se opta por hacerlo en la mitad de los casos de una manera y en la otra mitad de otra.

Sigamos viendo funciones en su uso más simple y habitual, obviando algunas opciones más complicadas que se puedan comentar en la documentación, ya que solo estamos interesados en una primera aproximación.

2.4.3 La función abs()

El formato es el siguiente:

abs (x)

Devuelve el valor absoluto de un número. El argumento con el que se llama a la función (representado por el parámetro de entrada x en el formato) debe ser un número entero o un número real. Unos sencillos ejemplos serían:

```
>>> abs(-12.89)
12.89
>>> abs(12)
12
>>> abs(-12)
12
```

2.4.4 La función max()

El formato es:

$max(x_1, x_2, \ldots, x_n)$

Devuelve el valor máximo de una serie de números x1, x2,..., xn separados por comas.

Ejemplos:

```
>>> a , b, c ,d = 12.1 , 32.2 , 1.23 ,9.67
>>> max(a, b, c, d)
32.2
>>> max(18.7, 7 , 3)
18.7
>>> max(-21, 2)
2
```

2.4.5 La función min()

El formato es:

$$min(x_1, x_2, \ldots, x_n)$$

Devuelve el valor mínimo de una serie de números separados por comas. Ejemplos:

```
>>> a , b, c ,d = 12.1 , 32.2 , 1.23 ,9.67
>>> min(a, b, c, d)
1.23
>>> min(18.7, 7 , 3)
3
>>> min(-21,2)
-21
```

2.4.6 La función pow()

El formato es:

pow(a, b)

Devuelve ab. Tiene el mismo efecto que a ** b. Ejemplos:

```
>>> pow(2, 3)                         # 2³ = 2 * 2 * 2 = 8
8
>>> a = 4                             # 4¹/² = √4 = 2
>>> b = 1 /2
>>> pow(a, b)
2.0
>>> pow (2.545, 4.232)                # 2.545⁴·²³²
52.1039577731859
```

2.4.7 La función format() aplicada a números

Python a nivel numérico distingue principalmente dos tipos[20]: enteros (*int*) y reales (*float*), también denominados números de punto flotante (*floating-point numbers*). Los números de punto flotante vimos que podíamos representarlos en notación científica (*scientific notation*). Habrá momentos que queramos, por ejemplo, que un número entero aparezca justificado a la derecha o un número real con solo dos cifras decimales. Para eso se usa la función *format()*, que devuelve una cadena con el formato que le indiquemos. Veamos su forma genérica sacada directamente de la documentación:

format(value[, format_spec])

↓

"[[fill]align][sign][#][0][width][,][.precision][type]"

En ella *value* es el valor sobre el que vamos a actuar y *format_spec* son las especificaciones de formato (parámetro opcional al aparecer entre corchetes), que deben aparecer en formato cadena, es decir, entre comillas dobles[21], de ahí que las hayamos colocado ya fijas[22]. En estas especificaciones de formato aparecen una serie de parámetros opcionales. Si no se pasa ninguna especificación de formato, es decir, si *format_spec* no existe o es la cadena vacía *('')*, *format()* se comporta como la función *str()* que veremos al tratar con cadenas[23] y que básicamente devuelve el objeto que hemos pasado como *value* (en nuestro caso particular un número) transformado al tipo cadena[24]. Pasamos a describir en formato tabular el significado de los parámetros potenciales de *format()* junto a prácticamente la totalidad de sus posibles valores[25]. Es importante observar que, a pesar de poder o no aparecer los parámetros de formato, se debe respetar el orden en el que están indicados en el caso de que sí lo hagan.

---

20 En realidad tiene más tipos (como *complex* para números complejos) pero de momento no nos interesan demasiado.

21 Podrían estar también entre comillas simples pero elegimos esa opción al tratarse de cadenas de más de un carácter.

22 No aparecen dentro de ningún corchete.

23 Las *cadenas de caracteres* o simplemente *cadenas* son series secuenciales de caracteres.

24 Recordemos que la función no modifica el argumento que le pasamos.

25 No listaremos la totalidad por economizar espacio y no necesitar un análisis tan exhaustivo.

Nombre	Descripción	Posibles valores	Significado
[[**fill**]align]	*fill* rellena con el carácter indicado la zona no rellenada por *value*	Cualquier carácter	Identificar el carácter que queremos para el relleno
[[fill]**align**]	*align* indica la alineación de *value* dentro de la zona indicada para que se inserte	'<'	Alineación izquierda. Por defecto para texto
		'>'	Alineación derecha. Por defecto para números
		'^'	Alineación centrada
		'='	Alineación derecha e Inserta el carácter indicado por fill entre el signo y *value*. Solo para números
[sign]	Indica la forma de insertar los signos para los valores positivos y negativos	'+'	Inserta siempre el signo del número, sea éste positivo o negativo
		'_'	Inserta el símbolo de signo solo si es negativo
		espacio[26]	Inserta espacio en blanco si es número positivo y todo el número con signo si es negativo
[#]	Saca determinados formatos dependiendo con qué tipo de números trabajamos. Si es con números enteros en formato binario, octal, o hexadecimal la salida añade'0b, '0o'o '0x' respectivamente antes del número. Si es un número real, se añade siempre el punto decimal aunque no tenga ningún dígito decimal.		
[0][width]	Indica la anchura en caracteres en la que se insertará *value*. Si no se indican caracteres de relleno, serán espacios en blanco. Si se precede de un 0, serán el propio 0.	Número entero	Indica anchura en caracteres. Si no se indica o si es menor que el tamaño de *value*...se adapta a él.
[,]	Añade el separador de miles (representado por la coma) al formato de salida de *format()*		
[.precision]	Indica el número de dígitos que aparecerán tras en punto decimal en números reales	Número entero	Indica número de dígitos de precisión en números reales.

[type][27] (números enteros)	Indica el tipo de dato en que será presentada la salida si tenemos números *Enteros*	'b'	Formato binario (base 2)
		'c'	Formato carácter (Unicode)
		'd'	Formato decimal (base 10). Valor por defecto
		'o'	Formato octal (base 8)
		'x'	Formato hexadecimal con letras minúsculas
		'X'	Formato hexadecimal con letras mayúsculas
[type] (números reales)	Indica el tipo de dato en que será presentada la salida si tenemos números reales	'e'	Formato en notación científica usando 'e' minúscula. Precisión por defecto de 6. Valor por defecto
		'E'	Formato en notación científica usando 'e' mayúscula. Precisión por defecto de 6
		'f'	Formato de punto fijo (*fixed point*) con precisión por defecto de 6
		'%'	Formato porcentaje: multiplica el número por 100 y lo formatea en formato de punto fijo, seguido de '%'

Es normal que el lector se sienta confundido ante la presentación directa de las opciones, ya que no es fácil entenderlas de primeras. Para ello nos vendrá bien ver unos ejemplos, tras los cuales la tabla se comprenderá mucho mejor[28]: Representaremos para más claridad los espacios en blanco con el símbolo '□'.

```
>>> format(1290)                # Sin ningún argumento.
'1290'
>>> format(1290.43,"")          # Sin ningún argumento.
'1290.43'
>>> format(1212343,"5")         # El 5 indica la anchura en número de caracteres, que en este
'1212343'                       # caso es menor que la de value, que es 7.
>>> format(1823.23,"4")         # Ahora aplicado a un número real.
'1823.23'
>>> format(1212343,"15")        # Ahora la anchura es 15. Los caracteres restantes se rellenan
'□□□□□□□□1212343'               # con espacios en blanco. Alineación derecha por defecto.
```

26 Nos referimos al carácter espacio en blanco, insertado al pulsar la barra espaciadora.

27 Para cadenas, *type* tendrá otro valor, concretamente *'s'*.

28 A medida que introducimos los ejemplos en nuestro intérprete, es interesante mirar a su vez lo que nos indica la tabla sobre el caso concreto en el que estamos.

```
>>> format(1823.23,"10")                # Aplicado a número real.
'□□□1823.23'
>>> format(12.343,"*>30")               # Con carácter de relleno, anchura y alineación derecha.
'************************12.343'
>>> format(12.343,"*<30")               # Con carácter de relleno, anchura y alineación izquierda.
'12.343************************'
>>> format(12.343,"*^30")               # Con carácter de relleno, anchura y alineación centrada.
'************12.343************'
>>> format(12.343,"0=+30")              # Con signo, relleno y anchura.
'+0000000000000000000000012.343'
>>> format(12.343,"+30")                # Con signo y anchura.
'□□□□□□□□□□□□□□□□□□□□□□□+12.343'
>>> format(-12.343,"+30").
'□□□□□□□□□□□□□□□□□□□□□□□-12.343'
>>> format(12.343,"-30")
'□□□□□□□□□□□□□□□□□□□□□□□□12.343'
>>> format(-12.343,"-30")
'□□□□□□□□□□□□□□□□□□□□□□□ -12.343'
>>> format(-12.343,"< 30")              # Con alineación y anchura.
'-12.343□□□□□□□□□□□□□□□□□□□□□□□'
>>> format(12.343,"< 30")
'□12.343□□□□□□□□□□□□□□□□□□□□□□□      # Deja un espacio en blanco al inicio.
>>> format(12.343,">030")               # Con alineación derecha y anchura precedida de 0.
'000000000000000000000000012.343'
>>> format(12.343,"^030")               # Con alineación centrada y anchura precedida de 0.
'000000000000012.343000000000000'
>>> format(1223,"b")                    # En formato binario.
'10011000111'
>>> format(1223,"d")                    # En formato decimal.
'1223'
>>> format(0x1232,"d")                  # En formato decimal estando value en hexadecimal.
'4658'
>>> format(1223,"o")                    # En formato octal.
'2307'
>>> format(1223,"x")                    # En formato hexadecimal.
'4c7'
>>> format(139.832,".2")                # Si no indicamos tipo en reales, por defecto aparece la
'1.4e+02'                               # notación científica con e minúscula.
>>> format(139.832,".2E")               # Si queremos que aparezca la E (mayúscula).
'1.40E+02'
>>> format(139.832,".2f")               # Indicamos tipo real con dos decimales.
'139.83'
>>> format(12.3789299322,"e")           # Si solo indicamos notación científica nos aparecerán
'1.237893e+01'                          # 6 decimales.
>>> format(12.3789299322,"f")           # Si solo indicamos tipo real nos aparecerán 6 decimales
```

```
'12.378930'                          # Observar el redondeo.
>>> format(12.378,"f")
'12.378000'
>>> format(12.37892,".12E")          # Con 12 decimales en notación científica.
'1.237892000000E+01'
>>> format(12.3789299322,".7f")      # Con 7 decimales en formato número real.
'12.3789299'
>>> format(832.834,"%")              # Formato porcentaje. Observar que se multiplica por 100
'83283.400000%'                      # y aparecen 6 decimales si no indicamos el número de ellos.
>>> format(832.834,".2%")            # Aquí indicamos que solo queremos 2 decimales en el
'83283.40%'                          # formato porcentaje.
>>> format(0x1293,"10x")             # Indicamos que saque un número hexadecimal sin el 0x.
'□□□□□□1293'
>>> format(0x1293,"#10x")            # Indicamos que saque un número en hexadecimal con el 0x.
'□□□□0x1293'                         # Damos value como número hexadecimal
>>> format(0x1293,"#10b")            # Indicamos que saque un número en binario con el 0b.
'0b1001010010011'                    # Damos value como número hexadecimal
>>> format(0x1293,"#10o")            # Indicamos que saque un número en octal con el 0o.
'□□□0o11223'                         # Damos value como número hexadecimal.
>>> format(1293,"#10x")              # Damos value como número decimal.
'□□□□□0x50d'
>>> format(1293,".5f")               # Conseguimos un formato real con 5 decimales.
'1293.00000'
>>> format(1293,"#.0f")              # Podemos indicar que saque el punto sin decimales.
'1293.'
>>> format(1293,".0f")               # Si no indicamos la almohadilla no aparece el punto.
'1293'
>>> format(1293,"#.2f")              # Damos value como número decimal.
'1293.00'
>>> format(0x1293,"#.2f")            # Damos value como número hexadecimal.
'4755.00'
>>> format(1293,"#.2e")              # Formato científico con 2 decimales.
'1.29e+03'
>>> format(129947.8922,"^30,.2f")    # Formato centrado, con coma de miles, anchura
'□□□□□□□□□□129,947.89□□□□□□□□□□'           # de 30 y dos decimales.
>>> format(1293.37777,"#.2f")        # Ejemplo de redondeo.
'1293.38'
```

Como anotaciones finales, decir que habremos observado como el punto decimal, el signo '+' en notación científica, el signo '–' y el '%' también se cuentan como caracteres para el límite marcado de anchura. Y que el redondeo se realiza si el número de decimales que queremos es menor del que tiene *value*. El lector puede jugar con las distintas opciones para conseguir el formato final que desee.

2.5 TRABAJANDO CON CARACTERES Y CADENAS

Ya hemos trabajado de forma simple tanto con *caracteres* individuales como agrupaciones secuenciales de ellos, las *cadenas*. Vimos que las cadenas pueden contener la representación de números en su interior, y aprendimos algunas funciones para convertir esas cadenas en los propios números, paso inevitable de cara a poder operar con ellos de forma aritmética.

En *Python* no hay un tipo de dato carácter, sino que se trata todo como cadenas. Es decir, un carácter será una cadena de longitud 1. Esas cadenas pueden ir encerradas entre comillas simples (') o dobles ("). Por lo tanto, todas estas expresiones son correctas:

```
>>> a = "a"
>>> b = 'b'
>>> c = "hola"
>>> d = 'hola'
>>> e = "4.59"
```

En ellas asignamos a varias variables determinadas cadenas, la última de todas representando un valor numérico de tipo real.

En otros lenguajes de programación, las cadenas son agrupaciones de caracteres de longitud mayor de uno y los caracteres individuales tienen su tipo propio de dato, estando las primeras encerradas entre comillas dobles y los segundos entre comillas simples. Por lo tanto, parece lógico seguir esa convención en nuestro código, de cara a compatibilidad y claridad[29], aún sabiéndolo no obligatorio. Una de las cualidades de *Python* es poder integrar fácilmente código escrito en otros lenguajes, algunos más rápidos[30] que él, como puede ser C. Mediante la convención indicada, el ejemplo anterior sería:

```
>>> a = 'a'
>>> b = 'b'
>>> c = "hola"
>>> d = "hola"
>>> e = "4.59"
```

En memoria solo hay números en formato binario representando números. Para manejar caracteres usamos una especie de "tablas" para hacer corresponder uno

29 El espacio vacío (o cadena vacía) lo representaremos colocando dos comillas simples seguidas.

30 Es uno de los motivos por los que en el ámbito científico *Python* se usa mucho a pesar de no ser un lenguaje de por sí demasiado rápido.

a uno números con símbolos. Dos ejemplos de ello son el código *ASCII*[31] y *Unicode* (más completo, que incluye al primero y pensado para tratar con los distintos idiomas y símbolos a nivel mundial). Una tabla que representa el código ASCII y que nos ayudará a visualizar este tipo de códigos es la siguiente:

Decimal	Hexadecimal	Binary	Octal	Char
0	0	0	0	[NULL]
1	1	1	1	[START OF HEADING]
2	2	10	2	[START OF TEXT]
3	3	11	3	[END OF TEXT]
4	4	100	4	[END OF TRANSMISSION]
5	5	101	5	[ENQUIRY]
6	6	110	6	[ACKNOWLEDGE]
7	7	111	7	[BELL]
8	8	1000	10	[BACKSPACE]
9	9	1001	11	[HORIZONTAL TAB]
10	A	1010	12	[LINE FEED]
11	B	1011	13	[VERTICAL TAB]
12	C	1100	14	[FORM FEED]
13	D	1101	15	[CARRIAGE RETURN]
14	E	1110	16	[SHIFT OUT]
15	F	1111	17	[SHIFT IN]
16	10	10000	20	[DATA LINK ESCAPE]
17	11	10001	21	[DEVICE CONTROL 1]
18	12	10010	22	[DEVICE CONTROL 2]
19	13	10011	23	[DEVICE CONTROL 3]
20	14	10100	24	[DEVICE CONTROL 4]
21	15	10101	25	[NEGATIVE ACKNOWLEDGE]
22	16	10110	26	[SYNCHRONOUS IDLE]
23	17	10111	27	[ENG OF TRANS. BLOCK]
24	18	11000	30	[CANCEL]
25	19	11001	31	[END OF MEDIUM]
26	1A	11010	32	[SUBSTITUTE]
27	1B	11011	33	[ESCAPE]
28	1C	11100	34	[FILE SEPARATOR]
29	1D	11101	35	[GROUP SEPARATOR]
30	1E	11110	36	[RECORD SEPARATOR]
31	1F	11111	37	[UNIT SEPARATOR]
32	20	100000	40	[SPACE]
33	21	100001	41	!
34	22	100010	42	"
35	23	100011	43	#
36	24	100100	44	$
37	25	100101	45	%
38	26	100110	46	&
39	27	100111	47	'
40	28	101000	50	(
41	29	101001	51	)
42	2A	101010	52	*
43	2B	101011	53	+
44	2C	101100	54	,
45	2D	101101	55	-
46	2E	101110	56	.
47	2F	101111	57	/

Decimal	Hexadecimal	Binary	Octal	Char
48	30	110000	60	0
49	31	110001	61	1
50	32	110010	62	2
51	33	110011	63	3
52	34	110100	64	4
53	35	110101	65	5
54	36	110110	66	6
55	37	110111	67	7
56	38	111000	70	8
57	39	111001	71	9
58	3A	111010	72	:
59	3B	111011	73	;
60	3C	111100	74	<
61	3D	111101	75	=
62	3E	111110	76	>
63	3F	111111	77	?
64	40	1000000	100	@
65	41	1000001	101	A
66	42	1000010	102	B
67	43	1000011	103	C
68	44	1000100	104	D
69	45	1000101	105	E
70	46	1000110	106	F
71	47	1000111	107	G
72	48	1001000	110	H
73	49	1001001	111	I
74	4A	1001010	112	J
75	4B	1001011	113	K
76	4C	1001100	114	L
77	4D	1001101	115	M
78	4E	1001110	116	N
79	4F	1001111	117	O
80	50	1010000	120	P
81	51	1010001	121	Q
82	52	1010010	122	R
83	53	1010011	123	S
84	54	1010100	124	T
85	55	1010101	125	U
86	56	1010110	126	V
87	57	1010111	127	W
88	58	1011000	130	X
89	59	1011001	131	Y
90	5A	1011010	132	Z
91	5B	1011011	133	[
92	5C	1011100	134	\
93	5D	1011101	135	]
94	5E	1011110	136	^
95	5F	1011111	137	_

Decimal	Hexadecimal	Binary	Octal	Char
96	60	1100000	140	`
97	61	1100001	141	a
98	62	1100010	142	b
99	63	1100011	143	c
100	64	1100100	144	d
101	65	1100101	145	e
102	66	1100110	146	f
103	67	1100111	147	g
104	68	1101000	150	h
105	69	1101001	151	i
106	6A	1101010	152	j
107	6B	1101011	153	k
108	6C	1101100	154	l
109	6D	1101101	155	m
110	6E	1101110	156	n
111	6F	1101111	157	o
112	70	1110000	160	p
113	71	1110001	161	q
114	72	1110010	162	r
115	73	1110011	163	s
116	74	1110100	164	t
117	75	1110101	165	u
118	76	1110110	166	v
119	77	1110111	167	w
120	78	1111000	170	x
121	79	1111001	171	y
122	7A	1111010	172	z
123	7B	1111011	173	{
124	7C	1111100	174	|
125	7D	1111101	175	}
126	7E	1111110	176	~
127	7F	1111111	177	[DEL]

Veremos a continuación varias funciones que trabajan con cadenas.

2.5.1 La función print()

Ya hemos visto anteriormente el uso sencillo de la función *print()* y sabemos que es una de las funciones que vienen por defecto *(built-in function)* en nuestro intérprete. En la documentación observamos que su formato es:

print(*objects, sep=' ', end='\n', file=sys.stdout, lush=False)

Aún no estamos preparados para saber interpretar con exactitud todos los

31 *American Standard Code for Information Interchange*, código estándar estadounidense para el intercambio de información.

parámetros de la función. De momento desecharemos los dos últimos indicando simplemente que el parámetro *file* indica el dispositivo donde queremos que imprima los datos, siendo en este caso el valor por defecto *sys.stdout*[32], que es nuestra pantalla. Como los parámetros *file* y *flush* (del que no comentaré nada) tienen valores por defecto, serán ellos los que actuarán, y se imprimirán los caracteres por la pantalla.

Nos quedaría:

print(*objects, sep=' ', end='\n')

Objetos a imprimir en pantalla — separación entre ellos — carácter final

Imprime en pantallas los objetos indicados[33], separados por *sep* y finalizado todo ello por *end*, que deben ser ambos cadenas o el valor[34] *None*, en cuyo caso se usarán los valores por defecto. Fijándonos en ellos vemos que el valor por defecto para la separación es el espacio en blanco, con lo cual si hay varios objetos a sacar por pantalla, por defecto los separará por espacios en blanco, como suele ser lo habitual. Veamos algún ejemplo:

```
>>> a = "hola"
>>> b = "que"
>>> c = "tal"
>>> print(a,b,c)
hola que tal
```

En este caso se han sacado por pantalla tres objetos (*a*, *b* y *c*) y al no poner ningún parámetro más la separación entre ellos ha sido el espacio en blanco. Si ahora hacemos:

```
>>> print(a,b,c,sep="-----")
hola-----que-----tal
```

Notaremos que la separación entre los tres objetos son cinco guiones, ya que se lo hemos indicado mediante en parámetro *sep*. También podemos poner directamente expresiones:

```
>>> print("hola", 2*5)
hola 10
```

---

32 *sys.stdout* lo interpretamos como *System Standard Output*, salida estándar del sistema: la pantalla.

33 En este caso el símbolo de asterisco '*' significa a efectos prácticos que puede haber muchos objetos distintos, separados por comas. Una explicación más exhaustiva será dada en el capítulo 4 cuando hablemos con más profundidad de funciones.

34 *None* es un valor especial que interpretaremos como *"nada"*.

Constatamos que *print()* transforma el resultado de la expresión numérica en una cadena para poder sacarla por pantalla. Otro ejemplo sería:

```
>>> a = "e vale"
>>> b = 10
>>> c = 21
>>> d ="euros"
>>> print(a, b*c, d)
e vale 210 euros
```

Visualizaremos de nuevo el formato de la función *print()*:

*print(*objects, sep=' ', end='\n')*

Observamos que el valor por defecto del parámetro *end* es *'\n'* y que está encerrado entre comillas simples, con lo cual es un carácter. ¿Puede ser eso posible? Lo es, ya que el símbolo barra diagonal inversa o simplemente barra inversa[35] seguido de una letra o un número[36] (lo que denominamos **secuencia de escape**[37]) nos indica que estamos ante un **carácter especial**. ¿Para qué se usan estos caracteres especiales dentro de la función *print*? Por ejemplo, para indicar un cambio de línea o para representar caracteres que por el propio formato de *print()* estarían en un principio prohibidos. Pongamos algunos ejemplos. Imaginemos que queremos sacar por pantalla una cita literal entrecomillada. Si lo intentamos así:

```
>>> print("Y él dijo: "no creo que sea posible"")
SyntaxError: invalid syntax
```

No nos deja. Para conseguirlo debemos usar la secuencia de escape \" que representa al carácter especial de entrecomillado doble. Tecleando lo siguiente:

```
>>> print("Y él dijo: \"no creo que sea posible\"")
Y él dijo: "no creo que sea posible"
```

Con ello conseguimos el resultado deseado. Veamos a continuación una tabla con los caracteres especiales más usados dentro de la función *print()*:

35 *Backslash* en inglés.
36 La combinación de ambos es lo que se denomina una **secuencia de escape**.
37 También denominado carácter de escape. Al colocar la barra invertida de alguna manera "escapamos" del significado habitual de lo que le sigue.

Secuencia de escape	Nombre	Acción que realiza
\n	Nueva línea o fin de línea[38]	Cambia de línea para próxima impresión
\t	Tabulador	Inserta un tabulador (varios espacios en blanco)
\\	Barra inversa	Inserta barra inversa
\'	Comilla simple	Inserta comilla simple
\"	Comilla doble	Inserta comilla doble
\ooo	Carácter en octal	Inserta carácter con valor octal *ooo*
\xhh	Carácter en hexadecimal (8 *bits*)	Inserta carácter con valor hexadecimal *hh* (*ASCII*)
\uxxxx	Carácter en hexadecimal (16 *bits*)	Inserta carácter con valor hexadecimal *xxxx* (*Unicode*)

Pondré ejemplos:[38]

```
>>> print("hola\nque\ntal\nestás")
hola
que
tal
estás
>>> print("Nombre\tEdad\tProfesión")
NombreEdad          Profesión
>>> print("Artículo 12\\3")
Artículo 12\3
>>> print("Carácter 'a' ")
Carácter 'a'
>>> print("Carácter \'a\' ")
Carácter 'a'
```

Si ahora sabemos que el carácter *'@'* tiene en el código *ASCII* el valor decimal *64*, el valor octal *100* y el valor hexadecimal *40*, podemos hacer:

```
>>> print("\100 \x40")
@ @
```

Volviendo nuevamente al formato de *print*:

*print(*objects, sep=' ', end='\n')*

38 EOL (*end on line*) en inglés.

Ahora nos fijamos en que el valor por defecto del parámetro *end* es la secuencia de escape para el cambio de línea, lo que nos indica que si no le pasamos un valor a *end* en la llamada a *print()*, se insertará automáticamente un cambio de línea al finalizar la impresión en pantalla, por lo que el próximo *print()* escribirá en la siguiente línea. Para ver este efecto[39] debemos crear un pequeño fichero[40] que guardaremos en nuestra carpeta[41] con el nombre *ejemplo_print*[42], conteniendo en su interior lo siguiente:

```
print("Primera línea")
print("Segunda línea")
```

Posteriormente lo ejecutamos y obtendremos en la salida del *Python Shell*:

```
Primera línea
Segunda línea
```

Exactamente como esperábamos. Si quisiésemos que todo estuviese en la primera línea, deberíamos agregar el parámetro *end* con el valor que deseemos al primer *print()*. De esa forma le indicaríamos que no queremos un salto de línea al finalizar su ejecución. Si ahora modificamos nuestro pequeño *script* de *Python* y ponemos, antes de volver a ejecutarlo:

```
print("Primera línea", end="")
print("Segunda línea")
```

Obtendremos:

```
Primera líneaSegunda línea
```

Al añadir el parámetro *end* con valor *cadena vacía* ya no cambia de línea sino que nos la inserta al finalizar el primer *print()*, motivo por el cual los dos textos salen juntos. Para que hubiesen salido separados por un espacio en blanco podríamos haber dado el valor *espacio en blanco* al parámetro *end* del primer *print()*, o insertarlo tras las primeras comillas dobles del segundo.

39 En el intérprete no lograríamos ver el efecto.

40 Recordamos: desde el *Python Shell* de *IDLE*, hacemos clic en menú *File* y luego en *New Window*. Posteriormente para ejecutarlo, menú *Run→Run Module*.

41 No haremos por lo general referencia a su nombre. Recordemos que está en nuestro *Escritorio* de *Windows* y tiene el nombre *Ficheros_Python*.

42 Si no indicamos extensión, por defecto *IDLE* nos añade *.py*.

2.5.2 La función str()

La función[43] *str()* tiene el siguiente formato:

str(obj)

Recibe un objeto[44] *obj* y devuelve ese objeto convertido en cadena.

Anteriormente en este capítulo vimos cómo convertir (con sus peculiaridades) mediante *int()* y *eval()* un número en formato cadena a formato numérico. Ahora mediante la función *str()* podemos lograr lo contrario, es decir, pasar de un número (tanto entero como de punto flotante) a formato cadena:

```
>>> str(7)
‘7’
>>> str(3.32)
‘3.32’
>>> str(3*5)                # Admite expresiones. La calcula y el resultado es el objeto
‘15’                        # que recibe str().
>>> a = 867.21
>>> b = str(a)
>>> a                       # No se modifica el objeto que le pasamos.
867.21
>>> b
‘867.21’
```

2.5.3 La función format() aplicada a cadenas

En el apartado 2.4.7 conocimos de forma bastante exhaustiva cómo actuaba la función *format()* sobre números. Veamos ahora cómo actúa sobre cadenas. Recordemos el formato genérico de la función:

format(value[, format_spec])

↓

"[[fill]align][sign][#][0][width][,][.precision][type]"

43 En realidad, de forma estricta, *str()* es lo que se denomina una *clase*. Como no hemos definido aún qué es, consideraremos y usaremos *str()* como una función. Más adelante definiremos el concepto de *clase*.

44 Recordemos que todos los datos en *Python* son en realidad objetos.

En el *format_spec* (parámetro opcional al ir entre corchetes) eran las especificaciones (que aparecen como cadena[45]) de formato que aplicábamos a *value*, valor sobre el que actuamos. En el caso de las cadenas el formato se reduce al siguiente:

“[[fill]align][0][width][type]”

Un análisis de los diferentes componentes será:

- *fill* es el carácter que rellenará toda la zona definida para la cadena, salvo la parte que ocupe ella misma. Puede ser en principio cualquier carácter.
- *align* es la justificación, que puede tener con cadenas los valores:
  - ‘<’ Justificación izquierda (por defecto si no se indica ninguna)
  - ‘>’ Justificación derecha
  - ‘^’ Justificación centrada
- *width* es el ancho en caracteres reservado para que se inserte la cadena. Debe ser un número entero. Si es menor que el número de caracteres de la cadena, actúa como si hubiésemos introducido justo la longitud de la cadena. Si es mayor no modifica el número introducido. Si lo precedemos de *0* y no indicamos carácter de relleno, rellena de *0´s* el espacio (si existe) no ocupado por la cadena. Si hemos indicado carácter de relleno, es éste el que utiliza.
- *type* es el tipo de datos con el que tratamos, que al ser cadenas tiene el valor fijo ‘s’[46].

En el caso de no pasar a la función ningún parámetro o pasar la cadena vacía (“”), *format()* se comportará como la función *str()* vista justo en el apartado anterior. Veamos algunos ejemplos, donde he representado para mayor claridad el espacio en blanco con el carácter ‘□’[47] :

```
>>> format(“hola”,”>30s”)
‘□□□□□□□□□□□□□□□□□□□□□□□□□□hola’
>>> format(“hola”,’>30s’)
‘□□□□□□□□□□□□□□□□□□□□□□□□□□hola’
>>> format(“hola”,”^30s”)
```

45 Es decir, deben aparecer entre comillas simples o dobles, aunque por convenio nosotros usaremos comillas dobles al tener más de un carácter el formato aplicado.

46 De la palabra *string* en inglés.

47 En nuestro intérprete serán espacios en blanco los que aparezcan.

```
'□□□□□□□□□□□□□ hola□□□□□□□□□□□□□ '
>>> format("hola","<30s")
'hola□□□□□□□□□□□□□□□□□□□□□□□□□□'
>>> format("hola","30s")
'hola□□□□□□□□□□□□□□□□□□□□□□□□□□'
>>> format("Hola","*^30s")
'*************Hola*************'
>>> format("Hola","*^030s")
'*************Hola*************'
>>> format("Hola","^030s")
'0000000000000Hola0000000000000'
>>> format("hola que tal como estás","<10s")
'hola que tal como estás'
>>> format("hola que tal como estás",">10s")
'hola que tal como estás'
>>> format("hola que tal como estás","^10s")
'hola que tal como estás'
```

2.5.4 La función ord()

Es una built-in function con el siguiente formato:

ord(c)

Devuelve el número entero correspondiente al carácter c en el código Unicode. En este caso le damos el carácter y nos devuelve el número en formato decimal. Sabemos que el número en código ASCII del símbolo de arroba ('@') es 64, así que:

```
>>> ord('@')
64
>>> ord('z')
122
>>> ord('#')
35
```

Ahora, para el símbolo *9282* en código *Unicode*[48] vemos que el número correspondiente en decimal es *37506*:

```
>>> ord("\u9282")
37506
```

48 Recordemos que los números en él son hexadecimales.

2.5.5 La función chr()

Es una built-in function con el siguiente formato:

chr(i)

Esta función es la inversa de *ord()*, es decir, que en base al número entero *i* en formato decimal, nos devuelve el carácter correspondiente en el código *Unicode*, siendo i un valor entre *0* y *1,114,111* (*0x10FFFF* en hexadecimal). Si está fuera de ese rango nos dará un error de tipo *ValueError*. Ejemplos:

```
>>> chr(64)
'@'
>>> chr(1200000)
Traceback (most recent call last):
  File "<interactive input>", line 1, in <module>
ValueError: chr() arg not in range(0x110000)
>>> ord(chr(64))                    # Comprobación de funciones anidadas inversas.
64
>>> chr(ord('@'))
'@'
```

2.5.6 Operadores usados con cadenas

Hay algunos operadores que podremos usar con cadenas y en algún momento nos resultarán muy útiles. Imaginemos que queremos repetir una cadena un número determinado de veces, por ejemplo la sucesión de *0's* y *1's* siguiente:

"00010100"

Representa un número binario de 8 *bits*. Podemos usar el **operador** '*' con esa cadena y un número entero para generar una nueva cadena que sea una repetición de la original el número de veces marcado por el entero. Por ejemplo:

```
>>> a = "00010100"
>>> b = 3 * a
>>> b
'000101000001010000010100'
>>> b = a * 3
>>> b
'000101000001010000010100'
```

Comprobamos que multiplica la cadena del mismo modo sea cual sea el orden de los operandos. Para sumar (concatenar) dos cadenas podemos usar el **operador '+'**:

```
>>> a = "hola"
>>> b = " que tal"
>>> a + b
'hola que tal'
```

Es importante ver que deben ser dos cadenas los operandos, ya que de no serlo en este caso no se hace una conversión automática, sino que obtenemos un error:

```
>>> a = "hola"
>>> b = 2
>>> a + b
Traceback (most recent call last):
File "<pyshell#2>", line 1, in <module>
  a + b
TypeError: Can't convert 'int' object to str
implicitly
```

El error nos indica que no puede convertir implícitamente un objeto de tipo entero a uno de tipo cadena, por lo que deberíamos hacerlo nosotros:

```
>>> a = "Hola"
>>> b = 2
>>> a + str(b)
'Hola2'
```

En este caso no hemos modificado la variable *b* original, que sigue siendo un entero de valor *2*. Si quisiésemos modificarla para que contuviese la cadena *'2'*, haríamos:

```
>>> a = "Hola"
>>> b = str(b)
>>> a + b
'Hola2'
```

2.6 INSTALAR Y EMPEZAR A TRABAJAR CON EL IDE PYSCRIPTER

No conoceremos más elementos básicos de *Python* en este capítulo. La intención era asimilarlos para poder generar sencillos programas en el siguiente. Tener nociones sobre los conceptos de operadores, expresiones, funciones, tipos de datos, variables y demás elementos tratados es fundamental antes de abordar otros aspectos de programación, como los condicionales o los bucles.

Hasta el momento hemos usado *IDLE* (*Python Shell*) para introducir los pequeños ejemplos que han ido apareciendo en el libro. Incluso hemos creado, guardado y ejecutado mediante él tres pequeños ficheros *Python*, además de acceder a la documentación sobre el lenguaje. Pero no he comentado ninguna de las varias opciones que aparecen en sus menús, ni entrado en detalles sobre ninguna de sus características. El motivo es que no será esta la herramienta que usaremos para crear nuestros ficheros o interactuar con el intérprete de forma interactiva. Seguramente el lector, máxime si viene de usar algún editor moderno de código en otro lenguaje, no se habrá notado demasiado a gusto con *IDLE*. Determinadas características (que iremos viendo paulatinamente) se echan en falta. Es el motivo por el cual usaremos otro *IDE*[49] que considero mucho más cómodo, rápido y que, a pesar de no ser el más moderno o potente que podemos encontrar, cumple con creces los objetivos que persigue el libro, adaptándose perfectamente a él. Ese *IDE* es *PyScripter*. Ya comentamos con anterioridad qué era un *IDE* y los elementos que podría tener (editor, depurador...), por lo que no nos detendremos en ello (los iremos viendo sobre la marcha) y empezaremos viendo los pasos para instalarlo en nuestro sistema. Para ello accederemos desde nuestro navegador a la siguiente dirección: *https://sourceforge.net/projects/pyscripter/files/*

Aparecerá lo siguiente:

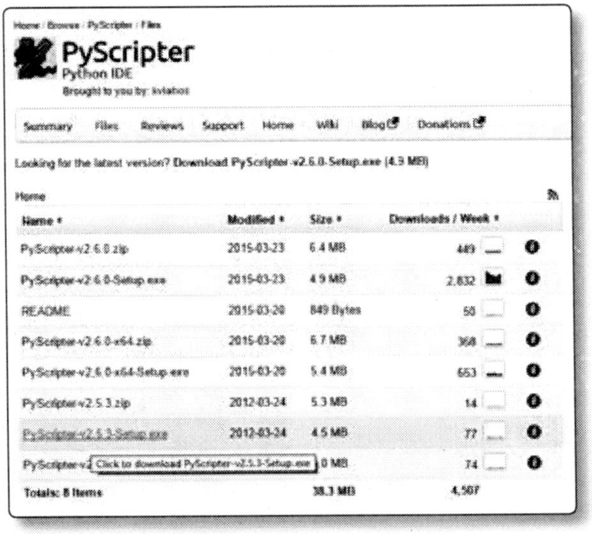

Haremos clic sobre *PyScripter-v2.4.3-Setup.exe*, que es la versión que se adapta a la versión de *Python* que ya tenemos instalada en nuestro ordenador. Si todo funciona correctamente comenzará a descargar el fichero. Al finalizar, lo abriremos y se empezará a ejecutar el asistente de instalación. Los pasos a seguir serán simples, limitándonos a hacer clic en *Next* salvo en el paso 3 donde marcaríamos las tres

49 *Integrated Development Environment*, entorno integrado de desarrollo.

opciones, que nos permitirán posteriormente ejecutar el *IDE* desde un icono en el escritorio o que la opción de editar un fichero con *PyScripter* aparezca en los menús contextuales[50]. Las distintas ventanas que recorreremos serán:

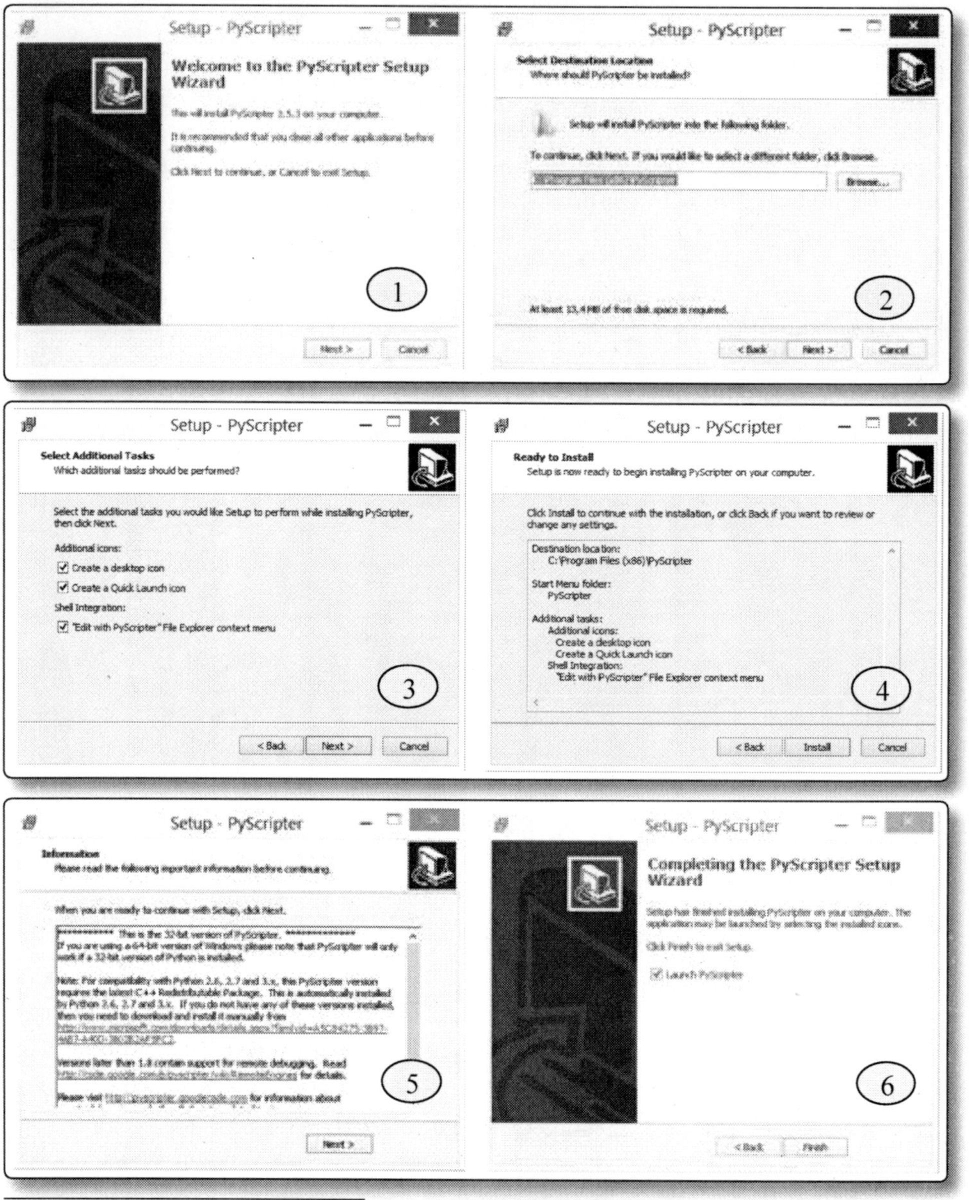

50 Un *menú contextual* es el que cambia dependiendo del contexto. Por ejemplo cuando hacemos clic con el botón derecho del ratón, el menú es distinto dependiendo del elemento concreto al que estemos apuntando.

Tras hacer clic en *Finish* con la opción *Launch PyScripter* activada, obtendríamos una pantalla como la siguiente[51], donde señalamos los elementos fundamentales:

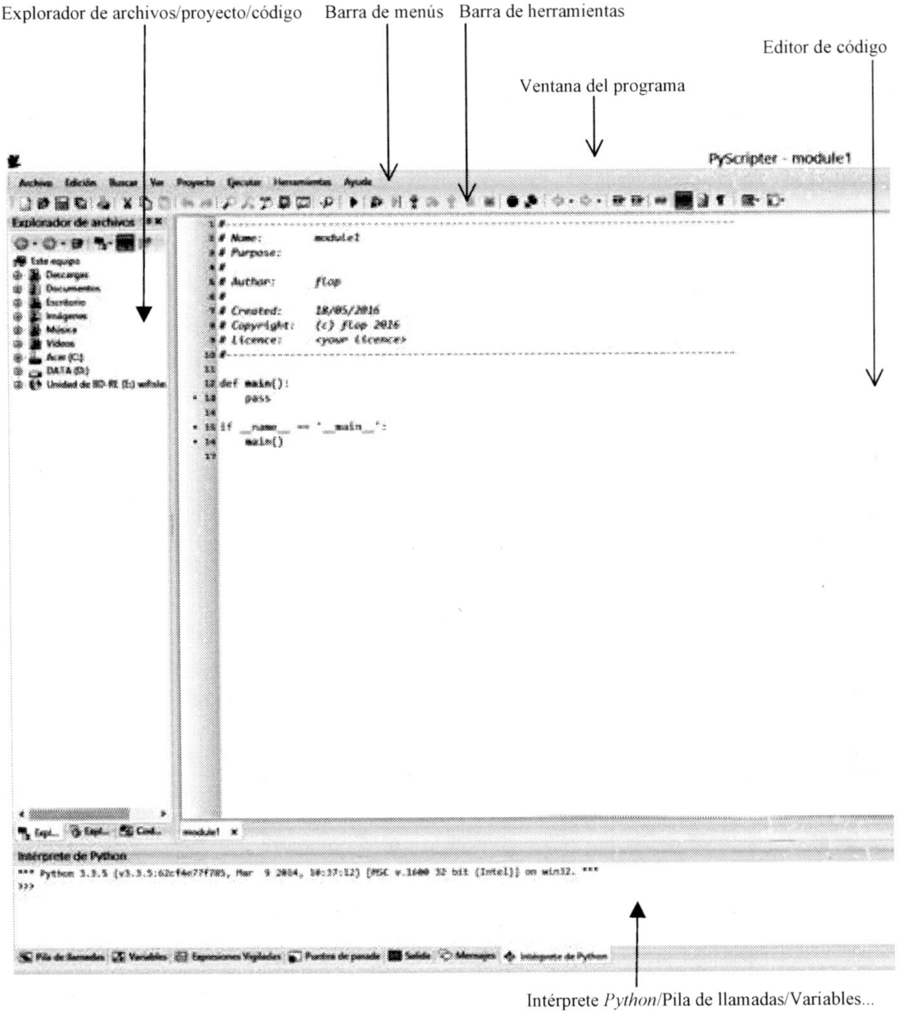

Observamos que una serie de ventanas están agrupadas (por ejemplo en la que está incluida la del intérprete de *Python*) pero podemos configurarlas a nuestro

51 Sería interesante una vez ejecutado *PyScripter*, anclarlo en la barra de tareas de *Windows* (usando el botón derecho del ratón sobre el icono del programa y seleccionando *Anclar este programa a la barra de tareas*).

gusto haciendo clic sobre la pestaña correspondiente y arrastrando hacia la zona de la pantalla que queramos. Al moverla por ella hay determinadas zonas en las que se nos permite anclarlas si soltamos el botón del ratón. También se nos permite modificar la zona dedicada a una y otra ventana, simplemente colocándonos en el límite entre ellas y, cuando la flecha del ratón cambie a un icono con dos líneas verticales paralelas y dos flechas horizontales, hacer clic y arrastrar. Es interesante jugar con ello sin miedo, ya que siempre podremos volver a la configuración de ventanas por defecto mediante el menú *Ver→Distribución→Default*. El lector podrá distribuirlas como desee.

Lo que nos interesa en una primera exploración visual de *PyScripter* es que tenemos dos zonas diferenciadas (pero integradas en nuestro *IDE*, lo cual es mucho más cómodo que en dos ventanas distintas como ocurría con *IDLE*) para:

1. El intérprete de *Python*

2. El editor de *Python*

Hay otras (*Pila de llamadas*, *Variables*, *Expresiones Vigiladas*, *Puntos de parada*, *Salida* y *Mensajes*) relacionadas de una manera u otra con el depurador. En base a esos tres elementos principales (intérprete, editor y depurador), trabajaremos.

3

ELEMENTOS FUNDAMENTALES DE PROGRAMACIÓN: INSTRUCCIÓN CONDICIONAL Y BUCLES

3.1 CONCEPTOS BÁSICOS DE PROGRAMACIÓN ORIENTADA A OBJETOS

Recapitulemos lo aprendido sobre *Python* en los dos primeros capítulos:

1. Definimos tres *tipos de datos* (números enteros, números reales y cadenas).
2. Conocimos el concepto de *variable*.
3. Aprendimos a usar *operadores* con *operandos* para crear *expresiones*.
4. Usamos el concepto de función, mediante el cual hemos podido hacer multitud de cosas:
   - Introducir datos desde teclado y almacenarlos en variables.
   - Sacar datos por pantalla.
   - Operar con los datos, tanto si estos son numéricos o de tipo cadena.

Por la importancia que tiene la filosofía de programación orientada a objetos[1] en *Python* introduciré sus conceptos fundamentales antes de desarrollar otros. Como ya he comentado con anterioridad, TODOS los datos en *Python* son objetos. Los números enteros son objetos, los números reales son objetos y las cadenas son

1 *POO. OOP* (*Object Oriented Programming*) en inglés.

objetos. *Python* tiene más tipos de datos, que iremos viendo paulatinamente en el libro, pero de momento conocemos esos tres.

En el caso de los números hemos hablado de dos *tipos* de ellos. ¿Qué es exactamente un *tipo*? En informática un **tipo (*type*)** es una serie de *valores posibles* junto a una serie de *operaciones* que se pueden hacer con esos valores. Por ejemplo, al hablar del *tipo* de los números enteros nos referimos a los valores *...-3, -2, -1, 0, 1, 2, 3...* junto a los operadores +, –, *, **, /, //, % que indican una serie de posibles operaciones a realizar sobre ellos. El número *7.21* no entra dentro de los valores posibles de los números enteros, estando éste dentro del grupo de los números reales. En *Python* los números enteros y reales matemáticos se corresponden con sus tipos *int* y *float*. Eso sí, tendremos limitaciones al tratar con números dentro de un ordenador (por ejemplo de tamaño máximo para *int* o de número de decimales para *float*). Tenemos también un tipo (*complex*) para tratar los números complejos matemáticos, pero de momento no serán de nuestro interés.

Veamos algún ejemplo usando la función ***type()***, que nos indica el tipo del dato que le pasamos como argumento. Teclearemos, en la ventana del intérprete *Python* de *PyScripter*, lo siguiente[2]:

```
>>> a = 2
>>> b = 7.52
>>> c = "Texto"
>>> type(a)
<class 'int'>
>>> type(b)
<class 'float'>
>>> type(c)
<class 'str'>
```

Ahí tenemos los tres tipos vistos hasta el momento en *Python*, aunque el intérprete nos devuelve la palabra *'class'* para identificarlos. Veremos inmediatamente por qué.

Teniendo una idea de lo que es un tipo, ¿cuál es una de las bases de la programación orientada a objetos en la que se basa *Python*? Pues que cualquier dato es un *objeto* de una determinada *clase* (de ahí lo de *'class'*), siendo *clase* sinónimo de *tipo* en este caso. Es decir, *2*, *7* y *21* son datos de *tipo* entero, o lo que es lo mismo, *objetos* de la clase *int*. De la misma manera *21.87*, *1.112112* y *0.991212* son objetos de la clase *float* mientras que *"Hola"*, *"2.12"* y *"Color verde"* son ejemplos de objetos de la clase *str*. Cuando hacemos:

2 Representaremos tanto la entrada de comandos como su salida. Recordar que siempre hay que pulsar *Enter* para introducir el comando.

```
>>> modelo = 21
```

En ese caso creamos un objeto de la clase *int* de valor *21* y posteriormente una variable referencia que "apunta" a ese objeto creado (almacenado en memoria en una determinada posición, representado en la figura por *id*). Esquemáticamente sería[3]:

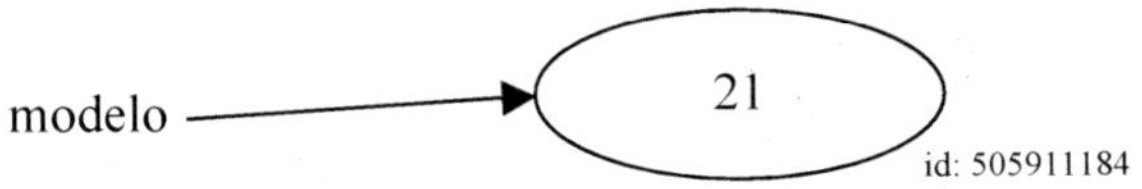

Cada objeto tiene un identificador para cada ejecución del intérprete, es decir, un número único que distingue a ese elemento de forma inequívoca en el programa. Ese número podría ser igual para dos objetos distintos siempre que no sea en la misma ejecución del programa. La función ***id()*** nos devuelve el identificador del objeto pasado como argumento:

```
>>> mi_variable = 21
>>> id(mi_variable)
505911184
>>> id(21)
505911184
>>>
```

Vemos que el identificador que tiene el objeto de la clase *int y de* valor *21* en el intérprete es, en mi caso, *505911184*. Por lo comentado con anterioridad, el lector obtendrá otro número, algo que ocurrirá en el resto de ejemplos que pongamos. La variable *modelo* es una *referencia* que *apunta* al objeto *21*, con lo cual *id(21)* es igual que *id(modelo)*. Si hacemos:

```
>>> nuevomodelo = 21
>>> id(nuevomodelo)
505911184
```

Vemos que, como la nueva variable *nuevomodelo* apunta al mismo objeto, tiene el mismo *id* que él:

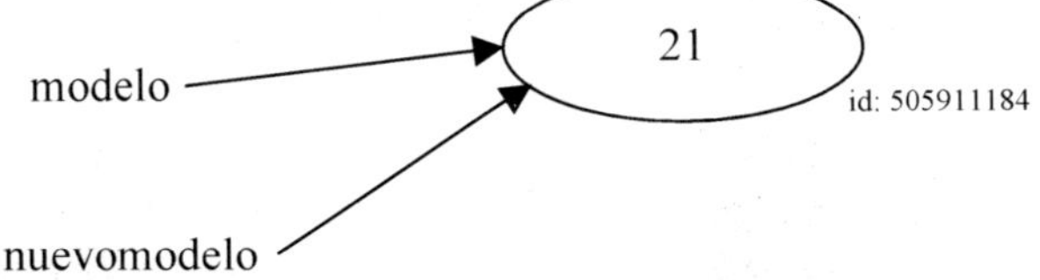

3 Visualizamos por comodidad el contenido de la memoria en formato decimal.

Sirva este ejemplo para poner de manifiesto nuevamente la relación entre variables y datos (siendo éstos siempre objetos en *Python*), en este caso concreto un dato numérico de tipo entero. Si ahora hacemos:

```
>>> modelo = 22
>>> id(modelo)
505911200
>>> id(22)
505911200
```

Observamos que ahora la variable *modelo* apunta a otro objeto, en concreto el *objeto de* la clase *int y* de valor *22*:

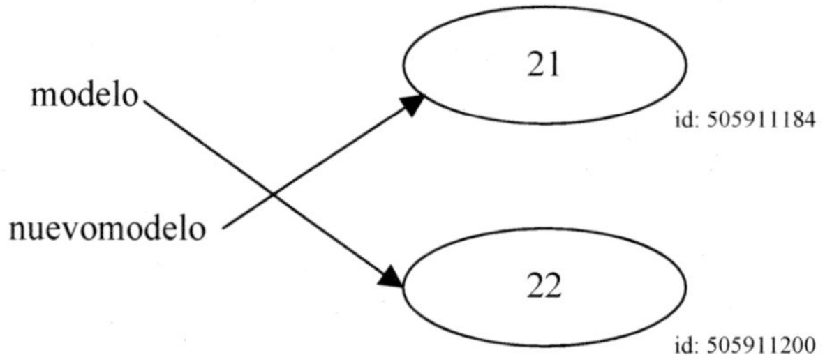

De igual manera, si hubiésemos hecho en lugar de *modelo = 22*, *modelo = modelo +1*, se hubiese creado el objeto *22* y se hubiese asignado luego la variable *modelo* a ese nuevo objeto, con lo cual obtendríamos lo mismo.

Sigamos con los conceptos de clase y objeto. Un objeto es una *instancia* de una determinada clase. Hemos visto que el intérprete de *Python* tiene incluidas, entre otras, las clases *int*, *float* y *str*. Eso es debido a que son clases muy usadas por cualquier tipo de programador y para cualquier tarea, y por ello se incluyen por defecto. Una de las características de la programación orientada a objetos es que podremos crear nuestras propias clases, y con ello ampliar las capacidades de nuestro programa. Una vez creada esa nueva clase, podremos generar a partir de ella nuevos objetos. El programa finalmente consistirá en la interacción de todos los objetos que lo componen.

Debemos tener claras estas nociones básicas de los objetos y las clases. Si queremos saber cómo actúa un objeto, comentamos anteriormente que una *clase* o *tipo* consiste en una serie de posibles valores y grupo de potenciales operaciones sobre ellos. En *Python* esas operaciones se representan mediante *funciones* denominadas *métodos*. Una clase tiene sus propios métodos y un objeto de una determinada clase puede hacer uso de ellos. ¿Cómo? Colocando después del nombre del objeto un punto y a continuación el nombre (y posibles argumentos) del método. Veamos un ejemplo. Si tecleamos en el intérprete *Python* de *PyScripter*:

```
>>> a = "ejemplo"
>>> a.
```

Obtendremos[4]:

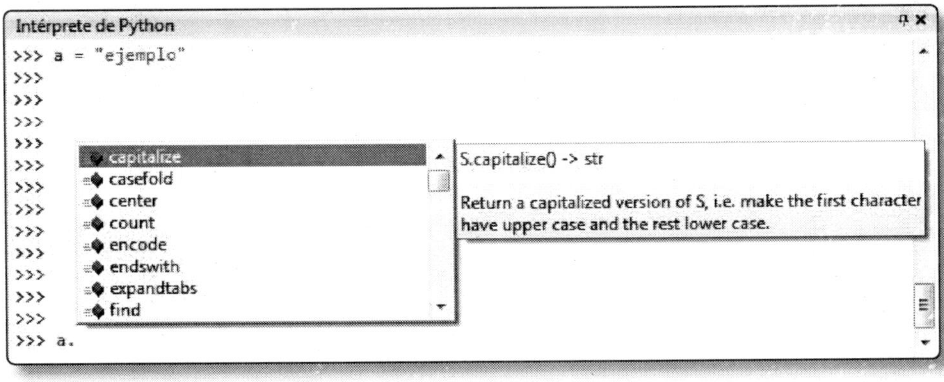

Esa serie de elementos que aparecen con un icono verde son los posibles métodos que podemos aplicar a nuestro objeto *a* de la clase *str*. Comprobamos que hay una gran variedad de ellos, ya dispuestos para ser usados. Más a la derecha se nos indica, con un breve comentario, lo que realiza el método en cuestión. Mediante la barra de desplazamiento vertical[5] buscaremos el método ***upper()***, como se indica a continuación:

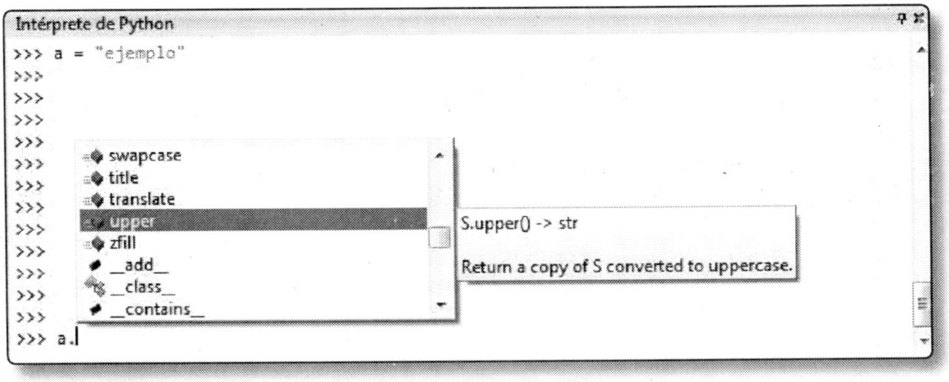

4 En mi caso he pulsado varias veces *Enter* (que no tiene efectos prácticos) simplemente por claridad en la visualización.

5 Usando el ratón o las flechas de desplazamiento del teclado.

Nos informa que nos devolverá una copia del objeto (representado por *S*) convertido a cadena con todos los caracteres en mayúsculas. También nos dice, al no presentar posibles parámetros de entrada, que no hay que pasar ningún argumento al método, con lo cual pulsaremos *Enter* y colocaremos los paréntesis. Tras ello volveremos a pulsar *Enter*:

```
>>> a.upper()
'EJEMPLO'
```

El efecto es el indicado. Nos ha puesto nuestro objeto todo en mayúsculas. ¿Ha cambiado la variable *a*? En realidad no:

```
>>> a
'ejemplo'
```

¿Qué hubiésemos tenido que hacer para que sí que modificase *a*? Lo siguiente:

```
>>> a = "ejemplo"
>>> a = a.upper()
>>> a
'EJEMPLO'
```

En este caso la salida del método (un nuevo objeto) ha sido asignada a la propia variable *a*, con lo cual la modificamos, o lo que es lo mismo: ahora *a* apunta al nuevo objeto. Veamos esto con unos ejemplos más detallados[6]:

```
>>> a = "ejemplo"          # Se crea el objeto "ejemplo", a apunta a él.
>>> b = "EJEMPLO"          # Se crea el objeto "EJEMPLO", b apunta a él.
>>> id(a)
36316128
>>> id(b)
36317184
>>> a = a.upper()          # Se crea un nuevo objeto "EJEMPLO", a apunta a él.
>>> id(a)
36318400
>>> c = "ejemplo"          # c apunta al objeto "ejemplo" ya creado.
>>> id(c)
36316128
>>> id("ejemplo")
36316128
>>> id("EJEMPLO")
36317184
```

6 Los *id* asignados pueden ser distintos en otro ordenador o en otra ejecución del programa.

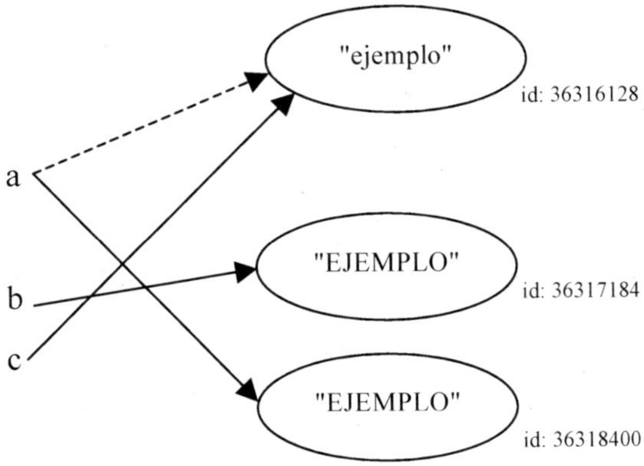

En este caso, al emplear el método *upper()* generamos un nuevo objeto, a pesar de tener ya uno con ese mismo contenido. Incluso si hiciésemos de nuevo *a* = *a.upper()* generaríamos un nuevo objeto de contenido "EJEMPLO" al que apuntaría *a*. También podemos crear objetos sin que estén referenciados por una variable. Por ejemplo:

```
>>> "ejemplo".upper()
'EJEMPLO'
>>> id("ejemplo")
36316128
>>> id("ejemplo")
36316128
>>> id("ejemplo".upper())
36317728
>>> id("ejemplo".upper())
36317456
>>> id("EJEMPLO")
36317184
```

En este caso hemos vuelto a crear un nuevo objeto "EJEMPLO" a partir del objeto "ejemplo" que es distinto del objeto "EJEMPLO" que ya teníamos, a pesar de que su contenido es el mismo. Veremos más cosas interesantes en el capítulo 5, donde hablaremos en profundidad sobre objetos.

Recapitulando brevemente a modo de resumen: una *clase* en *Python* es sinónimo de *tipo*. Es un grupo de elementos con características comunes. De forma genérica cada clase tiene unos *datos* denominados *campos* que marcan su estado y unas *funciones* que actúan sobre ellos denominadas *métodos* que marcan su comportamiento. Un *objeto* es una instancia de una *clase* que tiene los datos y las funciones marcadas por ella.

El formato para ejecutar el método de un determinado objeto es:

objeto.método(parámetros_del_método)

Hasta ahora hemos visto objetos de unas clases ya predeterminadas de *Python*. Pero podemos crear nuestras propias clases a medida para adecuarse a lo que necesitamos en nuestro programa. Pongamos un ejemplo. Una clase podría ser *Coche*, que engloba genéricamente a todos los coches, que tienen una serie de características comunes. Podríamos poner muchos datos genéricos sobre los coches pero pondremos solo dos: su nombre y su color. Y como métodos, uno que nos permita cambiar el nombre y otro cambiar el color. La clase la podríamos representar gráficamente así:

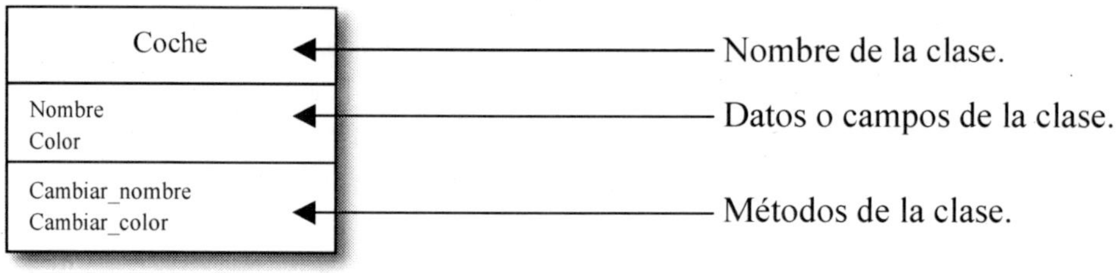

Dividimos la clase en tres zonas: una para el nombre, otra para los dos datos (variables) que describen su estado y otra para las dos acciones (métodos) que podemos realizar. Observamos que no tenemos datos concretos para el modelo y el color. Posteriormente a tener la clase, de ella generaríamos instancias que serían los *objetos* y donde ya tendríamos valores concretos de nombre y color. Por ejemplo, un objeto obtenido a partir de la clase *coche* podría ser:

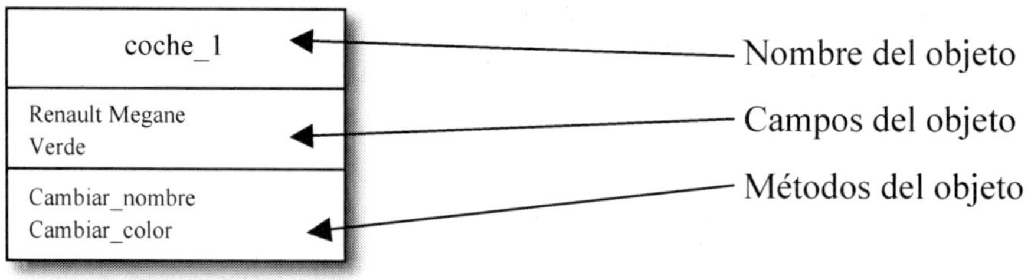

Este objeto creado mantiene los dos métodos que ya tenía su clase, y en cualquier momento podríamos, haciendo uso de ellos, cambiarle el nombre o el color. A partir de una clase podremos crear el número que queramos de objetos.

En el siguiente diagrama (que no sigue ningún estándar) aparece la clase *Coche* con dos objetos (*coche_1* y *coche_2*) creados a partir de ella y con una flecha que lo indica.

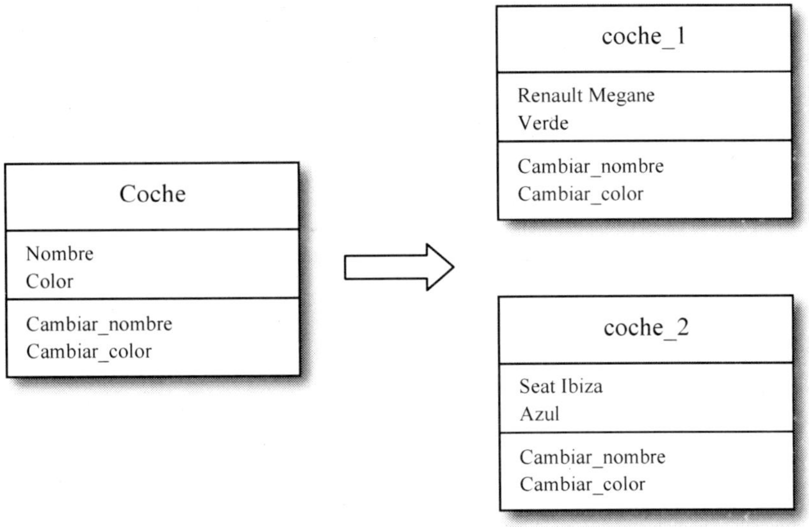

Cómo se crean las clases, cómo se generan los objetos a partir de ellas, cómo se dibujan de forma estandarizada los diagramas gráficos para representar todos los elementos, y otros aspectos interesantes serán tratados en el capítulo 5. De momento nos quedaremos con los conceptos genéricos, lo que nos permitirá hacer ya cosas interesantes y entender muchos aspectos del lenguaje.

3.2 OPERADORES RELACIONALES Y TIPO BOOLEANO. FUNCIONES INT() Y BOOL()

Hemos visto hasta la fecha los operadores aritméticos, que nos son muy familiares al ser de uso habitual en la vida cotidiana cuando hacemos cualquier tipo de cálculo. Nos ocuparemos ahora de los operadores que usamos cuando *comparamos* elementos, es decir, cuando queremos saber si una cantidad es mayor que otra, o si un elemento tiene un determinado valor exacto. Son los **operadores relacionales** (también denominados **operadores de comparación**) cuyo formato es:

operando_1 operador operando_2

Son los siguientes:

Operador	Nombre	Descripción
<	Menor que	Verdadero si operando_1 es menor que operando_2 Falso si operando_1 es mayor o igual que operando_2
>	Mayor que	Verdadero si operando_1 es mayor que operando_2 Falso si operando_1 es menor o igual que operando_2
<=	Menor o igual que	Verdadero si operando_1 es menor o igual que operando_2 Falso si operando_1 es mayor que operando_2
>=	Mayor o igual que	Verdadero si operando_1 es mayor o igual que operando_2 Falso si operando_1es menor que operando_2
==	Igual que	Verdadero si operando_1 es igual que operando_2 Falso si operando_1 es distinto de operando_2
!=	Distinto de	Verdadero si operando_1 es distinto de operando_2 Falso si operando_1 es igual que operando_2

Los operadores relacionales son *operadores binarios*, es decir, actúan entre dos operandos y devuelven un resultado, que será verdadero o falso según el caso. Aquí surge una pregunta: ¿Cómo devuelve *Python* esa información? ¿Tiene algún código especial al estilo de devolver 0 para indicar "Falso" y 1 para indicar "Verdadero"? ¿O devuelve una cadena con valor *"Verdadero"* o *"Falso"* según el caso? ¿Cómo trata los datos que solo pueden tener los valores "verdadero" o "falso"? ¿Existe un tipo de dato para ello? La respuesta a todas esas preguntas es que tenemos el ***tipo booleano***[7], un tipo de dato que solo puede tener dos valores, que son *True* (por Verdadero) o *False* (por Falso). Por lo tanto, el resultado que devuelven los operadores relacionales es de tipo booleano. Veamos ejemplos:

```
>>> 1 > 2
False
>>> 2 > 1
True
>>> 2 <= 1
False
>>> 2 >= 1
True
>>> 2 == 1
False
>>> 2 != 1
True
```

7 El nombre viene del matemático autodidacta inglés George Boole.

Fijémonos en que el resultado no es ni "True" (o 'True') ni "False" (o 'False'), es decir, no es una *cadena*, sino un *valor* (como podría ser un determinado número), lo que se denomina un *literal*. Los dos valores booleanos son palabras reservadas del lenguaje (*keywords*) y no podremos tener variables con ese mismo nombre. Además debemos ser cuidadosos ya que los valores correctos son *True* y *False*, ambos con la primera letra mayúscula.

¿Cómo guarda *Python* internamente un valor booleano? ¿Cómo una cadena? ¿Con algún tipo de código especial? En realidad almacena un *1* si el valor es *True* y un *0* para *False*, siendo por tanto el tipo booleano un subtipo de *int*. De hecho tanto *True* como *False* se comportan respectivamente como los valores *0* y *1*, salvo en el caso en que son convertidos a cadenas:

```
>>> True * 10
10
>>> False - 11
-11
>>> True + 1
2
>>> False * 9
0
>>> str(False)                              # Usamos la función str() vista en el capítulo 2
'False'
>>> str(0)
'0'
>>> str(True)
'True'
>>> str(1)
'1'
```

Tenemos dos funciones para convertir valores booleanos a números y a la inversa:

int(x, base=10)

Ya vimos su uso para convertir cadenas en números en el capítulo 2. En este caso nos hará una conversión de los valores booleanos a sus enteros correspondientes:

```
>>> int(True)
1
>>> int(False)
0
```

bool([x])

Si *x* es omitido o es *False* (recordemos que es tratado como *0* internamente) devuelve *False*. En cualquier otro caso devuelve *True*.

```
>>> bool()
False
>>> bool(False)
False
>>> bool(1)
True
>>> bool(0)
False
>>> bool("hola")
True
>>> bool(121.32)
True
>>> bool(100)
True
```

Podemos definir una **expresión booleana** como una expresión cuyo resultado es un valor booleano (*True* o *False*). $A == 2, j >= 21, h < z, p > d + 21$. Todas ellas son expresiones booleanas y devolverán, al ser evaluadas, *True* o *False*.

Debemos hacer notar también la distinción entre el *operador de asignación* (=) y el *operador relacional de igualdad* (==). En el primer caso es simplemente el signo de igual y en el segundo son dos signos igual seguidos y sin espacio entre ellos. Su significado es muy distinto y debemos diferenciarlos perfectamente ya que de lo contrario podría ser fuente de errores. Si tenemos la siguiente expresión:

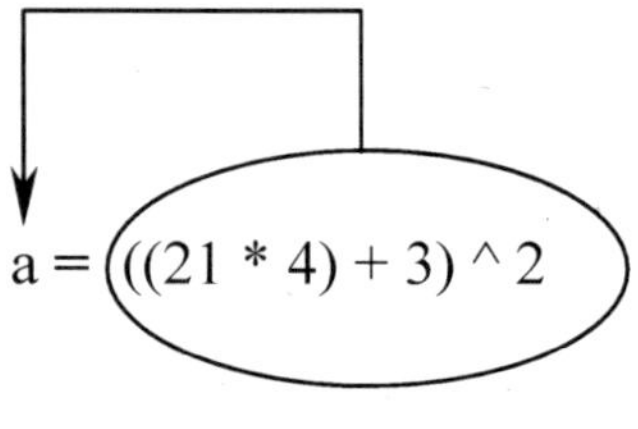

El operador de asignación evalúa la expresión que aparece a la derecha encerrada en la elipse (respetando el orden de prioridad de los operadores) y el resultado (*85*) lo asigna a la variable de la izquierda (debido a que el operador de asignación es de todos los que aparecen en la expresión completa el que menos prioridad tiene). Si *a* tenía un valor inicial de *25*, obtendremos que adquiere un valor final de *85*.

Si hubiésemos puesto:

a == ((21 * 4) + 3) ^ 2

En este caso primero se evalúa, como anteriormente, la expresión encerrada dentro de la elipse. Como nuevamente ocurre que el operador relacional de igualdad tiene la prioridad más pequeña de todos los que aparecen, tendríamos:

a == 85

Al ser una expresión booleana tendrá que devolver *True* o *False*. Si consideramos que *a* tiene 25 como valor, el resultado será:

False

Ya que hemos hablado de prioridades de operadores, hagamos un pequeño resumen de ellas en los que ya conocemos:

Prioridad	Operador	Descripción
+	+, -	Operadores unarios de más y menos
↑	**	Potenciación o exponenciación
	*, /, //, %	Multiplicación, división, división entera y resto
	+, -	Operadores binarios de suma y resta
	<, <=, >, >=	Operadores relacionales o de comparación
	= =, !=	Operador relacional de igualdad y de desigualdad
–	=, +=, -=, *=, /=, //=, %=	Operadores de asignación

Por tanto, si tenemos: -4 * 3 + 4 != (21 + 9) * 2 // 5 + 4

Obtendríamos:

–4 * 3 + 4 != 30 * 2 // 5 + 4

–12 + 4 != 30 *2 // 5 + 4

–12 + 4 !=60 // 5 + 4

–12 + 4!=12 + 4

–8 != 12 + 4

–8 != 16

True

Debido a que, recordemos:

1. Aritméticamente los paréntesis (pudiendo estar éstos anidados[8]) se evaluaban primero.
2. Los operadores binarios son asociativos por la izquierda, con lo cual a igualdad de prioridad, se evalúan de izquierda a derecha en el orden en que aparezcan.[9]

Veamos otro ejemplo para ilustrar la prioridad de operadores:

```
>>> a = 21
>>> b = a > 10
>>> b
True
>>> type(b)
<class 'bool'>
```

En el segunda línea tenemos una expresión que contiene dos operadores, uno de asignación ('=') y otro relacional ('>'). Al tener mayor prioridad éste último, se evalúa primero, obteniendo el valor booleano *True* por respuesta. Es este valor el que se asigna a la variable *b*, que por lo tanto será de tipo *bool* como comprobamos posteriormente con la función *type()*.

8 En ese caso se evaluaría siempre primero el paréntesis más interno, luego el segundo más interno, y así sucesivamente.

9 En realidad *Python* efectúa sus cálculos internos de otra manera, pero el resultado final es el mismo.

Muy diferente hubiese sido si hubiésemos hecho:

```
>>> a = 21
>>> b == a > 10
Traceback (most recent call last):
File "<string>", line 301, in runcode
  File "<interactive input>", line 1, in <module>
NameError: name 'b' is not de ined
```

Es así ya que tendríamos ahora dos operadores relacionales, que al tener la misma prioridad haría que se intentase evaluar en principio *b == a*, pero al no estar *b* definido daría un error. Si *b* hubiese estado definido, la expresión al menos nos hubiese devuelto un dato válido. Veámoslo:

```
>>> a = 21
>>> b = 10
>>> b == a > 10
False
>>> type(b)
<class 'int'>
```

En este ejemplo *b* es una variable de tipo entero y la expresión *b == a > 10* evalúa primero *b == a*, devolviendo *False* ya que no tienen el mismo valor. Posteriormente se evalúa si *False >10*, con resultado (ya que internamente comprueba si 0 > 10) nuevamente *False*. Este resultado se pierde al no estar asignado a ninguna otra variable, manteniendo *b* su tipo *int* como comprobamos mediante la función *type()*. Ahora bien, ¿Qué pasaría si queremos evaluar dos o más condiciones? ¿O una condición negativa? La respuesta a estas preguntas está en el siguiente capítulo.

3.3 OPERADORES LÓGICOS

Los **operadores lógicos**[10] (también denominados **operadores booleanos**) sirven para formar *condiciones compuestas*, es decir, condiciones que serán verdaderas o falsas dependiendo de varios elementos, y no solo de uno como hemos visto hasta ahora. Si tenemos dos variables *a* y *b* de valores *2* y *3* respectivamente, nos gustaría formar una condición compuesta que nos diese valor *verdadero* si *a =2* y *b = 3* ... y *falso* en el resto de casos. Eso lo haremos mediante operadores lógicos.

En programación determinadas operaciones se ejecutan o no dependiendo de si algunas condiciones se cumplen. Esas condiciones se formulan en términos de *expresiones booleanas* que pueden ser *simples* (como hemos visto hasta ahora) o

10 Usaré preferentemente esta acepción en el libro.

compuestas haciendo uso de los *operadores lógicos*. Un operador lógico actúa sobre valores booleanos para generar un nuevo valor booleano. ¿Cuáles son estos y cómo se comportan? Los resumo en la siguiente tabla:

Operadores lógicos (o booleanos)		
Operador	Nombre	Descripción
not	Negación lógica	Operador unario que niega el valor sobre el que actúa
and	Y lógico	Operador binario que necesita que los dos operandos sobre los que actúa sean verdaderos para ser verdadero
or	O lógico	Operador binario que solo necesita que uno de los operandos sobre los que actúa sean verdaderos para ser verdadero

El operador *not* actúa sobre un valor booleano y le cambia el valor, es decir, si es *False* pasa a ser *True* y si es *True* pasa a *False*. En realidad *niega* el valor lógico sobre el que actúa.

El operador *and* necesita para devolver *True* que los dos operandos sobre los que actúa sean *True*. En cualquier otro caso el resultado será *False*.

El operador *or* necesita simplemente que uno de los operandos sea *True* para que el resultado sea *True*. Solo si los dos operandos son *False* tendremos como resultado *False*.

Los tres operadores corresponden respectivamente a los coloquiales "no", "y" y "o" que usamos al decir frases como "que no sea de color verde", "que pese más de 10 kg y sea azul" o "que mida más de 1.80 o menos de 1.60". De esta manera podremos trasladar ese tipo de condiciones a nuestro programa.

Las *tablas de verdad*, que son tablas con los posibles valores de los operandos y el resultado de la actuación sobre ellos de los distintos operadores, son:

not		and			or		
op	**not** op	op1	op2	op1 **and** op2	op1	op2	op1 **or** op2
True	False	False	False	False	False	False	False
False	True	False	True	False	False	True	True
		True	False	False	True	False	True
		True	True	True	True	True	True

Veamos ejemplos:

```
>>> a = 5
>>> b = a > 2
>>> b
True
>>> not b
False
>>> c = 10
>>> a > 2 and c > 7
True
>>> a > 2 and c > 12
False
>>> a > 10 or c > 12
False
>>> a > 4 or c > 12
True
```

Podemos hacer las expresiones todo lo complejas que queramos, anidándolas mediante paréntesis:

```
>>> a = "Hola"
>>> b = 12.34
>>> c = True
>>> d = 21
>>> (a == "Hola" and b > 10) and c
True
>>> ((a == "Hola" and b > 10) and c ) or (d < 15)
True
>>> ((a == "Hola" and b < 10) and c ) or (d < 15)
False
>>> ((a == "Hola" and b < 10) and c ) or (d > 15)
True
```

¿Qué prioridad tienen los operadores lógicos respecto al resto de operadores que tenemos hasta el momento? Lo indicaré en la siguiente tabla-resumen que nos será de utilidad para su fácil visualización tanto ahora como en una consulta futura:

Prioridad	Operador	Descripción
+	+, -	Operadores aritméticos unarios de más y menos
↑	**	Operador aritmético de potenciación o exponenciación
	not	Operador lógico unario de negación
	*, /, //, %	Multiplicación, división, división entera y resto (aritméticos)
	+, -	Operadores aritméticos binarios de suma y resta
	<, <=, >, >=	Operadores relacionales o de comparación
	= =, !=	Operadores relacionales de igualdad y de desigualdad
	and	Operador binario "Y" lógico
	or	Operador binario "O" lógico
-	=, +=, -=, *=, /=, //=, %=	Operadores de asignación

3.4 LA INSTRUCCIÓN CONDICIONAL IF

Traducido al castellano, la instrucción[11] ***if*** equivale al *si condicional* usado en expresiones como "si x vale 3, entonces y vale 10", y es usada para ejecutar determinadas instrucciones en bloque *si* se cumple una determinada condición representada por una expresión booleana. Existen varias formas en las que la instrucción condicional *if* puede aparecer[12]:

1. *if* simple
2. Varios *if* simple anidados
3. *if-else*
4. Varios *if-else* anidados
5. *if-elif-else*
6. Formando parte de lo que se denomina *expresiones condicionales*

11 Es una palabra reservada de *Python* (*keyword*).

12 He hecho una clasificación, no del todo ortodoxa, pensada más para una explicación clara de cada una de las opciones que para una presentación unitaria de la instrucción *if*. Espero que el lector considere este aspecto.

3.4.1 if simple

La instrucción condicional *if simple* ejecutará un bloque de instrucciones si una determinada expresión lógica es verdadera y no ejecutará nada si es falsa. El formato es el siguiente:

if expresión booleana:
instrucciones

El bloque de instrucciones (puede constar solo de una) debe ir con una sangría respecto a la posición del *if*. Por la guía de estilo *PEP-8* colocaremos (*PyScripter* lo hará automáticamente por nosotros al pulsar *Enter*) una sangría de cuatro espacios en blanco. Si tenemos más de una instrucción debemos poner todas ellas con esa misma sangría, así el intérprete las entenderá como un bloque. En caso contrario nos dará un error.

El diagrama de flujo del *if* simple es el siguiente:

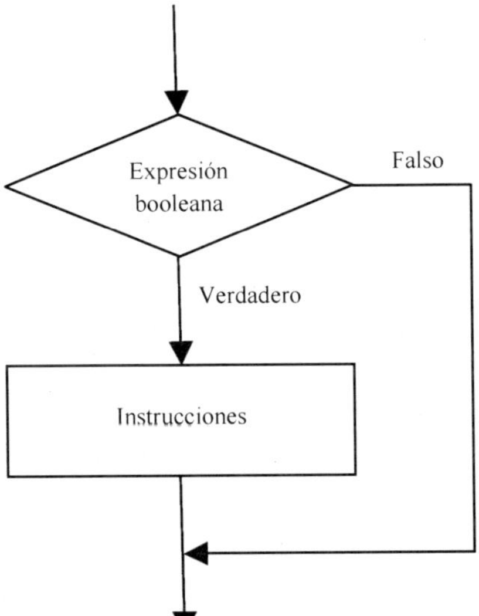

Los *diagramas de flujo* nos indican las posibles direcciones que pueden llevar el programa, proceso o algoritmo dependiendo de si se dan tales o cuales condiciones. Lo indican flechas orientadas que conectan una serie de elementos que representan elementos del algoritmo, entre los cuales están:

- Rombos: indican elementos de decisión, en base a expresiones booleanas.
- Rectángulos: indican instrucciones.

Cada descenso en el diagrama representa un paso del programa. En el nuestro, el flujo llega a una expresión booleana que puede ser verdadera o falsa. Si esta es verdadera, se ejecutan una serie de instrucciones (sigue la línea etiquetada como *"Verdadero"*), y si no, no ejecuta nada (sigue la línea etiquetada como *"Falso"* y se salta el rectángulo de instrucciones). Veamos un ejemplo en el intérprete de *Python* de *PyScripter*:

```
>>> a = 3
>>> if a > 2:                  # Ojo a no olvidar los dos puntos finales y pulsar Enter.
...     print("Verdadero")     # Pulsar de nuevo Enter. Tenemos una instrucción dentro del if.
...                            # Nuevamente pulsar Enter.
Verdadero                      # Imprime "Verdadero" al ser a >2.
>>> if a > 7:                  # Usaremos la tecla flecha arriba del teclado para volver al último
...     print("Verdadero")     # if y solo cambiaremos el 2 por el 7 y pulsaremos luego Enter.
...                            # Nuevamente pulsar Enter.
>>>                            # El resultado en este caso es...nada al ser a < 7.
>>> if a > 1:                  # Ejemplo de if simple con dos instrucciones.
...     print("Linea1")        # Indentación correcta para los dos print (igual sangría, 4 espacios
...     print("Linea2")        # más que la de la instrucción if).
...
Linea1
Linea2
```

El diagrama de flujo de este último ejemplo es:

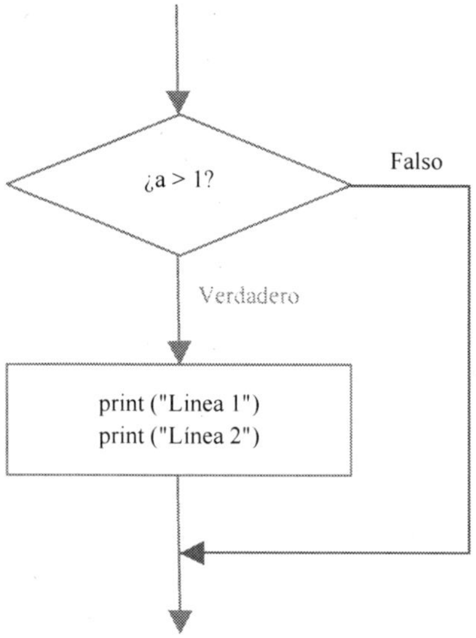

Debemos seguir rigurosamente el formato indicado para la instrucción. En el caso de la *if simple* dos errores habituales, si no tenemos experiencia en su uso, suelen ser no poner los dos puntos al final de la expresión booleana y tener distintas sangrías para las instrucciones a ejecutar dentro del *if*. Por ejemplo, siguiendo con el ejemplo anterior:

```
>>> if a > 2                                  # Faltan los dos pu tos después del 2.
F ile "<interactive input>", line 1
f ai> 2
     ^
SyntaxError: invalid syntax
>>> if a > 2:
...     print("Linea1")
...         print("Linea2")                   # Esta instrucción debería tener la misma
File "<interactive input>", line 3            # sangría que la anterior.
print("Linea2")
^
IndentationError: unexpected ind ent          # Aquí nos indica error de sangría.
```

Podríamos usar varios *if simple* en línea para evaluar múltiples posibilidades. Para ello necesitaremos crear un *script* de *Python* en *PyScripter*. Tenemos ya preparado uno genérico (de nombre *module1*) en la ventana del editor de código. En el caso de no tenerlo (o querer generar otro) crearlo es tan fácil como hacer clic sobre el menú *Archivo* y seguir la ruta indicada en la siguiente imagen (nos creará un nuevo fichero de nombre *module2*). Es lo que haremos:

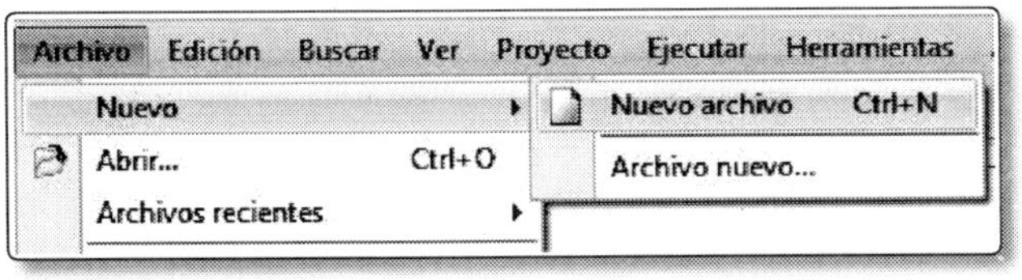

Hubiésemos conseguido el mismo efecto tecleando *Ctrl+n* o haciendo clic en el botón de *"Nuevo archivo"* de la barra de herramientas, colocado en la esquina izquierda y con un icono en forma de hoja en blanco.

El fichero contiene comentarios que indican cosas como el nombre del fichero o el autor[13], seguido de un código genérico inicial. De momento solo debemos saber que nuestro código lo introduciremos donde aparece la palabra[14] *pass*, sustituyéndola. Algo importante para que nuestro editor reconozca símbolos internacionales como los acentos o la letra *'ñ'* es indicarle que nuestro fichero tiene formato *Unicode*. Para ello

13 El lector encontrará en campos como el indicado sus propios datos.

14 *pass* es usada para indicar en un primer diseño que ahí habrá un código, ya que a efectos prácticos no hace nada.

tendríamos que ir al menú *Edición→Formato del archivo* y seleccionar[15] *UTF-8*. Pero en nuestro caso vamos a configurarlo para que todo fichero nuevo tenga ese formato, ya que por defecto es *ASCII*. Lo haremos en el menú *Herramientas→Opciones→Opciones del IDE* y seleccionando lo que indica la siguiente imagen:

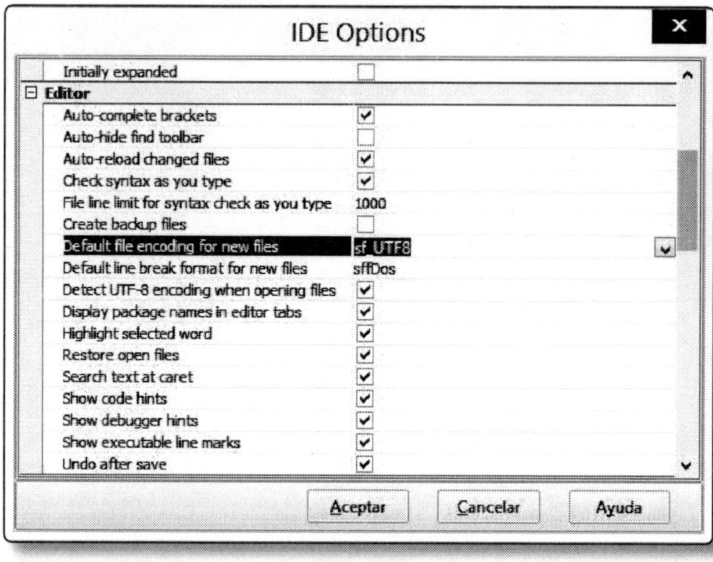

Posteriormente teclearemos en el editor hasta conseguir lo siguiente:

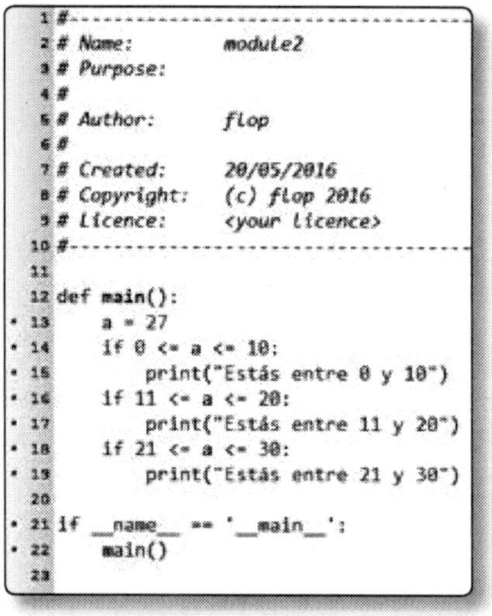

15 Consideramos que en la parte inferior está seleccionado correctamente *DOS/Windows*.

Lo guardaremos[16] mediante el menú *Archivo→Guardar como...*[17] en nuestra carpeta con el nombre *ejemplo_if_simple.py*[18]. A continuación, lo ejecutaremos. Podríamos hacerlo mediante el menú *Ejecutar*:

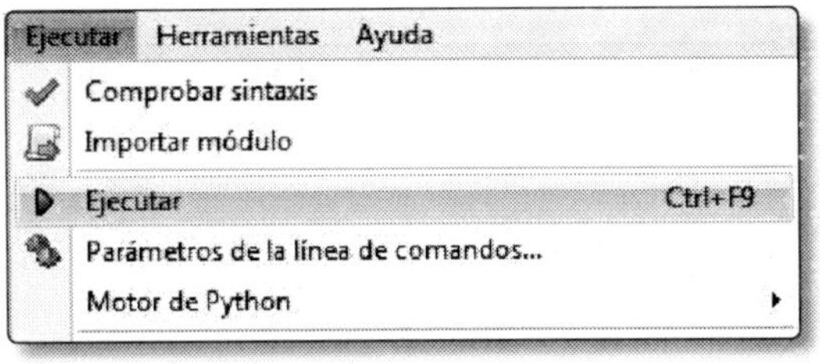

Si nos fijamos, en la barra de tareas de *PyScripter* tenemos por separado un icono (el triángulo verde que aparece en la imagen superior) que lo hace directamente. También podríamos teclear la combinación de teclas *Ctrl+F9* y veremos cómo en la ventana de *PyScripter* correspondiente al intérprete de *Python* aparece:

```
>>>
Estás entre 21 y 30
>>>
```

La expresión booleana de los dos primeros *if* es falsa, por lo que no ejecuta el código que tienen en su interior. Sin embargo, en el tercero esa condición es verdadera, y sí ejecuta el comando que saca por pantalla nuestro resultado.

Esta forma de comprobar código (teclearlo en el editor, guardarlo con un nombre en la carpeta y ejecutarlo) será nuestro proceder habitual a partir de ahora. Como hemos terminado de trabajar con nuestro fichero, lo cerraremos mediante *Archivo→Cerrar* o haciendo clic en la x que aparece en la parte inferior junto a su nombre.

Como nota importante comentar que, por motivos de mayor claridad (y por eliminar elementos que aún no conocemos del todo), a partir de ahora[19], y hasta que hablemos de las funciones (y concretamente de la función principal *main()*), al crear un fichero nuevo borraremos todo su contenido inicial y solo teclearemos en su interior el código que se irá indicando.

16 Si no apareciesen las numeraciones de línea iríamos al menú *Herramientas→Opciones→Opciones del editor* y marcaríamos la casilla "*Show line numbers*" en la pestaña "*Mostrar*".
17 Si fuese la primera vez que lo guardamos, *Guardar* desembocaría en *Guardar como*. Si ya lo hemos guardado, usaremos *Guardar* para actualizar el contenido (solo estará activo el botón si modificamos algo de él) manteniendo nombre y dirección, y *Guardar como* si queremos cambiar alguno de esos elementos.
18 Observaremos al instante que en la parte inferior el nombre del fichero ha cambiado.
19 En los ficheros incluidos en la página *web* del libro aún se conserva el formato de *ejemplo_if_simple.py*

3.4.2 Varios if simple anidados

Hemos visto los *if* simple, y que podemos poner tantos en línea como queramos. Pero también es posible colocar un *if* simple dentro del bloque de instrucciones de otro *if* simple, es decir, un *if* simple *anidado* dentro de otro. Y dentro de este segundo *if* podría haber otro *if*, y así sucesivamente. Es lo que denominaremos *varios if simple anidados*. El formato es:

```
if expresión booleana1:
    instrucciones1
    if expresión booleana2:
        instrucciones2
        if expresión booleana3:
            instrucciones3
            ...
```

Para ver un ejemplo, crearemos un nuevo fichero[20], teclearemos el siguiente código en la ventana de edición (de la forma que indiqué con anterioridad) y lo guardaremos en nuestra carpeta como *ejemplo_if_simples_anidados.py*:

```
a = 21
if a >= 10:
    if a <= 20:
        print("a está entre 10 y 20")
    if a > 20:
        print("a es mayor de 20")
```

Al ejecutarlo (podríamos haberlo hecho sin guardarlo previamente en disco[21], algo que nos puede ser útil en algunos casos) vemos que en la ventana del intérprete aparece[22]:

```
>>>
a es mayor de 20
>>>
```

En nuestro ejemplo hemos colocado dos *if* dentro de uno inicial, con lo cual solo los comprobará si el exterior tiene su condición booleana verdadera. Son las sangrías las que nos marcan los bloques de código. Al tener el segundo y tercer *if* la misma nos indica que están en el mismo nivel, y al ser mayor (en los cuatro espacios

20 De las formas que ya sabemos.
21 *IDLE* no nos lo permitía.
22 Es fácil que mientras tecleamos código nos olvidemos de poner algunos caracteres. En este caso no sería de extrañar que olvidemos poner los dos puntos después de la condición del *if*. *PyScripter* nos indica con una línea roja ondulada que hemos cometido ese error antes de ejecutar el *script*. Actuaría del mismo modo con otro tipo de error de sintaxis, lo que es una característica muy interesante.

comentamos con anterioridad) que el primero, marca que ambos están dentro de él. Si el tercer *if* estuviese con una sangría mayor que la del segundo no estaría en su mismo nivel sino dentro de él. Podemos tener todos los niveles de anidación que queramos.

3.4.3 if-else

Los *if* simple que hemos visto hasta ahora son instrucciones que realizan una serie de acciones si la condición booleana es verdadera y que no hacen nada si es falsa. La instrucción combinada *if-else* añade al *if* simple la posibilidad de ejecutar un bloque de instrucciones cuando la condición es falsa. El formato es:

if expresión booleana:
    instrucciones si la expresión booleana es verdadera
else:
instrucciones si la expresión booleana es falsa

Su diagrama de flujo es:

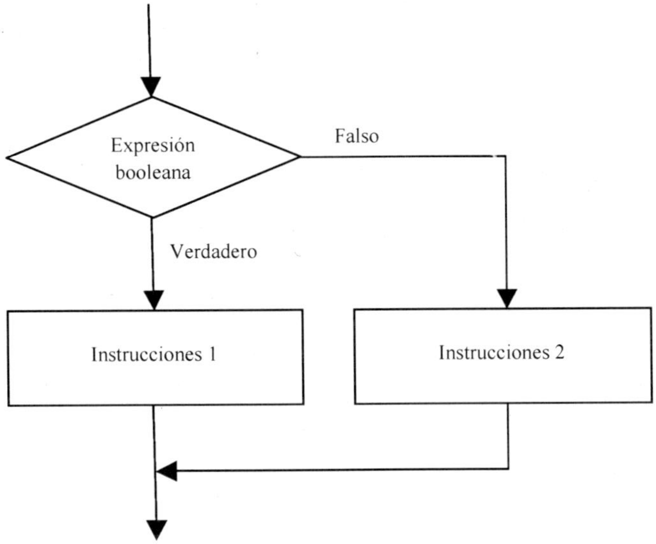

Es importante recordar que los bloques de instrucciones tienen la misma sangría. La expresión booleana siempre es verdadera o falsa, por lo que está asegurada la ejecución de alguno de los dos bloques, algo que no lográbamos con un *if* simple. Introduzcamos el siguiente código en un fichero de nombre *ejemplo_if_else.py* que guardaremos en nuestra carpeta:

```
numero = eval(input("Introduce un número: "))
if numero > 0:
    print("El número es positivo y distinto de cero")
else:
    print("El número es negativo o cero")
```

Al ejecutarlo nos aparecerá la siguiente ventana:

Esta es la forma en la que nos aparece la entrada de datos en *PyScripter*. Anteriormente, cuando trabajábamos con *IDLE* introducíamos los datos desde el *Shell de Python*.

Si el fichero lo hubiésemos ejecutado desde una ventana de *Windows* haciendo doble clic en él, o mediante la ventana del sistema, obtendríamos lo siguiente:

De esta manera, nada más introducir el número visualizaríamos fugazmente la salida antes de que se cerrase la ventana. En *PyScripter* no tenemos que colocar ninguna instrucción adicional en el código para poder visualizar la salida, lo que es una ventaja. Pero si tenemos en mente ejecutar de esta manera posteriormente el fichero, debemos tener en cuenta detalles de este tipo. Es importante saberlo ya que en el libro ejecutaremos todos los códigos desde *PyScripter*.

Volviendo a la ventana, al introducir el valor *10* observamos en el intérprete la siguiente salida:

```
>>>
El número es positivo y distinto de cero
>>>
```

Si ejecutamos de nuevo, introduciendo un número negativo o cero, obtenemos:

```
>>>
El número es negativo o cero
>>>
```

El diagrama de flujo para este sencillo programa sería:

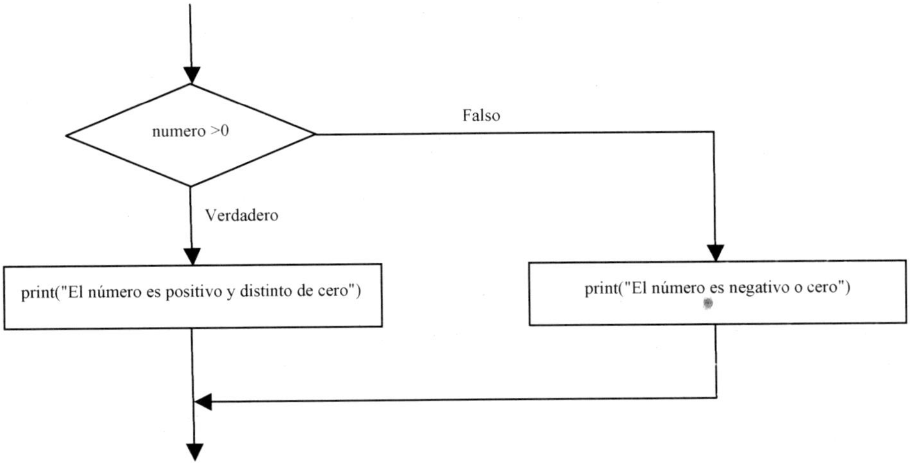

El flujo del programa iría por la rama de la derecha o la central dependiendo del valor introducido para la variable *numero*. ¿Cómo podríamos distinguir, cuando cogemos la rama derecha, si el número es negativo o es cero? Para ello aplicaremos anidamiento.

3.4.4 Varios if-else anidados

De la misma manera que los *if* simple se pueden anidar, los *if-else* también. Dentro de uno de los bloques de instrucciones de un *if-else* puede haber otro[23] *if-else* (anidado dentro del primero) y así sucesivamente en el número de anidamientos que queramos. Creemos un fichero de nombre *ejemplo_if_else_anidados.py* en nuestra carpeta con el siguiente código:

23 También podría haber un *if* simple.

```
numero = eval(input("Introduce un número: "))
if numero > 0:
  print("El número es mayor que cero")
else:
  if numero == 0:                      # Recordamos que el operador relacional de
    print("El número es cero.")        #igualdad se escribe' =='. Distinguirlo del de
  else:                                # asignación, que se escribe '='.
    print("El número es menor que cero")
```

Hacer notar de nuevo la importancia de las sangrías para indicar qué elemento va dentro de otro. La legibilidad del código es importantísima. En nuestro ejemplo hacemos dos comprobaciones: una para ver si *numero* es mayor que cero y otra para ver si es cero o negativo. El diagrama de flujo sería:

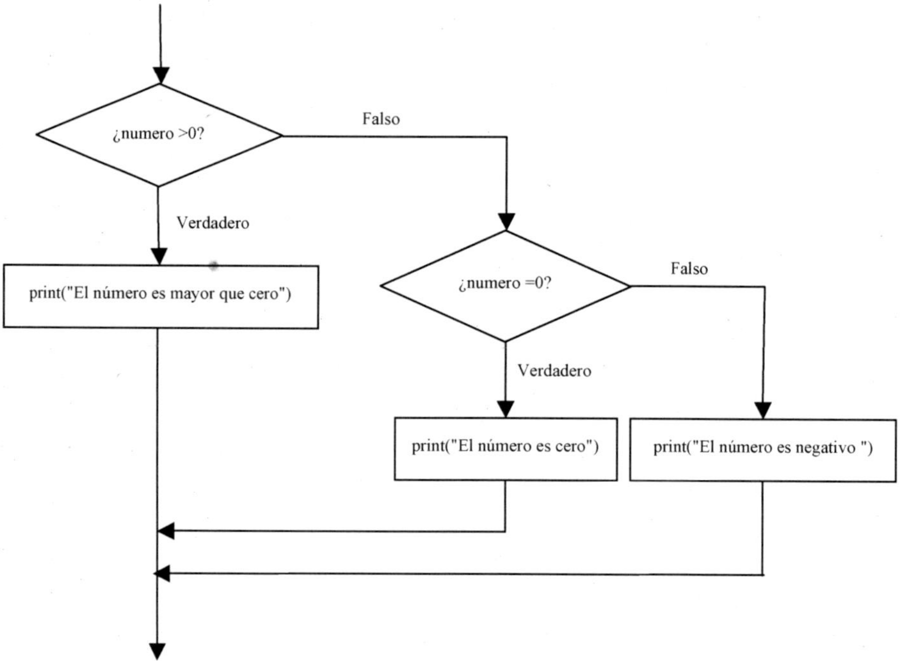

En este ejemplo lo importante es darnos cuenta de cómo funcionan los *if-else* anidados. Podríamos complicarlo todo lo que quisiésemos, y a medida que esta complicación aumenta es más importante la claridad de código. Hemos distinguido entre tres casos, para lo cual hemos empleados dos *if-else* anidados. Pero podríamos tener que distinguir entre muchos casos distintos, para lo cual el formato del siguiente apartado sería más adecuado.

3.4.5 if-elif-else

Para evitar en algunos casos tener que anidar varios *if* tenemos el formato *if-elif-else*:

```
if expresión booleana 1:
    instrucciones si la expresión booleana1 es verdadera
elif expresión booleana 2:
    instrucciones si la expresión booleana 2 es verdadera
...
elif expresión booleana n:
    instrucciones si la expresión booleana n es verdadera
else:
    instrucciones si ninguna expresión booleana es verdadera
```

El *elif* lo interpretamos como *"else if"*, lo que nos permite poner muchas expresiones booleanas, expresiones que se evaluarán solamente si las anteriores han sido falsas, ya que en el momento en que alguna es verdadera, se ejecuta el bloque de instrucciones asociado y sale de la instrucción *if-elif-else*. Veámoslo con un diagrama de flujo:

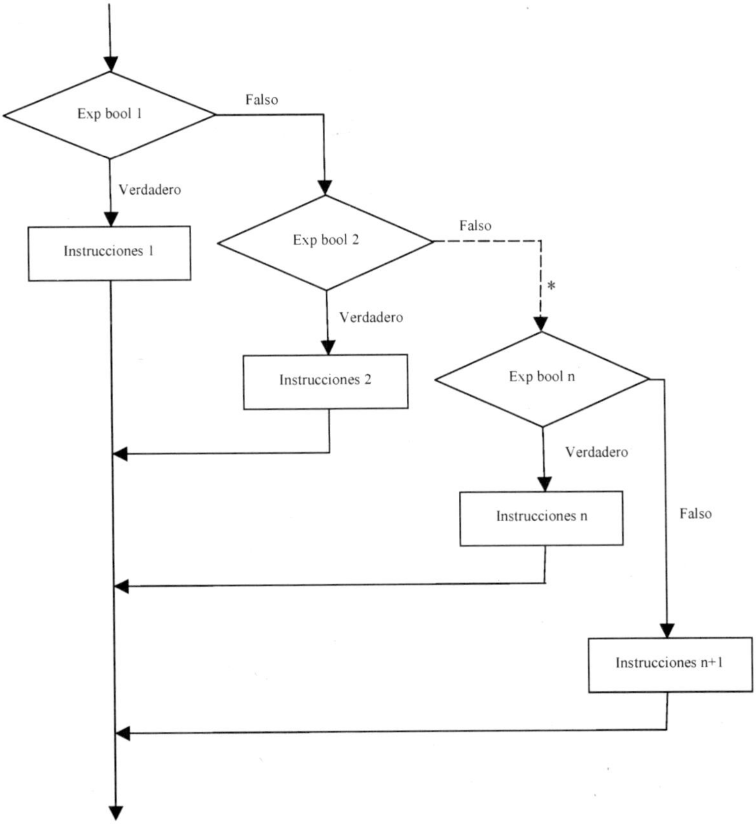

En cuanto una expresión booleana es verdadera, tras ejecutar las instrucciones asociadas a ella, se seguirá el flujo del programa. Si ninguna de ellas es verdadera, se ejecuta el bloque de instrucciones asociado al *else* (*Instrucciones n+1*). He marcado con * la posibilidad de que existan tantos *elif* (con sus expresiones booleanas correspondientes) como queramos. El código correspondiente que podemos probar tras guardarlo como *ejemplo_if_elif_else.py* es el siguiente:

```
numero = eval(input("Introduce un número: "))
if numero > 0:
    print("El número es mayor que cero")
elif numero == 0:
    print("El número es cero.")
else:
    print("El número es menor que cero")
```

Tendrá el siguiente diagrama de flujo:

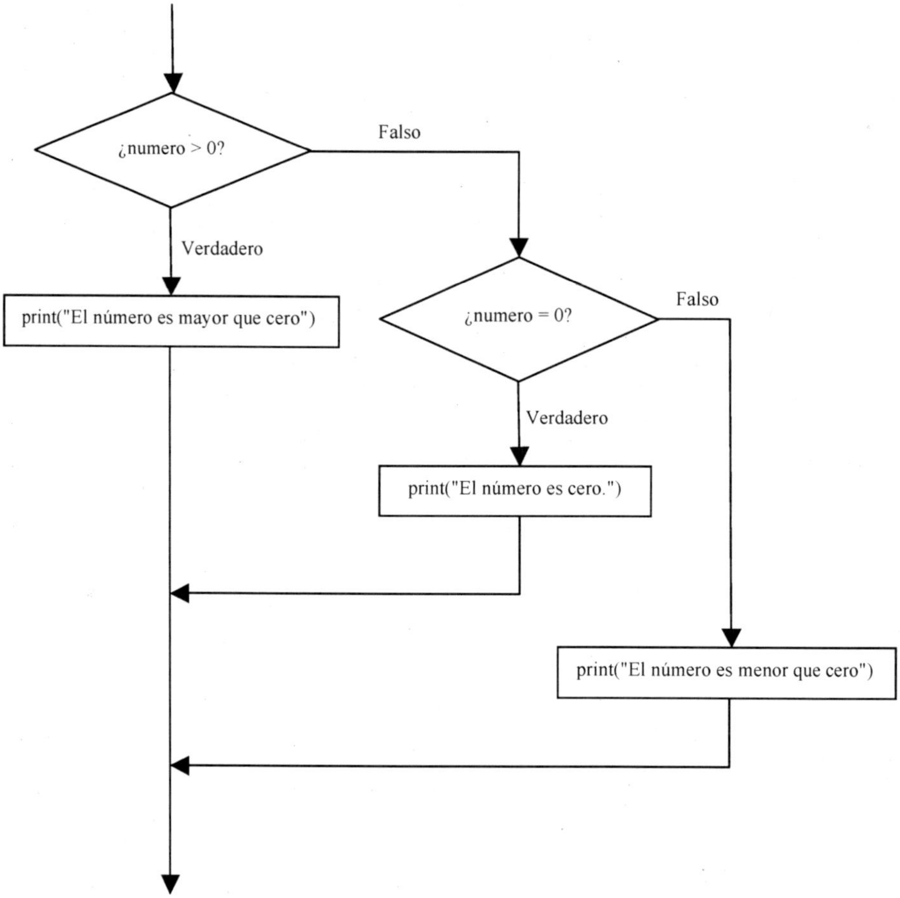

En el caso de tener muchas opciones para elegir, es más correcto usar un *if-elif-else* en lugar de varios *if* anidados (con o sin *else*).

3.4.6 Consideraciones finales sobre la instrucción if. Expresiones condicionales

Hemos visto las tres formas principales que tiene la instrucción *if*:

- *if*
- *if-else*
- *if-elif-else*

Las podemos combinar y anidar de la manera que queramos, teniendo siempre cuidado en cómo empaquetamos las instrucciones mediante las sangrías. En cada caso usaremos uno u otro modelo según nuestras necesidades, siempre intentando escribir el código más eficiente y claro posible. El ejemplo con el que estamos trabajando, y que hicimos con dos *if-else* anidados por un lado y un *if-elif-else* por otro, podría hacerse también de forma muy sencilla con tres *if* simple (lo guardamos como *ejemplo_if_simple_2.py*):

```
numero = eval(input(“Introduce un número: “))
if numero > 0:
    print(“El número es mayor que cero”)
if numero == 0:
    print(“El número es cero.”)
if numero < 0:
    print(“El número es menor que cero”)
```

Si deseamos borrar el contenido acumulado de la ventana del intérprete para visualizar de forma más cómoda los comandos, lo haremos mediante un clic en el botón derecho del ratón (estando dentro de la ventana del intérprete) y seleccionando *"Borrar todo"*.

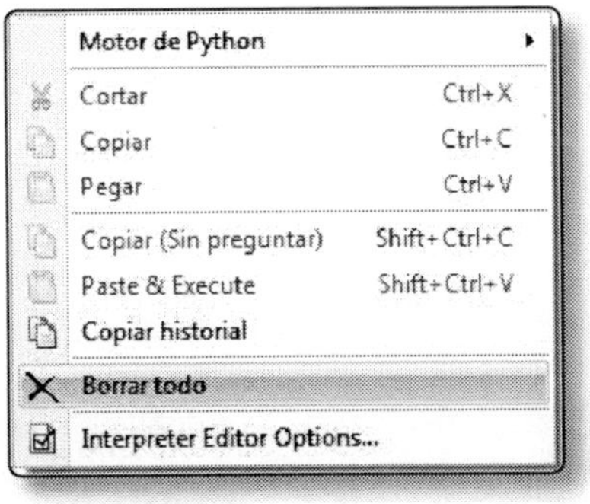

De entre las tres opciones que hemos usado para la resolución del ejemplo, el código más adecuado de todos (por compacto y legible) sería el que hace uso de *if-elif-else*, a pesar de que todos nos dan un resultado correcto.

Hay incluso otra forma de emplear *if* y *else* y es dentro de una **expresión condicional**, que es una indicación de que se ejecute una expresión si una expresión booleana es verdadera y otra expresión si es falsa. Veamos su formato:

expresión1 if expresión booleana else expresión2

Actuará de la siguiente manera: *expresión 1* se ejecutará si *expresión booleana* es verdadera; si no lo es se ejecutará *expresión2*. Ejemplos de su uso serían[24]:

```
numero = eval(input("Introduce un número: "))
a = 0 if numero == 0 else 1
print(a)
```

En este ejemplo la variable *a* tomará valor *0* si introducimos un *0* y *1* si introducimos cualquier otro valor.

```
numero = eval(input("Introduce un número: "))
print("Es número introducido es cero") if numero == 0 else print("El número introducido no es cero")
```

En este sacamos por pantalla directamente los mensajes dependiendo de ser o no cero el número introducido.

¿Pueden estar *expresión1* y *expresión2* referidas a dos variables distintas? Podríamos querer que, dependiendo de si el número introducido es o no cero, se modificasen dos variables distintas. Probémoslo:

```
numero = eval(input("Introduce un número: "))
a = 0 if numero == 0 else b = 0
print(a)
```

No es difícil pensar que todo es correcto, pero al intentar ejecutarlo:

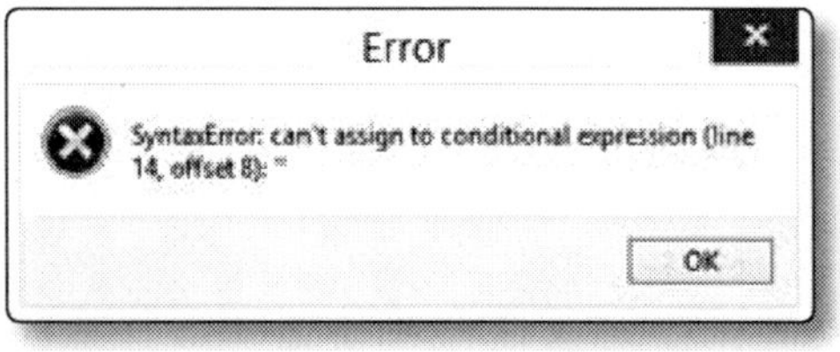

24 Colocamos en negrita tanto *if* como *else* por identificarlos mejor en el código. Podemos comprobar el código sin guardarlo en un fichero nuevo para no sobrescribir los anteriores, ya que si ejecutamos un código que ya tiene nombre lo sobrescribe previamente.

Se nos indica que la sintaxis del código es errónea. Si en *expresion1* hemos indicado una variable y su valor (mediante un operador de asignación) si la condición lógica[25] es verdadera, en *expresión2* debemos colocar *solo* el valor que *esa misma variable* tendría en el caso de que fuese falsa. Por lo tanto también sería erróneo el siguiente código:

```
numero = eval(input("Introduce un número: "))    # CÓDIGO ERRÓNEO. El correcto sería:
a = 0 if numero == 0 else a = 1                  # a = 0 if numero == 0 else 1
print(a)
```

3.5 INSTRUCCIONES PARA REALIZAR BUCLES

En programación necesitaremos ejecutar de forma reiterada (en bucle) bloques de código; a veces sabremos el número exacto de repeticiones, a veces la condición que hace que salgamos del bucle. *Python* nos proporciona dos instrucciones[26] con las que poder manejar estos elementos:

- *for*, donde el bucle es controlado mediante una variable contador.
- *while,* donde el bucle lo controla una condición lógica.

Sobre el papel *while* es más versátil y *for* más simple y cómoda en los casos en que se pueda usar. Más adelante veremos que *for* tiene unas características muy interesantes que *while* no tiene en determinado tipo de tareas, como recorrer unos tipos de datos especiales que posee *Python*. Pero de momento centrémonos en lo que son bucles sencillos con los tipos de datos que conocemos.

3.5.1 Instrucción for

Mediante esta instrucción creamos un bucle controlado por una variable que recorre una serie de valores. El formato es:

```
for variable_contador in secuencia_de_valores:
    bloque_de_instrucciones
```

En él la *variable_contador* va pasando por una *secuencia_de_valores* que debemos indicar de algún modo. Hay varias maneras de hacerlo. Nosotros en un primer momento usaremos la función[27] *range()*, cuyo formato es:

---

25 Recordar que lógica y booleana pueden ser usadas indistintamente.
26 Son palabras reservadas del lenguaje (*keywords*).
27 Como ya ha ocurrido con algún ejemplo anterior, técnicamente *range* es una clase.

range(*inicio, inal[, paso]***)**

Nos devuelve la secuencia de enteros que va desde ***inicio*** hasta ***final*-1** con un incremento (opcional) también entero de valor *paso*. Teclearemos en el intérprete lo siguiente:

```
>>> for i in range(1,11,2):
...     print(i)
...
1
3
5
7
9
```

Observamos cómo ha repetido la instrucción *print(i)* para los valores *1,3,5,7,* y *9* de la variable *i* (es decir, ha hecho un bucle de 5 iteraciones) y NO para el valor *11* a pesar de que podría parecer incluido en el rango. Debemos acostumbrarnos a que *range() no incluye* ese último elemento, lo que con simbología matemática sería:

[inicio, fin)

En ella el corchete incluye el valor y el paréntesis no.

En *range()* el parámetro *paso* es opcional. Si no aparece, el incremento será de valor *1*. También podríamos no poner el valor de inicio, pasando un solo parámetro que será el valor final, que será equivalente a poner de valor de inicio *0*:

range(final) equivale a *range(0, final)*

Como consejo en el uso de *PyScripter*, estando en la ventana del intérprete, y de cara a no tener que volver a teclear códigos muy parecidos a algunos ya probados con anterioridad, es muy útil usar las teclas de mayúsculas (*shift*) del teclado, ya que podremos navegar por las últimas instrucciones introducidas, pudiendo modificarlas a nuestro antojo antes de pulsar *Enter* para ejecutarlas. Veamos algún ejemplo:

```
>>> for i in range(7):          # Un solo parámetro en range. Equivalente a range(0,7)
...     print(i)
...
0
1
2
3
4
5
6
>>> for i in range(3,7):        # Dos parámetros: inicio y fin. Al no indicar paso, lo hace de
```

```
...   print(i)                    # uno en uno.
...
3
4
5
6
>>> for i in range(3,12, 3):      # Tres parámetros: inicio, fin y paso. Empieza en el 3 y llega
...   print(i)                    # hasta en 9 (12 está excluido) de 3 en 3.
...                               # Ejemplo de tres parámetros con inicio < fin
3
6
9
>>> for i in range(12,3, -3):     # Tres parámetros: inicio, fin y paso. Empieza en el 12 y llega
...   print(i)                    # hasta el 6 (en este caso el 3 está excluido) de -3 en -3.
...                               # Ejemplo de tres parámetros con inicio > fin, lo que obliga a
12                                # un paso negativo.
9
6
```

Y también algún ejemplo erróneo:

```
>>> for i in range(12, 3, 3):     # Con tres parámetros, si inicio > fin, el paso debe ser
...   print(i)                    # negativo, y en este caso no lo es. No obstante, no hace nada,
...                               # no indica ningún tipo de error.
>>>
>>> for i in range(1.5,3.5,       # Los parámetros deben ser valores enteros. De lo contrario nos
0.5): ...   print(i)              # aparecerá un error. En éste nos indica que los valores
...                               loat # (los números reales que hemos introducido) no se
Traceback (most recent call last):   pueden # interpretar como un integer (entero)
File "<string>", line 301, in runcode # que es lo que necesita la función
  File "<interactive input>", line 1, in <module> TypeError:     # range().
'float' object cannot be interpreted as an integer
```

3.5.2 Instrucción while

Con esta instrucción entramos (y nos mantenemos en) un bucle si se cumple una determinada condición lógica. El formato de *while* es el siguiente:

```
while condición_lógica_de_mantenimiento_en_bucle:
    bloque_de_instrucciones
```

La *condición_lógica_de_mantenimiento_en_bucle* es una expresión booleana que como todas las de su tipo, puede ser *True* (verdadera) o *False* (falsa). Si es verdadera ejecutará el *bloque_de_instrucciones*, tras lo que volverá a comprobar la condición lógica. Y así sucesivamente hasta que ésta sea falsa y salga del *while*, continuando el programa en la siguiente instrucción. El diagrama de flujo sería:

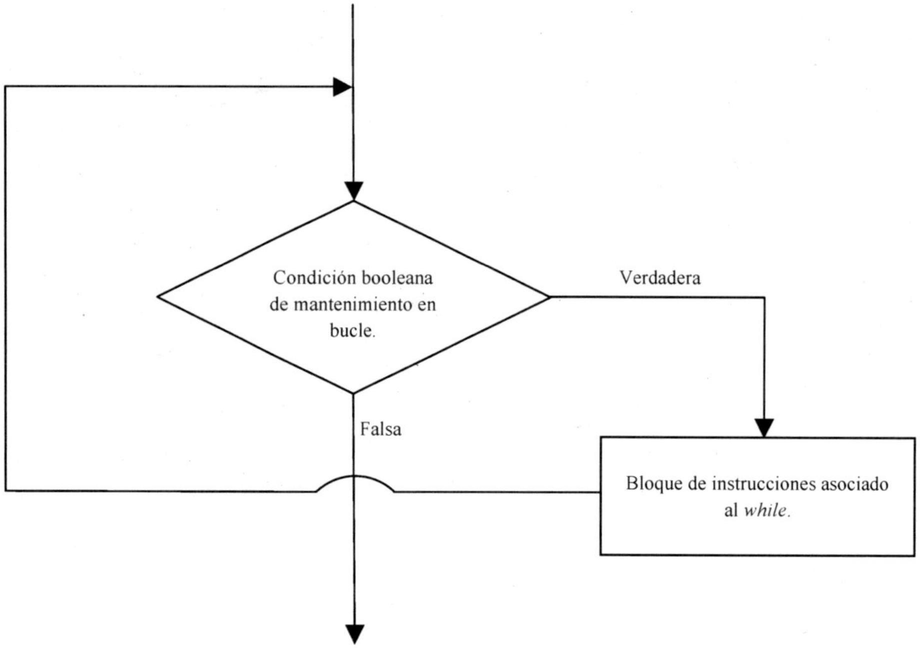

Veamos a continuación cómo se harían con *while* los ejemplos anteriores realizados con *for*. Para más claridad se introducen también estos últimos de nuevo.

```
>>> for i in range(7):              # Un solo parámetro en range(). Equivalente a range(0,7).
...     print(i)
...
0
1
2
3
4
5
6
>>> i = 0                           # Inicializamos una variable contador, i.
>>> while i < 7:                    # La condición de mantenimiento en bucle es i <7.
...     print(i)                    # El bloque de instrucciones del while se compone de print(i)
...     i = i + 1                   # e i = i + 1 , que incrementa el contador. Es importantísimo
...                                 # no olvidarlo ya que si no entraríamos en un bucle infinito
0                                   # al cumplirse siempre la condición de permanencia en él.
1
2
```

```
3
4
5
6
>>> >>> for i in range(3,7):          # Dos parámetros, inicio y fin. Al no indicar paso, lo hace de
...     print(i)                       # uno en uno.
...
3
4
5
6

>>> i = 3                              # Exactamente igual que el anterior while salvo que ahora
>>> while i < 7:                       # la inicialización de la variable contador i es en el valor 3.
...     print(i)
...     i = i + 1
...
3
4
5
6

>>> for i in range(3,12, 3):           # Tres parámetros: inicio, fin y paso. Empieza en el 3 y llega
...     print(i)                       # hasta en 9 (12 está excluido) de 3 en 3.
...                                    # Ejemplo de tres parámetros con inicio < fin
3
6
9
>>> i = 3                              # Inicializamos i a 3.
>>> while i < 12:                      # Ahora la condición es que i sea menor que 12 (excluyendo
...     print(i)                       # que sea igual a 12).
...     i = i + 3                      # El incremento ahora es de 3 en 3.
...
3
6
9
>>> for i in range(12,3, -3):          # Tres parámetros. inicio, fin y paso. Empieza en el 12 y llega
...     print(i)                       # hasta el 6 (en este caso el 3 está excluido) de -3 en -3.
...                                    # Ejemplo de tres parámetros con inicio > fin, lo que obliga a
12                                     # un paso negativo.
9
6
>>> i = 12                             # Inicializamos i a 12.
>>> while i > 3:                       # Ahora la condición es que i sea estrictamente mayor que 3.
...     print(i)
...     i = i - 3                      # Ahora tenemos un decremento de 3 al ir de un valor
...                                    # mayor a uno menor.
12
9
6
```

El diagrama de flujo para el primer ejemplo sería:

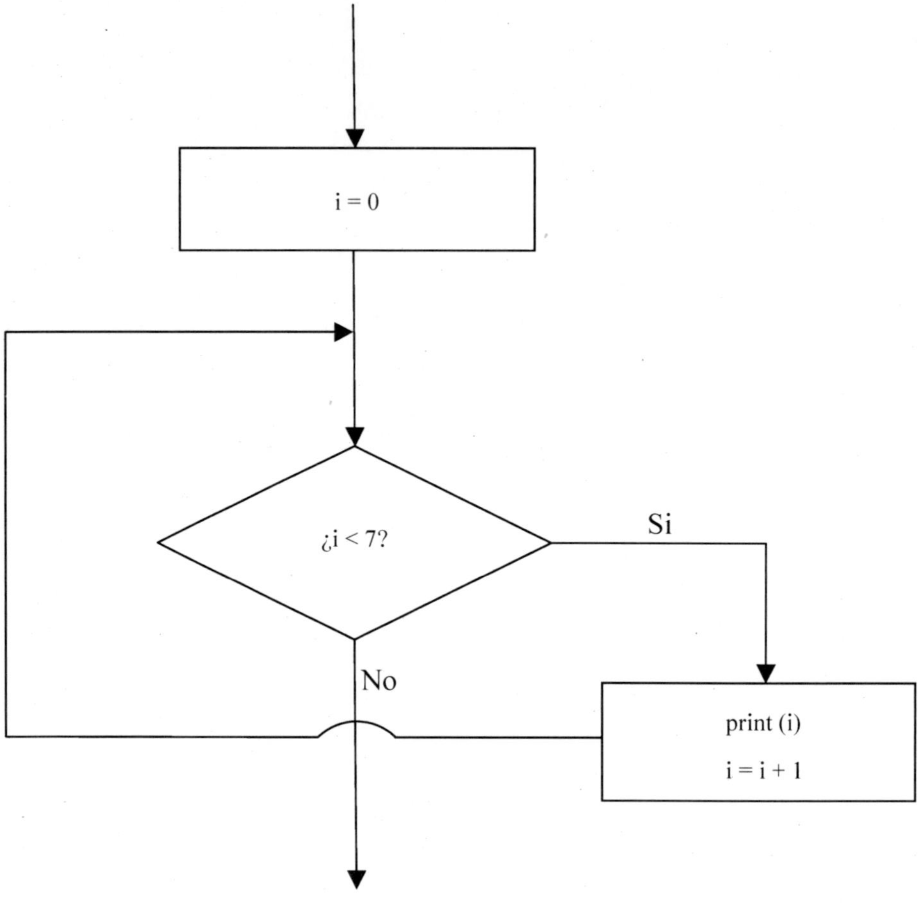

En estos ejemplos se nos hace presente uno de los riesgos de la instrucción *while*: la posibilidad (por error u omisión de actualización del contador dentro del bucle) de entrar en un bucle infinito al cumplirse siempre la condición de mantenimiento en él. Si en cualquiera de los ejemplos nos olvidásemos de actualizar la variable[28] *i*, la condición del *while* siempre se cumpliría, con lo cual no sólo el programa no actuaría como nosotros queremos, sino que, dicho en jerga informática, "se colgaría" y no respondería a las entradas por teclado o mediante ratón. Hagamos una prueba: copiemos el código del primer ejemplo de *while* en la ventana del editor

28 Algo que es mucho más habitual de lo que podríamos pensar en un principio, sobre todo en programadores noveles.

de código de *PyScripter* y borremos la línea *i = i + 1*. Ejecutémoslo (sin guardarlo) y veamos cómo en la ventana del intérprete aparece una incesante columna de *0's*. Pararemos ese bucle infinito haciendo clic en el botón *Abortar depuración (Ctrl+Alt+F9)* de la barra de herramientas:

De lo contrario en breve *PyScripter* se nos colgará. Si este código estuviese insertado en un programa mayor, nos impediría cualquier interacción vía teclado o ratón con él. En breve veremos más profundamente el uso del depurador.

Debemos prestar especial atención, cuando trabajemos con *while,* en configurarlo para que la condición de mantenimiento en bucle en algún momento no se cumpla, y no entrar en bucles infinitos.

Hemos visto en un principio cómo podemos emular con *while* los bucles que hacíamos con *for*. Pero podemos hacer con *while* cosas que con *for* nos resultaría imposible. Imaginemos que queremos sumar una serie de números introducidos por teclado, desconociendo *a priori* el número de ellos. Para indicar que hemos terminado nuestra lista de números, tomaremos como convención que sea al introducir el número *0*. La realización de este sencillo programa sería imposible con *for*, pero lo haremos con *while* de forma sencilla. Crearemos un nuevo fichero que guardaremos con nombre *ejemplo_while.py* en nuestra carpeta y que tendrá el siguiente código en su interior[29]:

```
i = 1                                              # i lleva la cuenta de números introducidos.
suma = 0                                           # En suma se va almacenando la suma de
print("Introduce una serie de números.\            # todos los números. Se inicializa a 0.
Si es 0 entenderemos que has \
terminado la lista.", end ="\n")

print("Número", i, ": ",end = "")                  # Usamos el parámetro end para que no
numero = eval(input())                             # cambie de línea.
print(numero)                                      # Sacamos el número introducido por pantalla.
suma = suma + numero                               # Sumanos el primer numero a suma.
```

29 Los comentarios son opcionales, pero es fundamental que guardemos siempre el fichero en formato *UTF-8* si queremos que nos reconozca correctamente acentos y caracteres especiales. Tal y como tenemos configurado *PyScripter* lo hará así por defecto para cada fichero nuevo.

```
while numero != 0:                                    # La condición para pedir otro número es que
    i = i + 1                                         # sea distinto de cero. E incrementamos i
    print("Número", i, ": ", end = "")                # dentro del bucle, a la vez que sumamos
    numero = eval(input())                            # cada número a la variable suma.
    print(numero)
    suma = suma + numero
                                                      # Al salir del while ya tendremos el valor
print("La suma de todos los números es: ", suma)      # total de la suma.
```

Como aclaración decir que '\' es el carácter que usamos para indicar al intérprete que cambiamos de línea pero seguimos con el mismo comando. Lo usamos para introducir código en varias líneas con el mismo efecto que si lo hubiésemos hecho solo en una. Está pensado para líneas muy largas de código o por aportar claridad a éste.

El programa está pensado para que nos aparezca un primer texto indicando el valor que tenemos para dejar de introducir datos. Posteriormente los irá pidiendo y a medida que se los damos los va sacando por pantalla. Finalmente, al introducir el *0,* sacará un texto con el valor total de la suma.

La variable *i* la usamos para llevar la cuenta de los números que vamos introduciendo, de ahí que la inicializamos a 1. En *suma* llevaremos la suma de todos los números que introducimos, por lo que la inicializaremos a 0. En el primer *print* usamos el carácter '\' para "trocear" la instrucción en tres líneas de código. No es necesario, pero nos permite saber cómo funciona, ya en algunos casos nos será útil. También en ese primer *print* usamos *end="\n"* para indicar que, una vez impreso el mensaje que queremos, cambie de línea. Posteriormente, antes de entrar en el *while*, sacamos por pantalla *"Número 1: "*, almacenamos lo introducido por teclado en *numero,* lo sacamos por pantalla y lo sumamos a *suma*, que tiene en ese momento valor 0. Notar en este segundo *print* que hemos usado *end=""* para indicar que siga en la misma línea, lo que hará que el número que introduzcamos por teclado quede a la misma altura, lo cual es estéticamente más agradable. Posteriormente entramos en el *while* y permaneceremos en él hasta introducir un valor *0* por teclado. Las cuatro líneas anteriores al *while*, junto al incremento de la variable *i*, conformarán el bloque de instrucciones interiores de éste. Una vez que introducimos un *0*, saldremos del bucle y el valor que tenemos en *suma* será el valor buscado, así que lo sacaremos por pantalla. Si hubiésemos querido ejecutar el fichero en modo consola añadiríamos al código una última instrucción *input()* para que la ventana de comandos no desaparezca al mostrar el resultado y podamos visualizarlo antes de pulsar una tecla.

La condición lógica de mantenimiento en bucle del *while* debe evitar tratar con números reales, ya que puede que no consigamos el resultado deseado. Veámoslo con un ejemplo:

```
numero = 0.0
suma = 0.0
while numero != 1.0:
    numero = numero + 0.1
    suma = suma + numero
print("La suma de todos los números es: ", suma)
```

Se ruega en este momento al lector que analice brevemente el código y considere si hay algún error o elemento que pudiese no funcionar correctamente. Sobre el papel el programa es correcto y tras analizarlo deducimos que lo que pretendemos es sumar la siguiente serie de números:

$$0 + 0.1 + 0.2 + ... + 0.9 + 1.0$$

Con lo cual esperaríamos obtener como resultado final:

```
La suma de todos los números es: 5.5
```

Pero si guardamos este programa en nuestra carpeta con el nombre *while_mal.py* y lo ejecutamos desde *Windows* (ya adelanto que si lo hubiésemos hecho desde *PyScripter* se nos hubiese colgado) obtenemos una pantalla en negro con el cursor parpadeante que podemos cerrar. ¿Qué ha ocurrido? ¿Por qué no hemos obtenido lo deseado? Antes de dar una explicación más detallada, observemos qué ocurre si tecleamos lo siguiente en el intérprete:

```
>>> 0 + 0.1
0.1
>>> 0.1 + 0.1
0.2
>>> 0.1 + 0.1 + 0.1
0.30000000000000004                                         # ¿Qué ha ocurrido aquí?
>>> 0.1 + 0.1 + 0.1 + 0.1
0.4
>>> 0.1 + 0.1 + 0.1 + 0.1 + 0.1
0.5
>>> 0.1 + 0.1 + 0.1 + 0.1 + 0.1 + 0.1
0.6
>>> 0.1 + 0.1 + 0.1 + 0.1 + 0.1 + 0.1 + 0.1
0.7
>>> 0.1 + 0.1 + 0.1 + 0.1 + 0.1 + 0.1 + 0.1 + 0.1           # ¿Y aquí?
0.7999999999999999
>>> 0.1 + 0.1 + 0.1 + 0.1 + 0.1 + 0.1 + 0.1 + 0.1 + 0.1     # ¿Y aquí?
0.8999999999999999
>>> 0.1 + 0.1 + 0.1 + 0.1 + 0.1 + 0.1 + 0.1 + 0.1 + 0.1 + 0.1   # ¿Y aquí?
0.9999999999999999
```

A pesar de que podríamos pensar que el ordenador trata los números reales con total precisión, eso no es así[30] y vemos que en algunos casos el resultado no es el deseado. En nuestro programa al sumar diez veces *0.1* el resultado no ha sido *1.0*

30 Por la propia naturaleza de cómo trata los números un ordenador. No entraremos en más detalles.

sino 0.9999999999999999, y ese es el motivo por el que no se sale del *while* en el momento adecuado y sigue en un bucle infinito. Por lo tanto, es fundamental que en las condiciones de mantenimiento en bucle de los *while* NUNCA[31] usemos números reales.

3.5.3 Uso del debugger de PyScripter

Aprovecharemos ahora para, sobre la base del ejemplo del último apartado, ver el funcionamiento del *debugger* (*depurador* en castellano) integrado en *PyScripter*, que es especialmente claro, rápido y sencillo de usar. Un *debugger* nos permite ver el funcionamiento paso a paso del programa, observar cómo van variando las variables u otras características interesantes de nuestro sistema. Todo ello nos será muy útil a la hora de analizar un programa en la búsqueda de fallos, o simplemente para entenderlo.

Teniendo el código en la ventana de edición, pulsaremos la tecla de función[32] *F7*. Posteriormente buscaremos en la parte inferior derecha[33] de la pantalla la pestaña[34] *"Expresiones vigiladas"* y tras hacer clic sobre ella pulsaremos, estando dentro de la ventana que nos aparece, el botón derecho del ratón. Deberíamos tener algo muy similar a lo siguiente, donde pasaremos por alto que el ejemplo está hecho sobre la versión *3.3.2* de *Python* y en *Windows 7*, lo cual no le quita nada de generalidad, ya que como comenté con anterioridad el libro se puede seguir fácilmente para otras versiones de *Windows* y de *Python 3*:

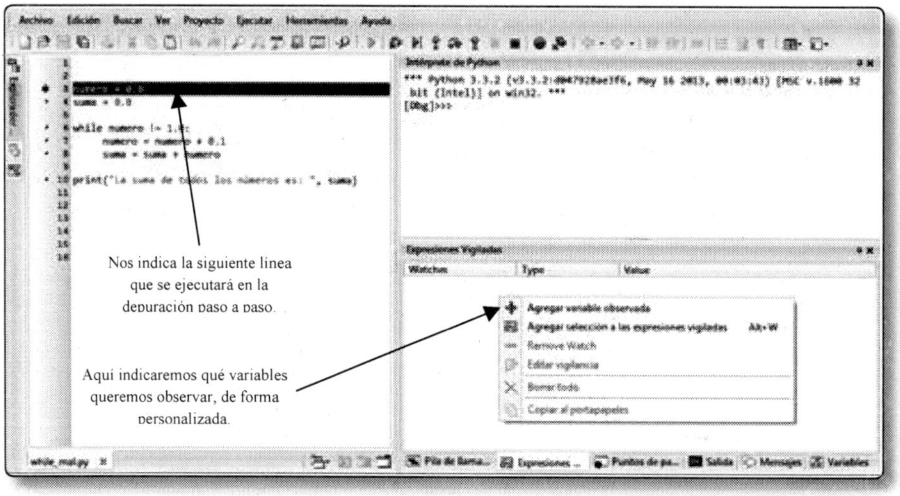

31 Salvo que hagamos uso del módulo *decimal* de nuestro intérprete *Python*.
32 Colocada en la parte superior del teclado.
33 Recordemos que la distribución elegida por mí es totalmente personal, y que *PyScripter* permite colocar las ventanas casi de cualquier manera. De haber elegido otra distribución de ventanas, simplemente activamos la solapa indicada.
34 En algunos otros libros la denominación puede ser distinta.

En la ventana emergente haremos clic en *"Agregar variable observada"*, obteniendo la siguiente ventana:

Introduciremos la variable *numero* y haremos clic en *"Ok"* (o pulsando *Enter*). Posteriormente repetiremos la operación para introducir también la variable *suma*. Con todo ello tendremos:

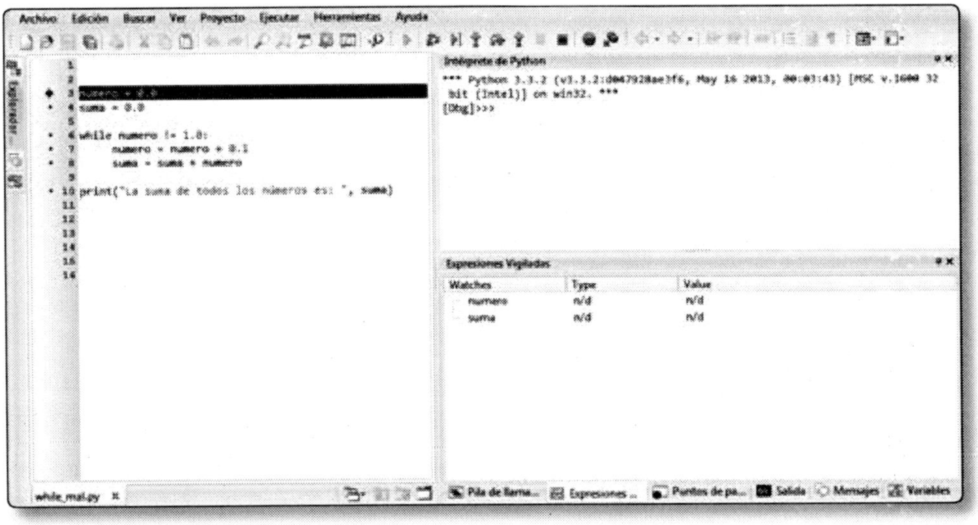

En la ventana de *Expresiones vigiladas* tenemos ahora nuestras dos variables. Nos indica el tipo de variable que son y el valor que tienen. Al no estar aún inicializadas nos aparece *"n/d"*. En la ventana del editor nos indica, con una flecha azul a la izquierda del número de línea y con el texto con fondo del mismo color, el código que se ejecutará cuando volvamos a pulsar *F7*.

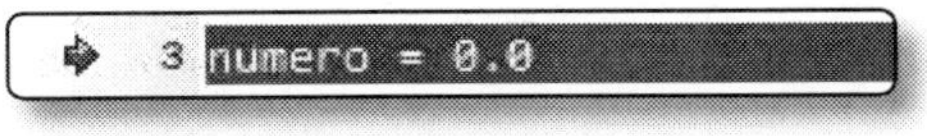

Lo haremos una vez y ya *numero* aparecerá con su tipo y su valor. Pulsaremos de nuevo *F7* y al final obtendremos lo siguiente:

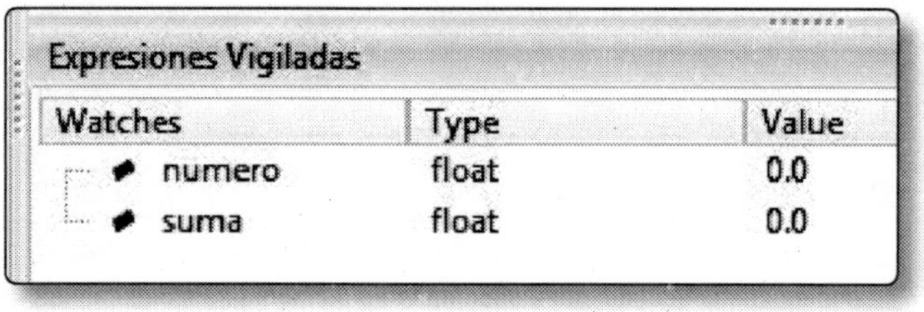

La flecha que nos indica la próxima línea a ejecutar estará en la instrucción *while*. A partir de aquí pulsaremos reiteradamente *F7* para ver cómo se ejecuta paso a paso el bucle, observando la variación de las variables y dándonos cuenta de que a veces no se consiguen valores exactos. Especialmente interesante es cuando *numero* llega a valer *0.9999999999999999* y al comprobar la condición del *while* no lo interpreta redondeándolo a *1.0*, sino que lo considera distinto de él y por eso vuelve a entrar en el bucle indefinidamente, provocando que el ordenador se cuelgue. Una vez que vemos que no podemos salir del bucle detenemos el *debugger* haciendo clic en el botón de *Abortar depuración* de la barra de herramientas o, como nos indica *PyScripter* al colocarnos sobre él, pulsando *Ctrl + Alt+ F9*:

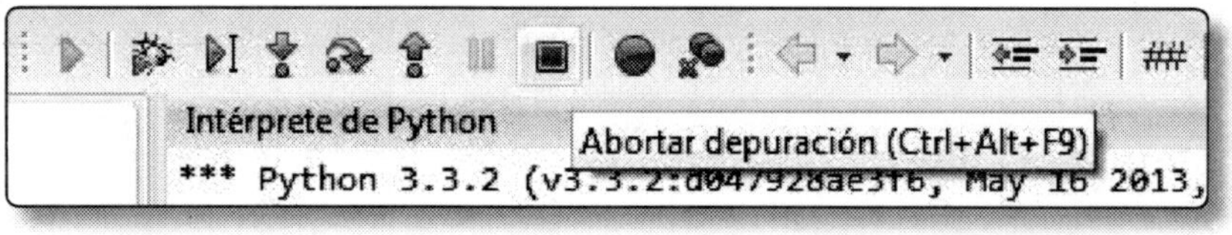

Con esto hemos usado por primera vez el *debugger* en un programa muy sencillo. Hemos conocido que con *F7* se ejecuta paso a paso el programa, que podemos detenerlo y que hay ventanas para ver el valor de las variables (hemos usado *Expresiones Vigiladas*, que nos permite mucha personalización, pero también tenemos *Variables*, donde nos representa los muchos tipos de variables, la mayoría que aún desconocemos, que tenemos cargadas). Hay muchas más opciones que iremos viendo paulatinamente a medida que hagamos programas más complejos y expliquemos estructuras de datos y elementos usados en programación.

3.5.4 Las palabras reservadas break y continue

Para tener más control dentro de los bucles usaremos las palabras reservadas *break* y *continue*. Veamos qué hace cada una de ellas:

- *break*: dentro de un bucle lo que hace es terminarlo entero, es decir, si se ejecuta dentro de un bucle sale por completo de él.
- *continue:* al ejecutarlo dentro de un bucle termina la iteración en la que estaba, pero permanece en el bucle.

Por tanto *break* se sale del bucle mientras *continue* solo termina una iteración, manteniéndose en él. Un ejemplo, que guardaremos como *ejemplo_break_for.py*, sería:

```
suma = 0
for i in range(10):
    if i > 7:
        break
    suma = suma + i
print ("La suma con break ha sido: ", suma)
suma = 0
for i in range(10):
    suma = suma + i
print ("La suma sin break ha sido: ", suma)
```

Su salida es:

```
>>>
La suma con break ha sido: 28
La suma sin break ha sido: 45
>>>
```

En el primer *for* cuando *i* ha sido mayor que 7 se ha ejecutado el *break* y se ha salido completamente del bucle, con lo cual no se han sumado a *suma* ni 8 ni 9, que es la diferencia observada. El ejemplo evidentemente está pensado para ver el funcionamiento de *break*, sin más utilidad que ello. Otro ejemplo, ahora con *while*:

```
suma = 0
print("El programa irá pidiendo números y los irá sumando hasta que la suma supere el valor 100")
while True:
    numero = eval(input("Introduce un número: "))
    suma = suma + numero
    if suma > 100:
        break
print ("La suma total al superar los 100 ha sido: ", suma)
```

Lo guardaremos como *ejemplo_break_while.py* en nuestra carpeta. El ejemplo es curioso, ya que en un principio la condición de mantenimiento en bucle siempre se cumple ya que le hemos dado el valor *True*[35]. Pero mediante *break* conseguimos que se salga de él cuando la suma sobrepase el valor *100*, como podemos comprobar si ejecutamos el programa e introducimos, sucesivamente, los valores *99*, *1* y *1*. Obtendríamos:

```
>>>
La suma con break ha sido: 28
La suma sin break ha sido: 45
>>>
```

Para un ejemplo que contenga *continue* imaginemos que queremos sumar todos los números de *1* a *100* (inclusive) salvo el *3*, el *19* y el *32*. Podríamos hacerlo así (*ejemplo_continue_for.py*):

```
suma = 0
for i in range(101):                                                  # Incluimos el100.
    if i == 3 or i == 19 or i == 32:                                  # No olvidar que en este
        continue                                                      # caso se usan dos signos
    suma = suma + i                                                   # '='para indicar igualdad.
print ("La suma con continue (sin sumar 3, 19 y 32) ha sido: ", suma)
suma = 0                                                              # Reiniciamos el valor de
                                                                      # suma a 0.
for i in range(101):
    suma = suma + i
print ("La suma sin continue (sumando todos) ha sido: ", suma)
```

Y comprobar el resultado al ejecutarlo:

```
>>>
La suma con continue (sin sumar 3, 19 y 32) ha sido: 4996
La suma sin continue (sumando todos) ha sido: 5050
>>>
```

Vemos que la diferencia es justamente la suma de los números indicados. Interesante ver la condición compuesta del *if* construida mediante varios operadores lógicos *or* para incluir los tres números indicados.

Para usar un *continue* dentro de un *while* podríamos intentar sumar los diez primeros números salvo los múltiplos de *4*. Sería así (*ejemplo_continue_while.py*):

```
suma = 0
i = 0
while i < 10 :
```

35 No olvidemos que *True*, así como *False*, empieza con mayúscula y en caso de no ponerla nos dará error.

```
    i = i + 1
    suma = suma + i
print ("La suma del 1 al 10 inclusive es: ", suma)
suma = 0
i = 0
while i < 10 :
    i = i + 1
    if i % 4 == 0:
        continue
    suma = suma + i
print("La suma del 1 al 10 inclusive salvo los múltiplos de 4 es:", suma)
```

Al ejecutarlo:

```
>>>
La suma del 1 al 10 inclusive es: 55
La suma del 1 al 10 inclusive salvo los múltiplos de 4 es: 43
>>>
```

El resultado es correcto, ya que no sumó en el segundo *while* los únicos múltiplos de 4 que hay del 1 al 10: 4 y 8.

Haremos en este punto una serie de matizaciones sobre *break* y *continue*:

1. Siempre podremos sustituir los *break* y los *continue* dentro de los bucles por otras formas de lograr el mismo objetivo, por lo que no son completamente imprescindibles.
2. Deben aportarnos claridad al código.
3. Deben simplificar el código.
4. Debemos usarlos correctamente solo en los casos en los que nos aportan las ventajas comentadas anteriormente, sin abusar de ellos.

3.5.5 Bucles anidados

Hasta ahora hemos visto las dos instrucciones principales que posee *Python* para tratar con los bucles: *for* y *while*. Ambos tienen un bloque de instrucciones que se ejecuta una serie de veces. Dentro de ese bloque puede haber otro bucle, del mismo o distinto tipo del que lo contiene. Esto es lo que se llama *bucle anidado* y hablamos de "bucle interno" y "bucle externo" para denominarlos. Puede haber un *for* dentro de un *while*, un *while* dentro de otro *while,* y así hasta obtener las cuatro combinaciones posibles. Pero también dentro de ese bucle más interno, en su bloque de instrucciones, puede haber otro bucle, y así sucesivamente, dando lugar a lo que se denomina *niveles de anidación*. No hay un límite en el número de ellos que podamos tener.

Los programas con un cierto nivel de complicación usan mucho los bucles anidados, y de ellos depende en gran medida el tiempo de cómputo que emplean para realizar la tarea encomendada. Diseñar correctamente estos bucles es una de las tareas principales cuando empleamos un algoritmo y posteriormente lo codificamos, por lo que dominarlos es fundamental en programación.

Iremos viendo ejemplos del uso de bucles anidados a medida que vayamos realizando programas más complejos a lo largo del libro. En este apartado haremos un solo ejemplo para ilustrar su uso: pensemos que queremos hacer un programa que sume varios intervalos de números enteros (ambos inclusive), es decir, que sume por ejemplo los números del 3 al 7 más los del 9 al 18, más los del 23 al 45, y así sucesivamente hasta que le indiquemos mediante algún código especial que ya hemos finalizado con la introducción de números.

Como siempre recuerdo, es muy aconsejable que antes de teclear absolutamente nada de código, entendamos perfectamente cómo se soluciona el problema y los pasos concretos necesarios para conseguirlo (el algoritmo a utilizar). Es decir, tener resuelto *"a lápiz"* la solución antes de pasar al código.

El indicado puede ser un buen ejercicio para el lector si se atreve con ello. Si aún es demasiado pronto, el código podría ser algo así (*ejemplo_while_for.py*):

```
print("Sumaremos los intervalos de \
enteros indicados (ambos incluidos) \
hasta que se introduzcan dos ceros")
suma_total = 0                                  # Variable para la suma de todos los intervalos.
principio = eval(input("Inicio: "))             # Principio de cada intervalo.
fin = eval(input("Fin: "))                      # Fin de cada intervalo.
while principio !=0 and fin != 0:               # Condición de "centinela".
    suma_parcial = 0                            # Importante inicializar en cada bucle la suma parcial.
    for i in range(principio, fin + 1):         # Con fin + 1 incluiremos el valor fin.
        suma_parcial = suma_parcial + i         # suma_parcial es la suma de cada intervalo al fin de for.
    suma_total = suma_total + suma_parcial      # Atentos a las sangrías.
    principio = eval(input("Inicio: "))         # Pedimos de nuevo los datos de principio y fin.
    fin = eval(input("Fin: "))
print("La suma total es: ", suma_total)
```

Es interesante entender completamente el funcionamiento del programa en este primer acercamiento a bucles anidados, ya que muchos algoritmos tienen funcionamientos similares. También sería interesante usar el *debugger* (de la manera descrita en el apartado 3.5.3) para ver paso a paso cómo se modifica el valor de las variables. Para ello podríamos introducir los siguientes valores a medida que nos los vaya pidiendo (evitamos grandes bucles, y de paso comprobamos que el programa funciona bien):

3, 5, 10, 12 ,0, 0.

Al final en el intérprete aparecerá:

```
>>>
Sumaremos los intervalos indicados (ambos incluidos) hasta que introduzca dos ceros
La suma total es: 45
>>>
```

Con ello comprobamos que el valor es correcto.

3.6 IMPORTAR MÓDULOS. USO DE IMPORT

En el tema 4 del capítulo 1 vimos cómo crear ficheros de código en *Python*, que guardábamos con la extensión *.py*. A estos ficheros los denominábamos *fichero fuente*, *script* o *módulo*. Posteriormente, en el capítulo 2 aprendimos a usar multitud de funciones que vienen por defecto para su uso directo en el intérprete, lo que se denominan *built-in-functions*. Existe una inmensidad de otras funciones de todo tipo que podemos usar en nuestros programas, pero no de forma directa ya que no están integradas por defecto en el intérprete, sino localizadas en ficheros que, a pesar de estar dentro del directorio creado en la instalación de *Python* (en nuestro caso la carpeta *Python33*), deben ser *"cargados"* para poderse usar. La idea es solo importar los ficheros (contenedores de las funciones) que necesitemos en cada programa en aras de la eficiencia. Un módulo puede incluir desde una sola función a multitud de ellas, soliendo ser de la misma temática. Para cargar esos ficheros, y por lo tanto tener acceso a las funciones que contienen, usaremos la palabra reservada[36] *import*. Podemos teclearla (incluso solo parte, con lo cual observamos otra característica interesante del intérprete *Python* de *PyScripter*) y ver que nos informa de que es una *keyword* (palabra reservada), siendo acompañada con el icono de una llave.

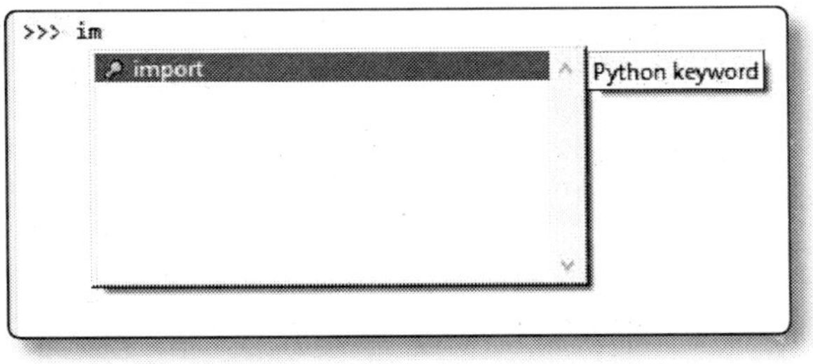

36 Podemos teclearla en el intérprete de *Python* de *PyScripter* y ver que nos informa de que es una *keyword* (palabra reservada), que acompaña con un icono de una llave.

Su formato simple es el siguiente:

import nombre_del_módulo

Si tecleamos en el intérprete *import m* nos aparecerán todos los módulos disponibles que empiezan por la letra *m*. Buscando el módulo *math* mediante la barra horizontal de *scroll*, aparecerá:

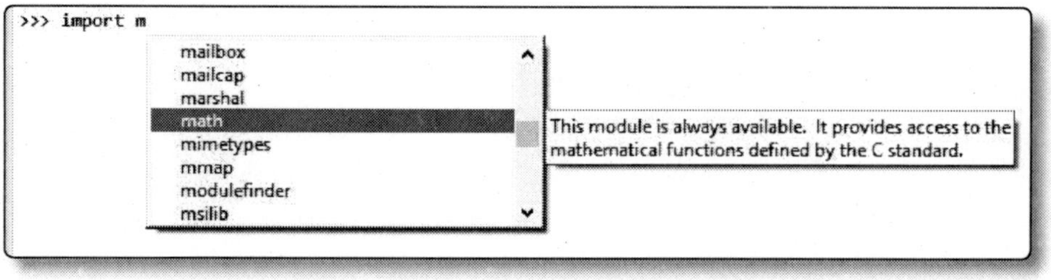

Seleccionamos *math* y pulsamos *Enter*. En ese momento hemos cargado el módulo *math*[37], que incorpora las funciones matemáticas básicas (las definidas en la versión estándar del lenguaje de programación C). Posteriormente tecleamos *math.* (no olvidar el punto) y obtendremos:

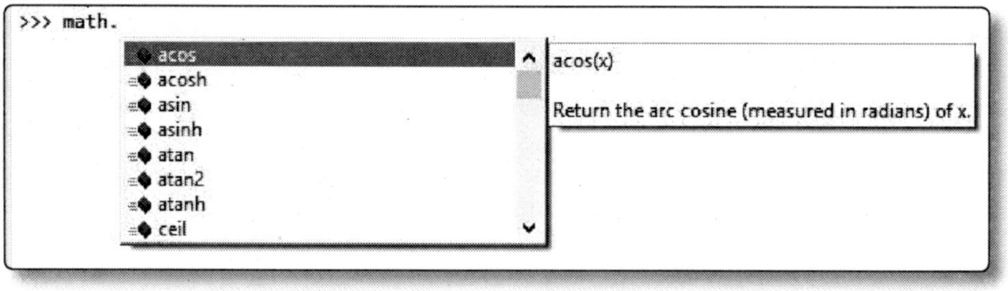

Es una lista de las funciones que componen el módulo *math*. Vemos que podremos usar las funciones trigonométricas (seno, coseno,...) y otras interesantes sobre logaritmos, raíces cuadradas, factoriales, potencias...

Haciendo clic sobre cualquiera de ellas nos indica su formato y una breve descripción de lo que realizan. Para usarlas debemos emplear la siguiente forma:

math.nombre_de_la_función

37 En la pestaña *Variables* podemos observar que ya lo tenemos cargado.

Pongamos un ejemplo. Imaginemos que queremos calcular la siguiente expresión matemática:

$$x^8 + 2\ sen(x) + x!$$

Donde *12* el valor de *x*. Teclearíamos lo siguiente[38]:

```
Intérprete de Python
*** Python 3.3.5 (v3.3.5:62cf4e77f785, Mar  9 2014, 10:37:12) [MSC v.1600 32 bit (Intel)] on win32. ***
>>> import math
>>> x = 12
>>> math.pow(x,8) + 2 * math.sin(x) + math.factorial(x)
908983294.9268541
>>> |
```

En la expresión *sin(x)* el valor de *x* se interpreta en radianes. Con este ejemplo podemos ver la forma en la que primero cargamos un módulo y posteriormente usamos las funciones contenidas en él.

En algunos casos el nombre del módulo puede ser muy largo y resulta incómodo estar teniendo que teclearlo continuamente cuando usamos las funciones que contiene. Para solucionarlo hay una forma de denominar al módulo de forma abreviada en el momento que lo importamos, y que nos permite posteriormente denominarlo así cuando usemos las funciones asociadas. A pesar de que *math* no es especialmente largo, pensemos que queremos llamar con posterioridad a ese módulo simplemente *m*. Lo haríamos aplicando el formato extendido de *import*:

import nombre_del_módulo as nuevo_nombre_de_referencia

En nuestro caso sería:

import math as m

Posteriormente podemos hacer:

```
>>> import math as m
>>> x = 12
>>> m.pow(x,8) + 2 * m.sin(x) + m.factorial(x)
908983294.9268541
>>>
```

38 Recordar la opción de borrar el contenido de la ventana del intérprete con clic en el botón derecho del ratón y *Borrar todo*.

La carga de módulos es algo muy habitual en los programas escritos en *Python* y una característica que le dota de grafdn potencia dado el alto número de librerías disponibles (de cualquier temática que necesitemos) y la posibilidad de crear las nuestras a medida.

3.7 GENERACIÓN DE NÚMEROS ALEATORIOS EN PYTHON

En multitud de ocasiones necesitaremos generar números aleatorios para nuestros programas. Antes de analizar cinco funciones que usaremos para ello, debemos comentar que en realidad los ordenadores no pueden generar números totalmente aleatorios, siendo preciso para ello obtener valores de medidas de determinados procesos físicos. En internet hay varias páginas desde la que obtener esos números totalmente aleatorios en el caso que nos fuese absolutamente necesario[39]. Lo que generamos en *Python* (y en otros lenguajes de programación) son en realidad *números pseudoaleatorios*, que de una forma sutil sí que siguen algún tipo de patrón (debido a la forma matemática con la que se generan), pero que nos serán perfectamente útiles para nuestros cometidos en un porcentaje tremendamente alto. Es decir, para un uso "normal" de los números aleatorios, no notaremos en absoluto esta pseudoaleatoriedad. Por comodidad en la terminología llamaremos a partir de ahora *aleatorios* a estos número generados por nuestro ordenador, aún a sabiendas de que estrictamente hablando no lo son.

Veremos cinco funciones para tratar este tipo de números, dos que tratan con enteros (*randint()* y *randrange()*), otras dos con números reales (*random()* y *uniform()*) y una última (*choice()*) que la aplicaremos de momento solamente a cadenas[40]. Ambas están en un módulo llamado *random*, por lo que, como vimos en el capítulo anterior, debemos importarlo antes de poder usarlas. Los formatos y una breve descripción de las funciones son:

random.randint*(a, b)*

Devuelve un número aleatorio entero entre los números enteros *a* y *b* (**ambos inclusive**). El valor de *a* debe ser menor o igual que *b*.

random.randrange*(comienzo, final[, paso])*

39 Algunas páginas muestran datos obtenidos en procesos tan exóticos como la desintegración de átomos.

40 Puede actuar también sobre otro tipo de datos que veremos en temas posteriores.

Devuelve un número entero aleatorio entre los números enteros comienzo y final, excluyendo este último, pero solo elige entre los números que estén en la serie siguiente:

*comienzo, comienzo + paso, comienzo + 2 * paso, ...*

Podremos no incluir el parámetro paso (por defecto valdrá 1) solo si comienzo <final.

La función randrange() es más completa para tratar los enteros que randint(), ya que podremos emular a esta última de la siguiente manera:

random.randint(a, b)= random.randrange(a, b+1)

random.random()

Devuelve un número real en el rango *[0.0, 1.0)*, es decir, incluyendo el *0.0* y **excluyendo** el *1.0*. La precisión (el número de decimales) será por defecto *16*.

random.uniform*(a, b)*

Devuelve un número real aleatorio entre los números reales *a* y *b* (donde no es necesario que *a* < *b*). Sobre el papel tanto *a* como *b* están incluidos pero por motivos de redondeo no es seguro que *b* esté incluido de forma efectiva.

random.choice*(cadena)*

Devuelve un elemento individual aleatorio incluido en la cadena *cadena*.

Veamos ejemplos de un uso correcto de las funciones indicadas. Teclearemos el siguiente código en el editor, guardándolo en nuestra carpeta con el nombre *ejemplo_modulo_random.py*:

```
import random

print ("El programa generará 20 datos aleatorios divididos en 5 columnas")
print("En columna 1: Enteros aleatorios de 0 a 10, ambos inclusive")
print("En columna 2: Enteros aleatorios PARES de 0 a 100, ambos inclusive")
print("En columna 3: Reales aleatorios de 0.0 a 1.0, excluido este último")
print("En columna 4: Reales aleatorios de 12.34 a 87.9832, sin seguridad de incluir éste último")
print("En columna 5: Elementos individuales de la cadena \"Nombre: Juan Edad: 27\" \n")

for i in range(0,20):
    numero_randint = random.randint(0,10)
    numero_randrange = random.randrange(0,100,2)
    numero_random = random.random()
```

```
numero_uniform = random.uniform(12.34,87.9832)
numero_choice = random.choice("Nombre: Juan Edad: 27")

print(format(numero_randint, "<2"), end="       ")
print(format(numero_randrange, "<3"), end ="       ")
print(format(numero_random, "<22"), end="       ")
print(format(numero_uniform, "<22"), end ="       ")
print(numero_choice, "\n")
```

El programa genera cinco columnas de 20 elementos aleatorios cada una con las características indicadas. Si lo ejecutamos obtendremos una salida como la siguiente en el intérprete:

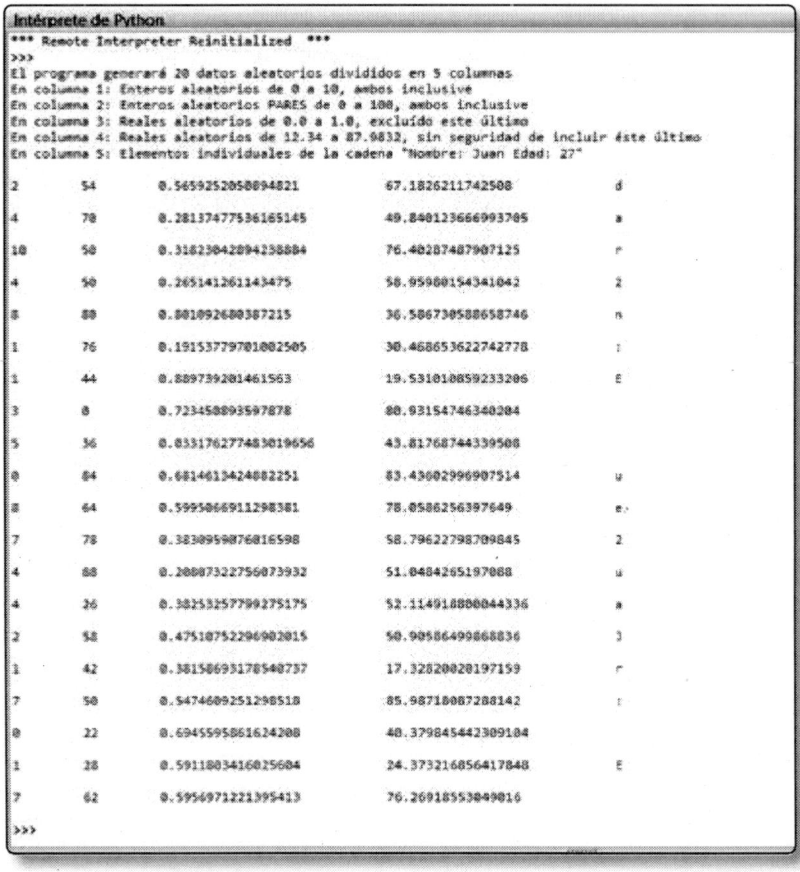

Evidentemente, al ser números aleatorios[41] el lector obtendrá unos valores completamente distintos. Al ejecutarlo de nuevo observamos cómo los números cambian totalmente.

El programa nos puede venir bien, además de para mostrar el funcionamiento de los números aleatorios en *Python*, para recordar el funcionamiento de las funciones *print()* y *format()* de cara a que las columnas aparezcan uniformes, ya que por motivos de redondeo, los números reales pueden aparecer con distinto número de decimales. De no usar *format()*, las columnas se verían con un aspecto bastante más desordenado, por lo que es interesante analizar bien el código y ver cómo hemos logrado que el aspecto sea el deseado.

Veamos a continuación ejemplos que darían un resultado correcto:

```
>>> random.randint(1.0 ,20.0)                # En notación de número real pero son números enteros.
2
>>> random.randrange(0.0, 120.0, 2.0)        # En notación de número real pero son números enteros.
110
>>> random.randrange(10, 100)                # Interpreta que el paso es 1 y por eso podemos obviarlo.
26
>>> random.randrange(10, -120, -2)           # El paso puede ser negativo si el primer parámetro es
-116                                         # mayor que el segundo.
>>> random.uniform(10,-110)                  # El primer parámetro puede ser mayor que el segundo.
-109.51791279689564
>>> random.uniform(10,10.0)                  # Siempre obtendremos 10.0 pero es expresión válida.
10.0
>>> random.choice('123')                     # Comillas dobles o simples hacen el mismo efecto.
'1'
>>> a = "hola"
>>> random.choice(a)                         # Uso de variable.
'l'
```

Incluiré también unos ejemplos erróneos (indicando en los comentarios el error cometido, sin representar la salida del intérprete para cada uno de ellos):

```
>>> random.randint(1.0 , 20.5)               # 20.5 no es un número entero.
>>> random.randint(25 , 11)                  # 25 es mayor que 11.
>>> random.randrange(0, 101, 2.5)            # 2.5 no es un número entero.
>>> random.randrange(10, -120)               # Necesitamos un tercer parámetro negativo entero(paso).
>>> random.randrange(10, 10)                 # No existe rango entre 10 y 10.
>>> random.random(100)                       # La función random no necesita ningún parámetro.
>>> random.uniform(10, 110, 2)               # La función uniform solo necesita dos parámetros.
>>> random.choice(123)                       # 123 no es una cadena.
>>> random.choice(hola)                      # hola no es una cadena si no va entre comillas.
```

41 Con las particularidades que ya sabemos.

A modo de resumen, y como referencia rápida, puede sernos útil la siguiente tabla:

Funciones generadoras de números aleatorios		
Uso sobre:	Formato de la función:	Observaciones
Enteros	random.**randint**(a, b)	a y b enteros Devuelve entero entre a y b (ambos incluidos) Obligatorio que a <= b
	random.**randrange**(comienzo, final[, paso])	comienzo y final enteros Devuelve entero entre comienzo y final (excluido) paso negativo obligatorio si comienzo> final
Reales	random.**random**( )	Valor real entre 0.0 y 1.0 1.0 excluido
	random.**uniform**(a, b)	a y b reales a y b incluidos (b puede que no por redondeo) a puede ser <, = o > que b
Cadenas	random.**choice**(cadena)	Valores individuales de la cadena

3.8 REDIRECCIONES DE E/S

Comentamos con anterioridad que la entrada y salida establecida por defecto son el teclado y la pantalla, habiendo hecho uso de ello en varios programas sencillos realizados hasta el momento. Pero no tiene por qué ser obligatoriamente así. En algunos casos es interesante usar como elementos de entrada o salida otros dispositivos. Especialmente útil es el uso de ficheros, tanto para entrada de datos como para almacenarlos procedentes de la salida. Esto es lo que se denominará **redireccionar** (la entrada y/o la salida, depende de cuál sea el caso).

Trabajemos sobre la base del fichero *ejemplo_while.py* que generamos en el apartado 3.5.2 cuando tratamos el bucle *while*. El programa recibía una serie de datos por teclado, terminando por convención en cero, y sacaba por pantalla la suma de todos ellos. Ahora sustituiremos el teclado por un fichero de texto con los datos, respetando la pulsación de teclas que realizaríamos en una entrada estándar. Para generarlo abriremos el *Bloc de notas* de *Windows* y teclearemos, pulsando *Enter* tras cada número y en dos ocasiones tras el cero:

```
10
11
8
9
7
2
0
```

Posteriormente guardaremos el fichero con nombre *entrada.txt* en nuestra carpeta. A continuación accederemos a ella mediante *Windows* y estando dentro de su ventana haremos clic en el botón derecho del ratón con la tecla de mayúsculas[42] pulsada. Aparecerá la siguiente ventana emergente donde seleccionaremos la opción marcada:

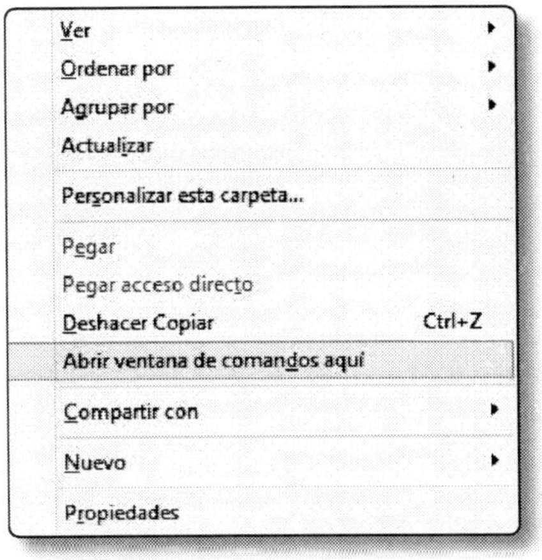

Aparecerá una ventana en modo consola, donde teclearemos[43]:

```
python ejemplo_while.py < entrada.txt
```

De esa manera estamos indicando al intérprete que recoja los datos de entrada desde el fichero *entrada.txt* en lugar de por teclado. El símbolo usado para redireccionar la entrada de datos es '<'. Nos aparecerá la siguiente salida:

42 Recordar que son las dos flechas verticales que apuntan hacia arriba. No confundir con *Bloq Mayús*.
43 Es importante poner los ficheros con su extensión, de lo contrario nos daría un error.

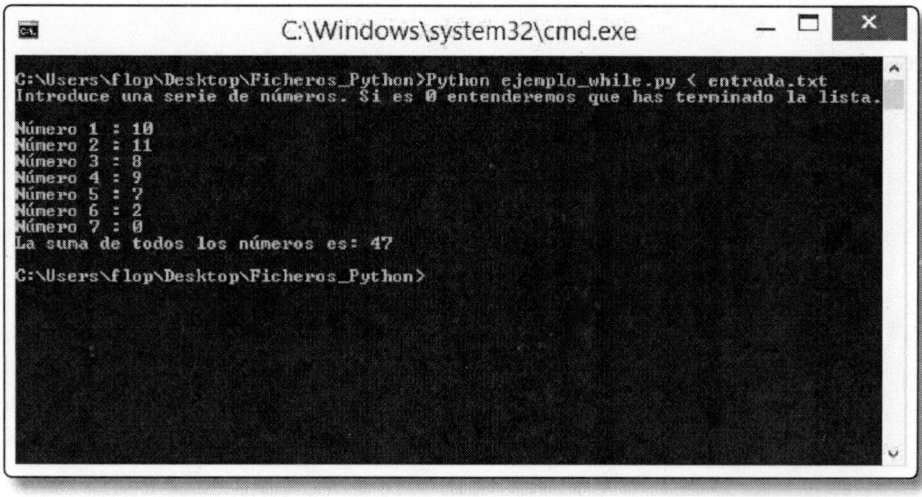

Es el resultado deseado. Si esa salida la quisiésemos almacenar en otro fichero (y que no saliese por pantalla), deberemos redireccionarla hacia él. Y eso lo conseguiremos con el símbolo '>', por lo cual ahora teclearemos desde el símbolo del sistema lo siguiente:

```
python ejemplo_while.py < entrada.txt > salida.txt
```

Ni se nos pide datos por teclado, ni aparecen datos de salida por pantalla. A la vez se ha creado un nuevo fichero en nuestra carpeta llamado *salida.txt* que contiene los datos que anteriormente aparecieron en nuestro monitor.

De forma esquemática podríamos representar lo siguiente:

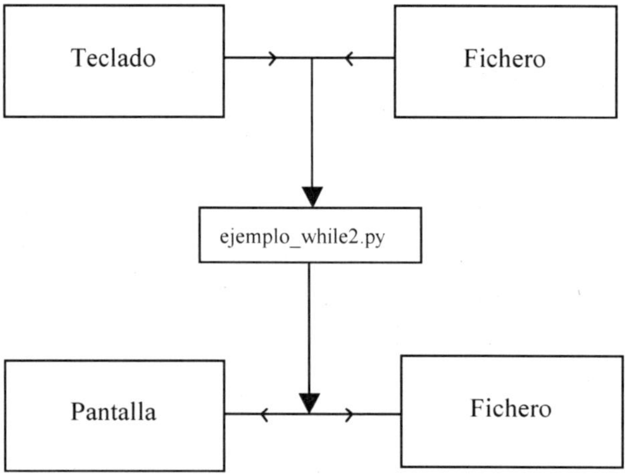

En él vemos las opciones que de momento hemos valorado para la entrada y salida de datos al programa. Tenemos cuatro posibles combinaciones para la serie entrada/salida:

1. Teclado → Pantalla
2. Teclado → Fichero
3. Fichero → Pantalla
4. Fichero → Fichero

La opción 1 es la estándar, la más habitual y la que hemos venido usando hasta ahora. La 3 y la 4 las hemos probado hace un instante, por lo que solo nos quedaría la opción 2 por probar. Lo haremos ejecutando el siguiente comando en la ventana del sistema[44]:

```
python ejemplo_while2.py > salida2.txt
```

Aparece el cursor parpadeante, esperando la entrada de los datos por teclado, ya que así está configurado. Pero no aparece nada más por pantalla, ya que hemos indicado que la salida sea el fichero, por lo que habrá escrito allí la frase inicial y la petición de introducción del primer número. Podemos observar (abriéndolo) que efectivamente el fichero *salida2.txt* está creado y que solo contiene esas dos líneas. Volvemos al símbolo del sistema y tecleamos lo siguiente, nuevamente pulsando *Enter* tras cada número y en dos ocasiones tras el cero:

```
3
7
5
1
0
```

No observaremos cómo actualiza sobre la marcha el fichero de salida, pero al cerrar y volver a abrir *salida2.txt* comprobamos que la totalidad de la salida ha sido guardada allí. Este último es un caso un poco extraño ya que estamos acostumbrados a visualizar la entrada de datos por pantalla.

En resumen, lo que hemos hecho en este capítulo ha sido redireccionar la entrada y salida para poder trabajar con ficheros, ya que en algunos casos será útil, práctico, o incluso necesario su uso. También aprendimos que las funciones *input()* y *print()*, cuando trabajan con ficheros, tienen la capacidad de leer o escribir en éstos en lugar de hacerlo exclusivamente desde el teclado y hacia la pantalla.

44 Atención al cambio de fichero de salida, ahora es *salida2.txt*.

4

PROGRAMACIÓN FUNCIONAL

4.1 CONCEPTO DE FUNCIÓN. DEFINICIÓN Y EJECUCIÓN DE UNA FUNCIÓN EN PYTHON

En el tema 4 del capítulo 2 expliqué de forma genérica en qué consistía una función, que es básicamente un código que puede (o no) recibir una serie de datos de entrada, hace una serie de cálculos y devuelve (o no) uno o más datos de salida. La representábamos con el siguiente esquema:

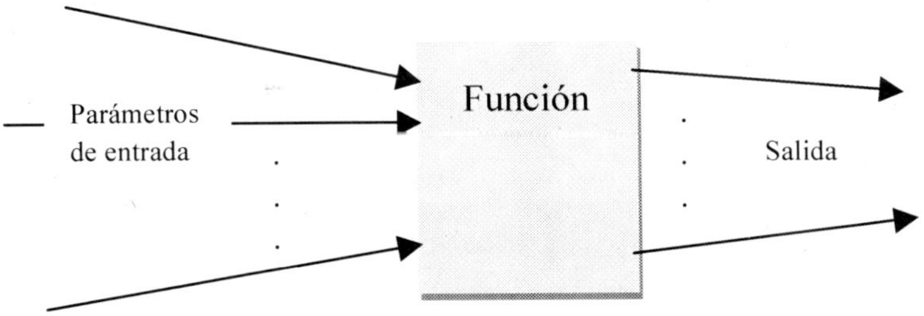

Los *parámetros de entrada* eran los potenciales elementos que recibe la función. Cuando hacíamos la llamada, estos parámetros potenciales se convertían en *argumentos*.

Posteriormente hemos hecho uso de varias funciones, invocándolas. Algunas de ellas vienen directamente en el intérprete de *Python* (*Built-in functions*) y por tanto podemos ejecutarlas directamente en nuestro programa. Otras se encuentran en módulos o librerías que deben ser cargados antes de poder usar las funciones que contienen.

¿Para qué y por qué se usan las funciones? Básicamente para reutilizar códigos muy similares y para simplificar los programas, dándoles más orden y claridad. En muchas situaciones los programas tienen código que es básicamente el mismo pero aplicado a datos distintos. La idea de una función es agrupar ese código, darle un nombre, y permitir que los distintos datos sean recibidos en distintos momentos. Eso nos dará claridad y eficiencia. Pongamos un ejemplo: Imaginemos que queremos hacer una determinada operación sobre dos números (enteros o reales), como puede ser calcular su diferencia, elevar ésta al cuadrado y sumarle *1*. Si nos pidiesen hacer un programa para calcular esto en tres pares de números, el código sería algo así (lo copiamos en el editor y lo guardamos en nuestra carpeta con el nombre *ejemplo_sin_funciones.py*):

```
numero_1 = eval(input("Introduce el primer número: "))
numero_2 = eval(input("Introduce el segundo número: "))
resultado = ((numero_1 - numero_2) ** 2 ) + 1
print ("\nEl primer número introducido ha sido: ", numero_1)
print ("El segundo número introducido ha sido: ", numero_2)
print ("La diferencia entre ellos elevada al cuadrado y luego sumado uno es: ", resultado)

numero_1 = eval(input("Introduce el primer número: "))
numero_2 = eval(input("Introduce el segundo número: "))
resultado = ((numero_1 - numero_2) ** 2 ) + 1
print ("\nEl primer número introducido ha sido: ", numero_1)
print ("El segundo número introducido ha sido: ", numero_2)
print ("La diferencia entre ellos elevada al cuadrado y luego sumado uno es: ", resultado)

numero_1 = eval(input("Introduce el primer número: "))
numero_2 = eval(input("Introduce el segundo número: "))
resultado = ((numero_1 - numero_2) ** 2 ) + 1
print ("\nEl primer número introducido ha sido: ", numero_1)
print ("El segundo número introducido ha sido: ", numero_2)
print ("La diferencia entre ellos elevada al cuadrado y luego sumado uno es: ", resultado)
```

Es evidente que hay un código que se repite para los tres pares de números. En el caso de tener que repetirlo muchas veces (pensemos en miles de veces) el programa sería absurdamente ineficiente y ocuparía mucho espacio, por lo que necesitamos definir ese código en forma de función que acepte los dos números como parámetros de entrada. ¿Cómo se hace eso en *Python*? El formato para definirla es el siguiente:

def nombre_de_la_función*(lista de parámetros formales)****: bloque_de_instrucciones***

cabecera de la función — cuerpo de la función

La lista de *parámetros formales* (que puede estar vacía al no requerir datos de entrada) son los nombres de éstos separados por comas. Se denominan parámetros formales al definir la función. Haré notar que la cabecera de la función termina con el símbolo de dos puntos *(':')*. El bloque de instrucciones podrá incluir (o no) una (o varias) especial, ***return***, que tiene el siguiente formato:

return valor_que_devuelve_la_función

Es la que nos marcará el valor de salida de la función. Este valor podrá ser directamente una expresión, o una variable. En cuanto se ejecute saldrá de la función, devolviendo el dato indicado. En el caso de no encontrar ningún *return* en el bloque devolverá un valor especial (***None***) tras la ejecución de la última línea de su código, por lo que estrictamente hablando en *Python* las funciones *siempre* devuelven un dato. De esta manera definiremos *nuestra* función. Una vez que lo hayamos hecho, podremos llamarla[1] (ejecutarla) al estilo de como lo hemos hecho hasta el momento con las funciones predefinidas, es decir, de la siguiente forma:

nombre_de_la_función*(lista de argumentos)*

En este caso los parámetros ya tienen un determinado valor, por eso se llaman *parámetros reales* o *argumentos*. Si la función devuelve un dato tendremos que "recogerlo" de alguna manera para que no se pierda[2] (en una variable mediante el operador de asignación o dentro de alguna otra instrucción[3], por ejemplo). Aplicado a nuestro caso tendremos que una función podría ser la siguiente:

```
def calculo_dos_datos():
    numero_1 = eval(input("Introduce el primer número: "))
    numero_2 = eval(input("Introduce el segundo número: "))
    resultado = ((numero_1 - numero_2) ** 2 ) + 1
    print ("\nEl primer número introducido ha sido: ", numero_1)
    print ("El segundo número introducido ha sido: ", numero_2)
    print ("La diferencia entre ellos elevada al cuadrado y luego sumado uno es: ", resultado)
```

1 También se puede decir "invocarla".
2 Siempre que estemos interesados en él, claro está.
3 Por ejemplo, de un *print()*.

4.2 ORGANIZACIÓN DE LAS FUNCIONES EN UN PROGRAMA. FUNCIÓN PRINCIPAL O MAIN()

Nos surge ahora la duda de dónde se define la función y cómo distinguimos el código de ésta respecto al del programa principal. Hasta ahora, de cara a escribir código, salvo en los primeros ejemplos que hicimos, habíamos borrado lo que aparecía por defecto en el editor y tecleado nuestro programa, para posteriormente guardarlo en un fichero. Todo era programa principal, con lo cual no hacía falta indicarlo de ninguna manera. Pero al usar funciones tenemos que indicar claramente qué es qué. Para ello, el programa principal será una función de nombre *main()*. Para ejecutar el programa ejecutaremos *main()*, que será el que posteriormente llame a las demás funciones. Cuando tecleamos *Ctrl+n*, vamos al menú *Archivo→Nuevo→Nuevo archivo*, o directamente hacemos clic en el botón *Nuevo archivo* en la barra de herramientas[4], creamos un fichero que tiene un código por defecto. En él, debajo de los comentarios que nos indican datos del fichero como fecha de creación o autor, aparece lo siguiente:

```
def main():
    pass

if __name__ == '__main__':
    main()

```

Hay cosas que no entendemos totalmente de momento, pero visualizamos que se define una función de nombre *main()*[5]. Ese es el programa principal, que evidentemente está de momento vacío[6]. Pero es ahí (donde aparece *pass*) donde debemos insertar el código de nuestro programa principal, que es lo que hicimos en un ejemplo inicial en el capítulo pasado. Localizamos también que mediante un *if*[7] ejecutamos ese *main()*. Como de momento no sabemos qué significado tiene ese elemento que comienza y termina por dos guiones bajos[8], podríamos modificar el código inicial y dejarlo de la siguiente manera:

4 Aparece en la esquina izquierda con forma de hoja en blanco.

5 Principal en inglés.

6 Recordemos que *pass* no realiza ninguna tarea y se usa simplemente para indicar.

7 No nos interesa saber exactamente cómo lo hace, pero por defecto entra dentro del *if* y ejecuta el *main()*.

8 Para ello tendríamos que tener conocimientos un poco avanzados de *Python* y saber cómo trata determinados elementos. No es importante en este instante para nosotros.

```
def main():
    pass

main()
```

De esta manera se ve aún más claramente que primero definimos la función principal (*main()*) y posteriormente la ejecutamos. ¿Dónde irían definidas las funciones? Encima de la definición de *main()*, ya que ésta va a hacer uso de ellas y deberán estar ya cargadas en memoria. Nuestro programa, que guardaremos en nuestra carpeta con el nombre *ejemplo_funcion.py*, quedaría así:

```

def calculo_dos_datos():
    numero_1 = eval(input("Introduce el primer número: "))
    numero_2 = eval(input("Introduce el segundo número: "))
    resultado = ((numero_1 - numero_2) ** 2 ) + 1
    print ("\nEl primer número introducido ha sido: ", numero_1)
    print ("El segundo número introducido ha sido: ", numero_2)
    print ("La diferencia entre ellos elevada al cuadrado y luego sumado uno es: ", resultado)

def main():
    for i in range(0,3):
        calculo_dos_datos()

main()
```

Definición de la función *calculo_dos_datos()*

Definición del programa principal (*main()*)

Ejecución del programa principal (*main()*)

De esta manera definimos las funciones *calculo_dos_datos()* y *main()*. Posteriormente ejecutamos *main()* (para comenzar el flujo del programa), que seguidamente llamará tres veces a *calculo_dos_datos()*. El definir una función principal llamada *main()* desde el que arranca todo el programa es un convenio que seguiremos.

4.3 FLUJO DE EJECUCIÓN DE UN PROGRAMA. VARIABLES LOCALES Y GLOBALES

Es interesante observar el flujo de instrucciones al ejecutar el fichero. Para ello pulsaremos de forma reiterada la tecla de función *F7*, lo que hará que el programa se depure instrucción a instrucción, paso a paso, entrando dentro de las funciones en lugar de ejecutarlas directamente[9] (como si fueran una sola instrucción), lo cual nos

9 Para hacer eso en lugar de pulsar *F7 (pasar dentro)* tendríamos que pulsar *F8 (pasar sobre)*.

permitirá visualizar el flujo completo del programa. Tras la primera pulsación de *F7* obtendremos:

```
1
2 def calculo_dos_datos():
3     numero_1 = eval(input("Introduce el primer número: "))
4     numero_2 = eval(input("Introduce el segundo número: "))
5     resultado = ((numero_1 - numero_2) ** 2 ) + 1
6     print ("\nEl primer número introducido ha sido: ", numero_1)
```

La flecha de la izquierda que apunta al código nos indica la instrucción que se va a ejecutar al pulsar de nuevo *F7*. Si lo hacemos, la flecha irá a la definición de la función *main()*, habiendo cargado ya en memoria toda la función *calculo_dos_datos()*. Pulsando nuevamente *F7* hará lo propio con *main()* y estaremos en la siguiente situación:

```
10 def main():
11     for i in range(0,3):
12         calculo_dos_datos()
13
14 main()
15
```

Estamos entonces a punto de ejecutar la función principal y de alguna manera "iniciar" el programa. Al pulsar otra vez *F7* vamos hasta la línea 11, que es la primera de la función *main()*. En este punto buscaremos la pestaña *"Variables"*, que por defecto está agrupada con otras[10], y haremos clic sobre ella, observando lo siguiente:

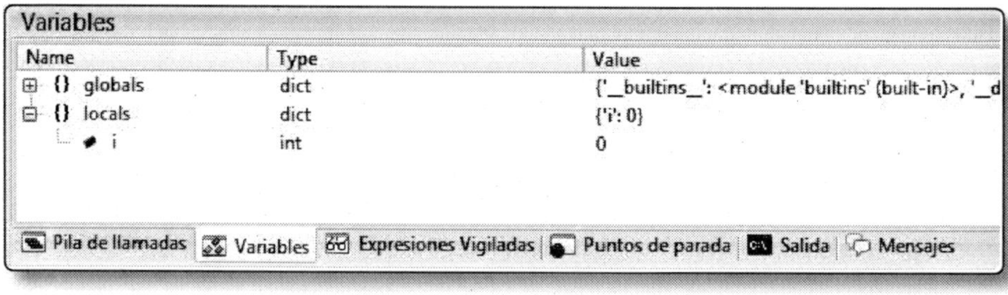

10 Como el lector tuvo libertad para modificar la estructura original, puede que no esté exactamente distribuida de la forma indicada, lo cual no tiene importancia de cara a su uso.

Nuevamente hay muchas cosas que no entendemos. Pero sí visualizamos una primera distinción entre **variables globales (*globals*)** y **locales (*locals*)**. Dentro de estas últimas aparece *i*, que es la variable que usamos para el bucle *for*. Podemos pulsar en el símbolo '+' que aparece a la izquierda de *"globals"*, y observaremos (entre otras cosas) lo siguiente[11]:

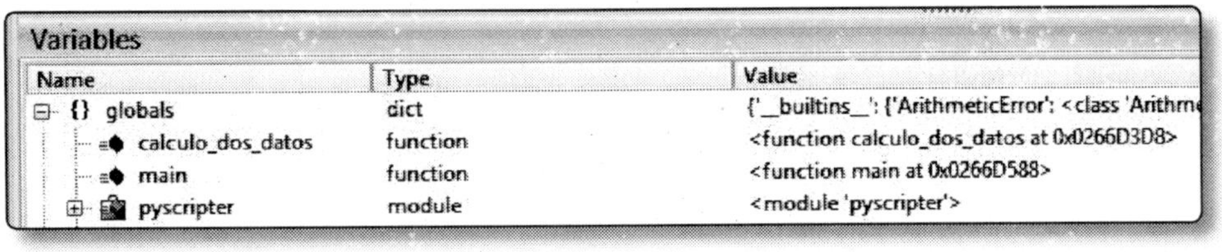

Nos aparecen las dos funciones que hemos definido. Notaremos que el concepto de variable que engloba *PyScripter* en esta ventana ya no es estrictamente el de variable propiamente dicha que hemos estudiado hasta el momento, sino que engloba funciones, módulos y algunos elementos que aún no hemos tratado. ¿Qué diferencia hay entre variables globales y locales? Para explicarlo bien debemos ser conscientes de cómo tenemos estructurado nuestro programa[12]:

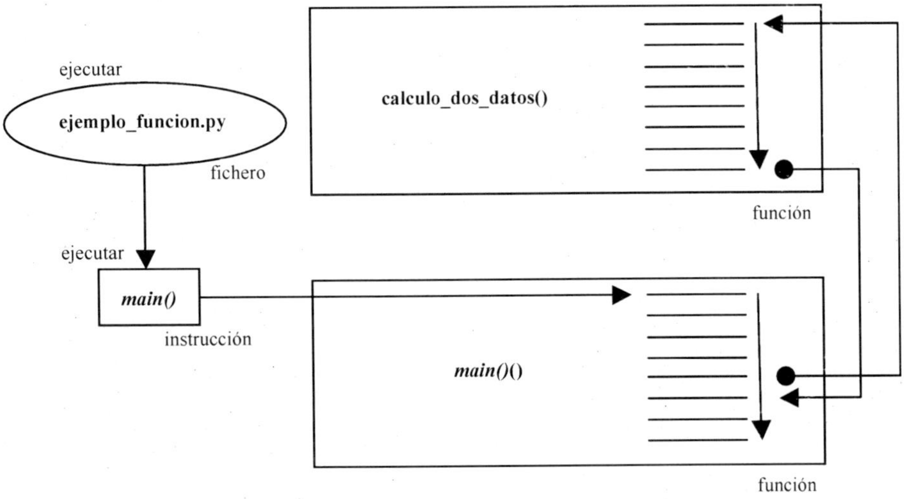

11 Puede que nos aparezcan más variables globales. Si es así, no pasa nada. Nos centraremos en las que hemos definido en este capítulo.

12 Los rectángulos y la elipse usada en el esquema no sigue ningún estándar sino que son usados simplemente para representar elementos de forma visual. Las líneas horizontales dentro de las funciones representan las distintas instrucciones que contienen.

Tenemos dos funciones definidas, dos trozos de código. Ejecutamos *main()* y paso a paso sus instrucciones. Una de ellas llama a la función *calculo_dos_datos()*, que hace su trabajo y devuelve posteriormente el control de nuevo a *main()*, que sigue su curso en la siguiente instrucción. Puede hacerlo tras ejecutar la última instrucción de su código (si no existe ninguna instrucción *return*) o en el momento que encuentra uno de ellos[13], aun no siendo la última instrucción. Los dos trozos de código se comunican. Esta es la esencia de lo que se llama **programación funcional**: dividir el programa en funciones que se comunican unas con otras. *Python*, entre otras formas que veremos posteriormente, soporta este tipo de programación, que resulta muy natural si, por ejemplo, trabajamos en el ámbito científico[14].

Nuestros dos trozos de código, sin embargo, tienen un grupo de variables propio (con las que pueden operar), es decir, una variable definida en una función no puede en un principio ser utilizada en otra ya que es **local** a la citada función. Un ejemplo lo tenemos en *i*, que nos aparece dentro del grupo de variables locales estando en la función *main()*, ya que la acabamos de crear en el bucle *for*. Si estuviésemos en la función *calculo_dos_datos()* no podríamos hacer referencia a ella, ya que en su ámbito *i* (la *i* de *main()*, puede que otra *i* definida localmente si) no existe. Sin embargo, hemos visto que tanto *main()* como *calculo_dos_datos()* aparecen dentro del grupo de **variables globales**, con lo que sí podemos hacer referencia a ellas dentro de otras funciones, ya que el ámbito de su posible utilización es global, todo el programa. De hecho, en *main()* usamos tres veces la función *calculo_dos_datos()*. Como resumen:

- *Variable local*: variable definida dentro de la función y que tiene como ámbito de actuación (utilización) solo la propia función.
- *Variable global*: su ámbito de utilización es todo el programa, por lo que puede ser usada en cualquier función.

Volvamos a nuestro programa. Lo habíamos dejado en la línea *12*, y recordemos que cuando una de ellas está marcada significa que será la próxima en ser ejecutada por el intérprete. Al pulsar *F7* pasaremos a la función *calculo_dos_datos()*, a la línea 3 del código. Rápidamente observamos que la variable *i* local a *main()* ha desaparecido. Pulsando *F7* aparecerá una ventana pidiendo que introduzcamos el primer dato:

13 Recordemos que puede haber varios, pero en el momento en que ejecuta uno, sale de la función.
14 *Python* es ya muy usado en él y está experimentando un crecimiento muy interesante.

Introduciremos *124* y pulsaremos *Enter*. Pulsaremos de nuevo *F7* y nos pedirá el segundo número. Tecleamos *177* y *Enter*. Posteriormente de nuevo *F7*. Ya tendremos en la ventana *"Variables"* las tres variables locales generadas en la función:

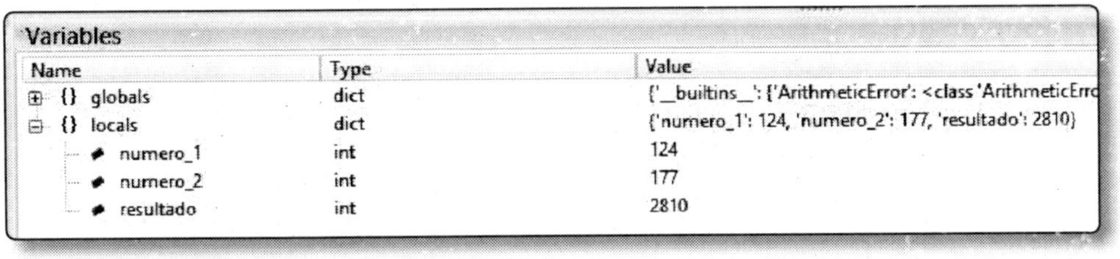

Pulsaremos tres veces *F7* para que por la ventana del intérprete aparezca:

```
[Dbg]>>>

El primer número introducido ha sido: 124
El segundo número introducido ha sido: 177
La diferencia entre ellos elevada al cuadrado y luego sumado uno es: 2810
```

Mediante *[Dbg]* previo al *prompt* habitual se nos indica que estamos en *modo debugger* (depuración).

Estamos en este momento ya en la función *main()* de nuevo (línea *11*) y, como cabía esperar, las variables *numero_1, numero_2* y *resultado* ya no aparecen, volviendo a hacerlo *i*, con el valor que tenía antes de ejecutar la función *calculo_dos_datos()*, es decir, *0*. Pulsando *F7* pasa a valer *1*, y pulsando *F7* volvemos a entrar en *calculo_dos_datos()* pero al hacerlo vemos que no nos ha mantenido las variables locales que creamos con anterioridad, sino que empezamos de nuevo y las volvemos a crear (con los mismos nombres), sacando por pantalla los resultados de la misma manera que hicimos anteriormente. Introduciendo los datos *45* y *92* obtenemos:

```
El primer número introducido ha sido: 45
El segundo número introducido ha sido: 92
La diferencia entre ellos elevada al cuadrado y luego sumado uno es: 2210
```

¿Por qué ocurre esto? ¿Por qué al volver a *main()* si recuerda el valor de *i* pero al volver a ejecutar *calculo_dos_datos()* no? La explicación es que cuando una función *llama* a otra función se guardan los datos de las variables de la función que llama para que al retornar sigan con los valores que tenían antes de la llamada. Es el caso de *main()*, que llama a *calculo_dos_datos()*, y por eso el valor de *i* es recordado al volver. Pero cuando finaliza el código de *calculo_dos_datos()* devuelve el control a *main()* sin almacenar ninguna variable ya que ella *ha sido llamada*.

La función *calculo_dos_datos()* no devuelve ningún dato. No nos debe confundir el hecho de que su código saque resultados por pantalla, ya que eso no son datos que la función devuelva para que sean usados en *main()*. En realidad *calculo_dos_datos()* se ejecuta sin argumentos y sin devolver ningún valor, por lo que no tendría argumentos de entrada ni valor de salida.

Si seguimos pulsando *F7*, *i* tomará el valor *2*, se ejecutará una última vez *calculo_dos_datos()* (podemos rellenar los datos que queramos) y al llegar de nuevo al bucle *for*, saldrá de él terminando el programa.

4.4 MÁS SOBRE VARIABLES LOCALES Y GLOBALES. LA DECLARACIÓN GLOBAL

En el apartado anterior di una primera explicación de lo que son las variables locales y globales. Considerando nuestro fichero como un todo, éste se divide en bloques de código que se comunican entre sí siguiendo las directrices de la programación funcional, cuya filosofía es dividir algoritmos en trozos de código pequeños y eficientes que interaccionan. Gráficamente sería:

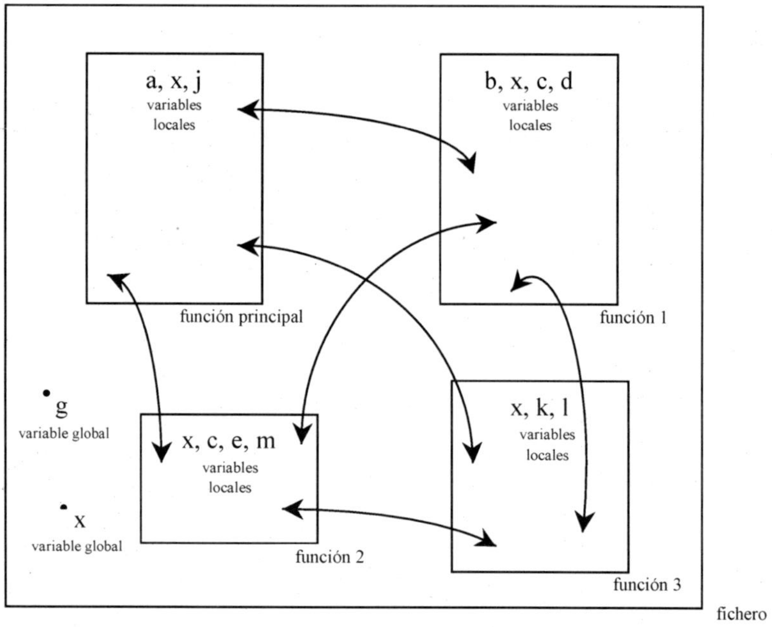

He representado un caso genérico de fichero compuesto por cuatro funciones, una de ellas la principal. Dentro del rectángulo que las representa he incluido las variables locales creadas en cada una de ellas. Por ejemplo, en las cuatro funciones existe una variable *x*. Esto es posible ya que son todas distintas, dado que sólo son válidas en su ámbito y si, por ejemplo, estamos en la *función2*, las variables locales de las demás funciones no serán "visibles", es decir, no las podemos usar, no existen. Por lo tanto no hay ningún tipo de conflicto. Al salir de *función2* y, por ejemplo, ir a la *función principal,* las variables de la primera desaparecen y son válidas las de *main()*. Es algo que comprobamos en la práctica en el ejemplo del capítulo anterior. También vimos que las funciones definidas aparecían en el apartado *"globals"* dentro de *"Variables"*, lo que indicaba que podían ser llamadas desde cualquier punto del programa. Pero no vimos ningún ejemplo de variable propiamente dicha que se pueda usar en todas las funciones. ¿Cómo se logra eso? Simplemente creando la variable fuera de todas las funciones.

Fijémonos en el siguiente ejemplo (lo guardamos como *ejemplo_variables_locales.py*):

```

x = 5
def funcion2():
    x = x + 10
    print("La variable x dentro de funcion2 vale: ", x)

def main():
    x = x + 2
    funcion2()
    print("La variable x dentro de main vale:      ", x)

main()

```

En él hemos definido dos funciones y en ambas, de forma local, la variable *x*. Analizando con el *debugger* (mediante *F7*) vemos que *main()* y *funcion1()* aparecen como globales y, dependiendo de en qué función nos encontremos, aparece como local la *x* correspondiente. Es un ejemplo de variables locales independientes y en la salida aparecerá:

```
>>>
La variable x dentro de funcion1 vale: 7
La variable x dentro de main() vale:   1
>>>
```

Eso nos indica claramente que son dos variables distintas. Veamos ahora el siguiente programa (lo guardamos como *ejemplo_variable_global.py*):

```
x = 5
def funcion2():
    print("La variable x dentro de funcion2 vale: ", x)

def main():
    funcion2()
    print("La variable x dentro de main vale:      ", x)

main()
```

En él hemos creado una variable *x* con valor *5* fuera tanto del *main()* como de *funcion2()*, luego es una variable global y será accesible desde cualquiera de ellas. Los dos *print* que aparecen (uno en cada función) reconocen a *x*. Sería un ejemplo típico de variable global. La salida sería:

```
>>>
La variable x dentro de funcion2 vale: 5
La variable x dentro de main() vale:   5
>>>
```

Una vez que hemos podido acceder a una variable global, sería lógico intentar modificarla de forma distinta en las distintas funciones. Por ejemplo, si creamos un fichero nuevo (de cara a no sobrescribir el que ya tenemos), copiamos en él todo el contenido de *ejemplo_variable_global.py* y lo modificamos de la siguiente manera:

```
x = 5
def funcion2():
    x = x + 10
    print("La variable x dentro de funcion2 vale: ", x)

def main():
    x = x + 2
    funcion2()
    print("La variable x dentro de main vale:      ", x)

main()
```

Parece un código correcto pero no lo es. Nos aparece un mensaje de error al intentar ejecutarlo:

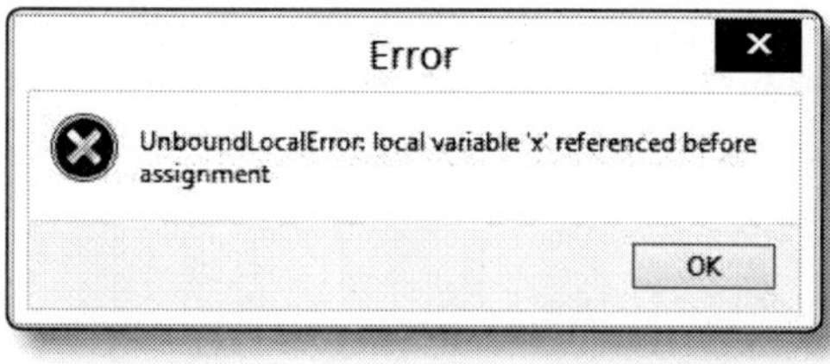

En él se nos indica que la variable local *x* ha sido referenciada antes de darle ningún valor. El mismo mensaje que nos aparecería si no hubiésemos definido *x* en la línea 2. ¿Qué significa esto? Que el intérprete no ha identificado que esa *x* de la línea *4* sea la *x* de la línea *2* (la variable global), sino que la interpreta como local, y al no haberla inicializado con ningún valor, nos da un error. Podemos modificar el código para ver otro ejemplo. Lo guardaremos como *ejemplo_x_global_y_local.py*:

```
1
2  x = 5
3  def funcion2():
4      x = 1
5      print("La variable x dentro de funcion2 vale: ", x)
6
7  def main():
8      x = 9
9      funcion2()
10     print("La variable x dentro de main vale:      ", x)
11
12 main()
13
```

Resulta muy interesante ejecutarlo paso a paso mediante *F7* y comprobar que tanto al ejecutar la línea *8* como la *4*, tenemos dos variables *x* distintas: una global y una local con diferentes valores. Al analizar la salida:

```
>>>
La variable x dentro de funcion2 vale:  1
La variable x dentro de main() vale:    9
>>>
```

Comprobamos que es la *x* local la que tiene preferencia dentro de cada una de las funciones. ¿Cómo entonces podríamos trabajar con la variable global *x* dentro de las funciones? Debemos indicárselo mediante la declaración *global*, de la siguiente manera (grabamos el código como *ejemplo_x_global_en_funciones.py*):

```
1
2  x = 5
3  def funcion2():
4      global x
5      x = x + 5
6      print("La variable x dentro de funcion2 vale: ", x)
7
8  def main():
9      global x
10     x = x + 10
11     funcion2()
12     print("La variable x dentro de main vale:      ", x)
13
14 main()
15
```

Mediante *global x* indicamos al intérprete que esa *x* (con la que trabajamos a nivel local) es la definida a nivel global. Es necesario indicarlo en todas las funciones donde queramos trabajar con la variable global en cuestión; en nuestro caso, las dos que tenemos. Al ejecutarlo paso a paso veremos que *global x* no se ejecuta como tal, sino que es una indicación para que *enlace* con la variable global. En ningún momento ahora se crea otra *x* local, sino que modifica en todo momento la *x* global. En la línea 10 al valor original (*5*) se le suma *10*. Posteriormente en la línea 5 se le suma a todo ello *5* más para un total de *20*. Como estamos actuando siempre sobre la misma variable, tanto el *print* de *funcion2()* como el de *main()* sacarán el mismo resultado por pantalla:

```
>>>
La variable x dentro de funcion2 vale:  20
La variable x dentro de main() vale:    20
>>>
```

En este primer ejemplo usando *global* que hemos visto definimos una variable fuera de todas las funciones y luego, desde las dos funciones, enlazamos a esa variable global mediante el uso de *global*. ¿Sería posible crear una variable global directamente desde una función, sin tener que hacerlo fuera de todas ellas? La respuesta es sí. Basta con indicarlo con global. El siguiente código (lo guardamos como *ejemplo_x_global_desde_funcion.py*) lo muestra:

```

def funcion2():
    global x
    x = 100
    x = x + 5
    print("La variable x dentro de funcion2 vale: ", x)

def main():
    funcion2()
    global x
    x = x + 10
    print("La variable x dentro de main vale:     ", x)

main()
```

En este caso es en la *funcion2()* donde creamos la variable *x* inicialmente para posteriormente modificar su valor primero en ella y posteriormente en el *main()*. Resaltar el uso de *global* en las dos funciones, imprescindible para trabajar con la misma variable[15] *x*. La salida sería:

```
>>>
La variable x dentro de funcion2 vale:  105
```

15 De no haberla usado en el *main()*, nos hubiese dado error.

```
La variable x dentro de main() vale:     115
>>>
```

De no haber declarado como global a *x* en la función *main()*, podríamos haber creado otra variable local llamada *x* y sería el mismo caso de coexistencia de variables con el mismo nombre, una global y otra local, que vimos con anterioridad.

En resumen, *global* permite:

1. Trabajar en nuestra función con variables existentes en el ámbito global.

2. Crear en nuestra función variables globales.

La posibilidad de modificar el valor de una variable global en una función puede ser fuente de errores, por lo que no se aconseja su uso, a pesar de que, como hemos visto, es posible. El uso más correcto de *global* suele estar asociado a la definición de constantes de las que puedan hacer uso todas las funciones, donde no hay riesgo de que aparezcan problemas y nos puede ser de gran utilidad.

4.5 PARÁMETROS DE ENTRADA Y VALOR DE SALIDA DE UNA FUNCIÓN

Mediante el uso de funciones hemos conseguido que el código sea más legible, corto y ordenado. Puse un ejemplo de programación funcional sencillo al tener solo dos bloques de código en forma de funciones. Pero en realidad no hemos visto un ejemplo de función donde tengamos parámetros de entrada y nos devuelva un valor de salida (no hemos hecho uso de la instrucción especial *return*). A continuación haré una reescritura del código con el que conseguir que el programa funcione exactamente igual de cara a su uso, pero en el que tendremos una función que recibe y devuelve datos. El código lo guardaremos en nuestra carpeta con el nombre *ejemplo_funcion_2.py*:

```

def calculo_dos_datos_2(num1, num2):
        res = ((num1 - num2) ** 2 ) + 1
        return(res)


def main():
    for i in range(0,3):
        numero_1 = eval(input("Introcuce el primer número: "))
        numero_2 = eval(input("Introcuce el segundo número: "))
        resultado = calculo_dos_datos_2(numero_1, numero_2)
        print ("\nEl primer número introducido ha sido: ", numero_1)
        print ("El segundo número introducido ha sido: ", numero_2)
        print ("La diferencia entre ellos elevada al cuadrado y luego sumado uno es: ", resultado)

main()

```

En este caso la función *calculo_dos_datos_2()* tiene dos parámetros formales de entrada, *num1* y *num2*. Realiza la operación correspondiente y devuelve el valor de *res*, que en la función principal o *main()* lo asignaremos a la variable local *resultado* mediante un operador de asignación. Puede resultar interesante de nuevo ejecutar paso a paso el programa mediante *F7* y observar las variables locales de cada función. En este caso tenemos la siguiente distribución por funciones:

- *calculo_dos_datos_2():* *num1, num2 y res.*
- *main():* *i, numero_1, numero_2, y resultado.*

En la función principal obtenemos mediante teclado los dos números, que almacenamos en las variables *numero_1* y *número_2*. Posteriormente enviamos esas dos variables como argumentos a la función *calculo_dos_datos_2()*. Al hacer:

resultado = calculo_dos_datos_2() (numero_1, numero_2)

Lo que hacemos es copiar el valor de *numero_1* y *numero_2* en *num1* y *num2* respectivamente, para posteriormente ser procesados en la *función calculo_dos_datos_2()*:

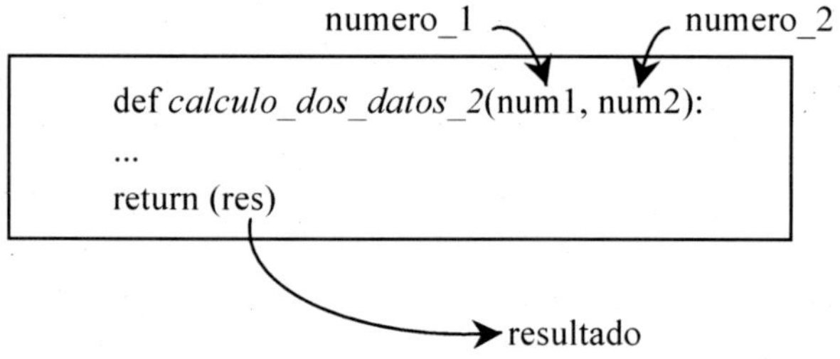

El valor final del cálculo estará en la variable local *res*, que mediante la instrucción *return* hacemos que sea el valor que devuelva la función, valor que será asignado a *resultado*, una variable local de *main()*. Este, por lo tanto, es un ejemplo de función que recibe datos de entrada, los procesa y devuelve un dato de salida. Es importante no confundir los posibles parámetros de entrada y la salida de la función con la toma de datos por teclado y la salida de información vía pantalla.

4.6 PILA DE LLAMADAS A FUNCIONES

Volvamos a considerar algunas de las cosas que he comentado sobre las llamadas a funciones. En concreto, cuando hablaba de que al llamar a una función desde otra, cuando regresábamos, teníamos los valores de la función llamante exactamente igual que antes de hacer la llamada. ¿Dónde, de qué manera, se almacenan esos datos? Lo hacen en memoria en unos bloques dentro de una estructura de datos llamada **pila**, que tiene una estructura de tipo *LIFO*[16], es decir, que el último bloque que hemos almacenado (escrito) en ella es el primero que obtenemos (al leerla). Gráficamente podemos representarla de la siguiente manera:

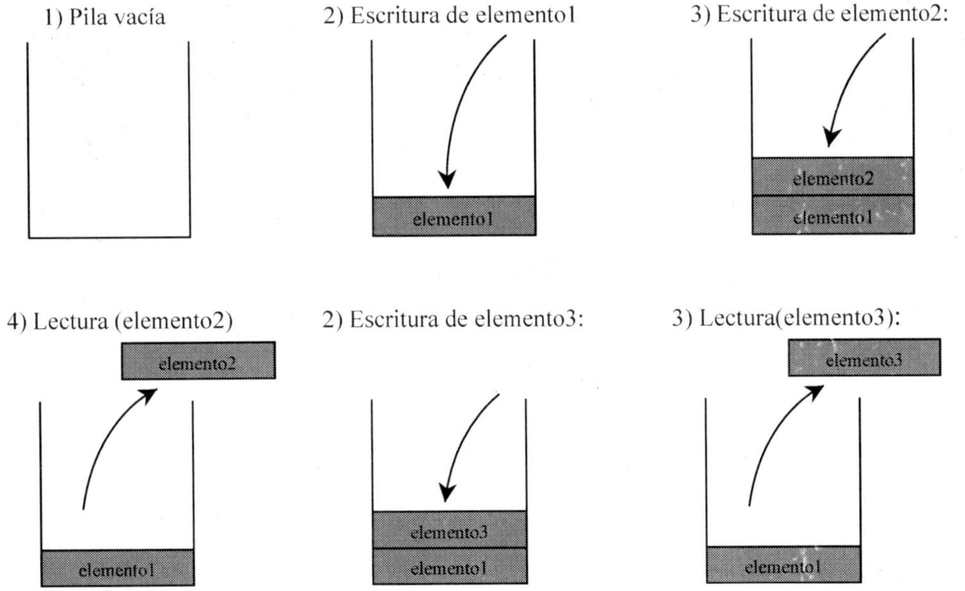

Partimos de una pila vacía y podemos escribir o leer bloques en ella. La primera vez que escribimos se almacena en el "fondo" de la pila. La segunda sobre ella, y así sucesivamente. En cada operación de lectura de la pila se extrae el elemento que ocupa su parte superior. De esa manera el último elemento que hemos introducido es el primero que sacamos llegado el caso. Esta es justo la estructura que necesitamos para las llamadas a funciones. Los bloques se denominan **registros de activación**.

Cada vez que entramos (al ser llamada) en una función, todos los datos relevantes de ésta (argumentos, variables...) son almacenados en los registros de activación, que se ubican dentro de la pila. Si posteriormente, sin salir de la función, llamamos a otra, sus datos se almacenan en la pila en un registro de activación justo por encima del de la función que hace la llamada. Una vez que la función a la que se llama termina su tarea se eliminan de la pila sus datos, que son los que estaban justo en la parte superior de ella, con lo que recuperamos los datos de la función

16 *Last In, First Out* en inglés. El último en entrar es el primero en salir.

que ha hecho la llamada. *PyScripter* nos permite visualizar esa pila. Para ver su funcionamiento seguiremos en el último fichero que hemos generado, *ejemplo_funcion_2.py*. Estando en él volveremos a pulsar *F7* y posteriormente buscaremos la pestaña *"Pila de llamadas"*[17], que aparece por defecto al lado de la de *"Variables"* que vimos con anterioridad.

Haciendo clic sobre ella obtenemos:

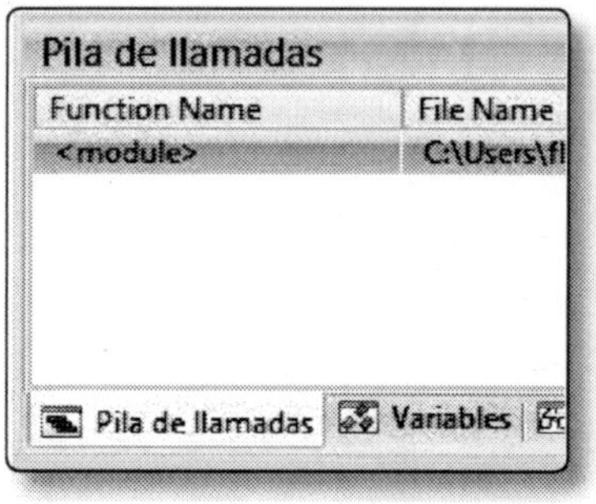

En *"File Name"* aparecerá la dirección completa de nuestro fichero *ejemplo_funcion_2.py.* En *"Function Name"* aparecerá el nombre del elemento almacenado en la pila. En este caso es el propio del fichero ejecutado. Aparece por defecto y su nombre es *"<module>"*. Si seguimos pulsando *F7* hasta que ejecutemos *main()*, observaremos cómo éste aparece en la pila justo por encima de *"<module>"*. Si seguimos ejecutando paso a paso[18] hasta hacer la llamada a la función *calculo_dos_datos_2()*, una vez que estamos en ésta, nuestra pila tendrá este aspecto:

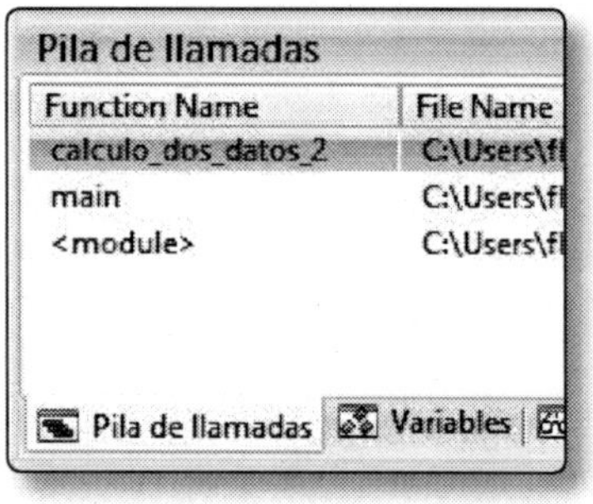

17 También se puede denominar *pila de ejecución del programa*, aunque en general se dice simplemente *pila*.

18 Los datos que introduzcamos en esta ejecución del programa no son relevantes.

Está con fondo resaltado lo que se denomina la **cima** de la pila. Una vez que salimos de la función y volvemos al *main()*, será éste el que aparezca en la cima de la pila. Posteriormente el proceso se repetirá dos veces más y al finalizar el programa la pila se vaciará.

En los ejemplos tratados solo tenemos dos funciones, en la que una llama a la otra, pero en casos más complejos ésta otra podría haber llamado a una tercera, y así sucesivamente. Lo que se denomina **niveles de anidación de funciones** (funciones que llaman a funciones, que llaman a su vez a funciones,...) no tiene un límite teórico máximo, ya que los datos de todas se van apilando para poder ser recuperados cuando se regrese a ellas. En el siguiente ejemplo teórico la representación de la pila cuando se está ejecutando la función correspondiente aparece justo debajo de ella:

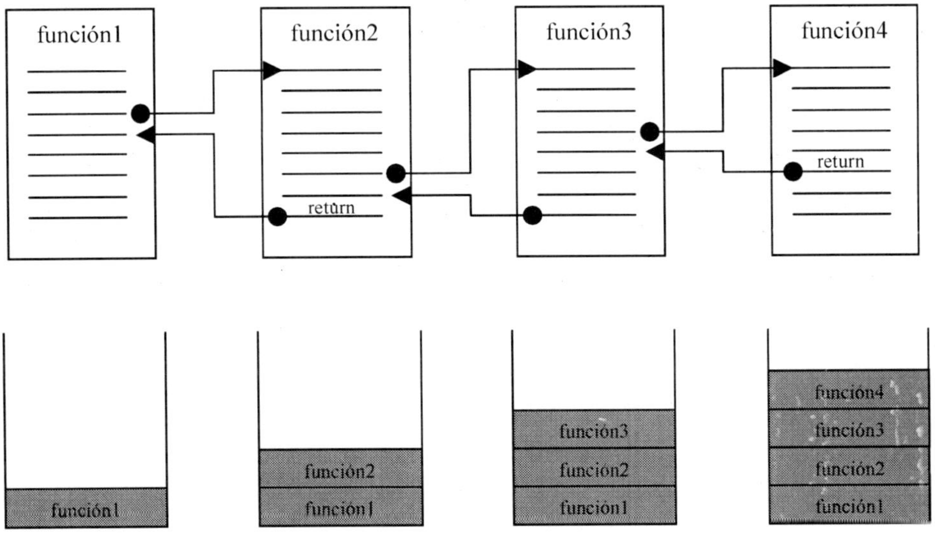

¿De qué forma exacta se guardan las variables en la zona de la pila asignada a cada función? Para verlo puede ser muy interesante volver al último ejemplo, *ejemplo_funcion_2.py*. Visualizando el código analizaremos paso a paso cómo varía la distribución de los datos en la pila a medida que se ejecuta el programa. La idea es, a la vez que de nuevo depuramos con *F7* el programa, observar cómo se modifica la pila en los gráficos que mostraré[19]. Antes de ello, debemos recordar que en *Python* todo son objetos, y esos objetos que representan a las variables propias de cada función no se almacenan propiamente en la pila, sino en otra zona de memoria dedicada a ello denominada *"heap"*[20]. Veamos uno a uno los pasos:

19 No consideraremos el elemento asociado al fichero (*<module>* visto anteriormente).

20 Podríamos traducirlo como cúmulo o montón. No entraremos en más detalles sobre ello.

1. **Paso 1** Mediante el uso de *F7* ejecutaremos *main()*[21] y daremos los valores *100* y *12* al primer y segundo número pedido. En ese momento la situación es[22]:

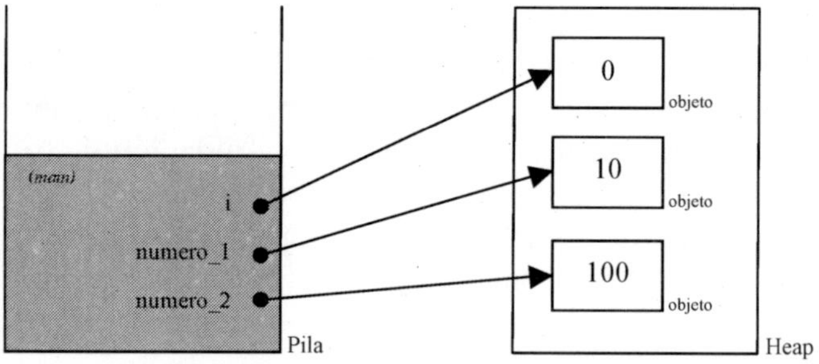

Las variables locales de *main()* (de momento *i*, *numero_1* y *numero_2*) son objetos que se almacenan en *heap*. En la zona de la pila reservada para *main()* tenemos tres identificadores que referencian a esos tres objetos, que es la forma en la que maneja *Python* las variables, como ya comentamos en el capítulo 2.

2. **Paso 2** Ejecutamos *calculo_dos_datos_2()*. Nada más entrar en ella, ocurre lo siguiente:

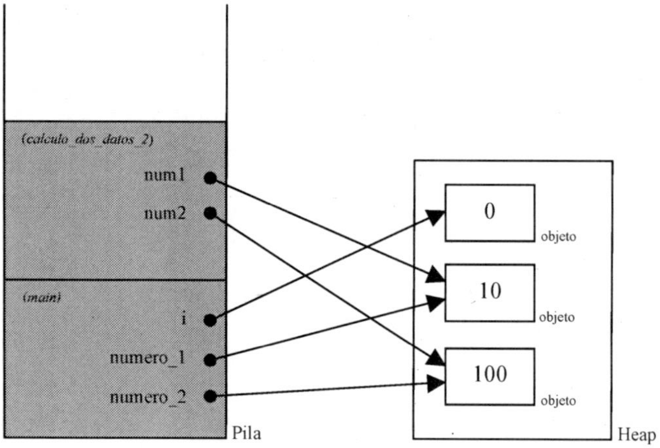

Ahora *num1 y numero_1 apuntan* al mismo objeto, y lo mismo pasa con *num2* y *numero_2*. Al pasar a la función los dos argumentos, la acción que anteriormente comentamos, que era copiar los datos de uno en otro,

21 Antes de hacerlo la pila estaba vacía.
22 No representamos el elemento <*module*> de la pila.

significa de forma más exacta que ahora las dos variables (una en *main()* y otra en *calculo_dos_datos_2()*) apuntan al mismo objeto. Debe ser así ya que dado que *numero_1* y *numero_2* son variables locales de *main()*, no estarían disponibles en *calculo_dos_datos_2()*, salvo que de alguna manera se las pasásemos. Y eso es lo que se hace con los argumentos a la hora de llamar a la función.

3. **Paso 3** Ejecutamos la línea 3 que calcula de forma local la variable *res*. Estaríamos así:

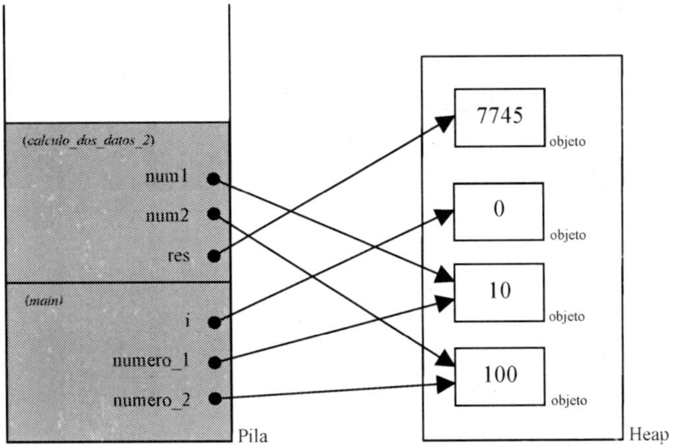

4. **Paso 4** Ejecutamos el *return* de la línea *4* y pasamos a la línea *12*, ya en *main()*. En este momento hemos salido de la función *calculo_dos_datos_2()* y ya se ha asignado el resultado obtenido de ella a *resultado*, que es variable local de *main()*. Estaríamos así:

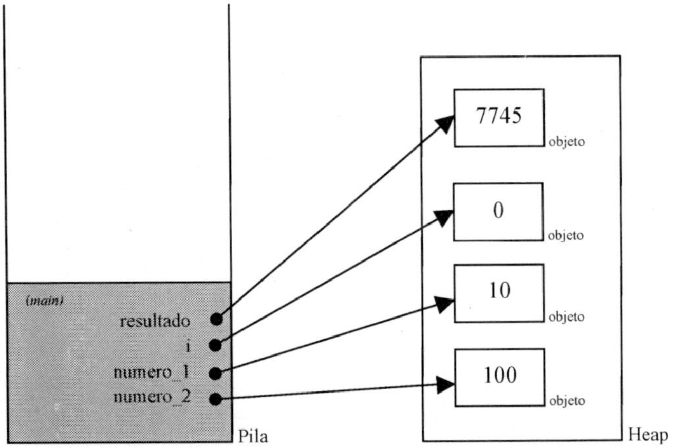

El elemento propio de la función, al haber salido de ella, ya no aparece en la pila. A su vez hemos creado una variable *resultado* que apunta al objeto donde anteriormente apuntó la variable local *res*, que era el resultado del cálculo. Eso ha sido posible por el uso de la instrucción *return* que ha permitido pasar como salida de la función esa información. Pero además, para que no se perdiese, hemos tenido que asignarla (mediante el operador de asignación) a la variable deseada, en este caso, *resultado*.

Con esta explicación se entiende mejor por qué, cuando volvamos de nuevo a llamar a *calculo_dos_datos_2()*, "empezaríamos" de nuevo.

5. **Paso 5** Seguimos ejecutando el programa hasta que de nuevo nos pide los dos datos. Ahora introduciremos *27* y *3*. Antes de ejecutar de nuevo la línea *11* del código y volver a la función, tendríamos:

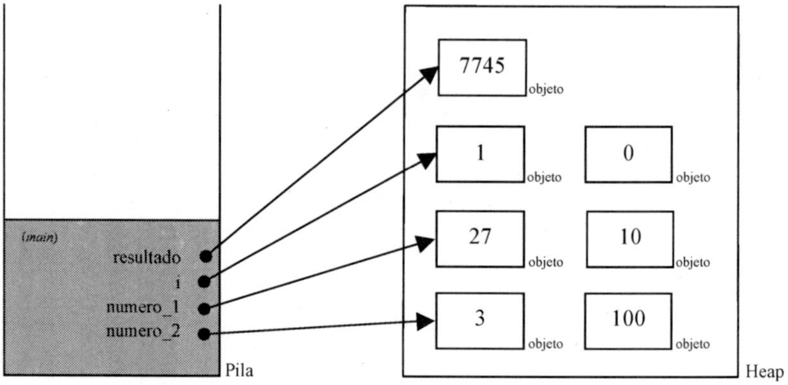

6. **Paso 6** Ejecutamos la línea *11* y entramos de nuevo en *calculo_dos_datos_2()*:

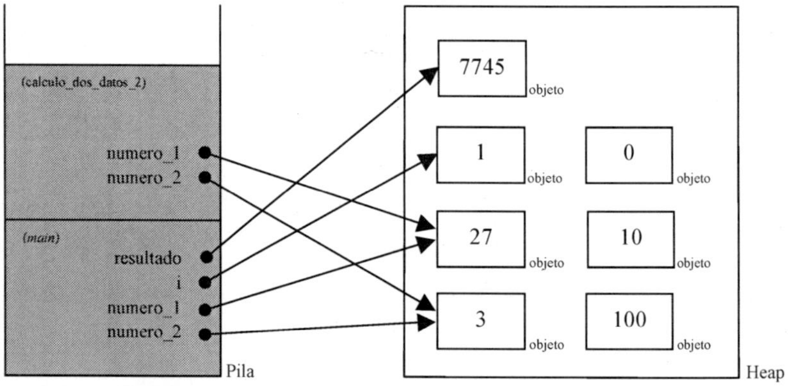

7. **Paso 7** Ejecutamos de nuevo la línea *3*:

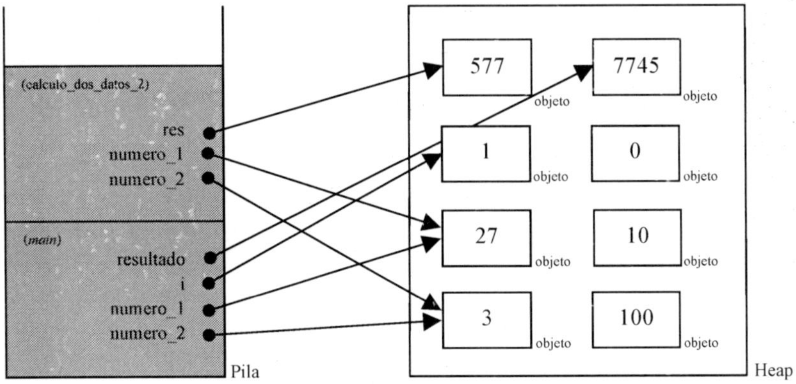

8. **Paso 8** Ejecutamos de nuevo la línea *4* y volvemos a *main()* justo antes de ejecutar de nuevo la línea *12*:

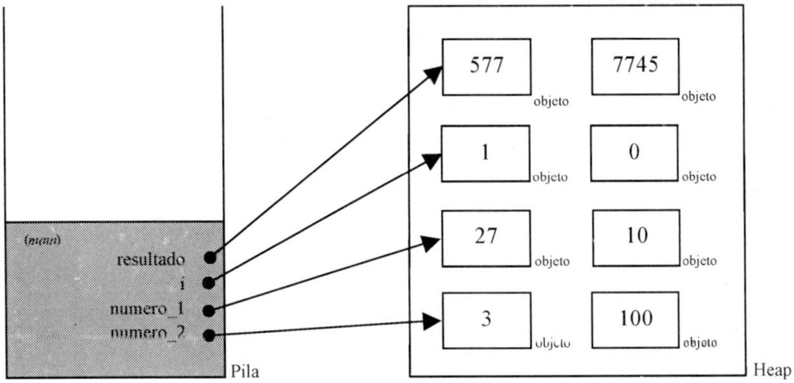

9. **Paso 9** El programa aún hace un último bucle, el que corresponde al valor *2* del índice *i* (recordemos que *range(0,3)* pasa por los números *0*, *1* y *2*). Cualitativamente no nos aporta nada nuevo (sería repetir lo visto en los pasos 5, 6, 7 y 8 pero con los datos nuevos que introdujésemos). Podemos seguir ejecutando el programa mediante *F7*, e introducir los valores que queramos. En el momento en que volvamos a intentar entrar al bucle *for*:

```
7 def main():
8     for i in range(0,3):
9         numero_1 = eval(input("Introcuce el primer número: "))
```

El valor de *i* es *3*, por lo que no lo hará y finalizará el programa. Justo antes de ello extraerá de la pila el elemento perteneciente a la función principal y dejará ésta, como al iniciar el programa, vacía.

4.7 TIPOS DE ARGUMENTOS EN LLAMADAS A FUNCIONES: POSICIONALES Y NOMBRADOS

El verdadero potencial de las funciones se da cuando reciben argumentos. En nuestra experiencia hasta el momento en el uso de funciones predefinidas hemos visto que algunos de los parámetros son opcionales y otros obligatorios. En las funciones definidas por nosotros hasta el momento, es obligatorio introducir el mismo número de argumentos que los que hemos colocado como parámetros formales en la definición de la función. Pero el orden no tiene que ser obligatoriamente el mismo. Podremos hacerlo de dos formas básicas:

1. Respetando el orden de los parámetros formales: de esta manera tendremos que introducir el mismo tipo de dato que el indicado en la definición de la función. Y en el mismo orden. Es lo visto habitualmente hasta ahora. Este tipo de argumentos se denominan **posicionales** pues respetan la posición y dependiendo de ella se asignan los valores.
2. Sin respetar el orden de los parámetros formales: en este caso debemos usar en los argumentos el formato *nombre_del_parametro_formal = valor*. Son los denominados argumentos **de palabra clave**[23] o **nombrados**.

En realidad es posible que exista una mezcla de ellos, con la condición de que si aparece un argumento nombrado no pueda aparecer tras él uno posicional.

Se presenta a continuación el código del siguiente ejemplo (que guardaremos en nuestra carpeta como *ejemplo_argumentos_funciones.py*) junto con la salida generada al introducir secuencialmente por teclado, cuando sean requeridos, los datos *100*, *101* y *102*:

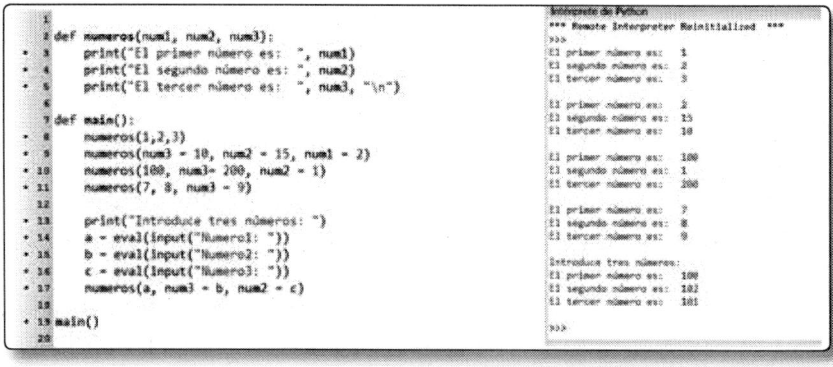

```
def numeros(num1, num2, num3):
    print("El primer número es:  ", num1)
    print("El segundo número es: ", num2)
    print("El tercer número es:  ", num3, "\n")

def main():
    numeros(1,2,3)
    numeros(num3 = 10, num2 = 15, num1 = 2)
    numeros(100, num3= 200, num2 = 1)
    numeros(7, 8, num3 = 9)

    print("Introduce tres números: ")
    a = eval(input("Numero1: "))
    b = eval(input("Numero2: "))
    c = eval(input("Numero3: "))
    numeros(a, num3 = b, num2 = c)

main()
```

```
Intérprete de Python
*** Remote Interpreter Reinitialized ***
>>>
El primer número es:   1
El segundo número es:  2
El tercer número es:   3

El primer número es:   2
El segundo número es:  15
El tercer número es:   10

El primer número es:   100
El segundo número es:  1
El tercer número es:   200

El primer número es:   7
El segundo número es:  8
El tercer número es:   9

Introduce tres números:
El primer número es:   100
El segundo número es:  102
El tercer número es:   101

>>>
```

23 *Keyword* en inglés.

En él hemos definido una función *numeros()* que saca por pantalla los tres números que recibe la función. No tenemos ningún *return* en ella, por lo que devolverá *None* al finalizar su código. A su vez hemos definido una función *main()* que llama varias veces a *numeros()*. Vamos a analizar cada una de esas llamadas porque en ellas tendremos parámetros posicionales, nombrados, o una mezcla de ellos.

- Línea 8) **numeros(1,2,3)**: en este caso son todo argumentos posicionales. En la función, *num1*, *num2* y *num3* tendrían respectivamente los valores *1*, *2* y *3*.
- Línea 9) **numeros(num3 = 10, num2 = 15, num1 = 2)**: tenemos todo argumentos nombrados ya que cumplen el formato indicado. Eso nos permite colocarlos en el orden que queramos en la llamada a la función.
- Línea 10) **numeros(100, num3= 200, num2 = 1)**: el primer argumento es posicional y los dos siguientes nombrados. Como respetamos que tras un argumento nombrado no aparezca ninguno posicional, será un formato correcto.
- Línea 11) **numeros(7, 8, num3 = 9)**: en este caso dos argumentos posicionales y el tercero nombrado, respetando que sea *num3*, el único posible que no nos generaría error.
- Línea 16) **numeros(a, num3 = b, num2 = c)**: un ejemplo de que el dato del argumento puede no ser un literal, sino una variable (en este caso los números *a*, *b* y *c* obtenidos mediante teclado).

Todas las llamadas a la función *numeros()* hechas en nuestro programa han sido correctas. Algunos ejemplos erróneos son:

- numeros(2, 3). Faltaría un tercer argumento.
- numeros(100, num2 = 101, 102). Tras un argumento nombrado aparece uno tipo posicional, algo prohibido.
- numeros(100, num1 = 101, num2 = 102). Aquí num1 ya estaría asignado por el argumento posicional, con lo cual no podemos asignarle valor mediante uno nombrado.

Copiaremos a continuación todo el código contenido en *ejemplo_argumentos_funciones.py*, lo cerraremos y en un fichero nuevo copiaremos (sin guardar) su contenido, añadiendo lo siguiente:

```

def numeros(num1, num2, num3):
    print("El primer número es:  ", num1)
    print("El segundo número es: ", num2)
    print("El tercer número es:  ", num3, "\n")

def numeros(num1, num2, num3):
    print("Hola")

def main():
    numeros(1,2,3)
```

¿Es correcto ese código? En él hemos definido una función de igual nombre (*numeros*) y parámetros que la que teníamos. ¿Generará un error su ejecución? Si lo hacemos observamos que no, obteniendo la salida:

```
>>>
Hola
Hola
Hola
Hola
Introduce tres números:
Hola
>>>
```

El motivo es que sí que están permitidas funciones con el mismo nombre en un programa pero en ese caso sería efectiva la definida en último lugar. Incluso estaría permitido en nuestro ejemplo que la segunda tuviese solo dos parámetros de entrada, lo cual nos generaría con posterioridad un error al hacer la llamada con tres argumentos.

4.8 DEVOLUCIÓN DE MÚLTIPLES DATOS Y ARGUMENTOS POR DEFECTO EN UNA FUNCIÓN

Al principio del capítulo comenté que una función podía recibir una serie de datos, procesarlos y devolver otra serie de datos como salida. Hemos visto cómo pasarle, como entrada, múltiples argumentos. Pero de momento la salida (en el caso de que ésta existiese) se ha limitado a, mediante el uso de *return*, un solo valor. Pero en realidad *return* tiene la capacidad de devolver múltiples valores de salida mediante el siguiente formato:

return *valor_1, valor_2,..., valor_n*

En él *valor_1,..., valor_n* pueden ser variables o directamente expresiones. De esta manera podremos cumplir estrictamente con la definición genérica que dimos de función, en la que se permitían múltiples valores de entrada y múltiples de salida[24]. Para visualizar su uso haremos el siguiente programa (que guardaremos como *ejemplo_funcion_varios_valores_salida.py*):

```

def calculo_multiple(a, b):
    sum = a + b
    res = a - b
    mul = a * b
    return(sum, res, mul, a / b, a ** b)

def main():
    print("Introduce los dos valores sobre los que se harán los cálculos:")
    num1 = eval(input("Número 1: "))
    num2 = eval(input("Número 2: "))
    suma, resta, multiplicacion, division, potencia = calculo_multiple(num1,num2)

    print("La suma es:               ", suma)
    print("La resta es:              ", resta)
    print("La multiplicación  es: ", multiplicacion)
    print("La división es:           ", division)
    print("La potencia es:           ", potencia)

main()
```

En él hemos definido una función *calculo_multiple()* que recibe dos valores y devuelve cinco. Gráficamente lo representaríamos así:

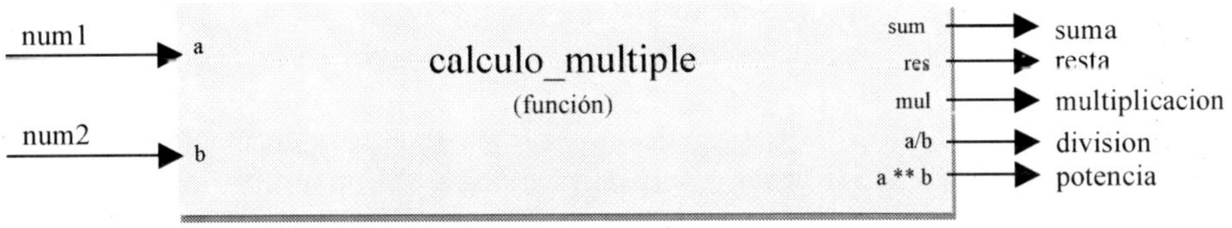

La función es llamada con los argumentos *num1* y *num2*, que son dos variables locales de *main()* donde almacenamos el mismo número de datos pedidos por teclado. Son pasadas a *a* y *b*, variables locales de *calculo_multiple()*. Devolvemos cinco valores mediante *return*. En tres casos usamos variables locales para almacenar los cálculos y en otras dos los devolvemos directamente mediante la

24 En algunas definiciones de función dadas en otros lenguajes de programación se permite solo un valor de salida.

expresión correspondiente. Exactamente el mismo número de variables locales (5) de *main()* recogen esos cálculos. De no ser así (por exceso o por defecto) nos daría un error. Para finalizar sacamos por pantalla esas cinco variables.

Los lectores más observadores se habrán dado cuenta de que, al usar *sum* (variable local dentro de la función *calculo_simple*) ésta se ha puesto de color azul, color con el que caracteriza *PyScripter*[25] a las funciones predefinidas del intérprete *Python*. No obstante, el programa no ha dado error y se ha podido ejecutar sin ningún tipo de problema. Eso ha sido porque no hemos intentado hacer uso de la *función sum()*, en cuyo caso sí que nos hubiese dado un error debido a que la *variable sum* la hubiese solapado y no podríamos usar ya la función, porque como *sum* entendería la variable. En definitiva, es una mala práctica usar nombres de variables que coincidan con funciones, ya que anularían la posibilidad de usar éstas últimas, por lo que lo evitaremos por completo. En nuestro caso no modificaremos ya el código (aún a sabiendas de que no estaría bien programado) por motivos de comodidad.

También sabemos, en base a nuestra experiencia con funciones predefinidas, que en algunos casos, si no damos un valor concreto a alguno de los argumentos de la función, éste toma un valor por defecto ya determinado. Por ejemplo, recordemos el formato que teníamos cuando en el tema 5 del capítulo 2 vimos la función *print()*:

print(**objects, sep=' ', end='\n'***)**

Asignando a los parámetros formales que queramos un determinado valor por defecto (en el caso particular de *print()*, a *sep* el carácter en blanco y a *end* el valor *'\n'*, que representa un cambio de línea) conseguiremos que, si no aparecen posteriormente como argumentos, mantengan el asignado en los parámetros. Para *print()*, si al llamarla no le damos como argumento ni *sep* ni *end*, la separación entre palabras será el espacio en blanco y concluirá con un cambio de línea.

¿Cómo se logra eso en funciones definidas por el usuario? Exactamente igual: dándole un valor al parámetro formal (mediante un operador de asignación) en la cabecera de la función al definirla. El formato es:

def nombre_de_la_función(*par_1 = valor_1, ..., par_n = valor_n***):**
bloque_de_instrucciones

En él *par_1...par_n* son los nombres de los parámetros formales y *valor_1... valor_n* esos valores por defecto.

---

25 En la configuración por defecto. Podríamos personalizarlo como nosotros quisiésemos, como vimos al hablar del editor de *PyScripter*.

En el momento en que, al llamar a la función, demos un valor mediante los argumentos (posicionales o nombrados), éste será el valor que usaremos y sobrescribirá el indicado por defecto en los parámetros. Solo si no se le da ninguno se usará el valor indicado en la cabecera. En el siguiente código (que guardamos como *ejemplo_funcion_argumentos_por_defecto.py*) veremos un ejemplo de su uso:

```
1
2 def calculo_multiple(a = 3, b = 2 ):
3     mi_sum = a + b
4     res = a - b
5     mul = a * b
6     return(mi_sum, res, mul, a / b, a ** b)
7
8 def imprimir(suma, resta, multiplicacionl,division, potencia):
9     print("La suma es:                ", suma)
10    print("La resta es:               ", resta)
11    print("La multiplicación  es: ", multiplicacionl)
12    print("La división es:            ", division)
13    print("La potencia es:            ", potencia)
14    print("\n")
15
16 def main():
17    suma, resta, multiplicacionl,division, potencia = calculo_multiple()
18    imprimir(suma, resta, multiplicacionl,division, potencia)
19
20    suma, resta, multiplicacionl,division, potencia = calculo_multiple(2)
21    imprimir(suma, resta, multiplicacionl,division, potencia)
22
23    suma, resta, multiplicacionl,division, potencia = calculo_multiple(2, 1)
24    imprimir(suma, resta, multiplicacionl,division, potencia)
25
26    suma, resta, multiplicacionl,division, potencia = calculo_multiple(b = 10, a= 12)
27    imprimir(suma, resta, multiplicacionl,division, potencia)
28
29    suma, resta, multiplicacionl,division, potencia = calculo_multiple(b = 10)
30    imprimir(suma, resta, multiplicacionl,division, potencia)
31
32 main()
33
```

En él, además de la función principal, hemos definido dos más: *imprimir()*, para sacar por pantalla todos los datos, y *calculo_multiple()*, que es la misma que la anterior pero con un nombre más adecuado para la variable en la que almacenamos la suma (*mi_sum*) y donde hemos usado argumentos por defecto (dando valor a los parámetros formales de la función). Posteriormente en *main()* hemos llamado a la función *calculo_multiple()* de múltiples maneras:

- Línea 17: llamada sin argumentos, por lo que coge los dos por defecto.
  $a = 3$, $b = 2$.

- Línea 20: llamada con un solo argumento posicional. Lo interpreta como el primero y el segundo lo coge del valor por defecto definido en la cabecera.
  $a = 2$, $b = 2$.

- Línea 23: llamada con los dos argumentos posicionales.
  a = 2 , b = 1.

- Línea 26: llamada con dos argumentos nombrados (en orden inverso al posicional, cosa que es posible).
  a = 12 , b = 10.

- Línea 29: llamada con un solo argumento nombrado. Como solo quedaría a por definir, coge su valor de los argumentos por defecto.
  a = 3 , b = 10.

Todas ellas son correctas, cosa que no ocurriría con las siguientes:

- *calculo_multiple(a = 1, 3)* No es posible un parámetro posicional tras uno nombrado.

- *calculo_multiple(5, a = 1)* No se puede intentar dar dos valores a a.

- *calculo_multiple(5, 2, 1)* Demasiados argumentos (posibles solo de *0* a *2*).

4.9 PASO DE ARGUMENTOS MÚLTIPLES A UNA FUNCIÓN. USO DE *ARGS Y **KWARGS

En la definición de muchas funciones nos pueden aparecen de forma genérica los siguientes elementos[26]: **args* y ***kwargs*. Por ejemplo, cuando presenté el formato de la función *print()* en el tema 5 del capítulo 2:

print(**objects, sep=' ', end='\n')*

Comenté que el '*' podría interpretarse como la posibilidad de que existiesen varios objetos seguidos, separados por comas. El *asterisco* nos permite pasar a la función un número variable de argumentos. Veamos un ejemplo en el intérprete:

```
>>> def mifuncion(a, b, *args):
...     print(a)
...     print(b)
...     print(args)
...
>>> mifuncion(1,2,3,4,5)
```

26 El uso de los nombres *args* y *kwargs* (de *arguments* y *keyword arguments*, respectivamente) es una convención. Valdría cualquier otro nombre, de ahí que en la función *print()* se use **objects*.

```
1
2
(3, 4, 5)
>>> def mifuncion_2(*args):
...     print(args)
...
>>> mifuncion_2(1,2,3,4,5)
(1, 2, 3, 4, 5)
>>>
```

En *mifuncion()* damos nombre a los dos primeros argumentos y los siguientes se almacenan en *args*, una estructura de datos que tiene *Python* llamada *tupla*[27]. En *mifuncion_2()* todos los argumentos se almacenan en la tupla. Los parámetros que aparecen después del asterisco en la definición de la función deberán ser llamados como argumentos nombrados si no queremos generar un error:

```
>>> def mifuncion_3(a, b, *args, c):
...     print(a)
...     print(b)
...     print(c)
        print(args)
...
>>> mifuncion_3(4,6,7,c=5)
4
6
5
(7,)
```

El doble asterisco nos permitirá pasar un número variable de argumentos nombrados a la función. Si colocamos ***kwargs* al final de la definición de la función, nos almacenará en *kwargs* (que será una estructura de datos llamada *diccionario*[28]) los argumentos nombrados al llamar a la función. Como ejemplo, si tecleamos en el editor de código:

```

def mifuncion(a, b, *args, **kwargs):
    print(a)
    print(b)
    print(args)
    print(kwargs)

mifuncion(1,2,3,5,10,j=23,m=21)
```

27 Veremos ampliamente las tuplas, así como otros tipos de datos, en el capítulo 6. Las tuplas se representan entre paréntesis.
28 También la veremos en el capítulo 6. El formato de los diccionarios es el indicado en la salida.

Al ejecutarlo obtendremos en la salida del intérprete lo siguiente:

```
>>>
1
2
(3, 5, 10)
{'m': 21, 'j': 23}
>>>
```

4.10 CONCEPTOS DE LA PROGRAMACIÓN FUNCIONAL. ABSTRACCIÓN Y ENCAPSULACIÓN

Hice referencia en capítulos anteriores a la filosofía que hay detrás de la programación funcional: dividir un programa grande en sucesivos "trozos" más pequeños, que a su vez pueden dividirse en trozos más pequeños, y así sucesivamente. La implementación de esos trozos, desde los más grandes a los más pequeños podemos hacerla mediante funciones.

Uno de los conceptos importantes en informática es el de **abstracción**, que nos permite separar en el caso de las funciones su *definición* y su *uso*. En el libro esto ha sido especialmente evidente, ya que hemos usado muchas funciones sin saber exactamente cómo estaban hechas, solo respetando el formato correspondiente. El código subyacente a esas funciones aparece a nuestros ojos como una caja negra, oculto. Es el concepto de **encapsulación**. Si el programador de esas funciones mejora el código (mediante un algoritmo más eficiente, por ejemplo) sin modificar el formato con el que se usan, nosotros no notaremos más que los beneficios de esa mejora, pero la forma de usar la función será la misma.

Al afrontar un problema complejo no debemos hacerlo de forma total, intentando resolver directamente todos los detalles, y muchos menos tecleando directamente código en el editor[29]. En lugar de ello usaremos *"en papel"* el **diseño de arriba a abajo**, que es el comentado anteriormente cuando hablaba de dividir de forma sucesiva el problema original. Por ejemplo:

29 Ya comentamos que es un mal hábito, generalmente propio de programadores noveles.

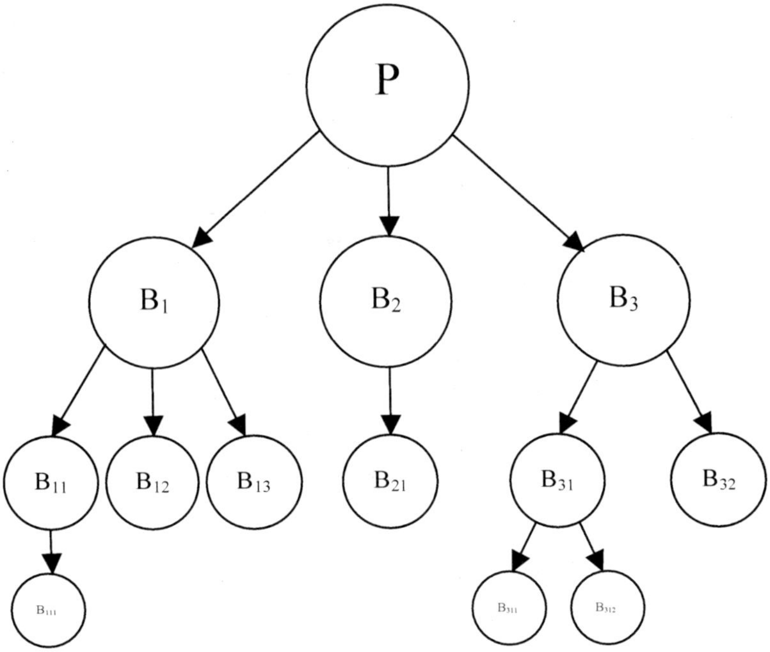

En este caso hipotético tenemos un programa genérico P que resolver, programa que dividimos inicialmente en tres tareas fundamentales (bloques) que marcamos como B_1, B_2 y B_3. Posteriormente, analizando cada uno de ellos, vemos que para la realización de B_1 necesitamos de tres bloques individuales, que marcamos como B_{11}, B_{12} y B_{13}. En cambio para la realización de B_2 solo tendremos que usar un bloque B_{21}...y así procederíamos hasta que topemos con elementos que no se pueden descomponer en constituyentes más simples. Es lo que se denomina un **refinamiento gradual** o por etapas. Cada uno de los bloques (desde los más grandes a los más simples) serán realizados mediante funciones. Éste sería el **primer paso** de cara a realizar correctamente un programa: trocearlo de forma esquemática en distintas funciones, de más genéricas a más concretas, identificando qué tiene que hacer cada una de ellas. Es importante hacer el número de funciones correcto, sin pasarnos por exceso o por defecto, ya que, por ejemplo, algunas funciones debido a su sencillez, pueden incluirse dentro de otras, y en otros casos la tarea puede ser demasiado compleja para que la haga una sola función. El **segundo paso**, implementar cada una de esas funciones, tiene dos estrategias posibles:

1. De arriba a abajo
2. De abajo a arriba

En la estrategia de arriba a abajo, haríamos la implementación de todas las funciones del programa, digamos lo que constituye su "esqueleto". Pero, claro está, esa implementación no será total ya que eso equivaldría a resolver el problema de un plumazo. En su lugar haremos implementaciones sencillas (de prueba) en cada una de las funciones, simplemente para poder usarlas. Es como si diésemos por hecho que ya estuviesen desarrolladas, sin estarlo aún. Posteriormente iremos a las funciones principales en las que se divide el programa principal e iremos creando el código correspondiente, haciendo uso de esas funciones inferiores (aún sin la funcionalidad real) que solo están bosquejadas. Una vez que tenemos creado el código de un nivel, bajaríamos al siguiente, y así sucesivamente. De esa manera el código se va desarrollando de funciones más genéricas a más concretas. De ahí lo de "de arriba a abajo".

En la estrategia de abajo a arriba, empezamos con las funciones más sencillas. Las desarrollamos por completo y hacemos un programa pequeño para testearlas y comprobar que funcionan correctamente. Una vez que ese nivel inferior está completamente pasado a código, iríamos al superior, haciendo uso de las funciones creadas. Testearíamos de nuevo, y si todo está correcto, podríamos pasar al siguiente nivel. Así hasta llegar al nivel superior. En esta estrategia se ve aún con más claridad la denominación de "de abajo a arriba".

¿Cuál de las dos estrategias es mejor? Depende de casos. Las dos son sobre el papel igual de buenas en cuanto a características de orden, detección de errores, facilidad en la depuración y escritura incremental de código. Además, pueden ser complementarias.

Una vez vistos los conceptos principales de la programación funcional, enumeraremos algunas de sus ventajas:

1. Simplifica la resolución del programa.

   Resolver de forma directa un programa complejo en una sola función puede ser una tarea muy compleja. Trocearlo en partes ayuda a rebajar esa complejidad, ya que las funciones individuales son más fáciles de programar.

2. Facilita la comprensión del programa.

   Al dividirlo en partes pequeñas el programa es más fácil de leer y comprender.

3. Simplifica los test y la depuración del código.

   Al tener trozos de código individuales más pequeños, son más fáciles de depurar y testear para comprobar que funcionan correctamente. Una vez que lo hacemos, descartamos que un mal funcionamiento global del programa sea a causa de ellos, lo que facilita la depuración general.

4. Reutilizamos código.

   Al usar una misma función en distintos puntos del programa ayudamos a hacer un código menos redundante.

5. Usamos menos tiempo para escribir un programa.

   Al realizar metódicamente los pasos indicados de cara a realizar un programa, y a pesar de los test necesarios, terminamos ganando tiempo de cara a escribir el código respecto a hacerlo de una forma más anárquica, ya que trabajamos con mucho más orden.

6. Generamos programas más fáciles de mantener y modificar.

   Al tener partes pequeñas, si queremos modificar o añadir alguna característica al programa es mucho más sencillo que en un bloque de código monolítico.

7. El trabajo en grupo es más fácil.

   Al trocearse el código en funciones individuales, éstas pueden ser asignadas a distintas personas que solo se preocuparían de desarrollar cada una de ellas en concreto, sin necesidad de ser conscientes del programa global.

4.11 FUNCIONES RECURSIVAS

Las funciones tienen la capacidad de llamarse a sí mismas, lo que se conoce como *recursividad*. La programación recursiva, que hace uso de estas funciones, nos permitirá resolver problemas que de la forma habitual hasta ahora (programación iterativa, mediante bucles) sería muy complicado. Un ejemplo de ello es la búsqueda de todos los ficheros que contengan una determinada palabra en un directorio.

Solo veremos unos sencillos ejemplos del uso de funciones recursivas. Empezaré por el cálculo del factorial de un número entero positivo. Es común en matemáticas la definición de determinadas funciones dividiéndolas en dos partes:

1. Un caso límite

2. Un caso genérico

En el caso del cálculo del factorial tenemos (donde el símbolo '!' denota el factorial):

1. 0! = 1
2. n! = n * (n-1)!

El factorial de *0* es *1* y el de un número *n* mayor que cero es él mismo por el factorial de *(n-1)*. Es en el punto 2) de la definición de factorial donde está la recursividad, ya que para calcular *n!* debemos calcular *(n-1)!* El código que nos permite implementar esto es *ejemplo_factorial.py*:

```

def factorial(n):
    if n == 0:
        return 1
    else:
        return n * factorial(n - 1)
def main():
    n = eval(input("Introcuce un entero positivo para calcular su factorial "))
    print("El factorial de ", n, "es: ", factorial(n))

main()
```

Es interesante ejecutar paso a paso el programa para calcular el factorial de un número entero positivo pequeño (por ejemplo 5) y visualizar cómo varía la pila de llamadas. Observamos cómo en la definición de la función *factorial()* se llama a ella misma con un argumento una unidad inferior. Hará eso hasta que el argumento sea cero, ejecute el caso límite y "vuelve hacia atrás" hasta la primera llamada a la función. Esquemáticamente sería (en el caso de introducir el valor 5):

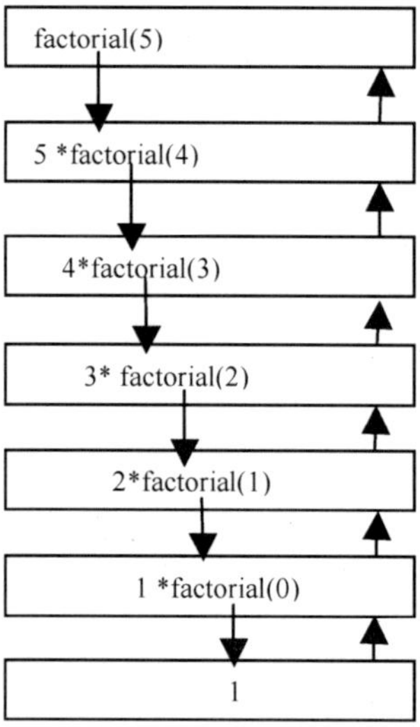

La salida nos proporciona el valor correcto:

```
>>>
El factorial de 5 es: 120
>>>
```

Veamos ahora un código que nos permitirá visualizar aún más cómo funcionan las funciones recursivas. Es *ejemplo_funciones_recursivas.py*:

```
def funcion1(n):
    if (n >= 0):
        print(n, end = ' -> ')
        funcion1(n - 1)
    else:
        print("Límite1")

def funcion2(n):
    if (n >= 0):
        funcion2(n - 1)
        print(n, end = ' -> ')
    else:
        print("Límite2")

print("Usando función 1:")
funcion1(10)
print("\nUsando función 2:")
funcion2(10)
```

El análisis del mismo queda como ejercicio para el lector. Se recomienda la ejecución paso a paso del programa y su comprensión total, ya que contiene interesantes sutilezas.

5

PROGRAMACIÓN ORIENTADA A OBJETOS

5.1 CONCEPTOS DE LA PROGRAMACIÓN ORIENTADA A OBJETOS. ABSTRACCIÓN Y ENCAPSULACIÓN. CAMPOS Y MÉTODOS DE UNA CLASE

Recapitulemos brevemente lo aprendido en los cuatro primeros capítulos: sabemos trabajar con variables (de tipo entero, real y cadena), expresiones con varios tipos de operadores, instrucciones condicionales y bucles; también usar funciones predeterminadas (para múltiples tareas) e incluso crear las nuestras a medida. Todo ello nos permitiría realizar ya programas de una cierta complejidad, pero no lograríamos explotar uno de los principales potenciales de *Python*, y sobre el que está diseñado: la programación orientada a objetos. Por su importancia en el diseño y la filosofía de nuestro lenguaje, y para poder entender aspectos básicos sobre él, en el tema 3.1 hice una breve descripción de los conceptos en los que se basa. Vimos qué eran y cómo usar las *clases* y los *objetos*. De forma resumida un *objeto* es una instancia de una entidad genérica llamada *clase*, la cual tiene un estado[1] indicado por unas variables llamadas *campos*[2] y un funcionamiento[3] que determinan unas funciones llamadas *métodos*. Todo en *Python* son objetos, y cada uno de ellos tiene su propio identificador numérico que lo distingue de manera exclusiva en tiempo de ejecución (*runtime)*. Puse el ejemplo de la creación de una clase denominada *Coche* de la cual generábamos dos objetos *coche_1* y *coche_2*:

1 O *atributos* o *propiedades*.
2 O *campos de datos* (*data fields* en inglés).
3 O *comportamiento*.

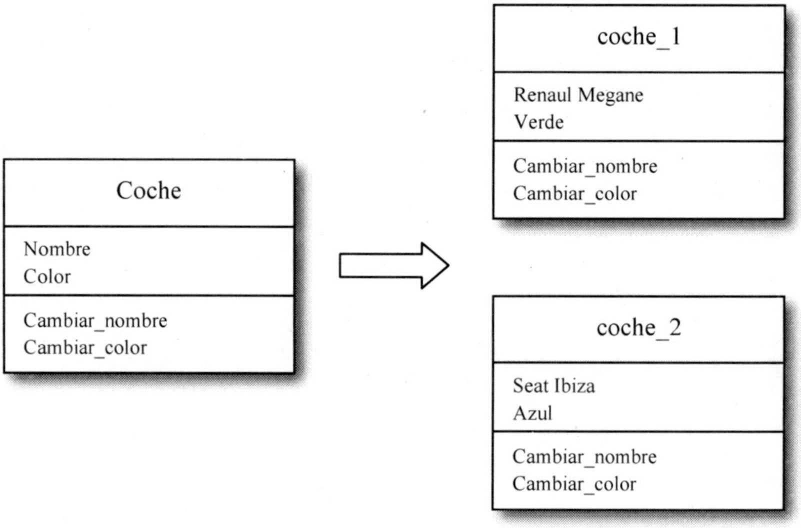

Diferenciamos el concepto de clase (ente genérico abstracto) y objeto (ente concreto). La clase es el "molde" del que salen los objetos, pudiendo generarse todos los que se quiera.

En el capítulo 4 nos centramos en las funciones y en la filosofía que hay detrás de la programación funcional. En su último capítulo tratamos los conceptos de *abstracción* y *encapsulación* aplicados a las funciones. De forma análoga podemos aplicar esos conceptos a las clases:

- **Abstracción** en una clase: es el hecho de poder separar la implementación y el uso de una clase.

- **Encapsulación** en una clase: se refiere al hecho de que la implementación de una clase puede ser desconocida para el usuario, sin perjuicio en su utilización.

Ambos conceptos son complementarios y parte de un mismo concepto global. Imaginemos que alguien crea una clase (veremos posteriormente cómo hacerlo) e indica al usuario cómo usarla (con lo que se denomina un contrato[4]). Mediante estas indicaciones el usuario utiliza la clase sin necesidad de saber cómo ha sido implementada.

4 *Contract* en inglés.

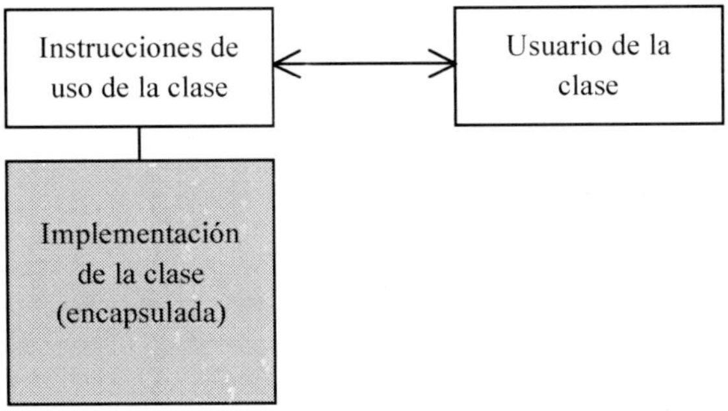

Es debido a estas características por lo que una clase es un ejemplo de *tipo abstracto de dato*[5]. ¿En qué mejora la programación orientada a objetos a la funcional? Principalmente en el hecho de que en esta última los datos y las funciones van por separado, mientras que en la programación orientada a objetos se tratan conjuntamente. Pongamos por ejemplo que para calcular el sueldo de un empleado se usa una determinada función que depende del número de años de antigüedad en la empresa, la edad y la cualificación (que tiene un rango de 1 a 5). En programación funcional tendríamos por un lado la función que calcula el sueldo y por otro los datos (nombre, apellidos, DNI...) del empleado. Trabajar con estos elementos por separado nos generará una serie de problemas que con la programación orientada a objetos resolvemos de forma satisfactoria. En nuestro ejemplo podríamos crear una clase llamada *Ficha_trabajador* con la siguiente estructura[6]:

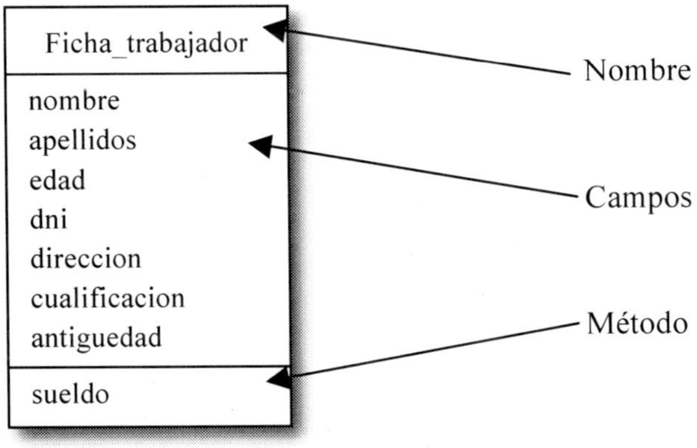

5 *ADT* (*Abstract Data Type*) en inglés.
6 He eliminado acentos y diéresis para una mayor compatibilidad con los juegos de caracteres.

En realidad podríamos haber creado más campos o métodos, pero como ejemplo nos sirve. De esta forma, creando objetos a partir de esta clase, tratamos todo (datos y funciones) de forma conjunta. Eso es ya un cambio de filosofía que nos proporcionará múltiples ventajas. La programación orientada a objetos intenta simular en el ordenador lo que encontramos en el mundo real, es decir, objetos de distinto tipo con determinadas características y comportamientos que interactúan entre sí. Cuando hablamos de objetos no nos referimos solo a objetos físicos, sino a otros de tipo abstracto, como puede ser una ecuación.

En nuestro ejemplo, imaginemos que queremos guardar los datos de nombre, apellidos, DNI, edad, dirección, antigüedad en empresa, cualificación y sueldo de todos los empleados de una empresa. En lugar de hacerlo en múltiples variables y usar una función para calcular el sueldo, podemos almacenarlo todo en forma de objetos y cuando deseemos calcular el sueldo de cada trabajador, ejecutar el método *sueldo()* asociado a cada uno de ellos. Sería además mucho más fácil de mantener ya que lo tenemos todo en el mismo lugar. En programación funcional debemos enviar los datos a las funciones ya que no están ligados entre sí.

También con la *POO*[7] aumentamos la reusabilidad del código ya que éste está estructurado de forma que pueda ser usado fácilmente por terceras personas. De esta manera sumamos a las ventajas de la programación funcional el poder trabajar de forma conjunta con datos (campos) y operaciones (funciones) en un mismo espacio. *Python* está diseñado bajo la filosofía de *POO* y sus programas podemos visualizarlos como una serie de objetos que interaccionan entre sí. Al pensar en una aplicación informática de las que usamos habitualmente, nos vienen a la mente ventanas, botones o menús, algo que veremos más adelante podemos modelizar mediante *POO*.

5.2 DEFINICIÓN Y USO DE UNA CLASE. CREACIÓN DE OBJETOS

El trabajar con una clase ya hecha solo requiere saber cuáles son sus campos y cómo se comportan y usan sus métodos. Para *Python* los datos son objetos de determinadas clases. En el tema 3.1 vimos un ejemplo de ello al usar el método *upper()* aplicado a un objeto *a* de clase *str* cuyo contenido era *"ejemplo"*. Obtuvimos la misma cadena con todas las letras en mayúscula. Es un caso de clase ya definida. ¿Cómo podríamos crear nosotros una clase a medida? Lo primero que debemos hacer es **definirla**, siguiendo el formato indicado:

---

7 Recordemos: Programación Orientada a Objetos (*OOP, Object Oriented Programming* en inglés).

class nombre_de_la_clase:
    def __init__*(self, posibles_parámetros_inicializador)****:***
        definición_inicializador
    def nombre_método_1*(self, posibles_parámetros_método_1)****):***
        definición_método_1
    ...
    def nombre_método_n*(self, posibles_parámetros_método_n)****:***
        definición_método_n

Definición de los métodos

Definición del inicializador

Encabezado de la clase

Al inicio colocaremos la palabra clave ***class*** seguido del nombre de la clase y terminando con dos puntos. Todo ello compone la *cabecera de la clase*. Después (con la sangría pertinente, para indicar que estamos ya dentro de la clase) definimos una función especial llamada ***__init__()*** (el nombre va precedido y seguido de dos guiones bajos). Es lo que se denomina ***inicializador***. En la lista de posibles parámetros siempre el primero es ***self***[8]. Posteriormente se definen los métodos con el formato habitual en las funciones, con la salvedad de que el primer parámetro también es *self*.

A la hora de **usar** una clase, el formato será el siguiente, donde no incluimos *self* en los argumentos:

nombre_de_la_clase *(argumentos para posibles_parámetros_inicializador)*

Antes de explicar más en profundidad qué son todos los elementos, trabajaremos con un ejemplo similar al que comentamos en el capítulo anterior. Crearemos una clase llamada *Ficha_empleado* solo con los campos *nombre* y *edad*, sin métodos. Teclearíamos lo siguiente en el intérprete:

```
>>> class Ficha_empleado:
...     def __init__(self):
...         self.nombre = None
...         self.edad = None
...
```

8 Veremos en breve el porqué.

En un principio, como no tenemos métodos, aquí terminaría nuestra definición de la clase *Ficha_empleado*, por lo que pulsaremos *Enter* y obtendremos de nuevo el *prompt* del intérprete. En este punto ya hemos creado nuestra clase, algo que podemos ver en la ventana *"Variables"*:

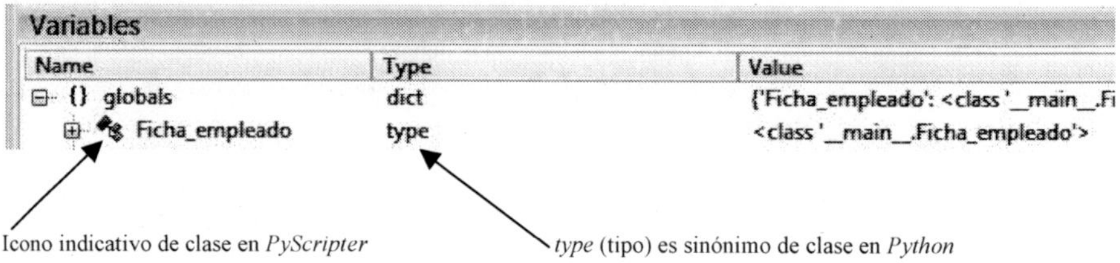

Siguiendo el formato indicado hemos conseguido definir nuestra primera clase. Para crear un objeto a partir de ella no necesitamos argumentos, con lo cual teclearemos:

```
>>> Ficha_empleado()
<__main__.Ficha_empleado object at 0x025E23D0>
```

El intérprete nos indica que se ha creado un objeto de tipo *Ficha_empleado* en la posición de memoria[9] *0x025E23D0*. Pero no nos aparece dentro de la ventana de las variables. Eso es debido a que no le hemos asignado un identificador. Se ha creado un objeto en memoria sin darle nombre, es lo que se denomina un **objeto anónimo**. Si creamos un nuevo objeto:

```
>>> Ficha_empleado()
<__main__.Ficha_empleado object at 0x025E22D0>
```

Lo hará en otra posición de memoria. Tendríamos entonces en ella dos objetos anónimos creados a partir de la clase *Ficha_empleado.* La forma de poder referenciar nuestro objeto es asignarlo a una variable que lo identifique:

```
>>> a = Ficha_empleado()
>>>
```

Ahora *a* sí que aparece en las variables, donde se indica que es de tipo *Ficha_empleado*, la clase que hemos creado. Incluso podemos ver (haciendo clic con el ratón en el símbolo '+' de la izquierda) sus dos campos (con valores *None*[10] por defecto) *nombre* y *edad*, además de la dirección en la que se encuentra el objeto:

9 Los números que comiencen con 0x son números hexadecimales, como vimos en el capítulo 1. La dirección de memoria indicada será distinta para el lector.

10 Recordemos que *None* es un valor.

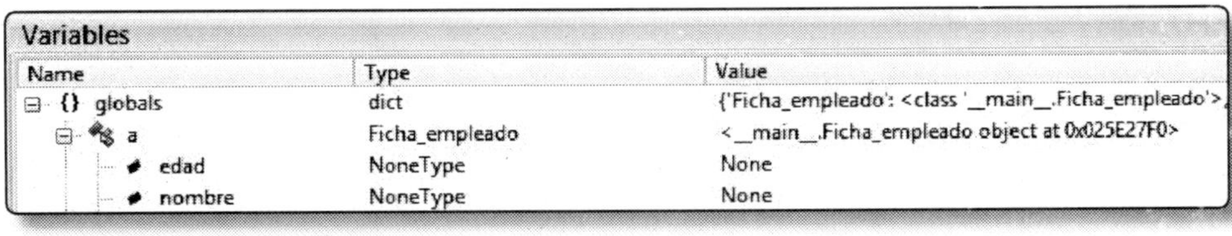

Variables

Name	Type	Value
{} globals	dict	{'Ficha_empleado': <class '__main__.Ficha_empleado'>,
a	Ficha_empleado	<__main__.Ficha_empleado object at 0x025E27F0>
edad	NoneType	None
nombre	NoneType	None

Esquemáticamente, para los tres objetos creados la situación sería la siguiente:

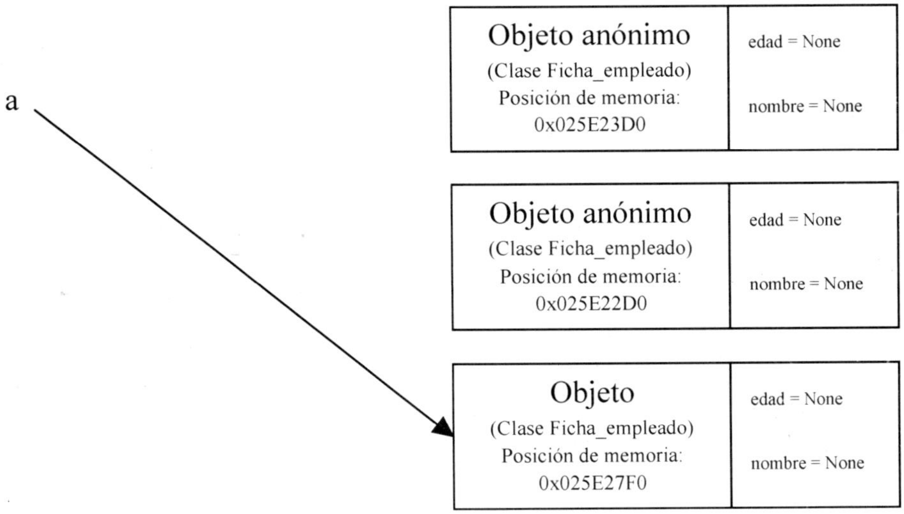

De momento hemos *definido* la clase y posteriormente *usado* ésta (creando 3 objetos). ¿Cómo lograríamos modificar los valores de sus campos? Para los dos primeros (objetos anónimos) no es posible ya que no tenemos forma de referenciarlos, pero para el objeto apuntado[11] por *a* lo haremos mediante el **operador punto (.)**, cuyo formato es:

nombre_del_objeto. *nombre_del_campo*

Posteriormente daremos valor a ese campo[12] mediante un operador de asignación. Tecleando *a* seguido de un punto en el intérprete, aparece:

11 En breve hablaremos por comodidad del *objeto a* en lugar de decir el *objeto apuntado por la variable (o identificador) a*, a pesar de que sería más preciso esto último.

12 Si el campo que indicamos no estuviese previamente definido en la clase, nos lo añade a nuestro objeto en particular. No será una forma del todo conveniente de actuar, pero debemos saberlo.

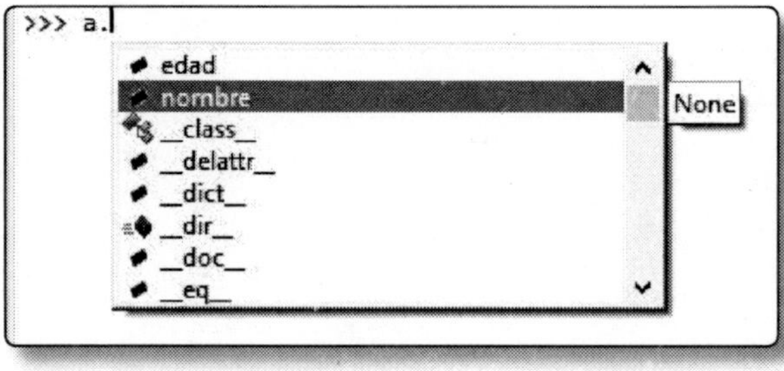

Observamos que (entre otros elementos) se listan sus dos campos, indicando el valor actual que tienen. Para cambiar el nombre, pulsaremos *Enter* y completaremos en código de la siguiente manera:

```
>>> a.nombre = "Javier"
>>>
```

En este punto ya hemos modificado el contenido del campo *nombre* del objeto *a*. Podríamos hacer lo mismo con el campo *edad*:

```
>>> a.edad = 21
>>>
```

Hemos cambiado los dos valores iniciales que tenían los campos del objeto *a* al ser creado. Mediante un sencillo programa, en el que veremos paso a paso la creación de objetos a partir de una clase, entenderemos mejor algunos conceptos. Teclearemos y guardaremos en nuestra carpeta con el nombre *ejemplo_objetos_simples.py* el siguiente código:

```

class Ficha_empleado:
    def __init__(self):
        self.nombre = None
        self.edad = None

def main():
    a = Ficha_empleado()
    a.nombre = "Javier"
    a.edad = 21

    b = Ficha_empleado()
    b.nombre = "Fernando"
    b.edad = 32

    b = a
    print(b.nombre)
    print(b.edad)

    b.nombre = "Fernando"
    print(a.nombre)

main()

```

Al ejecutar paso a paso el programa observaremos cómo lo primero que hace es cargar en memoria la clase *Ficha_empleado* y la función *main()*. Posteriormente ejecuta esta última, en la que creamos un objeto *a* a partir de la clase *Ficha_empleado*. Veremos luego cómo ejecuta la función especial *__init__()* (el inicializador) de la citada clase. Cuando se crea un objeto a partir de una clase siempre se ejecuta el inicializador, que es una función que crea los campos del objeto y les da una serie de valores iniciales (de ahí el nombre)[13]. Para ello se usa el parámetro[14] **self**, que representa el objeto creado, por lo que al hablar de *self.nombre* cuando tratamos con el objeto *a*, nos referiremos a *a.nombre*. Más adelante veremos que denominando así a los campos de la clase pueden ser referenciados en cualquier parte de su código, algo importante ya que una clase normalmente consta no solo de múltiples campos, sino también de múltiples métodos. Posteriormente a la creación del objeto *a*, modificamos mediante el operador punto sus campos *nombre* y *edad* (inicializados al valor *None*) para que contengan *"Javier"* y *21* respectivamente. Seguidamente creamos *b*, otro objeto de la clase *Ficha_empleado*. Al hacerlo volvemos a la definición de la clase, que es el "molde" del que salen todos los objetos de su tipo. En este caso el parámetro *self* será el objeto *b* ya que estamos tratando con él. De esta manera *self* se hace visible como un elemento que representa el objeto con el que trabajamos cuando ejecutamos el código de la clase a la que pertenece. Mediante el operador punto damos los valores *"Fernando"* y *32* a sus campos *nombre* y *edad*. Tendríamos en ese momento (una vez ejecutada la línea 14 del código) la siguiente situación:

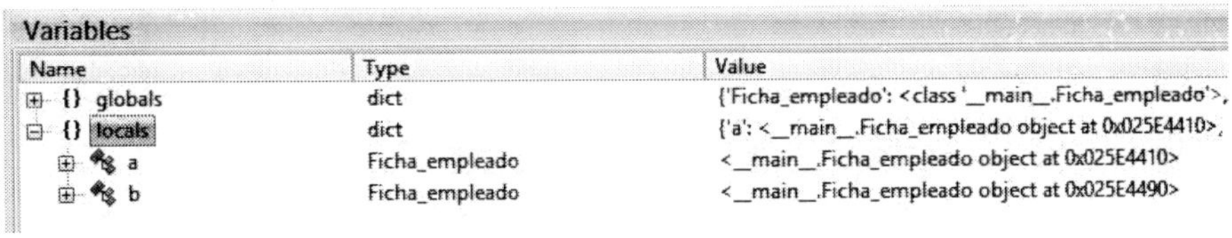

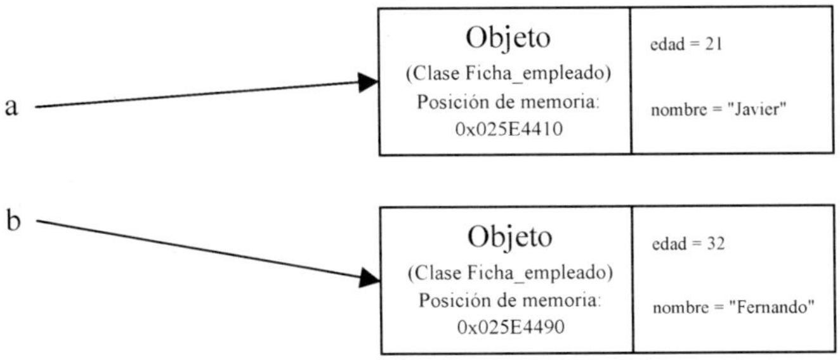

13 Es obligatorio darles un valor, aunque sea el valor *None*, ya que de lo contrario generaría un error.

14 En realidad podríamos haber usado otro nombre para el parámetro, pero por convención usaremos *self* ya que es el usado habitualmente en *Python*.

Dos objetos correspondientes a dos empleados. Tras la ejecución de la línea 16 (*b = a*), *b* apuntará al objeto *a*, o de forma más precisa, al objeto al que apunta *a*, por lo que la situación cambiará a:

Variables

Name	Type	Value
⊞ {} globals	dict	{'Ficha_empleado': <class '__main__.Ficha_empleado'>
⊟ {} locals	dict	{'a': <__main__.Ficha_empleado object at 0x025E4410>,
⊞ a	Ficha_empleado	<__main__.Ficha_empleado object at 0x025E4410>
⊞ b	Ficha_empleado	<__main__.Ficha_empleado object at 0x025E4410>

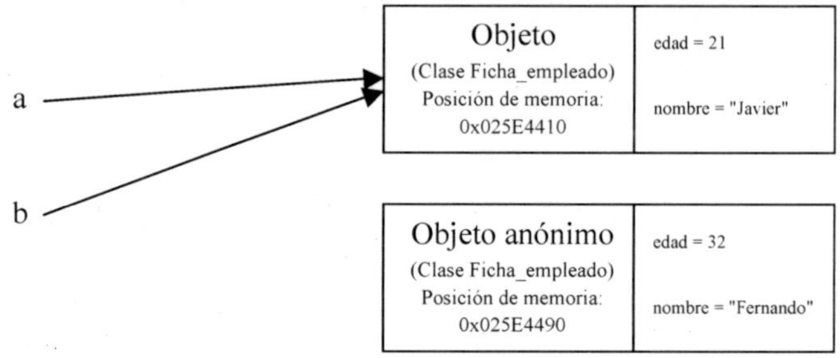

Por pantalla, al sacar *b.nombre* y *b.edad*, aparecerá *"Javier"* y *21*. El objeto al que apuntaba *b* pasa a no ser apuntado por nadie, por lo que se convierte en un objeto anónimo. Posteriormente, al modificar mediante el operador punto el campo *nombre* de *b* y darle el valor *"Fernando"*, modificará el campo *nombre* del objeto al que apunta *a* porque realmente es el mismo. Al sacar por pantalla *a.nombre* aparecerá *"Fernando"*. Objeto como tal solo tenemos uno (en la posición *0x025E4410* de memoria) pero tenemos dos formas de referenciarlo: *a* y *b*. Es importante darse cuenta de este detalle, ya que no es que en el objeto *b* se copien los datos del *a* y *b* siga apuntando al mismo objeto que antes. Podemos observar incluso que si añadiésemos a nuestro programa, tras la línea 21 de código, las dos siguientes instrucciones:

```
20     b.nombre = "Fernando"
21     print(a.nombre)
22
23     print(id(a))
24     print(id(b))
25
26 main()
```

Obtendríamos en la salida el mismo número, ya que *a* y *b* apuntan al mismo objeto y, como empezaremos a decir a partir de ahora, *es* el mismo objeto. Recordemos que la función *id()* devuelve un identificador numérico que *Python* da a todos los objetos y que los identifica de forma inequívoca.

5.3 DEFINICIÓN Y USO DE LOS MÉTODOS DE UNA CLASE

Sigamos con nuestra clase ampliando sus capacidades. De momento solo consta de dos campos: *nombre* y *edad*. Queremos incluir en ella también los campos *antigüedad* y *cualificación*[15], además de crear un método llamado *Sueldo()* que nos calcule la nómina mensual (en €) correspondiente a cada empleado en base a la siguiente fórmula:

*Nómina_mensual = 1000 + (antigüedad * 25) +(cualificación * 100)*

Para todo ello seguiremos el formato de la definición de clase que conocemos, con lo que ésta quedaría[16]:

```

class Ficha_empleado:
    def __init__(self):
        self.nombre = None
        self.edad = None
        self.antigüedad = None
        self.cualificación = None
    def Sueldo(self):
        return(1000 + self.antigüedad * 25 + self.cualificación * 100)
```

La forma de ampliar los campos ha sido fácil ya que es simplemente repetir el procedimiento usado con anterioridad para dos elementos nuevos. Lo más interesante es ver cómo hemos definido el método *Sueldo()*. Está definido como una función dentro de la clase (de ahí la sangría), con el formato habitual de una función (incluyendo un *return*), pero con varias particularidades:

- El parámetro *self* aparece el primero por defecto. Ya comentamos que es la forma de referirse de forma genérica al objeto con el que en su momento trabajamos.
- Muchos argumentos que pasábamos a la función ahora no son necesarios porque forman parte del propio objeto y podremos acceder a ellos mediante *self*. En nuestro ejemplo, el método *Sueldo()* no tiene parámetros de entrada ya que los datos que necesita para calcular la fórmula están almacenados en los campos del objeto a tratar. Mediante

15 Ahora usamos acentos y diéresis, por lo que tendremos que asegurarnos que el formato del fichero es *Unicode* para que no nos genere problemas. En nuestro caso hemos configurado *PyScripter* para que use por defecto ese formato al crear un fichero nuevo.

16 Por seguridad y por no sobrescribir por error el fichero anterior, lo cerraremos tras haber copiado su contenido en uno nuevo, que será con el que seguiremos trabajando. Será la forma de proceder que tendremos en todo el libro.

self y el *operador punto* podemos acceder a ellos, puesto que el alcance de *self* abarca toda la definición de la clase, pudiendo ser referenciada en cualquier parte de ella. Dentro de los métodos podríamos crear variables locales, pero su alcance se limitaría al método que las contiene.

Ya tenemos definida nuestra clase ampliada, que se compone ahora de cuatro campos y un método. Tiene una característica propia de la programación orientada a objetos: los datos y las funciones comparten un mismo espacio. No hemos tenido que mandar la antigüedad y la calificación (mediante las variables que las representan) al método *Sueldo()*, ya que los tenemos en nuestro propio objeto. No obstante, en otros métodos sí necesitaremos unos argumentos externos al objeto, teniendo en ese caso que incluir unos determinados parámetros en la definición del método.

Esta forma de tratar la información tiene las múltiples ventajas y comodidades que ya comentamos con anterioridad. Por ejemplo, podríamos almacenar todos los objetos en una base de datos y posteriormente usar su método para calcular el sueldo en cada caso. El siguiente programa, que guardaremos como *ejemplo_objetos.py* en nuestra carpeta, puede ser ilustrativo en ese sentido:

```python

class Ficha_empleado:
    def __init__(self):
        self.nombre = None
        self.edad = None
        self.antigüedad = None
        self.cualificación = None
    def Sueldo(self):
        return(1000 + self.antigüedad * 25 + self.cualificación * 100)

def main():
    a = Ficha_empleado()
    a.nombre = "Javier"
    a.edad = 21
    a.antigüedad = 2
    a.cualificación = 1

    b = Ficha_empleado()
    b.nombre = "Fernando"
    b.edad = 32
    b.antigüedad = 9
    b.cualificación = 4

    print("El sueldo de ", a.nombre, ",con ", a.antigüedad, \
    " años en la empresa y con cualificación de grado ", a.cualificación, \
    " es de ", a.Sueldo()," euros", sep='')

    print("El sueldo de ", b.nombre, ",con ", b.antigüedad, \
    " años en la empresa y con cualificación de grado ", b.cualificación, \
    " es de ", b.Sueldo()," euros", sep='')

main()

```

Su salida será:

```
>>>
El sueldo de Javier, con 2 años en la empresa y con cualificación de grado 1 es de 1150 euros
El sueldo de Fernando, con 9 años en la empresa y con cualificación de grado 4 es de 1625 euros
>>>
```

En él creamos dos objetos de tipo *Ficha_empleado*, rellenamos sus campos y posteriormente, en el momento de sacar por pantalla la información, calculamos los valores correspondientes del sueldo (mediante el método del mismo nombre) para cada uno de los dos empleados. Como observaciones decir que:

- En el *return* no hemos necesitado (por el orden de prioridad de operadores) poner más paréntesis.
- Nos ha dejado trabajar con variables acentuadas y con diéresis ya que el fichero tiene un formato *Unicode (UTF-8)*.
- Hemos usado el carácter especial '\' en la instrucción *print* para cambiar de línea sin cambiar de instrucción (ya que era muy larga), y dentro de él la opción sep para que la salida sea exactamente como nosotros queremos.
- En el uso del método *Sueldo()* no se ha incluido *self*, por lo que la llamada se ha realizado sin argumentos.

Llegados a este punto quizá el lector se haya preguntado en algún momento de este capítulo si hay alguna forma estándar (o más conveniente) de formatear el nombre de clases, campos o métodos. Incluso de las variables en general. Quizá incluso se haya dado cuenta de que a las clases les hemos dado un nombre con la primera letra en mayúscula y separando las distintas palabras que la componen mediante guion bajo, a los campos siempre con todas las letras minúsculas y al único método definido con la primera letra en mayúscula. No se ha seguido en realidad ningún estándar ya que no lo hay, pero sí es verdad que es práctica habitual el que las clases tengan la primera letra mayúscula y las variables "normales" tengan todo letras minúsculas en su nombre. Podremos encontrar, por supuesto, casos en los que esto no se cumple ya que no es una obligación. Nosotros seguiremos a partir de ahora (por ser la más habitual) la siguiente convención (indicada en *PEP8*, que es la guía de estilo referencia para *Python*, y que ya comentamos en el capítulo 1) teniendo claro que es solo eso, una convención y que en otros libros o códigos podrían no seguirla:

- Variables: todo en minúsculas. Podremos usar guion bajo para separar palabras si queremos (opcional). Ejemplo: *variable1*.
- Clases: la primera letra en mayúscula. Si el nombre tiene varias palabras, poner en mayúscula la primera de ellas. Ejemplo: *ClasePrincipal*.

- Funciones: como las variables. Ejemplo: *funcion1*.
- Campos: como las variables. Ejemplo: *self.campo1*.
- Métodos: como las clases pero con la primera letra en minúscula. Ejemplo: *metodoInicial*.

5.4 CAMPOS PRIVADOS. MÉTODOS GET() Y SET()

En los anteriores capítulos aprendimos a:

1. Crear los campos en la definición de una clase.
2. Modificar mediante el operador punto los valores de los campos de cada objeto particular.

En general no es una buena idea modificar directamente el valor del campo, por los siguientes motivos:

1. Puede ser modificado de forma inadecuada, lo cual hace que sea más vulnerable a errores.
2. Se vuelve mucho más difícil mantener el código, por ejemplo si queremos cambiar alguna característica en concreto.

Basándonos en el programa que llevamos desarrollando todo el tema, si modificamos directamente en él el campo *cualificación* de cualquier objeto de tipo *Ficha_empleado*[17], podríamos dar a éste un valor mayor que *5*, o menor que *1*, o incluso un número decimal, lo que no sería correcto desde el punto de vista del funcionamiento del programa, a pesar de no generar ningún error. Ese sería un ejemplo del punto 1 arriba comentado. Un ejemplo del segundo lo tendríamos si quisiésemos subsanar esa posibilidad de error, ya que no solo tendríamos que modificar la clase *Ficha_empleado*, sino todos los puntos del programa donde hubiese sido empleada de forma errónea, lo cual puede ser largo y tedioso. Para evitar todos estos problemas, la modificación se suele hacer con métodos que actúan sobre los campos, y definiendo éstos como **privados**. El formato es el siguiente:

self.__nombre_del_campo

17 Con el nuevo formato de nombres elegido pasará a ser *FichaEmpleado*.

Tendremos dos guiones bajos seguidos después del punto. De esa manera se protegen, ocultándolos del exterior (el código que lo usa), impidiendo ser modificados por el operador punto. Solo se podrán modificar desde dentro (de ahí lo de privados) de la propia clase. ¿De qué manera? Mediante un método propio. Veámoslo sobre nuestro ejemplo, aplicado a un solo objeto, y tras modificar algún elemento para seguir la convención de nombres que hemos elegido. No usaremos para las variables ni acentos ni diéresis, a pesar de poder haberlo hecho. Guardaremos el código con el nombre *ejemplo_campos_privados.py*:

```
class FichaEmpleado:
    def __init__(self):
        self.nombre = None
        self.edad = None
        self.antiguedad = None
        self.__cualificacion = None
    def sueldo(self):
        return(1000 + self.antiguedad * 25 + self.__cualificacion * 100)
    def setCualificacion(self, cualif:int):
        if cualif == 1 or cualif == 2 or cualif == 3 or cualif == 4 or cualif == 5:
            self.__cualificacion = cualif
    def getCualificacion(self):
        return(self.__cualificacion)

def main():
    a = FichaEmpleado()
    a.nombre = "Javier"
    a.edad = 21
    a.antiguedad = 2

    a.setCualificacion(3)
    a.setCualificacion(-7)
    a.setCualificacion(1.2)

    print("El sueldo de ", a.nombre, ",con ", a.antiguedad, \
    " años en la empresa y con cualificación de grado ", a.getCualificacion(), \
    " es de ", a.sueldo()," euros", sep='')

main()
```

Su salida es:

```
>>>
El sueldo de Javier, con 2 años en la empresa y con cualificación de grado 3 es de 1350 euros
>>>
```

En él hay muchas cosas que comentar:

- Al definir el campo *cualificacion* lo hemos hecho con dos guiones bajos tras el punto, lo que nos indica que estamos ante un **campo privado**.

Solo se podrá modificar desde la propia clase y siguiendo el formato *self.__antiguedad.*

- Hemos definido dos nuevos métodos, setCualificacion() y getCualificacion() ya que, al no poder acceder al campo *cualificacion* desde el exterior, tenemos que hacerlo de alguna manera, y ésta es la correcta. El primero (*set*) da el valor que le pasamos al campo *cualificacion,* mientras que el segundo (*get*) nos devuelve mediante un *return* su valor.
- Posteriormente, ya en la función principal, accedemos a los campos *nombre, edad* y *antiguedad* de la forma habitual hasta ahora (mediante el operador punto), pero no podríamos hacer lo mismo con *cualificacion* (nos daría un error) ya que lo hemos definido como privado, así que lo hacemos aplicando el método *setCualificacion()* del objeto a.
- En *setCualificacion()* hemos definido un argumento *cualif* que posteriormente, en el cuerpo del método y mediante un *if*, comprobamos si es alguno de los cinco valores válidos. De no ser así, no se modifica el campo *cualificacion,* lo que nos garantiza que, o recibimos un valor correcto o no hace nada. Eso lo comprobamos al llamar tres veces al método con tres argumentos (solo el primero válido) y observar que la salida es la correcta.
- La necesidad de, además del método *setCualificacion()*, tener el *getCualificacion()* se ve en la función *print()* ya que desde fuera (función *main()*) no podríamos usar sin error *a.cualificacion* o *a.__cualificacion.* Mediante *a. getCualificacion()* obtenemos el campo buscado y lo sacamos por pantalla.

Por lo general, los métodos que nos permiten, respectivamente, leer y escribir en campos privados son denominados (de forma genérica) **métodos *get()* y *set()***[18]. Los nombres concretos suelen tener el siguiente formato[19]:

getNombre_del_campo_a_leer
setNombre_d,el_campo_a_escribir

Por tanto, si queremos comprobar que los datos cumplen los criterios impuestos desde el programa, y de cara a hacer nuestra clase reutilizable por otros usuarios, es conveniente definir determinados campos como privados. La forma

18 Del inglés *set* = definir, establecer y *get* = conseguir, obtener.
19 En realidad esto es otra convención que respetaremos.

ortodoxa y correcta de acceder a ellos es mediante métodos *get()* y *set()* definidos en la clase en cuestión, pero hay otra forma de hacerlo. Para verla, iremos al intérprete. Si hay mucho texto en él, por motivos de claridad borraremos todo su contenido usando el botón derecho del ratón[20]

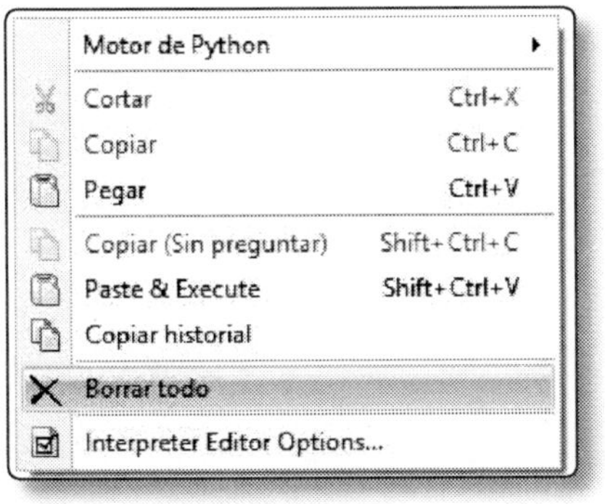

En la ventana emergente mostrada indicamos *"Borrar todo"*. Posteriormente seleccionamos solamente el código de la clase *FichaEmpleado*, hacemos clic con el botón derecho del ratón y ejecutamos *"copiar"*.

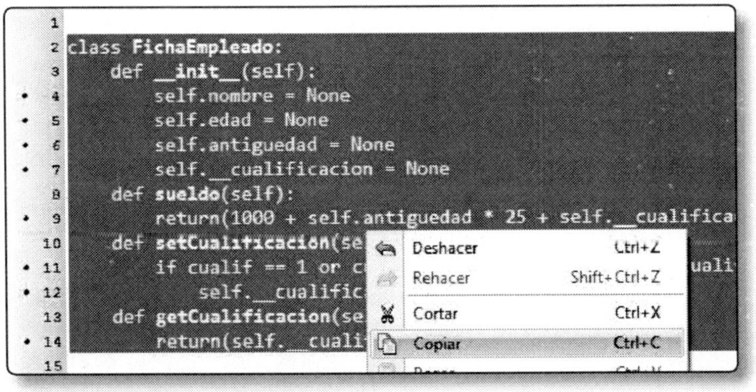

Tras ello lo pegamos en el intérprete y pulsamos *Enter*. En ese momento tenemos ya cargada en memoria la clase. A continuación tecleamos lo que aparece en la siguiente imagen:

20 Es necesario estar dentro de la ventana del intérprete.

Si nos fijamos en la ventana de ayuda que nos aparece tras teclear el punto, observamos que en con un determinado icono nos representa los campos, incluido el campo privado. Pero éste tiene un formato de nombre distinto a los demás. Si bajamos hasta él[21] y le damos un valor (por ejemplo *-10*) nos lo acepta sin error, comprobando posteriormente que efectivamente ha modificado el campo:

```
>>> empleado1._FichaEmpleado__cualificacion = -10
>>> empleado1.getCualificacion()
-10
>>>
```

Hemos conseguido acceder al campo privado sin usar el método correspondiente, sino mediante el uso del siguiente formato:

nombre_del_objeto._Nombre_de_la_clase__Nombre_campo

A pesar de ello reitero que la forma que nos permitirá evitar errores y generar código de calidad es mediante métodos *get()* y *set()*.

De la misma manera que podemos definir campos privados podemos definir **métodos privados**. El formato para indicarlo es colocando dos guiones bajos seguidos antes del nombre del método. En la definición:

def __nombre_del_método*(self [,posibles_parámetros_formales])*

21 Mediante teclado con las teclas del cursor y pulsando *Enter*. Mediante ratón poniéndose encima y haciendo doble clic.

Y en la llamada:

***self.__nombre_del_método**(posibles_argumentos)*

Imaginemos que queremos que el método *sueldo()* no sea accesible desde el exterior. En su lugar crearemos un nuevo método *getSueldo()* que sí podremos llamar externamente. El código modificado[22] (que guardaremos como *ejemplo_metodo_privado.py*) sería:

```
1
2 class FichaEmpleado:
3     def __init__(self):
4         self.nombre = None
5         self.edad = None
6         self.antiguedad = None
7         self.__cualificacion = None
8     def __sueldo(self):
9         return(1000 + self.antiguedad * 25 + self.__cualificacion * 100)
10    def setCualificacion(self, cualif:int):
11        if cualif == 1 or cualif == 2 or cualif == 3 or cualif == 4 or cualif == 5:
12            self.__cualificacion = cualif
13    def getCualificacion(self):
14        return(self.__cualificacion)
15    def getSueldo(self):
16        return(self.__sueldo())
17
18 def main():
19    a = FichaEmpleado()
20    a.nombre = "Javier"
21    a.edad = 21
22    a.antiguedad = 2
23    a.setCualificacion(3)
24
25    print("El sueldo de ", a.nombre, ",con ", a.antiguedad, \
26    " años en la empresa y con cualificación de grado ", a.getCualificacion(), \
27    " es de ", a.getSueldo()," euros", sep='')
28
29 main()
30
```

La salida no se modificará respecto a *ejemplo_campos_privados.py*. Comentaré dos cosas:

- Al definir en la línea 8 el método *sueldo()* como privado (usando los dos guiones bajos seguidos) impedimos que desde el main() se le pueda llamar mediante *a.__sueldo()* o *a.sueldo()*. Lo que hacemos es crear un nuevo método no privado (*getSueldo()*) que, desde la clase, llama al método privado sueldo() mediante el formato indicado (*self.__sueldo()*).

22 Recordar la forma en la que evitamos sobrescribir accidentalmente ficheros.

- Posteriormente, en el *print()* del *main()*, usamos el único método ortodoxamente posible para calcular el sueldo, es decir, *getSueldo()*, con el formato habitual.

El "ortodoxamente" del segundo punto anterior es debido a que, como pasaba en los campos privados, también se puede acceder directamente (sin tener que usar métodos) al método privado. El formato en este caso sería:

nombre_del_objeto._Nombre_de_la_clase__Nombre_método(argumentos)

Aplicado a nuestro caso:

a._FichaEmpleado__sueldo()

Si en nuestro último código, en el *print()*, lo colocamos en lugar de *a.getSueldo()* no encontraremos ninguna diferencia de comportamiento en el programa, ya que realizará exactamente lo mismo. Pero recordemos que esto se ve más como una curiosidad que para su uso habitual, debido a que se salta por completo las características de buen uso que queremos instaurar en el código que generemos.

5.5 REPRESENTACIÓN GRÁFICA ESTANDARIZADA DE CLASES Y OBJETOS. LENGUAJE UML

Tanto en el tema 1 del capitulo 3 como durante el presente, he realizado gráficos para representar tanto clases como objetos, pero han sido realizaciones totalmente libres que no se correspondían a ningún tipo de estándar. Queremos en este punto establecer una forma homogénea de representar diagramas donde aparezcan clases y objetos. Para ello usaremos el *lenguaje UML* (*unified modeling language*, lenguaje unificado de modelado) que es un estándar gráfico independiente del lenguaje de programación utilizado. Lo que obtendremos será un **diagrama de clases *UML*** o abreviadamente *diagrama de clases*, que se rige por una serie de normas:

1. Representación de las clases. Siguen el siguiente formato:

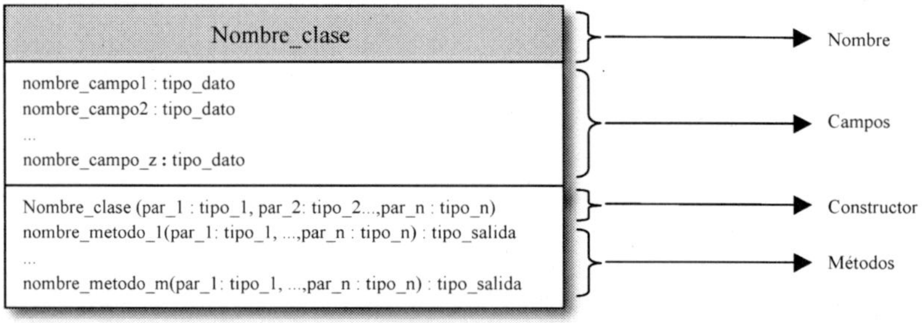

Los nombres de las clases, de los campos, de los constructores y de los métodos siguen los convenios que comenté al final del tema 3 del capítulo 5. Haré además las siguientes observaciones:

- El **constructor** será el formato en el que llamaremos a la clase al crear objetos. No tenemos representado el método *__init__()* como tal, sino que colocamos el nombre del constructor(que es el mismo que el de la clase) con los parámetros de *__init__()*. El constructor llama al inicializador cuando creamos un nuevo objeto desde la clase.
- En los parámetros del constructor y de los métodos no aparecerá la palabra clave *self*[23], por lo que solo aparecerán los nombres del resto de los parámetros (con sus tipos correspondientes tras el símbolo dos puntos) separados por comas. Es lógico que no aparezca self ya que para usar tanto el inicializador como los métodos no es necesario ponerlo, no siendo una información necesaria para un potencial usuario de la clase.
- Es importante aprender cómo se representan los parámetros de entrada y de salida en los campos, constructor y métodos ya que más adelante en el libro usaremos esa misma estructura, refiriéndonos a ella diciendo que tiene "*formato UML*".
- En los campos o métodos declarados como privados aparecerá el símbolo guion ('-') precediendo a su nombre.

Por ejemplo, aplicándolo a nuestra clase, tendríamos:

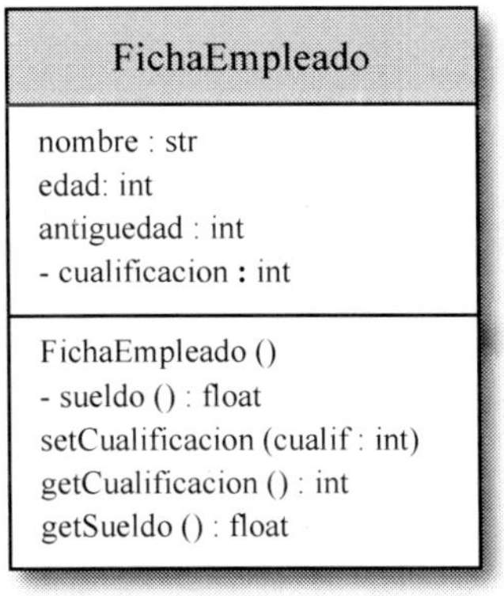

23 O cualquiera que hubiésemos usado en su lugar.

Se nos informa sobre cómo está diseñada la clase y la forma de usarla. Nos indica qué datos necesita y cuáles devuelve tanto en el constructor como en los distintos métodos.

2. Representación de los objetos. Siguen el siguiente formato:

nombre_objeto : Nombre_clase
nombre_campo1 = contenido_campo_1 nombre_campo2 = contenido_campo_2 ... nombre_campo_z = contenido_campo_z

No aparece ya información sobre los métodos, a pesar de que por supuesto podemos usarlos. Pero la información relativa a ellos se representa solo en la clase. Aplicado a los dos objetos creados en nuestros programas tendríamos:

a : FichaEmpleado
nombre = "Javier" edad = 21 antiguedad = 2 cualificacion = 1

b : FichaEmpleado
nombre = "Fernando" edad = 32 antiguedad = 9 cualificacion = 4

Iremos viendo la representación *UML* a medida que vaya explicando los conceptos de la *POO*.

5.6 OBJETOS MUTABLES E INMUTABLES AL SER PASADOS A FUNCIONES

He insistido varias veces en la idea de que en *Python* TODO son objetos. En los primeros temas del libro vimos cómo trabajar con números enteros, números reales y cadenas de caracteres. Todos ellos son ejemplos de objetos **inmutables**, puesto que su contenido no se puede cambiar. Si el lector ha trabajado anteriormente con otros lenguajes de programación el concepto puede resultarle raro. Si *Python* es su primer lenguaje no tendremos que superar ese pequeño obstáculo, simplemente piense que en este particular la filosofía de otros lenguajes no es la misma. Cuando en un *for* una determinada variable pasa por los números *1*, *2*,..., *100*, no es que su contenido vaya variando desde el *1* al *100*, sino más bien que va apuntando primero al objeto de tipo entero y valor *1*, después a otro objeto del mismo tipo de valor *2*,...y así sucesivamente. La variable es una *referencia* que apunta a un determinado *objeto*, en este caso de *tipo* entero. También comentamos que en *Python clase* es sinónimo de *tipo*, por lo que podemos pensar en los números enteros, los números reales y las cadenas como objetos de tres clases: *int*, *float* y *str*, respectivamente. A lo largo del presente tema hemos aprendido a crear nuestras propias clases a medida, para posteriormente generar a partir de ellas todos los objetos que queramos. Por lo tanto el número de tipos de datos que podemos tener aumenta en base a los que creemos nosotros. Estos objetos creados a partir de nuestras clases a medida son **mutables**, ya que pueden cambiar su valor. Veremos un ejemplo para visualizar mejor estos conceptos. Para ello vamos a definir una función que lo que haga sea aumentar en una unidad tanto el campo *antiguedad* de un objeto de tipo *FichaEmpleado* como una variable de tipo entero. El código, siguiendo con nuestra clase *FichaEmpleado*, sería guardado como *ejemplo_objetos_mutables_e_inmutables.py*:

```

class FichaEmpleado:
    def __init__(self):
        self.nombre = None
        self.edad = None
        self.antiguedad = None
        self.__cualificacion = None
    def __sueldo(self):
        return(1000 + self.antiguedad * 25 + self.__cualificacion * 100)
    def setCualificacion(self, cualif:int):
        if cualif == 1 or cualif == 2 or cualif == 3 or cualif == 4 or cualif == 5:
            self.__cualificacion = cualif
    def getCualificacion(self):
        return(self.__cualificacion)
    def getSueldo(self):
        return(self.__sueldo())

def aumentaAntiguedad(objeto, antiguedad):
    objeto.antiguedad += 1
    antiguedad += 1

def main():
    a = FichaEmpleado()
    a.nombre = "Javier"
    a.edad = 21
    a.setCualificacion(3)
    antiguedad = eval(input("Introduce la antigüedad de Javier: "))
    a.antiguedad = antiguedad
    print("Antes del aumento de antigüedad, el campo antiguedad para Javier es:  ", a.antiguedad, \
    " y la variable antiguedad es: ", antiguedad)

    aumentaAntiguedad(a, antiguedad)

    print("Después del aumento de antigüedad, el campo antiguedad para Javier es: ", a.antiguedad, \
    " y la variable antiguedad es: ", antiguedad)

main()

```

En él, por comodidad, están rellenados todos los datos para el empleado *Javier* salvo la antigüedad, que la pedimos por teclado. Imaginemos que introducimos el valor *2*, que es almacenado en una variable *antiguedad*[24], local a la función principal *main()*. Posteriormente, ese valor *2* lo introducimos en el campo *antiguedad* del objeto asociado a *Javier*. En ese momento tenemos una variable local a *main()* con valor *2* y un campo de un objeto también con valor *2*. Sacamos ambos datos en un *print()* colocado antes de llamar a la función *aumentarAntiguedad()*, que es una función que ,sobre el papel, aumenta en una unidad tanto el campo *antiguedad* del objeto, como la variable que le pasamos. Como le pasamos el objeto *a* (correspondiente a *Javier*) y la variable *antiguedad* (también correspondiente a *Javier*) quizá esperaríamos que nos aumentase en una unidad ambos, pero la salida nos indica que no es así:

```
>>>
Antes del aumento de antigüedad, el campo antiguedad para Javier es:  2  y la variable antiguedad es: 2
Después del aumento de antigüedad, el campo antiguedad para Javier es: 3  y la variable antiguedad es: 2
>>>
```

Eso es debido a que el objeto *a* que le pasamos a la función *aumentaAntiguedad()* es mutable mientras que el objeto *2* que le pasamos es inmutable. Esquemáticamente tendríamos:

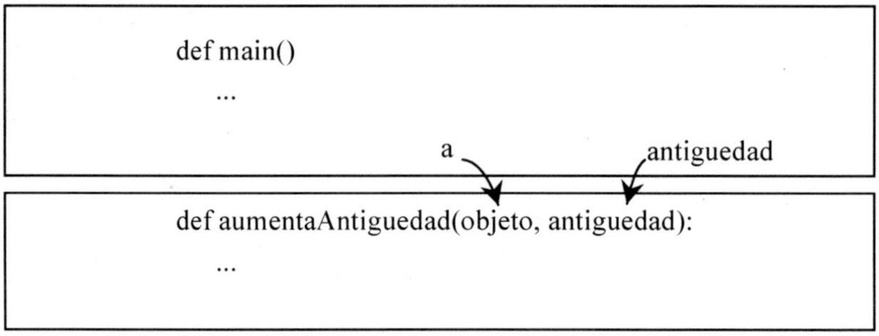

Por mucho que se llamen igual, tendríamos dos variables **distintas** llamadas *antiguedad*. Una sería local a *main()* (solo existe dentro de ella) y otra local a *aumentaAntiguedad()*, como hemos representado en el gráfico superior. Para verlo desde el código y aprender una característica más del depurador de *PyScripter*, nos colocaremos en la línea 27 de nuestro código y aplicaremos la opción *"Ejecutar hasta el cursor"* en el menú *"Ejecutar"*:

---

24 Recordemos que no es conveniente poner símbolos ortográficos en las variables si queremos tener una compatibilidad grande con otros potenciales usuarios.

Mediante ella nos lleva justo hasta ese punto del programa. Esto nos evita tener que pasar por las partes iniciales del programa que no nos interesan o que sabemos perfectamente su funcionamiento. Posteriormente, mediante *F7*, podemos seguir paso a paso, como de costumbre. En su realización tendremos visible ahora la ventana *"Expresiones Vigiladas"*, donde podremos visualizar las expresiones (no se limita solo a variables) que nosotros queramos. Nos permite introducir cualquier expresión con todos los operadores que conocemos hasta la fecha, y nos mostrará el resultado a medida que vamos ejecutando paso a paso el programa. Esta característica nos será muy útil en múltiples ocasiones, aunque en este caso usaremos la citada ventana para colocar solamente las variables que queramos, ya que en muchas ocasiones la ventana *"Variables"* nos muestra demasiada información y no podemos visualizar todos los datos que queremos a la vez. Nosotros ahora no tenemos demasiadas variables a visualizar, pero por comodidad y para mostrar el funcionamiento de esta ventana, trabajaremos con ella. Si hacemos clic con el botón derecho del ratón en cualquier zona de la ventana, obtendremos:

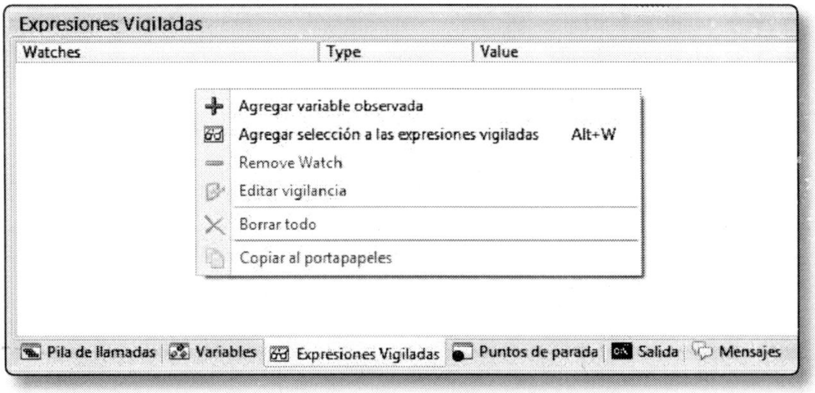

Aparecen (algunas inactivas al no tener aún datos que visualizar) las siguientes opciones:

- *Agregar variable observada*: nos aparecerá otra ventana en la que colocaremos la expresión que queremos visualizar.
- *Agregar selección a las expresiones vigiladas:* añade a la lista de expresiones vigiladas el elemento sobre el que tengamos el cursor del ratón. Aconsejo colocar el cursor (sin seleccionar) en el elemento deseado[25] y mediante *Alt + w* añadirlo a nuestra lista[26].
- *Remove Watch:* cuando haya expresiones nos permitirá, seleccionándola y marcando esta opción, eliminarla de la lista.
- *Editar vigilancia*: nos permite modificar una expresión que hayamos colocado con anterioridad. La seleccionamos y ejecutamos esta opción. Nos aparecerá otra ventana donde podremos modificar la expresión. Al finalizar, confirmaremos y se nos modificará en la lista.
- *Borrar todo*: borra todas las expresiones que tenemos en la lista.
- *Copiar al portapapeles*: guarda en el portapapeles[27] la lista de cara a ser pegada en otro sitio.

Nosotros vamos a colocar en la lista (de dos formas distintas) varias expresiones:

1. Mediante la opción "*Agregar variable observada*", rellenando la ventana que nos aparece:

25 Se añadirá exactamente el elemento sobre el que esté el cursor. Por ejemplo, en *a.nombre,* depende si está a un lado u otro del punto nos seleccionará el campo o todo el objeto.

26 También podemos lograrlo de forma muy cómoda arrastrando el texto (tras seleccionarlo) desde el editor de código a la ventana *"Expresiones Vigiladas"*. El lector puede elegir la forma que más le guste.

27 El portapapeles es una zona de memoria donde se almacenan los elementos cuando ejecutamos la opción *"copiar"* (mediante menú con el ratón o pulsando *Ctrl + c* con el teclado).

Teclearemos en ella *antiguedad*. Tras ello haremos clic en *"Ok"*.

2. Desde el código del programa y usando la opción *Alt+w* añadiremos a la lista el objeto a de la función main() y el objeto *objeto* de la función *aumentaAntiguedad()*. Tendremos lo siguiente:

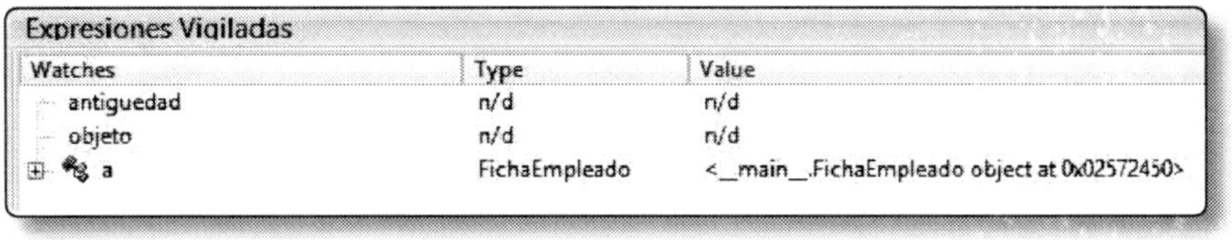

Expresiones Vigiladas

Watches	Type	Value
antiguedad	n/d	n/d
objeto	n/d	n/d
⊞ a	FichaEmpleado	<__main__.FichaEmpleado object at 0x02572450>

Al no estar aún definidas las dos primeras, nos aparecen con tipo y valor *n/d*[28]. El objeto *a*, al estar ya definido, sí se nos muestra de la misma forma que se nos mostraba en la ventana *"Variables"*. Es una buena forma de poner, en el orden que queramos, las variables y expresiones que nos interese ver o comparar a la vez.

Si mediante *F7* ejecutamos la línea 27 del código e introducimos *2* por teclado, la variable *antiguedad* tendrá valor *2* y tipo entero. Ejecutando la línea 28 le damos ese valor *2* al campo *antiguedad* del objeto *a*. Podemos visualizarlo haciendo clic sobre el símbolo '+' que aparece a la izquierda, pero sería mucho más cómodo poder verlo directamente, ya que es el único campo que nos interesa. Para ello, lo añadimos, tecleando *"a.antiguedad"* en la opción *"Agregar variable observada"*, arrastrándolo desde el código o mediante *Alt+w*. Añadiremos de la misma manera *objeto.antiguedad*:

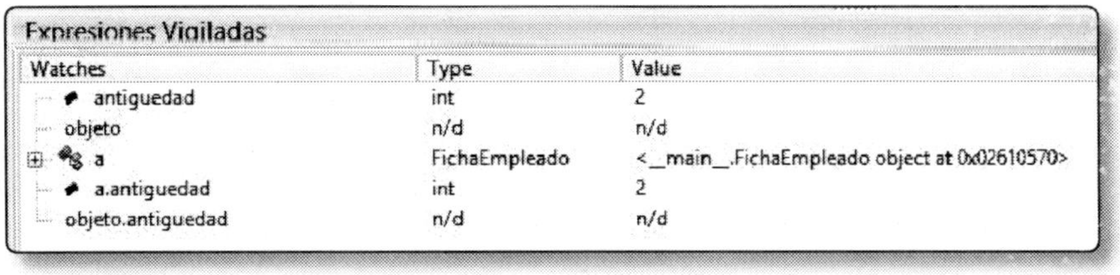

Expresiones Vigiladas

Watches	Type	Value
antiguedad	int	2
objeto	n/d	n/d
⊞ a	FichaEmpleado	<__main__.FichaEmpleado object at 0x02610570>
a.antiguedad	int	2
objeto.antiguedad	n/d	n/d

Ejecutamos el *print()*, que saca la primera línea de la salida por pantalla, y estamos en la antesala de la ejecución de la línea 32 que nos llevará a la función *aumentaAntiguedad()*. La ejecutamos, estando en la línea 19. Y aquí está el quid de la cuestión:

28 *No defined* (no definido).

- El objeto a aparece cono *n/d* ya que es local al *main()*. En la función solo tendremos los parámetros formales (que toman los valores de los argumentos en la llamada a la función) y las posibles (en nuestro caso ninguna) variables locales definidas dentro de la propia función. Por lo tanto aparece el objeto *objeto*, que es el mismo que *a*. O dicho de forma más precisa, tanto el identificador *objeto* como *a* apuntan al mismo objeto **mutable** de tipo *FichaEmpleado*. Y es por ello que podremos modificarlo. Usando un diagrama (no es propiamente el formato *UML* pero nos ayudará a visualizarlo)[29]:

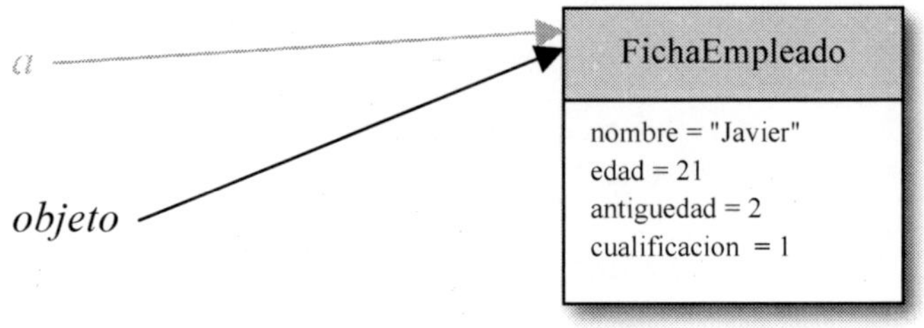

Por todo ello, al ejecutar la instrucción de la línea 19, modificaremos el campo *cualificacion* del único objeto que tenemos, por lo que, ya de vuelta en el *main(), a.cualificacion* tendrá el valor *3*. Hemos conseguido modificar el objeto, en nuestro caso un solo campo, por su mutabilidad.

- Nos sigue apareciendo *antiguedad* como 2, pero ¡cuidado!, esta variable *antiguedad* no es la de antes (local a *main()*) sino la local a la función *aumentaAntiguedad*. Eso sí, apunta al mismo objeto **inmutable** 2. Esquemáticamente tendríamos algo así:

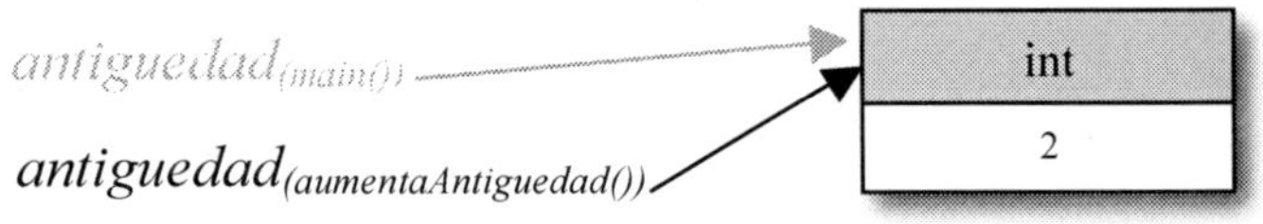

29 He usado un tono más gris para indicar que la variable no está en ese momento activa, al estar fuera de su ámbito de actuación.

Por tanto tendríamos variables locales **diferentes**, cada una con un ámbito de actuación (puesto entre paréntesis), fuera del cual no están definidas. En este momento de la ejecución tenemos definida la variable *antiguedad* de la función *aumentaAntiguedad()*. Al ejecutar la instrucción 20 la incrementamos en una unidad. Tendríamos justo en ese momento:

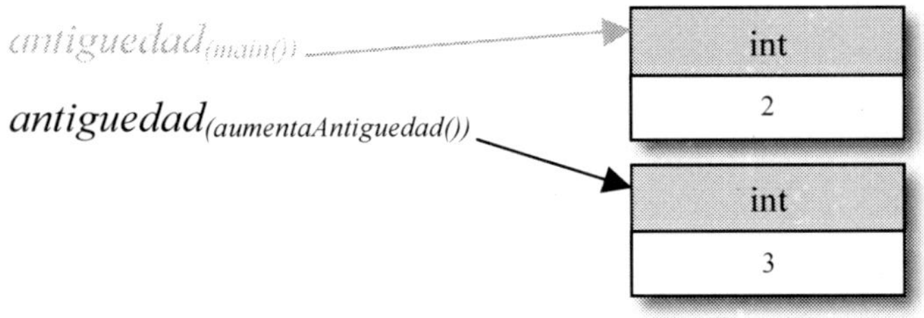

En realidad en *PyScripter* no nos da tiempo de ver cómo el valor de la variable pasa a valer *3*, ya que justo en ese instante salimos de la función y regresamos al *main()*, donde *objeto* ya aparece como *n/d* (estamos fuera de su ámbito de actuación) y son válidas *a* y la variable *antiguedad* del *main()*, que no ha variado su valor *2*. Por lo tanto no hemos sido capaces de modificar el objeto, ya que se trata de un objeto **inmutable**. Posteriormente el último *print()* saca los valores de *antiguedad* y *a.antiguedad*, *2* y *3* respectivamente.

La forma en la que el intérprete "recuerda" los valores de los objetos al llamar a una función fue comentada en el capítulo 4.6 al hablar de las pilas de llamadas a funciones.

5.7 HERENCIA

En el ejemplo que venimos desarrollando durante todo el capítulo hemos desarrollado solamente una clase, *FichaEmpleado*. Si pensamos en la filosofía de la programación orientada a objetos (*POO*) una de sus bases es la reutilización del código, es decir, que una clase creada por una determinada persona pueda ser utilizada por otra, sin que ésta tenga que desarrollarla desde cero. Podría pasar que quisiésemos ampliarla para incluir determinados aspectos que necesitamos y que no cubre la clase original. La **herencia** nos permite definir nuevas clases a partir de otras ya existentes, lo cual nos proporciona una herramienta potente para ordenar y mantener el código. Imaginemos, siguiendo nuestro ejemplo, que tenemos en nuestra empresa tres departamentos bien diferenciados: fabricación, técnico y comercial, y que deseamos crear fichas distintas dependiendo del departamento al que pertenezca el trabajador. Hacer tres clases completamente independientes entre sí no sería del todo eficiente, ya que tendríamos muchos campos iguales en las tres fichas, lo que nos llevaría a código redundante. Sería mucho más correcto crear una clase con los elementos genéricos a estas tres posibles clases, y posteriormente, mediante herencia, dar esas características especiales que distinguen a una de la otra. En nuestro caso las características genéricas que necesitamos son las que tenemos actualmente en nuestra clase. Veremos cómo creamos a partir de ella tres nuevas que, al usar herencia, son **subclases** de la clase principal. Las nuevas subclases heredan todos los campos y métodos de la clase a partir de la cual se crean, para posteriormente completarse con particularidades propias de cada una. Analicemos cuales pueden ser, tanto a nivel de campos como de métodos:

- Departamento de fabricación: queremos que, aparte de los datos de la ficha general de empleado (modelizada con la clase *FichaEmpleado*) nos aparezca un campo que indique la media de artículos manufacturados por él al mes (puede ser un número decimal). Además, queremos algo que nos permita dar un valor a ese campo (por ejemplo de cara a inicializarlo), otro para poder incrementarlo en una determinada cantidad real, y un tercero para poder obtenerlo.

- Departamento técnico: usaremos, para describir la importancia del proyecto en el que esté trabajando el empleado en la actualidad, un sistema que le asigne desde una estrella (menor importancia) a cinco (mayor). Esto lo pondremos en un campo, y crearemos algún sistema para inicializarlo a una estrella, otro para incrementar su valor en una estrella y otro para disminuirlo en una estrella. Además necesitaremos también obtener el número de estrellas.

- Departamento comercial: añadiremos un campo que nos indique el cliente principal con el que está trabajando y otro para el número de clientes que tiene. Además crearemos métodos para obtener y modificar cada uno de esos campos.

Teniendo la idea de cómo lo queremos, podríamos generar un esquema siguiendo el estándar *UML*:

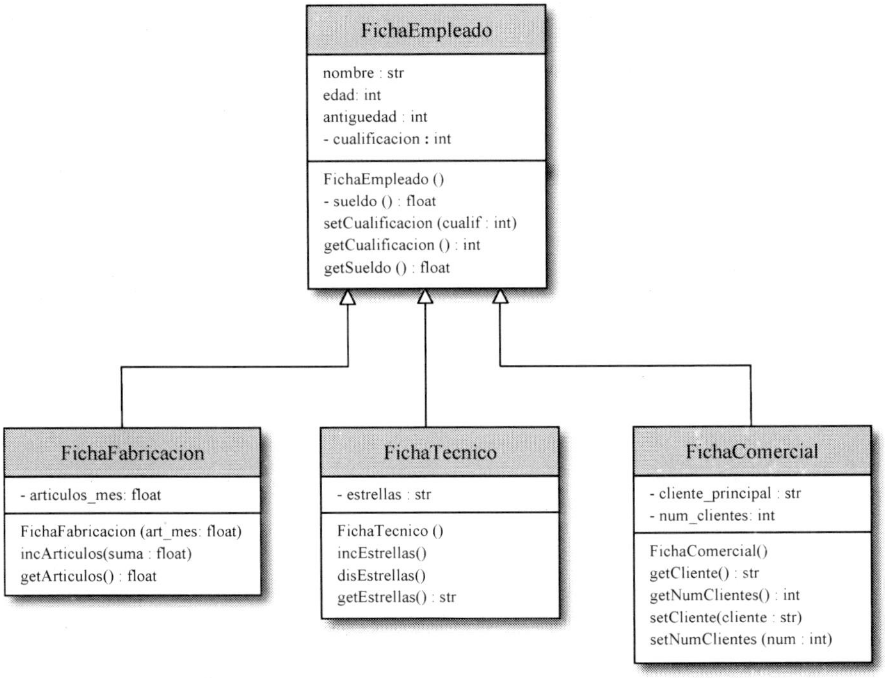

Comentaré varios aspectos sobre él:

- Las tres clases de abajo son subclases de la clase de arriba. La forma de indicar gráficamente la herencia en el estándar *UML* es llevando una flecha con final en punta triangular blanca desde la clase *hijo*[30] hasta la clase *padre*[31], como se muestra en la imagen.

- En las subclases no se muestran los campos y métodos de la superclase, a pesar de que los tienen ya que los heredan. Por lo tanto, para saber todos los campos y todos los métodos de una determinada clase debemos saber también los que tiene su superclase. Por lo demás, la forma de representar las subclases es igual a lo realizado hasta ahora.

- En nuestras subclases hemos colocado los campos como privados, pero ningún método privado.

30 En terminología de *POO clase hijo*, *clase derivada* o *subclase* son sinónimos.
31 En terminología de *POO clase padre*, *clase base* o *superclase* son sinónimos.

- Tanto en el departamento de fabricación como en el técnico no nos ha hecho falta crear métodos para inicializar los campos respectivos de cada clase, sino que desde el constructor conseguiremos lo que queremos. En el caso de fabricación necesitamos que nos den un número de artículos inicial al crear el objeto, y en el caso técnico no necesitaremos ningún argumento ya que lo inicializaremos por defecto a una estrella.

Una vez que tenemos planteada gráficamente nuestra jerarquía de clases, llega el momento de implementarlas en código. Se hace mediante el siguiente formato:

```
class NombreSubclase(NombreSuperclase):
    def __init__(self, posibles_parámetros_inicializador):
        Llamada_a_inicializador_de_superclase
        definición_inicializador
def nombre_método_1(self, posibles_parámetros_método_1):
definición_método_1
    ...
    def nombre_método_n(self, posibles_parámetros_método_n):
definición_método_n
```

Sobre él haré las siguientes observaciones:

- Al indicar tras el nombre de la subclase (y entre paréntesis) el nombre de la superclase, le indicamos que herede los campos y métodos de ésta. Por los tanto los métodos que añadimos y que están etiquetados con *1...n* no son los únicos que tiene la subclase.
- La definición del inicializador tiene el formato ya conocido, pero es necesario dentro de él ejecutar al comienzo el inicializador de la superclase. Podemos hacerlo de dos maneras:
    - ***super().__init__()***
      Mediante la palabra clave *super()*, que hace referencia a la superclase de la clase en la que estamos. Ejecutamos el inicializador de la superclase, necesario para crear los campos de ésta. No necesita el argumento *self*[32] ni hacer referencia al nombre en concreto de la superclase. Es la forma más moderna.
    - ***NombreSuperclase.__init__(self)***
      Es la forma más antigua que, a pesar de no ser tan cómoda en casos sencillos como el anterior, en otros nos aportará más claridad o mejor funcionamiento.

32 Cualquier llamada a un método usando *super()* no necesita el argumento *self.*

Aplicaremos lo indicado a nuestro ejemplo para crear las tres subclases que queremos. Empezaremos, por simplicidad, creando y probando el funcionamiento de solo una (*FichaFabricación*). El siguiente código lo guardaremos en nuestra carpeta con nombre *ejemplo_herencia.py*:

```

class FichaEmpleado:
    def __init__(self):
        self.nombre = None
        self.edad = None
        self.antiguedad = None
        self.__cualificacion = None
    def __sueldo(self):
        return(1000 + self.antiguedad * 25 + self.__cualificacion * 100)
    def setCualificacion(self, cualif:int):
        if cualif == 1 or cualif == 2 or cualif == 3 or cualif == 4 or cualif == 5:
            self.__cualificacion = cualif
    def getCualificacion(self):
        return(self.__cualificacion)
    def getSueldo(self):
        return(self.__sueldo())

class FichaFabricacion(FichaEmpleado):
    def __init__(self, art_mes : float):
        super().__init__()
        self.__articulos_mes = art_mes

    def incArticulos(self, suma : float):
        self.__articulos_mes += suma

    def getArticulos(self):
        return (self.__articulos_mes)

def main():
    b = FichaFabricacion(27.5)
    b.nombre = "Laura"
    b.edad = 27
    b.antiguedad = 3
    b.setCualificacion(3)
    print("El sueldo de", b.nombre, "es:",b.getSueldo())
    b.incArticulos(34.5)
    print("La media mensual de artículos manufacturados por ", b.nombre, "es:", b.getArticulos() )

main()

```

ejemplo_herencia.py

Tendrá la siguiente salida:

```
>>>
El sueldo de Laura es: 1375
La media mensual de artículos manufacturados por  Laura es: 62.0
>>>
```

Sobre él haré varias observaciones:

- Hemos creado la clase *FichaFabricacion* siguiendo el formato indicado, poniendo entre paréntesis su superclase (*FichaEmpleado*). Es importante que el orden sea el indicado (la subclase debajo de la superclase), ya que de lo contrario nos daría un error al haber hecho referencia en la cabecera de la definición de la clase[33] a una superclase aún no definida.

- El inicializador de la nueva clase lo primero que hace es ejecutar el inicializador de su superclase, con lo cual se crearían los campos n*ombre, edad, antiguedad* y *cualificacion*, este último privado. Posteriormente se añadiría el campo (también privado) *articulos_mes*, que lleva el formato correspondiente, es decir, con dos guiones bajos seguidos antes del nombre. El guion bajo del nombre no tiene nada que ver con ningún tipo de indicación. El campo es inicializado mediante un operador de asignación al valor que le hemos pasado al crear el objeto, en nuestro caso *27.5*.

- El inicializador de nuestra nueva clase tiene (aparte del *self*) un parámetro formal de tipo *float*, por lo que cuando en la función *main()* creamos el objeto *b*, tenemos que darle un valor de ese mismo tipo. Si le diésemos un valor de otro tipo, no obtendríamos en un principio error. Para comprobarlo no tendríamos más que cambiar la línea 30 del código por :

  b = FichaFabricacion("hola")

  Posteriormente llevar el cursor hasta la línea 31, pulsar *F4*[34] y ver que nos ha cogido el valor tipo cadena sin dar error, aunque sí nos lo indicaría posteriormente al intentar operar con un valor que no es el correcto (por ejemplo, en la línea 36 al intentar incrementar la media de artículos mensuales en *34.5*). Es interesante observar en ese instante (tras la ejecución de la línea 32) cómo aparecen los campos y métodos de nuestro objeto *b*. Lo veremos en la ventana *"Variables"*:

---

33 Visualicemos, al ejecutar paso a paso el código, cómo lo primero que hace *Python* es cargar en memoria, en el orden que aparece en el código, las clases y funciones definidas.

34 Ejecuta la opción *"Ejecutar hasta el cursor"* del menú *"Ejecutar"*.

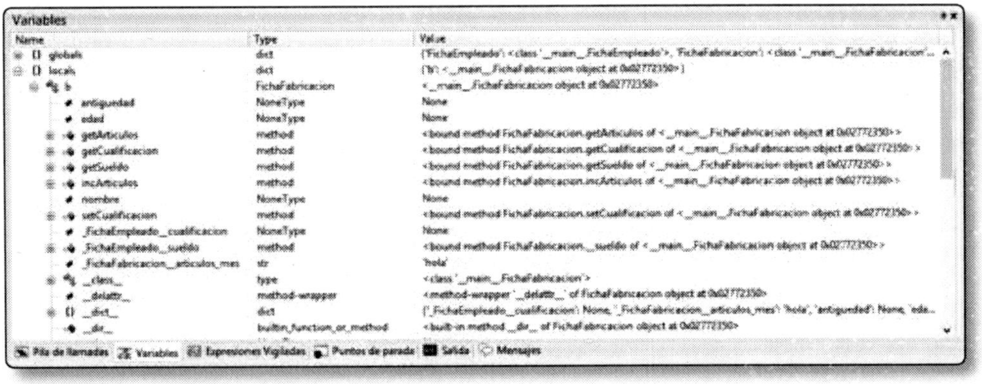

Notamos que los campos no privados (tanto los heredados de *FichaEmpleado* como los particulares suyos[35]) aparecen con un icono particular, algo que comparte con los privados, pero en éstos el formato es:

_NombreClase__nombredecampo

Con ello nos indica en qué clase fue definido el campo privado correspondiente. Algo parecido ocurre con los métodos, que aparecen con un icono distinto. Observando el campo *_FichaFabricacion__articulos_mes* comprobamos cómo ha sido aceptada la cadena *"hola"* en el campo *articulos_mes*. Los demás campos seguirán en este punto aún inicializados con el valor *None*. Podemos seguir ejecutando el programa mediante *F7* para comprobar su funcionamiento hasta que en la línea 26 nos genera un error. Llegados a este punto volvemos a colocar el código original de la línea 30:

b = FichaFabricacion(27.5)

Guardamos y seguimos.

- El método *incArticulos()* tiene un parámetro formal (aparte de *self*), luego tendremos que dar un argumento en la llamada, cosa que hacemos en la línea 36 del código.

Sería muy interesante que el lector ejecutase paso a paso el programa para visualizar cómo el intérprete de *Python* va pasando por las distintas definiciones de clases, y dentro de ellas, de los distintos métodos. Ello nos dará una visión del flujo de ejecución del código.

35 No tenemos ninguno así, ya que el único definido (*articulos_mes*) es privado.

Crearemos ahora las otras dos clases derivadas de *FichaEmpleado*. Por simplicidad no incluiré la clase derivada que acabamos de generar. Lo guardaremos en un nuevo fichero llamado *ejemplo_herencia_2.py*. La primera parte del código, correspondiente a la definición de las clases (salvo los métodos de *FichaComercial*) será:

```

class FichaEmpleado:
    def __init__(self):
        self.nombre = None
        self.edad = None
        self.antiguedad = None
        self.__cualificacion = None
    def __sueldo(self):
        return(1000 + self.antiguedad * 25 + self.__cualificacion * 100)
    def setCualificacion(self, cualif:int):
        if cualif == 1 or cualif == 2 or cualif == 3 or cualif == 4 or cualif == 5:
            self.__cualificacion = cualif
    def getCualificacion(self):
        return(self.__cualificacion)
    def getSueldo(self):
        return(self.__sueldo())

class FichaTecnico(FichaEmpleado):
    def __init__(self):
        super().__init__()
        self.__estrellas = "*"

    def incEstrellas(self):
        self.__estrellas += "*"

    def disEstrellas(self):
        if self.__estrellas =="**":
                self.__estrellas ="*"
        if self.__estrellas =="***":
                self.__estrellas = "**"
        if self.__estrellas =="****":
                self.__estrellas = "***"
        if self.__estrellas =="*****":
                self.__estrellas = "****"

    def getEstrellas(self):
        return (self.__estrellas)

class FichaComercial(FichaEmpleado):
    def __init__(self):
        super().__init__()
        self.__cliente_principal = "TecnoWorld2000"
        self.__num_clientes = None

```

La parte correspondiente a la función *main()*, junto a los métodos de *FichaComercial*, será:

```python
    def getCliente(self):
        return (self.__cliente_principal)

    def getNumClientes(self):
        return (self.__num_clientes)

    def setCliente(self, cli : str):
        self.__cliente_principal = cli

    def setNumClientes(self, num : int):
        self.__num_clientes = num

def main():
    c = FichaTecnico()
    c.nombre = "Mónica"
    c.edad = 32
    c.antiguedad = 12
    c.setCualificacion(4)
    print("El sueldo de", c.nombre, "es:",c.getSueldo())
    print("El número de estrellas inicial de", c.nombre, "es:", c.getEstrellas() )
    c.incEstrellas()
    c.incEstrellas()
    print("Tras dos incrementos, el número de estrellas de", c.nombre, "es:", c.getEstrellas() )
    c.disEstrellas()
    print("Tras un decremento, el número de estrellas de", c.nombre, "es:", c.getEstrellas(),"\n" )

    d = FichaComercial()
    d.nombre = "Eva"
    d.edad = 24
    d.antiguedad = 2
    d.setCualificacion(2)
    print("El sueldo de", d.nombre, "es:",d.getSueldo())
    print("El cliente principal inicial de", d.nombre, "es:", d.getCliente() )
    print("\nEmpleado/a : ", d.nombre)
    cliente = input("Introduce cliente principal:")
    d.setCliente(cliente)
    print("El cliente principal actual es:", d.getCliente() )
    numero_cli = eval(input("Introcude número de clientes"))
    d.setNumClientes(numero_cli)
    print("El número de clientes actuales es:", d.getNumClientes() )

main()
```

ejemplo_herencia_2.py

En el código de las clases derivadas hemos implementado las características que consideramos al plantear nuestras necesidades. Por ejemplo, en el caso del departamento técnico, al crear un objeto se inicializa con una estrella su campo *estrellas*, como queríamos. En la clase *FichaFabricacion* también inicializábamos un campo con un valor, pero no era fijo, sino que podíamos darle el valor que quisiésemos. Notar esa diferencia. También hemos creado dos métodos para incrementar y disminuir estrellas. En el primero lo hacemos usando el operador suma ('+') ya que para cadenas tiene el efecto de añadir los caracteres indicados. Para el caso de restar estrellas hemos empleado un método no demasiado elegante[36] pero que, con lo que sabemos hasta el momento sobre cadenas, nos permite salir del paso. En el siguiente capítulo aprenderemos más sobre ellas y ampliaremos sustancialmente nuestra capacidad para manejarlas. Tal y como tenemos definida

36 El operador resta ('–') no realiza la función de eliminación de caracteres de la cadena.

nuestra clase *FichaTecnico* estaríamos en riesgo de que, por un mal uso del cliente, superásemos el número máximo de estrellas permitido, 5. La forma de evitarlo es muy sencilla y queda como ejercicio para el lector. No ocurre lo mismo (por cómo lo hemos construido) con la posibilidad de que nos quedásemos sin estrellas, ya que si no estamos en alguno de los casos marcados por el método de resta de estrellas, éste no hace nada.

En la clase *FichaComercial* inicializamos los dos campos nuevos, uno a un valor "real" y otro a *None*. Tenemos cuatro métodos que nos permiten dar valor a, u obtener, los citados campos (definidos como privados).

En el programa principal hacemos uso de las clases, creando objetos a partir de ellas, dando valor a sus campos y llamando a sus métodos. El código es de fácil lectura e interpretación (queda en manos del lector) y se nos piden dos valores, el cliente principal y el número de clientes de la ficha creada para *Eva*, empleada del departamento comercial. Si damos a esas peticiones por teclado los valores *"Mi empresa"* y *129*, la salida será:

```
>>>
El sueldo de Mónica es: 1700
El número de estrellas inicial de Mónica es: *
Tras dos incrementos, el número de estrellas de Mónica es: ***
Tras un decremento, el número de estrellas de Mónica es: **

El sueldo de Eva es: 1250
El cliente principal inicial de Eva es: TecnoWorld2000

Empleado/a : Eva
El cliente principal actual es: Mi empresa
El número de clientes actuales es: 129
>>>
```

Para finalizar este capítulo haré notar varios detalles sobre el editor de *PyScripter* que el lector seguro ha detectado desde hace tiempo al teclear (usando en muchos momentos la opción de *copy-paste*) o ejecutar el código:

- Información sobre los elementos que componen el código al colocarse sobre ellos con el ratón:

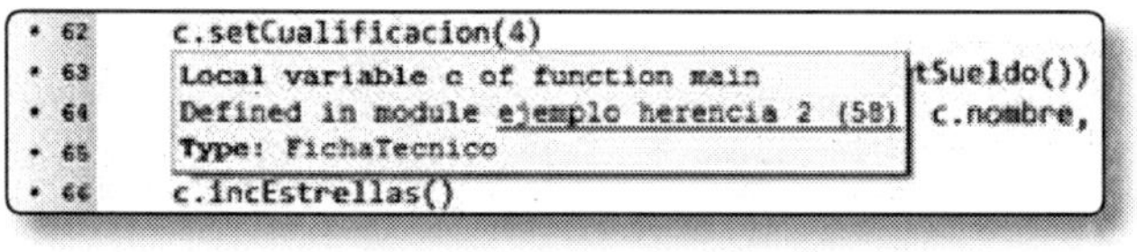

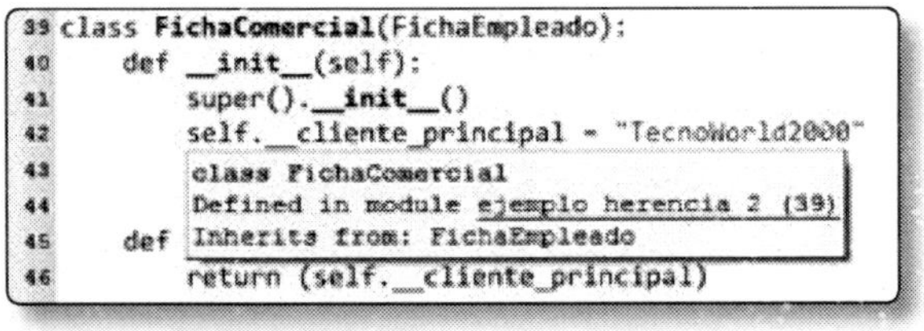

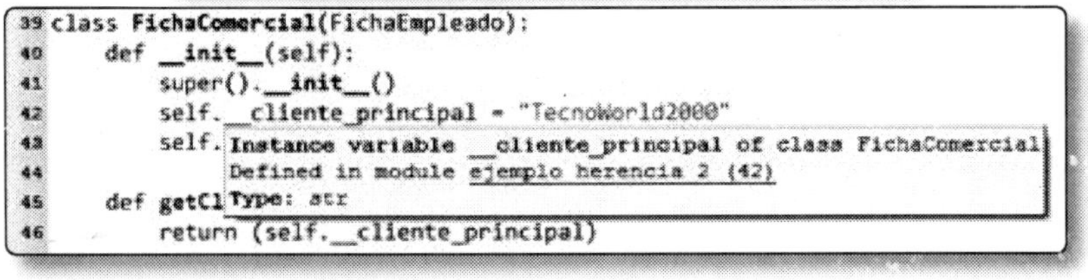

- Opciones de autocompletar variables, métodos...: ya vimos con anterioridad que *PyScripter* nos muestra mediante un menú contextual las distintas opciones (cada una con un icono que las identifica) que tenemos en cada caso a medida que las vamos escribiendo:

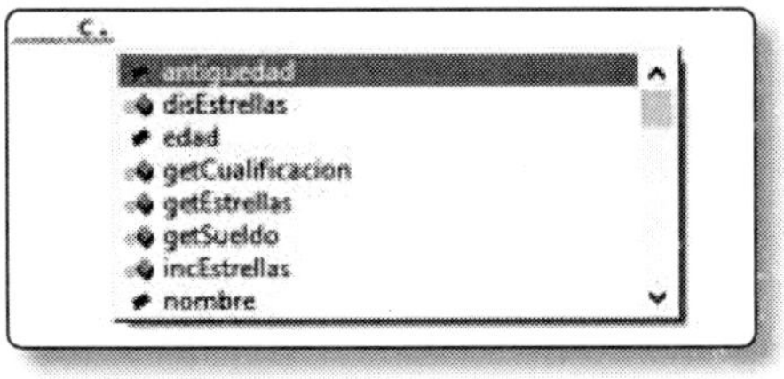

Incluso nos marca (con una línea roja horizontal en forma de diente de sierra) los errores (aunque sean momentáneos) que vamos cometiendo. Colocando el cursor encima de ella nos indica el tipo de error que estamos cometiendo:

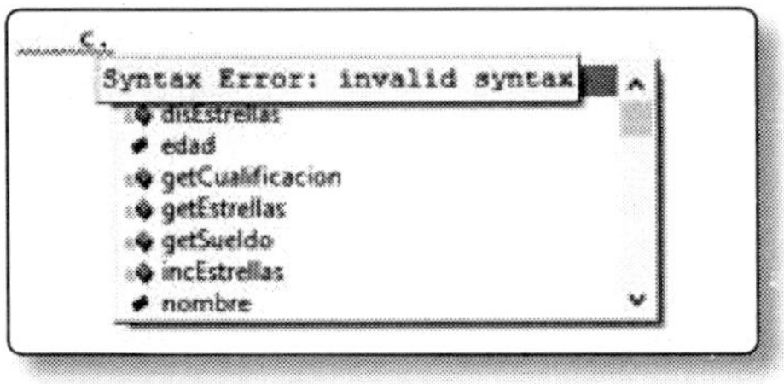

También en algunos casos nos autocompleta el código directamente[37]. Por ejemplo si en la línea 67 del código seleccionamos la palabra (y solo la palabra) *"Estrellas"* que aparece al final de la línea, al teclear la letra

37 A veces a pesar de no ser exactamente lo que queremos rellenar.

'C'[38] automáticamente nos sustituirá *"Estrellas"* por *"Cualificacion"*, adelantándose a nuestra elección[39].

Aparte de estas características de *PyScripter*, desde que hemos trabajado con clases y objetos hemos venido observando que no solo existen los campos y métodos que hemos definido en las definiciones de las clases, sino muchos otros con nombres extraños que no sabemos aún interpretar adecuadamente. No tendría sentido intentar explicar en profundidad todos, pero sí algunos de ellos de forma genérica. Para ello seguiremos en nuestro fichero *ejemplo_herencia_2.py* y, colocando el cursor en la línea 79 del código, teclearemos *F4 ("Ejecutar hasta el cursor")*. Tras ello iremos a la ventana *"Variables"* y desplegaremos el objeto *d*:

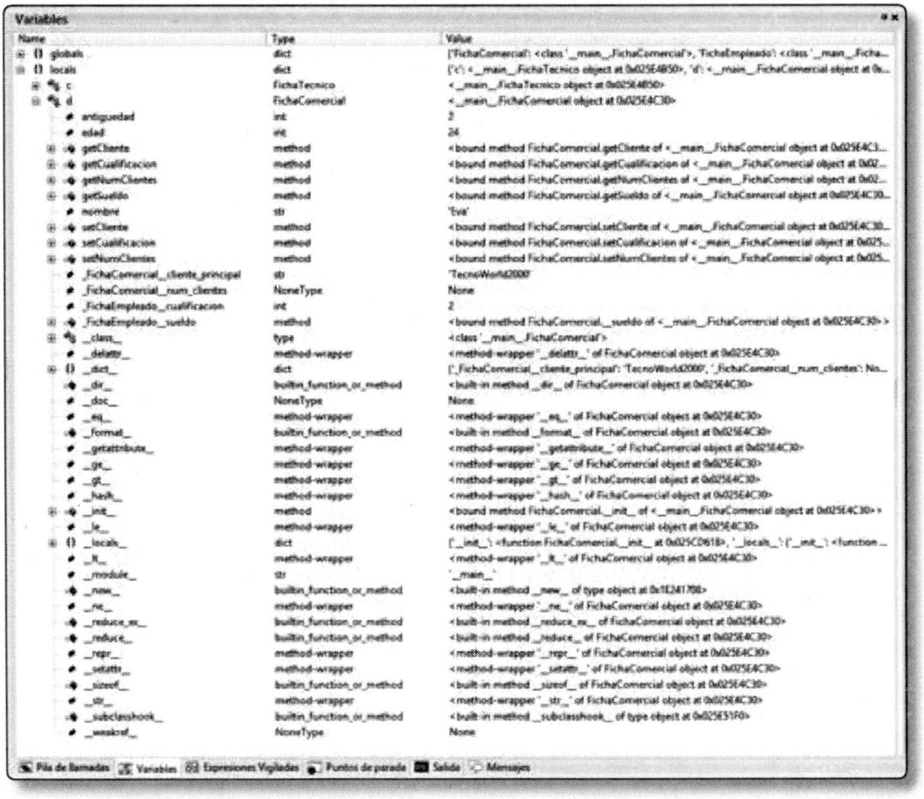

38 Es importante que sea la *c mayúscula*, por lo que tendremos que tener pulsada cualquiera de las teclas de mayúscula (están a ambos lados del teclado y tienen como símbolo una flecha apuntando hacia arriba) mientras pulsamos la tecla correspondiente a 'c'.

39 Volveríamos a hacer lo mismo pero al revés, seleccionando *"Cualificación"* y cambiándolo de forma instantánea por *"Estrellas"* de cara a no alterar el programa. También podríamos hacerlo mediante el comando Deshacer (*Ctrl+z*) tantas veces sea necesario (en este caso dos) hasta llegar al punto inicial.

Visualizamos la gran cantidad de elementos que componen nuestro objeto. Rápidamente identificamos al principio de la lista los campos y métodos que hemos creado nosotros (recordemos que los privados aparecen con el formato que se indicó), pero a partir de ahí todos nos son extraños. ¿De dónde proceden? ¿Por qué están ahí? En realidad están porque las clases que nosotros creamos no son las primeras en la jerarquía de clases, sino que están derivadas de otras más "fundamentales" que tienen todas esas características y que por tanto, son heredadas. No entraremos de momento en más detalles (lo haremos en el tema 10 de este capítulo), pero sí que usaremos algunos de estos elementos. Para ello haremos clic sobre la ventana del intérprete (ahora en modo depuración o *debugger*) y después pulsaremos *Enter*. Tendríamos:

```
El sueldo de Mónica es: 1700
El número de estrellas inicial de Mónica es: *
Tras dos incrementos, el número de estrellas de Mónica es: ***
Tras un decremento, el número de estrellas de Mónica es: **

El sueldo de Eva es: 1250
El cliente principal inicial de Eva es: TecnoWorld2000

Empleado/a : Eva
[Dbg]>>>
```

En este punto se nos permite introducir expresiones. Teclearíamos:

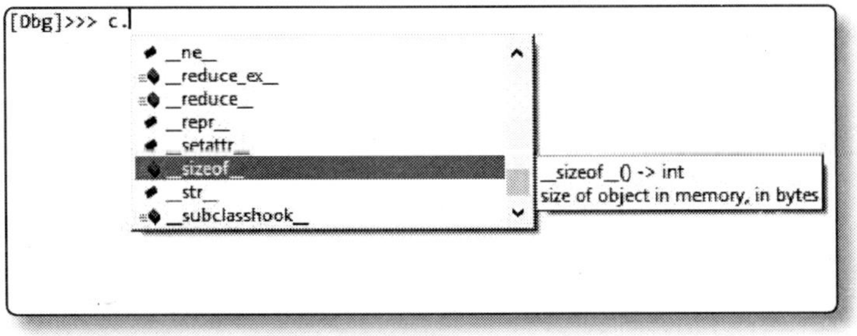

En la lista aparecía como *"builtin_funtion_or_method"*, con lo que interpretamos que es un método que viene por defecto. Nos indica el formato, con lo cual al seguirlo y pulsar *Enter* obtendríamos:

```
[Dbg]>>> c.__sizeof__()
16
[Dbg]>>>
```

Devuelve el número de *bytes* que ocupa el objeto en la memoria. Otro ejemplo:

```
[Dbg]>>> d.__str__()
'<__main__.FichaComercial object at 0x02555BF0>'
[Dbg]>>>
```

Es un método que nos da información en forma de cadena sobre el objeto. No nos debe confundir que *PyScripter* use el mismo icono que usa para los campos no privados de la clase, ya que el tipo es distinto. Sin entrar en más detalles, nos quedaremos con que nuestro objeto tiene otras características (heredadas de clases más fundamentales que de la que es generado) aparte de las dadas por nosotros. Posteriormente ampliaremos todos estos aspectos.

5.8 HERENCIA MÚLTIPLE

En el capítulo anterior expliqué el concepto de herencia, superclase y subclase. A pesar de que los prefijos *"super"* y *"sub"* nos dan a entender que la superclase es un elemento mayor a la subclase, comprobamos que es al revés, ya que ésta añade elementos a los que ya tenía la clase padre.

Python permite que una subclase herede de varias superclases. Para ello se debe seguir el siguiente formato:

```
class NombreSubclase(NombreSuperclase_1,..., NombreSuperclase_n):
    def __init__(self, posibles_parámetros_inicializador):
        Llamada_a_todos_los_inicializadores_de_las_superclases
    de inición_inicializador
        def nombre_método_1(self, posibles_parámetros_método_1):
        de inición_método_1
    ...
    def nombre_método_n(self, posibles_parámetros_método_n):
        de inición_método_n
```

En este caso, en lugar de comentar las particularidades del formato, lo aplicaremos al código que tenemos ya generado y haré allí las observaciones. Teniendo como base nuestro último fichero generado (*ejemplo_herencia_2.py*) borraremos todo su contenido salvo la definición de las tres clases que contiene (*FichaEmpleado*, *FichaTecnico* y *FichaComercial*). Tras ellas colocaremos el siguiente código:

```
50 class FichaTecnicoYComercial(FichaTecnico, FichaComercial):
51         def __init__(self):
52             super().__init__()
53             self.horasdetecnico = None
54             self.horasdecomercial = None
55
56 def main():
57     e = FichaTecnicoYComercial()
58     e.nombre = "Carlos"
59     e.edad = 48
60     e.antiguedad = 15
61     e.setCualificacion(4)
62     print("Empleado:", e.nombre)
63     print("\tSueldo:", e.getSueldo())
64     print("\tNúmero de estrellas:", e.getEstrellas() )
65     print("\tCliente principal:", e.getCliente() )
66     e.setNumClientes(78)
67     print("\tNúmero de clientes:", e.getNumClientes() )
68     e.horasdetecnico = 54
69     e.horasdecomercial = 42
70     print("\t", e.horasdetecnico, " horas de técnico y ", \
71     e.horasdecomercial, " horas de comercial", sep='')
72
73 main()
```

Después guardaremos todo con el nombre *ejemplo_herencia_multiple.py*. Tras visualizar el código nuevo lo ejecutaremos, obteniendo:

```
>>>
Empleado: Carlos
    Sueldo: 1775
    Número de estrellas: *
    Cliente principal: TecnoWorld2000
    Número de clientes: 78
    54 horas de técnico y 42 horas de comercial
>>>
```

Comprobamos que hemos usado características tanto de la clase *FichaTecnico* como de *FichaComercial*, además de haber añadido dos campos más (*horasdetecnico* y *horasdecomercial*), lo cual nos indica que hemos logrado nuestro objetivo. Será muy interesante observar cómo se hacen las llamadas de inicialización a las distintas clases existentes, por lo que nos colocaremos en la línea 57 del código, pulsaremos *F4* y veremos mediante *F7* el paso a paso correspondiente. Sobre ello, comentar:

- Si por un casual hubiésemos olvidado colocar el *super().__init__()* de la línea 52 del código[40], no se generaría un error. Crearíamos nuestra

40 Podemos probarlo colocando el símbolo '#' antes de la línea de código, colocarnos en la línea 58 del mismo, pulsar *F4* y comprobar en la ventana *"Variables"* que no tenemos los campos comentados.

clase, heredando los métodos de todas las anteriores, pero sin ninguno de los campos de las dos superclases (que recordemos heredan a su vez los campos de su superclase propia) sino solamente los dos creados en la subclase *FichaTecnicoYComercial.*

- El uso de *super().__init__()* nos provoca la primera duda, ya que si tenemos esquemáticamente (mediante *UML*) la siguiente situación:

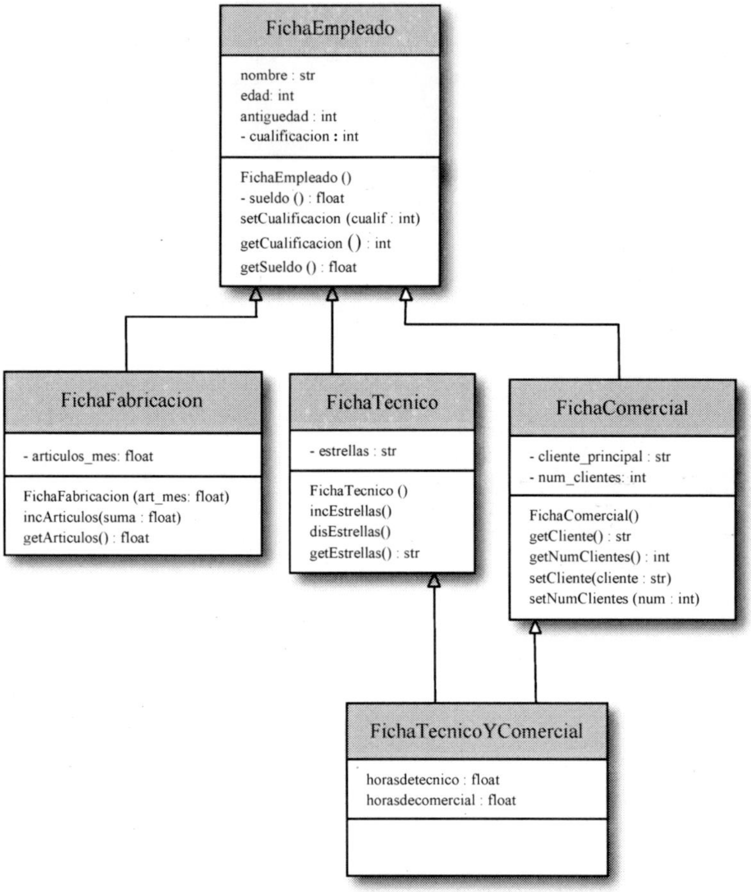

¿Cómo sabemos cuál es la superclase de *FichaTecnicoYComercial*? Al heredar de dos superclases, las dos lo son. Si nos fijamos en la ejecución paso a paso del programa, vimos que la llamada en la línea 52 del código ejecuta el inicializador de *FichaTecnico*, con lo que va a la línea 20. Hasta ahí todo bien, pero al ejecutar esa línea podríamos pensar que ejecutaría el inicializador de la superclase de *FichaTecnico*, es decir, *FichaEmpleado*. En lugar de eso, ejecuta el inicializador de *FichaComercial* (va a línea 38) y de ahí sí que ejecuta el inicializador de *FichaEmpleado*. Todo esto viene de la cabecera:

class NombreSubclase(*NombreSuperclase_1,..., NombreSuperclase_n****):***

Es el orden que le indicamos en ella el que sigue de cara a inicializar todas las superclases de las que hereda los campos y métodos. En nuestro caso, al tener las dos superclases derivadas de su propia superclase es como si se enlazasen.

Si el último punto ha quedado algo confuso para el lector, podemos usar la forma antigua de ejecutar los inicializadores de las superclases para visualizarlo más claramente:

```
18 class FichaTecnico(FichaEmpleado):
19     def __init__(self):
20         FichaEmpleado.__init__(self)
21         self.__estrellas = "*"
```

```
36 class FichaComercial(FichaEmpleado):
37     def __init__(self):
38         FichaEmpleado.__init__(self)
39         self.__cliente_principal = "TecnoWorld2000"
40         self.__num_clientes = None
```

```
50 class FichaTecnicoYComercial(FichaTecnico, FichaComercial):
51     def __init__(self):
52         FichaTecnico.__init__(self)
53         FichaComercial.__init__(self)
54         self.horasdetecnico = None
55         self.horasdecomercial = None
```

Guardaremos esta variación respecto al fichero original como *ejemplo_herencia_multiple_modificado.py*. Al ejecutar paso a paso el nuevo código veremos que ahora en *FichaTecnicoYComercial* inicializamos explícitamente sus dos superclases, y estas a su vez también explícitamente a su superclase común. Es por ello que esta última (*FichaEmpleado*) es inicializada dos veces, cosa que (al ser heredados los métodos) no sería necesario. Podríamos eliminar (sin perjuicio al resultado final) la línea 20 o la 38. Si eliminamos ambas, se heredarían los métodos pero no los campos de *FichaTecnico* y, curiosamente, tampoco tendría efecto en el resultado final del programa. Eso es debido a que mediante el operador punto se crearían (sólo para el objeto *e*) en las líneas 58, 59, 60 y 12 los campos propios de *FichaEmpleado* (incluido el privado) originalmente no creados. Pero esta forma de actuar ni es ortodoxa ni para nada recomendable.

El resto del programa (sea el original o el modificado) es de fácil lectura y en él se usan varios de los campos y métodos heredados o creados. Como curiosidad, comentar el uso del parámetro *sep* de la función *print()* en la línea 71 del código para alinear correctamente los datos de salida de la última línea.

Las dificultades planteadas en el último código vienen derivadas de que nuestra clase hereda de dos superclases que son hijos de una misma "super-superclase". Habrá casos más sencillos que no nos generen ese tipo de problemas. Pero también hay casos más complejos, ya que en el ejemplo visto, las dos clases padre de nuestra nueva clase no necesitaban argumentos para inicializarlas. ¿Qué ocurriría en ese caso? ¿Cómo actuaríamos? Para aprender sobre ello vamos de nuevo a modificar nuestro ejemplo para tener dos clases que necesiten argumentos a la hora de ser inicializadas. Una será *FichaFabricacion*, que necesitaba un argumento que indicase la media de artículos manufacturados al mes. Y otra será *FichaTecnico* modificada para que tengamos que pasarle el número de estrellas como argumento en la inicialización. También incluiremos *FichaComercial* para crear una clase *FichaTodosDepartamentos* que incluya todas las características de los tres departamentos, siguiendo el esquema *UML*:

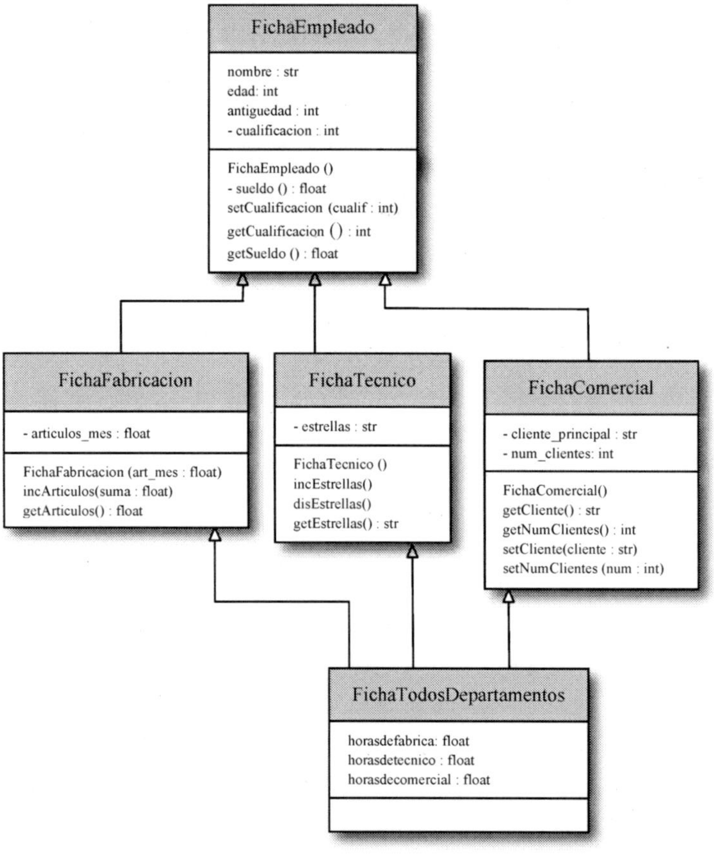

He añadido a nuestra nueva clase tres campos nuevos. El código (que guardaremos como *ejemplo_herencia_multiple_2.py*) puede que sea demasiado extenso para poder ser visualizado de forma total en la pantalla. Para intentar solucionar eso usaremos la opción *Ver→Dividir el editor→Dividir el editor verticalmente*, en la barra de menús:

Observaciones:

- Al hacer uso de *super()* debemos fijarnos en el orden que hemos puesto en la cabecera de la definición de nuestra clase:

class FichaTodosDepartamentos(FichaFabricacion, FichaTecnico, FichaComercial):

Esa será la ruta que seguirá al aplicar *super()*, es decir:

- *super().__init__*(de *FichaTodosDepartamentos*) → *__init__* *(de FichaFabricacion)*
- *super().__init__*(de *FichaFabricación*) → *__init__* *(de FichaTecnico)*
- *super().__init__*(de *FichaTecnico*) → *__init__* *(de FichaComercial)*
- *super().__init__*(de *FichaComercial*) → *__init__* *(de FichaEmpleado)*

Además observamos que *__init__ ()* $_{(de\ FichaFabricacion)}$ e *__init__()* $_{(de\ FichaTecnico)}$ necesitan un argumento, que debemos proporcionar si no queremos que nos genere un error. De ahí que en las líneas 61 y 20 de nuestro código la llamada al inicializador de la superclase vaya acompañada por sendos argumentos. Ver de nuevo paso a paso el proceso será muy interesante y animo al lector a hacerlo[41].

- Si lo hubiésemos querido hacer inicializando de forma explícita las clases correspondientes, la clase *FichaTodosDepartamentos* quedaría:

```
59 class FichaTodosDepartamentos(FichaFabricacion, FichaTecnico, FichaComercial):
60         def __init__(self):
61             FichaFabricacion.__init__(self, 10.5)
62             FichaTecnico.__init__(self, "***")
63             FichaComercial.__init__(self)
64             self.horasdefabrica = 0.0
65             self.horasdecomercial = 0.0
66             self.horasdecomercial = 0.0
```

También podríamos eliminar (de cara a no inicializar tres veces la clase *FichaEmpleado*) las líneas 20 y 29 del código. Si quisiésemos incluso no usar la palabra *super()* en todo nuestro código, ejecutaríamos el inicializador de *FichaEmpleado* mediante:

FichaEmpleado.__init__(self)

Esto lo haríamos en el inicializador de cualquiera de las tres clases derivadas de *FichaEmpleado*, no haciendo falta incluirlo en las otras dos.

El lector podrá usar la forma con la que esté más a gusto. El programa principal es un ejemplo de uso de todas las características heredadas de las tres clases.

5.9 SOBRECARGA DE MÉTODOS

En los dos capítulos anteriores vimos cómo podemos crear una nueva clase que herede los campos y métodos de una o más superclases. En ocasiones querremos modificar alguno de los métodos que hemos heredado para adaptarlos mejor a nuestras necesidades. Para ello debemos crear un nuevo método en nuestra clase con el mismo nombre que en la superclase de la que heredamos. Eso es lo que se llama **sobrecargar un método**. Posteriormente, cuando llamemos al método en cuestión, será este último el que se ejecute.

---

41 Se recomienda al ejecutar comandos de depuración como *"Ejecutar hasta el cursor"* que la ventana del editor no esté dividida en dos.

Para ver un ejemplo de todo ello, y a la vez aprender más cosas sobre lo visto en capítulos anteriores, pensemos en que tenemos solo las clases *FichaEmpleado* y *FichaFabricacion*, y queremos modificar el método *setCualificacion()* del primero, para que en lugar de tener que pasarle un argumento nos lo pida por teclado. Escribiremos (haciendo uso del código existente en ficheros anteriores) el siguiente código, que guardaremos como *ejemplo_sobrecarga_metodos.py*:

```
1
2  class FichaEmpleado:
3      def __init__(self):
4          self.nombre = None
5          self.edad = None
6          self.antiguedad = None
7          self.__cualificacion = None
8      def __sueldo(self):
9          return(1000 + self.antiguedad * 25 + self.__cualificacion * 100)
10     def setCualificacion(self, cualif:int):
11         if cualif == 1 or cualif == 2 or cualif == 3 or cualif == 4 or cualif == 5:
12             self.__cualificacion = cualif
13     def getCualificacion(self):
14         return(self.__cualificacion)
15     def getSueldo(self):
16         return(self.__sueldo())
17
18 class FichaFabricacion(FichaEmpleado):
19     def __init__(self, art_mes : float):
20         super().__init__()
21         self.__articulos_mes = art_mes
22     def incArticulos(self, suma : float):
23         self.__articulos_mes += suma
24     def getArticulos(self):
25         return (self.__articulos_mes)
26     def setCualificacion(self):
27         print("Introduce cualificación para",self.nombre, ":")
28         cualific = eval(input())
29         self.__cualificacion = cualific
30
31 def main():
32     g = FichaFabricacion(78.5)
33     g.nombre = "Elena"
34     g.setCualificacion()
35     print("La cualificación de", g.nombre, "es:",g.getCualificacion())
36
37 main()
```

En la clase *FichaFabricacion*, además de los métodos ya conocidos, hemos incluido otro de nombre *setCualificacion()*, el mismo que tiene su superclase *FichaEmpleado*. Este sería un ejemplo de sobrecarga del método *setCualificacion()*. Cuando en la línea 34 del código hacemos uso de él, se ejecutará el propio de *FichaFabricación*.

Al ejecutar el código nos pide que introduzcamos por teclado la cualificación. Tal y como tenemos nuestro programa no comprobará que el valor introducido está dentro del conjunto de valores correctos, por lo que introduciremos un valor entero entre 1 y 5, por ejemplo el 3. Tras ello la salida que obtenemos es:

```
>>>
Introduce cualificación para Elena :
La cualificación de Elena es: None
>>>
```

¿Qué hemos hecho mal? Porque sí que ha ejecutado el método correspondiente pero no de forma correcta. La clave está en la línea 29, ya que intentamos modificar el campo *cualificacion*, que es un campo privado de la clase *FichaEmpleado*. Al estar en la clase *FichaFabricacion*, por mucho que ésta sea derivada de *FichaEmpleado*, no podemos modificar (con el formato empleado) el campo indicado. Para solventar esto podemos hacer dos cosas:

1. Hacer referencia de forma directa al campo (con el formato que ya conocemos y que en su momento no recomendamos del todo), sustituyendo la línea 29 por:

   if cualif == 1 or cualif == 2 or cualif == 3 or cualif == 4 or cualif == 5:
   self._FichaEmpleado__cualificacion = cualific

   Añadimos de paso la comprobación de valores correctos antes de modificar el campo.

2. Hacer una llamada al método de la clase FichaEmpleado, desde donde sí se modificará con el formato *self.__cualificacion* el campo *cualificacion*. Sustituiríamos la línea 29 por:

   if cualif == 1 or cualif == 2 or cualif == 3 or cualif == 4 or cualif == 5:
   super().setCualificacion(cualific)

Aplicando una de estas dos maneras, al introducir cualquiera de los números permitidos, obtendremos la salida correcta. En la segunda forma hacemos uso del método *setCualificacion()* de *FichaEmpleado*, lo que nos indica que aún está accesible de ese modo. Actualizaremos el fichero usando esta segunda forma. Si posteriormente nos colocamos en el *print()* del *main()* (ahora en la línea 36 del código) y pulsamos *F4* podremos observar en la ventana *"Variables"* que solo tendríamos un método disponible para el objeto *g* que hemos creado, que es el que hemos definido en la clase *FichaFabricacion* y que sobrescribe al método del mismo nombre de *FichaEmpleado*:

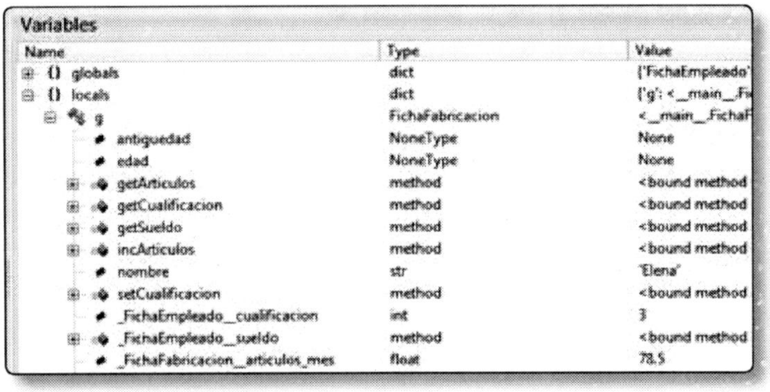

¿Qué ocurriría si hubiésemos definido como privado el método *setCualificacion()* de *FichaEmpleado*? En ese caso no hubiésemos podido sobrecargarlo ya que los métodos privados no pueden serlo. Si en nuestro código colocamos dos guiones bajos antes del nombre del método en la línea 10 (símbolos que indican privacidad tanto para campos como para métodos), al intentar ejecutar el programa nos daría un error, ya que mediante *super().setCualificacion(cualific)* no podríamos acceder a un método que es privado de *FichaEmpleado* (tampoco podríamos mediante *super().__setCualificacion(cualific)* ya que los métodos privados solo permiten el acceso desde la propia clase). Por lo tanto, para poder acceder al método privado, eliminaríamos la línea 30 del código donde usamos *super()* y la sustituimos por *self._FichaEmpleado__setCualificacion(cualific)*. Es entonces cuando funcionará correctamente. Guardaremos la pequeña variación en el código con el nombre *ejemplo_no_sobrecarga_metodos_privados.py* y tras ello nos colocamos en la línea 36 (donde aparece la función *print()*), pulsamos *F4* y observaremos en la ventana *"Variables"* que en este caso aparecen los dos métodos *setCualificacion()* de las clases *FichaEmpleado* y *FichaFabricacion*, por lo que el método de la primera no ha sido sobrescrito por la segunda.

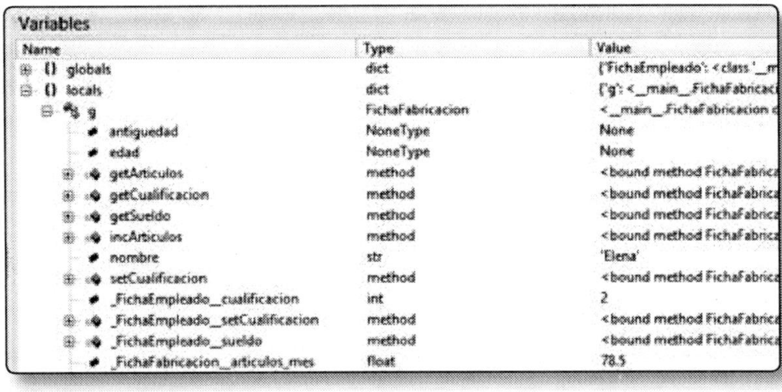

No cerraremos ni el programa ni la ventana *"Variables"*, ya que las usaremos en el siguiente capítulo.

5.10 JERARQUÍA DE CLASES. LA CLASE OBJECT

Al final del capítulo 5.7 comenté que, en los objetos creados, la existencia de multitud de elementos no definidos por nosotros se debía a que, incluso nuestra primera clase definida (en nuestro ejemplo, *FichaEmpleado*), estaba a su vez derivada de otra aún más fundamental de la que heredaba todos los elementos que veíamos en la ventana *"Variables"* de *PyScripter*. Esa clase de la que descienden todas es la denominada clase *object*, que está definida en la librería estándar de *Python*. Si no se indica que una clase hereda de otra, por defecto hereda de *object*, es decir, cuando definimos la clase *FichaEmpleado* usando como cabecera:

```
class FichaEmpleado:
```

Es equivalente a si hubiésemos escrito:

```
class FichaEmpleado(object):
```

En la ventana *"Variables"*, desplegando *"locals"* y la variable *g*, tenemos:

Observamos que todos los métodos heredados de la clase *object* son métodos especiales que tienen antes y después del nombre dos guiones bajos consecutivos. Comentaremos los que en este momento tienen más interés para nosotros:

- *__new__* Es el método al que se llama cuando creamos un nuevo objeto a partir de la clase. Este a su vez llama a *__init__()*.
- *__init__* Inicializa el objeto. Cuando usamos el método *__init__()* en alguna de nuestras clases, en realidad estamos sobrecargando el método *__init__()* original de la clase *object* para inicializar el objeto con nuestros propios campos.
- *__str__* Nos da una información sobre la clase del objeto y de la posición de memoria que ocupa.
- *__sizeof__* Devuelve el valor en *bytes* que ocupa el objeto en memoria.
- *__eq__* Indica (siempre que sean comparables) si un objeto es igual a otro. Equivalente a *a == b* (con *a* y *b* objetos).
- *__ge__* Indica (siempre que sean comparables) si un objeto es mayor o igual a otro. Equivalente a *a >= b* (con *a* y *b* objetos).
- *__gt__* Indica (siempre que sean comparables) si un objeto es mayor a otro. Equivalente a *a > b* (con *a* y *b* objetos).
- *__le__* Indica (siempre que sean comparables) si un objeto es menor o igual a otro. Equivalente a *a <= b* (con *a* y *b* objetos).
- *__lt__* Indica (siempre que sean comparables) si un objeto es menor a otro. Equivalente a *a < b* (con *a* y *b* objetos).

Al hablar de objetos comparables no solo nos referimos a números, sino también a cadenas, como vimos en el tema 3.2.

Siguiendo con el ejemplo que tenemos aún abierto, pararemos su depuración y lo guardaremos. Copiaremos su contenido en un fichero nuevo y sustituiremos su función *main()* por la siguiente:

```
def main():
    g = FichaFabricacion(78.5)
    h = FichaFabricacion(100)
    g.nombre = "Pepe"
    h.nombre = "Juan"
    g.edad = eval(input("Introduce edad de Pepe:"))
    h.edad = eval(input("Introduce edad de Juan:"))

    print("Información sobre el objeto g asociado a Pepe:", g.__str__())
    print("Tamaño en bytes del objeto g asociado a Pepe: ", g.__sizeof__())
    print("¿Edad de Pepe igual a la de Juan?              ", g.edad.__eq__(h.edad))
    print("¿Edad de Pepe menor o igual que la de Juan?    ", g.edad.__le__(h.edad))
    print("¿Edad de Pepe menor que la de Juan?            ", g.edad.__lt__(h.edad))
    print("¿Edad de Pepe mayor o igual que la de Juan?    ", g.edad.__ge__(h.edad))
    print("¿Edad de Pepe mayor que la de Juan?            ", g.edad.__gt__(h.edad))
    print("¿Nombre de Pepe mayor al nombre de Juan?       ", g.nombre.__gt__(h.nombre))
    print("¿Objeto g(Pepe) mayor que objeto h(Juan)?      ", g.__gt__(h))
```

En este caso no guardaremos como tal el fichero. Al ejecutarlo (e introducir los valores *23* y *33*) generará la siguiente salida:

```
>>>
Información sobre el objeto g asociado a Pepe:   <__main__.FichaFabricacion object at 0x02699730>
Tamaño en bytes del objeto g asociado a Pepe:    16
¿Edad de Pepe igual a la de Juan?                False
¿Edad de Pepe menor o igual que la de Juan?      True
¿Edad de Pepe menor que la de Juan?              True
¿Edad de Pepe mayor o igual que la de Juan?      False
¿Edad de Pepe mayor que la de Juan?              False
¿Nombre de Pepe mayor al nombre de Juan?         True
¿Objeto g(Pepe) mayor que objeto h(Juan)?        NotImplemented
>>>
```

Se pudo comparar perfectamente las dos cadenas del campo *nombre* de los dos objetos, pero al intentar comparar éstos en su totalidad no nos lo permitió (ya que no son directamente comparables) y devolvió el valor *NotImplemented.*

5.11 POLIMORFISMO. BÚSQUEDA DINÁMICA DE MÉTODOS

Son tres los conceptos básicos de la programación orientada a objetos. Hemos visto ya dos en el presente capítulo: la *encapsulación* (tema 1) y la *herencia* (tema 6). Para hablar de qué es el *polimorfismo* nos basaremos en el siguiente código (lo guardaremos como *ejemplo_polimorfismo.py*):

```
class FichaEmpleado:
    def __init__(self):
        self.nombre = None
        self.cualificacion = None
    def setCualificacion(self, cualif:int):
         if cualif == 1 or cualif== 2 or cualif == 3\
         or cualif == 4 or cualif == 5:
            self.cualificacion = cualif
    def getCualificacion(self):
        return(self.cualificacion)

class FichaFabricacion(FichaEmpleado):
    def __init__(self, art_mes : float):
        super().__init__()
        self.__articulos_mes = art_mes
    def getCualificacion(self):
         salida = "La cualificación del empleado de fabricación "\
         + self.nombre + " es: " + str(self.cualificacion)
         return(salida)

class FichaTecnico(FichaEmpleado):
    def __init__(self):
        super().__init__()
        self.__estrellas = "*"
    def getCualificacion(self):
         salida = "La cualificación del empleado técnico "\
          + self.nombre + " es: " + str(self.cualificacion)
         return(salida)

def dar_cualificacion(objeto):
    print(objeto.getCualificacion())

def main():
    a = FichaEmpleado()
    b = FichaFabricacion(10)
    c = FichaTecnico()
    a.nombre = "Pepe"
    b.nombre = "Juan"
    c.nombre = "Javier"
    a.setCualificacion(5)
    b.setCualificacion(3)
    c.setCualificacion(1)
    dar_cualificacion(a)
    dar_cualificacion(b)
    dar_cualificacion(c)

main()
```

Está en la misma línea de los ejemplos que estamos siguiendo, pero con algunas particularidades:

- Por simplicidad se han eliminado de las clases algunos de los campos y métodos no necesarios para el ejemplo.

- En la clase *FichaEmpleado* se ha eliminado la privacidad del campo *cualificacion*, lo que nos permitirá ganar en simplicidad y no distraernos en aspectos no importantes para la explicación.

De forma esquemática tenemos la siguiente situación en cuanto a clases se refiere:

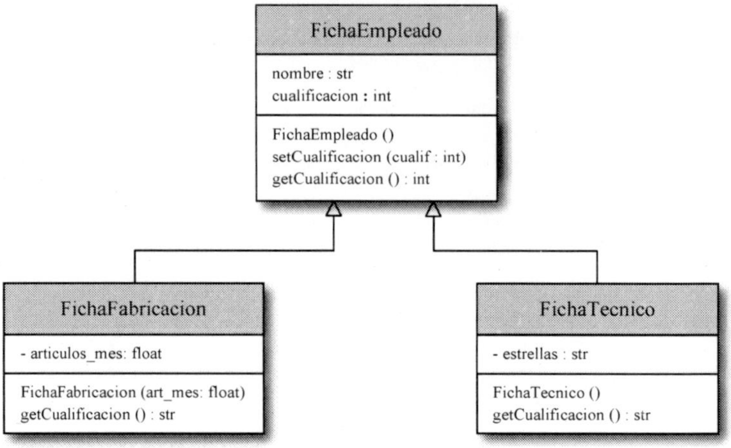

En las dos subclases hemos definido un método (*getCualificacion()*) con el mismo nombre que el de su superclase *FichaEmpleado* y que por lo tanto lo modifica. Tenemos tres clases con tres métodos *getCualificacion()* distintos. Ya en el programa principal creamos un objeto de cada una de las clases y le damos valores correctos a sus campos *nombre* y *cualificación* (en este último caso mediante el método *setCualificacion()* definido en *FichaEmpleado*). Si nos fijamos en la función definida para sacar por pantalla la cualificación de los empleados:

```
def dar_cualificacion(objeto):
    print(objeto.getCualificacion())
```

Observaremos que recibimos un argumento del que posteriormente hacemos uso de su método *getCualificacion()*, por tanto está preparado para recibir un objeto (de ahí el nombre que le hemos puesto) que tenga ese método en concreto. Pero en nuestro caso tenemos tres clases que tienen ese método, por lo cual podrían ser tres los tipos de objetos distintos pasados a la función. Depende de qué objeto pasemos ejecutará un método diferente (en el código llamamos a la función tres veces[42], cada una con un objeto de una clase distinta), obteniendo la salida:

---

42 Evidentemente esta es una forma poco eficiente de hacerlo. Más adelante, cuando veamos otros tipos de datos, podremos pasar de golpe a la función todos ellos.

```
>>>
5
La cualificación del empleado de fabricación Juan es: 3
La cualificación del empleado técnico Javier es: 1
>>>
```

Las tres líneas corresponden a la ejecución de los métodos *getCualificacion()* de las clases *FichaEmpleado*, *FichaFabricacion* y *FichaTecnico*. Bajo el código genérico de la función *dar_cualificacion()* se ha englobado a varias formas del método en cuestión. Esto es lo que se denomina **polimorfismo**. El polimorfismo permite pasar como argumento cualquier subclase, en lugar de su superclase, a una función diseñada para recibir a ésta última. Es decir, si diseñamos una función *f()* pensando en recibir un objeto de la clase *C*, si *C1* y *C2* son clases derivadas de *C*, podremos enviar objetos de la clase *C1* y *C2* sin problemas a la función *f()*, ya que todo método implementado en *C*, por mor de la herencia, está en sus clases derivadas. No ocurriría así al contrario, ya que puede que haya características de la subclase no implementadas en la superclase, por lo que una función pensada para recibir esas clases hijo que incluya alguna de las citadas características, al recibir hipotéticamente un objeto de la clase padre nos generaría un error. En nuestro ejemplo, la función *dar_cualificacion()* está diseñada para recibir un objeto de la clase *FichaEmpleado*. Por eso se permite recibir también objetos de las clases derivadas *FichaFabricacion* y *FichaTecnico*. En el caso de que en alguna de estas últimas hubiésemos definido un método no incluido en *FichaEmpleado* y posteriormente llamado a éste desde la función, si no hubiésemos recibido un objeto de la clase contenedora de ese nuevo método, se generaría un error.

Observamos también que en el caso de los objetos de las clases *FichaFabricacion* y *FichaTecnico* ha llamado al método definido en cada una de ellas, en detrimento del *getCualificacion()* de *FichaEmpleado*. Esto, una vez que vimos la sobrecarga de métodos, no nos sorprende pero, ¿qué criterio se sigue al llamar a un determinado método de un objeto de una clase derivada? Si tenemos un objeto de la clase *C1* y la siguiente jerarquía de clases:

$$object \rightarrow Cn \rightarrow \ldots \rightarrow C1$$

En él las flechas indican relaciones de *superclase* → *subclase* (de ahí que la de mayor jerarquía es la clase *object*), al hacer una llamada a un método del objeto buscará si está implementado en *C1*. De no ser así lo buscará en *C2*, y así sucesivamente hasta encontrarlo (momento en el que parará la búsqueda) y ejecutarlo. Esto es lo que se llama **búsqueda dinámica de métodos**.

Esquemáticamente nuestro ejemplo es:

Jerarquía de Clases: Objetos:

object→FichaEmpleado ←-------------------------- *a*

object→FichaEmpleado→FichaFabricacion ←----------- *b*

object→FichaEmpleado→FichaTecnico ←--------------- *c*

Es por ello que ejecuta el método de las tres clases. Si eliminásemos por completo el método *getCualificacion()* de la clase *FichaFabricacion* y ejecutásemos el programa[43] la salida sería

```
>>>
5
3
La cualificación del empleado técnico Javier es: 1
>>>
```

Es debido a que al llamar a la función *dar_cualificacion()* con el objeto *b* de tipo *FichaFabricacion* e intentar ejecutar *b. getCualificacion()* primero buscará el método en la definición de *FichaFabricacion* y, al no encontrarlo, lo buscará en su superclase *FichaEmpleado*, encontrándolo y ejecutándolo.

5.12 FUNCIONES ISINSTANCE() E ISSUBCLASS(). IMPORTAR MEDIANTE FROM-IMPORT. VARIABLE PYTHONPATH

La función *isinstance()* nos indica si un objeto es o no instancia de una determinada clase, siguiendo el formato[44] indicado:

isinstance(*objeto, nombre_de_la_Clase****) → bool***

Nos devolverá el valor *True* o *False* respectivamente. Ejemplos:

```
>>> isinstance(12.3, int)
False
>>> isinstance("hola", str)
True
```

43 Debemos hacerlo en otro fichero de prueba donde copiemos y peguemos el código, de cara a no modificar nuestro fichero *ejemplo_polimorfismo.py*.

44 He incluido en este caso mediante una flecha una referencia al tipo de dato que devuelve la función.

Teclearemos el siguiente ejemplo (guardándolo como *ejemplo_funcion_isinstance.py*):

```

class FichaEmpleado:
    def __init__(self, nombre : str):
        self.nombre = nombre
        self.__cualificacion = None
    def setCualificacion(self, cualif:int):
        if cualif == 1 or cualif == 2 or cualif == 3\
        or cualif == 4 or cualif == 5:
            self.__cualificacion = cualif
    def getCualificacion(self):
        return(self.__cualificacion)

class FichaFabricacion(FichaEmpleado):
    def __init__(self, nombre : str, art_mes : float):
        super().__init__(nombre)
        self.articulos_mes = art_mes

class FichaTecnico(FichaEmpleado):
    def __init__(self, nombre : str):
        super().__init__(nombre)
        self.estrellas = "*"

def inicializar_cualificacion(objeto):
    objeto.setCualificacion(1)

def dar_datos(objeto):
    print("Nombre: ", objeto.nombre)
    print("Cualificación: ", objeto.getCualificacion())
    if isinstance(objeto, FichaFabricacion):
        print("Media de artículos manufacturados al mes:", objeto.articulos_mes)
    elif isinstance(objeto, FichaTecnico):
        print("Número de estrellas del departamento técnico:", objeto.estrellas)
    print("")

def main():
    a = FichaEmpleado("Pepe")
    b = FichaFabricacion("Juan", 10)
    c = FichaTecnico("Javier")
    inicializar_cualificacion(a)
    inicializar_cualificacion(b)
    inicializar_cualificacion(c)
    dar_datos(a)
    dar_datos(b)
    dar_datos(c)

main()

```

Sobre él haré las siguientes consideraciones:

- He vuelto a poner el campo cualificacion de la clase *FichaEmpleado* como privado, por lo que accedemos a él mediante el método *getCualificacion()*.

- Por simplicidad he eliminado los métodos de las clases derivadas, salvo sus correspondientes inicializadores.
- En los inicializadores de todas las clases he introducido el parámetro nombre para poder dar valor a ese campo al crear el objeto correspondiente.

Lo que he querido crear en este ejemplo son dos funciones que sirvan para cualquiera de los tres posibles objetos que tenemos. Una (*inicializar_cualificacion()*) para dar el valor *1* al campo *cualificacion*, y otra (*dar_datos()*) para sacar por pantalla la información almacenada en todos los campos que tenga el objeto. Tenemos dos campos que siempre va a tener el objeto pasado a la función (*nombre* y *cualificacion*) pero en un caso no habrá más campos, en otro habrá uno más de nombre *articulos_mes* y en el tercero es *estrellas* el nombre de ese tercer campo. Para discernir la clase a la que corresponde el objeto pasado a la función y sacar en cada caso el campo correspondiente, todo ello dentro de un condicional *if-elif.*, usamos la función *isinstance()*. De esa manera al ejecutar el programa obtendríamos:

```
>>>
Nombre: Pepe
Cualificación: 1

Nombre: Juan
Cualificación: 1
Media de artículos manufacturados al mes: 10

Nombre: Javier
Cualificación: 1
Número de estrellas del departamento técnico: *

>>>
```

Por su parte, la función *issubclass()* tiene el siguiente formato:

issubclass(*nombre_de_la_Clase_1 , nombre_de_la_Clase_2***) → bool**

Devuelve *True* si la *Clase_1* es subclase de la *Clase_2* y *False* en caso contrario. En el caso de que sean la misma clase, también devolverá *True*.

De cara a poner un ejemplo del uso de la función *issubclass()* afrontaremos el caso habitual de querer usar código ya existente en otros ficheros. Hasta ahora no hemos hecho uso de ello (en realidad sí, pero copiando y pegando el código en nuestro fichero) por visualizar el código de forma unitaria y no aportar más dificultad a la lectura del mismo. Pero será de uso habitual a partir de ahora importar código de otros ficheros sin incluirlo explícita y totalmente en el nuestro. En el caso que nos atañe ahora, para poner un ejemplo del uso de *issubclass()* queremos reutilizar las clases *FichaEmpleado*, *FichaFabricacion*, *FichaTecnico* y la función *inicializar_cualificacion()*. Las funciones *dar_datos()* y *main()* son las que vamos a modificar. Por lo tanto nos interesaría importar de alguna manera los elementos indicados. Ya en el tema 6 del capítulo 3 vimos cómo importar módulos (ficheros) que contuviesen funciones, y la forma de utilizarlas posteriormente, mediante el uso de la palabra clave *import*[45], con el formato[46] siguiente:

import nombre_del_módulo

Posteriormente podremos usar las funciones en él contenidas, de la forma:

nombre_del_modulo.nombre_de_la_función

Si en nuestro código, al comenzar, colocásemos:

```
import ejemplo_funcion_isinstance
```

En realidad no podríamos usar las clases y la función de la forma que hemos estado haciendo hasta ahora, ya que tendríamos que colocar en todos esos casos por delante el nombre del módulo seguido de un punto, lo que no es práctico. En su lugar usaremos las palabras clave *from-import*, que tienen el siguiente formato:

from nombre_del_modulo import elementos_a_importar

Donde en *elementos_a_importar* podremos colocar una clase, una función, una serie de elementos separados por comas, o incluso el símbolo '*' que nos incluirá la totalidad de elementos contenidos en el módulo. Por ello colocaremos en la primera línea de nuestro código lo siguiente:

```
from ejemplo_funcion_isinstance import *
```

De esa manera nos importará las tres clases y las tres funciones que contiene *ejemplo_funcion_isinstance.py*. Posteriormente podremos hacer uso de todas ellas como si las hubiésemos definido en nuestro propio código. Pero antes, ya que si no nos dará un error, debemos decir a *PyScripter* que incluya la ruta de la carpeta donde tenemos el fichero a importar. Para ello vamos al menú *Herramientas → Directorio de Python...*, obteniendo la siguiente imagen.

45 Existe otra forma de importar un módulo en *PyScripter*, que es, teniendo abierto el fichero, ejecutar la opción de menú *Ejecutar→Importar módulo*.

46 El nombre del módulo no incluye la extensión *.py*.

Pulsando en el siguiente icono nos aparecerá la ventana *"Buscar carpeta"*. Buscaremos en nuestro ordenador la carpeta donde guardamos todos nuestros ficheros y una vez seleccionada hacemos clic en *"Aceptar"*. El botón *"Agregar"* de la imagen aparecerá entonces activado. Haremos clic en él y posteriormente en la opción *"Aceptar"*.

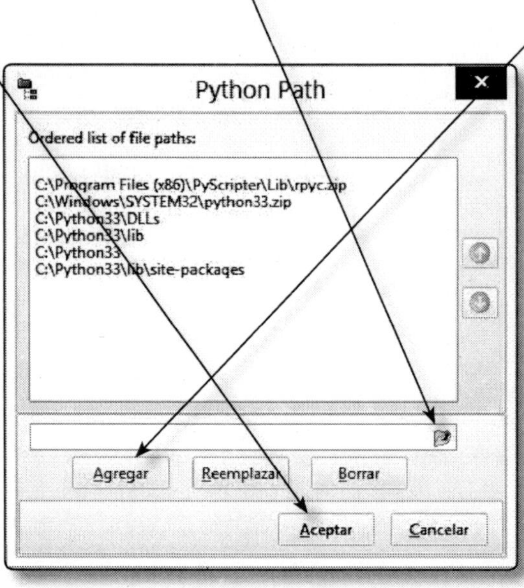

Sobre el papel, ahora sí podrá el intérprete *Python* acceder a los ficheros incluidos en nuestra carpeta, e importar su contenido. A veces *PyScripter* no mantiene la dirección indicada por nosotros en sucesivas ejecuciones del programa (si lo cerrásemos y volviésemos a ejecutarlo, cosa que no haremos ahora, veríamos que ya no aparece la dirección de nuestra carpeta).

Para solucionar el problema una solución muy efectiva es acceder mediante ventanas de *Windows* al *Panel de Control* y posteriormente a la ventana de *Sistema*. Tras ello haremos clic en *"Configuración avanzada del sistema"*, obteniendo la siguiente ventana emergente:

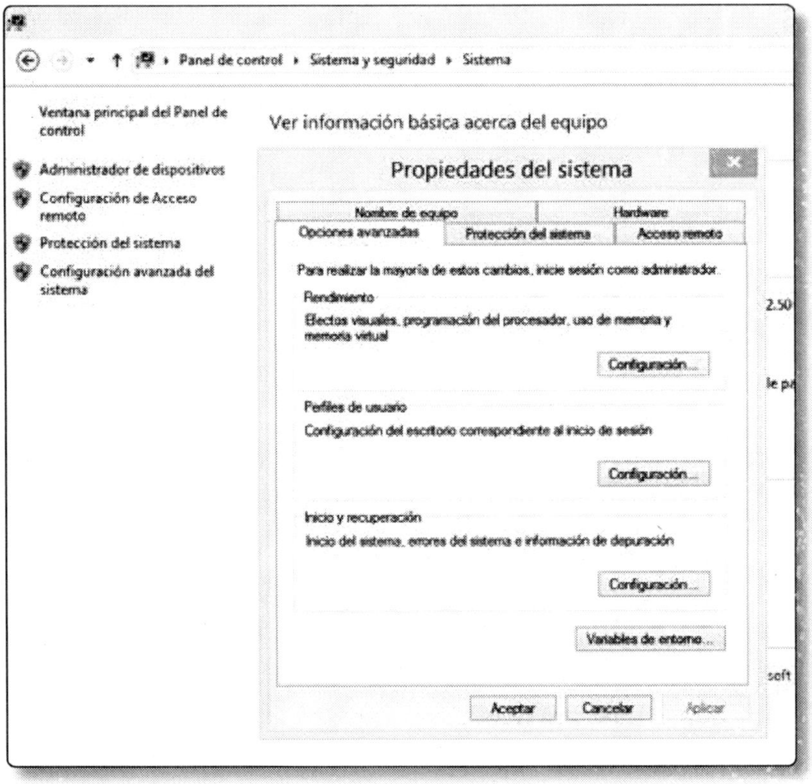

En ella haremos clic en *"Variables de entorno"*. Aparecerá:

En ella podremos cambiar/añadir tanto variables del sistema como de usuario. Estas variables las utiliza el sistema operativo para almacenar datos útiles para varias tareas propias. Nosotros crearemos una variable de usuario (haciendo clic en *Nueva* en la parte superior) de nombre PYTHONPATH y de valor la dirección de nuestra carpeta. En mi caso es:

El lector, como ha hecho en otros casos a lo largo del libro, deberá poner la dirección exacta donde la tiene localizada. Tras tres clics en *Aceptar* ya tendremos configurado nuestro sistema para que el intérprete busque en nuestra carpeta cuando quiera importar módulos. La variable PYTHONPATH es la usada para ello.

Volviendo a nuestro código, tal y como lo tenemos ejecutará todo el fichero *ejemplo_funcion_isinstance.py*. Eso es debido a que, previo a la importación de los elementos que le indicamos, *from-import* "escanea" todo el fichero *ejemplo_funcion_isinstance.py* y al haber una instrucción ejecutable (*main()*) la realiza. Tras ver nuestro ejemplo haremos una comprobación de todo esto para visualizarlo. Ahora, para abordar correctamente el uso de las clases y la función que queremos, eliminaremos del fichero *ejemplo_funcion_isinstance.py* la instrucción *main()* (no confundir con la definición de la función *main()*) y lo guardaremos con el nombre *libreria_personal_1.py*. En realidad podríamos haber eliminado también la definición de *main()* y la función *dar_datos()*, ya que las vamos a cambiar en nuestro nuevo fichero. Pero las dejaremos como prueba de que si no las importamos, no se cargan en nuestro programa. Y si definimos unas con el mismo nombre en nuestro programa, sobrescribe la anterior y solo queda la "nueva". Con todo ello, nuestro código (que guardaremos como *ejemplo_funcion_issubclass.py*) es:

```
 1
 2 from libreria_personal_1 import *
 3
 4 class FichaDirectivo:
 5     def __init__(self, codigo: str):
 6         self.codigosecreto = codigo
 7
 8 class FichaDirectivo2(FichaDirectivo):
 9     def __init__(self, codigo: str, bonificacion : bool):
10         super().__init__(codigo)
11         self.bonificacion = bonificacion
12
13 def dar_datos(objeto):
14     if issubclass(type(objeto), FichaEmpleado):
15         print("Nombre: ", objeto.nombre)
16         print("Cualificación: ", objeto.getCualificacion())
17         if isinstance(objeto, FichaFabricacion):
18             print("Media de artículos manufacturados al mes:", objeto.articulos_mes)
19         elif isinstance(objeto, FichaTecnico):
20             print("número de estrellas del departamento técnico:", objeto.estrellas)
21     elif issubclass(type(objeto), FichaDirectivo):
22         print("El código secreto del directivo es: ", objeto.codigosecreto)
23     print("")
24
25 def main():
26     a = FichaEmpleado("Pepe")
27     b = FichaFabricacion("Juan", 10)
28     c = FichaTecnico("Javier")
29     d = FichaDirectivo("BGD21")
30     e = FichaDirectivo2("HJB98", True)
31     inicializar_cualificacion(a)
32     inicializar_cualificacion(b)
33     inicializar_cualificacion(c)
34     dar_datos(a)
35     dar_datos(b)
36     dar_datos(c)
37     dar_datos(d)
38     dar_datos(e)
39
40 main()
41
```

Podemos visualizar el código ya que hemos introducido varias novedades, que comentaré:

- En la línea 2 cargamos todos los elementos de *librería_personal_1.py,* que consta de las definiciones de tres clases (*FichaEmpleado, FichaFabricacion* y *FichaTecnico*) y de tres funciones (inicializar_cualificacion(), dar_datos() y *main()*).

- Posteriormente definimos dos nuevas clases independientes de las que ya tenemos: *FichaDirectivo*[47], con un solo campo de tipo cadena (*codigosecreto*) que inicializamos al crear un nuevo objeto a partir de ella, y *FichaDirectivo2*, que es subclase de la anterior, añade otro campo de tipo booleano (*bonificacion*) inicializado también en la creación del objeto. Por simplicidad ambos campos los definimos como públicos.

- A continuación definimos la nueva función *dar_datos()* (por lo que sobrescribirá la importada con el mismo nombre). Es allí donde usamos (mediante un *if-elif*) la función *issubclass()* para diferenciar las dos ramas principales de jerarquía de clases que tenemos:

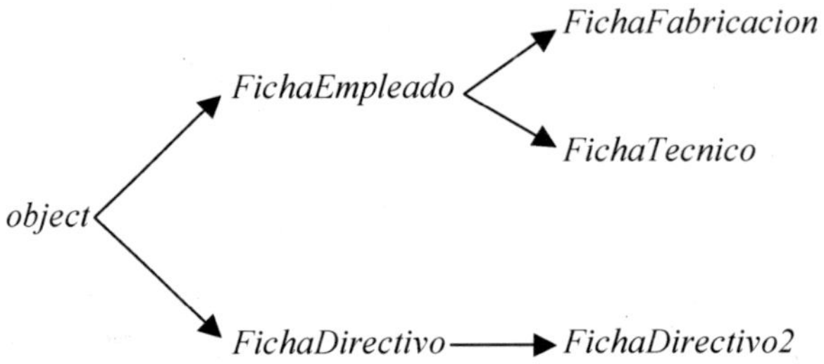

Al haber pasado a la función *dar_datos()* un objeto y necesitar la función *issubclass()* un nombre de clase, usamos la función[48] *type()* (que ya vimos en el tema1 del capítulo 3) que nos indica la clase a la que pertenece un determinado objeto. Dentro del *if* hacemos (usando la función *isinstance()*) una segunda diferenciación entre los objetos que pertenecen a las clases *FichaFabricacion* y *FichaTecnico* de cara a sacar por pantalla los campos particulares de cada uno de ellos, como hicimos en el ejemplo anterior. Por simplicidad no hacemos lo mismo en la otra rama de clases.

- Para finalizar, en el programa principal creamos un objeto de cada una de las cinco clases definidas por nosotros, inicializamos a *1* el campo *cualificacion* de las clases derivadas de *FichaEmpleado* y sacamos por pantalla mediante la función *dar_datos()* la información correspondiente de cada objeto. Por simplicidad la información de las clases *FichaDirectivo* y *FichaDirectivo2* es la misma.

47 Al no indicar nada en la cabecera de la definición, heredará de la clase *object*.
48 Que en realidad es una clase.

La salida del programa sería:

```
>>>
Nombre: Pepe
Cualificación: 1

Nombre: Juan
Cualificación: 1
Media de artículos manufacturados al mes: 10

Nombre: Javier
Cualificación: 1
número de estrellas del departamento técnico: *

El código secreto del directivo es: BGD21

El código secreto del directivo es: HJB98

>>>
```

Es lo que buscábamos. Como muestra de que no debemos usar como biblioteca de funciones y clases un fichero que contenga comandos ejecutables si no queremos que estos sean realizados, crearemos un nuevo fichero que sea (usando *copy-paste*) igual que el que tenemos salvo que la primera línea la cambiamos por:

from ejemplo_funcion_isinstance import *

No lo guardaremos. Al ejecutarlo observaremos que, previo a la salida obtenida en *ejemplo_funcion_issubclass.py* nos aparece la de *ejemplo_funcion_isinstance.py*. El motivo es el explicado anteriormente. Para visualizarlo, cerraremos los ficheros que podamos tener aún abiertos salvo nuestro fichero de nombre *module* y pulsaremos *F7*. Como era de esperar se nos coloca en la primera línea del código. Al pulsar de nuevo *F7* para ejecutar ésta, nos debería abrir el fichero *ejemplo_funcion_isinstance.py*, pero nos la salta sin hacer nada. *PyScripter* lo interpreta como que son elementos ya cargados y no vuelve a hacerlo. En algunos casos sí nos podría interesar ejecutar ese programa principal alojado en otro fichero. Para lograrlo con *PyScripter* comentaremos que por defecto el programa tiene *internamente* su propio *motor de Python*. La ventaja es que es muy rápido y para usos sencillos no debe darnos ningún problema. Las desventajas son:

- El intérprete no se puede reiniciar sin salir del programa, cosa que es en muchos casos incómodo.
- A veces problemas con los *scripts* que estamos ejecutando o depurando influyen en la propia estabilidad de programa.
- Como veremos más adelante, el motor interno no es capaz de ejecutar ni depurar ficheros *Python* que manejen capacidades gráficas[49].

49 Hasta el momento no hemos hecho uso de ninguno de ellos en el libro.

Por todo ello *PyScripter* nos permite usar un *motor remoto de Python*, que sí nos permite reiniciarlo sin salir del programa, las inestabilidades de los *scripts* influyen en menor medida en la del programa ya que el intérprete es ejecutado en un proceso hijo aparte, y nos permitirá más adelante ejecutar/depurar ficheros que manejen elementos gráficos. La única pega (más que asumible) es que será más lento, pero por defecto usaremos ya el motor remoto a la hora de ejecutar nuestros programas del resto del libro. Para ello seleccionaremos el siguiente menú:

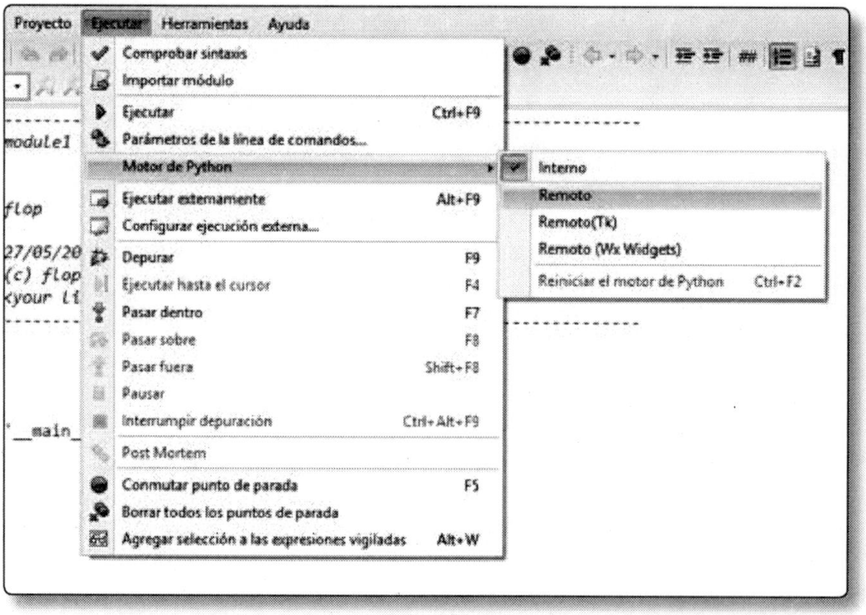

En la ventana del intérprete nos indicará que el motor remoto de *Python* está activo. Es el intérprete de nuestra instalación de *Python* el que se ha configurado de forma automática como remoto, sin haber tenido que indicar ningún tipo de dirección.

Si ahora ejecutamos nuestro programa varias veces comprobaremos que funciona como deseamos ya que previo a cada ejecución el intérprete es reiniciado. Es ahora cuando podremos visualizar (mediante la ejecución paso a paso con *F7*[50]) todo el flujo del programa.

El lector tiene con posterioridad la posibilidad de ejecutar paso a paso el fichero *ejemplo_funcion_issubclass.py* de cara a ver de forma muy gráfica cómo el intérprete va realizando las distintas operaciones de carga y ejecución de elementos.

50 Podremos en los momentos que consideremos oportuno usar la opción *"Ejecutar hasta el cursor" (F4)*.

6

TIPOS DE DATOS EN PYTHON

En los capítulos 4 y 5 he querido dejar claros los fundamentos de la programación funcional y de la orientada a objetos. Dada su importancia en el diseño de *Python*, los he tratado incluso antes de hablar sobre otros tipos de datos definidos por defecto en el lenguaje, y que nos permitirán hacer cosas más sofisticadas y complejas en el tratamiento de datos, ya que hasta el momento sólo conocemos los tipos fundamentales *int*, *float*, *bool* y *str*. Con ellos hemos podido hacer gran variedad de tareas pero en muchos casos sería insuficiente, o nada práctico, usarlos. Pongamos por ejemplo que deseamos recoger 500 muestras de una determinada variable *temperatura* para su posterior procesado. Con lo que sabemos hasta la fecha, ¿dónde y cómo las almacenaríamos? Saltándonos la idea de usar 500 variables distintas (una para cada medida), lo que es evidentemente algo inaplicable en la práctica, podemos pensar en almacenarlas todas las muestras, en formato texto, en una cadena, separándolas por algún tipo de carácter especial (por ejemplo el espacio en blanco). Pero, posteriormente, ¿cómo accederíamos a cada uno de los datos particulares para operar con ellos? No está nada claro, ya que las herramientas que conocemos en este momento para operar sobre cadenas no son ni numerosas ni sofisticadas. Es por ello que comenzaremos este capítulo hablando sobre ellas, viendo herramientas para tratarlas y haciendo uso de los conocimientos sobre funciones, clases y objetos que ya hemos adquirido. Posteriormente añadiremos a los tipos de datos que ya conocemos otras **estructuras de datos**[1] (formas de tratar y almacenar la información) que nos aportarán mucha potencia y flexibilidad, ya que cada una de ellas, por su propia naturaleza e implementación en *Python*, tiene ventajas sobre las otras dependiendo de la aplicación concreta con la que trabajemos. Hablamos de las **listas**, las **tuplas**, los **conjuntos** y los **diccionarios**, que ampliarán enormemente el, hasta ahora, pobre elenco conocido de formas de tratar los datos.

---

1 "*Data Structure*" en inglés.

6.1 CADENAS

Como ya sabemos, las cadenas se refieren a cadenas de *caracteres*, es decir, una sucesión de caracteres codificados en algún determinado código como *Unicode* o *ASCII*. Hemos trabajado con ellas para recibir datos por el teclado o representarlos por pantalla. En el tema 5 del capítulo 2 vimos además operadores y funciones para trabajar, aunque de forma limitada, con cadenas. Ahora ampliaremos esos conocimientos para permitirnos un tratamiento de las cadenas amplio y sofisticado, ayudándonos de lo que ya conocemos sobre clases.

6.1.1 Definición y creación de cadenas. Operador índice []

Una *cadena* es una instancia de la clase *str* que viene por defecto en el intérprete *Python*. Por lo tanto tenemos a nuestra disposición una amplia cantidad de métodos ya definidos en ella que nos serán de gran ayuda en multitud de tareas.

Hay básicamente dos formas de crear una cadena:

1. Mediante el *formato* de las cadenas directamente:

```
>>> cad1 = ""                          # Cadena vacía.
>>> cad1
''
>>> cad2 = "Hola"                      # Forma habitual
>>> cad2
'Hola'
```

2. Mediante el constructor de la clase *str*:

```
>>> cad3 = str()                       # Cadena vacía
>>> cad3
''
>>> cad4 = str("Hola")                 # Pasando argumentos
>>> cad4
'Hola'
>>> cad5 = str("123")
>>> cad5
'123'
>>> cad6 = str(12)
>>> cad6
'12'
>>> cad7 = str(12.89)
>>> cad7
'12.89'
```

Las cadenas son objetos *inmutables*[2], es decir, que no se pueden modificar. En el caso de que se definan dos variables con la misma cadena como valor, en realidad apuntarán a un mismo objeto de tipo *str*, como ya indiqué inicialmente en el tema 1 del capítulo 3. Veamos un ejemplo:

```
>>> a = "Hola"
>>> b = "Hola"
>>> id(a)
40991840
>>> id(b)
40991840
```

En este caso hemos creado dos variables de valor *"Hola"*, pero realmente apuntan al mismo objeto, algo que nos corrobora la función *id()*[3] :

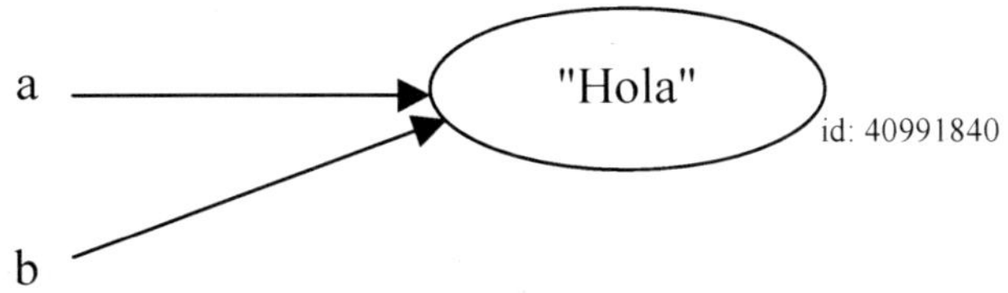

Si posteriormente añadimos, como ya vimos en el tema 5 del capítulo 2, un carácter a la variable *b* mediante el operador '+'[4], se creará un nuevo objeto con esa modificación al que apuntará la variable *b,* mientras que la variable *a* seguirá apuntando al objeto cadena original. Veámoslo:

```
>>> b = b + '2'
>>> b
'Hola2'
>>> id(b)
41020160
>>> a
'Hola'
>>> id(a)
40991840
```

---

2 Otros ejemplos de objetos inmutables son los números enteros (clase *int*) y los números reales (clase *float*).

3 En cada ejecución o en cada ordenador tendremos una *id* distinta, por lo que el número que le aparecerá al lector será distinto al indicado.

4 En breve ampliaremos nuestros conocimientos de los operadores sobre cadenas.

Teniendo la siguiente situación:

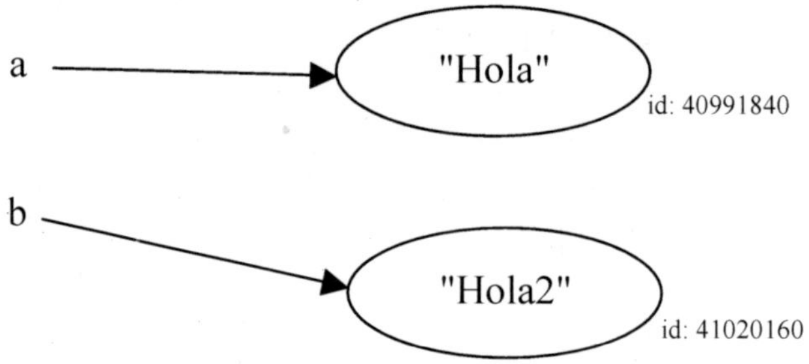

Es importante entender esto de cara a un buen uso de las cadenas. Una vez creado el objeto cadena, podemos acceder a cada uno de los elementos que lo componen (los caracteres individuales) mediante el *operador índice*, que tiene el siguiente formato:

cadena [índice]

Un número entero encerrado entre corchetes (tras el nombre de la cadena o la propia cadena) nos permite indicar en qué posición numérica secuencial se encuentra el carácter al que queremos acceder. El índice tiene la particularidad de comenzar desde cero[5], es decir, el primer carácter de la cadena tiene índice *0*.

```
>>> "Adiós"[2]
'i'
>>> a[0]
'H'
>>> a[3]
'a'
```

El intento de acceso a un elemento fuera del rango de la cadena nos generará un error en tiempo de ejecución de tipo *IndexError* (error de índice):

```
>>> a[4]
Traceback (most recent call last):
File "<string>", line 301, in runcode
  File "<interactive input>", line 1, in <module>
IndexError: string index out of range
```

El error de no tener en cuenta que el primer índice es el *0* se denomina *off-*

5 *0 based* en inglés.

by-one error[6] y puede que nos lleve a un mal comportamiento del programa, a pesar de quizá no generar ningún error si no sobrepasamos el índice límite de la cadena.

También podemos usar índices enteros negativos en nuestra cadena, siendo equivalente a lo siguiente:

$$cadena[-i] = cadena[-i + longitud\_cadena]$$

Por lo tanto, el índice negativo podrá ser tan grande en valor absoluto[7] como la longitud de la cadena, en cuyo caso apuntaríamos al primer valor de ésta:

```
>>> a[-4]
'H'
>>> a[-1]
'a'
```

Pero si lo sobrepasamos obtenemos un error de tipo *IndexError* en tiempo de ejecución:

```
>>> a[-5]
Traceback (most recent call last):
File "<string>", line 301, in runcode
  File "<interactive input>", line 1, in <module>
IndexError: string index out of range
```

6.1.2 Operadores sobre cadenas

Existe una serie de operadores que podremos usar con las cadenas. Son los siguientes:

6.1.2.1 OPERADOR ':', O DE TROCEADO DE CADENAS

Este operador, denominado *slicing operator* en inglés, nos devuelve un trozo de la cadena, que indicaremos mediante dos índices. El formato es el siguiente:

cadena [*[índice_inicio]* **:** *[índice_ in]* **]**

Devolverá una cadena que irá desde *índice_inicio* hasta *índice_fin – 1*.Tanto el *índice_inicio* como el *índice_fin* pueden ser números negativos (dentro del rango de la cadena) pero el *índice_inicio* debe marcar un elemento que aparezca antes en

6 Podríamos traducirlo como "fuera del rango por una unidad" o "mal por una unidad del índice".

7 Valor sin considerar el signo.

la cadena que el que marca *índice_fin* (es decir, *índice_inicio* < *índice_fin*) o de lo contrario se nos devolverá una cadena vacía. En el caso en que *índice_fin* sea mayor que la longitud de la cadena, cogerá esa !ongitud total como valor.

Veamos ejemplos:

```
>>> "Python 3.3"[2:4]
'th'
>>> mitexto = "Texto de prueba"
>>> mitexto[1:4]
'ext'
>>> mitexto[1:-3]
'exto de pru'
>>> mitexto[-10:-5]
' de pru'
>>> mitexto[-10:14]
' de prueb'
>>> mitexto[-7:-10]
''
>>> mitexto[5:3]
''
```

Tanto *índice_inicio* como *índice_fin* aparecen en el formato entre corchetes sin negrita[8], lo que indica que son opcionales. Si no indicamos *índice_inicio* tomará como valor *0* y si no lo hacemos con *índice_fin* tomará el índice del último elemento de la cadena.

```
>>> "1234567"[:4]
'1234'
>>> "1234567"[4:]
'567'
>>> mitexto[:12]
'Texto de pru'
>>> mitexto[7:]
'e prueba'
```

6.1.2.2 OPERADORES '+' Y '*' SOBRE CADENAS

Estos operadores, que para los tipos numéricos que conocemos hasta ahora (*int* y *float*) representan la suma y la multiplicación, para las cadenas son el *operador concatenación(+)* y el *operador repetición(*)*. El primero de ellos une dos cadenas y el segundo repite un número entero de veces el contenido de una. El orden de operandos en el *operador concatenación* es importante, ya que marca qué cadena

8 Los más externos, que aparecen en negrita, son obligatorios en el formato.

aparece primero, pero en el *operador repetición* dará igual que el número entero (uno de los operandos) vaya delante o detrás de la cadena. Veamos ejemplos:

```
>>> t1 = "Texto1"
>>> t2 = "Texto2"
>>> t1 + t2
'Texto1Texto2'
>>> t2 + t1
'Texto2Texto1'
>>> 3 * t1
'Texto1Texto1Texto1'
>>> t1 * 3
'Texto1Texto1Texto1'
```

Casos de mal uso de los operadores serían los siguientes, donde no representamos el error que nos aparece en la salida:

```
>>> 2.5 * t1          # El número debe ser entero.
>>> t1 + 3            # No se pueden sumar directamente una cadena y un número.
>>> t1 * t2           # No se pueden multiplicar dos cadenas.
```

6.1.2.3 OPERADORES IN /NOT IN EN CADENAS

En muchos momentos nos será de gran utilidad saber si un determinado texto está o no dentro de otro. Para ello haremos uso de los operadores *in/not in*, que tienen el siguiente formato:

texto_a_buscar [in / not in] cadena_en_la_que_buscar

Estos operadores nos devolverán un valor booleano dependiendo de si el texto está o no incluido en otro:

```
>>> "to" in t1          # t1 = "Texto1"
True                    # t2 = "Texto2"
>>> "to" in t2
True
>>> "to2" in t1
False
>>> "texto1" in t1
False
>>> "ex" not in t1
False
>>> "Ta" not in t2
True
```

6.1.2.4 OPERADORES RELACIONALES (<, <=, > , >=, ==, !=) EN CADENAS

Podemos usar los operadores relacionales (o de comparación) para comparar cadenas. ¿Cómo es eso posible si tenemos caracteres en lugar de números? Se hará basándose en el número asociado a cada uno de ellos en el código *Unicode*, que al ser un número entero sí se puede comparar. Por ejemplo, el carácter *'a'* tiene asociado el número *97* (en decimal) en el código *Unicode*[9] y el símbolo *'@'* el *64*, por lo que podríamos decir que *'a'* es mayor que *'@'*. Cuando tengamos cadenas de más de un carácter, la forma de compararlas será carácter a carácter empezando por la izquierda. Compararemos los dos primeros caracteres. Si en esa primera comparación ya obtenemos una respuesta, dejamos de comparar. Si los caracteres fuesen iguales, seguiríamos comparando los segundos caracteres de ambas cadenas, y así sucesivamente hasta llegar a una solución. Veamos ejemplos:

```
>>> "123" > "12"
True
>>> ord("a")
97
>>> ord("A")
65
>>> ord("H")
72
>>> ord("o")
111
>>> ord("ó")
243
>>> t1 = "Hola"
>>> t2 = "Adios"
>>> t3 = "Adiós"
>>> t4 = "adios"
>>> t5 = "Adio"
>>> t1 > t2
True
>>> t2 == t3
False
>>> t2 != t4
True
>>> t2 < t3
True
>>> t2 > t4
False
>>> t2 <= t4
True
>>> t2 >= t5
True
```

9 Recordemos que podemos usar la función *ord()* para obtener ese dato.

```
>>> t2 > t5
True
```

Si llega un momento en el que una de las dos cadenas se acaba en la comparación, la otra será la mayor ya que cualquier carácter que contenga tendrá un valor numérico mayor que cero. A pesar de que en el fondo comparamos números al comparar cadenas, no lo podemos hacer de forma directa:

```
>>> t1 > 3
Traceback (most recent call last):
File "<string>", line 301, in runcode
  File "<interactive input>", line 1, in <module>
TypeError: unorderable types: str() > int()
```

6.1.3 Funciones aplicadas a cadenas

Existen varias funciones predefinidas en el intérprete que pueden aplicarse a las cadenas. Las principales son las siguientes:

- ***len****(cadena)* Devuelve la longitud de la cadena, es decir, el número de caracteres que la componen.
- ***max****(cadena)* Devuelve el carácter con mayor valor numérico asociado de los que componen la cadena.
- ***min****(cadena)* Devuelve el carácter con menor valor numérico asociado de los que componen la cadena.

Veamos algunos ejemplos:

```
>>> len("Palabra")
7
>>> t1 = "Manzana"
>>> t2 = "Pera"
>>> len(t1)
7
>>> len(t2)
4
>>> max(t1)
'z'
>>> max(t2)
'r'
>>> min(t2)
'P'
```

6.1.4 Métodos de la clase str

Nada más crear un objeto de tipo cadena (una instancia de la clase *str)*, tenemos a nuestra disposición multitud de métodos útiles que nos permitirán trabajar con ellas de forma ágil. Dado el gran número de ellos, los dividiré en grupos que iré explicando posteriormente:

- De búsqueda
- De información
- De creación/modificación
- De formateo

El formato de los métodos será representado en basa el estándar *UML.*

6.1.4.1 MÉTODOS DE BÚSQUEDA EN LA CLASE STR

La idea subyacente en ellos es el buscar una determinada cadena dentro de otra y obtener información de ello.

- ***find****(cadena: str): int* Devuelve el índice[10] en el que aparece la cadena indicada. Si existen varias cadenas nos devuelve la primera que aparece (índice más bajo). Si no existe la cadena devuelve *-1.*

- ***rfind****(cadena: str): int* Devuelve el índice en el que aparece la cadena indicada. Si existen varias cadenas nos devuelve la última que aparece (índice más alto). Si no existe la cadena devuelve *-1.*

- ***count****(cadena: str): int* Nos devuelve en número de apariciones de la cadena indicada, en el caso de que estuviese en nuestra cadena. En caso contrario devuelve *0.*

- ***startswith****(cadena: str): bool* Nos devuelve *True* si nuestra cadena comienza con la cadena que le indicamos y *False* en caso contrario.

- ***endswith****(cadena: str): bool* Nos devuelve *True* si nuestra cadena termina con la cadena que le indicamos y *False* en caso contrario.

Como de costumbre, veamos algunos ejemplos en los que aplicamos los métodos indicados:

10 El índice, recordemos, se inicia en el valor 0 para el primer carácter.

```
>>> palabra = "Python"
>>> palabra.find("Python")
0
>>> micadena = "Primera aparición de Python. Segunda aparición de Python."
>>> micadena.find("Python")
21
>>> micadena.rfind("Python")
50
>>> micadena.find("python")
-1
>>> micadena.rfind("aparicion")
-1
>>> micadena.count("aparición")
2
>>> micadena.count("Aparición")
0
>>> micadena.count("er")
1
>>> micadena.count("ri")
3
>>> micadena.count("hola")
0
>>> micadena.startswith("Prime")
True
>>> micadena.startswith(" Prime")
False
>>> micadena.endswith("Python")
False
>>> micadena.endswith("Python.")
True
```

6.1.4.2 MÉTODOS DE INFORMACIÓN EN LA CLASE STR

Estos métodos nos aportan algún tipo de información sobre nuestra cadena, no teniendo que pasarle ningún argumento. Los métodos formulan preguntas que son respondidas con una variable booleana:

- ***isupper():*** *bool* Devuelve *True* si la cadena tiene todos los caracteres (es necesario que haya al menos uno) en mayúscula, y *False* en caso contrario. Los caracteres especiales (incluido el espacio en blanco no se consideran ni mayúscula ni minúscula).

- ***islower()****: bool* Devuelve *True* si la cadena tiene todos los caracteres (es necesario que haya al menos uno) en minúscula, y *False* en caso contrario. Los caracteres especiales (incluido el espacio en blanco no se consideran ni mayúscula ni minúscula).

- ***isspace()****: bool* Devuelve *True* si la cadena está compuesta solo de espacios en blanco, y *False* en caso contrario.
- ***isidentifier()****: bool* Devuelve *True* si la cadena podría ser un identificador en *Python*, y *False* si no.
- ***isdigit()****: bool* Devuelve *True* si todos los caracteres son números, y *False* si no.
- ***isalpha()****: bool* Devuelve *True* si todos los caracteres son alfabéticos (caracteres del alfabeto), y *False* si no.
- ***isalnum()****: bool* Devuelve *True* si todos los caracteres son números o alfabéticos, y *False* si no.

Ejemplos:

```
>>> "HOLA123".isupper()
True
>>> "HOLA123@#".isupper()
True
>>> "HOLA123@#+a".isupper()
False
>>> "".isupper()
False
>>> "hola123".islower()
True
>>> "hola123+#@".islower()
True
>>> "  hola ".islower()
True
>>> "Hola".islower()
False
>>> "  Hola  ".isspace()
False
>>> "   ".isspace()
True
>>> "var_1".isidentifier()
True
>>> "var 1".isidentifier()
False
>>> "1234".isdigit()
True
>>> "1234.67".isdigit()
False
>>> "234@".isdigit()
False
```

```
>>> "Hola".isalpha()
True
>>> "Hola123".isalpha()
False
>>> "Hola que tal estás.".isalpha()
False
>>> "Holaquetalestás".isalpha()
True
>>> "Hola123".isalnum()
True
>>> "12Hola".isalnum()
True
>>> "12Hola#".isalnum()
False
```

6.1.4.3 MÉTODOS DE CREACIÓN/MODIFICACIÓN EN LA CLASE STR

Cuando hablamos de modificación nos referimos a la creación de una nueva cadena que tenga modificaciones respecto a la original, ya que, como sabemos, las cadenas son objetos inmutables y como tal no los podemos modificar. Por lo tanto, la aplicación de estos métodos dejará intacta la cadena original y generará otra con las características que marque el método en cuestión. Dentro de este apartado podemos incluir los siguientes:

- ***lstrip()****: str* Devuelve una cadena igual a la original pero sin los posibles espacios en blanco[11] que pueda tener al comienzo.
- ***rstrip()****: str* Devuelve una cadena igual a la original pero sin los posibles espacios en blanco que pueda tener al final.
- ***strip()****: str* Devuelve una cadena igual a la original pero sin los posibles espacios en blanco que pueda tener al comienzo o al final.
- ***upper()****: str* Devuelve una cadena que es como la original pero con todos los caracteres en mayúscula.
- ***lower()****: str* Devuelve una cadena que es como la original pero con todos los caracteres en minúscula.
- ***capitalize()****: str* Devuelve una cadena que es como la original pero con el primer carácter en mayúscula.

11 Recordemos que lo que denominamos espacios en blanco incluyen no solo al carácter espacio en blanco, sino también a los caracteres especiales tabulador('*\t*'), nueva línea ('*\n*') o retorno ('*\r*').

- ***title()***: *str* Devuelve una cadena que es como la original pero con el primer carácter de cada palabra en mayúscula.
- ***replace(a: str, d:str)***: *str* Devuelve una cadena que es como la original pero con las posibles apariciones de la cadena a sustituidas por la cadena *b*.
- ***swapcase()***: *str* Devuelve una cadena que es como la original pero con los caracteres en minúscula pasados a mayúscula y al revés.

Ejemplos:

```
>>> "  \t\f\r\n  Hola que tal estás  \t\f\r\n  ".lstrip()
'Hola que tal estás  \t\x0c\r\n  '
>>> "  \t\f\r\n  Hola que tal estás  \t\f\r\n  ".rstrip()
'  \t\x0c\r\n  Hola que tal estás'
>>> "  \t\f\r\n  Hola que tal estás  \t\f\r\n  ".strip()
'Hola que tal estás'
>>> "Hola".upper()
'HOLA'
>>> "Hola12@á".upper()
'HOLA12@Á'
>>> "Hola".lower()
'hola'
>>> "HOla12@Á".lower()
'hola12@á'
>>> "hola buenos días".capitalize()
'Hola buenos días'
>>> "hola buenos días".title()
'Hola Buenos Días'
>>> "A1 es mas estrecho que ésto".replace("es","**")
'A1 ** mas **trecho que ésto'
>>> "A1 es mas estrecho que ésto".replace("hola","**")
'A1 es mas estrecho que ésto'
>>> "PaLAbra al AZAR".swapcase()
'pAlaBRA AL azar'
```

Una buena práctica[12] será usar el método *strip()* cuando introduzcamos datos por teclado, para evitar espacios en blanco no deseados.

---

12 Si en los ejemplos del libro no lo suelo poner es por no complicar más el código, pero es práctica muy recomendable incluirlo en el código final.

6.1.4.4 MÉTODOS DE FORMATEO EN LA CLASE STR

En este apartado incluiremos los métodos que dan formato a la cadena. Entre ellos estarán:

- ***ljust(****ancho: int****)****: str* Devuelve una cadena igual a la original pero justificada a la izquierda en un ancho de caracteres que le indicamos mediante ancho.
- ***rjust(****ancho: int****)****: str* Devuelve una cadena igual a la original pero justificada a la derecha en un ancho de caracteres que le indicamos mediante ancho.
- ***center(****ancho: int****)****: str* Devuelve una cadena igual a la original pero centrada en un ancho de caracteres que le indicamos mediante ancho.
- ***zfill(****ancho: int****)****: str* Devuelve una cadena numérica igual a la original pero de anchura de caracteres ancho, rellenando con ceros la parte de la izquierda que sobra. La cadena numérica nunca es truncada y puede incluir valores negativos.

Si en cualquiera de ellos el argumento *ancho* es menor que el número de caracteres de la cadena, devuelve la propia cadena. Ejemplos de los citados métodos serían[13]:

```
>>> "Prueba".ljust(50)
'Prueba□□□□□□□□□□□□□□□□□□□□□□□□□□□□□□□□□□□□□□□□□□□□'
>>> "Prueba".rjust(50)
'□□□□□□□□□□□□□□□□□□□□□□□□□□□□□□□□□□□□□□□□□□□□Prueba'
>>> "Prueba".center(50)
'□□□□□□□□□□□□□□□□□□□□□□Prueba□□□□□□□□□□□□□□□□□□□□□□'
>>> "12.344".zfill(15)
'00000000012.344'
>>> "-12.344".zfill(15)
'-0000000012.344'
```

Existe otro método que por su complejidad he preferido estudiarlo de forma individual. Es el método ***format()***. Ya en el capítulo 2, en el apartado 2.5.3, vimos la *función format()*. En este caso veremos el *método* del mismo nombre, que aunque tiene algunas similitudes con la función, también tiene sus particularidades. No pondré la expresión genérica por considerarla demasiado compleja y que podría dar lugar a confusión en el lector, por lo que optaré por describirla mediante sucesivos ejemplos de uso, tras una breve descripción genérica.

---

13 Nuevamente incluiremos el carácter para indicar espacio en blanco, lo que hará visualizarlo de forma más clara.

La cadena sobre la que vamos a actuar mediante el método *format()* puede tener dos elementos principales:

- *Campos de sustitución,* que irán encerrados entre llaves.
- *Texto literal,* que será el texto que no va encerrado entre llaves[14].

Los objetos que pasamos como argumentos al método *format()* se sustituirán en las correspondientes llaves de la cadena. Pondré dos sencillos ejemplos:

```
>>> "El ganador fue {}".format("Alfredo")
'El ganador fue Alfredo'
>>> "El resultado ha sido {}".format(2*3)
'El resultado ha sido 6'
```

En estos casos la llave ha sido sustituida por una cadena y por una expresión (una multiplicación) tras haber sido hecha la conversión a cadena de forma automática.

Podríamos tener varios campos de sustitución, por lo que en ese caso debemos saber las formas de asignar cada uno de ellos a los argumentos pasados al método. Éstas son:

- De *forma automática.* Cada llave corresponde de forma secuencial con los argumentos:

```
>>> "El ganador fue {} con un salto de {}".format("Alfredo", 2.05)
'El ganador fue Alfredo con un salto de 2.05'
```

- *Por posición.* Indicando un identificador numérico entero a cada llave: recordando que los índices empiezan en 0.

```
>>> "El ganador fue{1} con un salto de {0}".format(2.05, "Alfredo")
'El ganador fue Alfredo con un salto de 2.05'
```

- *Por nombre.* Indicando un identificador alfanumérico a cada llave:

```
>>> "El ganador fue {nombre} con un salto de {marca}".format(marca = 2.05, nombre = "Alfredo")
'El ganador fue Alfredo con un salto de 2.05'
```

- *Mezclando identificadores alfanuméricos con numéricos y/o automáticos:*

```
>>> "El atleta {0} logro una marca de {marca} en su intento {1}".format("Jaime", 3, marca = 1.95)
'El atleta Jaime logro una marca de 1.95 en su intento 3'
```

14 Si quisiésemos reproducir de forma literal los caracteres de las llaves usaríamos {{ y }} para ello.

No debemos poner ningún identificador numérico después de los alfanuméricos, ya que generaríamos un error:

```
>>> "El atleta {0} logro una marca de {marca} en su intento {2}".format("Jaime", marca = 1.95, 3)
  File "<interactive input>", line 1 SyntaxError:
non-keyword arg after keyword arg
```

También tendremos cuidado de no cometer errores como el siguiente:

```
>>> "El atleta {} logro una marca de {marca} en su intento {1}".format("Jaime", 3, marca = 1.95)
Traceback (most recent call last):
File "<string>", line 301, in runcode
  File "<interactive input>", line 1, in <module>
ValueError: cannot switch from automatic field numbering to manual field specification
```

En él se nos indica que no podemos usar la numeración automática y la manual en la misma expresión. Sí sería correcto lo siguiente:

```
>>> "El atleta {} logro una marca de {marca} en su intento {}".format("Jaime", 3, marca = 1.95)
'El atleta Jaime logro una marca de 1.95 en su intento 3'
```

Dentro de la llave (y aquí está la parte similar a la función *format()*) podemos indicar el formato que queremos que tenga lo que allí se va a representar, con la siguiente estructura (observar que los dos puntos del inicio son obligatorios y los elementos que aparecen entre corchetes, opcionales):

```
: [[relleno]alineación][signo][#][0][ancho][,][.precision][tipo]
```

Los nombres de los elementos indican su significado. Tendríamos:

- *:* Carácter obligatorio de cara a indicar el formato deseado.
- *relleno* Cualquier carácter que no sean los de llave.
- *alineación* Podemos indicarle cuatro tipos (sin incluir las comillas simples):
  - '< ' : Justificada a la izquierda.
  - '> ' : Justificada a la derecha.
  - '= ' : Rellena de *0's* tras el signo (si lo hay) y antes de los dígitos[15].
  - '^' : Justificación centrada.

15 Aplicable solo a tipos numéricos.

- *signo*: '+', '-' o ' '.
- # Lo usaremos cuando queramos que al formatear un número entero en binario, octal o hexadecimal el valor sea precedido por *'0b'*, *'0o'* o *'0x'* respectivamente.
- *0* Lo usaremos si queremos que los caracteres que sobren del ancho marcado sean rellenados por *0's* en lugar de espacios en blanco.
- *ancho* Número entero que nos indica la anchura en caracteres donde se insertará nuestro campo.
- , Lo pondremos si queremos que nos marque con el carácter ',' la separación de millares.
- *precisión* Número de decimales (número entero) que queremos representar cuando tenemos números reales.
- *tipo* Es el tipo de dato[16] correspondiente a ese campo:
    - *'b'*: Binario
    - *'c'*: Carácter
    - *'d'*: Decimal
    - *'e'*: Notación científica (con e minúscula)
    - *'E'*: Notación científica (con e mayúscula)
    - *'o'*: Octal
    - *'s'*: Cadena
    - *'x'*: Hexadecimal con caracteres alfabéticos en minúscula
    - *'X'*: Hexadecimal con caracteres alfabéticos en mayúscula
    - *'%'*: Porcentaje

Veamos a continuación ejemplos donde aplicamos varios de los formatos indicados:

```
>>> "{:*>10}".format("Hola")
'******Hola'
>>> "{:^15.2f}".format(27.903)
'     27.90     '
>>> "{:=+15}".format(270)
'+           270'
>>> "{:0=+15}".format(270)
'+00000000000270'
>>> "{:0=-15}".format(-270)
```

16 No pondremos todos los tipos por considerar interesantes en este momento solo los indicados.

```
'-00000000000270'
>>> "{:=-15}".format(-270.45)
'-         270.45'
>>> "{:=-15.2f}".format(-270.457564)
'-         270.46'
>>> "{:<015}".format("Hola")
'Hola00000000000'
>>> "{:>15,}".format(254353)
'        254,353'
>>> "{:>15}".format(254353)
'         254353'
>>> "{:>15b}".format(25)
'          11001'
>>> "{:>#15b}".format(25)
'        0b11001'
>>> "{:>15c}".format(25)
'              \x19'
>>> "{:>15c}".format(56)
'              8'
>>> "{:>15c}".format(90)
'              Z'
>>> "{:>15c}".format(67)
'              C'
>>> "{:>15d}".format(25)
'             25'
>>> "{:>15d}".format(0x343)
'            835'
>>> "{:>#15d}".format(0o343)
'            227'
>>> "{:>15e}".format(25)
'   2.500000e+01'
>>> "{:>15f}".format(25)
'      25.000000'
>>> "{:>15.2f}".format(25)
'          25.00'
>>> "{:>15o}".format(25)
'             31'
>>> "{:>#15o}".format(25)
'           0o31'
>>> "{:>#15o}".format(0x25)
'           0o45'
>>> "{:^15s}".format("hola")
'     hola      '
>>> "{:>15x}".format(25)
'             19'
>>> "{:>15%}".format(25)
'   2500.000000%'
>>> "{:>15.2%}".format(25)
'       2500.00%'
```

6.1.5 Ejemplos de uso práctico de cadenas

En nuestros programas necesitaremos, de cara a su posterior procesado, acceder a todos los caracteres individuales de que consta una determinada cadena. Éstas son un ejemplo de lo que se denomina **iterables**[17], que de forma básica podemos definirlos como objetos que tienen la capacidad de devolver uno a uno todos los elementos que contienen. Podemos acceder a cada uno de los componentes de una cadena mediante un bucle *for* (que sería un ejemplo de lo que se denomina **iterador**[18], que recorre los elementos de un *iterable*) de la siguiente manera:

for nombre_carácter in cadena

La variable *nombre_carácter* pasará de forma secuencial por todos los elementos de la cadena, desde el primero al último. Veamos un ejemplo:

```
>>> micadena = "La relación calidad/precio del monitor es excelente."
>>> for carácter in micadena:
...     if carácter == 'a':
...         print("Carácter 'a' encontrado")
...
Carácter 'a' encontrado
Carácter 'a' encontrado
Carácter 'a' encontrado
Carácter 'a' encontrado
```

Esta forma es muy cómoda, pero nos limita a una búsqueda en todos los elementos de la cadena, lo que no siempre deseamos. Para hacer una búsqueda más detallada usaremos el *for* junto con el operador índice. Por ejemplo, si queremos saber cuántos de los elementos en posición par de una cadena son *0*, podríamos escribir el siguiente código[19]:

```
>>> micadena = "001020303001020102040"
>>> for i in range(1, len(micadena), 2):
...     if micadena[i] == '0':
...         print("Un 0 en posición par encontrado")
...
Un 0 en posición par encontrado
Un 0 en posición par encontrado
Un 0 en posición par encontrado
Un 0 en posición par encontrado
Un 0 en posición par encontrado
```

17 *Iterable* en inglés.
18 *Iterator* en inglés.
19 He marcado en negrita los *0's* que cumplen la condición para visualizarlos mejor.

Hemos recorrido todos los valores de posición par de la cadena (recordando que como los índices empiezan en *0*, la primera posición par tiene índice *1*) y sacado por pantalla un mensaje cuando el carácter en cuestión era un *0*. De estas dos maneras principales será muy fácil recorrer la cadena como paso previo a su procesado.

6.2 LISTAS

Veamos a continuación un tipo de dato que sí se adecúa perfectamente al tratamiento de cantidades grandes de información (algo fundamental para la resolución de cualquier programa que afrontemos): las *listas*. Es evidente que las cadenas no son la forma adecuada para el tratamiento unitario de un gran volumen de datos, y debatir sobre ello fue más un ejercicio mental que una búsqueda real. En *Python* tenemos varias estructuras de datos interesantes y las listas será la primera que veamos a continuación.

6.2.1 Definición y creación de listas. Comprensiones de listas y operador índice []

El tipo *lista* nos permite almacenar bajo un solo nombre un número no fijo[20] de valores de forma secuencial. Estos valores no tienen que ser del mismo tipo. Todo ello es una gran ventaja y comodidad. Las listas se representan de la siguiente manera:

[*dato_1, dato_2, ..., dato_n* **]**

Toda la lista encerrada entre corchetes y con sus elementos separados por comas. La lista es un ejemplo de lo que se denomina *tipo secuencial*[21]. También lo son las cadenas, ya que son secuencias de caracteres. La diferencia es que las listas pueden contener secuencias de cualquier tipo de datos mientras que las cadenas solo de caracteres. Cada uno de los elementos que componen una lista es accesible mediante un índice.

La clase que define qué son las listas, cómo crearlas y los métodos para manejarlas es la clase *list*. Hay varias formas de crear una lista[22]:

20 En otros lenguajes de programación (al manejar un tipo llamado *array*) el número de elementos debe ser fijado previamente.

21 De forma muy simplificada lo entenderemos como tipos con la característica de poder acceder a sus elementos de forma secuencial.

22 Teclearemos los ejemplos en el intérprete *Python* de *PyScripter* mientras tenemos seleccionada la ventana *"Variables"* para visualizar (observando cómo las representa) todas las listas que vamos creando.

1. Mediante el *formato* de las listas directamente:

```
>>> lista_7 = []                    # Lista vacía.
>>> lista_7
[]
>>> lista_8 = [14, 8.92, "Adiós"]
>>> lista_8
[14, 8.92, 'Adiós']
```

2. Mediante el *constructor* de la clase list, que tiene el formato:

list(*[iterable]*)

Devuelve una lista cuyos elementos son los elementos individuales del *iterable,* en el mismo orden.

```
>>> lista_1 = list()                # Creamos una lista vacía
>>> lista_1
[]
>>> lista_2 = list([1, 2, 3])
>>> lista_2
[1, 2, 3]

>>> lista_3 = list((1, 2, 3))       # Mas adelante veremos qué tipo de elemento es (1, 2, 3).
>>> lista_3
[1, 2, 3]

>>> lista_4 = list([1, 1.34, "Hola"])  # Lista con elementos de distinto tipo.
>>> lista_4
[1, 1.34, 'Hola']

>>> lista_5 = list(range(4, 12, 2))
>>> lista_5
[4, 6, 8, 10]

>>> lista_6 = list("Hola")          # Lista creada a partir de una cadena
>>> lista_6
['H', 'o', 'l', 'a']
```

3. Mediante *comprensiones de listas (list comprehensions)*:

Las *list comprehensions* proporcionan un método rápido para crear una lista de elementos. Tienen el siguiente formato:

[expresión bloque_for** [bloques_for y/o bloques_if]* ***]

Distinguimos entre los corchetes exteriores (obligatorios en el formato) y los interiores, que como siempre nos indican que lo que aparece en su interior es opcional y puede, o no, aparecer. Recorre los elementos que nos marcan los bucles *for* (que pueden estar anidados), comprueba que opcionalmente cumplen las condiciones impuestas por los bloques *if* y con esos elementos generan la lista en base a la *expresión* que hayamos elegido. Pongamos ejemplos:

```
>>> lista_9 = [x ** 2 for x in lista_5 if x > 7]          // La lista_5 es [4, 6, 8, 10]
>>> lista_9
[64, 100]
>>> lista_10 = [x + y for x in lista_2 for y in lista_5]  // lista_2 = [1, 2, 3]
>>> lista_10                                               // lista_5 = [4, 6, 8, 10]
[5, 7, 9, 11, 6, 8, 10, 12, 7, 9, 11, 13]
>>> lista_11 = [x + y for x in lista_2 if x > 1 for y in lista_5 if y > 7]
>>> lista_11
[10, 12, 11, 13]
>>> lista_12 = [2*x for x in range(100, 140, 4)]
>>> lista_12
[200, 208, 216, 224, 232, 240, 248, 256, 264, 272]
```

En la *lista_9* la expresión es x^2 y busca mediante un *for* en los elementos de la *lista_5*, de los cuales solo coge los que cumplen que son mayores que *7* (condición impuesta mediante un *if*).

En la *lista_10* tenemos la expresión *x+y* y dos bucles *for* anidados, el más interior recorriendo la *lista_5* y el más interior la *lista_2*.

En la *lista_11* tenemos lo mismo que en la *lista_10* pero con dos condicionales en los bucles que limitan los valores a *[2, 3]* para el bucle exterior y a *[8,10]* para el exterior, de ahí los valores obtenidos.

En la *lista_12* tenemos como expresión *2x* y dentro del for hemos definido un rango que va desde *100* a *140* (excluido) con paso *4*.

Cuando creamos una lista podemos:

- No asociarla con ninguna variable. Es lo que se denomina una **lista anónima.**
- Asociarla a una determinada variable que la referencia. Es el caso más habitual y el que hemos empleado en todos los ejemplos puestos hasta la fecha. Por ejemplo cuando hacemos:

```
>>> lista_4 = list([1, 1.34, "Hola"])
```

Lo que tenemos es:

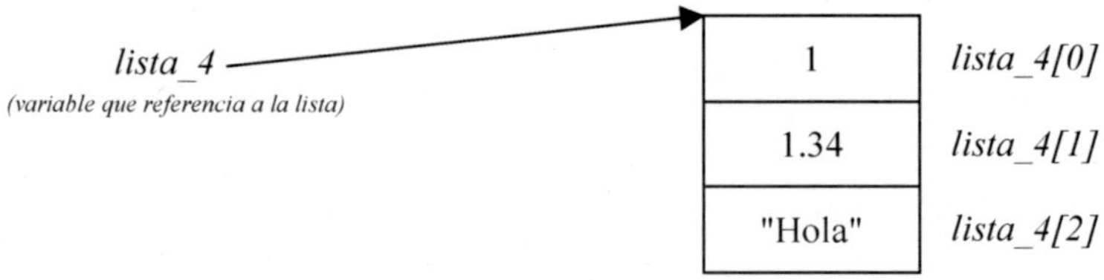

Como en otros casos en los que hemos creado objetos a partir de una clase, en éste creamos nuestro objeto particular a partir del constructor de la clase *list* y se asocia a la variable *lista_4*, que lo referencia. Como comentamos al hablar de las clases, los objetos y las variables, hablaremos por simplicidad de que *lista_4* es una lista en lugar de decir de manera más apropiada (pero más larga) que es una referencia que apunta al objeto creado a partir de la clase *list*.

Las listas tienen generalmente muchos componentes. ¿Cómo hacemos para acceder a cada uno de ellos? Usando el **operador índice** *([i])*, que nos permite indicar en qué posición numérica secuencial se encuentra nuestro elemento. El formato es:

nombre_lista [índice]

Tiene la particularidad de comenzar desde cero, es decir, el primer elemento de la lista tiene como índice *0*. Cuando recorramos la lista los índices irán desde *0* hasta el tamaño de la lista menos uno. Si intentamos acceder a un elemento fuera del rango que tiene nuestra lista, nos dará un error en tiempo de ejecución de tipo error de índice[23]:

```
>>> a = lista_9[3] + 1
Traceback (most recent call last):
File " <string>", line 301, in runcode
File "<interactive input>", line 1, in <module>
IndexError: list index out of range
```

Si en lugar de intentar acceder a un índice fuera del rango permitido en nuestra lista cometemos el error de considerar el primer índice de ella el *1*, estaremos incurriendo en un error (no nos lo indicará de no ser que superemos por ese motivo el

23 IndexError.

rango de la lista) que en inglés vimos que se denomina *off-by-one error*. En nuestra *lista_4* tenemos que, por ejemplo, *lista_4[1]* es *1.34*. Cada uno de los elementos que componen la lista son objetos que se pueden utilizar y tratar como tal:

```
>>> suma = lista_2[2] + lista_9[1]
>>> suma
103
```

También podemos usar índices enteros negativos en nuestra lista. ¿Cómo se actúa en estos casos? Tendremos la siguiente equivalencia:

$$lista[-i] = lista[-i + longitud\_de\_la\_lista]$$

Recordemos que el índice negativo podrá ser tan grande en valor absoluto[24] como la longitud de la lista, en cuyo caso apuntaremos al primer valor de ésta:

```
>>> lista_11
[10, 12, 11, 13]
>>> lista_11[-1]
13
>>> lista_11[-4]
10
```

En nuestros dos ejemplos:

$lista\_11[-1] = lista\_11[-1+ 4] =lista\_11[3] = 13$

$lista\_11[-4] = lista[-4+ 4] =lista\_11[0] = 10$

Si intentásemos acceder a un valor no permitido obtendríamos en tiempo de ejecución un error de tipo *IndexError*:

```
>>> lista_11[-5]
Traceback (most recent call last):
File "<string>", line 301, in runcode
  File "<interactive input>", line 1, in <module>
IndexError: list index out of range
```

6.2.2 Operadores sobre listas

Hay una amplia variedad de operadores que podremos usar con listas. Veremos cómo funcionan.

24 Valor sin considerar el signo.

6.2.2.1 OPERADOR ':' O DE TROCEADO DE LISTAS

Con el operador índice que vimos en el apartado 6.2.1 podemos acceder a cada uno de los elementos que componen ésta. El *operador troceado*[25] nos permitirá, partiendo de una determinada lista, "cortar" un trozo de ella. El formato es:

nombre_lista [*[índice_inicio]* **:** *[índice_ in]* ***]***

Devolverá una lista que irá desde *índice_inicio* hasta *índice_fin – 1*. Tanto el *índice_inicio* como el *índice_fin* pueden ser números negativos (dentro del rango de la lista) pero el *índice_inicio* debe marcar un elemento que aparezca antes en la lista que el que marca *índice_fin* (es decir, *índice_inicio* < *índice_fin*) o de lo contrario se nos devolverá una lista vacía. En el caso en que *índice_fin* sea mayor que la longitud de la lista, cogerá ésta como valor.

Veamos ejemplos:

```
>>> lista_12
[200, 208, 216, 224, 232, 240, 248, 256, 264, 272]
>>> lista_13 = lista_12[2:5]
>>> lista_13
[216, 224, 232]
>>> lista_14 = lista_12[-5 : -2]
>>> lista_14
[240, 248, 256]
>>> lista_12[3 : -1]
[224, 232, 240, 248, 256, 264]
>>> lista_12[-1 : 3]
[]
>>> lista_12[2 : 2]
[]
>>> lista_12[2 : 3]
[216]
>>> lista_12[7 : 15]
[256, 264, 272]
```

Tanto *índice_inicio* como *índice_fin* aparecen en el formato entre corchetes sin negrita[26], lo que indica que son opcionales. Si no indicamos *índice_inicio* tomará como valor *0* y si no lo hacemos con *índice_fin* tomará el índice del último elemento de la lista.

```
>>> lista_12
[200, 208, 216, 224, 232, 240, 248, 256, 264, 272]
```

---

25 *Slicing operator* en inglés.

26 Los que aparecen en negrita son obligatorios en el formato.

```
>>> lista_12
[200, 208, 216, 224, 232, 240, 248, 256, 264, 272]
>>> lista_12[:5]
[200, 208, 216, 224, 232]
>>> lista_12[4:]
[232, 240, 248, 256, 264, 272]
>>> lista_12[:]
[200, 208, 216, 224, 232, 240, 248, 256, 264, 272]
```

6.2.2.2 OPERADORES '+' Y '*' SOBRE LISTAS

Estos operadores, que hemos usado en otros tipos de dato, para las listas constituyen el *operador concatenación* y el *operador repetición*. El primero une dos listas y el segundo crea una repetición un número entero de veces del contenido de la lista. El orden de operandos en el *operador concatenación* es importante, ya que marca que lista aparece primero, pero en el *operador repetición* dará igual que el número entero (uno de los operandos) vaya delante o detrás de la lista. Veamos ejemplos:

```
>>> lista_1 = [ 12, 4, 6]
>>> lista_2 = [ 7, 21, 9]
>>> lista_1 + lista_2
[12, 4, 6, 7, 21, 9]
>>> lista_2 + lista_1
[7, 21, 9, 12, 4, 6]
>>> lista_1 + lista_2 + lista_1
[12, 4, 6, 7, 21, 9, 12, 4, 6]
>>> 3 *lista_1
[12, 4, 6, 12, 4, 6, 12, 4, 6]
>>> 3 *lista_1
[12, 4, 6, 12, 4, 6, 12, 4, 6]
>>> 2 *lista_1 + 3 * lista_2                        # Hace repetición antes.
[12, 4, 6, 12, 4, 6, 7, 21, 9, 7, 21, 9, 7, 21, 9]
>>>>>> lista_3 = lista_1 + lista_2 * 2
>>> lista_3
[12, 4, 6, 7, 21, 9, 7, 21, 9]
```

Ejemplos erróneos del uso de los operadores '+' y '*' sobre listas serían:

```
>>> 3.5 * lista_1          # No se puede multiplicar una lista por un número real.
>>> lista_1 * lista_2      # No se puede usar el operador repetición de esta manera.
```

6.2.2.3 OPERADORES IN /NOT IN EN LISTAS

En muchos momentos nos será de gran utilidad saber si un determinado elemento está o no en una lista. Para ello haremos uso de los operadores *in/not in*, que tienen el formato:

elemento_a_buscar [in / not in] lista_en_la_que_buscar

Estos operadores nos devolverán un valor booleano indicando si el elemento está o no en la lista. Siguiendo los ejemplos anteriores:

```
>>> 7 in lista_3
True
>>> 11 in lista_3
False
>>> 11 not in lista_3
True
```

6.2.2.4 OPERADORES RELACIONALES (<, <=, > , >=, ==, !=) EN LISTAS

Podemos usar los operadores relacionales[27] para comparar listas. Estas comparaciones se hacen elemento a elemento (de igual índice), por lo que es necesario que ambos sean de tipos comparables. Ya vimos con anterioridad cómo se comparaban cadenas, y el sistema utilizado para ello. Ahora se usará un sistema similar: los operadores compararán el primer elemento de ambas listas. Si de ahí ya sacan un resultado, no seguirán con el resto de elementos. En caso contrario compararían el segundo elemento, y así sucesivamente hasta que se llegue a una conclusión, o al último elemento de la lista. Veamos ejemplos:

```
>>> lista_1 = [ 12, "Hola", 16]
>>> lista_2 = [ 12, "Adiós", 27]
>>> lista_3 = [ 21, 7, 9]
>>> lista_4 = [ 12, "Hola", 16]
>>> lista_1 > lista_2                                    # "Hola" > "Adiós"
True
>>> lista_1 > lista_3
False
>>> lista_1 != lista_4
False
>>> lista_2 <= lista_1
True
>>> lista_1 <= lista_4
True
```

27 También denominados *de comparación*.

```
>>> lista_1 == lista_2
False>>>
>>> lista_3 > 5 * lista_4                    #Recordar prioridad operadores
True
>>> lista_3 = [ 12, 7, 9]
>>> lista_1 > lista_3 Traceback
(most recent call last):
File "<string>", line 301, in runcode
  File "<interactive input>", line 1, in <module>
TypeError: unorderable types: str() > int()
```

Sobre ellos comentar el caso *lista_1 > lista_3*, donde en un primer caso sí es una expresión correcta ya que tras comparar el primer elemento de ambas listas llegamos a una respuesta y no pasamos a los segundos componentes. En un segundo caso, al cambiar el primer valor de *lista_3* y hacerlo igual al de *lista_1*, tras la primera comparación no nos puede dar una respuesta ya que son iguales, y al pasar al segundo elemento es cuando nos genera un error debido a que los tipos (cadena y entero) no son comparables.

6.2.3 Funciones y listas

Veremos en este apartado la relación entre funciones y listas. En primer lugar, observaremos el comportamiento de las listas al ser pasadas como argumentos de entrada a una función, o ser su valor de salida. Posteriormente conoceremos una serie de funciones predefinidas útiles para efectuar cálculos sobre una lista.

6.2.3.1 FUNCIONES APLICADAS A LISTAS

Existen multitud de funciones predefinidas en el intérprete *Python* que pueden aplicarse a las listas y que nos pueden ser de gran utilidad. Algunas de ellas son:

- ***len****(lista)* Devuelve la longitud de la lista, es decir, el número de elementos que la componen.
- ***sum****(lista)* Devuelve la suma de todos los elementos de la lista.
- ***max****(lista)* Devuelve el valor máximo de los elementos que componen la lista.
- ***min****(lista)* Devuelve el valor mínimo de los elementos que componen la lista.

Al venir ya por defecto incluidas en el intérprete[28], su posible uso es inmediato. Veamos algunos ejemplos:

```
>>> lista_1 = [12, 32, 8, 1, 92, 121, 76]
>>> lista_2 = [1.23, 2.34, 12, 32, 142.7]
>>> len(lista_1)
7
>>> len(lista_2)
5
>>> sum(lista_1)
342
>>> sum(lista_2)
189.57
>>> max(lista_1)
121
>>> max(lista_2)
142.7
>>> min(lista_1)
1
>>> min(lista_2)
1.23
```

Las dos listas sobre las que hemos aplicado las funciones son listas con todos los valores del mismo tipo, no habiendo tenido ningún tipo de problema en ese caso. Como las listas nos permiten tener valores de distintos tipos, ¿podremos usar estas funciones con listas con tipos heterogéneos? Pongamos el ejemplo de los tipos más heterogéneos que conocemos hasta la fecha (cadenas y enteros):

```
>>> lista_3 = ["hola", 7, 21]
>>> max(lista_3)
Traceback (most recent call last):
File "<string>", line 301, in runcode
  File "<interactive input>", line 1, in <module>
TypeError: unorderable types: int() > str()
```

A pesar de que cuando comparamos cadenas se utiliza el código *ASCII* de cada uno de sus caracteres (que es en definitiva un número), y como ya nos ocurrió al usar los operadores relacionales, no se nos permite comparar elementos de tipo numérico (*int* o *float*) con los de tipo cadena, con lo cual nos genera un error en los tipos:

TypeError: unorderable types: int() > str()

28 Recordemos, las *built-in functions*.

En él se nos indica que *int* y *str* no son tipos ordenables entre sí. Lo que sí estará permitido será comparar listas compuestas por elementos de tipo cadena:

```
>>> lista_4 = [“Primero”, “Segundo”, “segundo”]
>>> len(lista_4)
3
>>> max(lista_4)
‘segundo’
>>> min(lista_4)
‘Primero’
>>> ord(‘P’)
80
>>> ord(‘S’)
83
>>> ord(‘s’)
115
```

Hemos hecho uso de la función *ord()* para visualizar el código *Unicode* (o *ASCII*) correspondiente a la primera letra de cada una de las tres cadenas que componen la lista. La función *len()* funciona correctamente, lo mismo que *max()* y *min()*, que comparan cadenas con el método que ya conocemos. No obstante, la función *sum()* no funcionará:

```
>>> sum(lista_4)
Traceback (most recent call last):
  File “<string>”, line 301, in runcode
File “<interactive input>”, line 1, in <module>
TypeError: unsupported operand type(s) for +: ‘int’ and ‘str’
```

Porque no se pueden sumar cadenas. Nos lo indica perfectamente el intérprete *Python* de *PyScripter*:

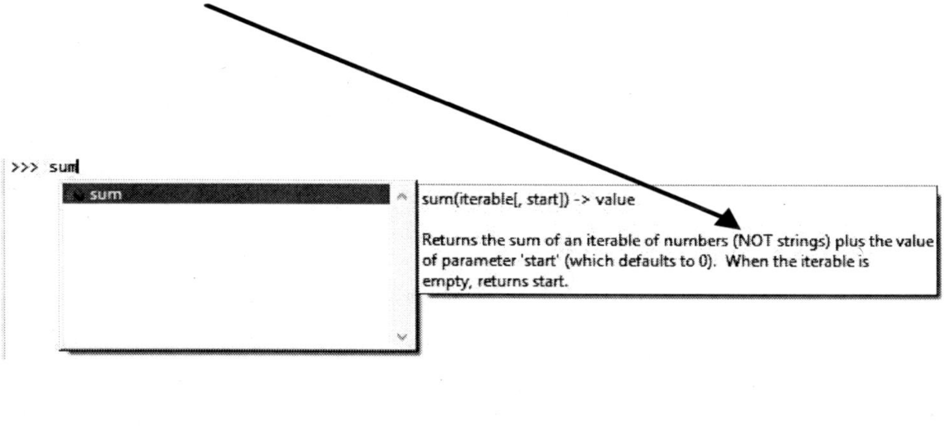

Una lista con números es un ejemplo de *iterable of numbers*[29]. Cuando la lista está compuesta de elementos comparables, no tendremos ningún problema al usar cualquiera de las funciones:

```
>>> lista_5 = [1, 12.32, 7, 9, 21.8992, 9.00121, 21]
>>> len(lista_5)
7
>>> sum(lista_5)
81.22041
>>> max(lista_5)
21.8992
>>> min(lista_5)
1
```

En el ejemplo puesto los tipos comparables son *int* y *float*.

Además de las funciones incluidas por defecto en el intérprete, podremos usar otras muy útiles para su uso con listas almacenadas en librerías, como *shuffle()* de la ya conocida librería *random*:

- ***shuffle(****lista)* Desordena[30] aleatoriamente[31] los elementos de una lista.

Veamos algún ejemplo:

```
>>> import random
>>> lista_5
[1, 12.32, 7, 9, 21.8992, 9.00121, 21]
>>> random.shuffle(lista_5)
>>> lista_5
[21, 1, 7, 9, 12.32, 9.00121, 21.8992]
>>> random.shuffle(lista_5)
>>> lista_5
[9.00121, 12.32, 1, 21, 7, 21.8992, 9]
```

Observamos que para hacer uso de la función *shuffle()* tenemos previamente que importar la librería *random* mediante la palabra clave *import*. Posteriormente se hace la llamada a la función con el formato que ya conocemos. También nos fijaremos en el icono que muestra *PyScripter* al importar la librería *random* en la ventana *"Variables"*:

29 Lo traduciríamos como *iterable de números*.
30 La palabra inglesa *shuffle* significa desordenar.
31 Recordemos que los números generados aleatoriamente por un ordenador nunca lo son en un sentido completamente estricto, pero si serán útiles a nivel práctico en la mayoría de los casos.

Variables

Name	Type	Value
{} globals	dict	{'__builtins__': {'ArithmeticError': <class 'ArithmeticError'>, 'A
[] lista_1	list	[12, 32, 8, 1, 92, 121, ...]
[] lista_2	list	[1.23, 2.34, 12, 32, 142]
[] lista_3	list	['hola', 7, 21]
[] lista_4	list	['Primero', 'Segundo', 'segundo']
[] lista_5	list	[9.00121, 12.32, 1, 21, 7, 21.8992, ...]
pyscripter	module	<module 'pyscripter'>
random	module	<module 'random' from 'C:\\Python33\\lib\\random.py'>
{} __builtins__	dict	{'ArithmeticError': <class 'ArithmeticError'>, 'AssertionError':
__doc__	None...	None
__name__	str	'__main__'

Haciendo clic sobre el símbolo '+' que aparece a la izquierda del nombre de la librería obtendremos todos los elementos que la componen.

6.2.3.2 LISTAS COMO ARGUMENTOS DE ENTRADA Y SALIDA DE FUNCIONES

Como hemos comprobado en la sección anterior[32], a una función le podemos pasar como argumento[33] de entrada una lista, en cuyo caso le pasamos la referencia a ella, lo que nos permitirá cambiar (como hemos podido observar) su contenido. Eso es lógico ya que las lista son objetos **mutables**, en contraposición a la inmutabilidad de los números o los caracteres. Para empezar a ver ejemplos de todo ello, teclearemos un ejemplo en el editor de *PyScripter* y lo guardaremos con el nombre *ejemplo_funciones_y_listas.py*:

```

def elevar_2(numero : int , lista: list):
    for i in range(0, len(lista)):
        lista[i] = lista[i] **2
    numero = numero ** 2
    input()

def main():
    numero = 10
    lista = [1, 2, 3, 4, 5]
    print("La lista original es", lista, "y el número es", numero)
    elevar_2(numero, lista)
    print("Tras aplicar la función de elevar al cuadrado ambos elementos:")
    print("La lista es", lista, "y el número es", numero)

main()

```

32 Con funciones predefinidas, pero que no dejan de ser funciones al fin y al cabo.

33 La diferencia entre parámetro y argumento debe estar bien clara a estas alturas del libro.

La salida al ejecutarlo es[34]:

```
>>>
La lista original es [1, 2, 3, 4, 5] y el número es 10
Tras aplicar la función de elevar al cuadrado ambos elementos:
La lista es [1, 4, 9, 16, 25] y el número es 10
>>>
```

Analicemos el código: creamos una función *elevar_2()* que recibe dos argumentos. Uno es un número entero y otro una lista. Dentro de la función elevamos al cuadrado todos los elementos de la lista mediante un bucle *for*, y hacemos lo propio con el número entero recibido. He colocado los mismos nombres en la cabecera de la función que los empleados en el *main()* para almacenar la lista y la variable. Al observar la salida nos damos cuenta de que sí se ha modificado la lista pero no la variable *numero*, que sigue con su valor original. ¿Por qué?

1. A pesar de tener el mismo nombre que la del *main()*, la variable numero de la función *elevar_2()* es una variable *local* a ella (y que por lo tanto solo existe si la ejecución del programa está en su interior), por lo que, al ser los números enteros objetos inmutables, al salir de la función y regresar a *main()*, volveremos a su variable local *numero*, que sigue *apuntando* al objeto de valor *10*.

2. El argumento *lista* que recibe la función *elevar_2()* contiene la *dirección* de la lista *lista* definida en el *main()*, y tiene el mismo nombre que ella (aunque podríamos haber elegido otro sin variar el resultado). El haber sido modificada viene precisamente de eso, de que lo que le pasamos a la función es la dirección donde está la lista, con lo cual podremos *apuntar* a ella y cambiar su contenido.

Será muy didáctico (y nos aclarará conceptos) ejecutar paso a paso el programa en *PyScripter* mediante *F7*, observando cómo va cambiando el contenido de la ventana *"Variables"*. En los momentos indicados de su ejecución[35] tendremos, esquemáticamente:

---

34 Nos pedirá que introduzcamos un valor por teclado. Es por los motivos que veremos en breve. Simplemente pulsaremos *Enter*.

35 Iremos ejecutando las instrucciones y parándonos en los puntos indicados del programa.

- Tras ejecutar la línea 10 del código:

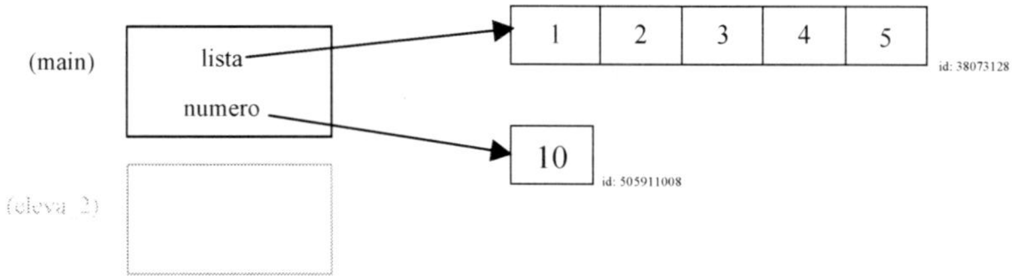

Las variables locales de la función *eleva_2()* no han sido aún creadas. Los identificadores de la lista y la variable entera podremos saberlos en tiempo de ejecución mediante comandos en la ventana del intérprete, que ahora nos indica colocando *[Dbg]* antes del *prompt* que estamos en *modo debugger* (o modo depuración):

```
[Dbg]>>> id(lista)
38073128
[Dbg]>>> id(numero)
505911008
```

Los valores de la función *id()* que obtendrá el lector serán distintos a los indicados[36], ya que las direcciones de memoria donde se almacenan los datos varían (incluso en un mismo ordenador) en cada ejecución del intérprete.

- Antes de ejecutar la línea 3 del código:

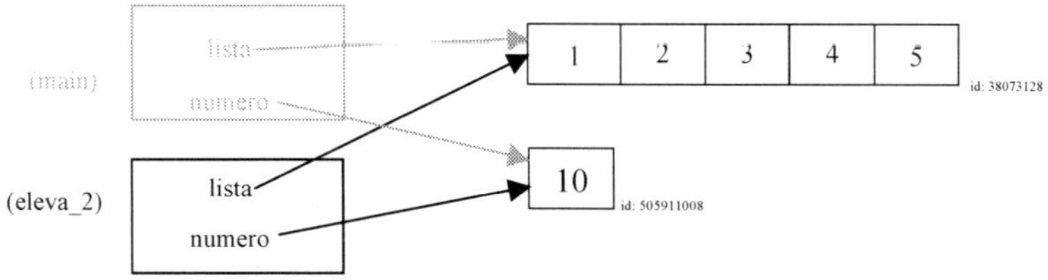

Podremos hacer de nuevo:

```
[Dbg]>>> id(lista)
38073128
[Dbg]>>> id(numero)
505911008
```

36 Lo cual no nos afecta para nada desde el punto de vista cualitativo.

Con ello comprobamos que las dos nuevas variables locales a *eleva_2()* apuntan a los mismos objetos que las de la función *main()*.

- Antes de ejecutar la línea 5 del código (tras salir del *for*):

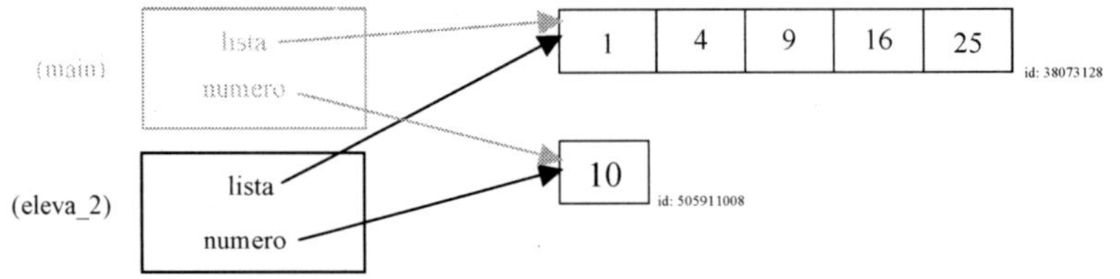

Haremos, para comprobar que seguimos apuntando a la misma lista:

```
[Dbg]>>> id(lista)
38073128
```

- Tras ejecutar la línea 5 del código[37] tendríamos:

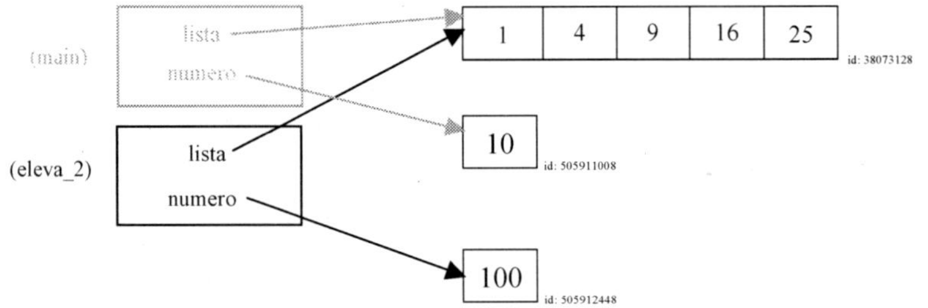

Comprobamos que ahora *numero* apunta a otro objeto:

```
[Dbg]>>> id(numero)
505912448
```

Tras todo ello, ejecutaremos el *input* de la línea 6, pulsaremos *Enter* y volveremos a la función principal.

- Antes de ejecutar la línea 13 del código. Hemos vuelto a la función principal; tenemos el siguiente esquema:

---

37 He colocado la instrucción *input* con el único propósito de poder visualizar el valor de la variable *numero* y conocer su identificador.

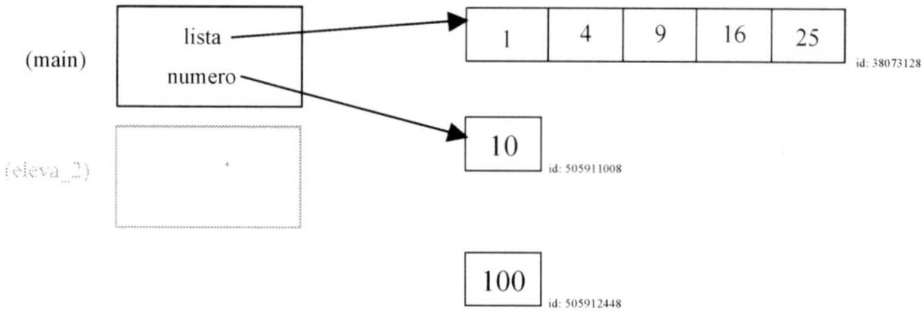

Para comprobar, teclearemos:

```
[Dbg]>>> id(lista)
38073128
[Dbg]>>> id(numero)
505911008
```

Las variables locales de *eleva_2()* se han destruido, así que ninguna variable referencia al objeto de tipo entero y valor *100*, por lo que será recogido por el recolector de basura del intérprete *Python* para liberar el espacio que ocupaba en memoria.

Posteriormente el programa sacará los valores de las dos variables por pantalla.

En este primer ejemplo he querido ver un caso de paso de argumentos a una función. En él se recibían directamente, y desde el exterior, los valores de los parámetros (los argumentos). Tenemos también la posibilidad de definir el valor por defecto de los argumentos dentro de la cabecera de la función. Modificando nuestro programa anterior para generar el siguiente, que guardaremos con el nombre *ejemplo_funciones_y_listas2.py,* podremos ver un ejemplo de ello:

```

def elevar_2(numero : int , lista = [1, 2, 3]):
    for i in range(0, len(lista)):
        lista[i] = lista[i] **2
    numero = numero ** 2
    print("El número dentro de la función elevar_2 es:", numero)
    print("La lista dentro de la función elevar_2 es:", lista)

def main():
    numero = 10
    elevar_2(numero)
    print("El número en el programa principal es:", numero,"\n")

    elevar_2(numero)
    print("El número en el programa principal es:", numero,"\n")

    elevar_2(numero,[5, 5, 5, 5, 5])
    print("El número en el programa principal es:", numero,"\n")

main()

```

Su salida es:

```
>>>
El número dentro de la fucnion elevar_2 es: 100
La lista dentro de la fucnion elevar_2 es: [1, 4, 9]
El número en el programa principal es: 10

El número dentro de la fucnion elevar_2 es: 100
La lista dentro de la fucnion elevar_2 es: [1, 16, 81]
El número en el programa principal es: 10

El número dentro de la fucnion elevar_2 es: 100
La lista dentro de la fucnion elevar_2 es: [25, 25, 25, 25, 25]
El número en el programa principal es: 10

>>>
```

Observando el código, lo más llamativo es la definición de un valor por defecto para el parámetro *lista* de la función *elevar_2()*, indicando que podríamos no pasar ese argumento en la llamada a la función, cosa que no ocurre con el parámetro *numero*, que al no tener valor por defecto es obligatorio pasárselo en la llamada.

Si no suministramos el valor de *lista* a la función, toma el indicado por defecto. Si lo hacemos, anula el valor por defecto y trabaja con el dado.

En la primera ejecución de la función *elevar_2()* en la línea 11, al no pasar valor para la lista, la crea con los valores por defecto al entrar en la función. Es por ello que saca por pantalla *[1, 4 , 9]* como su cuadrado.

En la segunda ejecución de la función *elevar_2()* en la línea 14 tampoco pasamos valor para la lista, pero no vuelve a inicializarla al entrar a la función, sino que trabaja con la creada con anterioridad, de ahí que ahora los valores para el cuadrado de la lista son

[1, 16, 81]. Todo ello es derivado de que **solo se inicializan una vez** las listas creadas en las cabeceras de las funciones.

En la tercera ejecución de la función *elevar_2()* en la línea 17 sí le pasamos una lista a la función. Más concretamente una lista anónima[38] de cinco elementos de valor *5*. Se anula en ese momento el valor por defecto de la lista, y toma el valor pasado como argumento. De ahí la salida por pantalla al calcular en la función los cuadrados de los valores de la lista.

Con este ejemplo hemos podido elevar al cuadrado tanto la lista como el número suministrado a la función *elevar_2()*, pero esos valores solo son válidos

38 Recordemos que una lista anónima es una lista sin una variable que la referencie.

dentro de la función, ya que al volver al programa principal desaparecen sus variables locales. ¿Qué tendríamos que hacer para que en la función *main()* tuviésemos disponible la lista modificada? Devolver la referencia a ella mediante la instrucción *return*; de esta manera tendríamos la lista como *salida*. Veámoslo modificando nuestro código, y guardándolo con el nombre *ejemplo_funciones_y_listas3.py*:

```

def elevar_2(numero : int , lista = [1, 2, 3]):
    print("La variable lista antes de ejecutar la función es:", lista)
    for i in range(0, len(lista)):
        lista[i] = lista[i] **2
    numero = numero ** 2
    return lista, numero

def main():
    numero = 10

    print("La variable número antes de ejecutar la función es:", numero)
    lista, numero = elevar_2(numero)
    print("La variable número después de ejecutar la función es:", numero)
    print("La variable lista después de ejecutar la función es: ", lista,"\n")

    print("La variable número antes de ejecutar la función es:", numero)
    lista, numero = elevar_2(numero)
    print("La variable número después de ejecutar la función es:", numero)
    print("La variable lista después de ejecutar la función es: ", lista,"\n")

    print("La variable número antes de ejecutar la función es:", numero)
    lista, numero = elevar_2(numero,[5, 5, 5, 5, 5])
    print("La variable número después de ejecutar la función es:", numero)
    print("La variable lista después de ejecutar la función es: ", lista)

main()

```

Su salida es:

```
>>>
La variable número antes de ejecutar la función es: 10
La variable lista antes de ejecutar la función es: [1, 2, 3]
La variable número después de ejecutar la función es: 100
La variable lista después de ejecutar la función es:  [1, 4, 9]

La variable número antes de ejecutar la función es: 100
La variable lista antes de ejecutar la función es: [1, 4, 9]
La variable número después de ejecutar la función es: 10000
La variable lista después de ejecutar la función es:  [1, 16, 81]

La variable número antes de ejecutar la función es: 10000
La variable lista antes de ejecutar la función es: [5, 5, 5, 5, 5]
La variable número después de ejecutar la función es: 100000000
La variable lista después de ejecutar la función es:  [25, 25, 25, 25, 25]
>>>
```

En este código ejecutamos tres veces la función *elevar_2()*:

En la primera de ellas solo le pasamos el argumento *numero*, por lo que coge el valor por defecto de *lista*. Pero, y aquí está la diferencia con códigos anteriores, la función nos devuelve los valores de *numero* y *lista* calculados en la función, por lo que, al recogerlos en las variables correspondientes en la línea 13, los tenemos actualizados en la función principal.

En la segunda volvemos a pasarle solo el argumento *numero* (ya actualizado al haber recogido la salida de la función). Pero al haber sido inicializado anteriormente, tendremos los últimos valores definidos para la lista en la función. Calcula los cuadrados de ambas variables y los volvemos a devolver al *main()* en la línea 18.

En la tercera pasamos dos argumentos: la variable *numero* actualizada y una lista anónima con cinco elementos de valor *5*. Calcula sus cuadrados y los saca por pantalla.

De nuevo podría ser interesante ver paso a paso cómo las distintas variables tanto del programa principal como de la función van variando. El lector que haya comprendido completamente el código podría saltarse estos esquemas. En ellos paramos la ejecución paso a paso en puntos específicos para visualizar las variables:

- Antes de ejecutar la línea 13:

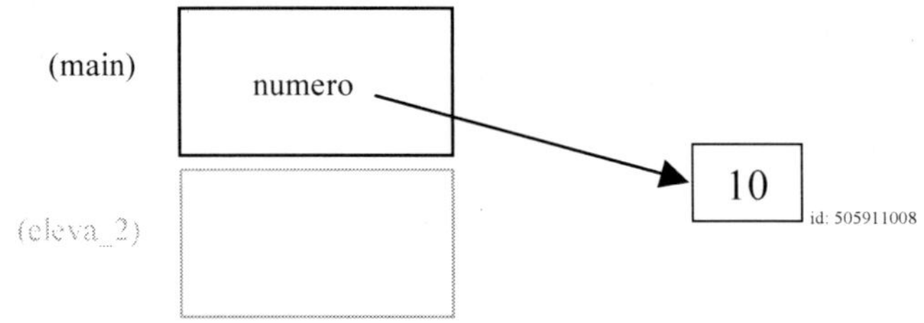

- Antes de ejecutar la línea 3:

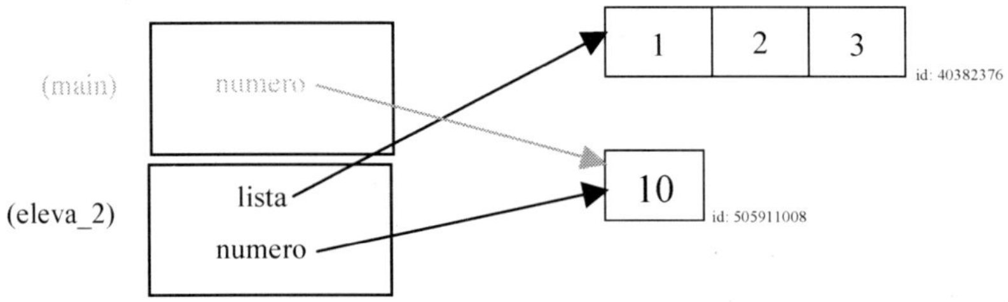

- Antes de ejecutar la línea 7:

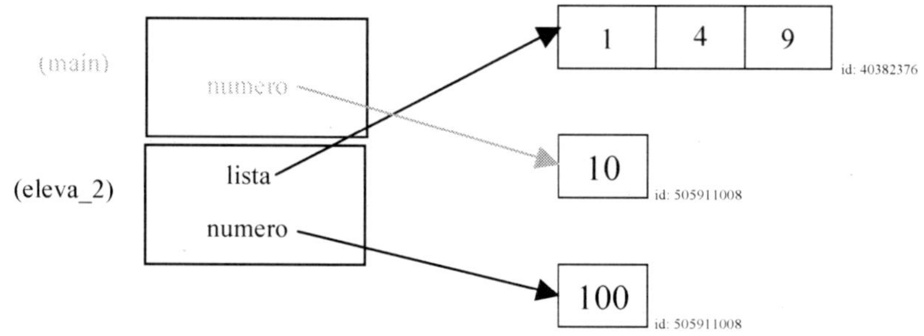

- Antes de ejecutar la línea 14:

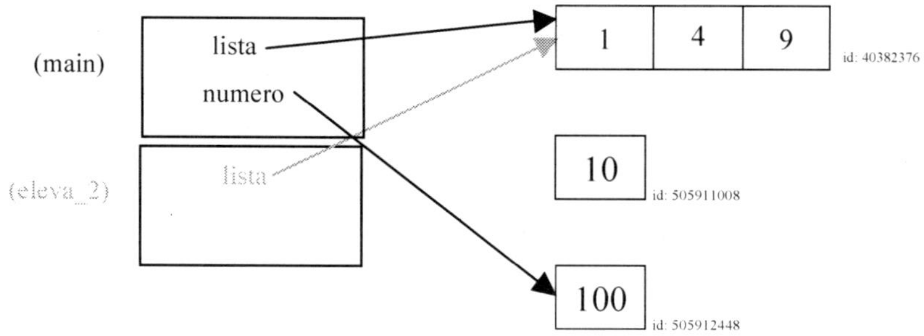

- Antes de ejecutar la línea 3:

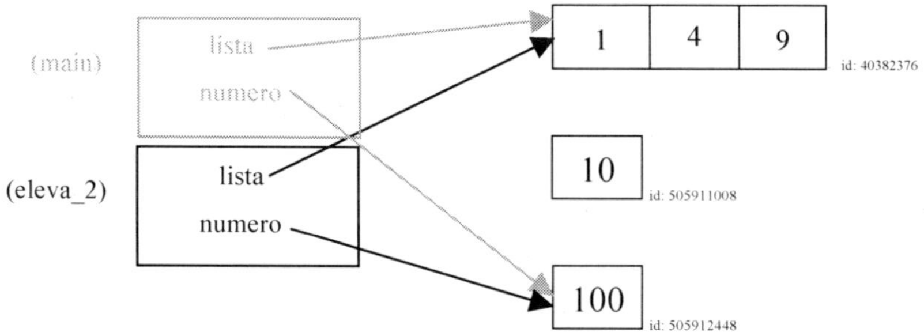

- Antes de ejecutar la línea 7:

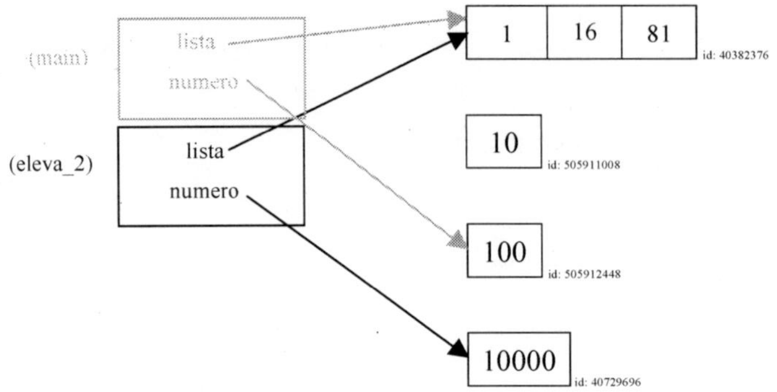

- Antes de ejecutar la línea 19:

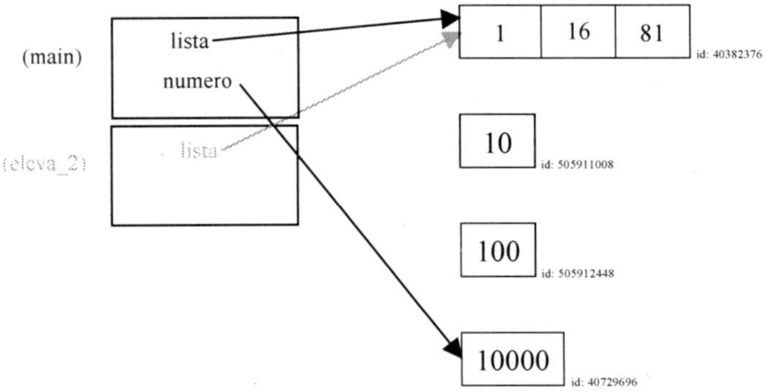

- Antes de ejecutar la línea 3:

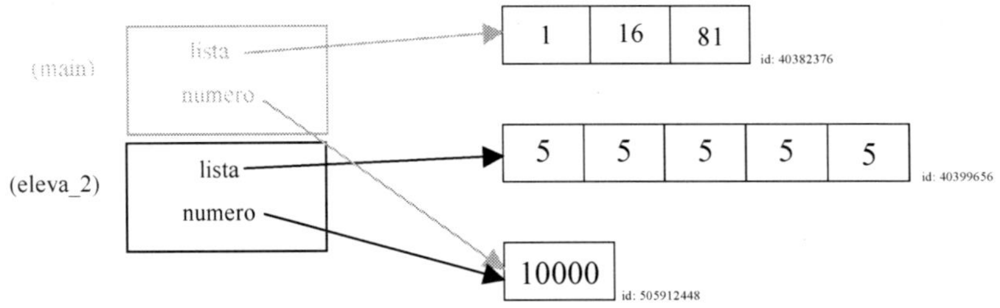

- Antes de ejecutar la línea 7:

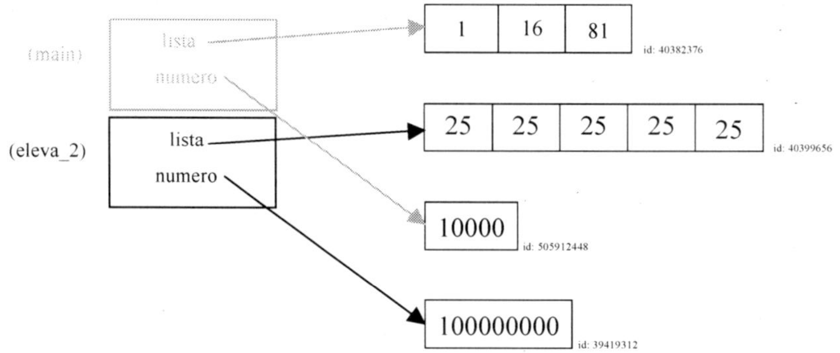

- Antes de ejecutar la línea 24:

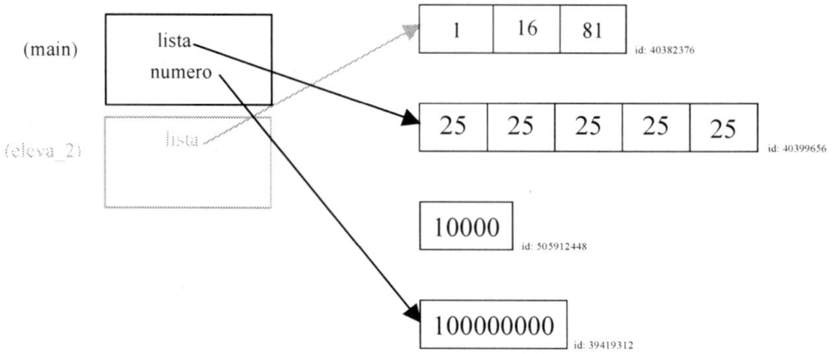

6.2.4 Métodos de la clase list

Uno de los grandes potenciales de la clase *list* es la extensa variedad de métodos disponibles para tratar con listas, que nos ahorrará en muchos casos el tener que escribir código suplementario, con la molestia y pérdida de tiempo que eso conlleva. En cuanto creemos una lista podremos hacer uso de ellos de manera instantánea. Los cuatro primeros que aprenderemos (usaremos el formato *UML*) son:

- ***append****(x: object): None* Añade el objeto *x* al final de la lista con la que estamos trabajando. Devuelve *None*.
- ***clear****(): None* Elimina todos los elementos de la lista. Devuelve *None*.
- ***copy****(): list* Devuelve una copia de la lista.
- ***count****(x: object): int* Devuelve el número de apariciones de un determinado valor en la lista. Si no está, nos devolverá *0*.

Veamos algunos ejemplos de estos métodos:

```
>>> a = [12, 2, 12, 23, 9, 7, 97, 3]
>>> a.append(56)
>>> a
[12, 2, 12, 23, 9, 7, 97, 3, 56]
>>> b = a.copy()
>>> b
[12, 2, 12, 23, 9, 7, 97, 3, 56]
>>> a.count(12)
2
>>> a.count(200)
0
>>> b.count(3)
1
>>> b.clear()
>>> b
[]
```

Sigamos viendo más métodos disponibles para las listas[39]:

- ***extend****(l: iterable): None* Añade un determinado *iterable* al final de la lista con la que estamos trabajando[40].
- ***index****(x: object): int* Devuelve el índice de la primera aparición del objeto *x* en la lista. Si no está en ella nos aparece un error de tipo *ValueError.*
- ***insert****(i: int, x: object): None* Inserta el objeto *x* en el índice *i,* desplazando los de índice posterior una unidad hacia la derecha. Si el valor de *i* supera el mayor índice de la lista, coge este último como valor de *i.*,
- ***pop****([i : int]): object* Elimina y devuelve el objeto colocado en el índice *i.* Los elementos de índice superior pasan a tener un índice una unidad menor. Si no le pasásemos nada, por defecto elimina y devuelve el último objeto de la lista. En el caso de que el índice estuviese fuera de rango o la lista vacía, nos daría un error de tipo *IndexError.*

Unos ejemplos, continuación de los usados para los cuatro primeros métodos, son:

```
>>> b.append(12.7)
>>> b.append (77.7)
```

---

39 Recordar que los corchetes indican que el parámetro es opcional.

40 El *iterable* a añadir podría perfectamente ser la misma lista con la que trabajamos, con lo que duplicaría su contenido.

```
>>> b
[12.7, 77.7]
>>> a.extend(b)
>>> a
[12, 2, 12, 23, 9, 7, 97, 3, 56, 12.7, 77.7]
>>> a.index(2)
1
>>> a.insert(1, 27)
>>> a
[12, 27, 2, 12, 23, 9, 7, 97, 3, 56, 12.7, 77.7]
>>> a.pop(3)
12
>>> a
[12, 27, 2, 23, 9, 7, 97, 3, 56, 12.7, 77.7]
>>> a.pop()
77.7
>>> a
[12, 27, 2, 23, 9, 7, 97, 3, 56, 12.7]
>>> a.insert(150, 25)
>>> a
[12, 27, 2, 23, 9, 7, 97, 3, 56, 12.7, 25]
>>> a.pop()
25
>>> a
[12, 27, 2, 23, 9, 7, 97, 3, 56, 12.7]
```

Finalizaremos con los siguientes tres métodos:

- ***remove****(x: object): None* Elimina la primera aparición del objeto *x* en la lista. Si no estuviese en ella obtendríamos un error de tipo *IndexError*. Devuelve *None*.
- ***reverse****(): None* Invierte la lista, es decir, el primer valor pasa a ser el último, el segundo el antepenúltimo... y el último el primero. Devuelve *None*.
- ***sort****([reverse = False]): None* Ordena los elementos de la lista de forma ascendente por defecto. Si quisiésemos que fuese en orden descendente, colocaríamos *reverse = True. Devuelve None.*

Los correspondientes ejemplos:

```
>>> a.remove(23)
>>> a
[12, 27, 2, 9, 7, 97, 3, 56, 12.7]
>>> a.reverse()
>>> a
```

```
[12.7, 56, 3, 97, 7, 9, 2, 27, 12]
>>> a.sort()
>>> a
[2, 3, 7, 9, 12, 12.7, 27, 56, 97]
>>> a.sort(reverse = True)
>>> a
[97, 56, 27, 12.7, 12, 9, 7, 3, 2]
```

Algunos errores típicos del uso de estos métodos serían[41]:

```
>>> a
[97, 56, 27, 12.7, 12, 9, 7, 3, 2]
>>> a.extend(300)                          # 300 no es un iterable.
TypeError: 'int' object is not iterable    # a.extend("hola") sería correcto.
>>> a.index(50)                            # el valor 50 no está en la lista.
ValueError: 50 is not in list
>>> a.pop(200)                             # El índice a eliminar está fuera de rango.
IndexError: pop index out of range
>>> a.remove(50)                           # El valor 50 no está en la lista.
ValueError: list.remove(x): x not in list
```

6.2.5 Ejemplo de uso práctico de listas

Veremos a continuación cómo usar las listas con ejemplos prácticos que nos encontraremos en nuestros programas. Tratan sobre varios aspectos, que van desde el relleno de una lista mediante datos recogidos por teclado a recorrer la lista, pasando por el manejo conjunto de cadenas y listas.

6.2.5.1 CORTAR UNA CADENA Y ALMACENAR LOS TROZOS EN UNA LISTA

Una opción muy interesante que tenemos en la clase *str* es poder trocear una cadena en las distintas partes que la componen y almacenarlas en una lista. Para ello antes debemos identificar qué carácter es el que nos delimita cada uno de los elementos de la cadena, que no tiene por qué ser obligatoriamente el espacio en blanco. Para lograr todo ello usaremos el método *split()* de la clase *str*, que tiene el siguiente formato en *UML*:

split([cadena_separadora : str]) : list

41 A partir de este momento, por claridad y espacio, en el libro solo indicaremos (salvo en determinados casos) la última línea del mensaje de error, que nos indica cuál hemos cometido.

Si no se especifica la cadena separadora se entenderá que es el carácter *espacio en blanco*. Veamos ejemplos:

```
>>> mia = "Hola***que***tal"
>>> mia.split("***")
['Hola', 'que', 'tal']
>>> mia.split("*")
['Hola', '', '', 'que', '', '', 'tal']
>>> mia.split()
['Hola***que***tal']
>>> cadena = "Hola 12.5 29 2100 Nombre Apellidos"
>>> lista_resultante = cadena.split()
>>> lista_resultante
['Hola', '12.5', '29', '2100', 'Nombre', 'Apellidos']
>>> cadena2 = "12.1*67*90*Hola*Nombre"
>>> lista_resultante_2 = cadena2.split('*')
>>> lista_resultante_2
['12.1', '67', '90', 'Hola', 'Nombre']
```

6.2.5.2 RECORRER LOS ELEMENTOS DE UNA LISTA MEDIANTE FOR

Pongámonos en un caso concreto: tenemos una cadena donde están almacenados *"True"* o *"False"* separados por un espacio en blanco, y queremos saber cuántos de ellos son *True*. Para ello debemos distinguir entre la cadena *"True"* y el valor lógico *True*. El primer caso es un texto, una cadena. En el segundo es un valor del tipo *bool*. Por lo tanto, si queremos operar directamente con estos tipos, tendremos que hacer una conversión, como ya sabemos. Veamos cómo sería el código en el intérprete:

```
>>> cadena3 = "True False True True"
>>> lista_resultante_3 = cadena3.split()
>>> lista_resultante_3
['True', 'False', 'True', 'True']
>>> lista_4 = [eval(x) for x in lista_resultante_3]
>>> lista_4
[True, False, True, True]
>>> suma = 0
>>> for x in lista_4:
...    if x == True:
...        suma += 1
...
>>> suma
3
```

Hemos hecho uso de la función *eval()* para pasar de un elemento de tipo cadena a un elemento de tipo booleano. Pudimos recorrer la lista mediante un bucle *for*, ya que *Python* nos permite indicar en él directamente la lista, al ser un elemento *iterable*. Conocemos que su formato es:

for *nombre_variable* ***in*** *nombre_lista*

De esa manera *nombre_variable* recibe cada uno de los elementos de la lista *nombre_lista* de forma secuencial en orden ascendente. Esta es la forma habitual de recorrer una lista en muchos casos, pero en otros necesitaremos hacerlo de manera distinta. En ese caso daremos valores al índice en el bucle *for* y posteriormente accederemos con él (mediante el operador índice) a los elementos deseados. Por ejemplo:

```
>>> lista_5 = [1, 7, 2, 8, 9, 12, 5, 23, 12, 90, 11, 17, 6, 22, 1, 3, 7, 9]
>>> len(lista_5)
18
>>> suma = 0
>>> for i in range(3, len(lista_5), 2):        # Equivale a range(3, 18, 2), luego los índices
...     if lista_5[i] % 2 == 0:                 # van de 3 a 17 de dos en dos
...         suma += 1                           #: 3, 5, 7, 9, 11, 13, 15 y 17.
...
>>> suma
4
```

Con este código lo que hacemos es determinar cuántos números de la *lista_5* son pares desde el cuarto valor hasta el final de la lista y con un paso de 2, es decir, solo los elementos pares (que tienen índices impares) de la lista a partir (inclusive) del cuarto. Obtenemos que el número es 4 ya que *8*, *12*, *90* y *22* son pares. Si quisiésemos recorrer la lista de otra manera solo tendríamos que jugar con los índices con la función *range()*:

```
>>> suma = 0
>>> len(lista_5)
18
>>> for i in range(len(lista_5) - 2 , 0, -2):   # Equivale a range(16, 0, -2), luego los índices
...     if lista_5[i] % 2 == 0:                  # van de 16 al 2 de -2 en -2 (ya que el 0 está
...         suma += 1                            # excluido):
...                                              # 16, 14, 12, 10, 8, 6, 4, 2
>>> suma
3
```

En este caso hemos recorrido la lista a la inversa, empezando en el penúltimo valor y llegando hasta el tercero con paso -2. En esos índices tenemos tres números pares: *6*, *12* y *2*. Usando los índices para acceder a cada uno de los elementos de una lista podemos hacer recorridos personalizados a las necesidades que tengamos, permitiéndonos una gran libertad.

6.2.5.3 RELLENAR LISTAS DE DATOS OBTENIDOS POR TECLADO O DESDE UN FICHERO

Uno de los casos que nos encontraremos en la práctica será el de recibir una serie de datos y tener que almacenarlos en una lista para su posterior procesado. Dentro de él, tendremos el caso más particular de recibir los datos introducidos por teclado. Con los conocimientos adquiridos hasta ahora sobre listas, tendremos tres formas básicas de rellenarlas:

1. Introduciendo los datos por teclado (y añadiéndolos a la lista) uno a uno.

   Para visualizar con código este ejemplo no crearemos un nuevo fichero sino que lo haremos directamente en la ventana del intérprete. Para ello seremos más cuidadosos que cuando tecleamos el código en el editor, ya que cualquier error es más difícil de solucionar. Teclearíamos:

```
>>> milista = []
>>> for i in range(5):
...     print("Introduce el dato", i+1, "de la lista: ")
...     dato = input()
...     milista.append(dato)
...
```

   Tras ello pulsamos *Enter* y nos pedirá por teclado los cinco datos[42]. En nuestro caso introducimos los valores *12*, *5*, *4* ,*9* y *87*. Tras ello, volvemos al *prompt*[43] del intérprete, donde teclearemos:

```
>>> milista
['12', '5', '4', '9', '87']
```

   Comprobamos con ello que la operación de relleno se ha completado correctamente. Puede que a veces este método no sea el más rápido o conveniente, y que lo sea el introducir todos los datos directamente, con un carácter de separación[44] para delimitarlos. Esa será la segunda forma:

2. Introduciendo los datos por teclado en una sola línea.

   Con esta forma tendremos que hacer un tratamiento posterior de esa única línea que contiene todos los datos delimitados por caracteres especiales. Veámoslo nuevamente desde el intérprete:

```
>>> todos_los_datos = input("Introduce todos los datos en una línea separados por espacios: ")
```

42 Recordar: el dato número 1 tiene como índice el 0, el 2 el 1, y así sucesivamente.

43 Recordar: símbolo del intérprete que indica que está preparado para recibir nuevos comandos. En nuestro caso son los caracteres >>>..

44 Suele ser el espacio en blanco pero podría ser cualquier otro carácter.

En este punto nos pide ya que introduzcamos los datos por teclado. Lo hacemos con los mismos datos que introdujimos antes, es decir, *12*, *5*, *4*, *9* y *87* separados por un espacio en blanco. Tras volver al *prompt* teclearemos:

```
>>> datos = todos_los_datos.split()
>>> milista_2 = [eval(x) for x in datos]
>>> milista_2
[12, 5, 4, 9, 87]
```

Hemos hecho uso del método *split()* que vimos en el apartado anterior y que nos permite trocear una cadena en partes que se introducen en los elementos de una lista. Posteriormente creamos *milista_2* mediante *comprensión de lista*, donde pasamos los valores de tipo cadena a tipo numérico mediante la función *eval()*. Para finalizar sacamos por pantalla la lista para observar que todo es correcto.

3. Introduciendo los datos almacenados en un fichero.

   Pongámonos ahora en el caso de que ya tuviésemos los datos a introducir en nuestra lista almacenados en un fichero de texto. Nos sería muy útil poder insertar estos datos directamente desde el fichero a la lista. Debemos para ello usar la *redirección de E/S* vista en el tema 8 del capítulo 3. Crearemos el siguiente fichero:

```
milista = []
for i in range(5):
    dato = input()
    milista.append(dato)
todos_los_datos = input()
datos = todos_los_datos.split()
milista_2 = [eval(x) for x in datos]

for i in range(5):
    print(milista[i]," ",end='')

print("")

for i in range(len(milista_2)):
    print(milista_2[i]," ",end='')
```

   Lo guardaremos en nuestra carpeta como *ejemplo_relleno_lista.py*. Posteriormente crearemos en ella un fichero de texto llamado *entrada_listas.txt* con el siguiente contenido:

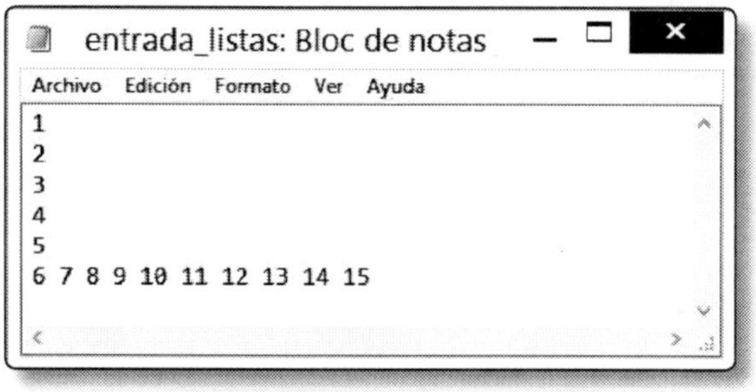

En él respetaremos (importante) la pulsación de *Enter* y la inserción de espacios en blanco donde se indica. El formato del fichero de datos se adecúa a cómo hemos diseñado nuestro programa. A continuación accedemos a nuestra carpeta (donde tenemos los dos ficheros), abrimos una ventana de comandos[45] y tecleamos en ella lo siguiente:

python ejemplo_relleno_lista.py < entrada_listas.txt > salida_listas.txt

Si todo ha salido correctamente, se generará automáticamente un fichero *salida_listas.txt* en nuestra carpeta. Al abrirlo observaremos:

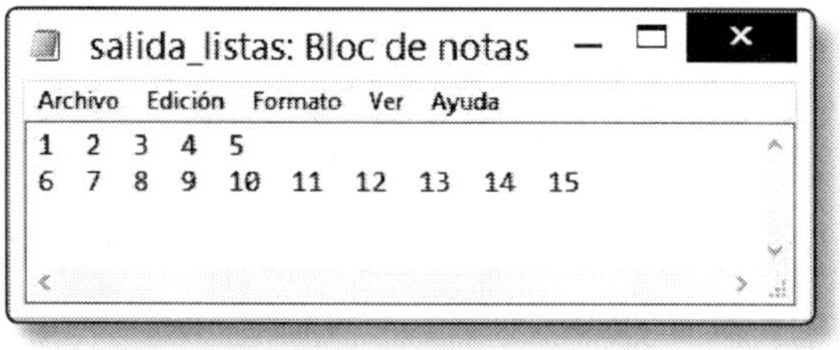

En su interior tenemos el contenido de las dos listas que hemos rellenado desde el fichero de entrada de datos *entrada_listas.txt*. Con este ejemplo he querido visualizar un caso sencillo de recepción de datos desde un fichero, procesado de ellos en nuestro programa y salida de resultados hacia otro fichero. En la práctica puede ser muy interesante tener la capacidad de trabajar de esta manera.

45 También se puede llamar *ventana del sistema*. Recordemos que se hace haciendo clic con el botón derecho del ratón (teniendo pulsada la tecla de mayúsculas) y seleccionando *Abrir ventana de comandos aquí*.

6.2.5.4 COPIAR LISTAS

En multitud de ocasiones prácticas tendremos la necesidad de hacer copias de listas. Ya vimos en el apartado 6.2.4 el uso del método *copy()* para copiar una determinada lista:

```
>>> lista1 = [1, 2, 3, 4, 5, 6, 7]
>>> lista2 = lista1.copy()
>>> lista2[0] = 1000
>>> lista1
[1, 2, 3, 4, 5, 6, 7]
>>> lista2
[1000, 2, 3, 4, 5, 6, 7]
>>> id(lista1)
41135840
>>> id(lista2)
41667520
```

En el ejemplo creamos una *lista1* y a partir de ella hacemos una copia que asignamos a *lista2*. Tenemos dos listas completamente diferentes, y al cambiar el primer elemento de la *lista2*, no varía nada en absoluto de la *lista1*. Para comprobarlo doblemente usamos la función *id()*, que al devolver dos números distintos nos indica que tenemos dos objetos distintos. Éste será, en general, el comportamiento que querremos al copiar listas. Si, deseando tener el mismo comportamiento, hubiésemos escrito (definida ya la *lista1*):

```
>>> lista3 = lista1
```

Sería un error, ya que no crearíamos un nuevo objeto lista copia de *lista1*, sino una *nueva referencia* al *mismo* objeto *lista1* ya creado:

```
>>> lista3[0] = 2000
>>> lista1
[2000, 2, 3, 4, 5, 6, 7]
>>> lista3
[2000, 2, 3, 4, 5, 6, 7]
>>> id(lista1)
41135840
>>> id(lista3)
41135840
```

En este momento, tendríamos el siguiente esquema:

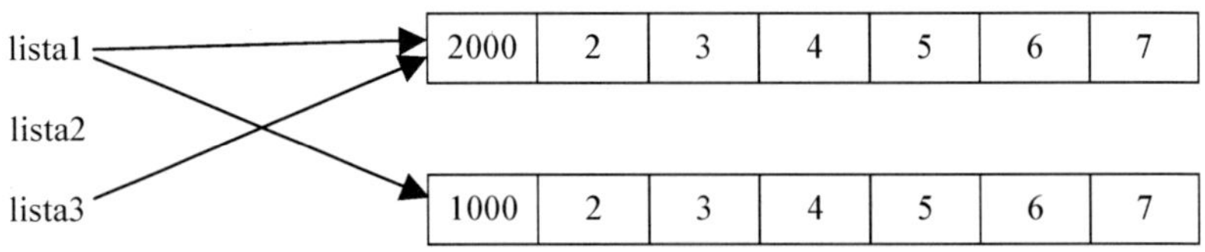

Por lo tanto, tendremos cuidado, si queremos crear un nuevo objeto, de no intentarlo con el operador de asignación ya que solo crearíamos una nueva referencia al objeto. En otros casos puede que sea precisamente eso lo que deseemos. Formas alternativas de crear un nuevo objeto copia serían:

1. Usando el operador '+'.

```
>>> lista4 = [] + lista1
>>> lista4
[2000, 2, 3, 4, 5, 6, 7]
>>> lista4[0] = 3000
>>> lista1
[2000, 2, 3, 4, 5, 6, 7]
>>> lista4
[3000, 2, 3, 4, 5, 6, 7]
>>> id(lista1)
41135840
>>> id(lista4)
40625776
```

2. Usando *list comprehensions*.

```
>>> lista5 = [x for x in lista1]
>>> lista5
[2000, 2, 3, 4, 5, 6, 7]
>>> lista5[0] = 4000
>>> lista1
[2000, 2, 3, 4, 5, 6, 7]
>>> lista5
[4000, 2, 3, 4, 5, 6, 7]
>>> id(lista1)
41135840
>>> id(lista5)
41722344
```

Como ya sabemos, mediante ellas no solo podemos hacer copia de una determinada lista sino otra cuyos elementos sean la mitad, el doble, la raíz cuadrada, o lo que queramos respecto a la original. Su potencial es enorme.

6.2.5.5 REPRESENTAR EN PANTALLA EL CONTENIDO FORMATEADO DE LISTAS MEDIANTE PRINT() Y FORMAT()

Vimos en 6.1.4.4 cómo representar cadenas con un formato determinado mediante el método *format()*. ¿Qué ocurre si queremos formatear los datos contenidos en una lista para generar salidas por pantalla alineadas y visualmente atractivas? Podemos pasar el objeto de tipo lista al método *format()* y acceder a cada uno de sus elementos dentro de las llaves de campo mediante un operador numérico y el operador índice de la siguiente manera[46]:

```
>>> misdatos1 = [12, 34, 56, 89]
>>> misdatos2 = [45, 90, 20, 19]
>>> print("Los datos son:\n{0[0]} {0[1]} {0[2]} {0[3]}\
...     \n{1[0]} {1[1]} {1[2]} {1[3]}".format(misdatos1, misdatos2))
Los datos son:
12 34 56 89
45 90 20 19
>>> print("Los datos son:\n{0[0]:>10} {0[1]:>10} {0[2]:>10} {0[3]:>10}\
...     \n{1[0]:>10} {1[1]:>10} {1[2]:>10} {1[3]:>10}".format(misdatos1, misdatos2))
Los datos son:
        12         34         56         89
        45         90         20         19
```

6.2.6 Listas multidimensionales

Las listas vistas hasta ahora son listas *unidimensionales*, en las que un solo índice nos marca unívocamente dónde se encuentra (dentro de ella) el dato que queremos. Las listas pueden también ser bi, tri...o n-dimensionales. En ellas tendremos que proporcionar *2*, *3*...o *n* índices para llegar al dato individual buscado. Esta característica nos dará un potencial enorme de cara a tratar con volúmenes de datos relativamente grandes. Muchos de los que aparecen en la vida real se manejan de forma tabular, por lo que comenzaremos viendo las listas de dimensión *2*.

6.2.6.1 LISTAS BIDIMENSIONALES

Las *listas bidimensionales* nos permiten almacenar en una sola variable datos que nos aparezcan en forma tabular, como por ejemplo los siguientes:

	Artículo1	Artículo2	Artículo3	Artículo4
Cliente1	12	2	0	9
Cliente2	7	4	5	0
Cliente3	3	1	6	4
Cliente4	19	2	22	8

46 La instrucción *print* está partida por motivos de espacio. El lector puede introducir el comando partido o en una sola línea. La guía de estilo *PEP-8* vista en el capítulo 1 nos aconseja que no haya más de 79 caracteres por línea. He intentado seguir ese consejo en el libro lo máximo posible.

Se representan las compras genéricas de cuatro artículos por parte de cuatro clientes. ¿Cómo podríamos almacenar todos estos números en una sola estructura? Mediante una lista bidimensional. ¿En que consiste? Es una lista donde los elementos que la componen son a su vez listas. Tecleemos en el intérprete lo siguiente:

```
>>> compras = [[12, 2, 0, 9], [7, 4, 5, 0], [3, 1, 6, 4], [19, 2, 22, 8]]
>>> compras
[[12, 2, 0, 9], [7, 4, 5, 0], [3, 1, 6, 4], [19, 2, 22, 8]]
```

En este momento con un solo índice no podremos acceder a los componentes individuales, sino a cada una de las cuatro listas que componen la lista general, que son las cuatro filas de la lista bidimensional:

```
>>> compras[0][0] <—————————— columna
12        ↑——————————————— fila
>>> compras[0][1]
2
>>> compras[1][2]
5
>>> compras[2][3]
4
>>> compras[3][3]
8
```

Por lo tanto el primer índice[47] nos marca la fila. Necesitaremos un segundo índice (que nos indica la columna) para, dentro ya de cada una de estas filas, acceder al elemento deseado. Se hace de la siguiente manera:

```
>>> compras[0][0]
12
>>> compras[0][1]
2
>>> compras[1][2]
5
>>> compras[2][3]
4
>>> compras[3][3]
8
```

Por tanto el formato para acceder a los elementos individuales de una lista bidimensional hace uso dos veces de un operador índice:

nombre_lista [índice_ ila][índice_columna]

47 Recordando siempre que el primer elemento tiene como índice 0.

A veces se teclea la lista de la siguiente manera[48]:

```
>>> compras = [
... [12, 2,  0, 9],
... [7 , 4,  5, 0],
... [3 , 1,  6, 4],
... [19, 2, 22, 8],
... ]
>>>
```

Con ella hacemos más evidente el carácter tabular y bidimensional de la lista. De esta manera se observan mejor las distintas filas y columnas. Las listas bidimensionales pueden tener filas con distinto número de columnas:

```
>>> lista = [[1, 2], [1, 2, 3], [1, 2, 3 ,4]]
>>> lista
[[1, 2], [1, 2, 3], [1, 2, 3, 4]]
>>> lista[1][1]
2
>>> lista[1][2]
3
>>> lista[2][3]
4
```

Aunque la más usada será por lo general la lista bidimensional con igual número de columnas por cada fila.

6.2.6.2 LISTAS DE DIMENSIÓN MAYOR QUE 2

El concepto de lista bidimensional es fácilmente ampliable para incluir más dimensiones. Imaginemos que queremos almacenar en una sola estructura (para lo que usaremos una lista) los datos de ventas de tres comerciales. Tenemos tres posibles artículos a lo largo de tres posibles meses. Por lo tanto tendríamos 3 comerciales, 3 meses y 3 artículos. Podemos crear una lista donde sus elementos sean listas cuyos elementos sean a su vez listas de 3 elementos, que será los datos de venta. Gráficamente sería[49]:

48 No olvidar la coma al final de cada línea.

49 He colocado por claridad solo alguno de los elementos.

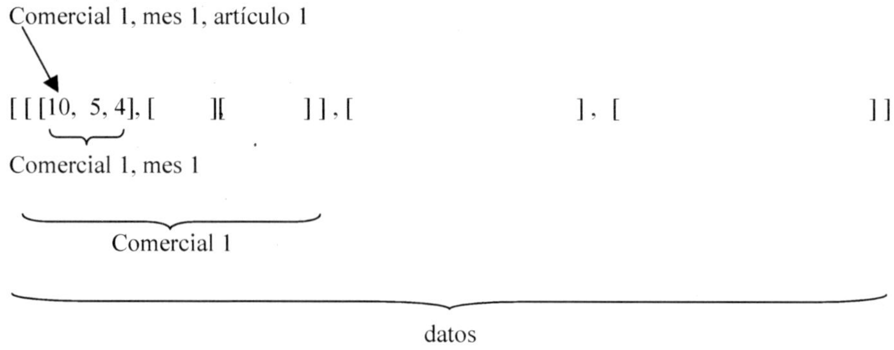

Nuestra lista (de nombre *datos*) la diseñaremos de la siguiente forma:

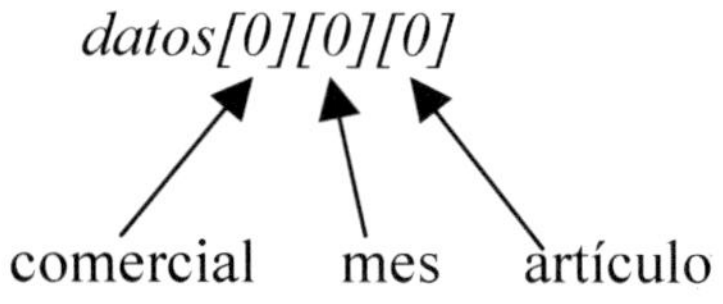

Tendremos en cuenta que los índices empiezan en *0*, por lo cual el comercial 1 (así como el artículo 1 o el mes 1) tendrá índice *0*.

Crearemos y guardaremos el fichero *ejemplo_tupla_tridimensional.py* siguiente:

```

import random

datos = []
for i in range(3):
    datos.append([])
    for j in range(3):
        datos[i].append([])
        for k in range(3):
            datos[i][j].append(random.randint(0,50))

for i in range(3):
    for j in range(3):
        for k in range(3):
           print("Las ventas del comercial", i+1,\
                 "en el mes", j+1, "del artículo ",\
                 k+1, "han sido", datos[i][j][k])

print ("\nLos datos completos del comercial 1 son:", datos[0])
print ("Los datos del comercial 1 en el mes 1 son:", datos[0][0])
print ("El dato de ventas del comercial 1 en el mes 1 del artículo 1 son:", datos[0][0][0])

```

La salida nos muestra (de forma aleatoria entre 0 y 50) los 27 datos de ventas. Se deja al lector la comprensión total del programa y se aconseja su ejecución paso a paso[50].

De la misma forma que hemos sido capaces de crear listas 3-dimensionales, podríamos generarlas de dimensión arbitraria *n* para, por ejemplo, almacenar los datos de las múltiples variables que aparecen al tratar cualquier sistema físico o de ingeniería.

6.3 TUPLAS

Hemos visto ya las listas, una estructura de datos que aporta un enorme potencial de cara a crear nuestros programas. Podríamos pensar que con ellas hemos terminado con los tipos que tenemos en *Python* para almacenar y tratar datos, pero no es ni mucho menos así. Existen otros que , por motivos como la seguridad de los datos o la velocidad en su tratamiento, serán más eficaces que las listas para operar con la información. Hablamos de las *tuplas*, los *conjuntos* y los *diccionarios*. Al primero de ellos dedicaremos este capítulo.

6.3.1 Definición y creación de tuplas. Operador índice. Tuplas inmutables

¿Qué es una tupla? Básicamente algo similar a una lista en la que los elementos están fijados, no pudiéndose añadir, reemplazar, borrar ni reordenar. Nos será útil usarlas en los casos en los que no está permitido alterar (sea o no de forma accidental) el elemento donde almacenamos los datos.

El formato para una tupla contiene todos los elementos encerrados entre dos paréntesis y separados por comas[51]:

(dato_1, dato_2, ..., dato_n)

Los datos almacenados en una tupla, al igual que pasaba en las listas, no deben ser obligatoriamente del mismo tipo. Además, un elemento de una tupla podría ser una lista, u otra tupla. La clase que define qué son las tuplas, cómo crearlas y los métodos para manejarlas es la clase *tuple*. Hay varias formas de crear una tupla[52]:

50 Se aconseja usar *F8* para no entrar en los módulos. Si por un error lo hacemos y queremos salir, usar *Shift+F8*.

51 El constructor de la tupla es en realidad la coma y no los paréntesis. *Python* evalúa lo que hay dentro de ellos. Por lo tanto podríamos, si quisiésemos, omitir los paréntesis para crear una tupla.

52 Teclearemos los ejemplos en el intérprete *Python* de *PyScripter* mientras tenemos seleccionada la ventana "*Variables*" para visualizar (observando cómo las representa) todas las listas que vamos creando.

1. Mediante el *formato* de tupla directamente.

```
>>> t1 = ()                          # Tupla vacía
>>> t1
()
>>> a = 12,                          # Tupla de un elemento
>>> a
(12,)
>>> t2 = (12, 5, 2)
>>> t2
(12, 5, 2)
>>> t3 = (1.23, "Hola", 20)
>>> t3
(1.23, 'Hola', 20)
>>> t4 = (1, [10,20], "Hola")
>>> t4
(1, [10, 20], 'Hola')
>>> t5 =( (7,9.3), 2 , "Hola")
>>> t5
((7, 9.3), 2, 'Hola')
```

Debemos tener cuidado, ya que no siempre el colocar elementos entre paréntesis nos define una tupla. Por ejemplo en los siguientes casos:

```
>>> a = ([3, 7 , 9, 10])
>>> a
[3, 7, 9, 10]
>>> b = (12)
>>> b
12
```

En el primer caso él lo que tenemos es una lista y en segundo un entero. Para conseguir una tupla a partir de una lista debemos usar la siguiente forma de creación:

2. Mediante el *constructor* de la clase tuple, que tiene el formato[53].

tuple([iterable])

Se nos devuelve una tupla cuyos elementos son los propios del *iterable*, en el mismo orden.

```
>>> t6 = tuple([3, 7, 9, 10])        # Directamente desde lista.
>>> t6
(3, 7, 9, 10)
>>> t7 = tuple([x**2 for x in t6])   # A partir de lista generada
>>> t7                               # mediante list comprehensions.
(9, 49, 81, 100)
>>> t8 = tuple ("¿Qué tal estás?")   # A partir de cadena.
>>> t8
('¿', 'Q', 'u', 'é', ' ', 't', 'a', 'l', ' ', 'e', 's', 't', 'á', 's', '?')
```

53 En el formato mostrado los corchetes indican que el elemento es opcional, no que el *iterable* deba aparecer entre ellos.

Los elementos de la tupla, como en el caso de las listas, son accesibles mediante el **operador índice** (*[i]*) de exactamente igual manera. Si tenemos elementos anidados (por ejemplo una tupla dentro de otra) usaremos varios operadores índice para llegar al valor deseado:

```
>>> t5
((7, 9.3), 2, 'Hola')
>>> t5[1]
2
>>> t5[0]
(7, 9.3)
>>> t5[0][1]
9.3
>>> t6
(3, 7, 9, 10)
>>> t6[-1]
10
>>> t6[-4]
3
```

De igual forma que ahora podemos tener una lista dentro de una tupla, en una lista podríamos tener tuplas dentro:

```
>>> milista = [10, 1.2, [1,2], t5]          # t5 =( (7,9.3), 2 , "Hola")
>>> milista
[10, 1.2, [1, 2], ((7, 9.3), 2, 'Hola')]
>>> milista[3]
((7, 9.3), 2, 'Hola')
>>> milista[3][0]
(7, 9.3)
>>> milista[3][0][1]
9.3
```

Las tuplas en las que todos sus componentes son objetos inmutables (como los números o las cadenas) se denominan **tuplas inmutables**. En este caso cualquier intento de cambiar el valor a un componente derivará en un error:

```
>>> mitupla = (1, "Hola", 2.34)
>>> mitupla[0] = 3                          # Intento de cambiar un valor.
TypeError: 'tuple' object does not support item assignment
```

Sin embargo, no es obligatorio que los componentes de una tupla sean inmutables, en cuyo caso si podríamos cambiar algunos elementos:

```
>>> class Punto:
...     def __init__(self):
...         self.x = 0
...         self.y = 0
```

```
...
>>> a = Punto()
>>> b = Punto()
>>> tupla_mutable = (a, b, 12, "Hola", 2.23, (1,4), [8,9])
>>> tupla_mutable[0].x
0
>>> tupla_mutable[0].y
0
>>> tupla_mutable[0].x = 20
>>> tupla_mutable[0].y = 12
>>> tupla_mutable[0].x
20
>>> tupla_mutable[0].y
12
>>> a.x
20
>>> a.y
12
```

En el ejemplo hemos creado una clase *Punto* con dos campos *x* e *y*. Posteriormente creamos dos objetos *a* y *b* de esa clase. Más adelante creamos una tupla heterogénea cuyos componentes son, además de los objetos *a* y *b*, ejemplos de número entero, de número real, de cadena, de tupla y de lista. En el momento de crearla los campos *x* e *y* de los objetos *a* y *b* valen *0*, pero al ser objetos mutables podemos cambiar el valor de su campos. En nuestro caso cambiamos el valor de los dos campos del objeto *a* sin que haya aparecido ningún tipo de error, cosa que si hubiese ocurrido si intentamos modificar el valor de cualquiera de los otros elementos de la tupla:

```
>>> tupla_mutable[2] = 15
TypeError: 'tuple' object does not support item assignment
```

Cuando hablamos de **tupla_mutable** debe entenderse como tupla que tiene elementos mutables (en nuestro caso los objetos *a* y *b*). Una de las ventajas que tienen las tuplas respecto a las listas, al margen de la seguridad en la integridad de los datos, es que su implementación[54] en *Python* es más eficiente, por lo que la velocidad de su procesamiento suele (aunque no siempre) ser mayor.

6.3.2 Operadores sobre tuplas (:, +,*, in , not in <, <=, > , >=, ==, !=)

El comportamiento de los operadores sobre las tuplas es idéntico al que teníamos en las listas. Veamos ejemplos:

54 A nivel de diseño interno de *Python*. No entraremos en más detalles.

```
>>> t2[1:2]                          # Operador de troceado.
(5, )                                # t2 = (12, 5, 2)
>>> t6[1:3]                          # t6 = (3, 7, 9, 10)
(7, 9)
>>> t2+t6                            # Une secuencialmente dos tuplas en una.
(12, 5, 2, 3, 7, 9, 10)
>>> t2 * 3                           # Repite secuencialmente un número entero de
(12, 5, 2, 12, 5, 2, 12, 5, 2)       # veces la tupla.
>>> tupla_triple = t2 * 3            # Podemos asignarlo posteriormente a OTRA.
>>> tupla_triple                     # tupla ya que se crea un nuevo objeto tupla y
>>> (12, 5, 2, 12, 5, 2, 12, 5, 2)   # el original (t2) no varía.
>>> 10 in t2
False
>>> 10 not in t2
True
>>> 9 in t6
True
>>> "Hola" in t4                     // t4 = (1, [10,20], "Hola")
True
```

Ejemplos de uso indebido son:

```
>>> t2 * t6                          # No podemos multiplicar dos tuplas.
TypeError: can't multiply sequence by non-int of type 'tuple'
>>> t2-t6                            # No podemos restar dos tuplas.
TypeError: unsupported operand type(s) for -: 'tuple' and 'tuple'
```

Debemos ser cuidadosos en el uso correcto de estos operadores:

```
>>> "hola" in t4                     # Distingue mayúsculas y minúsculas.
False
>>> 10 in t4                         # No hace búsqueda dentro de elementos compuestos.
False
>>> [10,20] in t4                    # En este caso es la lista entera [10,20] la que buscamos.
True
```

Sigamos con los operadores de comparación aplicados a tuplas:

```
>>> t2 < t6                          # t2 = (12, 5, 2)
False                                # t6 = (3, 7, 9, 10
>>> t2 > t6
True
>>> t2 >= (12,5,2)
True
>>> t2 <= (12,5,2)
True
>>> t2 == t6
False
>>> t2 == (12, 5, 2)
True
>>> t2 != t6
True
```

Deberemos saber interpretar correctamente cosas como las mostradas a continuación:

```
>>> t2 > t4                                  # t2 = (12, 5, 2)
True                                         # t4 = (1, [10,20], "Hola")
>>> t9 = (12, 5, "Hola")
>>> t2 > t9
TypeError: unorderable types: int() > str()
>>> t9_2 = (12, 7, "Hola")
>>> t2 > t9_2
False
```

La clave está en saber que elementos de tipos no ordenables entre sí no se pueden comparar. En nuestro caso ha sido un entero y una cadena al comparar *t2* con *t9*, pero vemos posteriormente (al comparar *t2* y *t9_2*) que si antes de llegar a esos dos elementos no comparables entre tuplas la comparación da un resultado, no se produce ningún error

6.3.3 Funciones aplicadas a tuplas (len(), max(), min() y sum())

A las tuplas, al ser elementos secuenciales, se les puede aplicar las funciones *len()*, *max()*, *min()* y *sum()* como ocurría en las listas. Su uso correcto no nos dará ningún problema:

```
>>> t10 = (90, 32.8, 21, 2.1, 7, 67)
>>> len (t10)
6
>>> max(t10)
90
>>> min(t10)
2.1
>>> sum(t10)
219.9
>>> t10_2 = ("Hola", 1, 34.89, (1, 5), [90, 4])
>>> len(t10_2)
5
```

Pero cuidado, podemos cometer errores por su mal uso:

```
>>> t11 = (1, (2,3), 4)                      # No suma elementos que no lo
>>> sum (t11)                                # puedan hacer directamente.
TypeError: unsupported operand type(s) for +: 'int' and 'tuple'
>>> t12 = (1, 2, "Hola")
>>> sum(t12)
TypeError: unsupported operand type(s) for +: 'int' and 'str'
```

Como ocurría en el caso de las listas, podemos pasar como argumentos de funciones también las tuplas, sabiendo que a éstas no se les podrá posteriormente añadir, cambiar o eliminar componentes.

6.3.4 Métodos de la clase tuple

Al tener muchas restricciones en las operaciones posibles con las tuplas (no poder borrar elementos, ni añadirlos, ni reordenarlos), los métodos que nos serán útiles se reducen drásticamente en relación a los que teníamos en las listas, considerando en este apartado solo dos:

- ***count(x**: object): int* Devuelve el número de apariciones del objeto *x* en la tupla.
- ***index(x**: object,[start,[stop]]): int* Si el objeto *x* está en la tupla, devuelve el primer índice en el que aparece. Si no lo está, devuelve un error de tipo *ValureError*. Opcionalmente se pueden indicar tanto un índice de inicio como de final de la búsqueda.

Veamos cómo funcionan:

```
>>> t13 = (6, 3, 8, 12, 32, 2, 8, 8, 1, 23, 5, 5, 3, 8)
>>> t13.count(8)
4
>>> t13.count(7)
0
>>> t13.count(3)
2
>>> t13.index(2)                # Indicamos solo el valor a buscar. Buscará en toda la tupla.
5
>>> t13.index(8)
2
>>> t13.index(8, 8)             # Indicamos el valor a buscar y el inicio. Buscará hasta el final.
13
>>> t13.index(8, 5)
6
>>> t13.index(8, 3, 7)          # Indicamos valor a buscar, inicio y final,a pesar de que éste
6                               # último no sería necesario.
>>> t13.index(8, 0, 3)
2
>>> t10_2.count(1)              # t10_2 = ("Hola", 1, 34.89, (1, 5), [90, 4])
1                               # Solo cuenta el valor 1 del segundo elemento.
>>> t10_2.count(5)              # Al elemento 5 no lo encuentra como valor individual.
0
>>> t10_2.count((1, 5))         # El elemento (1,5) si lo encuentra como valor individual.
1
>>> t10_2.index("Hola")
0
```

Estaremos atentos nuevamente a no incurrir en usos erróneos:

```
>>> t10_2.index(5)                          # 5 no existe como elemento
ValueError: tuple.index(x): x not in tuple
>>> t13.index(8, 0, 2)                      # En el rango indicado no está el
ValueError: tuple.index(x): x not in tuple  # elemento buscado, 8, ya que
                                            # busca en los dos primeros valores.
```

6.3.5 Ejemplos de uso práctico de tuplas

En el apartado 6.2.5 vimos cinco aplicaciones prácticas de las listas:

- Cortar una cadena en trozos y pasarlos a una lista.
- Recorrer mediante for los elementos de una lista.
- Rellenar una lista desde datos introducidos por teclado o mediante un fichero.
- Copiar listas.
- Visualizar con formato los elementos de una lista mediante print() y format().

¿Cuáles de esas operaciones podremos hacer con tuplas?

En el caso de trocear cadena en partes y almacenarlas usábamos el método *split()* de la clase *str*, que devuelve por definición una lista, por lo que si quisiésemos almacenarla en una tupla, tendríamos que hacer una conversión posterior:

```
>>> lista1 = "Hola que tal estás".split()
>>> lista1
['Hola', 'que', 'tal', 'estás']
>>> t14 = tuple(lista1)
>>> t14
('Hola', 'que', 'tal', 'estás')
```

El uso de *for* para recorrer los elementos de la tupla es igual que cuando teníamos listas, pudiendo usar una referencia directa al contenido de la tupla o empleando el operador índice:

```
>>> for dato in t14:
...     if dato == "Hola":
...         print("La cadena \"Hola\" está en la tupla")
...
La cadena "Hola" está en la tupla
>>> for i in range(len(t14)):
```

```
...     if t14[i] == "Hola":
...         print("La cadena \"Hola\" está en la tupla")
...
La cadena "Hola" está en la tupla
```

Al rellenar una lista lo hacíamos de tres maneras distintas: proporcionando por teclado elementos individuales, introduciendo todos los elementos de golpe en una cadena por teclado, y cogiendo los datos de un fichero donde estaban los datos. En el primer y el tercer caso hacíamos uso del método *append()*, con lo cual no sería posible reproducirlo en tuplas. El segundo caso es básicamente el troceado de cadenas que hemos visto hace un instante.

Como podemos intuir, muchas veces operaciones que no son posibles con tuplas se realizan con listas y si necesitamos un resultado final en forma de tupla, la conversión es muy directa y fácil. Un ejemplo de ello podemos verlo en el caso de querer copiar una tupla en otra de distinto nombre para tener al final dos objetos tupla distintos[55]:

```
>>> t15 = (1, 8 ,10,21)
>>> t15
(1, 8, 10, 21)
>>> lista_t15 = list(t15)
>>> lista_t15
[1, 8, 10, 21]
>>> t16 = tuple(lista_t15)
>>> t16
(1, 8, 10, 21)
>>> id(t15)
42200112
>>> id(t16)
42416576
```

En el ejemplo anterior hemos creado una lista a partir de la tupla *t15* para generar de ella una nueva tupla *t16*, distinta pero con los mismos valores. Para saber que son dos objetos distintos usamos la función *id()*. Si hubiésemos hecho lo siguiente para crear una tupla copia de *t15* hubiésemos cometido un error:

```
>>> t17 = t15
>>> t18 = tuple(t15)
>>> id(t17)
42200112
>>> id(t18)
42200112
```

55 Recordar que no es lo mismo crear un nuevo objeto igual a otro que crear una nueva referencia a un objeto.

En ambos casos no generamos un nuevo objeto (el valor que nos da la función *id()* es el mismo que para *t15*), sino una nueva referencia al objeto que queremos copiar, lo que en este caso no es lo deseado.

Para la visualización formateada en pantalla de los elementos de una tupla, la forma de operar es idéntica a la empleada en listas: pasamos el objeto de tipo tupla al método *format()* y accedemos a cada uno de sus elementos dentro de las llaves de campo mediante un operador numérico y el operador índice[56]:

```
>>> misdatos1 = (12, 34, 56, 89)
>>> misdatos2 = (45, 90, 20, 19)
>>> print("Los datos son:\n{0[0]} {0[1]} {0[2]} {0[3]}\
...     \n{1[0]} {1[1]} {1[2]} {1[3]}".format(misdatos1, misdatos2))
Los datos son:
12 34 56 89
45 90 20 19
>>> print("Los datos son:\n{0[0]:>10} {0[1]:>10} {0[2]:>10} {0[3]:>10}\
...     \n{1[0]:>10} {1[1]:>10} {1[2]:>10} {1[3]:>10}".format(misdatos1, misdatos2))
Los datos son:
        12         34         56         89
        45         90         20         19
```

Es el mismo ejemplo puesto para listas pero ahora operando sobre tuplas.

6.4 CONJUNTOS

Las tuplas que vimos en el capítulo anterior guardan muchas similitudes, salvo las limitaciones indicadas, con las listas. Ambas acceden a los datos mediante el operador índice, por ejemplo. Es por ello que las tratamos seguidas. En el caso de los conjuntos sí que hablamos de una estructura de datos distinta y particular.

6.4.1 Definición y creación de conjuntos

Los conjuntos (*sets* en inglés) almacenan una serie de datos, como en las listas o tuplas pero, en contraposición a éstas, no lo hacen siguiendo un orden, por lo que no se accede a ellos mediante uno o varios índices, ya que no están ubicados en ningún lugar en concreto. Además, no se permiten elementos repetidos. Podríamos decir que se corresponden con la imagen que tenemos de los conjuntos estudiados en matemáticas desde pequeños.

56 La instrucción *print* está partida por motivos de espacio pero, al estar trabajando desde el intérprete, debe escribirse de forma continua.

¿Qué ventajas tienen los conjuntos sobre las listas? Pues que debido a su implementación interna en *Python* son mucho más rápidos que éstas, por lo que si los conjuntos se adecúan a nuestro programa, tendremos una gran ganancia en velocidad, cosa que para grandes volúmenes de datos puede ser importantísimo.

Los conjuntos se representan de la siguiente manera:

{ dato_1, dato_2, ..., dato_n }

Encerrados entre llaves y separados por comas. Los datos no tienen que ser obligatoriamente del mismo tipo, pero sí es obligatorio que sean *hashable*[57], lo cual excluye a las listas. ¿Qué significa el término *hashable*? Todos los objetos en *Python* tienen un *hash*, un valor que los identifica. Si ese valor no cambia en toda la ejecución del programa diremos que el objeto es *hashable*. Todos los objetos vistos hasta ahora en el libro (incluyendo los creados a partir de clases hechas por nosotros, que lo son por defecto), salvo las listas, son *hashable*. La clase que define qué son los conjuntos, cómo crearlos y los métodos para manejarlos es la clase *set*.

Las formas de crear un conjunto son:

1. Mediante el *formato* de *conjunto* directamente:

```
>>> {1, 7, 21,2}                        # Conjunto de valores enteros.
{1, 2, 21, 7}
>>> {1, 3.14, "Hola"}                   # Conjuntos heterogéneos.
{3.14, 'Hola', 1}
>>> {2.34, "Hola", 5.12, 18, 3, "que"}
{3, 'que', 18, 'Hola', 2.34, 5.12}
>>> {2.34, "a", 5.12, 18, 3, "b","c", 87 }
{'a', 'b', 3, 18, 'c', 87, 5.12, 2.34}
>>> {12, 3.98, (6,2), (1,11), "Hola"}
{(6, 2), (1, 11), 12, 'Hola', 3.98}
>>> {2.34, "a", 5.12, 18, 3, "b","c", 87, 1 }
{1, 'b', 3, 'a', 18, 'c', 87, 5.12, 2.34}
>>> conjunto1 ={ 1, 1, 1, 2, 2, 3}      # Elementos repetidos solo se representan una vez
>>> conjunto1
{1, 2, 3}
```

Podemos observar que los conjuntos no se representan en un orden determinado, y que no están permitidos elementos repetidos. Como curiosidad comentaremos que el conjunto vacío no podemos crearlo de la manera intuitiva:

```
>>> a = {}
```

57 Al tener una difícil traducción del inglés prefiero no hacerla y mantener la denominación original.

De esta manera estaríamos creando un *diccionario*[58], una estructura de datos que veremos en el siguiente capítulo. Estaremos atentos a esta excepción de esta forma de creación de conjuntos. Para crear un conjunto vacío usaríamos la siguiente forma de crear conjuntos:

2. Mediante el *constructor* de la clase *set*, que tiene el formato:

set([iterable])

Nos devuelve un conjunto cuyos elementos son los propios del *iterable* pero con las características propias de los conjuntos, como el no poder tener elementos repetidos.

```
>>> c0 = set()                                    # Conjunto vacío.
>>> c0
set()
>>> c1 = set ([1, 2, 3])                          # A partir de lista.
>>> c1
{1, 2, 3}
>>> c2 = set ([x*10 for x in range(23,29)])
>>> c2
{260, 230, 270, 240, 280, 250}
>>> c3 = set ((4, 5, 6))                          # A partir de tupla.
>>> c3
{4, 5, 6}
>>> c4 = set ("Frase de prueba")                  # A partir de cadena.
>>> c4
{' ', 'a', 'b', 'd', 'e', 'F', 'p', 'r', 's', 'u'}
>>> c5 = set([1, 5, 5, 5, 5, 2, 3, 5])            # Sin elementos repetidos.
>>> c5
{1, 2, 3, 5}
```

De la misma forma que hemos podido convertir una lista o una tupla en un conjunto podemos recorrer el camino a la inversa:

```
>>> lista5 = list(s5)
>>> lista5
[1, 2, 3, 5]
>>> tupla5 = tuple(s5)
>>> tupla5
(1, 2, 3, 5)
```

58 Podemos comprobarlo visualizando la ventana "*Variables*" en *PyScripter*.

6.4.2 Operadores sobre conjuntos (| , & , - , ^ , in, not in, < , <= , > , >= , == , !=)

Pensemos ahora en las representaciones de conjuntos a las que estamos acostumbrados en matemáticas. Sobre ellos podremos aplicar doce operadores básicos. Veremos en un principio los cuatro primeros, teniendo en cuenta en todos los casos que no podrá haber elementos repetidos:

- ***Unión (|)***: crea un conjunto con todos los elementos tanto de *A* como de *B*.
- ***Intersección (&)***: crea un conjunto con los elementos que están tanto en *A* como en *B*.
- ***Diferencia (-)***: crea un conjunto con los elementos que están en *A* pero no en *B*.
- ***Diferencia simétrica (^)***[59] : crea un conjunto con los elementos que estén en A o en B, pero no los que están en *A* y *B* a la vez.

Para poner un ejemplo de cada uno de ellos trabajaremos con dos conjuntos A y B:

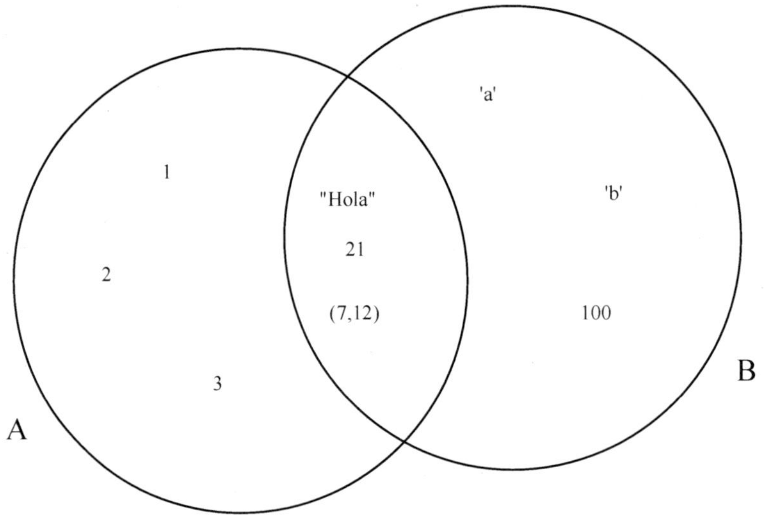

59 También denominada "O exclusiva".

```
>>> A = {1,2,3, "Hola", 21, (7,12)}
>>> B = {'a','b', 100, "Hola", 21, (7,12)}
>>> A | B
{'Hola', 2, 3, 'b', 1, (7, 12), 'a', 21, 100}
>>> B | A
{'Hola', 2, 3, 'b', 'a', (7, 12), 1, 21, 100}
>>> A & B
{(7, 12), 'Hola', 21}
>>> B & A
{(7, 12), 'Hola', 21}
>>> A - B
{1, 2, 3}
>>> B - A
{100, 'b', 'a'}
>>> A ^ B
{1, 2, 3, 'b', 'a', 100}
>>> B ^ A
{2, 3, 'b', 1, 100, 'a'}
```

Observamos que hay operadores en los que el orden de los operandos no importa, como en la unión, la intersección y la diferencia simétrica. En el caso de la diferencia sí que existe un resultado distinto en los dos casos.

Los dos operadores siguientes (*in* / *not in*) funcionan del modo habitual visto en listas y tuplas:

```
>>> 'a' in A
False
>>> 2 in A
True
>>> "Hola" in B
True
>>> 12 in B
False
>>> 'k' not in A
True
>>> 7 not in B
True
```

Los seis **operadores relacionales** actúan sobre los conjuntos de la siguiente manera[60] (la comparación que hemos visto hasta ahora en listas y tuplas no tiene sentido ahora ya que no tenemos un orden en los elementos):

60 Consideraremos que el formato es *A operador B*.

- == Devuelve *True* si los dos conjuntos tienen los mismos componentes, sin importar el orden. En caso contrario *devuelve False*.
- != Devuelve *True* si los dos conjuntos no tienen los mismos componentes. En caso contrario devuelve *False*.
- > Devuelve *True* si el conjunto *A* es un *superconjunto estricto*[61] del conjunto *B*. En caso contrario devuelve *False*.
- >= Devuelve *True* si el conjunto *A* es un *superconjunto*[62] del conjunto *B*. En caso contrario devuelve *False*.
- < Devuelve *True* si el conjunto *A* es un *subconjunto estricto*[63] del conjunto *B*. En caso contrario devuelve *False*.
- <= Devuelve *True* si el conjunto *A* es un *subconjunto*[64] del conjunto *B*. En caso contrario devuelve *False*.

Veamos ejemplos:

```
>>> conjunto1 = {1, (3,4), 9.2}
>>> conjunto2 = {1, 9.2}
>>> conjunto3 = {(3,4), 9.2, 1}
>>> conjunto1 == conjunto3
True
>>> conjunto1 == conjunto2
False
>>> conjunto1 != conjunto2
True
>>> conjunto1 != conjunto3
False
>>> conjunto1 > conjunto3
False
>>> conjunto1 >= conjunto3
True
>>> conjunto1 > conjunto2
True
>>> conjunto2 < conjunto3
True
>>> conjunto1 <= conjunto3
```

61 *A superconjunto estricto de B* significa que todo elemento de *B* está en *A* y al menos uno de *A* no está en *B*.

62 *A superconjunto de B* significa que todo elemento de *B* está en *A*.

63 *A subconjunto estricto de B* significa que todo elemento de *A* está en *B* y al menos uno de *B* no está en *A*.

64 *A subconjunto de B* significa que todo elemento de *A* está en *B*.

```
True
>>> conjunto4 = {1, 2}
>>> conjunto5 = {1, 5}
>>> conjunto4 == conjunto5
False
>>> conjunto4 != conjunto5
True
>>> conjunto4 > conjunto5
False
>>> conjunto4 >= conjunto5
False
>>> conjunto4 < conjunto5
False
>>> conjunto4 <= conjunto5
False
```

6.4.3 Funciones aplicadas a conjuntos (len(), max(), min() y sum())

Tenemos básicamente las mismas funciones usadas hasta ahora: *len(), max(), min() y sum()*, que nos devuelven respectivamente el tamaño del conjunto, el valor máximo, el mínimo y la suma de los valores. Conocemos su comportamiento:

```
>>> c6 = {7, 3 ,21, 9, 2}
>>> len(c6)
5
>>> max(c6)
21
>>> min(c6)
2
>>> sum(c6)
42
>>> c7 = {"Hola", "Adiós","Nombre", "Edad"}
>>> len(c7)
4
>>> max(c7)
'Nombre'
>>> min(c7)
'Adiós'
```

Debemos evitar los casos donde las funciones no son aplicables al mezclar tipos incompatibles en determinadas operaciones:

```
>>> sum(c7)
TypeError: unsupported operand type(s) for +: 'int' and 'str'
>>> c8 = {10, (1,2), 5}
>>> max(c8)
TypeError: unorderable types: int() > tuple()
```

6.4.4 Métodos de la clase set

Por la naturaleza de los conjuntos, su clase *set* tiene una amplia variedad de métodos que nos serán de gran utilidad a la hora de trabajar con ellos. Destacaremos[65]:

- ***add(****x: object****)****: None* Añade el objeto *x* al conjunto. Si ya está no tiene ningún efecto.
- ***remove(****x: object****)****: None* Si el objeto *x* está en el conjunto, lo elimina de él. Si no lo está, devuelve un error de tipo KeyError.
- ***discard(****x: object****)****: None* Si el objeto *x* está en el conjunto, lo elimina de él. Si no lo está, no hace nada.
- ***pop()****: object* Si el conjunto no está vacío, elimina de forma aleatoria uno de sus elementos, y lo devuelve. Si está vacío, devuelve un error tipo *KeyError.*
- ***clear()****: None* Elimina todos los objetos del conjunto.
- ***copy()****: set* Devuelve una copia del conjunto *A*.
- ***union(****B: set****)****: set* Devuelve la unión de *A y B.*
- ***intersection(****B: set****)****: set* Devuelve la intersección de *A y B.*
- ***difference(****B: set****)****: set* Devuelve la diferencia de *A y B.*
- ***symmetric_difference(****B: set****)****: set* Devuelve la diferencia simétrica (*u O exclusiva*) de *A y B*.
- ***update(****B: set****)****: set* Actualiza el conjunto *A* con la unión de *A y B*.
- ***intersection_update(****B: set****)****: set* Actualiza el conjunto *A* con la intersección de *A y B*.
- ***difference_update(****B: set****)****: set* Actualiza el conjunto *A* con la diferencia de *A y B.*
- ***symmetric_difference_update(****B: set****)****: set* Actualiza el conjunto *A* con la *O exclusiva* de *A y B*.
- ***isdisjoint(****B: set****)****: bool* Devuelve *True* si los conjuntos tienen intersección nula. De lo contrario devuelve *False*.

---

65 Consideraremos que los métodos se aplican a un objeto *A* de tipo conjunto.

- ***issubset(****B: set****)****: bool* Devuelve *True* si *A* es un subconjunto[66] de *B*. De lo contrario devuelve *False*.
- ***issuperset(****B: set****)****: bool* Devuelve True si *A* es un superconjunto[67] de *B* De lo contrario devuelve *False*.

Veámoslo con ejemplos:

```
>>> c10 = {1, 2, 3}
>>> c10.add(4)
>>> c10
{1, 2, 3, 4}
>>> c10.remove(3)
>>> c10
{1, 2, 4}
>>> c10.discard(2)
>>> c10
{1, 4}
>>> c10.pop()
1
>>> c10
{4}
>>> c10 = {1, 2, 3}
>>> c11 = c10.copy()
>>> c10
{1, 2, 3}
>>> c11
{1, 2, 3}
>>> c11.clear()
>>> c11
set()                                   # c10 = {1, 2, 3}
>>> c11 = {2, 100}                      # c11 = {2, 100}
>>> c10.union(c11)
{1, 2, 3, 100}
>>> c10.intersection(c11)
{2}
>>> c10.difference(c11)
{1, 3}                                  # c10 = {1, 2, 3}
>>> c10.symmetric_difference(c11)       # c11 = {2, 100} (no varía en las
{1, 3, 100}                             # siguientes instrucciones salvo
>>> c10.update(c11)                     # al final)
>>> c10
{1, 2, 3, 100}                          # c10 = {1, 2, 3, 100}
>>> c10.intersection_update(c11)
```

66 Recordemos: se dice que *A* es un *subconjunto* de *B* si todos los elementos de *A* están en *B*.
67 Recordemos: se dice que *A* es un *superconjunto* de *B* si todos los elementos de *B* están en *A*.

```
>>> c10
{2, 100}                                    # c10 = {2, 100}
>>> c10.difference_update(c11)
>>> c10
set()                                       # c10 = {}
>>> c10.symmetric_difference_update(c11)
>>> c10
{2, 100}                                    # c10 = {2, 100}
>>> c10.isdisjoint(c11)                     # En este punto c10 y c11 tienen
False                                       # iguales valores.
>>> c10.issubset(c11)                       # Un conjunto es subconjunto
True                                        # y superconjunto de sí mismo.
>>> c10.issuperset(c11)
True
>>> c11.add(500)                            # Aquí si cambia c11 para
>>> c10.issubset(c11)                       # diferenciarlo de c10.
True
>>> c10.issuperset(c11)
False
```

Evitaremos el uso erróneo de métodos, ya que pueden paralizarnos un programa. Ejemplos de ello son:

```
>>> c12 = {10, 100}
>>> c12.remove(20)                          # No existe el elemento a borrar.
KeyError: 20
>>> c13 = {}
>>> c13.pop()                               # El conjunto es el conjunto vacío.
TypeError: pop expected at least 1 arguments, got 0
```

6.4.5 Ejemplos de uso práctico de conjuntos. Uso de for para recorrer elementos

Al ser los conjuntos unas estructuras de datos bastante distintas a listas y tuplas, en algunos casos prácticos unas u otras tendrán sus ventajas, por lo que las usaremos en función de ello. Los conjuntos serán la opción ideal si no están permitidas duplicidades en los elementos y necesitamos una gran rapidez de búsqueda.

Hasta este momento hemos conseguido, en gran medida por la amplia colección de métodos de los que disponemos, realizar varias tareas muy útiles:

- Almacenar en un conjunto las letras que aparecen en una cadena.
- Copiar conjuntos.
- Borrar todos los elementos del conjunto...

Una opción que nuevamente nos será muy útil, sobre todo al no poder acceder a los elementos de un conjunto mediante el operador índice, es recorrerlos mediante *for*. Los conjuntos son otro ejemplo de *iterable*, cuyo concepto ya explicamos al inicio de este capítulo. En nuestro caso particular no podremos hacer referencia a índice alguno, sino a los componentes del conjunto:

```
>>> miconjunto = {12, "Hola", 32.21, 7}
>>> for dato in miconjunto:
...     if dato == "Hola":
...         print("En nuestro conjunto aparece la cadena \"Hola\"")
...
En nuestro conjunto aparece la cadena "Hola"
```

6.5 DICCIONARIOS

Un *diccionario* es una estructura de datos cuyos componentes son pares *llave/valor*:

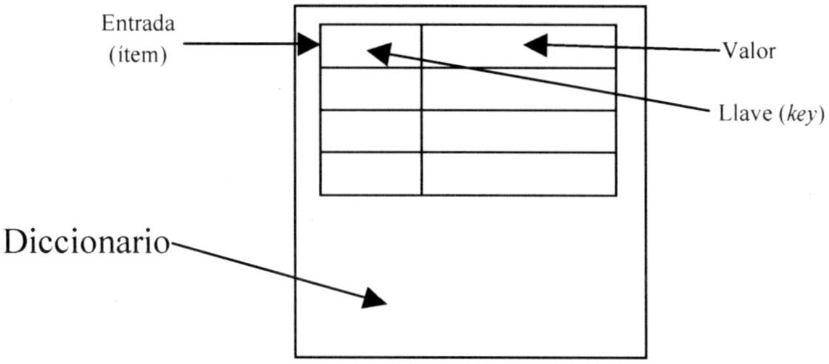

La *llave* puede ser cualquier objeto *hashable* y no puede haber dos duplicadas. El *valor* puede ser de cualquier tipo y no es necesario que dentro de un diccionario todas sean del mismo. Esta estructura nos permite acceder a la información de forma muy rápida, de cara a buscar, eliminar o cambiar un determinado dato. Cada uno de los pares llave/valor se denomina *entrada*. El nombre *diccionario* viene por la similitud con las palabra/explicación de los diccionarios lingüísticos.

En comparación con estructuras vistas con anterioridad, las listas y las tuplas tenían un índice entero con el que accedíamos a sus datos, los conjuntos carecían de él y ahora es un objeto *hashable*.

6.5.1 Definición y creación de diccionarios

El formato de un diccionario es el siguiente:

{llave_1:dato_1, llave2:dato_2, ..., llave_n:dato_n}

Tenemos pares *llave:dato* separados por comas y encerrados entre llaves.

La clase que define qué son los diccionarios, la forma de crearlos y los métodos para manejarlos es la clase *dict*. Para crearlos tendremos de nuevo dos formas genéricas.

1. Mediante el *formato* de diccionario directamente:

```
>>> {}                                    # Diccionario vacío.
{}
>>> {1: "Juan", 8:"Eva"}
{1: 'Juan', 8: 'Eva'}
>>> {"Uno": "Coche", "Siete": "Avión"}
{'Siete': 'Avión', 'Uno': 'Coche'}
>>> {"Marta": 1, "Laura": 2}
{'Laura': 2, 'Marta': 1}
>>> {(1,1): "Madrid", (1,2): "Londres"}
{(1, 1): 'Madrid', (1, 2): 'Londres'}
```

2. Mediante el *constructor*[68] de la clase *dict*:

```
>>> dict()                                # Diccionario vacío.
{}
>>> dict(uno= 1, dos=2)
{'dos': 2, 'uno': 1}
```

Esta última no es una forma demasiado usada ya que nos obliga a que las claves sean identificadores válidos (los números no lo son).

6.5.2 Acceder a, añadir, actualizar y borrar elementos en diccionarios

Para acceder a los datos de los diccionarios usaremos un formato similar al empleado en listas y tuplas, con la salvedad de que ahora el índice puede ser cualquier objeto *hashable*:

NombreDiccionario[llave]

```
>>> alumnos = {1: "Juan", 2: "Eva", 3: "Carlos", 4: "Ana"}

>>> alumnos[1]
```

68 El constructor de *dict* puede ser complejo y no lo analizaremos en profundidad.

```
'Juan'
>>> alumnos[4]
'Ana'
>>> ciudades = {(1,1): "Madrid", (1,2): "Londres"}
>>> ciudades[(1,2)]
'Londres'
>>> objetos = {"Uno": "Coche", "Siete": "Avión"}
>>> objetos["Siete"]
'Avión'
```

Si la llave no está en nuestro diccionario se generará un error de tipo *KeyError*:

```
>>> alumnos[5]
KeyError: 5
>>> ciudades[(1,3)]
KeyError: (1, 3)
```

Para *añadir o actualizar* un nuevo elemento (entrada) a nuestro diccionario bastará seguir el siguiente formato:

NombreDiccionario[llave] = valor

```
>>> alumnos[10] = "Almudena"
>>> alumnos
{1: 'Juan', 2: 'Eva', 3: 'Carlos', 4: 'Ana', 10: 'Almudena'}
>>> objetos[10] = 12.34
>>> objetos
{10: 12.34, 'Siete': 'Avión', 'Uno': 'Coche'}
>>> ciudades[(1,3)] = "Roma"
>>> ciudades
{(1, 1): 'Madrid', (1, 2): 'Londres', (1, 3): 'Roma'}
>>> alumnos[1] = "María"
>>> alumnos
{1: 'María', 2: 'Eva', 3: 'Carlos', 4: 'Ana', 10: 'Almudena'}
```

En el caso de que la llave no esté en el diccionario, se añade el nuevo ítem. Si lo está, se actualizar su valor.

De cara a *eliminar* un elemento del diccionario usaremos el formato:

del NombreDiccionario[llave]

```
>>> del alumnos[1]
>>> alumnos
{2: 'Eva', 3: 'Carlos', 4: 'Ana', 10: 'Almudena'}
```

```
>>> del objetos["Uno"]
>>> objetos
{10: 12.34, 'Siete': 'Avión'}
```

Tendremos cuidado de que la llave que indiquemos esté en el diccionario. De lo contrario obtendremos un error de tipo *KeyError*:

```
>>> del objetos["diez"]
KeyError: 'diez'
```

6.5.3 Operadores sobre diccionarios (in/not in, ==, !=)

La estructura de los diccionarios no permite que tengamos muchos operadores que actúen sobre ellos, ya que muchos de los habituales hasta la fecha no están permitidos. Básicamente trabajaremos con cuatro.

Podremos usar ***in/not in*** para buscar elementos en nuestro diccionario de la manera habitual, sabiendo que actúan únicamente *sobre las llaves* de nuestro diccionario:

```
>>> alumnos
{2: 'Eva', 3: 'Carlos', 4: 'Ana', 10: 'Almudena'}
>>> 4 in alumnos
True
>>> 5 in alumnos
False
>>> "Ana" in alumnos
False
>>> 21 not in alumnos
True
>>> 2 not in alumnos
False
```

Los operadores == y *!=*, nos indican si dos diccionarios son o no iguales, es decir, contienen las mismas entradas, independientemente de su orden:

```
>>> diccionario1 = {"cilindrada": 1995, "caballos": 150, "Turbo": "Si"}
>>> diccionario2 = {"Turbo": "Si", "caballos": 150, "cilindrada": 1995}
>>> diccionario1 == diccionario2
True
>>> diccionario3 = {"Turbo": "Si", "caballos": 175, "cilindrada": 1995}
>>> diccionario1 == diccionario3
False
>>> diccionario1 != diccionario3
True
>>> diccionario1 != diccionario2
False
```

6.5.4 Funciones aplicadas a diccionarios (len(), max(), min() y sum())

Las funciones habituales usadas con anterioridad se pueden seguir empleando con los diccionarios, con la particularidad de que actúa *sobre las llaves*:

```
>>> alumnos
{2: 'Eva', 3: 'Carlos', 4: 'Ana', 10: 'Almudena'}
>>> objetos
{10: 12.34, 'Siete': 'Avión'}
>>> ciudades
{(1, 1): 'Madrid', (1, 2): 'Londres', (1, 3): 'Roma'}
>>> len(alumnos)                          # Número de ítems del diccionario.
4
>>> len(objetos)
2
>>> len(ciudades)
3
>>> max(alumnos)                          # Llave mas grande de alumnos
10
>>> min(alumnos)                          # Llave mas pequeña de alumnos.
2
>>> sum(alumnos)                          # Suma de las llaves de alumnos.
19
>>> max(ciudades)
(1, 3)
>>> ciudades_2 = {1: "Madrid", 2: "Londres"}
>>> sum(ciudades_2)
3
```

Nuevamente seremos cuidadosos de no comparar tipos incompatibles si no queremos que nos devuelva un error de tipo *TypeError*:

```
>>> max(objetos)                  # No se puede comparar una cadena y un entero.
TypeError: unorderable types: int() > str()
>>> sum(ciudades)                 # Sobre las tuplas no actúa.
TypeError: unsupported operand type(s) for +: 'int' and 'tuple'
```

6.5.5 Método de la clase dict

Como ocurría con los conjuntos, y debido a su propia naturaleza, la cantidad de métodos disponibles en los diccionarios es grande. Haremos un repaso por los más interesantes para nosotros, recordando que el formato para aplicarlos es:

diccionario.método

- *get(i: object [,d: object]): object* Devuelve el objeto *diccionario[i]* si el índice i está en *diccionario*. Si no está devuelve *None*, salvo que tengamos en parámetro opcional *d*, en cuyo caso devuelve *d*.
- *clear(): None* Elimina todas las entradas del diccionario.
- *copy(): dict* Devuelve una copia de *diccionario*.
- *keys(): set-like* Devuelve un objeto parecido a un conjunto donde aparecen todas las llaves del diccionario.
- *values(): set-like* Devuelve un objeto parecido a un conjunto donde aparecen todas los valores del diccionario.
- *items(): set-like* Devuelve un objeto parecido a un conjunto donde aparecen las entradas de *diccionario* en forma de tuplas (*llave/dato*).
- *pop(i: object [,d: object]): object* Si el índice i está en *diccionario*, elimina de él la entrada *diccionario[i]* y devuelve su valor. Similar al uso de del pero en este caso nos devuelve el valor eliminado. Si no lo está, devuelve un error de tipo *KeyError* salvo que tengamos el parámetro opcional *d,* que es el que devuelve en ese caso.
- *popitem(): tuple* Elimina de forma aleatoria una entrada del diccionario, y la devuelve en forma de tupla.
- *fromkeys(i: object [,d: object]): dict* Genera un nuevo diccionario con las llaves que tengamos en *i*. Los valores los rellana a *None* por defecto, salvo que tengamos el parámetro *d,* en cuyo caso los rellena con ese valor.
- *setdefault(i: object [,d: object]): object* Si i está en el diccionario, es equivalente a get. Si no lo está, asigna *None* a *diccionario[i]* si no tenemos *d*. Si lo tenemos, es d el valor asignado.

Veamos ejemplos de su uso:

```
>>> alumnos
{2: 'Eva', 3: 'Carlos', 4: 'Ana', 10: 'Almudena'}
>>> objetos
{10: 12.34, 'Siete': 'Avión'}
>>> ciudades
{(1, 1): 'Madrid', (1, 2): 'Londres', (1, 3): 'Roma'}
>>> alumnos.get(3)
'Carlos'
>>> alumnos.get(5, "No está el diccionario")
'No está el diccionario'
```

```
>>> alumnos.get(5, "No está en el diccionario")
'No está en el diccionario'
>>> objetos.clear()
>>> objetos
{}
>>> objetos = ciudades.copy()
>>> objetos
{(1, 1): 'Madrid', (1, 2): 'Londres', (1, 3): 'Roma'}
>>> alumnos.keys()
dict_keys([2, 3, 4, 10])
>>> alumnos.values()
dict_values(['Eva', 'Carlos', 'Ana', 'Almudena'])
>>> alumnos.items()
dict_items([(2, 'Eva'), (3, 'Carlos'), (4, 'Ana'), (10, 'Almudena')])
>>> alumnos.popitem()
(2, 'Eva')
>>> alumnos
{3: 'Carlos', 4: 'Ana', 10: 'Almudena'}
>>> alumnos.pop(10)
'Almudena'
>>> alumnos
{3: 'Carlos', 4: 'Ana'}
>>> alumnos.pop(25, "No aparece en diccionario")
'No aparece en diccionario'
```

```
>>> lista_llaves = [1, 3, 9]
>>> tupla_llaves = [10, 100, 1000]
>>> tupla_llaves = (10, 100, 1000)
>>> conjunto_llaves = set(["a", "b", "c"])
>>> diccionario_nuevo = { (1,2): "A", (34,21): "B"}
>>> res1 = alumnos.fromkeys(lista_llaves)
>>> res1
{1: None, 3: None, 9: None}
>>> res2 = alumnos.fromkeys(tupla_llaves)
>>> res2
{10: None, 100: None, 1000: None}
>>> res3 = {}.fromkeys(conjunto_llaves, "15")
>>> res3
{'a': '15', 'b': '15', 'c': '15'}
>>> res4 = {}.fromkeys(diccionario_nuevo, "Aprobado")
>>> res4
{(1, 2): 'Aprobado', (34, 21): 'Aprobado'}
>>> res5 = diccionario_nuevo.setdefault((1,2))
>>> res5
'A'
>>> diccionario_nuevo
{(1, 2): 'A', (34, 21): 'B'}
```

```
>>> res5 = diccionario_nuevo.setdefault((1,2), "Suspendido")
>>> res5
'A'
>>> diccionario_nuevo
{(1, 2): 'A', (34, 21): 'B'}
>>> res6 = diccionario_nuevo.setdefault((10,20), "Suspendido")
>>> res6
'Suspendido'
>>> diccionario_nuevo
{(1, 2): 'A', (10, 20): 'Suspendido', (34, 21): 'B'}
>>> res7 = diccionario_nuevo.setdefault((0,0))
>>> res7
>>> diccionario_nuevo
{(0, 0): None, (1, 2): 'A', (10, 20): 'Suspendido', (34, 21): 'B'}
```

Evitaremos errores como el siguiente:

```
>>> alumnos.pop(25)
KeyError: 25
```

6.5.6 Ejemplos de uso práctico de diccionarios

El uso principal de un diccionario será la búsqueda y modificación de datos en él. Para esas tareas es una estructura muy eficiente y rápida. Vimos en el apartado 6.5.3 los operadores *in/not in*, que nos informan de la existencia o no de determinadas llaves en nuestro diccionario. Podemos acceder a todos los datos incluidos en él mediante *for* con el formato que ya conocemos:

for *llave* ***in*** *nombre_diccionario*

Una vez que conseguimos la llave, acceder al valor es tan sencillo como aplicar lo siguiente:

nombre_diccionario[llave]

Veamos un ejemplo:

```
>>> midic = {1: "Peras",6: "Manzanas",8: "Peras", 17: "Manzanas",21: "Peras"}
>>> numero_manzanas = 0
>>> numero_peras = 0
>>> for i in midic:
...     if midic[i] == "Peras":
...         numero_peras = numero_peras + 1
...     if midic[i] == "Manzanas":
...         numero_manzanas = numero_manzanas + 1
...
```

```
>>> print("El numero de manzanas es",numero_manzanas, "y el de peras",numero_peras)
El numero de manzanas es 2 y el de peras 3
```

De cara a visualizar por pantalla de forma ordenada y alineada los elementos que tengamos almacenados en un diccionario, podríamos proceder de varias maneras. Una de ellas sería pasando las llaves y los datos por separado al método *format()*:

```
>>> midic = {"Destornillador": 5.89, "Martillo": 6.2, "Brocha": 9, "Escalera": 23.9}
>>> for artículo, precio in midic.items():
...     print("{0:>20}{1:>20.2f}".format(artículo, precio))
...
            Martillo                6.20
      Destornillador                5.89
            Escalera               23.90
              Brocha                9.00
```

Otra sería pasar todo el diccionario a *format()* y acceder a cada uno de sus datos mediantes operador numérico y las llaves (sin entrecomillarlas)[69]:

```
>>> midic = {"Destornillador": 5.89, "Martillo": 6.2, "Brocha": 9, "Escalera": 23.9}
>>> print("\nLos precios son: Destornillador({0[Destornillador]:.2f}), martillo({0[Martillo]:.2f}),
brocha({0[Brocha]:.2f}) y escalera({0[Escalera]:.2f}).".format(midic))

Los precios son: Destornillador(5.89), martillo(6.20), brocha(9.00) y escalera(23.90).
```

Todo ello nos aporta mucho potencial de cara a representar de forma visualmente atractiva elementos almacenados en diccionarios, como anteriormente lo vimos en cadenas, listas y tuplas.

6.6 RESUMEN DE TIPOS DE DATOS Y COMPARACIÓN DE VELOCIDADES

En este capítulo hemos visto, al margen de completar nuestros conocimientos sobre cadenas, cuatro nuevas estructuras de datos que nos serán de tremenda utilidad en nuestra programación *Python* y que amplían enormemente las capacidades que teníamos hasta el momento. Según cada caso concreto unos tipos tendrán ventajas sobre otros, y distinguir este aspecto será interesante e importante. Como resumen final representaré una tabla con los operadores, funciones y métodos disponibles en cada uno de los tipos, que puede aportarnos una visión rápida de cada uno de ellos.

69 Nuevamente represento (por falta de espacio) el comando *print* en dos líneas, pero debe escribirse en el intérprete en una sola.

<table>
<tr><th></th><th></th><th>Cadenas</th><th>Listas</th><th>Tuplas</th><th>Conjuntos</th><th>Diccionarios</th></tr>
<tr><td rowspan="12">Operadores</td><td>[i]</td><td>Si</td><td></td><td>Si</td><td>No</td><td>Si</td></tr>
<tr><td>:</td><td>Si</td><td>Si</td><td>Si</td><td>No</td><td>No</td></tr>
<tr><td>+</td><td>Si</td><td>Si</td><td>Si</td><td>No</td><td>No</td></tr>
<tr><td>*</td><td>Si</td><td>Si</td><td>Si</td><td>No</td><td>No</td></tr>
<tr><td>in/not in</td><td>Si</td><td>Si</td><td>Si</td><td>Si</td><td>Si</td></tr>
<tr><td>|</td><td>No</td><td>No</td><td>No</td><td>Si</td><td>No</td></tr>
<tr><td>&</td><td>No</td><td>No</td><td>No</td><td>Si</td><td>No</td></tr>
<tr><td>–</td><td>No</td><td>No</td><td>No</td><td>Si</td><td>No</td></tr>
<tr><td>^</td><td>No</td><td>No</td><td>No</td><td>Si</td><td>No</td></tr>
<tr><td><, <=</td><td>Si</td><td>Si</td><td>Si</td><td>Si</td><td>No</td></tr>
<tr><td>>, >=</td><td>Si</td><td>Si</td><td>Si</td><td>Si</td><td>No</td></tr>
<tr><td>==, !=</td><td>Si</td><td>Si</td><td>Si</td><td>Si</td><td>Si</td></tr>
<tr><td rowspan="4">Funciones</td><td>len</td><td>Si</td><td>Si</td><td>Si</td><td>Si</td><td>Si</td></tr>
<tr><td>max</td><td>Si</td><td>Si</td><td>Si</td><td>Si</td><td>Si</td></tr>
<tr><td>min</td><td>Si</td><td>Si</td><td>Si</td><td>Si</td><td>Si</td></tr>
<tr><td>sum</td><td>No</td><td>Si</td><td>Si</td><td>Si</td><td>Si</td></tr>
<tr><td>Métodos</td><td></td><td>capitalize()
center()
count()
endswith()
find()
format()
isalnum()
isalpha()
isdigit()
isidentifier()
islower()
isspace()
isupper()
ljust()
lower()
lstrip()
replace()
rfind()
rjust()
rstrip()
startswith()
strip()
swapcase()
tittle()
upper()
zfill()</td><td>append()
clear()
copy()
count()
extend()
index()
insert()
pop()
remove()
reverse()
sort()</td><td>count()
index()</td><td>add()
clear()
copy()
difference()
difference_
update()
discard()
intersection()
isdisjoint()
issubset()
issuperset()
intersection_
update()
pop()
remove()
symmetric_
difference()
union()
update()</td><td>clear()
copy()
fromkeys()
get()
items()
keys()
values()
pop()
popitem()
setdefault()</td></tr>
</table>

Comandos especiales	del	No	No	No	No	Si
Recorrido mediante *for*		Si (directo y por índice)	Si (directo y por índice)	Si (directo y por índice)	Si (solo directo)	Si (solo mediante llave)

He venido comentando en todo el capítulo que las implementaciones internas de los tipos de datos de *Python* hacen que algunos sean más (o menos) eficientes que otros en tareas como buscar, reemplazar o eliminar datos, pero hasta el momento no hemos medido cuantitativamente esa diferencia de rapidez. Para conseguirlo crearemos un programa que nos lo indique. La idea será crear una lista de números enteros que vaya desde el *0* hasta un número que indiquemos por teclado (que marcará su tamaño). Posteriormente, usando la librería *random*, desordenaremos la lista para simular mejor un caso real y no beneficiar las búsquedas con elementos ordenados. Tras ello, crearemos tuplas, conjuntos y diccionarios a partir de la lista inicial. Como todos los elementos son distintos, nos aseguramos de que los elementos del conjunto y el diccionario son los mismos que en listas y tuplas, pensando en que el número de búsquedas sea el mismo. En cada uno de los tipos de datos comprobaremos si existe en ellos los números enteros que van desde el 0 hasta su tamaño menos uno. Si lo están (que estarán todos) incrementaremos el valor de un contador. Para medir el tiempo empleado en el cómputo de cada uno de los tipos de datos, usaremos la función *time()*[70] de la librería del mismo nombre. Anotaremos su valor antes de los cálculos y justo después (en cada caso). El código, que guardaremos en nuestra carpeta con el nombre *comparacion_rendimiento_tipos_datos.py*, es el siguiente:

70 La función *time()* nos devuelve un número real (con seis decimales) que nos indica el número de segundos transcurridos desde un instante de referencia, que en nuestro caso son las 00:00 del 1 de enero de 1970.

```
import random
import time
aciertos = 0
num_elementos = eval(input("Introduce numero de elementos de la lista original:"))
milista = list(range(num_elementos))
print("Desordenando lista")
random.shuffle(milista)
print("Fin de desordenacion de la lista\n")

miconjunto = set(milista)
mitupla = tuple(milista)
midiccionario = {}.fromkeys(milista, 1)

inicio_tiempo = time.time()
for i in range(num_elementos):
    if i in milista: aciertos += 1
fin_tiempo = time.time()
tiempo_computo = int((fin_tiempo - inicio_tiempo) * 1000)
print(tiempo_computo, "milisegundos para testear", num_elementos, "elementos mediante listas")
print("Aciertos = ", aciertos, "\n")

aciertos = 0
inicio_tiempo = time.time()
for i in range(num_elementos):
    if i in mitupla: aciertos += 1
fin_tiempo = time.time()
tiempo_computo = int((fin_tiempo - inicio_tiempo) * 1000)
print(tiempo_computo, "milisegundos para testear", num_elementos, "elementos mediante tuplas")
print("Aciertos = ", aciertos, "\n")

aciertos = 0
inicio_tiempo = time.time()
for i in range(num_elementos):
    if i in miconjunto: aciertos += 1
fin_tiempo = time.time()
tiempo_computo = int((fin_tiempo - inicio_tiempo) * 1000)
print(tiempo_computo, "milisegundos para testear", num_elementos, "elementos mediante conjuntos")
print("Aciertos = ", aciertos, "\n")

aciertos = 0
inicio_tiempo = time.time()
for i in range(num_elementos):
    if i in midiccionario : aciertos += 1
fin_tiempo = time.time()
tiempo_computo = int((fin_tiempo - inicio_tiempo) * 1000)
print(tiempo_computo, "milisegundos para testear", num_elementos, "elementos mediante diccionario")
print("Aciertos = ", aciertos, "\n")
```

Al ejecutarlo e introducir *20000* para el número de elementos de la lista, obtendremos[71]:

```
>>>
*** Remote Interpreter Reinitialized ***
>>>
Desordenando lista
Fin de desordenacion de la lista

4398 milisegundos para testear 20000 elementos mediante listas
Aciertos =  20000
```

71 Los resultados que obtenga el lector pueden variar respecto a los presentados. Lo importante es compararlos de cara a sacar conclusiones.

```
4379 milisegundos para testear 20000 elementos mediante tuplas
Aciertos = 20000

3 milisegundos para testear 20000 elementos mediante conjuntos
Aciertos = 20000

4 milisegundos para testear 20000 elementos mediante diccionario
Aciertos = 20000
```

Observamos que con listas y tuplas se ha tardado casi 4.4 segundos en realizar todas las operaciones, mientras que con conjuntos y diccionarios se ha tardado unos 4 milisegundos, ¡unas 1.100 veces más rápido! Si volvemos a ejecutar el programa y a introducir la misma cantidad de elementos, puede que varíen los datos. Quizá en una ejecución sean más rápidas las tuplas que las listas, en otra no..., pero no habrá variaciones significativas. Lo mismo pasará con conjuntos y diccionarios. La relación de velocidades no variará de forma notable.

Si volvemos a ejecutar el programa y en lugar de introducir 20.000 valores, introducimos 50.000:

```
>>>
*** Remote Interpreter Reinitialized ***
>>>
Desordenando lista
Fin de desordenacion de la lista

33356 milisegundos para testear 50000 elementos mediante listas
Aciertos = 50000

32567 milisegundos para testear 50000 elementos mediante tuplas
Aciertos = 50000

9 milisegundos para testear 50000 elementos mediante conjuntos
Aciertos = 50000

10 milisegundos para testear 50000 elementos mediante diccionario
Aciertos = 50000
```

Ahora observamos que realizar el conjunto de operaciones con conjuntos y diccionarios es aproximadamente unas 3.300 veces más rápido que con listas y tuplas.

El comportamiento general será que, para operaciones de búsqueda, las listas y las tuplas tarden aproximadamente el mismo tiempo, mientras que los conjuntos y los diccionarios sean mucho más rápidos. Podemos ejecutar el programa con el número de elementos que queramos para observar cómo varían los resultados. Evidentemente, dependerá de nuestro programa el necesitar o no usar conjuntos o diccionarios, ya que si tenemos por ejemplo 1.000 datos, los 12 ms que tardan listas y tuplas son bastante asumibles en tiempo de cómputo, pero para grandes volúmenes de datos el uso de diccionarios o conjuntos se hará imprescindible.

7

FICHEROS Y EXCEPCIONES

7.1 FICHEROS. GENERALIDADES Y TIPOS

Hasta el momento, todos los datos con los que hemos estado trabajando en nuestros programas desaparecen al terminar éste. No son datos que se almacenen de forma permanente en el ordenador. Para conseguirlo haremos uso de *ficheros* que guardaremos en algún sistema de almacenamiento permanente, como por ejemplo un disco duro. Posteriormente ese fichero podrá ser transportado y otros programas hacer uso de él. Sobre los ficheros sabemos que están almacenados en determinadas direcciones dentro del árbol de directorios de nuestro ordenador. Por ejemplo:

C:\Users\flop\Desktop\Ficheros_Python\mifichero.py

Esa podría ser la dirección completa de *mifichero.py* en la carpeta *Ficheros_Python* que tengo en el escritorio de mi ordenador. Se distinguen dos tipos principales de ficheros:

- *De texto (text files)*: son los que podemos crear, leer y modificar mediante un editor de texto del estilo del *Bloc de Notas* de *Windows*. Por lo tanto, los programas que creamos en *PyScripter* son ficheros de texto.
- *Binarios (binary files)*: todos los demás. Son más eficientes que los de texto.

Esta clasificación no es del todo cierta, ya que los ficheros de texto son codificados en algún sistema como *ASCII* o *UTF-8*[1] para tener un nivel de abstracción superior y poder tratarlos más fácilmente, pero también se guardan como ficheros binarios en un nivel más fundamental. Al final, el almacenamiento en el fichero siempre se hace a nivel binario. Sabiendo eso, es interesante para nuestros propósitos visualizar los ficheros de texto como una secuencia de caracteres y los ficheros binarios como una secuencia de *bytes*.

7.1.1 Ficheros de texto

Empezaremos conociendo los ficheros de texto. Veremos cómo se crean, abren, escriben y leen, comentando los métodos asociados a cada una de esas tareas.

7.1.1.1 ABRIR UN FICHERO DE TEXTO. MODOS DE APERTURA

Al tratar un fichero de texto, lo primero es *abrirlo* de un determinado *modo*, que dependerá si vamos a leerlo, a escribirlo o a añadirle elementos. Mediante esta opción, y de la forma que veremos en breve, también podremos *crear* un fichero. Opcionalmente se indicará entre comillas el formato de codificación que empleamos (por ejemplo *"UTF-8"* o *"ASCII"*). El formato[2] es el siguiente:

nombre_lógico_ ichero = open ("nombre_fisico_fichero", "modo_apertura", encoding =formato)

El *nombre lógico* del fichero será la variable con la que trabajaremos a partir de ahora para tratar con el fichero en el programa. Es una variable que apunta al objeto de la clase *io_TextIOWrapper* que nos devuelve la función *open()*. El *nombre físico* del fichero es la dirección (relativa o absoluta) del fichero en nuestro sistema de archivos. El modo de apertura nos indica de qué forma abrimos el fichero, dependiendo de la operación a realizar sobre él. Puede, en el caso de los ficheros de texto, tener los siguientes valores:

- **r** Abre el fichero en modo lectura (*read*). Si el archivo no existe nos dará un error de tipo *FileNotFoundError*. Es el modo en el que se abre el fichero por defecto si no lo indicamos explícitamente.

- **w** Abre el fichero en modo escritura (*write*). Si el fichero no existiese lo crea, y si existiese lo sobrescribe, eliminando el contenido anterior.

---

1 Recordemos, es el acrónimo de *"Unicode Transformation Format"* en su variante de 8 *bits* (también las hay de 16 y 32).

2 El formato total es mucho más completo, incluyendo opciones de *buffer* y de cambio de línea.

- **a** Abre el fichero en modo escritura (*append*). Si el fichero no existe lo crea. Si no, añade los datos al final del fichero.
- **w+** Abre el fichero en modo lectura y escritura, por lo que podremos realizar operaciones de ambos tipos. Si el fichero no existe lo crea, y si existe borra su contenido por completo.
- **r+** Abre el fichero en modo lectura y escritura. Si el fichero no existe nos da un error de tipo *FileNotFoundError.* Si existe no destruye su contenido pero sí podrá sobrescribirlo. Al abrirlo en este modo, el apuntador de fichero se coloca al inicio de éste.
- **a+** Abre el fichero en modo lectura y escritura (añadido). Si el fichero no existe lo crea. Si existe, al abrirlo el apuntador de fichero se coloca al final de éste.

Tenemos un elemento en los ficheros de texto denominado *apuntador de fichero*[3] que nos indica en qué lugar de él nos encontramos y a partir del cual haremos las operaciones (lectura, escritura o añadido). Por ejemplo, al abrir el fichero en modo lectura, este de coloca al inicio del mismo, es decir, "apuntando" al primer carácter. A medida que leemos se va desplazando. Lo mismo pasaría si abrimos el fichero en modo escritura. Al abrirlo en modo añadir, en lugar de colocarse el apuntador de fichero al inicio, lo haría al final, de modo que pudiese añadir elementos al final de éste.

Ejemplos del uso de la función *open()* serían:

- *f = open(r"C:\Users\flop\Desktop\Ficheros_Python\mifichero.txt", "r")*
- *f = open("C:\\Users\\flop\\Desktop\\Ficheros_Python\\mifichero.txt", "r")*
- *f = open("mifichero.txt", "r")*
- *f = open("mifichero.txt", "w+")*
- *f = open(r"C:\Users\flop\Desktop\Ficheros_Python\mifichero.txt", "a")*

Observamos que en el primer ejemplo hemos colocado una *r* antes de la dirección absoluta. Eso es para indicar que hay que tomar lo que sigue de forma literal[4], ya que de lo contrario se podría interpretar la barra como parte de una

3 *File pointer* en inglés.
4 La *'r'* viene del término inglés *raw*, que significa crudo, en bruto.

secuencia de escape (del estilo *\n*). Si no queremos poner la *r* previa, tendríamos que colocar todo como aparece en el segundo ejemplo (con la doble barra invertida '\\'). El tercer ejemplo usa *dirección relativa*, con lo cual buscará el fichero en el directorio de trabajo que nos encontremos.

7.1.1.2 LEER Y ESCRIBIR EN FICHEROS DE TEXTO. MÉTODOS READ(), WRITE(), READLINE(), READLINES(), TELL() ,SEEK() Y CLOSE()

Como comenté con anterioridad, al abrir un fichero de texto mediante la función *open()*, ésta nos devuelve un objeto de la clase *_io.TextIOWrapper*[5], que contiene los siguientes métodos[6] que usaremos para leer y/o escribir en el fichero:

- *write(micadena: str): int*

  Escribe la cadena *micadena* en el fichero y devuelve el número de caracteres escritos.

- *read(num_car: int): str*

  Lee a lo *sumo num_car* caracteres desde el fichero, y los devuelve en forma de cadena. Si *num_car* es negativo o *None*[7], lee hasta el final del fichero (*EOF*[8]). Si el apuntador del fichero está al final de este, *read()* devolverá en cualquier caso una cadena vacía ('').

- *readline(límite_car: int): str*

  Lee y devuelve caracteres en forma de cadena hasta que aparece un cambio de línea[9], el *límite_car* (si lo incluimos), o el final del fichero. Si estamos ya en él, devuelve una cadena vacía ('').

- *readlines(límite: int): list*

  Lee y devuelve en forma de lista de cadenas las líneas del fichero. Si incluimos el argumento *límite* leerá hasta la línea en la que esté el carácter con el número indicado. Si *límite* coincide con un cambio de línea, nos devolverá también la línea siguiente. Si estamos en el final de fichero devolverá una lista vacía.

---

5 Esta a su vez es derivada de *io.TextIOBase* (que es la base para el tratamiento de cadenas de caracteres en *E/S*). A su vez, *TextIOBase* es hija de *io.IOBase*, que actúa a nivel de *bytes* y es la clase padre para el manejo de *E/S*.

6 Los representaremos en el formato que emplea para ello el estándar *UML*.

7 Equivalente a no incluir el argumento.

8 *End of file*, es una marca que nos indica que hemos llegado al final del fichero.

9 En lo que nos devuelve se incluye ese carácter cambio de línea ('*\n*').

- *tell(): int*

  Nos devuelve la posición actual del apuntador de fichero en forma de lo que se denomina un número *opaco*, que no corresponde necesariamente a la posición en *bytes*, por lo que no lo tendremos en cuenta de esa manera. Simplemente usaremos *tell()* para marcar posiciones dentro del fichero.

- *seek(desp : int, ref: int:): None*

  Desplaza el apuntador del fichero una serie de posiciones indicadas mediante el número entero desp tomando como referencia el valor de *ref,* que puede ser, en el caso de ficheros de texto:

  - 0 → El inicio del fichero
  - 2 → El final del fichero

  Los archivos *de texto* solo permiten determinados valores para *desp,* ya que con cualquier otro no tendremos un comportamiento totalmente definido, por lo cual los descartaremos. Son los siguientes:

  - Si tenemos como referencia el inicio del fichero, es decir, si *ref* es *0, desp* solo podrá tomar valor 0 o un valor obtenido mediante la función *tell()*.
  - Si tenemos como referencia el final del fichero, es decir, si *ref* es 2, *desp* solo podrá tomar el valor *0.*

- *close(): None*

  Cierra el fichero. Si estuviese ya cerrado no hace nada.

Relacionado con los métodos que acabamos de ver, también comentaré:

1. La opción de usar un bucle *for* con el formato:

   for line in ile

   En él *file* representa al fichero lógico y *line* a cada una de las líneas que lo componen. Es muy útil para no tener que usar el método *readlines()*.

2. La función[10] *list()*, con el formato:

   list(nombre_lógico_ ichero)

   Nos devuelve una lista el contenido del fichero desde la posición actual del apuntador hasta el final.

10 En realidad es el *constructor* de la clase *list*, pero lo interpretaremos como una función.

Veamos a continuación un ejemplo del uso de los métodos presentados con anterioridad. En primer lugar los usaremos sin argumentos, que serán mucho más fáciles de entender. Creamos el siguiente fichero *ejemplo_ficheros_1.py* (cambiando en el código la dirección de mi carpeta por la de la del lector[11] en todas las líneas de código pertinentes) y lo guardamos en nuestra carpeta:

```
f = open(r"C:\Users\flop\Desktop\Ficheros_Python\ejemplo_ficheros_1.txt", "w")
num_car = f.write("Ana : 28\nJavier : 32\nEva : 45\nCarlos : 29")
print("Fichero escrito correctamente. Número de caracteres escritos: ", num_car ,"\n")
f.close()

f = open(r"C:\Users\flop\Desktop\Ficheros_Python\ejemplo_ficheros_1.txt", "r")
c1 = f.read()
print("Usando read() nos devuelve la siguiente cadena (incluye tres cambios de línea):")
print(c1)

f.seek(0)
c2 = f.readline()
print("\nUsando readline() nos devuelve la cadena (incluye un cambio de línea):")
print(c2)

f.seek(0)
c3 = f.readlines()
print("Usando readlines() obtenemos la lista de cadenas siguiente:")
print(c3)

f.seek(0)
c4 = list(f)
print("\nUsando list(f) obtenemos la lista de cadenas siguiente:")
print(c4)

f.close()
```

Generará la siguiente salida:

```
>>>
Fichero escrito correctamente. Número de caracteres escritos: 41

Usando read() nos devuelve la siguiente cadena (incluye tres cambios de línea):
Ana : 28
Javier : 32
Eva : 45
Carlos : 29
Usando readline() nos devuelve la cadena (incluye un cambio de línea):
Ana : 28
```

11 De aquí en adelante en el capítulo habrá que hacer lo mismo, así que el lector debe estar atento a ello, ya que no lo volveré a indicar de forma explícita, dándolo por sabido.

```
Usando readlines() obtenemos la lista de cadenas siguiente:
['Ana : 28\n', 'Javier : 32\n', 'Eva : 45\n', 'Carlos : 29']

Usando list(f) obtenemos la lista de cadenas siguiente:
['Ana : 28\n', 'Javier : 32\n', 'Eva : 45\n', 'Carlos : 29']
>>>
```

En este ejemplo, primero abrimos el fichero en modo escritura, escribimos, lo cerramos, volvemos a abrir en modo lectura, leemos y finalizamos volviendo a cerrar el fichero para que los datos que hay en él no se corrompan.

Al abrir el fichero, tanto para escribir como para leer, el apuntador de fichero (*file pointer*) se coloca al principio del mismo, y se va desplazando secuencialmente a medida que hacemos operaciones de escritura o lectura. El fichero *ejemplo_ficheros_1.txt* tendrá el siguiente aspecto si lo abrimos con el *Bloc de notas* de *Windows*:

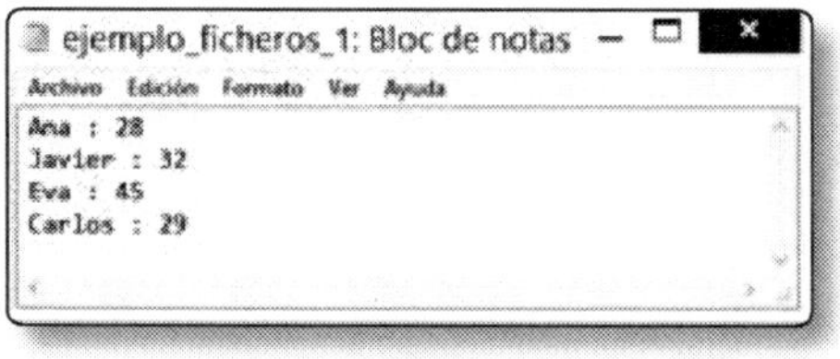

Observamos que para cambiar de línea hemos tenido que escribir de forma explícita[12] el carácter '*\n*' en el fichero, y que al visualizarlo no aparece como tal...

El método *read()* sin argumentos nos devuelve el contenido del fichero en formato cadena, incluyendo los espacios en blanco y los caracteres de cambio de línea ('*\n*'). En nuestro ejemplo, a pesar de no visualizarlos ya que lo hemos impreso mediante la función *print()*, nos devuelve tres cambios de línea[13]. Al final del uso de *read()* el apuntador está al final del fichero.

El método *readline()* lee solamente una línea (incluyendo el carácter *cambio de línea*) y coloca el apuntador en el carácter que sigue al de cambio de línea, con lo que si volviésemos a usarlo, nos sacaría la línea siguiente.

12 La función *print()* sí que inserta un cambio de línea automático después de representar el contenido que le indiquemos.

13 Mediante el *debugger*, visualizando la variable se observa perfectamente la cadena completa que devuelve.

El método *readlines()* nos devuelve una lista con todas las líneas (incluidos los caracteres de cambio de línea) en formato cadena, y la función *list()* aplicada al fichero entero nos devuelve lo mismo.

En un segundo ejemplo vamos a usar los métodos *read()*, *readline()* y *readlines()* con su argumento correspondiente. Para hacer el programa más dinámico pedimos por teclado cada uno de estos argumentos. El código (*ejemplo_ficheros_2.py*) será el siguiente:

```
f= open(r"C:\Users\flop\Desktop\Ficheros_Python\ejemplo_ficheros_2.txt", "w")
num_car = f.write("Ana : 28\nJavier : 32\nEva : 45\nCarlos : 29")
print("------------------------------------------------------------")
print("Fichero escrito correctamente. Número de caracteres escritos: ",num_car,"\n")
f.close()

f = open(r"C:\Users\flop\Desktop\Ficheros_Python\ejemplo_ficheros_2.txt", "r")
num = eval(input("Introduce el argumento para read:"))
c1 = f.read(num)
print("Usando read(", num,") obtenemos la cadena:")
print(c1)
print("------------------------------------------------------------")

f.seek(0)
num = eval(input("Introduce el argumento para readline:"))
c2 = f.readline(num)
print("Usando readline(",num,") obtenemos la cadena:")
print(c2)

f.seek(0)
num = eval(input("Introduce el argumento para readlines:"))
c3 = f.readlines(num)
print("------------------------------------------------------------")
print("Usando readlines(",num,") obtenemos la siguiente lista de cadenas:")
print(c3)
print("------------------------------------------------------------")
f.close()
```

Cuya salida para los valores de entrada *10,10,10* es:

```
>>>
------------------------------------------------------------
Fichero escrito correctamente. Número de caracteres escritos: 41

Usando read( 10 ) obtenemos la cadena:
Ana : 28
J
------------------------------------------------------------
Usando readline( 10 ) obtenemos la cadena:
```

```
Ana : 28

--------------------------------------------------------------
Usando readlines( 10 ) obtenemos la siguiente lista de cadenas:
['Ana : 28\n', 'Javier : 32\n']
--------------------------------------------------------------
>>>
```

Para *25,25,25* tenemos:

```
>>>
--------------------------------------------------------------
Fichero escrito correctamente. Número de caracteres escritos:  41

Usando read( 25 ) obtenemos la cadena:
Ana : 28
Javier : 32
Eva
--------------------------------------------------------------
Usando readline( 25 ) obtenemos la cadena:
Ana : 28

--------------------------------------------------------------
Usando readlines( 25 ) obtenemos la siguiente lista de cadenas:
['Ana : 28\n', 'Javier : 32\n', 'Eva : 45\n']
--------------------------------------------------------------
>>>
```

Y para *40,40,40*:

```
>>>
--------------------------------------------------------------
Fichero escrito correctamente. Número de caracteres escritos:  41

Usando read( 40 ) obtenemos la cadena:
Ana : 28
Javier : 32
Eva : 45
Carlos : 2
--------------------------------------------------------------
Usando readline( 40 ) obtenemos la cadena:
Ana : 28

--------------------------------------------------------------
Usando readlines( 40 ) obtenemos la siguiente lista de cadenas:
['Ana : 28\n', 'Javier : 32\n', 'Eva : 45\n', 'Carlos : 29']
--------------------------------------------------------------
>>>
```

Para explicar el funcionamiento de los métodos será interesante visualizar el contenido del fichero de la siguiente manera:

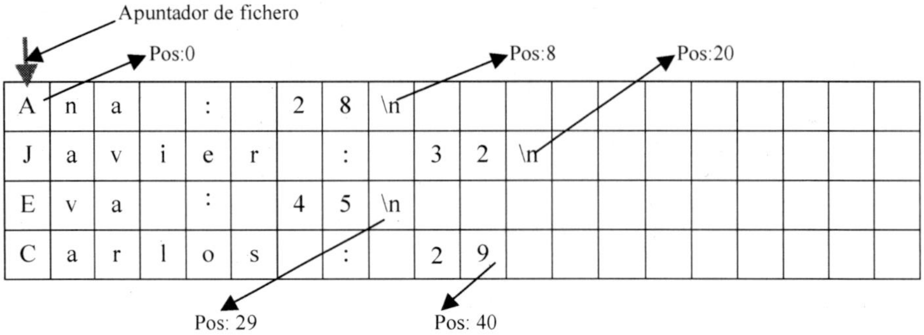

Observando los resultados se confirma que con *read()* indicamos el valor límite y nos extrae todos los caracteres hasta él. Con *readline()*, por mucho que le indiquemos una posición muy alta, solo nos devuelve una línea ya que cuando llega a un cambio de línea ya no extrae más. Y con *readlines()* tenemos un comportamiento curioso, debido a que nos devuelve solo líneas completas, extrayendo las que hay desde el apuntador de fichero hasta el siguiente cambio de línea tras la posición pasada como argumento. Si por ejemplo ésta es el valor *8*, nos devolverá la primera línea del fichero. Si le damos el valor *9*, nos devolverá las dos primeras líneas en forma de lista, ya que en la posición *8* está justamente un salto de línea y extraería hasta el siguiente.

En todos los casos hemos usado solo una vez cada uno de los métodos, aplicándolos con el apuntador del fichero desde el origen, cosa que conseguíamos con el método *seek()*. ¿Qué ocurrirá si aplicamos de forma consecutiva los métodos con argumentos? Veámoslo (*ejemplo_ficheros_3.py*):

```
f= open(r"C:\Users\flop\Desktop\Ficheros_Python\ejemplo_ficheros_3.txt", "w")
num_car = f.write("Ana : 28\nJavier : 32\nEva : 45\nCarlos : 29")
print("--------------------------------------------------------------")
print("Fichero escrito correctamente. Número de caracteres escritos: ",num_car,"\n")
f.close()

f = open(r"C:\Users\flop\Desktop\Ficheros_Python\ejemplo_ficheros_3.txt", "r")
num = eval(input("Introduce el argumento para read:"))
c1 = f.read(num)
print("Usando read(", num,") obtenemos la cadena:")
print(c1)
c1 = f.read(num)
print("Usando read(", num,") una segunda vez consecutiva obtenemos:")
print(c1)
```

```
c1 = f.read(num)
print("Usando read(", num,") una tercera vez consecutiva obtenemos:")
print(c1)
print("--------------------------------------------------------------")

f.seek(0)
num = eval(input("Introduce el argumento para readline:"))
c2 = f.readline(num)
print("Usando readline(",num,") obtenemos la cadena:")
print(c2)
c2 = f.readline(num)
print("Usando readline(",num,") una segunda vez consecutiva obtenemos:")
print(c2)
c2 = f.readline(num)
print("Usando readline(",num,") una tercera vez consecutiva obtenemos:")
print(c2)

f .seek(0)
num = eval(input("Introduce el argumento para readlines:"))
c3 = f .readlines(num)
print("--------------------------------------------------------------")
print("Usando readlines(",num,") obtenemos la siguiente lista de cadenas:")
print(c3)
c3 = f .readlines(num)
print("Usando readlines(",num,") una segunda vez consecutiva obtenemos:")
print(c3)
c3 = f .readlines(num)
print("Usando readlines(",num,") una tercera vez consecutiva obtenemos:")
print(c3)
print("--------------------------------------------------------------")
f.close()
```

En este caso para ver su funcionamiento nos bastará con introducir la secuencia *10,10,10*, obteniendo como salida:

```
>>>
--------------------------------------------------------------
Fichero escrito correctamente. Número de caracteres escritos: 41

Usando read( 10 ) obtenemos la cadena:
Ana : 28
J
Usando read( 10 ) una segunda vez consecutiva obtenemos:
avier : 32
Usando read( 10 ) una tercera vez consecutiva obtenemos:

Eva : 45

--------------------------------------------------------------
```

```
Usando readline( 10 ) obtenemos la cadena:
Ana : 28

Usando readline( 10 ) una segunda vez consecutiva obtenemos:
Javier : 3
Usando readline( 10 ) una tercera vez consecutiva obtenemos:
2

--------------------------------------------------------------
Usando readlines( 10 ) obtenemos la siguiente lista de cadenas:
['Ana : 28\n', 'Javier : 32\n']
Usando readlines( 10 ) una segunda vez consecutiva obtenemos:
['Eva : 45\n', 'Carlos : 29']
Usando readlines( 10 ) una tercera vez consecutiva obtenemos:
[]
--------------------------------------------------------------
>>>
```

Es interesante ver cómo se va moviendo el apuntador del fichero. En el caso de *read()* va avanzando por cada uno de los caracteres (incluidos los caracteres en blanco y el carácter de cambio de línea) de forma lineal, extrayendo el número de ellos que le indiquemos. En nuestro ejemplo, en la tercera aplicación de *read()* se extraen dos caracteres de cambio de línea (de ahí que haya cambios de línea al representarlo mediante *print()*).

En el caso de *readline()* va avanzando también de forma lineal sacando los caracteres indicados a no ser que antes de ello se tope con un cambio de línea, en cuyo caso para la extracción y deja el apuntador en el siguiente carácter del fichero posterior al carácter cambio de línea.

Y con *readlines()* nos devuelve la lista correspondiente al valor pasado y el apuntador pasa al siguiente carácter tras el último cambio de línea, tras lo cual opera de igual manera hasta que, si ha llegado al final del fichero, nos devuelve una lista vacía.

Veamos a continuación un ejemplo de la opción de añadido al abrir un fichero. Para ello tenemos el siguiente código (*ejemplo_ficheros_4.py*):

```
f = open(r"C:\Users\flop\Desktop\Ficheros_Python\ejemplo_ficheros_4.txt", "w")
num_car = f.write("Ana : 28\nJavier : 32\nEva : 45\nCarlos : 29")
print("Primeros 4 registros escritos correctamente.")
print("Número de caracteres escritos:", num_car)
f.close()

f = open(r"C:\Users\flop\Desktop\Ficheros_Python\ejemplo_ficheros_4.txt", "a")
num_car = f.write("\nTexto añadido al final del fichero en una sola línea")
print("\nTexto añadido al final del fichero escrito correctamente.")
```

```
print("Número de caracteres escritos:", num_car)
f.close()

f = open(r"C:\Users\flop\Desktop\Ficheros_Python\ejemplo_ficheros_4.txt", "r")
c1 = f.read()
print("\nEl contenido del fichero es:")
print(c1)
f.close()
```

Con salida:

```
>>>
Primeros 4 registros escritos correctamente.
Número de caracteres escritos: 41

Texto añadido al final del fichero escrito correctamente.
Número de caracteres escritos: 53

El contenido del fichero es:
Ana : 28
Javier : 32
Eva : 45
Carlos : 29
Texto añadido al final del fichero en una sola línea
>>>
```

En él abrimos el fichero en modo escritura, escribimos los datos de las cuatro primeras personas y cerramos. A continuación abrimos en modo añadir y colocamos un texto al final de nuestro fichero antes de volver a cerrarlo. Para finalizar, abrimos en modo lectura para sacar por pantalla el contenido total del fichero.

En los cuatros ejemplos vistos hasta ahora abríamos el fichero en modo lectura, escritura o añadir y lo cerrábamos. Pero vimos que podríamos abrirlo en modo combinado para tener la posibilidad de hacer varias operaciones. Para poner un ejemplo sobre ello y el uso de la función *tell()*, creamos el siguiente código (*ejemplo_ficheros_5.py*):

```
f = open(r"C:\Users\flop\Desktop\Ficheros_Python\ejemplo_ficheros_5.txt", "w+")
num_car = f.write("Ana : 28\nJavier : 32\nEva : 45\nCarlos : 29\n")
print("Los cuatro primeros registros escritos correctamente.")
print("Número de caracteres escritos (incluidos caracteres de cambio de línea): ", num_car ,"\n")
f.seek(0)
c1 = f.readlines()
print("Usando readlines() obtenemos la lista de cadenas siguiente:")
print(c1)
limite = f.tell()
num_car = f.write("Marta : 41\nAlfonso : 21\nLaura : 27\nDiego : 19\n")
```

```
print("\nLos cuatro siguientes registros escritos correctamente.")
print("Número de caracteres escritos (incluidos caracteres de cambio de línea): ", num_car ,"\n")
f.seek(limite,0)
c1 = f.readlines()
print("Usando readlines() desde el final de los 4 primeros registros (usando seek y tell) obtenemos:")
print(c1)
f.close()
```

Genera la siguiente salida:

```
>>>
Los cuatro primeros registros escritos correctamente.
Número de caracteres escritos (incluidos caracteres de cambio de línea):  42

Usando readlines() obtenemos la lista de cadenas siguiente:
['Ana : 28\n', 'Javier : 32\n', 'Eva : 45\n', 'Carlos : 29\n']

Los cuatro siguientes registros escritos correctamente.
Número de caracteres escritos (incluidos caracteres de cambio de línea):  46

Usando readlines() desde el final de los 4 primeros registros (usando seek y tell) obtenemos:
['Marta : 41\n', 'Alfonso : 21\n', 'Laura : 27\n', 'Diego : 19\n']
>>>
```

Analizándolo vemos que abrimos el fichero en modo *w+*, con lo que si no hemos creado aún el fichero *ejemplo_ficheros_5.txt* (como es el caso en la primera ejecución del programa), lo hará. Posteriormente escribimos los cuatro registros[14] iniciales[15] en el fichero. Tras esa operación el *AF*[16] está el final del fichero, por lo que para leer lo escrito hasta el momento (mediante *readlines()*), usamos previamente la función *seek()* para colocarnos de nuevo al comienzo del fichero. Tras ello, mediante la función *tell()*, marcamos ese lugar del fichero (el final de los cuatro primeros registros), que nos será útil más adelante. Escribimos a continuación los cuatro siguientes[17] registros y, de cara a leer solamente éstos, nos colocamos mediante *seek()* en el lugar que habíamos marcado con anterioridad con la variable *limite*. Leemos mediante *readlines()*, lo sacamos por pantalla y cerramos el fichero.

Un ejercicio altamente recomendable sería, sobre la base de este último código, jugar con el modo de apertura que tenemos en la primera línea (cambiando *w+* por *r+* o *a+*, y modificando a su vez también el nombre del fichero de texto si queremos ver el efecto sobre uno aún no creado) y ejecutar varias veces el programa,

---

14 Consideramos *registro* a cada uno de los nombres con el número entero asociado, que corresponde a cada una de las líneas del fichero.

15 Observar que en este caso hemos añadido un cambio de línea al final del cuarto registro.

16 Apuntador de fichero. Haré referencia en algún caso a él de este modo.

17 Hemos añadido un cambio de línea al final del octavo registro que antes no teníamos.

ya que nos ayudaría mucho a entender por completo los modos de apertura. Como ejemplo, tras haber ejecutado *ejemplo_ficheros_5.py*, al cambiar *w+* por *a+* y ejecutar el programa tres veces seguidas, éste hará que el contenido del fichero *ejemplo_ficheros.txt* sea el que aparece abajo a la izquierda. Si tras ejecutar el programa original (necesario para crear el fichero), ejecutamos posteriormente tres veces el programa pero cambiando *w+* por *r+* tendríamos el contenido indicado en la imagen de abajo a la derecha:

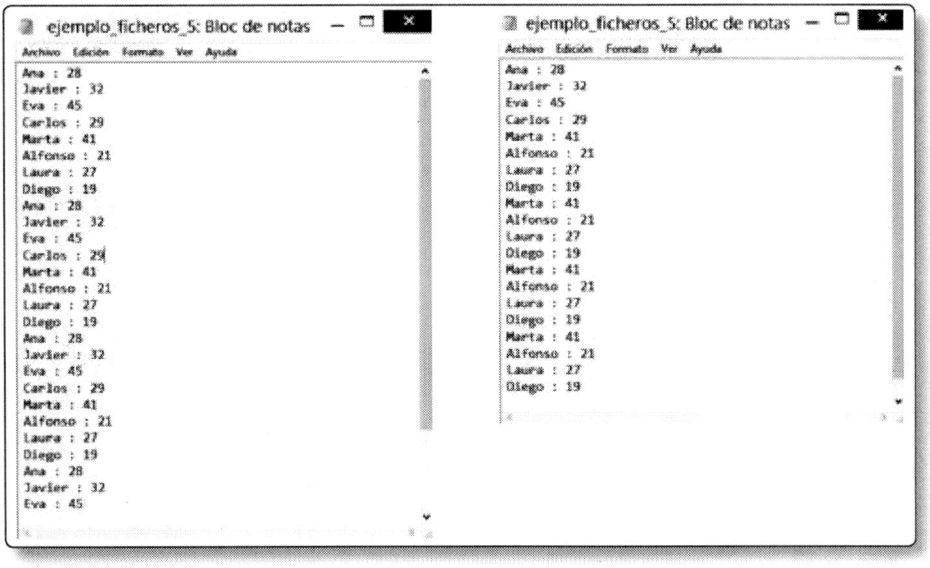

7.1.2 Ficheros binarios

Ya comentamos al principio del capítulo que los ficheros de texto son una abstracción sobre la capa inferior binaria, que es la forma en la que realmente se almacena la información. Esa abstracción se realiza mediante codificación/ decodificación en un determinado formato (*ASCII, UTF-8,UTF-16...*) cada vez que escribimos o leemos. En los ficheros binarios no existe esa codificación, trabajándose con objetos de tipo *bytes*, que son secuencias de *bytes* individuales. Con los ficheros de texto tratamos con cadenas. A veces nos interesará trabajar en modo binario:

1. Si no trabajamos con datos de tipo texto. Por ejemplo al tratar con un fichero gráfico como puede ser una imagen.

2. Si necesitamos un gran control sobre los datos de texto (enseguida veremos a qué me refiero exactamente con ello).

Por ejemplo, en un fichero de texto el número *18771912* será guardado cifra a cifra, es decir, el *'1'*, el *'8'*, el *'7'*... mientras que de forma binaria se almacenará en una serie de *bytes*.

7.1.2.1 ABRIR UN FICHERO BINARIO. MODOS DE APERTURA. MÉTODO OPEN()

Si queremos trabajar a nivel binario debemos abrir el fichero en *modo binario*, teniendo las siguientes opciones:

- rb Abre el fichero en modo lectura (read) binaria. Si el archivo no existe nos dará un error de tipo FileNotFoundError.
- wb Abre el fichero en modo escritura (write) binaria. Si el fichero no existiese lo crea, y si existiese lo sobrescribe, eliminando el contenido anterior.
- ab Abre el fichero en modo escritura (append) binaria. Si el fichero no existe lo crea. Si no, añade los datos al final del fichero.
- wb+ Abre el fichero en modo lectura y escritura binaria, por lo que podremos realizar operaciones de ambos tipos. Si el fichero no existe lo crea, y si existe borra su contenido por completo.
- rb+ Abre el fichero en modo lectura y escritura binaria. Si el fichero no existe nos da un error de tipo FileNotFoundError. Si existe no destruye su contenido pero sí podrá sobrescribirlo. Al abrirlo en este modo, el apuntador de fichero se coloca al inicio de éste.
- ab+ Abre el fichero en modo lectura y escritura (añadido) binaria. Si el fichero no existe lo crea. Si existe, al abrirlo el apuntador de fichero se coloca al final de éste.

7.1.2.2 LEER Y ESCRIBIR EN FICHEROS BINARIOS. MÉTODOS READ(), WRITE(), READLINE(), READLINES(), TELL(), SEEK() Y CLOSE()

Posteriormente a su apertura, usaremos los siguientes métodos, similares a los usados con anterioridad para los ficheros de texto:

- *write(misbytes: bytes): int*

  Escribe los *bytes misbytes* en el fichero y devuelve el número de *bytes* escritos.

- *read(num_b: int): bytes*

Lee *num_b bytes* desde el fichero. Si *num_b* es negativo o *None*[18], lee hasta el final del fichero (*EOF*). Si el apuntador del fichero está al final de éste, *read()* devolverá en cualquier caso una cadena vacía *('')*[19].

- *readline(límite_b: int): bytes*

  Lee y devuelve bytes hasta que aparece un cambio de línea[20], el *límite_b* (si lo incluimos), o el final del fichero. Si estamos ya en el final del fichero devuelve una cadena vacía *('')*.

- *readlines(límite: int): bytes*

  Lee y devuelve sobre las líneas del fichero. Si incluimos el argumento *límite* leerá hasta la línea en la que esté el *byte* con el número indicado. Si límite coincide con un cambio de línea, nos devolverá también la línea siguiente. Si estamos en el final de fichero devolverá una cadena vacía *('')*.

- *tell(): int*

  Nos devuelve la posición numérica en la que está el *AF*, es decir, el número del *byte* al que actualmente apunta.

- *seek(desp : int, ref: int:): None*

  Desplaza el apuntador del fichero una serie de posiciones indicadas mediante el número entero *desp* (que en un principio puede tomar valor tanto positivo como negativo) tomando como referencia el valor de *ref*, que puede ser:

  - *0* → El inicio del fichero, por lo que en este caso *desp* deberá ser positivo o *0*. Es el valor por defecto si no indicamos nada.
  - *1* → El valor actual del apuntador de fichero, por lo que *desp* podría ser negativo, positivo o 0.
  - *2* → El final del fichero, por lo que *desp* será negativo o cero.

- *close(): None*

  Cierra el fichero. Si estuviese ya cerrado no hace nada.

18 Equivalente a no incluir el argumento.
19 Si lo estamos visualizando desde *PyScripter* aparecerá como *b''*.
20 En lo que nos devuelve se incluye ese carácter cambio de línea ('\n').

También será válido el uso de los siguientes elementos en los ficheros binarios:

1. La función *list()*, con el formato:

list(nombre_lógico_ ichero)

2. La opción de usar un bucle *for* con el formato:

for line in ile

En el caso de los ficheros binarios, los métodos *tell()* y *seek()* nos permiten un mayor control al actuar sobre un texto del que teníamos con los ficheros de texto, lo que no deja de ser un poco curioso.

Los ficheros binarios generan y reciben solo objetos de tipo *bytes* (que son secuencias inmutables de *bytes* individuales) por lo que si queremos pasar un determinado texto al método *write()* debemos precederlo de una *b* para indicar que son *bytes literales*[21]. Por ejemplo:

f.write(b"Hola")

También se debe hacer notar que en los *bytes* literales solo son permitidos caracteres *ASCII*, independientemente del código de codificación usado. Cualquier valor binario por encima de *127* deberá ser introducido mediante una secuencia de escape. Esto nos indica que si usamos acentos o símbolos que no estén en el código *ASCII*, al escribir nos dará un error. Si en los *bytes* literales colocamos una '*r*' delante indicaremos que desactivamos las secuencias de escape, como ocurría con las cadenas. No tendremos problema con los métodos de lectura (*read()*, *readline()* y *readlines()*) porque el dato que nos devuelven está en forma de *bytes* o lista de *bytes*.

Teclearemos ahora *ejemplo_ficheros_binarios.py* y lo guardaremos en nuestra carpeta:

21 *Literal bytes* en inglés.

```python

f = open(r"C:\Users\flop\Desktop\Ficheros_Python\clientes.dat", "wb+")
f.write(b"Alfredo   Parrado   Diez      1234.39   AP32      ")
f.write(b"Julia     Garrido   Panadero  1089.00   JG11      ")
f.write(b"Xavi      Puig      Gonzalez  1890.77   XP01      ")
f.write(b"Jaime     Daroca    Lopez     987.32    JD01      ")

suma = 0
col = eval(input("Introducir el número de la columna a extraer (1-4): "))
while col!=1 and col!=2 and col!=3 and col!=4:
    col = eval(input("Número erróneo. Introducir de nuevo número de columna a extraer:"))
num = eval(input("Introducir el número de registros a extraer: "))
for i in range(num):
    if i == 0:
        f.seek((col-1)*10,0)
    else:
        f.seek(( (col-1)*10 + 50 * i ), 0)
    dato = f.read(10)
    if dato != b'':
        print(dato)
        if col == 4:
            suma += float(dato)
    else:
        print("Hemos llegado al final del fichero")
        break
if col == 4:
    print("La suma es de todos los registros indicados es:", suma)
f.seek(1, 0)
print("El contenido del todo el fichero en forma de lista es:\n ", list(f))

f.close()

```

Sabiendo que los datos se han guardado[22] en filas de 50 caracteres[23] (10 para cada una de las 5 columnas en las que se divide cada una de ellas) queda como tarea al lector interpretar la forma en la que el programa funciona. Una ejecución de éste, proporcionando por teclado los valores *4* y *4*, generaría la siguiente salida:

```
>>>
b'1234.39   '
b'1089.00   '
b'1890.77   '
b'987.32    '
La suma es de todos los registros indicados es: 5201.48
El contenido del todo el fichero en forma de lista es:
 [b'lfredo   Parrado   Diez      1234.39   AP32      Julia     Garrido   Panadero  1089.00   JG11      Xavi      Puig
 Gonzalez  1890.77   XP01      Jaime     Daroca    Lopez     987.32    JD01      ']
>>>
```

22 El fichero ahora tiene extensión .dat para indicar que es binario.

23 Observar que no hemos podido acentuar los apellidos, por el motivo explicado con anterioridad.

7.1.3 Evaluar la existencia de un fichero, recorrerlo y procesarlo

Cuando trabajemos con ficheros, una de las tareas fundamentales será recuperar la información almacenada en él de cara a ser procesada. Si queremos que el fichero original no sea accidentalmente sobrescrito o borrado, deberemos usar el modo lectura a la hora de abrirlo. Ello lleva acarreado el riesgo de que el fichero que queramos abrir no exista y nos aparezca un error de tipo *FileNotFoundError*, finalizando el flujo del programa. Para solucionar ese tema haremos uso de la función ***isfile()*** dentro del módulo ***os.path***, que tiene la siguiente sintaxis en formato *UML*:

is ile(*dir_ ichero: str***) : bool**

En ella *dir_fichero* es la dirección física del fichero. La función devuelve *True* si el fichero existe y *False* en caso contrario.

De cara a recorrer el fichero hemos visto de momento tres métodos que nos pueden ayudar a ello: *read()*, *readline()* y *readlines()*. Para casos de ficheros pequeños podemos cargar toda la información en una variable de tipo cadena, o en una lista de cadenas, antes de su procesado. Pero es evidente que para ficheros grandes esta estrategia no sirve, por lo que nuestra forma de actuar será extraer una parte del fichero (habitualmente una línea), procesarla, liberar la memoria y volver a cargar otra parte para repetir el proceso. Procederemos así hasta que lleguemos al final del fichero. Para realizar esta tarea tendremos dos alternativas:

1. Usar un bucle *while*.
2. Usar un bucle *for*.

A la hora de explicarlo vamos a ponernos en el caso concreto de trabajar con un fichero de texto. Al procesarlo nos encontraremos con que todo lo que recibimos son cadenas, por lo que si estamos tratando también con números deberemos hacer una conversión previa con las funciones *int()* o *float()*, según sea el caso. También tenemos la dificultad añadida de saber en qué lugares del texto están los números, lo que nos obligará a saber de qué manera están "empaquetados" los datos en el fichero.

7.1.3.1 RECORRER EL FICHERO MEDIANTE UN BUCLE WHILE

El formato genérico que usaremos será el siguiente:

while nombre_lógico_ ichero.readline() != '':
procesar_línea_obtenida

Para ir leyendo cada una de las líneas de un fichero haremos uso del método *readline()* y pondremos como condición de mantenimiento en bucle que no hayamos llegado al final del fichero, algo que se nos indica cuando *readline()* nos devuelve la cadena vacía. Vamos a crear el siguiente programa (*ejemplo_ficheros_6.py*), que lee los datos del fichero *ejemplo_ficheros_1.txt* y cuenta los caracteres que no sean ni el carácter en blanco ni el carácter de cambio de línea:

```
import os.path

if os.path.isfile(r"C:\Users\flop\Desktop\Ficheros_Python\ejemplo_ficheros_1.txt"):
    f = open(r"C:\Users\flop\Desktop\Ficheros_Python\ejemplo_ficheros_1.txt", "r")
    contador = 0
    linea = f.readline()
    while(linea != ''):
        for caracter in linea:
            if ((caracter != ' ') and (caracter != '\n')):
                contador += 1
        linea = f.readline()
    print("El total de caracteres del fichero es:", contador)
    f.close()
else:
    print("El fichero que estás queriendo leer no existe.")
```

La salida simplemente nos indica que el número de caracteres en el fichero es 30:

```
>>>
El total de caracteres del fichero es: 30
>>>
```

Hemos usado la función *isfile()* del módulo *os.path* para asegurarnos de que el fichero existe antes de intentar abrirlo, ya que generaríamos un error si no fuese así. Si el fichero existe, lo abrimos en modo lectura y vamos leyendo línea a línea el fichero. Cada una de esas líneas luego es analizada carácter a carácter, incrementando un contador si no es ninguno de los dos casos indicados. En el caso de no existencia del fichero, se nos indica mediante un mensaje por pantalla antes de finalizar el programa.

7.1.3.2 RECORRER EL FICHERO MEDIANTE UN BUCLE FOR

Ya comenté con anterioridad la posibilidad del uso de *for* para recorrer las líneas de un fichero, en su momento como una alternativa más cómoda y sencilla que el método *readlines()*. El formato, que ya conocemos, es el siguiente:

```
for línea in nombre_lógico_ ichero:
    procesar línea
```

La realización del programa anterior mediante un bucle *for* quedaría de la siguiente manera (*ejemplo_ficheros_7.py*):

```
import os.path

if os.path.isfile(r"C:\Users\flop\Desktop\Ficheros_Python\ejemplo_ficheros_1.txt"):
    f = open(r"C:\Users\flop\Desktop\Ficheros_Python\ejemplo_ficheros_1.txt", "r")
    contador = 0
    for linea in f:
        for caracter in linea:
            if ((caracter != ' ') and (caracter != '\n')):
                contador += 1
    print("El total de caracteres del fichero es:", contador)
    f.close()
else:
    print("El fichero que estás queriendo leer no existe.")
```

¿Qué ocurriría si, tratando ficheros de texto, lo que queremos es procesar también datos numéricos? Para ello debemos saber cómo están empaquetados los datos, de cara a extraer los datos numéricos (que están almacenados en forma de texto) y convertirlos. Pongamos un ejemplo sobre los ficheros con los que estamos trabajando. Imaginemos que el fichero *ejemplo_ficheros_1.txt*, cuyo contenido recordemos que es el siguiente:

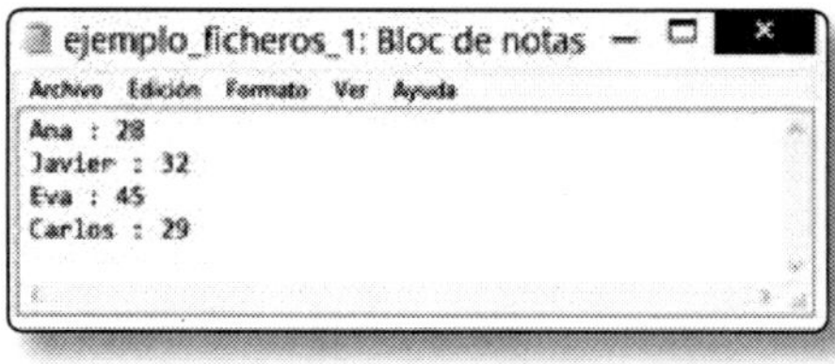

Almacena los nombres y las edades de determinados trabajadores de una empresa. Si nos fijamos, observamos que los datos han sido almacenados con un formato determinado:

nombre+espacio en blanco+ ':'+ espacio en blanco+edad[24]*+ '\n'*

Teniendo esto en mente es cuando podremos desarrollar un programa que sume todas las edades de los empleados (*ejemplo_ficheros_8.py*):

```
import os.path

if os.path.isfile(r"C:\Users\flop\Desktop\Ficheros_Python\ejemplo_ficheros_1.txt"):
    f = open(r"C:\Users\flop\Desktop\Ficheros_Python\ejemplo_ficheros_1.txt", "r")
```

24 Número entero. Si tuviésemos números reales tendríamos que tenerlo en cuenta.

```
    cont_eb = 0
    num_txt = ''
    total = 0
    for linea in f:
        for caracter in linea:
            if cont_eb != 2:
                if caracter == ' ':
                    cont_eb += 1
            else:
                if caracter != '\n':
                    num_txt += caracter
        total += int(num_txt)
        cont_eb = 0
        num_txt = ''
    f.close()
    print("El total de edades de las cuatro personas es:", total)
else:
    print("El fichero que estás queriendo leer no existe.")
```

Con salida:

```
>>>
El total de edades de las cuatro personas es: 134
>>>
```

Donde es evidente que el programa está diseñado para unos datos almacenados de esa manera en concreto, por lo que tendríamos que asegurarnos previamente que el empaquetado sigue ese formato de forma escrupulosa. La explicación de cómo opera el programa queda como ejercicio para el lector.

En el caso de tener datos numéricos (bien sean enteros o reales) y los queramos almacenar en un fichero de texto, debemos convertirlos previamente a formato cadena mediante la función *str()*. Un sencillo ejemplo podría ser el siguiente (*ejemplo_ficheros_9.py*):

```
f= open(r"C:\Users\flop\Desktop\Ficheros_Python\ejemplo_ficheros_9.txt", "w")
num = eval(input("Introduce un número entero o real. Si es el 0 se terminará la serie:"))
while num != 0:
    f.write(str(num))
    f.write(' ')
    num = eval(input("Introduce un número entero o real. Si es el 0 se terminará la serie:"))
f.close()
```

En él, si introducimos una serie de números enteros o reales, al final los tendremos almacenados en formato texto, de forma secuencial y separados por un espacio en blanco en el fichero *ejemplo_ficheros_9.txt*.

¿Qué sucedería si lo que queremos es almacenar tipos de datos más complejos, como listas, tuplas o diccionarios? Hacerlo en forma de texto sería inviable, y es por ello por lo que usaremos *E/S binaria*[25], que es de lo que trataré en los dos siguientes apartados.

7.1.4 Almacenando tipos complejos de datos (I). Módulo pickle

Recapitulemos un poco. Hasta ahora hemos podido almacenar datos en forma de texto (carácter tras carácter) o en forma de *bytes* (*byte* tras *byte*), pero si quisiésemos almacenar de forma directa el número *123,456* o cualquier sencillo objeto, no podríamos. Para ello previamente tendríamos que "desmontarlo" y pasarlo a *bytes*, para luego almacenarlos (o enviarlos) a un dispositivo de almacenamiento (o una red), por ejemplo. Este proceso de desmontado se llama **serialización**[26] y el proceso contrario, es decir, en base a los *bytes* almacenados o recibidos volver a montar el dato original, se denomina **des-serialización**[27].

Por tanto necesitaremos usar módulos que trabajen con *E/S binaria*[28]. Uno de ellos (específico de *Python*) es el módulo *pickle*[29], que contiene dos funciones (*dump()* y *load()*) que nos permitirán, respectivamente, serializar y des-serializar[30] todos los datos[31] vistos hasta ahora en nuestros programas, incluidos los objetos creados a partir de clases definidas por el usuario. Las dos funciones tienen el siguiente formato[32]:

- *pickle.dump(nombre_objeto, nombre_lógico_fichero)*

  Almacena el objeto indicado en el fichero proporcionado mediante su nombre lógico.

- *pickle.load(nombre_lógico_fichero): tipo_objeto*

  Devuelve el objeto almacenado al que se está apuntando en el fichero proporcionado mediante su nombre lógico.

---

25 *Binary IO* en inglés.
26 Alternativamente también se denomina *pickling* o *dumping*.
27 Alternativamente también se denomina *unpickling* o *loading*.
28 La *entrada y salida binaria* trabaja a nivel de *bytes*, como necesitamos.
29 Existe un módulo más básico y limitado llamado *marshal*, que no trataremos.
30 Podríamos adoptar los términos *"picklear" y "despicklear"*. A veces a ambos procesos también se les denomina *marshalling* o *flattening*.
31 Como sabemos son siempre objetos en *Python*.
32 El formato total incluye dos parámetros más que no consideraremos. Para más información se puede consultar la documentación de *Python*.

Previamente a su uso debemos abrir el fichero en *formato binario* y en el modo adecuado, algo que ya conocemos. Un ejemplo del funcionamiento de todos estos elementos sería (*ejemplo_pickle.py*):

```
import pickle

def main():
    mifichero = open(r"C:\Users\flop\Desktop\Ficheros_Python\ejemplo_pickle.dat", "wb")
    a = 21
    b = 34.98
    c = "Jose Luis Hernández"
    d = [12, 67, 32]
    e = (90, 77)
    f = { "af": 21, "gh": 32}
    pickle.dump(a, mifichero)
    pickle.dump(b, mifichero)
    pickle.dump(c, mifichero)
    pickle.dump(d, mifichero)
    pickle.dump(e, mifichero)
    pickle.dump(f, mifichero)
    mifichero.close()

    mifichero = open(r"C:\Users\flop\Desktop\Ficheros_Python\ejemplo_pickle.dat", "rb")
    misdatos = []
    for i in range(6):
        misdatos.append(pickle.load(mifichero))
    print("Hemos escrito datos en el fichero ejemplo_pickle.dat.")
    print("Posteriormente los hemos leído y pasado a una lista. Su contenido es:")
    print(misdatos)
    mifichero.close()

main()
```

El lector deberá analizar el código y entender los pasos seguidos en él. Ahora, al abrir con el *bloc de notas* el fichero *ejemplo_pickle.dat* veremos símbolos extraños y no podremos identificar los datos que contiene, ya que están almacenados de forma binaria.

En este primer ejemplo hemos podido almacenar y posteriormente recuperar sin problemas datos de tipo entero, real, cadena, lista, tupla y diccionario. Comenté también que es posible almacenar objetos de clases creadas por el usuario. En el siguiente programa (*ejemplo_pickle_2.py*) veremos una muestra de ello:

```
class Ficha_empleado:
    def __init__(self):
        self.nombre = None
        self.edad = None
```

```
        self.antiguedad = None
        self.cualificacion = None

def main():
    import pickle

    a = Ficha_empleado()
    a.nombre = "Javier"
    a.edad = 21
    a.antiguedad = 2
    a.cualificacion = 1

    b = Ficha_empleado()
    b.nombre = "Fernando"
    b.edad = 32
    b.antiguedad = 9
    b.cualificacion = 4

    f = open(r"C:\Users\flop\Desktop\Ficheros_Python\ejemplo_pickle_2.dat", "wb")
    pickle.dump(a, f)
    pickle.dump(b, f)
    f.close()

    f = open(r"C:\Users\flop\Desktop\Ficheros_Python\ejemplo_pickle_2.dat", "rb")
    print("Contenido del fichero:")
    for i in range(2):
        c1 = pickle.load(f)
        print("\nFicha número", i + 1, ":")
        print("Nombre: ", c1.nombre)
        print("Edad: ", c1.edad)
        print("Antigüedad: ", c1.antiguedad)
        print("Cualificación: ", c1.cualificacion)
    f.close()

main()
```

Con la siguiente salida:

```
>>>
Contenido del fichero:

Ficha número 1 :
Nombre:  Javier
Edad:  21
Antigüedad:  2
Cualificación:  1

Ficha número 2 :
Nombre:  Fernando
```

```
Edad: 32
Antigüedad: 9
Cualificación: 4
>>>
```

Creamos dos objetos de tipo *Ficha_empleado*, los almacenamos en un fichero y posteriormente los recuperamos para representar su contenido por pantalla.

Sobre el manejo de datos complejos mediante el módulo *pickle* comentaremos dos cosas:

1. En nuestros dos códigos anteriores hemos sabido el número exacto de datos que había en el fichero, y es por ello que pudimos cargarlos mediante *load()* sin problemas. En el caso de haber intentado cargar un solo dato más del que había en el fichero (si en lugar de un 6 en el límite del bucle *for* de *ejemplo_pickle.py* colocamos un 7, o en el caso de *ejemplo_pickle_2.py* un 3 en lugar del 2) hubiésemos obtenido un mensaje de error de tipo *EOFError* (error de final de fichero). Con anterioridad, en los ficheros de texto, no teníamos ese problema ya que al leer estando en el final de éste no se generaba un error, sino que el método correspondiente nos devolvía una cadena o una lista vacía. Por tanto, ¿cómo haremos frente a este error cuando no sepamos el número exacto de elementos que hay almacenados en el fichero? Resolveremos este particular cuando sepamos tratar los errores, sobre lo que tratará el tema 2 de este capítulo.

2. La forma de acceder a los datos almacenados en el fichero es completamente secuencial, por lo que si tenemos almacenados 200 de ellos y queremos acceder al número 178, deberemos cargar previamente los 177 anteriores. Además, no tenemos ninguna información sobre qué tipo de dato está almacenado en la citada posición, con lo que nuestro conocimiento de cómo está estructurado el fichero debe ser grande. Es evidente que esto no es eficaz en la mayoría de los casos, por lo que para dar un paso más en el tratamiento de datos veremos el siguiente apartado.

7.1.5 Almacenando tipos complejos de datos (II). Módulo shelve

El módulo *shelve* incluye el manejo de objetos *shelf*, que son objetos persistentes del estilo de los diccionarios[33], donde las llaves deben ser cadenas y los valores pueden ser cualquier objeto que hayamos visto hasta ahora en *Python*, incluyendo instancias de clases personalizadas. Tendremos un fichero asociado que

33 Podemos usar todos los métodos usados en diccionarios.

nos proporcionará la persistencia, por lo que lo primero que haremos será abrirlo de la siguiente manera[34]:

***shelve.open*(*ilename, lag='c', writeback=False*)**

Por defecto nos abrirá el fichero físico *filename* tanto para lectura como escritura. En el caso de que nos interese (por ejemplo por motivos de seguridad) abrirlo de otra forma, se lo indicaremos mediante el parámetro *flag*, de la siguiente manera:

- '*r*' Abre el fichero en modo solo lectura.
- '*w*' Abre un fichero existente para lectura y escritura. Si no existe, da un error de tipo *dbm.error*.
- '*c*' Abre un fichero para lectura y escritura. Si no existe, lo crea.
- '*n*' Crea siempre un fichero vacío para lectura y escritura.

Recogeremos el objeto que nos devuelve *shelve.open()* y lo usaremos como si de un diccionario se tratase, almacenando los datos que queramos etiquetándolos de la manera que más nos interese, siempre respetando que las claves deben ser cadenas. Por ejemplo podríamos hacer desde el intérprete:

```
>>> import shelve
>>> fichero = shelve.open(r"C:\Users\flop\Desktop\Ficheros_Python\misdatos.dat")
>>> fichero["dias"] = [1, 12, 23, 25, 27, 31]
>>> fichero.close()
```

Y automáticamente los datos se almacenan en el fichero *misdatos.dat* que tenemos en nuestra carpeta. Observamos que hemos cerrado el fichero mediante el método *close()*, de la forma habitual. Posteriormente podríamos hacer:

```
>>> fichero = shelve.open(r"C:\Users\flop\Desktop\Ficheros para Libro Python\misdatos.dat")
>>> fichero["dias"]
[1, 12, 23, 25, 27, 31]
```

Así hemos logrado recuperar los datos almacenados mediante la clave *"dias"*. A continuación intentaríamos usar el método *append()* para añadir un nuevo dato:

```
>>> fichero["dias"].append(20)
```

34 No incluimos un parámetro referente al protocolo ya que solo es interesante de cara a compatibilidad con versiones anteriores de *Python*, algo que no nos interesa en este momento.

```
>>> fichero["dias"]
[1, 12, 23, 25, 27, 31]
>>>
```

Pero vemos que no actualiza de forma automática el contenido, ya que solo escribe en el fichero cuando hacemos una asignación, luego podríamos hacer lo siguiente:

```
>>> mis_dias = fichero["dias"]
>>> mis_dias.append(20)
>>> fichero["dias"] = mis_dias
>>> fichero["dias"]
[1, 12, 23, 25, 27, 31, 20]
>>> fichero.close()
```

Todo esto puede ser evitado si a la hora de abrir el fichero le pasamos el argumento *writeback* con valor *True*:

```
>>> fichero = shelve.open(r"C:\Users\flop\Desktop\Ficheros para Libro Python\misdatos.dat", writeback = True)
>>> fichero["dias"]
[1, 12, 23, 25, 27, 31, 20]
>>> fichero["dias"].append(18)
>>> fichero["dias"]
[1, 12, 23, 25, 27, 31, 20, 18]
>>> fichero.close()
```

Con ello conseguimos que todas las entradas accedidas se almacenen en una caché[35] en memoria que posteriormente, mediante el método *sync()*, sean transferidas al fichero, almacenándose así de forma permanente. El método *sync()* vacía la caché y es llamada a su vez por el método *close()* cuando cerramos el fichero. El problema de abrir el fichero con la opción *writeback* a *True* es que si accedemos a muchas entradas en el objeto *shelf* podemos consumir mucha memoria y hacer el proceso de cerrado del fichero bastante lento.

Como aspecto interesante comentaré que el módulo *shelve* trabaja con el módulo *pickle* por debajo para serializar los datos, por lo que también estará determinado por las capacidades de éste último. Por norma cerraremos de forma explícita mediante *close()* el fichero una vez que ya no vayamos a operar con él para evitar problemas de corrupción de datos.

---

35 Una memoria caché es una memoria (generalmente muy rápida) usada para el almacenamiento temporal de datos.

Mediante *shelve* podemos generar pequeñas bases de datos donde las necesidades de seguridad, integridad de datos y velocidad no sean altas. Una característica de los objetos *shelf* es que no pueden ser escritos a la vez por varios programas, lo cual reduce su utilidad en algunos casos. Es más, si un objeto *shelf* es abierto en modo escritura, no puede ni ser leído ni escrito de forma concurrente por ningún otro programa. En cambio, múltiples accesos simultáneos de lectura sí son posibles y totalmente seguros.

Vistas las capacidades del módulo *shelve* sería interesante hacer un programa (*ejemplo_shelve.py*) que nos permita implementar ciertas operaciones típicas de las bases de datos:

```
import os
import shelve

def muestra_datos():
    fichero = shelve.open(r"C:\Users\flop\Desktop\Ficheros_Python\ejemplo_shelve.dat")
    print("Los nombres almacenados son: ", fichero["nombres"])
    print("Las edades almacenadas son: ", fichero["edades"])
    print("El gasto individual almacenado es: ", fichero["gasto"])
    suma = 0
    for i in fichero["gasto"]:
        suma = suma + i
    print("El gasto total en todo el fichero es: ", format(suma,".2f"))
    fichero.close()

def menu():
    op_ok = False
    while op_ok == False:
        print("\nIntroduce la operacion a realizar: ")
        print("1.- Introducir nuevo registro.")
        print("2.- Borrar un registro.")
        print("3.- Buscar nombre.")
        print("4.- Salir.")
        op = input("Operacion: ")
        if op =='1' or op =='2' or op == '3' or op =='4':
            return op

def anadir_registro():
    fichero = shelve.open(r"C:\Users\flop\Desktop\Ficheros_Python\ejemplo_shelve.dat", writeback = True)
    nom = input("Introduce Nombre:")
    ed = eval(input("Introduce edad:"))
    gas = eval(input("Introduce gasto:"))
    fichero["nombres"].append(nom)
    fichero["edades"].append(ed)
    fichero["gasto"].append(gas)
    fichero.close()
```

```
def borrar_registro(num):
    fichero = shelve.open(r"C:\Users\flop\Desktop\Ficheros_Python\ejemplo_shelve.dat", writeback = True)
    tamano  = len(fichero["nombres"])
    if num <= tamano:
        del fichero["nombres"][num - 1]
        del fichero["edades"][num - 1]
        del fichero["gasto"][num - 1]
    else:
        print("El registro indicado no existe")
    fichero.close()

def buscar_nombre():
    nombre = input("Introduce el nombre a busca:")
    fichero = shelve.open(r"C:\Users\flop\Desktop\Ficheros_Python\ejemplo_shelve.dat")
    res = nombre in fichero["nombres"]
    if res == True:
        print("\nEl nombre", nombre, "sí está en el fichero.")
    else:
        print("\nEl nombre", nombre, "no está en el fichero.")
    fichero.close()

def main():
    nombres = ["Ana", "Javier", "Eva", "Francisco", "Marta"]
    edades= [28, 32, 45, 21, 34]
    gasto = [1023.44, 534.67, 52.34, 489.65, 3213.45]
    fichero = shelve.open(r"C:\Users\flop\Desktop\Ficheros_Python\ejemplo_shelve.dat")
    fichero["nombres"] = nombres
    fichero["edades"] = edades
    fichero["gasto"] = gasto
    fichero.close()

    os.system('cls')
    muestra_datos()
    opcion = menu()

    while opcion != '4':
        if opcion == '1':
            anadir_registro()
        if opcion == '2':
                num = eval(input("Introduce numero de registro a eliminar"))
                borrar_registro(num)
        if opcion == '3':
            buscar_nombre()
        os.system('cls')                        # Usado para borrar la pantalla.
        muestra_datos()
        opcion = menu()

main()
```

El entender cómo realiza el programa las distintas operaciones queda de nuevo como ejercicio para el lector. En el código he puesto alguna medida para evitar la introducción errónea de datos. En el caso concreto de la eliminación de registros se da por supuesto que se introducirá un número entero positivo (si es mayor que el número de registros disponibles simplemente no hace nada), por lo que si introducimos un carácter (o un número real) se nos generaría un error. Para solventarlo necesitaremos conocer lo tratado en el siguiente capítulo.

7.2 EXCEPCIONES Y SU MANEJO

A lo largo del libro nos hemos encontrado con situaciones en las que, al cometer un error, el programa terminaba de forma abrupta. En este capítulo aprenderemos a tratar los errores que puedan aparecer en el código, evitando que se rompa su flujo normal de ejecución.

7.2.1 Definición y tipos de excepciones

Se define *excepción* como un error que cometemos en tiempo de ejecución. Hemos visto múltiples ejemplos de ello hasta ahora, y sabemos que el intérprete nos informa de ello mediante un determinado mensaje de error. Por ejemplo, si intentamos lo siguiente:

```
>>> res = 12 / 0
Traceback (most recent call last):
  File "<interactive input>", line 1, in <module>
ZeroDivisionError: division by zero
>>> a = a + 10
Traceback (most recent call last):
  File "<interactive input>", line 1, in <module>
NameError: name 'a' is not defined
>>> letra = 'a'
>>> letra = letra + 1
Traceback (most recent call last):
  File "<interactive input>", line 1, in <module>
TypeError: Can't convert 'int' object to str implicitly
```

Como vemos obtenemos la notificación de tres errores de distinto tipo. En el primero de ellos, al intentar dividir por *0*, tenemos un error de tipo *ZeroDivisionError* (error de división por cero). En el segundo, al intentar sumar *10* a una variable *a* que no hemos definido, obtendremos un error tipo *NameError* (error en el nombre) y en el tercer caso al intentar sumar *1* a una variable de tipo cadena topamos con un error de tipo *TypeError* (error en el tipo). Además de indicar el tipo de error que hemos cometido, nos da seguidamente una explicación un poco más detallada. Previamente a todo ello nos indica cuál ha sido la pila de errores (*Traceback*) que nos ha llevado al error. En nuestro caso, al estar actuando de forma interactiva con el intérprete, solo hay un elemento en esa pila:

```
Traceback (most recent call last):
File "<interactive input>", line 1, in <module>
```

Aparecen los siguientes elementos:

- *File "<interactive input>"*: indica el fichero con el que trabajamos. En el ejemplo no es ningún fichero sino entrada interactiva.
- *line 1*: línea en la que se ha producido el error.
- *in <module>*: función en la que se ha producido el error. En nuestro caso, el módulo raíz del intérprete.

En *Python* se ejecutan funciones que llaman a funciones que llaman a su vez a funciones, y así sucesivamente, con lo cual tendríamos varios niveles de anidamiento y una pila que los controla. Imaginemos que ejecutamos una función que llama a otra, ésta llama a otra y es entonces cuando se produce el error. El intérprete nos indicaría todos ellos, representando desde la primera llamada a la última[36] (de ahí lo de *most recent call last*) que es la que hace saltar el error. Veamos el siguiente ejemplo para intentar visualizarlo mejor:

```
>>> def division(x,y):
...     return(x/y)

>>> division(12,0)
Traceback (most recent call last):
File "<interactive input>", line 1, in <module>
  File "<interactive input>", line 2, in division
ZeroDivisionError: division by zero
```

En este caso definimos una función *division()* para posteriormente intentar dividir entre cero haciendo uso de ella. ¿Cómo interpretamos las tres últimas líneas del error? Las dos primeras de ellas como la secuencia de llamadas (la línea 1 en el módulo principal, es decir, la instrucción *division(12,0)* llama a la línea 2 de la función *division()*, que incluye el comando *return* y es quien hace saltar el error) y la tercera como el tipo de error junto a un comentario sobre él. Si creamos un

36 Por lo tanto, debemos visualizarlas como si fuesen la pila de llamadas al revés.

sencillo fichero en *PyScripter* (que guardaremos en nuestra carpeta como *ejemplo_ expeciones_1.py*):

```
1
2  def division(x,y):
3      x = x + 2
4      return(x/y)
5
6  def operacion(a,b):
7      a = a + 10
8      return(division(a,b))
9
10 operacion(10,0)
11
```

Al intentar ejecutarlo nos aparecerá una ventana de error :

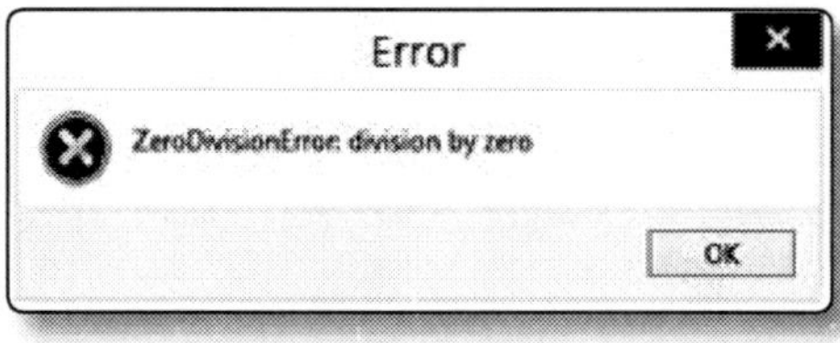

Generando la siguiente salida en la ventana del intérprete:

```
>>>
Traceback (most recent call last):
File "<string>", line 250, in run_nodebug
  File "...\ejemplo_excepciones_1.py", line 10, in <module>
operacion(10,0)
File "...\ejemplo_excepciones_1.py", line 8, in operacion
return(division(a,b))
File "...\ejemplo_excepciones_1.py", line 4, in division
   return(x/y)
ZeroDivisionError: division by zero
>>>
```

Y en la pestaña *mensajes* tendremos:

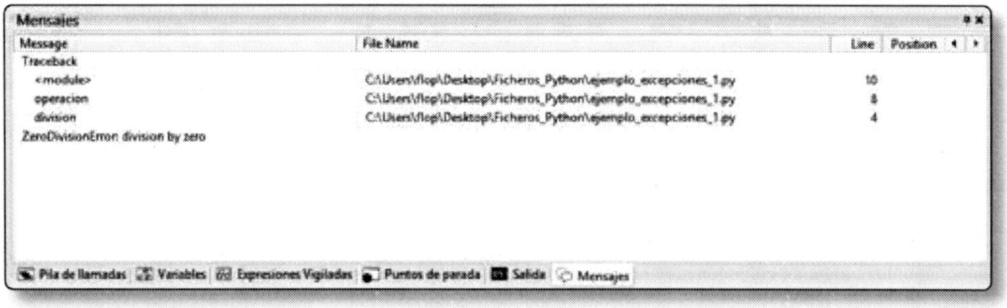

En el mensaje de error se nos indica que en el fichero *ejemplo_excepciones_1.py* se ha cometido un error de tipo *ZeroDivisionError*. La secuencia de llamadas ha sido línea 10 (función principal) → línea 8 (función *operacion()*) →línea 4 (función *division()*) → ERROR. Sería interesante ejecutar el programa paso a paso y visualizar cómo se modifica la pila. Al generar un error, el intérprete *Python* "lanza" un objeto del tipo correspondiente. Algunas[37] de las clases de error más comunes son las siguientes:

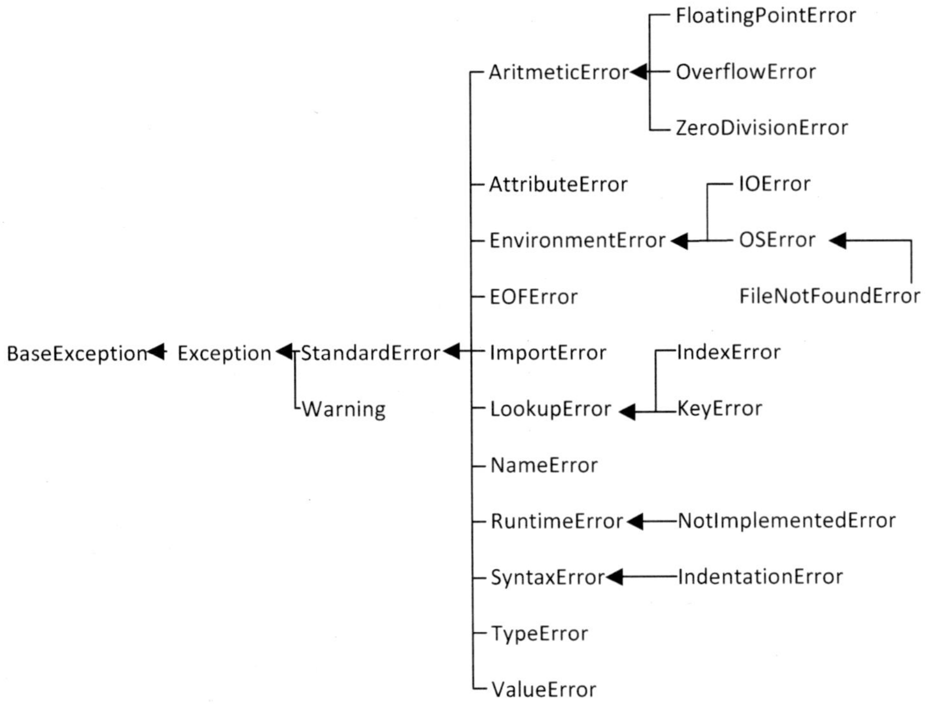

Observamos que siguen un orden jerárquico a partir de la clase padre *BaseException*. A continuación tenemos una pequeña explicación de cada una de ellas:

- *BaseException:* Clase padre de todas las excepciones.
- *Exception:* Clase padre de todas las excepciones que no sean de salida.
- *Warning* Clase padre de todas las advertencias (o avisos).
- *StandarError:* Clase padre de todas las excepciones que no tengan que ver con salir del intérprete.

37 El total de clases de error es aún más grande. Solo incluimos las que consideramos más habituales.

- *AritmeticError:* Error genérico aritmético. Derivada de esta clase tenemos las clases *FloatingPointError* (error en coma flotante), *OverFlowError* (desbordamiento) y *ZeroDivisionError* (división por cero).
- *AttributeError:* Error de atributo.
- *EnvironmentError:* Error genérico en entrada/salida (*E/S*). Derivadas tenemos *IOError*, que es error en operación de entrada/salida y *OSError*, que es un error en una llamada al sistema. A su vez, *FileNotFound* (fichero no encontrado) es una subclase de *OSError*.
- *EOFError:* Error de lectura al final de un fichero.
- *ImportError:* Error al intentar importar un módulo o elemento de éste.
- *LookUpError:* Error genérico en acceso a datos. Derivada de ella tenemos las clases *IndexError* (error en el índice) y *KeyError* (error en la llave).
- *NameError:* Error en el nombre del elemento.
- *RuntimeError:* Error genérico en tiempo de ejecución. Derivado tenemos *NotImplementedError* (función o método no implementado).
- *SyntaxError:* Error genérico sintáctico. Derivado está *IndentationError,* que es error en la sangría.
- *TypeError:* Error en el tipo.
- *ValueError:* Error en el valor.

Como curiosidad decir que los nombres de las excepciones no son palabras reservadas del lenguaje, por lo que podemos definir una variable con el mismo nombre. Al incurrir en un error el intérprete emite un objeto de la clase de error en concreto. Si no se recoge, el código finaliza y se nos indica mediante el intérprete qué tipo de error hemos cometido, una breve explicación y la secuencia de llamadas previas a la emisión, como ya sabemos. Éste no es el comportamiento que generalmente queremos en nuestro programa, sino que es preferible tratarlo[38] y poder seguir con el flujo habitual de nuestro código. Imaginemos que, como usuarios, debemos introducir una dirección de un fichero para su lectura. Si cometemos un error en el nombre correcto de la dirección, o si el fichero en cuestión no existe, sería conveniente que se nos indicase para su posterior corrección.

38 El tratamiento puede consistir en informar de forma más adecuada al usuario del error cometido, guardar el error o intentar solventarlo.

7.2.2 Manejo de excepciones. Estructura try-except-else-finally

¿Cómo se consigue el manejo de las *excepciones*[39]? Tenemos para ello una estructura de tipo *try-except-else-finally* que tiene el siguiente formato genérico:

```
try:
        Bloque de código para try
except excepción1:
        Manejador de excepción1
except (excepción2, excepción3):
        Manejador excepción2 y excepción3
except excepción4 as obj_error:
        Manejador de excepción4
...
except:
        Manejador para excepción genérica
else:
        Bloque de código para else
finally:
        Bloque de código para finally
```

Vamos a analizar cada una de las partes por separado:

- *try:*

  Bloque de código para try

  El bloque de código que incluiremos aquí será el que potencialmente puede generar una excepción. Por ejemplo, en instrucciones que abren ficheros o en las que realicen operaciones cuyo resultado puede resultar erróneo o no permitido.

- *except excepción1:*

  Manejador de excepción1

  El manejador de *excepción1* (indicada como el nombre de la clase correspondiente) es un código con el que la trataremos. Mediante la cláusula *except* impedimos que el flujo del programa se corte.

39 *Exception handling* en inglés.

- *except (excepción2, excepción3):*

  Manejador excepción2 y excepción3

  Si queremos incluir un mismo código para tratar varios tipos de excepciones (en este caso dos, pero podrían ser más) simplemente debemos incluirlas en forma de tupla.

- *except excepción4 as obj_error:*

  Manejador de excepción4

  Como comentamos con anterioridad, una excepción genera un objeto de la clase correspondiente con información sobre ella. Este objeto puede ser "atrapado" de la forma que se indica, asociándolo a la variable *obj_error*. Posteriormente podremos usarlo dentro de nuestro manejador particular.

- *except:*

  Manejador para excepción genérica

  En este caso, al no indicar ningún tipo concreto de excepción, se ejecutará cuando ningún otro *except* particular haya tratado la excepción lanzada. El *except* genérico debe ser colocado tras todos los particulares, o el intérprete nos generará un error de tipo *SyntaxError* indicándonoslo.

- *else:*

  Bloque de código para else

  Este bloque de instrucciones se ejecutará cuando el bloque que incluimos en *try* es procesado con normalidad, sin generar excepción alguna.

- *finally:*

  Bloque de código para finally

  El bloque de código que incluimos aquí es ejecutado en todos los casos, se haya producido o no una excepción en nuestro bloque *try*. Suele ser usado para tareas de limpieza, como cerrar ficheros de forma correcta de cara a que los datos sean guardados sin que se corrompan.

Si el código dentro de *try* no genera excepción alguna, tras ejecutar la última instrucción del bloque, se ejecutarán (si existiesen) los códigos de los bloques *else* y *finally*.

Imaginemos que el código dentro de la cláusula *try* genera una excepción. Se buscará la cláusula *except* particular para tratarla. Si no se encuentra, se buscará la cláusula *except* genérica. Si tampoco se encontrase, tendríamos una excepción no manejada[40] (*unhandled exception*), el intérprete detendría el flujo del programa

40 También podríamos decir "no tratada".

y mostraría un mensaje de error. Antes de ello, se ejecutaría el código de la cláusula *finally*. En el caso de que sí hubiese una cláusula *except* para nuestra excepción, tras ejecutar el bloque de código asociado a ella ejecutaría, si existiese, el bloque *finally*[41].

Realizaremos el siguiente programa, que guardaremos en nuestra carpeta con el nombre *ejemplo_excepciones_2.py*:

```
try:
    a = 10
    a = a + 1
    print("El valor de a es:", a)
except NameError:
    print("Error en el nombre de alguna variable")
except:
    print("Error genérico")
else:
    print("Bloque try ejecutado sin problemas")
finally:
    print("Bloque finally ejecutado")
print("Seguimos con el programa")
```

Que generará la siguiente salida:

```
>>>
El valor de a es: 11
Bloque try ejecutado sin problemas
Bloque finally ejecutado
Seguimos con el programa
>>>
```

El bloque *try* se ha ejecutado sin problemas, lo que hace que se ejecute también el bloque *else*. Además, el bloque *finally* se ejecuta de todas maneras. Sin embargo, si en la tercera línea de código, por error, pusiésemos:

```
    a = al + 1
```

La ejecución generaría la siguiente salida:

```
>>>
Error en el nombre de alguna variable
Bloque finally ejecutado
Seguimos con el programa
>>>
```

41 Solo una de las cláusulas *except* será ejecutada (la primera que encuentre), por lo que debemos tener cuidado en cómo las distribuimos ya que no debemos colocar una más genérica delante otra más particular.

Debida a que la excepción es de tipo *NameError* y existe una cláusula *except* para manejarla. También tenemos una cláusula *except* genérica colocada de forma correcta, es decir, tras las particular. Colocarla con anterioridad a ella nos hubiese generado un error del intérprete. En el caso de solo haber tenido la cláusula *except* genérica, hubiese sido impreso en la salida *"Error genérico"*. El bloque *finally* es nuevamente ejecutado, ya que lo hace tanto si se ha lanzado una excepción como si no. Es importante notar que una vez que la excepción ha sido atendida (sea como sea), y tras ejecutar la cláusula *finally* (si la hubiese), el flujo del programa sigue con normalidad (lo visualizamos con el último *print()* del código).

A veces nos puede interesar atrapar el objeto generado por la excepción para su posterior uso. Por ejemplo, si no sabemos el tipo exacto de excepción que puede ocurrir y queremos informar de ello, podríamos modificar nuestro código para dejarlo como sigue (lo guardaremos como *ejemplo_excepciones_3.py*):

```
try:
    a = 10
    a = al + 1
    print("El valor de a es:", a)
except BaseException as obj_error:
    print("Error en la ejecución.")
    print("Motivo del error: ",obj_error)
else:
    print("Bloque try ejecutado sin problemas")
finally:
    print("Bloque finally ejecutado")
print("Seguimos con el programa")
```

Que tendrá la salida:

```
>>>
Error en la ejecución
Motivo del error:  name 'al' is not defined
Bloque finally ejecutado
Seguimos con el programa
>>>
```

Podríamos arreglar el error cometido en el programa y crear otro (por ejemplo intentando dividir por cero) para observar cómo nos indica el tipo de error cometido por pantalla.

En el caso de tener un programa con varias funciones anidadas (cada una con un *try/except*), al producirse una excepción irá buscando entre ellas un manejador, desde la función más interna a la más externa si es preciso.

Un aspecto interesante es el de poder crear nuestras propias clases para manejar excepciones personalizadas, y lanzarlas en el momento que creamos oportuno, ya que hasta el momento no hemos tenido control sobre ello. Lo primero se consigue extendiendo una nueva clase a partir de alguna de las que tenemos por defecto para el manejo de excepciones[42]. Y lo segundo mediante el comando ***raise***[43] seguido del nombre de la clase[44] (y sus potenciales argumentos). Como ejemplo imaginemos que queremos empaquetar juntos dos objetos de la vida real, pero su peso conjunto no puede superar los 100 kg. Crearemos una clase basada en *RuntimeError* para manejar ese error personalizado, a la que llamaremos *exceso_peso*. En el momento adecuado podríamos lanzar una excepción de este tipo mediante *raise*. El código para ello (*ejemplo_excepciones_4.py*) sería el siguiente:

```
class exceso_peso(RuntimeError):
    def __init__(self, suma):
        super().__init__()
        self.cantidad = suma

try:
    num1 = eval(input("Introzca el peso del objeto 1:"))
    num2 = eval(input("Introzca el peso del objeto 2:"))
    total = num1 + num2
    if (total) > 100:
        raise exceso_peso(total)
except exceso_peso as obj_error:
    print("No se han guardado los datos")
    print("Motivo: El peso total excede el valor máximo (100kg) en",obj_error.cantidad-100,"Kg")
except:
    print("Los datos no se han introducido correctamente y no se han guardado.")
else:
    print("Los datos han sido correctamente guardados")
finally:
    print("Cláusula finally ejecutada correctamente.")

print("Seguimos son el flujo del programa.")
```

Si observamos atentamente el código nos percataremos de que está diseñado para que en cualquier caso, haya o no excepciones, se siga el flujo del programa. Eso es debido a que tenemos una cláusula *except* genérica que actuará en el caso de que los datos no se introduzcan de forma correcta. La clase *exceso_peso* se ha diseñado para que reciba un argumento, que almacenará en su campo *cantidad*. Posteriormente podremos hacer uso de ese valor si capturamos el objeto, como

42 Podría ser *BaseException* o alguna apropiada de sus subclases.
43 *Elevar, levantar, subir* en inglés.
44 Con *raise* se pueden lanzar cualquier tipo de excepción, personalizada o predefinida.

ocurre en nuestro código. En el programa, si detectamos que se han superado los 100 kg de peso, lanzamos mediante *raise* una excepción personalizada de tipo *exceso_peso*, incluyendo en su creación el peso total de ambos objetos. Para más claridad se ha optado por poner diferentes nombres a las distintas variables.

Volvamos ahora al problema que teníamos cuando intentábamos sacar datos de un fichero binario en el que no sabíamos el número de elementos almacenados. En su momento (apartado 7.1.4) no supimos cómo hacerlo. Con la ayuda del manejo de excepciones lo lograremos (*ejemplo_pickle_excepciones.py*):

```
import pickle

def main():
    mifichero = open(r"C:\Users\flop\Desktop\Ficheros_Python\ejemplo_pickle_excepciones.dat", "wb")
    a = 21
    b = 34.98
    c = "Jose Luis Hernández"
    d = [12, 67, 32]
    e = (90, 77)
    f= { "af": 21, "gh": 32}
    pickle.dump(a, mifichero)
    pickle.dump(b, mifichero)
    pickle.dump(c, mifichero)
    pickle.dump(d, mifichero)
    pickle.dump(e, mifichero)
    pickle.dump(f, mifichero)
    mifichero.close()

    mifichero = open(r"C:\Users\flop\Desktop\Ficheros_Python\ejemplo_pickle_excepciones.dat", "rb")
    misdatos = []
    fin_fichero = False
    try:
        while not fin_fichero:
            misdatos.append(pickle.load(mifichero))
    except:
        mifichero.close()
    print("Los datos que hemos almacenado en el fichero y que hemos recuperado almacenándolos")
    print("en una lista,son:")
    print(misdatos)

main()
```

Con este código podríamos tratar cualquier número de elementos almacenados.

En su momento tampoco fuimos capaces de, en *ejemplo_shelve.py,* impedir que por la introducción de un dato erróneo (por ejemplo, un carácter en lugar de un entero positivo) a la hora de eliminar un registro, el programa nos generase un error y se terminase. Ahora solucionaremos ese problema también mediante el manejo de excepciones. Dada la extensión del programa solo representaremos el *while* que aparece al final del citado fichero, que cambiaremos para que quede así:

```
while opcion != '4':
    if opcion == '1':
        anadir_registro()
    if opcion == '2':
        try:
            num = eval(input("Introduce numero de registro a eliminar"))
        except:
            print("\nEl dato indicado no es correcto")
        else:
            if isinstance(num, int) == True:
                borrar_registro(num)
    if opcion == '3':
        buscar_nombre()
    os.system('cls')
    muestra_datos()
    opcion = menu()
```

Guardaremos los cambios en otro fichero llamado *ejemplo_shelve_excepciones.py*.

7.2.3 La instrucción with

Como la secuencia de operaciones *abrir un fichero→procesarlo→cerrarlo* es tan habitual, en *Python*, además de poder usar un bloque *try/finally* para su tratamiento a prueba de excepciones (es decir, que se cierre el fichero cuando pueda ocurrir alguna de ellas) tenemos también una forma aún más abreviada para ello, y es mediante el comando ***with***, que tiene la siguiente forma genérica:

with open(*nombre_ ichero, modo_apertura****) as identi icador_ ichero:***
tratamiento del fichero

Con *with*, abriremos el fichero y éste se cerrará de forma automática cuando hayamos terminado de tratar los datos hacia/desde el fichero o cuando se haya producido una excepción inesperada. Como ejemplo escribiremos y guardaremos el siguiente programa (*ejemplo_with.py*):

```
palabras = ["Uno", "Dos", "Tres"]
with open(r"C:\Users\flop\Desktop\Ficheros_Python\mitexto.txt", "w") as f:
    for palabra in palabras:
        f.write(palabra + "\n")
```

```
with open(r"C:\Users\flop\Desktop\Ficheros_Python\mitexto.txt", "r") as f:
    for linea in f:
        print(linea, end="")
        print("----")
```

En el primer *with* creamos en nuestra carpeta un fichero llamado *mitexto.txt* en el que escribimos, en distintas líneas, tres palabras almacenadas en la lista *palabras*. Al terminar de escribirlas el propio *with* cierra el fichero. En el segundo *with* abrimos el fichero creado y lo sacamos por pantalla, intercalando unas líneas discontinuas entre ellas, las palabras almacenadas. Cuando finaliza la lectura del fichero, automáticamente se procede a su cierre. En el caso de haber ocurrido alguna excepción cuando operábamos con el fichero, éste se hubiese cerrado correctamente de forma automática.

8

PROGRAMACIÓN GRÁFICA EN PYTHON MEDIANTE PYQT

8.1 ENTORNOS GRÁFICOS. LIBRERÍA QT

En los siete primeros capítulos he querido dejar claros los fundamentos de la programación en *Python*. A pesar de haber usado *PyScripter* (un entorno gráfico) para editar y ejecutar el código, las aplicaciones que generábamos eran todas basadas en modo consola[1], es decir, no hacíamos uso de ventanas ni elementos gráficos para introducir o visualizar los datos[2]. Si quisiésemos ejecutar el programa creado fuera del entorno *PyScripter* (por ejemplo haciendo doble clic desde *Windows* en cualquiera de los ficheros de ejemplo creados[3]) tendríamos que trabajar en modo texto desde el símbolo del sistema, cosa que no hemos hecho por motivos de comodidad. Evidentemente, salvo en casos muy concretos y sencillos, esa no será la manera en la que querremos trabajar, ya que las aplicaciones modernas están basadas en múltiples ventanas, botones y demás elementos gráficos. Dos ejemplos de aplicaciones en modo consola y modo gráfico respectivamente son los siguientes:

---

1 *Console based* en inglés. Es una especie de "modo texto" donde solo podemos visualizar caracteres por la pantalla.

2 No nos debe confundir el que *PyScripter* nos permita introducir los datos mediante una ventana propia, o visualizar la salida u otros elementos dentro de su entorno.

3 Recordar también que los ejemplos puestos están pensados para ser ejecutados desde *PyScripter*. Si quisiésemos hacerlo correctamente desde el sistema habría que modificar en algunos casos levemente su contenido, sobre todo para conseguir que no se cierre la ventana del programa y podamos visualizar su contenido, como ya comentamos en temas anteriores.

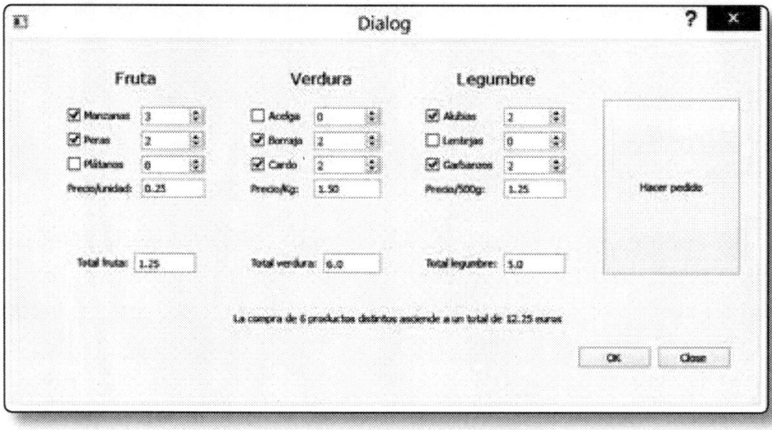

Nuestro objetivo será poder ser capaces de diseñar un programa como el de la imagen superior, donde los datos de introducen mediante casillas, botones y varios elementos más dentro de lo que se denomina un GUI (*Graphics User Interface*), que es un interfaz (conexión) entre el usuario y el programa que nos permite interactuar con él de forma gráfica. ¿Cómo se consigue eso? Mediante unas herramientas diseñadas para crearlos. En nuestro caso usaremos el *toolkit*[4] *Qt*, que es un entorno multiplataforma[5] (incluye *Windows*, *Mac OS X* y *Linux*) para el desarrollo de aplicaciones de tipo *GUI*. Mediante él podremos usar botones, menús, ventanas, etc., y todos los elementos necesarios para nuestra aplicación. *Qt* proporciona herramientas para el diseño de aplicaciones gráficas y una serie de clases con las que manejar cada uno de los elementos que las componen.

---

4 Podríamos traducirlo como *Grupo de herramientas*.

5 Desarrollado originariamente por la empresa *Trolltech* y mantenida en la actualidad como *software* libre de código abierto a través de *Qt Project*.

Además de *Qt*, existen otras herramientas que podríamos usar en *Python* para el mismo cometido. Entre ellas destacaremos dos:

- *Tkinter:* viene en la instalación por defecto de *Python*, por lo que la tenemos ya instalada en nuestro ordenador, y podemos considerarla como la herramienta estándar. Es simple y sencilla de usar. He considerado saltarnos su aprendizaje para centrarnos en *Qt* (más completa y moderna) directamente.
- *WxPython*: es una librería escrita en C++ que nos permite crear aplicaciones gráficas multiplataforma.

La elección de *Qt* en detrimento de las demás se basa en criterios personales sobre elementos como su facilidad de uso, modernidad o potencia.

8.2 PYQT. QUÉ ES Y PARA QUÉ SIRVE

El *toolkit Qt* está escrito en *C++*, lo que impide usarlo directamente en nuestros programas *Python*. Para poder hacerlo usaremos *PyQt*, que son una serie de enlaces (*bindings)* a la librerías *Qt* para permitirnos usarlas en nuestro código. *PyQt* nos hace de enlace entre este (escrito en *Python*) y las librerías *Qt* (escritas en *C++)* para poder generar un *GUI* completo en *Python*.

8.2.1 Instalación de PyQt en nuestro ordenador

Para poder usar *PyQt* deberemos instalar la versión adecuada a nuestra versión de *Python* (que debemos tener ya instalado, como es el caso) y a nuestro sistema operativo. Tenemos dos versiones básicas: *PyQt4* y *PyQt5*. En nuestro caso usaremos *PyQt4* sobre *Windows 8.1* y el intérprete *Python 3.3* de *32 bits* que hemos estado utilizando hasta el momento . Para descargar el *software* iremos a la siguiente dirección web:

http://www.riverbankcomputing.co.uk/software/pyqt/download

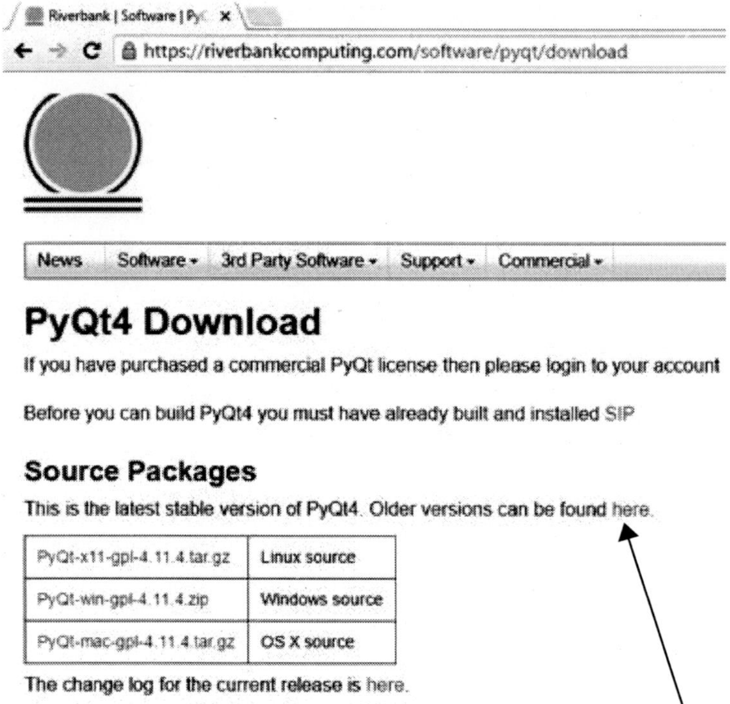

Como no vamos a descargar la última versión, haremos clic aquí para buscar versiones antiguas[6]. Tras ello nos aparecerá otra página en la que haremos clic sobre la carpeta *PyQt-4.10.4*, obteniendo:

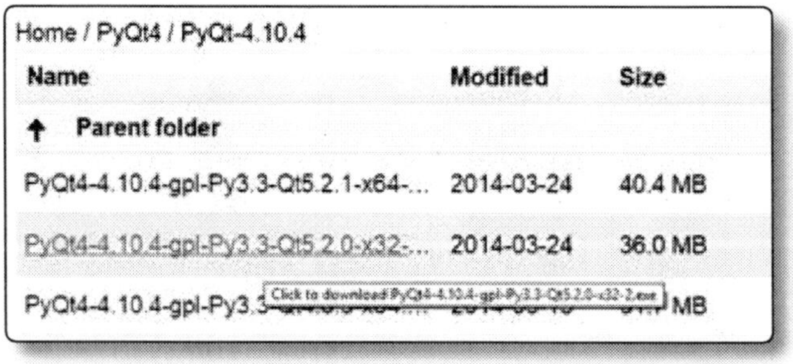

Tras lo cual descargamos, haciendo clic en el enlace que se indica en la imagen superior, el fichero de nombre *PyQt4-4.10.4-gpl-Py3.3-Qt5.2.0-x32-2 .exe*.

---

6 No influye para nada en nuestros propósitos el no usar la versión más actualizada del programa.

PyQt necesita para funcionar al *toolkit Qt*, por lo cual este será cargado en nuestro sistema en su proceso de instalación. En el nombre del fichero se nos indica las distintas versiones de cada uno de los elementos, es decir, *PyQt4* versión *4.10.4* sobre *Qt* versión *5.2.0* para *Python 3.3* de *32 bits*. Tras ejecutar el fichero descargado aparecerán sucesivamente las siguientes pantallas:

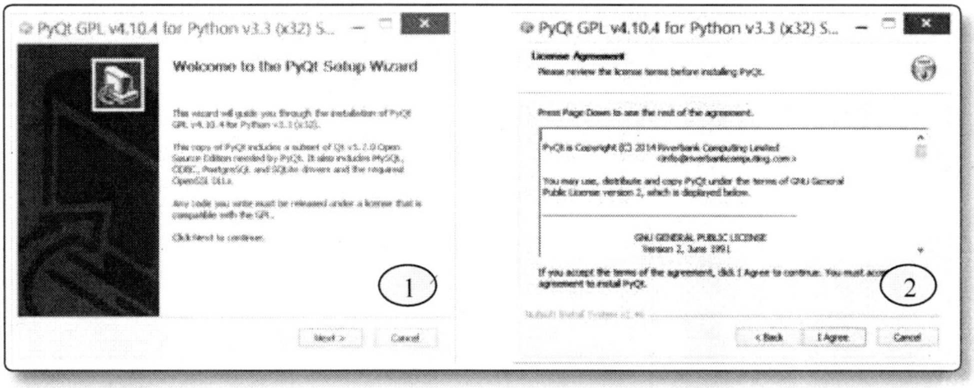

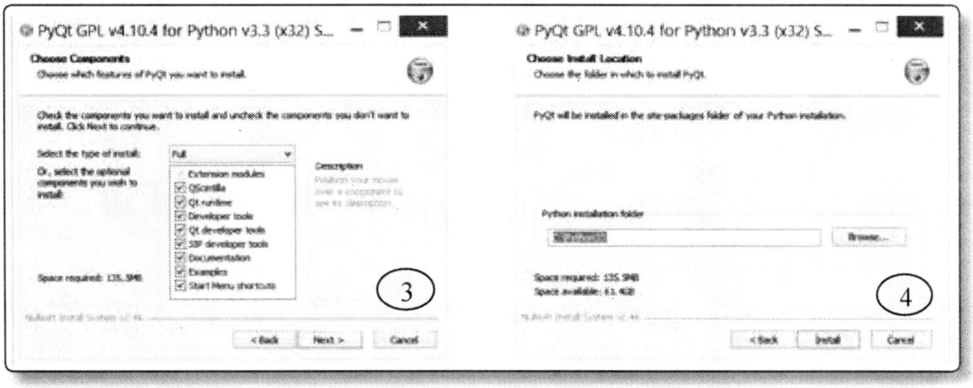

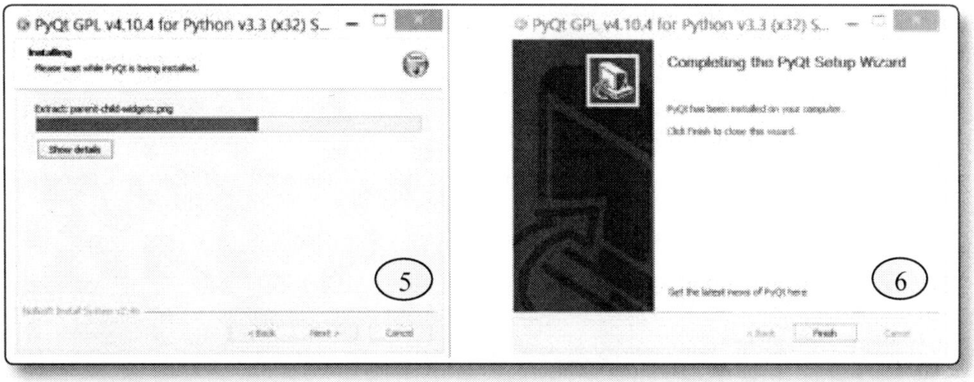

Tras hacer clic en *Finish* tendremos instalado *PyQt* en nuestro sistema. Podemos acceder al menú *Aplicaciones* de *Windows* y observar:

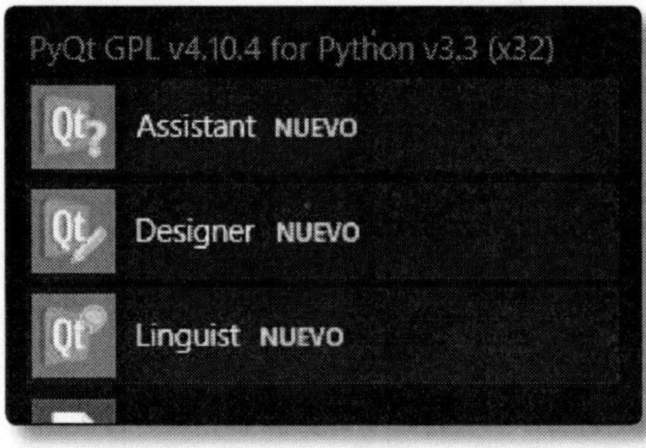

Haremos clic en *Designer* y nos ejecutará un programa. Lo anclaremos a la barra de tareas de *Windows* usando el botón derecho del ratón como ya sabemos, y posteriormente saldremos de él haciendo clic en la ventana emergente central que nos aparece y posteriormente cerrando la propia del programa.

8.2.2 Uso de PyQt directamente desde código Python

Una vez que tenemos, en las carpetas adecuadas, *PyQt* instalado en nuestro sistema, podremos hacer uso de sus librerías importándolas en el código *Python*. *PyQt* se compone de multitud de clases agrupadas en librerías o módulos. Cada una de esas clases representa a los distintos elementos gráficos (ventanas, botones, etiquetas…) que podemos usar, y cuyo manejo efectuaremos mediante una gran cantidad de métodos predefinidos que vienen con ellas. A pesar de ser una metodología que nos es ya familiar (importar librerías para usar las clases incluidas en ellas) no es desde luego la más cómoda ni la más utilizada para diseñar y crear aplicaciones de tipo *GUI*, dado que, al margen de no disponer de ninguna ayuda visual, debemos tener un total conocimiento de las clases y métodos involucrados en ella, cosa nada fácil, y menos si empezamos en el uso de las librerías gráficas. *PyQt* viene con un programa (*Qt Designer*) que nos ayudará de forma gráfica a diseñar la aplicación, y de esa forma trabajaremos habitualmente, pero antes sería interesante visualizar un ejemplo del uso directo de código *Python* para generar una sencilla aplicación gráfica. En nuestro caso consistirá en una pequeña ventana (con título) en la que aparezca justo en su centro un botón el cual, al pulsarlo, haga que salgamos de la aplicación. El código que realiza todo ello, y que guardaremos en nuestra carpeta con el nombre que indicamos a continuación, podría ser algo así:

Primer_ejemplo_GUI.pyw

```
import sys
from PyQt4 import QtGui, QtCore
class primer_ejemplo_GUI(QtGui.QWidget):
    def __init__(self, parent=None):
        QtGui.QWidget.__init__(self, parent)
        self.setGeometry(350, 100, 300, 300)
        self.setWindowTitle("Primer Ejemplo de GUI con PyQt")
        salir = QtGui.QPushButton("Salir", self)
        salir.setGeometry(100, 100, 100, 100)
        self.connect(salir, QtCore.SIGNAL("clicked()"), QtGui.qApp, QtCore.SLOT("quit()"))
app = QtGui.QApplication(sys.argv)
mi_app = primer_ejemplo_GUI()
mi_app.show()
sys.exit(app.exec_())
```

Hay multitud de cosas del código que no entendemos aún, ya que no las hemos visto, por lo que a la hora de comentarlo por encima intentaremos adquirir una idea aproximada de lo que hace. Explicaciones más profundas serán dejadas para sucesivos capítulos.

Hasta ahora en el libro, dado que todos los programas generados fueron en modo consola, a la hora de ejecutar nuestros códigos (cuyos ficheros terminaban siempre en *.py*) se hacía uso para ello de *python.exe* almacenado en la carpeta de nuestra instalación. A partir de ahora, al ejecutar programas en modo gráfico, deberemos guardar nuestros ficheros con la extensión *.pyw*, lo cual hará que sean ejecutados por *pythonw.exe*, que es el intérprete de *Python* en modo gráfico (o no-consola) que también tenemos en la carpeta de nuestra instalación. Por lo tanto, ese es el motivo por el que este primer programa lo hemos almacenado con extensión *.pyw* en nuestra carpeta de ficheros del libro. Si accedemos a ella mediante *Windows* observaremos que el tipo de fichero ya no aparece como *"Archivo PY"* como hasta ahora:

Sino que tiene otro icono y otra descripción, *"Python File (no console)"* en el tipo de archivo:

Podemos ejecutar el fichero creado de varias maneras:

1. Haciendo doble clic sobre el icono del fichero que observamos desde *Windows*.

2. Desde *PyScripter*[7] de la forma habitual hasta ahora[8].

3. Abriendo una ventana de comandos mediante *Shift* + botón derecho del ratón y tecleando posteriormente[9]:

pythonw Primer_ejemplo_GUI.pyw

Tras cualquiera de las tres opciones (nosotros elegimos la primera) aparecerá en nuestra pantalla una ventana similar[10] a la mostrada:

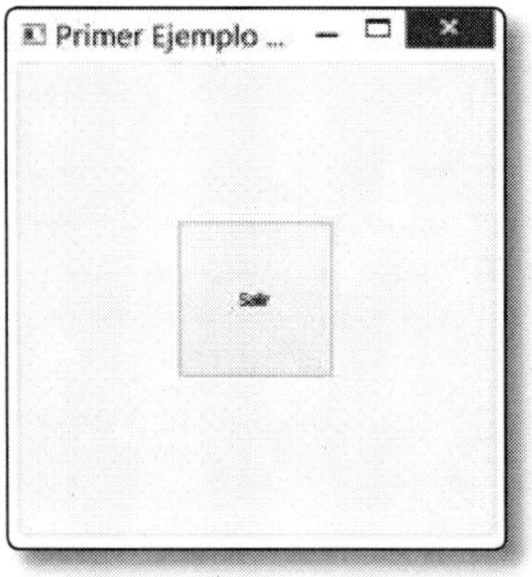

Donde podremos maximizar, minimizar o modificar el tamaño original de la manera habitual en las ventanas de tipo *Windows* actuando sobre los botones de la ventana o sus límites con el ratón. Al hacer clic en el botón *Salir*, como en la opción *Cerrar* de la ventana principal, el programa finaliza.

Comentaremos a continuación cada una de las líneas que han dado lugar a esta primera aplicación gráfica en *Python* del libro. La idea en una aproximación

7 Es importante tener activa la opción de *PyScripter motor de Python remoto*. Si no, no podríamos ejecutar ninguna aplicación gráfica, como comentamos en temas anteriores.

8 No es en absoluto recomendable, ya que se cuelga *PyScripter* tras mostrar la ventana de la aplicación si queremos salir de ella mediante el botón central.

9 Si pusiésemos en el comando *python* en lugar de *pythonw* el sistema sabría interpretarlo y lo ejecutaría correctamente.

10 Depende del sistema la ventana puede variar de aspecto. Incluso nosotros, como veremos más adelante, podemos indicarle que tenga un estilo determinado.

inicial es intentar entenderlo por encima, ya que aún no tenemos los conocimientos necesarios para hacerlo en profundidad:

```
import sys
```

Importa los parámetros del sistema, que son necesarios para iniciar la aplicación.

```
from PyQt4 import QtGui, QtCore
```

Importa, desde *PyQt4*, los módulos *QtGui* y *QtCore*. En el primero tenemos todas las clases para representar elementos gráficos (de ahí lo de *Gui*) y la segunda (de *core*, núcleo) nos permite comunicar estos elementos con acciones concretas, entre otras cosas.

```
class primer_ejemplo_GUI(QtGui.QWidget):
```

Definimos la clase *primer_ejemplo_GUI*, que será la base de nuestra aplicación. La construimos sobre la clase *QWidget* de la librería *QtGui*, que es la clase en la que están basadas todos los elementos gráficos de los que dispondremos. Un *widget* lo interpretaremos de forma genérica como un elemento gráfico de la interfaz de interacción entre el usuario y el programa, es decir, un botón, un selector, una zona para contener texto...

```
    def __init__(self, parent=None):
        QtGui.QWidget.__init__(self, parent)
```

Inicializador de la clase *primer_ejemplo_GUI*, donde pasamos el argumento *parent = None*. Posteriormente inicializamos la clase *QWidget* con él, lo que significa que es una ventana.

```
        self.setGeometry(350, 100, 300, 300)
        self.setWindowTitle("Primer Ejemplo de GUI con PyQt")
```

Al usar *self* estamos actuando sobre la ventana creada. El método *setGeometry* nos permite colocar la esquina superior izquierda de la ventana en las coordenadas de pantalla *x* e *y* indicadas en los dos primeros argumentos, en nuestro caso el punto *(350,100)*, y posteriormente indicar la anchura y la altura de la ventana con los dos siguientes. Hemos elegido en ambos casos 300 puntos, por lo que nuestra ventana tendrá un área interna cuadrada con ese tamaño de lado (la superficie que está en color gris). Las coordenadas *x* e *y* parten de la esquina superior izquierda de la pantalla, que tienen coordenadas (0,0) y se desplazan horizontalmente hacia la derecha en el caso de *x* y hacia abajo verticalmente en el caso de *y*, como se muestra a continuación:

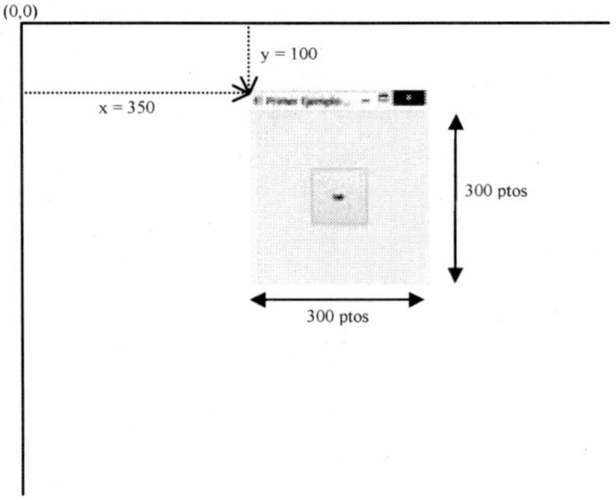

El método *setWindowTitle* nos permite poner un título a la ventana.

```
salir = QtGui.QPushButton("Salir", self)
salir.setGeometry(100, 100, 100, 100)
```

En la primera línea creamos un botón mediante la clase *QpushButton* del módulo *QtGui*, en cuyo interior colocamos el texto *Salir*, que nos indicará su función. Posteriormente, mediante el método *setGeometry()* (esta vez de la clase *QPushButton*) colocaremos la esquina superior izquierda del botón en las coordenadas *(100,100)* y le daremos una altura y anchura de *100* puntos, con lo que conseguiremos que esté exactamente en la mitad de la ventana, ya que las coordenadas son relativas al elemento que contiene al botón, es decir, la ventana principal:

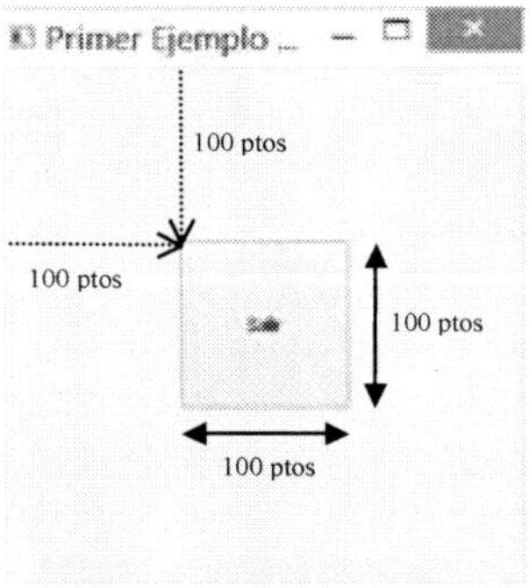


```
self.connect(salir, QtCore.SIGNAL("clicked()"), QtGui.qApp, QtCore.SLOT("quit()"))
```

En esta línea de código indicamos la operación a realizar cuando hacemos clic sobre el botón, en nuestro caso salir de la aplicación. Conecta una acción (*SIGNAL*) con una operación (*SLOT*). Hablaré a lo largo del capítulo más en profundidad de las conexiones *SIGNAL/SLOT*[11], ya que será un elemento clave en nuestra programación gráfica de aplicaciones, pero si visualizamos el formato de *connect()* observamos que tiene cuatro parámetros, donde en el primero indicamos el elemento (en nuestro caso el botón), en el segundo la acción que realizaremos sobre éste (hacer clic sobre él), el tercero nos hace de enlace y con el cuarto indicamos la operación que realizaremos al hacer clic en el botón.

```
app = QtGui.QApplication(sys.argv)
```

Con esta línea creamos nuestro objeto aplicación (que llamaremos *app*) a partir de la clase *QApplication* del módulo *QtGui*. Le pasamos (mediante *sys.argv)* los argumentos de la línea de comandos usados al ejecutar el programa para que pueda inicializar correctamente la aplicación.

```
mi_app = primer_ejemplo_GUI()
mi_app.show()
```

Creamos un objeto llamado *mi_app* a partir de la clase *primer_ejemplo_GUI* que hemos construido para posteriormente visualizarlo mediante el uso del método *show*.

```
sys.exit(app.exec_())
```

El método *exec_* (se añade un guion bajo ya que *exec* es una palabra reservada de *Python*) hace que nuestra aplicación entre en un bucle (*event handling loop*[12]) a la espera de que se produzcan acciones. Para salir de la aplicación (cosa que hará al llamar a una función de salida o cerrando directamente la ventana) de forma correcta y ortodoxa (liberando los recursos que usa el programa y enviando las señales de salida pertinentes) es para lo que se usa *sys.exit()*.

A pesar de no haber entendido en su totalidad el código presentado, sí hemos podido ver un primer y sencillo ejemplo de programación de aplicación gráfica usando única y exclusivamente el editor de código. Si queremos desarrollar una aplicación grande, con multitud de elementos, sería muy poco práctico programarla así. Es el motivo por el que usaremos *Qt Designer*, incluido en la instalación de *PyQt* y que ya tenemos anclado a nuestra barra de tareas de *Windows*.

11 Que traduciré posteriormente como señal/código.
12 Podríamos traducirlo como "bucle para el manejo de eventos".

8.2.3 Uso de Qt Designer para diseñar interfaz gráfico. Elementos que lo componen (Widgets, MainWindow, Dialog)

Como ya comenté, *Qt Designer* es una programa usado para diseñar, de forma cómoda y gráfica, aplicaciones de tipo *GUI*. Tenemos ya el botón del programa añadido a la barra de tareas de *Windows*, por lo que al hacer clic en él nos aparecerá la pantalla principal, cuyo elemento central ampliamos:

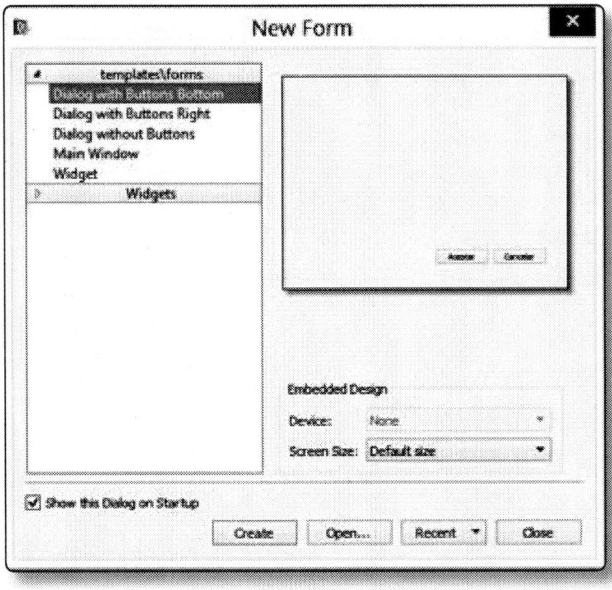

Cualquier aplicación gráfica debe tener un *widget* (considerándolo en su acepción genérica) principal (*top level*), que contiene al resto de elementos (que serán tratados como *widgets hijos*). *Qt designer* nos permite usar para ello cinco plantillas predefinidas, tres para *diálogos* (con botones abajo, con botones a la derecha y sin botones), una para una *ventana principal* y otra para un *widget*. ¿Qué diferencia exacta hay entre ellas?

- Un *widget* comenté que podríamos considerarlo un elemento gráfico genérico. Habrá multitud de tipos particulares, cada uno con sus características propias, que iremos viendo con posterioridad. El widget que aparece en las plantillas es un *widget* genérico. Usa la clase *QWidget.*
- Una *ventana principal (Main Window)* se compone (luego puede tenerlos o no en la aplicación) de los siguientes elementos: barra de menús, barra de herramientas, barra de estado y un *widget* principal central. Usa la clase *QmainWindow*, que es una subclase de *QWidget*.

- Un *diálogo* está compuesto de la ventana, su *widget* central y una serie de botones para aceptar, rechazar o salir de ella. Usa la clase *QDialog*, una subclase de *QWidget*.

  Pueden ser de dos tipos (*modal o modeless*[13]) si, respectivamente, bloquean o no la interacción del usuario con las demás partes del programa cuando el diálogo está abierto. A pesar de no ser lo más habitual, la opción de diálogo sin botones está presente como plantilla. Además de las cinco indicadas, tenemos una lista de *widgets*, que visualizaremos haciendo clic sobre la flecha que aparece a la izquierda del rótulo *widgets*. Ahí aparecen las clases de una gran variedad de ellos, algunos de los cuales veremos con posterioridad.

Una aplicación gráfica compleja puede constar de una ventana principal, con su barra de menús, barra de herramientas y barra de estado, además de multitud de *widgets* insertados en su *widget* principal y múltiples diálogos emergentes. En esta primera aproximación a *Qt Designer*, y como solo queremos generar la misma aplicación que creamos con anterioridad directamente mediante código, seleccionaremos *Widget*[14] dentro de *Templates/Form* y haremos clic en *Create*. Tras ello obtendremos en pantalla algo muy similar a lo siguiente:

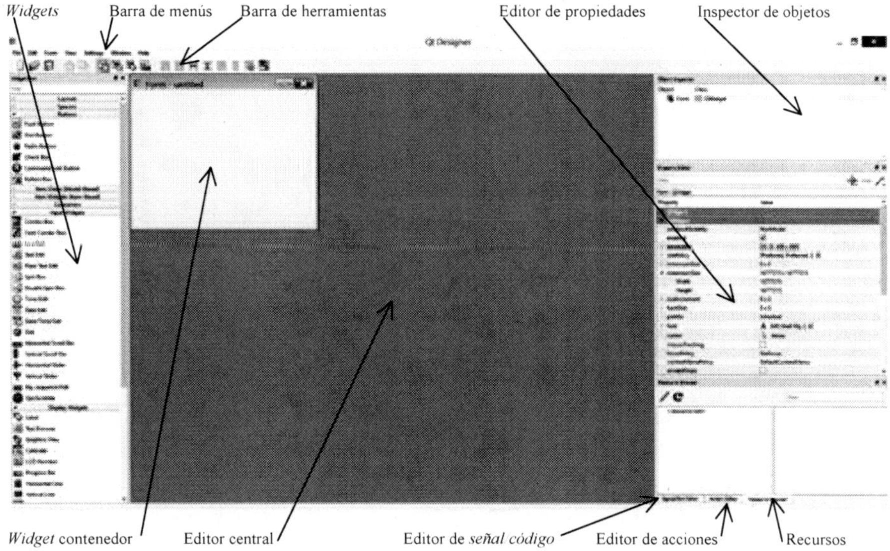

13 No los traducimos del inglés al no tener una traducción directa satisfactoria.
14 Recordemos que usamos la clase *QWidget* como base para nuestra aplicación GUI directamente con código.

Haremos un repaso breve de qué es y para qué sirven cada uno de los elementos que aparecen en este momento en pantalla:

- *Barra de menús:* en él tenemos los distintos menús que componen la aplicación.
- *Barra de herramientas:* disponemos de botones que ejecutar de forma directa los comandos más utilizados.
- *Widget Box:* es una caja donde tenemos los distintos *widgets* divididos de forma temática.
- *Editor central:* en él crearemos de forma gráfica la aplicación sobre la base de un elemento contenedor principal. En nuestro caso particular elegimos un *widget* genérico.
- *Object inspector:* nos indicará los elementos *(objetos)* que vamos incluyendo, así como si unos están contenidos en otros.
- *Property editor:* en él aparecen las *propiedades* de los objetos que componen nuestra aplicación.
- *Resource Browser:* mostrará los *recursos* que tenemos disponibles, por ejemplo un fichero con la imagen de un logo.
- *Signal/Slot editor:* nos indicará los pares *señal/código* que tenemos en nuestra aplicación.
- *Action editor:* en él aparecen las distintas *acciones* creadas (por ejemplo para su uso en menús de la aplicación). Una *acción* podemos interpretarla como un comando que ejecuta una determinada tarea.

Una vez que se han definido los elementos genéricos que componen *Qt Designer*, vamos a intentar visualizar la forma en la que trabajaríamos con él de cara a diseñar nuestra aplicación gráfica. Para ello, intentaremos reproducir el sencillo ejemplo visto en el apartado 8.2.2, que nos mostrará cualitativamente la forma de actuar en aplicaciones más complejas. En nuestro primer ejemplo de ficheros gráficos creamos un código para generar una ventana con un botón central que nos permitía, haciendo clic en él, abandonar la aplicación. La ventana de ésta aparecía en las coordenadas *(350,100)* de la pantalla y su espacio interior era de tamaño *100x100* puntos. Ahora comenzaremos usando *Qt Designer* para el diseño de la interfaz, y lo primero que tendremos que indicar es el tipo de formulario que contendrá nuestra aplicación, ya que como comentamos anteriormente, hay varios *widgets* que sirven para ello[15]. Como no necesitamos ni menús ni cajas de botones elegiremos *widget* en la ventana de *nuevo formulario* que nos aparece al iniciar *Qt Designer* o, si hemos estado trabajando con otros esquemas, seleccionamos el menú *File→New*:

---

15 Por lo tanto es fácil inferir de ahí que los *widgets* pueden contener otros *widgets* en su interior.

En ella también podemos cambiar el tamaño que tendrá este elemento contenedor mediante la opción *Screen Size*[16]. Tras hacer clic en *Create* aparece un formulario de nombre *Form* basado en la clase *Qwidget* con un tamaño predeterminado pero que podemos modificar:

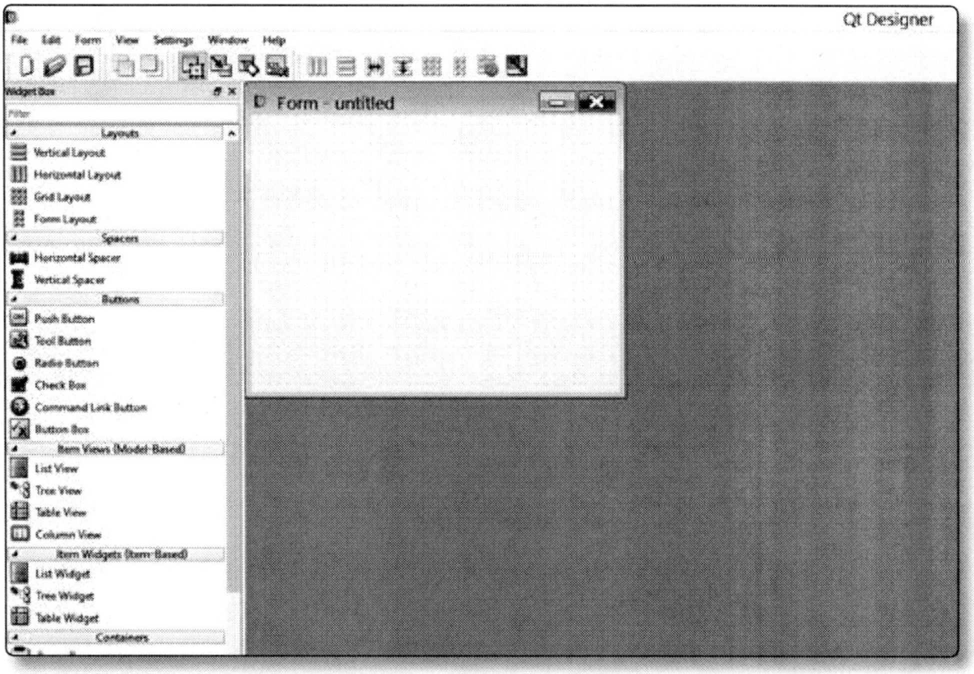

16 Aparecen varios tamaños estándar. En nuestro caso mantendremos la opción *Default size* seleccionada.

Variar el tamaño del formulario al que deseamos es tan sencillo como configurar *Height* y *Width* a *300* puntos en la característica *geometry* de *QWidget* que tenemos en la ventana de *Editor de propiedades* en la parte derecha de la pantalla. En la característica *windowTitle* colocamos *"Primer Ejemplo de GUI con PyQt"*. Posteriormente arrastraremos[17] un botón pulsador (*Push Button*) desde el *Widget box* de la parte izquierda de la pantalla:

Hasta nuestro contenedor, y daremos valor *100* a *X*, *Y*, *Height* y *Width* en su característica *geometry* (la del botón). Es muy importante en todo momento saber qué elemento tenemos seleccionado, ya que las características que aparecen (y que podemos modificar) en el editor de propiedades de la derecha actuarán sobre él. Cambiamos la característica *Text* (que tiene el valor *PushButton* por defecto) del botón a *"Salir"* y ya tenemos parte de la aplicación hecha. Faltaría la parte en la que indicamos que al hacer clic sobre el botón, debemos salir de ella. Eso se hace mediante *Signals/Slots*, que podemos interpretar en un principio como "acción que ocurre/código que ejecutamos".

Pulsaremos el botón *Edit Signals/Slots* de la barra de herramientas:

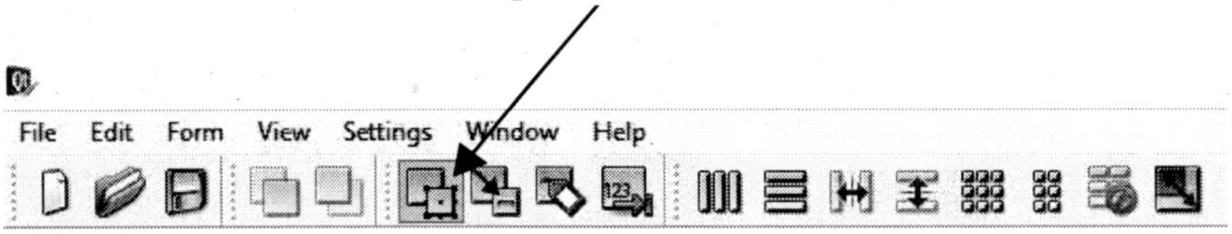

O mediante el menú *Edit→ Edit Signals/Slots* (o pulsando *F4)*, y el aspecto de la aplicación cambia. Si llevamos el ratón hasta el botón, éste cambia a color rojo. Haciendo clic en él y arrastrando hacia el formulario, obtendremos lo siguiente:

17 Conseguimos arrastrar haciendo clic sobre el elemento, manteniendo pulsado el botón izquierdo del ratón, llevando el cursor a un lugar y soltando entonces el botón.

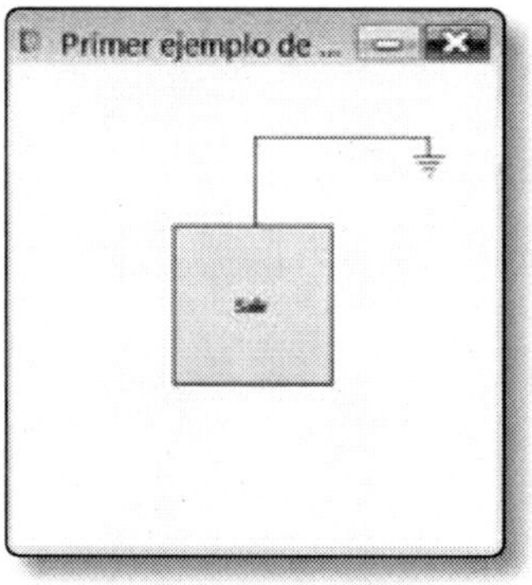

Si soltamos nos aparecerá la ventana de configuración de conexión. Si activamos la opción *Show signals and slots inherited from Qwidget* obtendremos:

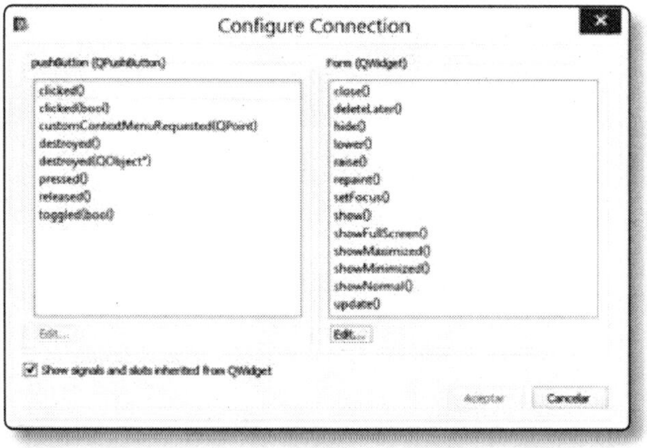

Donde nos aparecen los dos elementos que conectamos: a la izquierda nuestro botón pulsador (basado en la clase *QPushButton* y de nombre *pushButton*, el nombre por defecto) y a la derecha el formulario (de nombre *Form* y basado en la clase *QWidget*). La lista de elementos de la izquierda se refiere a los posibles eventos que se pueden dar sobre nuestro botón, como hacer clic (*clicked*), presionarlo (*pressed*), liberarlo (*released*)... mientras que la lista de la derecha (que variará dependiendo del evento seleccionado) indica las posibles acciones predefinidas que puede hacer nuestro formulario, como cerrarse (*close*), ocultarse (*hide*), actualizarse (*update*)...

Esta conexión hecha entre los dos elementos de nuestra aplicación puede hacerse entre cualquier otro par que tengamos en ella. Además de poder conectar los eventos a acciones predefinidas, tendremos la posibilidad de hacerlo a código personalizado, como veremos al hacer ejemplos más complejos.

Siguiendo con nuestro intento de repetir el ejemplo de código que hicimos en el apartado 8.2.2, conectaremos la señal *clicked()* con el evento *close()*, haciendo clic en ambos y pulsando posteriormente *Aceptar*, obteniendo:

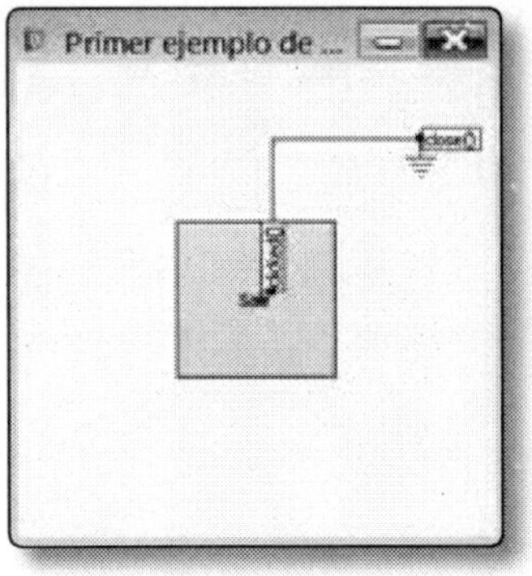

Se nos indica la conexión existente entre ellos. Si la seleccionamos y pulsamos *Supr* en el teclado (o hacemos clic con el botón derecho del ratón y elegimos la opción *Delete*) podremos eliminarla.

Ya tenemos configurado todo lo posible en *Qt Designer* para nuestra aplicación. En el caso de querer volver al modo de edición de *widgets* solo tendríamos que seleccionar el menú *Edit→ Edit Widgets,* pulsar *F3* o seleccionar el botón *Edit Widgets* de la barra de herramientas:

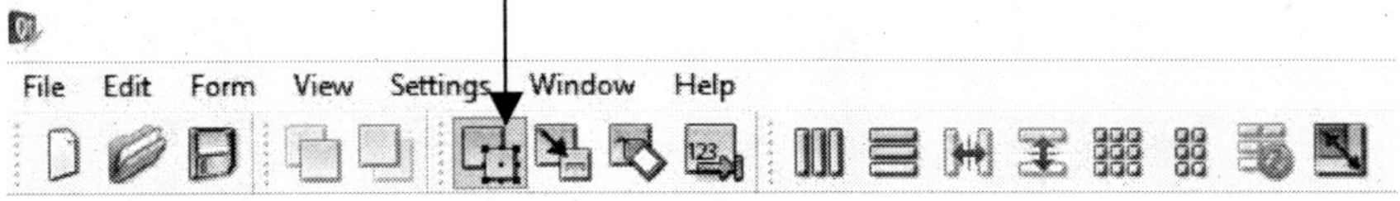

Guardaremos el diseño en nuestra carpeta con el nombre *Primer_ejemplo_ GUI_qtdesigner,* y se nos añadirá automáticamente una extensión *.ui*. El fichero creado de esta manera es de tipo *XML* (*eXtensible Markup Language*), que es un lenguaje relacionado con el diseño de páginas web. En él se almacenan los datos del diseño creado, pero no podremos usarlo directamente desde nuestro código *Python*. Para ello había que convertirlo a nuestro lenguaje ejecutando en modo consola el comando *pyuic*4 con el formato:

pyuic4 nombre_ ichero_ui > nombre_ ichero_py

Por lo tanto accederemos mediante *Windows* a nuestra carpeta, abrimos una ventana de comandos allí[18], y tecleamos:

pyuic4 Primer_ejemplo_GUI_qtdesigner.ui > Primer_ejemplo_GUI_qtdesigner.py

Se nos genera el fichero *Primer_ejemplo_GUI_qtdesigner.py* que nos servirá de base para nuestra aplicación. Su contenido es:

```
# -*- coding: utf-8 -*-
# Form implementation generated from reading ui file 'Primer_ejemplo_GUI_qtdesigner.ui'
# Created by: PyQt4 UI code generator 4.11.4
# WARNING! All changes made in this file will be lost!

from PyQt4 import QtCore, QtGui

try:
    _fromUtf8 = QtCore.QString.fromUtf8
except AttributeError:
    def _fromUtf8(s):
        return s

try:
    _encoding = QtGui.QApplication.UnicodeUTF8
    def _translate(context, text, disambig):
        return QtGui.QApplication.translate(context, text, disambig, _encoding)
except AttributeError:
    def _translate(context, text, disambig):
        return QtGui.QApplication.translate(context, text, disambig)

class Ui_Form(object):
    def setupUi(self, Form):
        Form.setObjectName(_fromUtf8("Form"))
        Form.resize(300, 300)
        self.pushButton = QtGui.QPushButton(Form)
        self.pushButton.setGeometry(QtCore.QRect(100, 100, 100, 100))
        self.pushButton.setObjectName(_fromUtf8("pushButton"))

        self.retranslateUi(Form)
        QtCore.QObject.connect(self.pushButton, QtCore.SIGNAL(_fromUtf8("clicked()")), Form.close)
        QtCore.QMetaObject.connectSlotsByName(Form)

    def retranslateUi(self, Form):
        Form.setWindowTitle(_translate("Form", "Primer ejemplo de GUI con PyQt", None))
        self.pushButton.setText(_translate("Form", "Salir", None))
```

18 Recordemos: haciendo clic con el botón derecho del ratón mientras tenemos pulsada la tecla *Shift* y seleccionando *Abrir ventana de comandos aquí.*

Como curiosidad, apuntar que la primera línea del código nos indica que el fichero tiene formato *Unicode* de *8 bits* (*UTF-8*), a pesar de que parece ser simplemente un comentario. No lo es, aunque no entraremos en más detalles.

Lo importante de este fichero es observar que se ha creado una clase *Ui_Form* con dos métodos, *setupUi* y *retranslateUi*. El primero de ellos es el que realiza todo el trabajo, ya que, al margen de configurar los parámetros gráficos de la aplicación, llama a *retranslateUi* para renombrar los elementos pertinentes, además de escribir el código relativo a la conexión entre el clic del botón y la salida del programa. Por lo tanto, es la clase *Ui_Form* y su método *setupUi* los que tenemos que usar (tras importarlos) en el código que posteriormente crearemos nosotros. El generado mediante *pyuic4* no es un código para ser ejecutado directamente (su ejecución no hace nada), sino que nuestro programa principal debe hacer uso de él a modo de librería. Podemos visualizar por encima el código generado, observar cómo los módulos *QtCore* y *QtGui* han sido cargados al inicio.

El programa principal, creado por nosotros, sería el siguiente (lo guardamos en nuestra carpeta con el nombre[19] *Primer_ejemplo_GUI_qtdesigner.pyw*:

```
import sys
from Primer_ejemplo_GUI_qtdesigner import *

class MiFormulario(QtGui.QWidget):
    def __init__(self, parent=None):
        QtGui.QWidget.__init__(self, parent)
        self.ui = Ui_Form()
        self.ui.setupUi(self)

if __name__ == "__main__":
    aplicacion = QtGui.QApplication(sys.argv)
    mi_app = MiFormulario()
    mi_app.show()
    sys.exit(aplicacion.exec_())
```

Además de *sys*, importamos todos los elementos del fichero *Primer_ejemplo_GUI_qtdesigner.py*. Es importante respetar para ello el formato *from/import* indicado. Diseñamos una clase basada en *QWidget*[20] a la que llamamos *MiFormulario*. Al inicializarla con *parent=None* (sin clase padre) hacemos que sea una ventana. Creamos un campo llamado *ui* que será un objeto de la clase

19 A la hora de guardarlo le indicaremos la extensión *.pyw*, algo que no habíamos hecho hasta llegar a los ficheros gráficos.

20 Podría ser *QDialog*, por ejemplo, pero hemos elegido que sea un *widget* genérico nuestra base del formulario.

Ui_Form creado en *Primer_ejemplo_GUI_2.py* y ejecutamos su método de configuración.

A continuación creamos una aplicación a partir de la clase *QtGui.QApplication* y un objeto (*mi_app*) de la clase *Miformulario*, que mediante el método *show()* haremos visible. Solo quedará al final poner la aplicación en modo *bucle de espera de eventos*. Al ejecutar el código tendremos nuestra aplicación, con la salvedad de que ahora por defecto su ventana aparece centrada en la pantalla, ya que desde *Qt Designer* no nos lo permitió de forma directa indicar las coordenadas *x* e *y* del formulario.

A pesar de ser un ejemplo muy sencillo ya se intuye que trabajar con *Qt Designer* nos facilitará mucho las cosas de cara a diseñar el esquema general de la aplicación gráfica. Esquemáticamente el proceso que hemos realizado es:

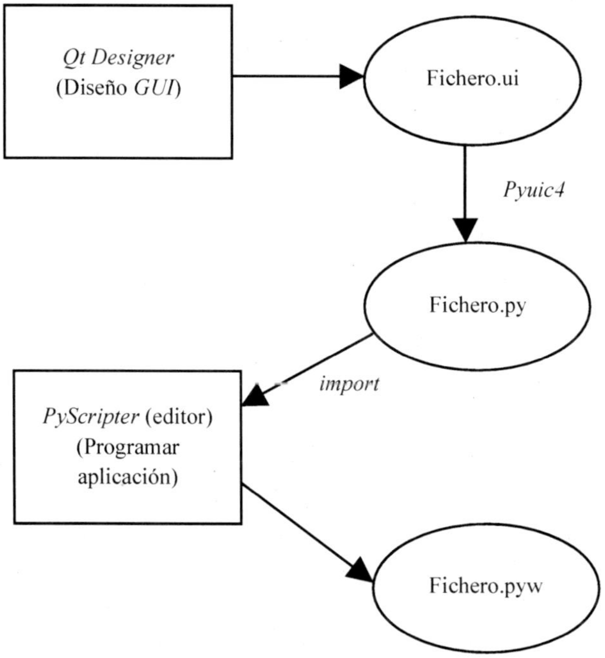

Puede parecer muy engorroso al principio, pero terminaremos acostumbrándonos y trabajando con él de manera fluida. Otro esquema, en el que (como en el anterior) no he seguido ningún estándar (por lo que no habrá que interpretar de forma especial los elementos gráficos) sería:

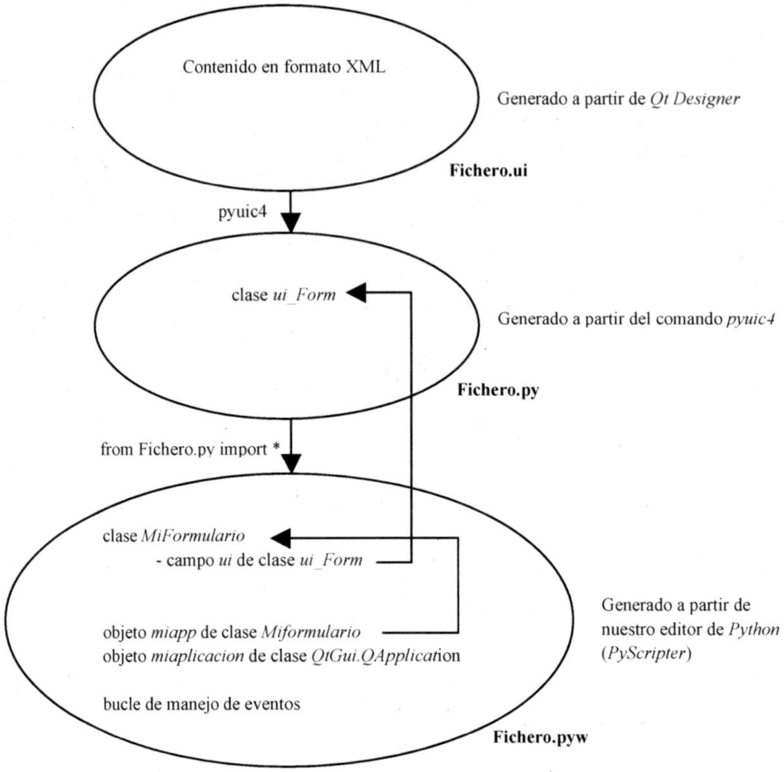

Donde la *case ui_Form* de *Fichero.py* podría ser *ui_Dialog* o *ui_MainWindow* si hubiésemos tenido como base para nuestra aplicación esos *widgets*.

8.3 WIDGETS FUNDAMENTALES DE QT DESIGNER

Analizaremos a continuación más en profundidad los distintos elementos del *Widget Box* que, como vimos, están agrupados en elementos que comparten una misma funcionalidad o se asemejan en alguna característica principal. Iremos viendo, dentro de cada grupo, los más importantes de cara a realizar una aplicación gráfica estándar. Para ello abriremos *Qt Designer* y crearemos un nuevo *widget*, al que podremos dar el tamaño que queramos[21].

21 Dependerá del tamaño de nuestra pantalla y de su resolución.

8.3.1 Esquemas (Layouts)

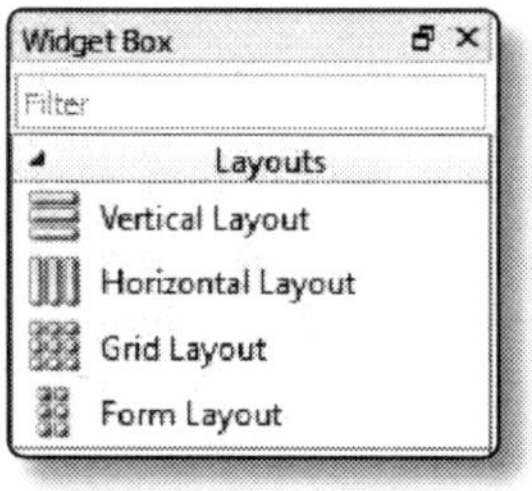

Los *layouts* (esquema, disposición, diseño en inglés) son una serie de elementos que nos permitirán distribuir los *widgets* que contienen de una determinada manera, lo que nos puede ser muy útil para ordenarlos y alinearlos. Están delimitados por unos rectángulos con lados de color rojo. Una vez que ejecutamos la aplicación (o usamos *Ctrl* + *r* para ver el aspecto final) no serán visibles. Hay cuatro tipos principales:

8.3.1.1 VERTICAL LAYOUT

En esta disposición (vertical), los *widgets* se distribuyen uno encima del otro, sin posibilidad de hacerlo de otro modo. Para probarlo, haremos clic sobre el icono de *Vertical Layout* y lo arrastraremos a nuestro formulario:

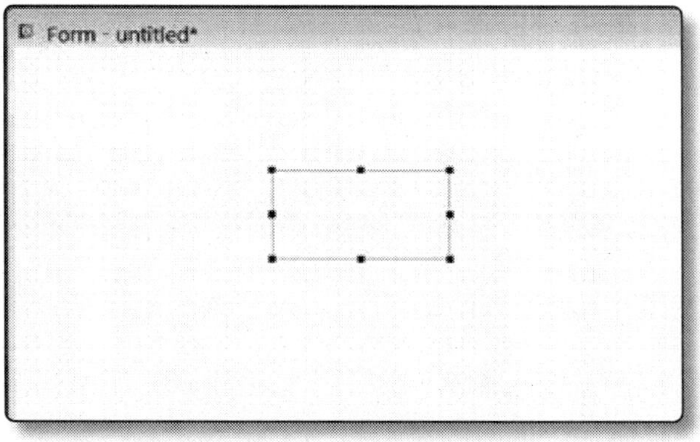

Posteriormente arrastraremos tres *Push Buttons* dentro del *Vertical Layout* creado, obteniendo la siguiente distribución:

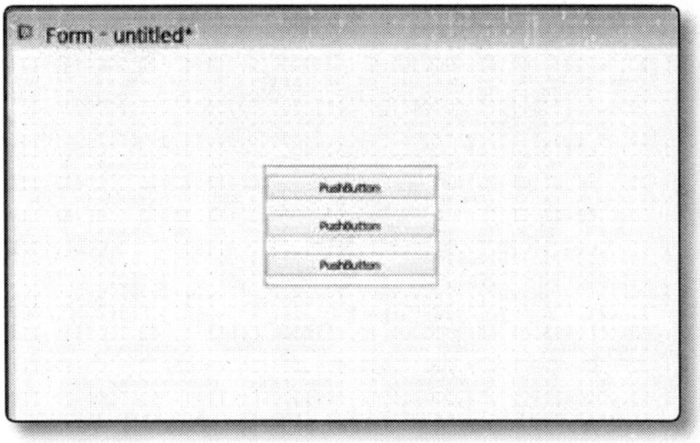

Los tres botones se alinean de forma vertical, sin necesidad de tener que ajustarlos manualmente. Podemos incluir (o sacar) del *layout* los *widgets* del tipo que queramos, pero todos se alinearán de forma vertical. Si por ejemplo insertamos un *Radio Button*, un *Check Box* y un *Line Edit,*tendríamos:

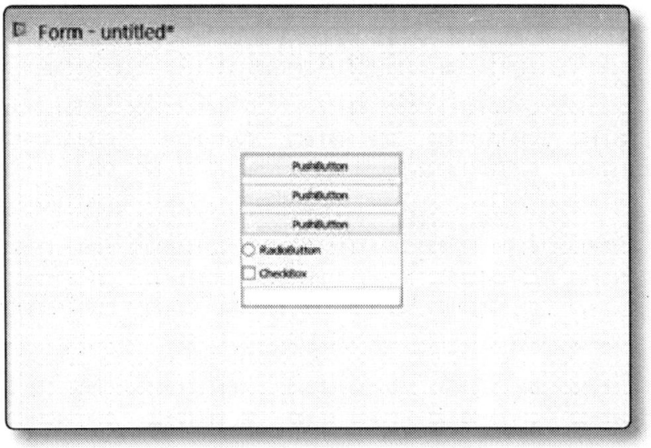

Si posteriormente queremos cambiar la distribución de los elementos, solo tendremos que hacer clic en ellos y arrastrarlos a la posición deseada. Aparecerá una línea horizontal azul para indicarnos dónde irá insertado nuestro elemento. Soltando el botón izquierdo del ratón, se alojará allí.

Si queremos ver el aspecto final, tecleamos *Ctrl+r*, obteniendo en una nueva ventana:

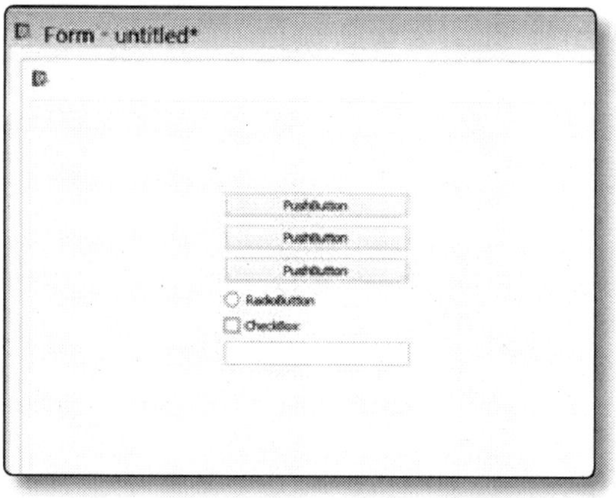

Para volver al "modo edición" solo tendremos que cerrar la citada nueva ventana.

8.3.1.2 HORIZONTAL LAYOUT

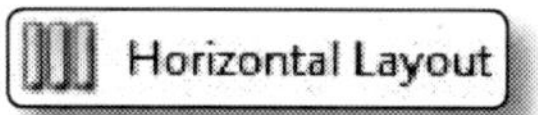

En esta disposición los *widgets* se distribuyen horizontalmente uno al lado del otro. Colocaremos en este caso un *Vertical Layout* sobre el formulario[22] y posteriormente arrastraremos dentro de la zona delimitada con línea roja los mismos elementos que en el ejemplo anterior y en el mismo orden, es decir, tres *Push Button* seguidos de un *Radio Button*, un *Check Box* y un *Line Edit*. En este caso el resultado final será el siguiente:

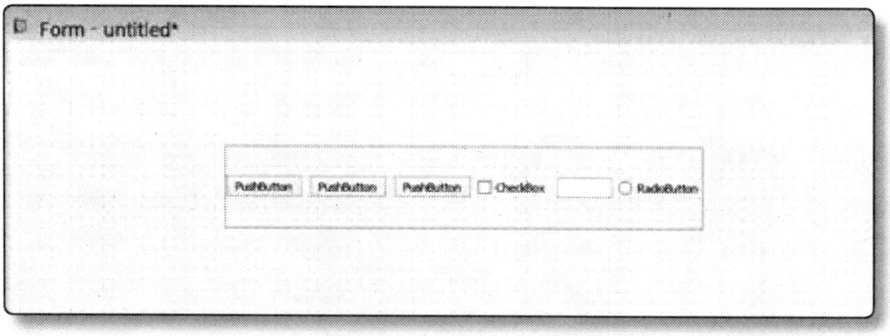

Puede ocurrir que, si hemos arrastrado de forma desordenada los *widgets* dentro del *layout*, el orden no sea el que aparece en pantalla. Eso es porque de cara a insertar los elementos, estos se colocan en la posición aproximada en la que tenemos

22 Podemos borrar el *Vertical Layout* anterior si lo consideramos oportuno de cara a una mayor comodidad. Para ello lo seleccionamos mediante el ratón y pulsamos *Supr* en el teclado.

colocado el ratón. Antes de soltar el *widget* dentro del *layout*, aparecerá una línea *vertical* azul que nos indica dónde será insertado nuestro elemento. Esta línea aparece en la delimitación de cada uno de los elementos interiores al *layout*. De esa manera podremos distribuir nuestros elementos como queramos de forma sencilla. Podemos usar *Ctrl+r* para ver el resultado final.

8.3.1.3 GRID LAYOUT

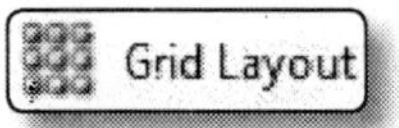

En esta distribución los elementos se colocan en las celdas de una cuadrícula, lo que nos permitirá mayor libertad, ya que podremos insertarlos tanto vertical como horizontalmente respecto a los que ya tenemos. Al insertar cualquier *widget* dentro del *layout*, nos aparecerán líneas verticales u horizontales con las que indicaremos dónde va nuestro elemento.

Si arrastramos un *Grid Layout* al formulario, tras insertar dentro de él un primer *Push Button*, observaremos que al intentar colocar el segundo tenemos la opción de hacerlo (nos será indicado con líneas horizontales y verticales azules) a la izquierda, derecha, arriba o abajo del anterior. Y así sucesivamente con todos los demás elementos que vayamos añadiendo. Por lo tanto será muy fácil conseguir los dos siguientes esquemas:

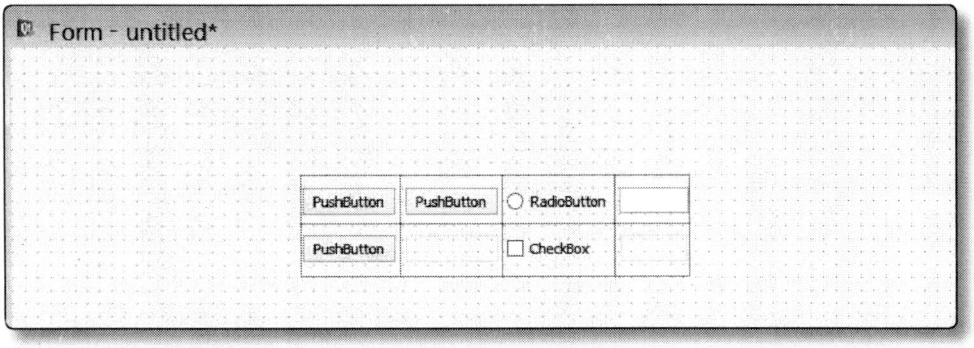

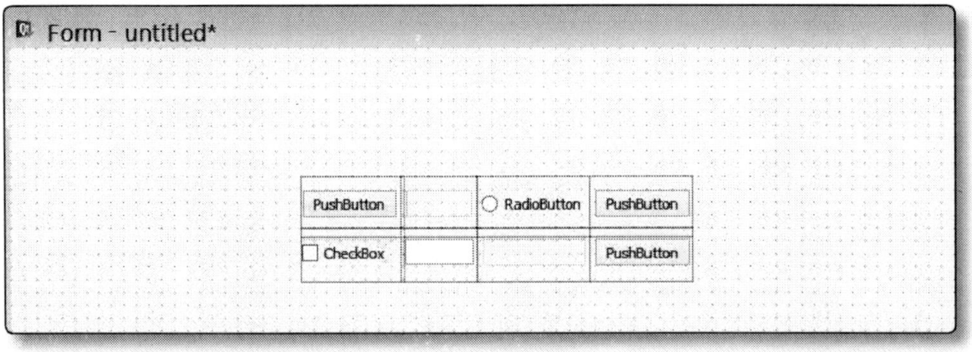

O cualquier otro que queramos que tenga distribución cuadricular. Podemos usar *Ctrl+r* para ver el aspecto que tendría por ejemplo esta última en la aplicación:

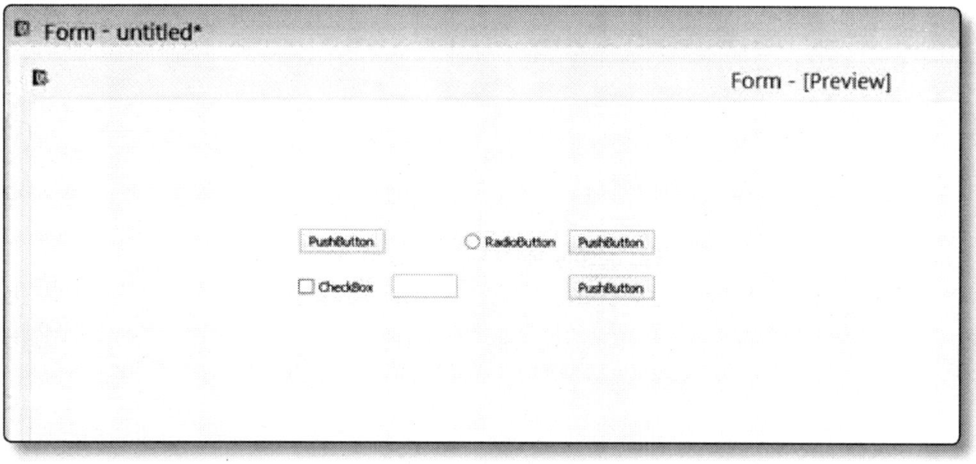

8.3.1.4 FORM LAYOUT

En esta disposición (formulario) tendremos dos columnas en las que disponer los *widgets*. En la primera suelen estar etiquetas (*labels*) que indican información sobre el elemento colocado en la segunda columna, que suele ser un elemento de entrada de datos, como un *line editor* o un *spin box*. Un ejemplo típico sería el siguiente:

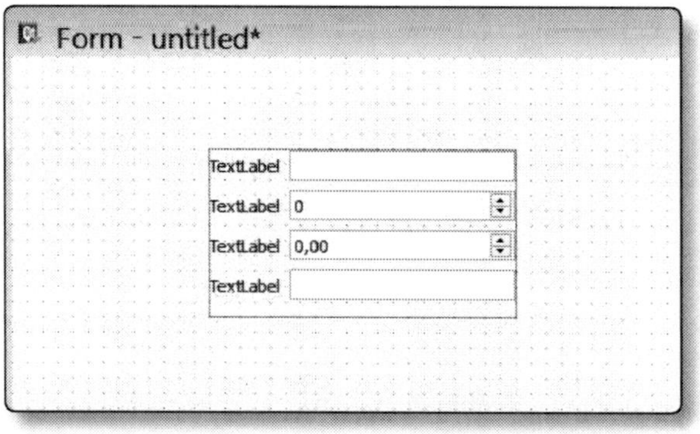

Donde cada una de las etiquetas podría corresponder a un determinado campo, como nombre, DNI o edad. Nuevamente mediante *Ctrl+r* obtendremos una previsualización gráfica. Podríamos pensar que esta disposición ya está incluida en los *Grid Layout* y que es un ejemplo particular de ella, pero no es del todo cierto. Las *Form Layout* tienen una serie de ventajas, útiles solo para un uso avanzado y que por tanto no veremos.

8.3.2 Botones (Buttons)

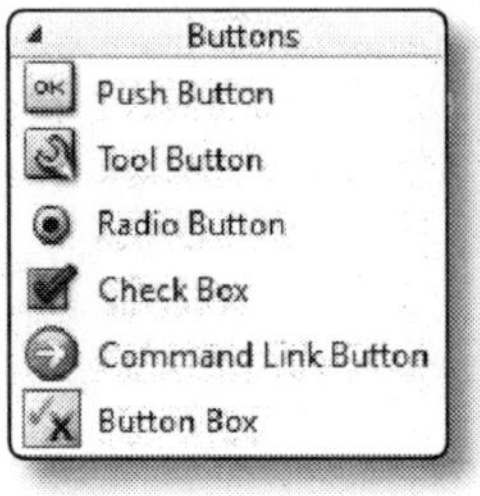

Aprenderemos de momento cuatro de ellos: *Push Button*, *Radio Button*, *Check Box* y *Button Box*.

8.3.2.1 BOTÓN PULSADOR (PUSH BUTTON)

La clase a partir de la que se generan los botones pulsadores es *QPushButton*. Arrastramos un botón pulsador hacia el formulario. Mediante los manejadores en forma de pequeños cuadrados que aparecen alrededor del botón podemos cambiar su tamaño:

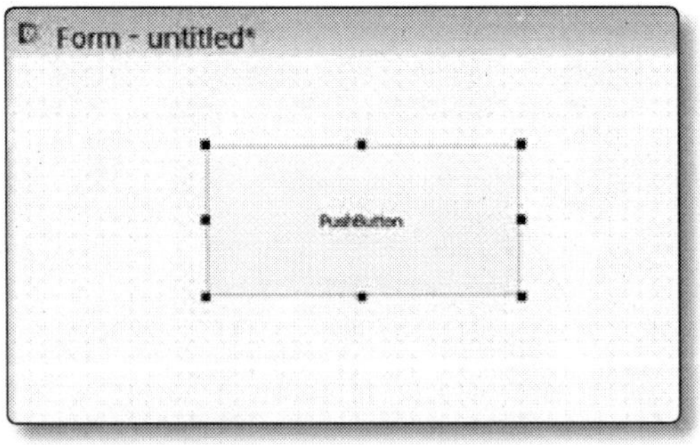

Si nos fijamos en el editor de propiedades de la columna derecha[23] podremos observar (si cerramos los menús desplegables lo veremos con más claridad) los *widgets* a partir de los cuales se genera *QPushButton*:

23 Es muy importante tener seleccionado el *widget* que queremos inspeccionar.

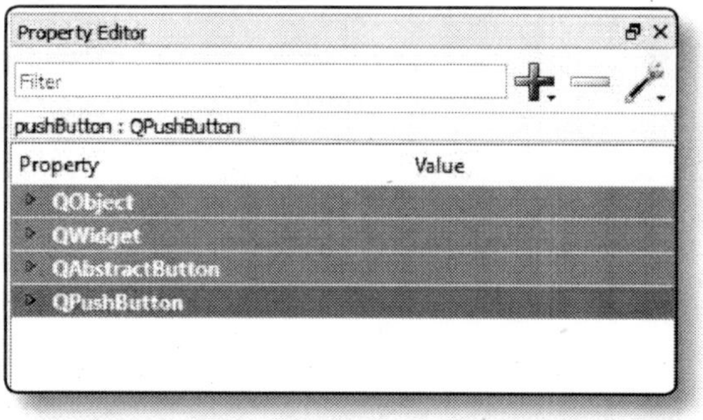

En nuestro caso *QPushButton* tiene como superclase a *QAbstractButton*, que a su vez tiene como superclase a *QWidget*, y ésta a *QObject*. Cada una de ellas aporta una serie de características que podemos ver desplegando (es como aparecen por defecto) los menús. Tenemos un gran número de características que podemos cambiar directamente en *QtDesigner* actuando directamente sobre el *editor de propiedades*, o usar la multitud de *métodos* que acompañan a cada una de las clases. Como características interesantes de *QPushButton* comentaremos (hay muchas más pero en una primera visión nos quedaremos con estas):

Clase	Característica	Comentario
QObject	objectName	Es el nombre que tendrá el botón en el programa
QWidget	enabled	Habilita/deshabilita el botón
	geometry	Podremos indicar coordenadas, ancho y alto del botón
	minimumSize	Tamaño mínimo del botón
	maximumSize	Tamaño máximo del botón
	font	Indicamos características del texto en botón
QAbstractButton	text	Es el texto que aparece en el botón
	icon	Es el posible icono que aparece en el botón
	iconSize	Tamaño del icono que aparece en el botón
	checkable	Indica si es o no seleccionable
	checked	Indica si está o no seleccionado (si es seleccionable)
	autoExclusive	Indica si es exclusivo con los demás botones pulsadores[24]

24 Esta opción cobra sentido cuando los botones son seleccionables, para permitir o prohibir que haya varios seleccionados a la vez.

De especial importancia es la característica *objectName*, ya que es así como se llamará nuestro botón en el programa, y es la forma de referirnos a él. No confundir con *text*, que es el texto que aparece dentro del botón. Para insertar un icono antes debemos incluirlo en nuestra aplicación como un *recurso*, cosa que veremos un poco más adelante. El concepto de *seleccionable* se refiere a la opción de, al hacer clic, que el botón se mantenga pulsado hasta que se hace clic de nuevo, momento en el cual vuelve a la posición no pulsada original. Si no indicamos que queremos esta característica, al hacer clic el botón se pulsará pero no se mantendrá pulsado.

El comportamiento habitual de los botones pulsadores es que al hacer clic cobre ellos realicen una operación. Ya comentamos que eso se maneja mediante los pares *Signal/Slot*. Cualquier suceso en el botón genera una señal (*Signal*) que hace que se ejecute cierto código (*Slot*) el cual tenemos enlazado con ella. Hay *Slots* predefinidos (como puede ser terminar la aplicación) o podremos definir los nuestros personalizados. Vimos un ejemplo de esta conexión en el apartado 8.2.3. Explicaré pormenorizadamente este tema más adelante.

Podremos cambiar el texto del contenido del botón cambiando el texto que aparece en la característica *text* del editor de propiedades. También lo lograremos haciendo doble clic con el ratón en el texto que aparece por defecto dentro de él (*"PushButton"*) y tecleando el nuevo nombre. Como curiosidad, si antes de él colocamos el *ampersand* (&) lograremos que, una vez ejecutemos el programa, podamos activar el botón con la combinación *Alt +la primera letra de nuestro texto*. Por ejemplo, si introducimos *&Pulsar* y a continuación visualizamos la previa con *Ctrl+r*, al pulsar *Alt* obtendremos:

Y tecleando *p* pulsaremos el botón. El *ampersand* no es visible y nos permite obtener un atajo (*shortcut*) de teclado si es lo que deseamos. En el caso de que tengamos varios nombres que empiecen con la misma letra, al pulsar *Alt* nos aparecerán subrayadas todas las apariciones, y al teclearla cambiaremos a cada uno de los elementos, aunque no se pulsarán. También podremos realizar operaciones usando el menú contextual que aparece al hacer clic con el botón derecho del ratón sobre el botón:

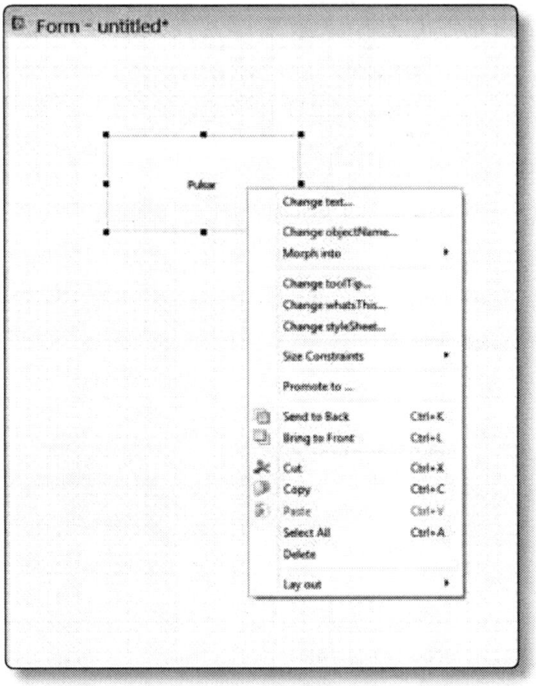

Donde, cortar, copiar, borrar, seleccionar todo, cambiar nombre, cambiar texto o tamaño nos son ya familiares. Como métodos interesantes en una primera aproximación, tendremos:

Clase	Método	Comentario
QAbstractButton	setCheckable	Indicamos mediante un booleano si es seleccionable o no
	setAutoExclusive	Indicamos mediante un booleano si es exclusivo o no
	setChecked	Indicamos mediante un booleano si está seleccionado o no
	setText	Indicamos el texto que aparecerá junto al botón
	setIcon	Indicamos el icono que aparecerá junto al botón
	isCheckable	Nos devuelve booleano indicando si es seleccionable
	autoExclusive	Nos devuelve booleano indicando si es exclusivo o no
	isChecked	Nos devuelve booleano indicando si está seleccionado

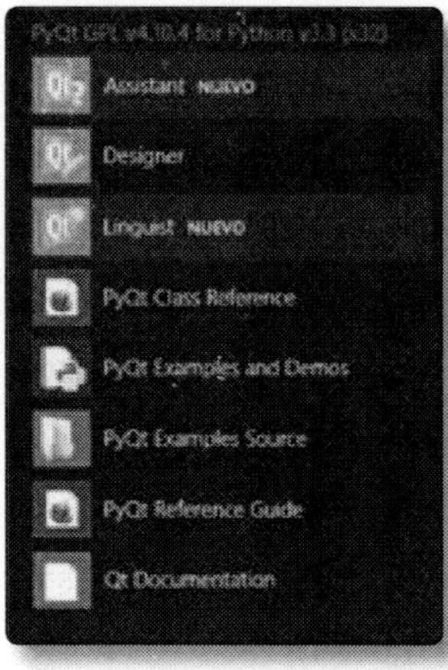

En la tabla hemos representado por simplicidad únicamente el nombre de los métodos, la clase a la que pertenecen y una breve descripción de los mismos. De cara a conocer el formato exacto (parámetros de entrada, de salida y forma correcta de usarlo en el código) deberemos consultar la documentación disponible en nuestra instalación *PyQt*. Para acceder a ella buscaremos en nuestras aplicaciones hasta encontrar *PyQt Class Reference*, como aparece en la imagen de la izquierda. Tras ejecutarla nos abrirá el navegador y una página de inicio listando todas las clases disponibles (en color azul las que aún no hemos consultado, en rojo las que sí[25]):

25 Esto, evidentemente, será cuando ya hayamos hecho uso de ellas. En un principio todas nos aparecerán en azul.

Haciendo clic sobre cualquiera de ellas accederemos a una amplia información, que puede que nos abrume un poco de primeras. Poco a poco nos iremos acostumbrando a consultar esta ayuda, y a medida que lo hagamos nos iremos familiarizando más y más. Debemos centrarnos en las características concretas que queremos conocer. Si buscamos el formato de *setAutoExclusive()* y de *isChecked()* para la clase *QPushButton*, debemos primero hacer clic en ella y posteriormente buscar esos métodos en concreto. En una primera visualización no los encontramos, ya que solo nos aparecen los métodos que la clase *QPushButton* añade a *QAbstractButton* y los que buscamos son originarios de esta última. Por lo tanto haremos clic en *QAbstractButton* en la línea que nos indica que nuestra clase deriva de ella y accederemos a su ayuda. En ella visualizamos que los formatos para los dos métodos indicados son:

- *setAutoExclusive(self, bool)*
- *bool isChecked(self)*

Nos indica que en el primer caso tendremos que pasarle un parámetro de tipo booleano (*True* o *False*) para indicarle qué valor queremos que tome, y en el segundo no deberemos pasarle parámetro alguno, devolviéndonos *True* o *False* dependiendo de si el botón está o no seleccionado.

8.3.2.2 BOTÓN DE OPCIÓN (RADIO BUTTON)

Es un tipo de botón con aspecto circular acompañado de un texto que puede estar en dos estados: seleccionado *(checked)* o no seleccionado *(unchecked)*. Se suele usar para marcar una opción exclusiva, es decir, una que al marcarla excluya a las demás de su tipo. Pero no es obligatorio que sea así, ya que, como veremos en breve, podremos configurarlo para poder permitir que varias (o todas) estén seleccionadas.

La clase en la que se basa es *QRadioButton*, que deriva de *QAbstractButton*, ésta de *QWidget* y ésta a su vez de *QObject*. Como características principales tenemos:

Clase	Característica	Comentario
QObject	objectName	Es el nombre que tendrá el botón en el programa
QWidget	enabled	Habilita/deshabilita el botón
	geometry	Podremos indicar coordenadas, ancho y alto del botón
	minimumSize	Tamaño mínimo del botón

	maximumSize	Tamaño máximo del botón
	font	Indicamos características del texto en botón
QAbstractButton	text	Es el texto que aparece junto al botón
	icon	Es el posible icono que aparece junto al botón
	iconSize	Tamaño del icono que aparece junto al botón
	checkable	Indica si es o no seleccionable
	checked	Indica si está o no seleccionado (si es seleccionable)
	autoExclusive	Indica si es exclusivo con los demás botones de opción

Es en la característica *autoExclusive* en la que indicaremos cuáles pueden estar a la vez pulsadas y cuáles no. Como ejemplo, arrastraremos tres botones de opción al formulario y, haciendo doble clic en ellos, les cambiaremos el nombre:

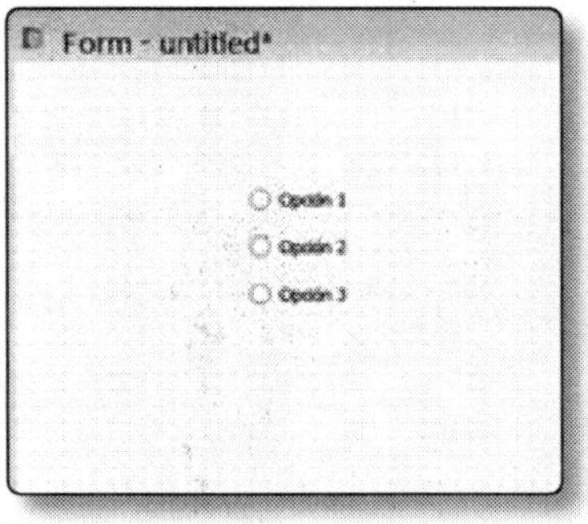

Observando que, por defecto, tanto la opción *checkable* como la *autoExclusive* están activadas. Esto significa que solo uno de los tres botones puede estar seleccionado en un instante dado, y que seleccionar otro significa que el botón que estuviese seleccionado dejase automáticamente de estarlo. Podemos comprobar este comportamiento mediante *Ctrl+r*. Puede que sea ese el comportamiento deseado pero, ¿qué ocurriría si deseamos que los tres puedan estar seleccionados a la vez? Bastaría con seleccionar los tres botones (haciendo clic con el ratón y, manteniendo el botón izquierdo pulsado, formando un rectángulo que incluya a los tres elementos) y deseleccionando la opción *autoExclusive*. Como los tres elementos seleccionados son del mismo tipo, cambiar una característica en el editor de propiedades significa cambiársela a los tres[26]. De esta manera logramos el objetivo buscado.

---

26 Si seleccionamos elementos de clases distintas, solo aparecerán en el editor de propiedades las características comunes a todos los elementos seleccionados.

Pero podría ocurrir que quisiésemos tener varios grupos de botones de opción autoexcluyentes solo dentro del grupo, es decir, que solo podamos tener uno activado en un determinado grupo, pero sí otro en otro grupo. Lo lograríamos (manteniendo en todos la opción *autoExclusive* que viene por defecto) agrupándolos dentro de cualquier tipo de *Layout*:

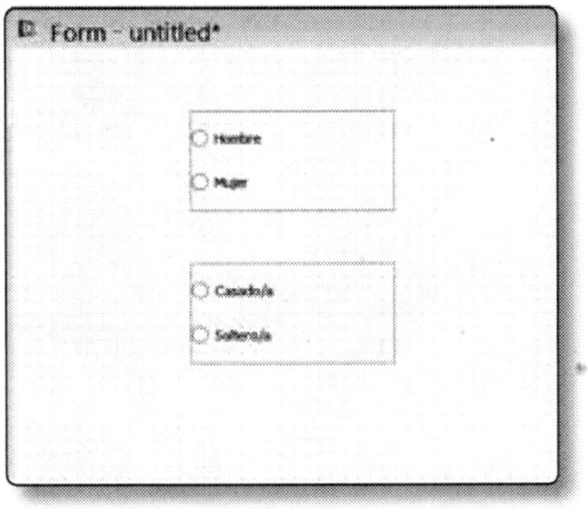

Pudiendo comprobarlo mediante *Ctrl+r*.

De cara a la programación, tendremos varios métodos interesantes que nos serán muy útiles en determinados momentos. De entre ellos destacamos:

Clase	Método	Comentario
QAbstractButton	setCheckable	Indicamos mediante un booleano si es seleccionable o no
	setAutoExclusive	Indicamos mediante un booleano si es exclusivo o no
	setChecked	Indicamos mediante un booleano si está seleccionado o no
	setText	Indicamos el texto que aparecerá junto al botón
	setIcon	Indicamos el icono que aparecerá junto al botón
	isCheckable	Nos devuelve booleano indicando si es seleccionable
	autoExclusive	Nos devuelve booleano indicando si es exclusivo o no
	isChecked	Nos devuelve booleano indicando si está seleccionado

8.3.2.3 CASILLA DE VERIFICACIÓN (CHECKBOX)

Se suele usar cuando tenemos la posibilidad de seleccionar múltiples opciones y que éstas no influyan en las demás. Pero, como ocurría en el caso de los botones de opción, también podremos modificar esta característica por defecto para adecuarse a nuestras necesidades.

Una casilla de verificación puede estar en tres estados distintos: seleccionado (*checked*), no seleccionado (*unchecked*) y triestado (*tristate*). El triestado es un estado donde la casilla de verificación no puede cambiar, es decir, no podremos seleccionarla ni deseleccionarla.

La clase en la que se basa es *QCheckBox→QAbstractButton →QWidget→QObject*. Las características principales son:

Clase	Característica	Comentario
QObject	objectName	Es el nombre que tendrá la casilla en el programa
QWidget	enabled	Habilita/deshabilita la casilla
	geometry	Podremos indicar coordenadas, ancho y alto de la casilla
	minimumSize	Tamaño mínimo de la casilla
	maximumSize	Tamaño máximo de la casilla
	font	Indicamos características del texto en la casilla
QAbstractButton	text	Es el texto que aparece junto a la casilla
	icon	Es el posible icono que aparece junto a la casilla
	iconSize	Tamaño del icono que aparece junto a la casilla
	checkable	Indica si la casilla es o no seleccionable
	checked	Indica si la casilla está o no seleccionada (si es seleccionable)
	autoExclusive	Indica si la casilla es exclusiva con las demás
QCheckBox	triestate	Indica si la casilla está o no es triestado

Colocaremos en el formulario tres casillas de verificación y las nombraremos como *Artículo1*, *Artículo 2* y *Artículo 3*. Por defecto aparece activada la opción *checkable* y desactivadas la *checked*, *autoExclusive* y *tristate*. Dejaremos en la primera de ellas esa configuración, en la segunda activaremos *checked* y en la tercera activaremos *tristate*:

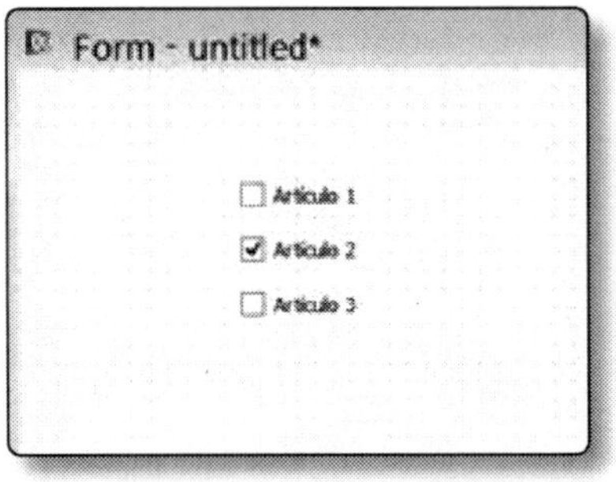

Al previsualizar con *Ctrl+r* observaremos que podemos modificar el estado de las tres casillas, y que la tercera tiene una opción más, que es la triestado, representada por un cuadrado dentro del cuadrado propio de la casilla de verificación:

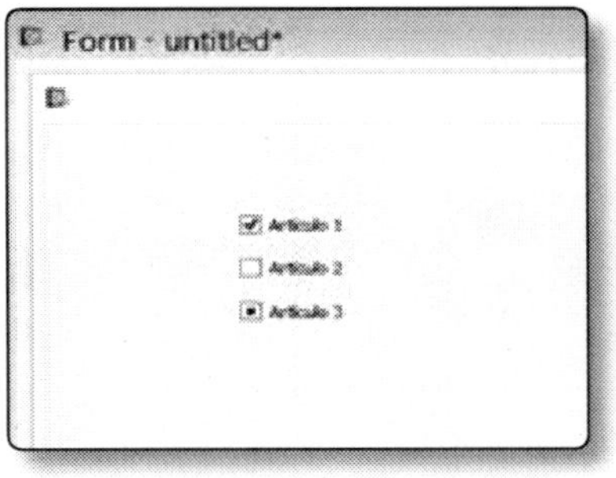

Jugando con las opciones *checkable*, *autoExclusive* y *tristate* podríamos conseguir por ejemplo que solo una de las tres opciones pudiese estar seleccionada en un instante dado. Los métodos que veremos para las casillas de verificación son:

Clase	Método	Comentario
QAbstractButton	setCheckable	Indicamos mediante un booleano si es seleccionable o no
	setAutoExclusive	Indicamos mediante un booleano si es exclusivo o no
	setChecked	Indicamos mediante un booleano si está seleccionado o no
	setText	Indicamos el texto que aparecerá junto al botón
	setIcon	Indicamos el icono que aparecerá junto al botón
	isCheckable	Nos devuelve booleano indicando si es seleccionable
	autoExclusive	Nos devuelve booleano indicando si es exclusivo o no
	isChecked	Nos devuelve booleano indicando si está seleccionado

QCheckBox	setTristate	Indicamos mediante un booleano si es triestado o no
	isTristate	Nos devuelve booleano indicando si es triestado o no

8.3.2.4 CAJA DE BOTONES (BUTTON BOX)

Como su propio nombre indica, es una caja con una serie de botones de uso habitual dentro de ella. Suele usarse en ventanas emergentes dentro de una aplicación. Nos permiten abrir, cerrar, ignorar, salir... Ejemplos típicos son:

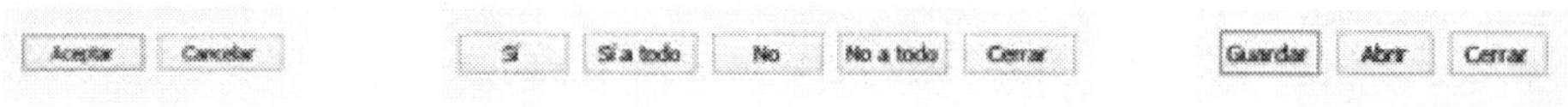

Su clase es *QDialogButtonBox→ QWidget→QObject*. Observamos que ya no deriva de *QAbstractButton.* Sus características principales son:

Clase	Característica	Comentario
QObject	objectName	Es el nombre que tendrá la caja en el programa
QWidget	enabled	Habilita/deshabilita la caja
	geometry	Podremos indicar coordenadas, ancho y alto de la caja
	minimumSize	Tamaño mínimo de la caja
	maximumSize	Tamaño máximo de la caja
	font	Indicamos características del texto en la caja
QDialogButtonBox	orientation	Indicamos la orientación horizontal o vertical de la caja
	standardButtons	Marcamos los botones que queremos que aparezcan en la caja
	centerButtons	Centramos los botones de la caja en el espacio que hay en ella

La característica *standardButtons* en el editor de propiedades nos permite elegir entre una serie de botones predefinidos (y con una distribución relativa fija) que queremos que aparezcan en nuestra caja. Podemos marcar varios botones sin incompatibilidades entre ellos. Cada uno de los botones son posteriormente conectados con acciones concretas mediante *signals/slots*. Las dos imágenes siguientes nos muestran el editor de propiedades y una caja de botones con orientación vertical incluyendo todos los botones disponibles.

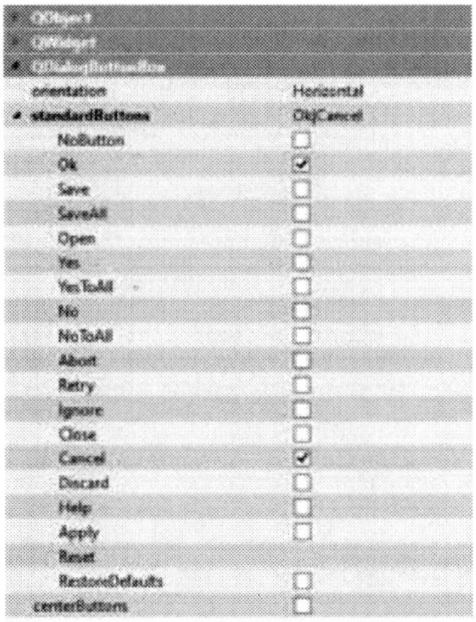

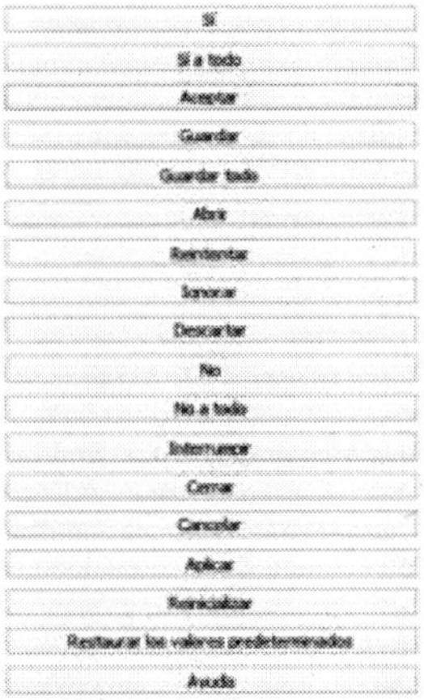

En un principio no consideramos ningún método interesante de cara al uso habitual de las cajas de botones.

8.3.3 Elementos de visualización (Display Widgets)

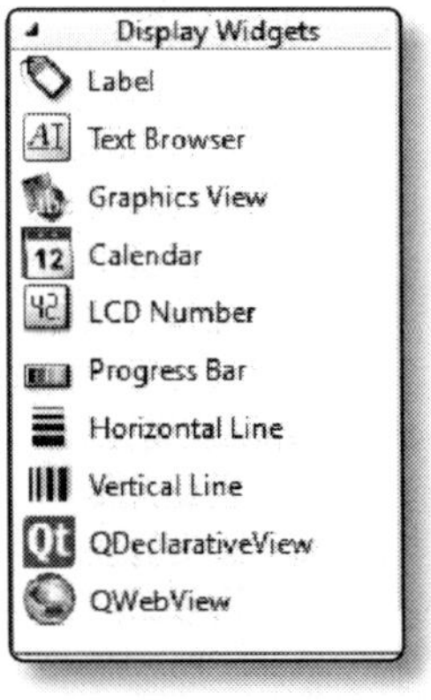

Este grupo engloba *widgets* usados para representar información, desde una simple etiqueta a una página web, pasando por calendarios, barras de progreso o gráficos. Nosotros veremos de momento solamente las etiquetas, el calendario, los números en formato LCD, la barra de progreso y las líneas horizontales y verticales.

8.3.3.1 ETIQUETA (LABEL)

La etiqueta nos permite visualizar un determinado texto o imagen en nuestro formulario, lo cual es fundamental, tanto para representar texto estático como información que pueda variar.

Su clase es la *QLabel→QFrame→ QWidget→QObject* y sus características principales:

Clase	Característica	Comentario
QObject	objectName	Es el nombre que tendrá la etiqueta en el programa
QWidget	enabled	Habilita/deshabilita la etiqueta
	geometry	Podremos indicar coordenadas, ancho y alto de la etiqueta
	minimumSize	Tamaño mínimo de la etiqueta
	maximumSize	Tamaño máximo de la etiqueta
	font	Indicamos características del texto en la etiqueta
QFrame	frameShape	Indica la forma del marco que puede rodear al texto de la etiqueta
	frameShadow	Indica la forma del marco (ninguna, hundida o levantada)
	lineWidth	Ancho de la línea del marco
QLabel	text	Texto que aparecerá en la etiqueta
	textFormat	Formato del texto de la etiqueta: (plano, enriquecido o auto)
	pixmap	Inserta una imagen en la etiqueta
	scaledContents	Escala la imagen de la etiqueta para adecuarse a su tamaño
	alignment	Indicamos la orientación horizontal y vertical del texto
	margin	Indica el margen en puntos de la etiqueta
	indent	Indica la sangría en puntos del texto de la etiqueta
	textInteractionFlags	Indica la interacción que tendrá el texto de la etiqueta

Como complemento comentaré que *textInteractionFlags* permite, entre otras cosas, indicar si el texto de la etiqueta será accesible por teclado o por ratón, y si será o no editable[27] de estas dos maneras. También, si colocamos un *ampersand* (*'&'*) antes del nombre de la etiqueta, lograremos posteriormente un acceso a ella

---

27 No es ni mucho menos el uso habitual de las etiquetas, que suelen usarse para representación estática de texto o para representar textos por pantalla.

mediante teclado, como ocurría anteriormente. Ejemplos de etiquetas con diferentes configuraciones de texto son:

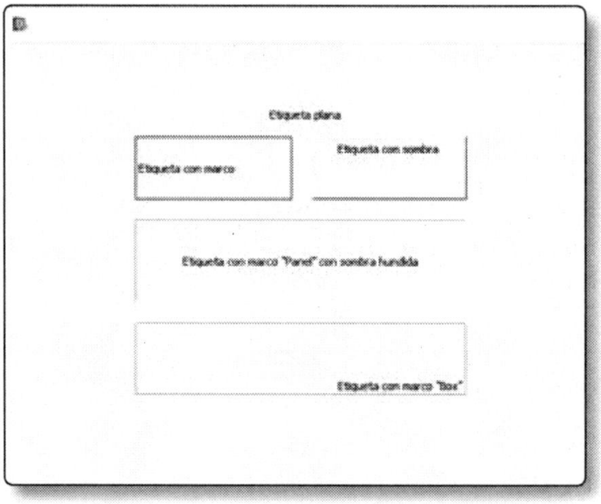

Como comentamos, las etiquetas no solo pueden visualizar texto, sino también iconos e imágenes en varios formatos. Usaremos para mostrarlo la última etiqueta del ejemplo anterior (modificando su texto) junto a otra etiqueta[28] donde hemos insertado el icono de *Qt Designer*[29]. El resultado sería:

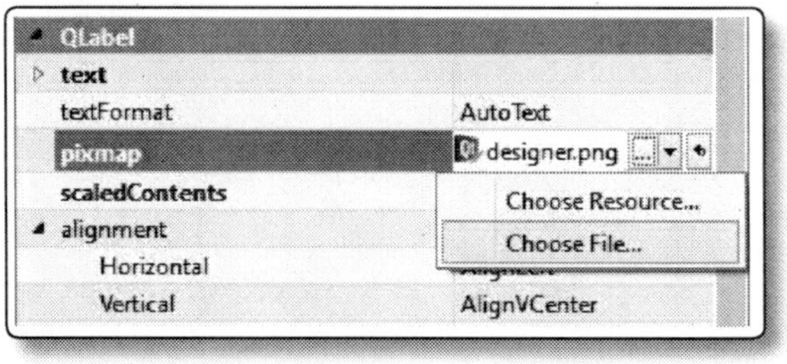

28 Observamos que se pueden solapar.
29 *C:\Python33\Lib\site-packages\PyQt4\examples\widgets\icons\images\designer.png.*

Para conseguirlo hay que indicar en la característica *pixmap* de la etiqueta el fichero que contiene el icono o la imagen haciendo clic en el triángulo de la derecha y seleccionando la opción de elegir fichero (*Choose File*).

Por su extenso uso, es muy importante el manejo correcto de las etiquetas, para lo cual será útil el uso de los siguientes métodos (entre la multitud[30] de los que dispone) pertenecientes a la clase *QLabel*:

Clase	Método	Comentario
QLabel	setText	Indicamos el texto que aparecerá en la etiqueta
	setNum	Representa en la etiqueta el número (entero o real) que pasamos
	setPixmap	Indicamos la imagen que aparecerá en la etiqueta
	clear	Borra cualquier contenido de la etiqueta

8.3.3.2 CALENDARIO (CALENDAR)

Este *widget* nos permitirá visualizar un calendario en nuestra aplicación, algo que puede sernos muy útil dependiendo de la naturaleza de ésta. El aspecto que tiene por defecto (se adecuará al país que tengamos seleccionado, en nuestro caso España) será el siguiente:

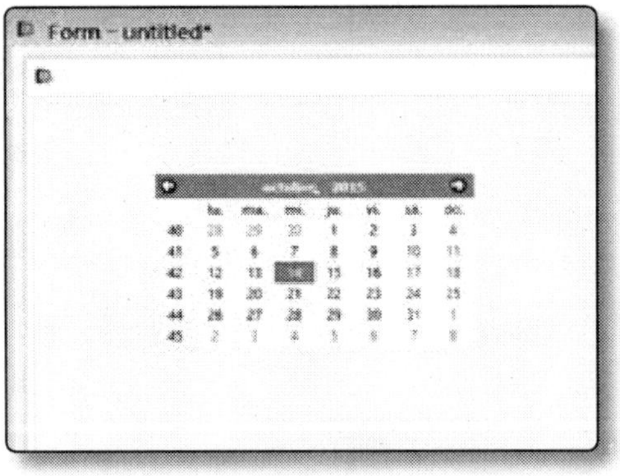

Su clase es *QCalendarWidget→ QWidget→QObject* y las características principales son:

30 Muchas nos permiten modificar las propiedades vistas de las etiquetas, pero al ser de uso menos frecuente he preferido, por claridad, no incluirlas.

Clase	Característica	Comentario
QObject	objectName	Es el nombre que tendrá el calendario en el programa
QWidget	enabled	Habilita/deshabilita el calendario
	geometry	Podremos indicar coordenadas, ancho y alto del calendario
	minimumSize	Tamaño mínimo del calendario
	maximumSize	Tamaño máximo del calendario
	font	Indicamos características del texto en el calendario
QCalendarWidget	selectedDate	Fecha seleccionada en el calendario
	minimumDate	Fecha mínima que representaremos en el calendario
	maximumDate	Fecha máxima que representaremos en el calendario
	firstDayOfWeek	Primer día de la semana que aparecerá en el calendario
	gridVisible	Configuramos visible o no la cuadrícula del calendario
	selectionMode	Configuramos si podemos o no seleccionar un día del calendario
	horizontalHeaderFormat	Configuramos cómo queremos que aparezcan los rótulos de los días en el calendario
	verticalHeaderFormat	Configuramos si queremos o no visualizar verticalmente el número de semanas en el calendario
	navigationBarVisible	Activamos o desactivamos la barra de navegación horizontal que aparece en la parte superior del calendario

Cambiando características no nos será complicado configurar de varias maneras los calendarios:

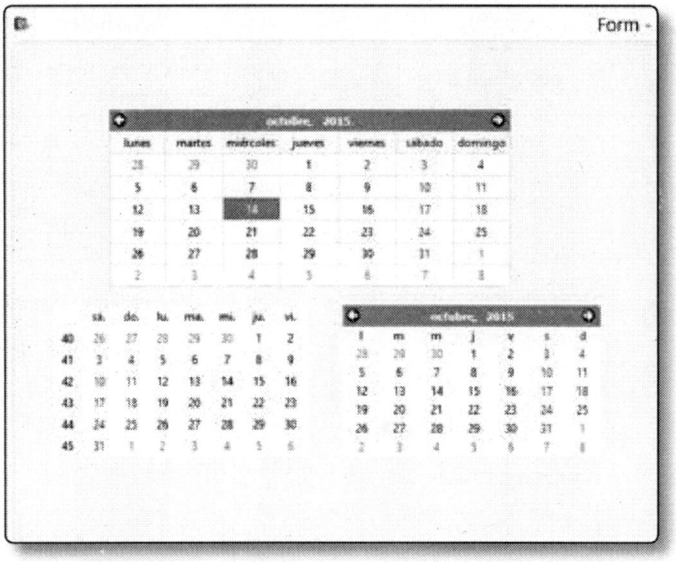

Donde en el superior y el inferior izquierda podemos seleccionar la fecha que queramos, mientras en el inferior derecha la fecha está fijada.

Los métodos que veremos de momento para usar calendarios serán:

Clase	Método	Comentario
QCalendarWidget	selectedDate	Devuelve un objeto de la clase *QDate* con la fecha seleccionada
	monthShown	Devuelve un entero con el mes mostrado en calendario
	yearShown	Devuelve un entero con el año mostrado en calendario
	setCurrentPage	Le indicamos con dos enteros el mes y el año que queremos que aparezca en el calendario
	setSelectedDate	Le indicamos el día que tiene que representar en el calendario mediante un objeto de la clase *QDate*
	showNextMonth	Visualiza el siguiente mes en el calendario
	showNextYear	Visualiza el siguiente año en el calendario
	showPreviousMonth	Visualiza el año anterior en el calendario
	showPreviousMonth	Visualiza el año anterior en el calendario
	showToday	Visualiza en día actual en el calendario

Además de éstos hay varios que nos permiten configurar las características vistas anteriormente o preguntar si algunas están implementadas y con qué parámetros, pero no las considero tan importantes para un uso sencillo, así que por motivos de simplicidad las omitiré.

Es interesante reseñar que en dos de los citados métodos (*selectedDate()* y *setSelectedDate()*) hacemos uso de la clase *QDate*, que nos permitirá manejar fechas de forma muy potente y cómoda. No entraremos a verla en detalle, pero podemos observar en la ayuda la cantidad de métodos de los que disponemos y que nos permitirán, además de consultar el día, el mes y el año por separado, cosas tan variadas como saber el número de días de un mes, añadir una serie de meses a una determinada fecha o conocer si un año es bisiesto.

8.3.3.3 NÚMEROS EN FORMATO LCD (LCD NUMBERS)

Con este *widget* podremos visualizar números (tanto enteros como reales) en formato *LCD* (*Liquid Cristal Display*, pantalla de cristal líquido), algo habitual en dispositivos electrónicos. Dos ejemplos de su apariencia por defecto (solo cambiando su tamaño) son:

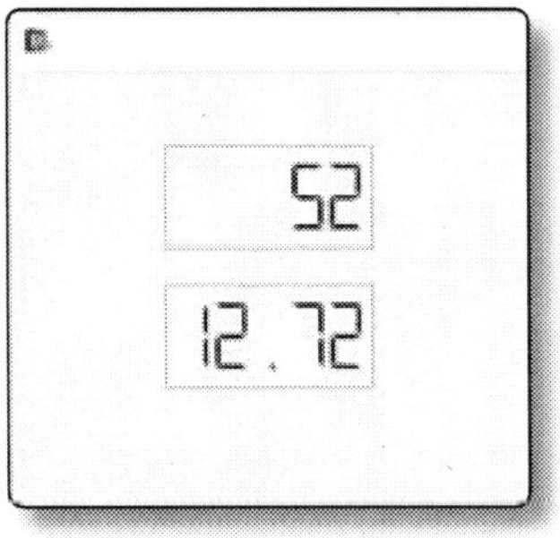

Está basado en la clase *QLCDNumber→QFrame→ QWidget→QObject* y sus características más importantes son:

Clase	Característica	Comentario
QObject	objectName	Es el nombre que tendrá el LCD en el programa
QWidget	enabled	Habilita/deshabilita el LCD
	geometry	Podremos indicar coordenadas, ancho y alto del LCD
	minimumSize	Tamaño mínimo del LCD
	maximumSize	Tamaño máximo del LCD
	font	Indicamos características del texto en el LCD

QFrame	frameShape	Indica la forma del marco que puede rodear al contenido del LCD
	frameShadow	Indica la forma del marco (ninguna, hundida o levantada)
	lineWidth	Ancho de la línea del marco
QLCDNumber	smallDecimalPoint	Cambia el punto que indica los decimales
	digitCount	Número de dígitos (incluido el punto decimal) que se visualizarán
	mode	Formato en el que se visualizarán los números (hexadecimal, decimal, octal o binario)
	segmentStyle	Estilo de los segmentos que forman los números
	Value	Valor real del número representado
	intValue	Valor entero del número representado

Como siempre, lo mejor es probar a cambiar los distintos parámetros para ver sus efectos. De esa manera podremos conseguir formatos como los siguientes:

Los métodos con los que programaremos este *widget*, al margen de otros que nos permitirán dar las características antes indicadas o preguntar si las tienen, serán:

Clase	Método	Comentario
QLCDNumber	display	Visualiza el número real o entero que le pasamos
	value	Devuelve el valor real del número representado
	intValue	Devuelve el valor entero del número representado
	numDigits	Devuelve el número de dígitos (punto incluido) representados
	checkOverflow	Indica con booleano si el número pasado es más grande de lo que podemos representar en el LCD (*overflow*)

8.3.3.4 BARRA DE PROGRESO (PROGRESS BAR)

Es la típica barra que nos encontramos, por ejemplo, al descargar un archivo y que nos indica visualmente qué parte hemos descargado ya y cuánto nos queda. De forma más genérica nos indica el porcentaje de una operación (que dividimos si es posible en pasos) que hemos ya completado. El formato con el que nos aparece por defecto es:

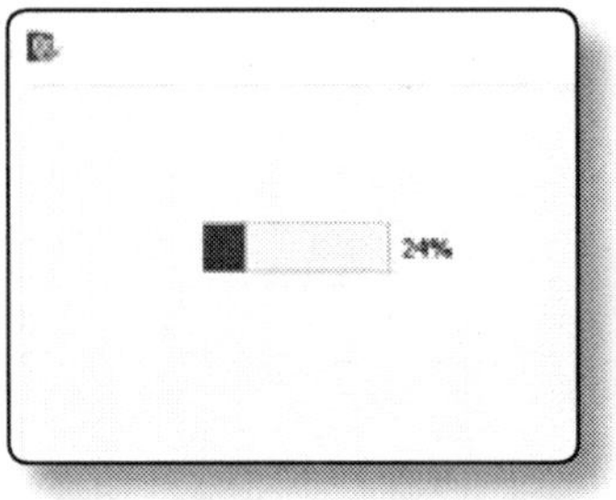

Donde sobre un rectángulo en forma de barra nos indica en verde la cantidad que tenemos ya descargada, almacenada, leída... y además nos indica de forma numérica su porcentaje.

Su clase en *QProgressBar→ QWidget→QObject* y sus características fundamentales son:

Clase	Característica	Comentario
QObject	objectName	Es el nombre que tendrá la barra en el programa
QWidget	enabled	Habilita/deshabilita la barra
	geometry	Podremos indicar coordenadas, ancho y alto de la barra
	minimumSize	Tamaño mínimo de la barra
	maximumSize	Tamaño máximo de la barra
	font	Indicamos características del texto en la barra
QProgressBar	minimum	Valor mínimo que tendrá la variable de la barra
	maximum	Valor mínimo que tendrá la variable de la barra
	value	Valor actual de la variable de la barra
	alignment	Alineación vertical y horizontal del texto de la barra
	textVisible	Indica si el texto es o no visible junto a la barra
	orientation	Orientación de la barra (horizontal o vertical)

	invertedApperance	Invierte la parte ya realizada y la que no de la operación asociada a la barra
	textDirection	Dirección del texto (de arriba a abajo o de abajo a arriba)
	format	Formato en el que aparecerá el texto asociado a la barra

Con todo ello podríamos conseguir formatos para la barra de progreso como los siguientes:

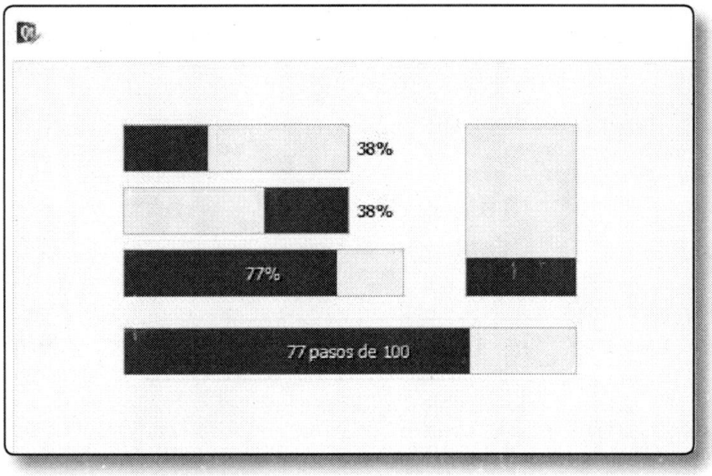

En los casos en los que no podamos dividir la tarea en partes, y por lo tanto no sepamos cuándo puede terminar, colocaremos los valores mínimo y máximo a 0, con lo que nos aparecerá una barra de progreso que se mueve de un extremo a otro, indicando que el proceso sigue activo:

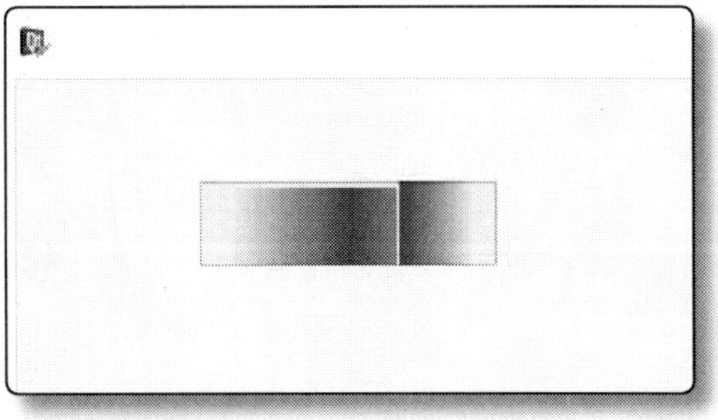

Como métodos interesantes (nuevamente tendremos muchos, que no comentaré, usados para escribir/leer las características) veremos:

Clase	Método	Comentario
QProgressBar	setValue	Damos a la barra el valor entero pasado como parámetro
	value	Nos devuelve el valor entero que tiene la barra
	reset	Resetea la barra, vuelve al principio y no muestra avance

8.3.3.5 LÍNEAS HORIZONTALES Y VERTICALES (HORIZONTAL LINE Y VERTICAL LINE)

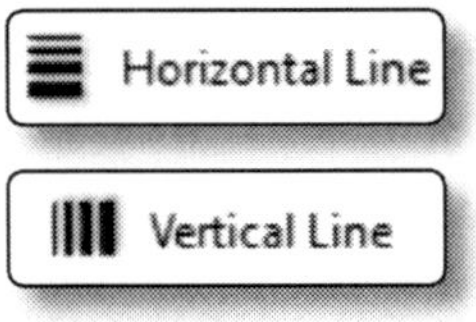

Son elementos decorativos que nos permitirán que nuestra aplicación tenga un aspecto más agradable.

Ambas surgen de la clase *Line→QFrame→ QWidget→QObject* y sus características son:

Clase	Característica	Comentario
QFrame	frameShadow	Indica la forma de la línea (plana, levantada o hundida)
	lineWidth	Ancho en puntos de la línea
Line	orientation	Indicamos orientación horizontal o vertical de la línea

Diferentes ejemplos del uso de *Line* con distintos parámetros:

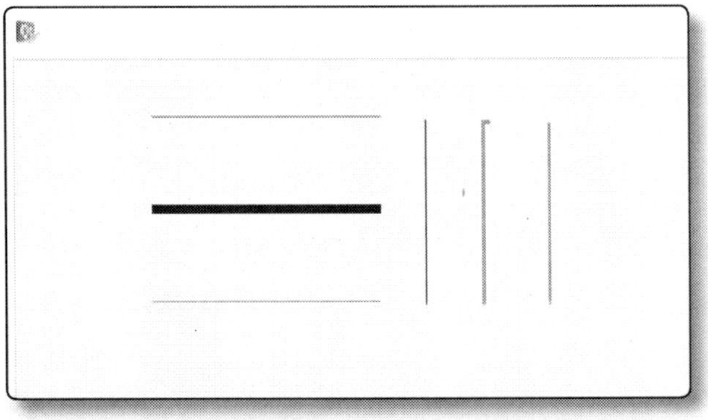

8.3.4 Elementos de entrada (Input Widgets)

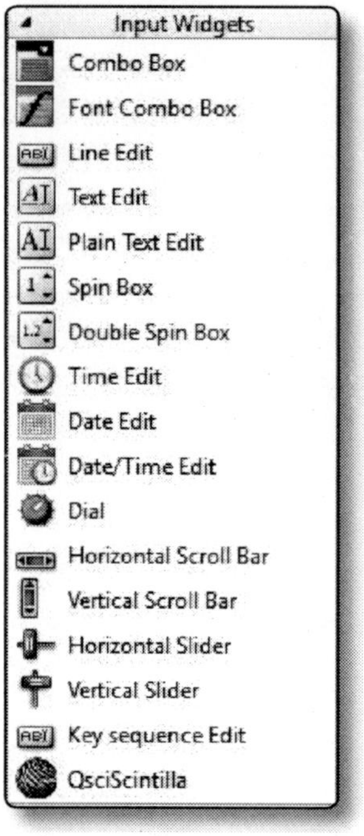

Veremos a continuación una serie de elementos fundamentales en cualquier aplicación que construyamos, debido a que son los que nos permiten introducir información. En esta primera aproximación comentaremos los *Combo Box, Font Combo Bos, Line Edit, Spin Box, Double Spin Box, Time Edit, Date Edit, Date/Time Edit, Dial, Horizontal Slider y Vertical Slider.*

8.3.4.1 CAJA COMBINADA (COMBO BOX)

Una caja combinada nos permite generar una lista desplegable con varias opciones a elegir, pudiendo ser éstas tanto texto como imágenes. Combina un botón con una lista desplegable en la que cada uno de los elementos que aparecen tiene un índice y pueden o no ser editables por el usuario. Un ejemplo de cómo es este elemento la tenemos en la siguiente imagen:

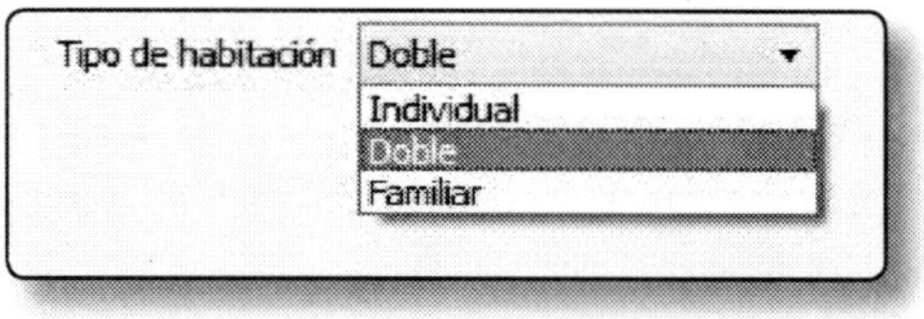

Sin crear código no podremos ver un ejemplo directamente desde *Qt Designer*, algo que dejaremos para cuando hagamos pequeñas aplicaciones y usemos de forma conjunta todo lo aprendido hasta el momento.

La clase es *QComboBox→ QWidget→QObject* y sus características principales son:

Clase	Característica	Comentario
QObject	objectName	Es el nombre que tendrá la caja en el programa
QWidget	enabled	Habilita/deshabilita la caja
	geometry	Podremos indicar coordenadas, ancho y alto de la caja
	minimumSize	Tamaño mínimo de la caja
	maximumSize	Tamaño máximo de la caja
	font	Indicamos características del texto en la caja
QComboBox	editable	Indica si el contenido de la caja es o no editable
	currentText	Indica el texto actual que aparece en la caja
	currentIndex	Indica el índice actual que tenemos seleccionado en la caja
	maxVisibleItems	Indica el máximo de elementos visibles en la caja.
	maxCount	Número máximo que podemos representar en la caja
	insertPolicy	Indica la política a la hora de insertar elementos en la caja
	sizeAdjustPolicy	Indica la política a la hora de ajustar los elementos en la caja
	minimumContentsLength	Indica el mínimo tamaño de elemento de la caja
	iconSize	Indica el tamaño de los iconos representados en la caja
	duplicatesEnabled	Indica si permitimos o no elementos repetidos en la caja
	frame	Indica si la caja tiene o no marco

En este caso serán importantísimos los métodos usados para trabajar con las cajas combinadas:

Clase	Método	Comentario
QComboBox	setItemText	Cambia el elemento en la caja dando índice y texto.
	setCurrentIndex	Cambia el elemento seleccionado en la caja mediante el índice
	addItem	Añade (proporcionándolo) un elemento a la caja
	addItems	Añade a la caja varios elementos proporcionados en forma de lista de cadenas
	removeItem	Elimina un elemento de la caja dando su índice
	clear	Elimina todos los elementos de la caja
	itemText	Devuelve el texto del índice que le pasemos
	currentText	Nos devuelve el texto actualmente seleccionado
	currentIndex	Nos devuelve el índice del elemento actualmente seleccionado
	count	Nos devuelve el número de elementos en la caja
	setMaxCount	Configura el número máximo que podemos representar en la caja
	setEditable	Configura el contenido de la caja como editable o no

8.3.4.2 CAJA COMBINADA DE FUENTE (FONT COMBO BOX)

Esta caja nos permite elegir la fuente de entre todas las que tengamos disponibles.

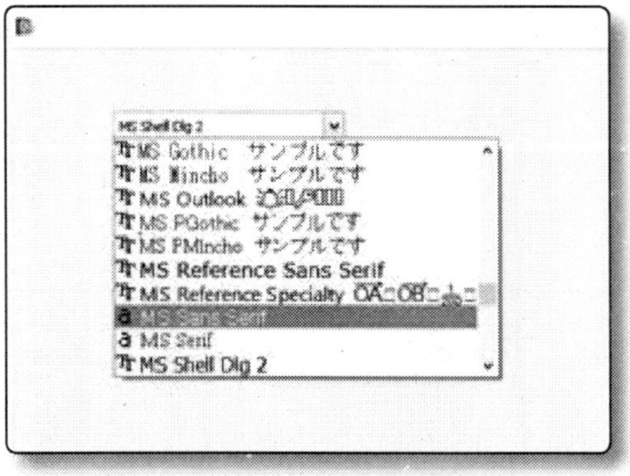

La clase es *QFontComboBox→ QComboBox→ QWidget→QObject* y, como características adicionales respecto a una caja combinada normal, solo nos aporta algunos filtros para fuentes, el sistema de escritura y la fuente seleccionada.

8.3.4.3 CASILLA DE ENTRADA (LINE EDIT)

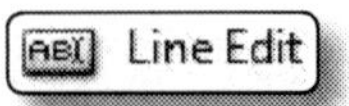

Mediante este *widget* podremos introducir y editar datos en forma de texto plano[31] en una sola línea dentro de una caja rectangular. Es un editor de texto de una sola línea que nos permite múltiples opciones, entre las cuales están funciones de edición, deshacer/rehacer, posibilidad de copiar-y-pegar o arrastrar-y-soltar. Suele ir acompañado de una etiqueta que nos marca qué variable o dato estamos introduciendo. Un ejemplo habitual es el siguiente:

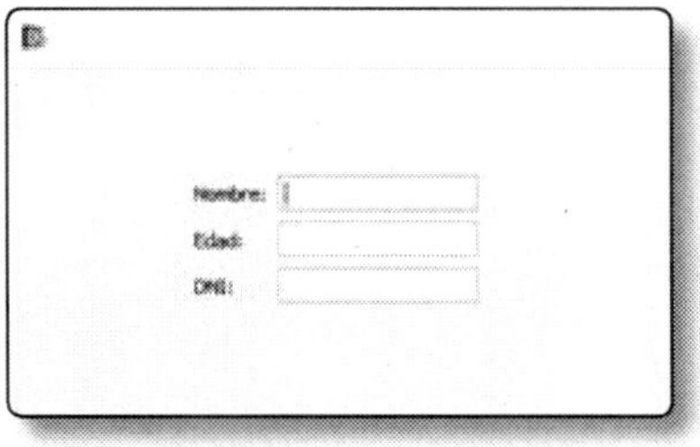

Dentro de la caja podemos introducir tanto texto como números, pero siempre lo tratará como un texto. En el caso de querer operar numéricamente tendríamos que hacer una conversión previa.

La clase en la que se basa es *QLineEdit→ QWidget→QObject* y sus características principales son:

Clase	Característica	Comentario
QObject	objectName	Es el nombre que tendrá la casilla en el programa
QWidget	enabled	Habilita/deshabilita la casilla
	geometry	Podremos indicar coordenadas, ancho y alto de la casilla
	minimumSize	Tamaño mínimo de el editor
	maximumSize	Tamaño máximo de la casilla
	font	Indicamos características del texto en la casilla

31 El texto plano es un texto sin más formato, en contraposición al texto enriquecido (*Rich Text*).

QLineEdit	inputMask	Permite configurar la máscara de entrada de la casilla
	text	Texto que contendrá la casilla
	maxLength	Tamaño máximo en caracteres que puede haber en la casilla
	frame	Indica si tenemos o no marco en la casilla
	echomode	Permite colocar el modo contraseña en la casilla
	alignment	Alineación horizontal y vertical del texto dentro de la casilla
	dragEnabled	Permite o no la opción de arrastrar el texto de la casilla
	readOnly	Indica si la casilla se puede o no editar
	cursorMoveStyle	Indica el estilo de cursor al colocarse sobre la casilla
	clearButtonEnabled	Permite o no la aparición de un botón de borrado del contenido de la casilla

Podríamos encontrarnos con casillas de varios tipos:

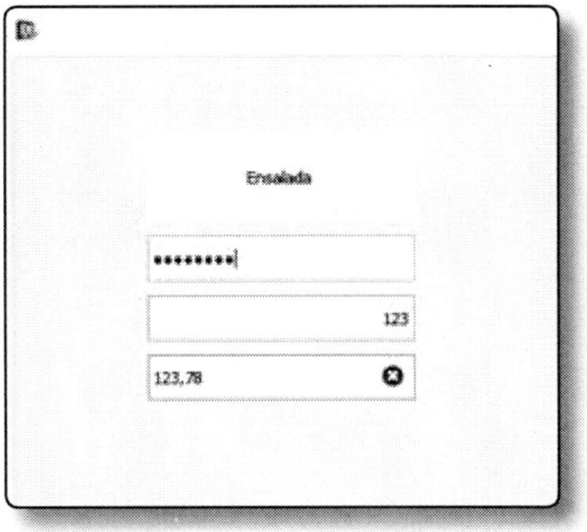

La segunda casilla muestra el modo contraseña, que representa círculos en lugar de los caracteres tecleados. La penúltima permite solo seleccionar (y copiar y pegar) su contenido, mientras que la última puede arrastrar y soltar éste, además de ser borrado por completo mediante un clic en el botón de borrado que aparece a la derecha.

Los métodos interesantes para nosotros en este momento, de entre los numerosos que hay para las casillas de entrada (muchos de ellos para dar valor a las características vistas, o para preguntar por ellas), son:

Clase	Método	Comentario
QWidget	setEnabled	Mediante un booleano indicamos si está o no habilitada la casilla
	setFocus	Hacemos (sin pasar parámetro) que esté enfocada la casilla
QLineEdit	setText	Colocamos el texto pasado dentro de la casilla
	setReadOnly	Mediante un booleano indicamos si la casilla es o no de solo lectura (no editable)
	setMaxLength	Indicamos con un entero el número máximo de caracteres que puede haber en la casilla
	clear	Borra el contenido de la casilla
	text	Nos devuelve el texto que tenemos en la casilla
	maxLength	Nos devuelve un entero indicando el número máximo de caracteres que puede haber en la casilla
	isReadOnly	Nos indica mediante booleano si la casilla es de solo lectura

8.3.4.4 CAJA GIRATORIA (SPIN BOX Y DOUBLE SPIN BOX)

Lo que denominaremos de forma genérica un *Spin Box*[32] se compone en realidad de dos *widgets* que nos permiten introducir un texto (opcional) en una caja junto a un número entero (*Spin Box* a secas) o real (*Double Spin Box*) inicial, consiguiendo mediante dos pequeños botones laterales[33] incrementar o decrementar éste en una determinada cantidad, siempre dentro de unos límites superior e inferior marcados. El número no es obligatorio modificarlo mediante los botones, ya que puede ser editado con el valor (permitido) que consideremos.

El *Spin Box* suele ir acompañado de una etiqueta que hace referencia a su significado. Un ejemplo típico sería (combinando etiqueta y *Spin Box*):

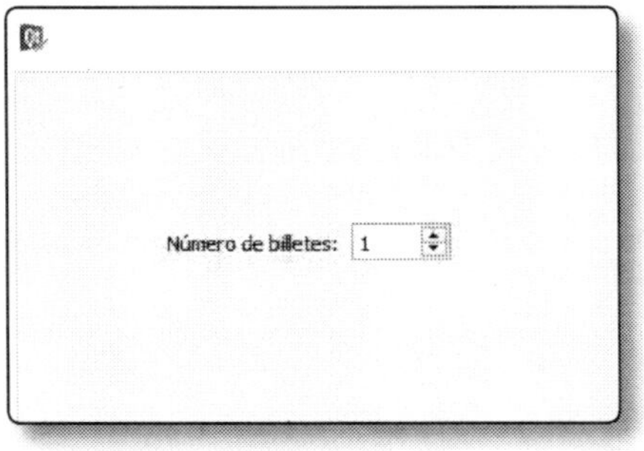

32 Tiene tan difícil y extraña traducción al castellano que la mantendremos desde el inglés.
33 Por defecto con forma de puntas de flecha, pudiendo tener en su lugar los símbolos '+' y '-', o no aparecer ningún botón.

Aunque también podríamos tener (solo con *Spin Box*):

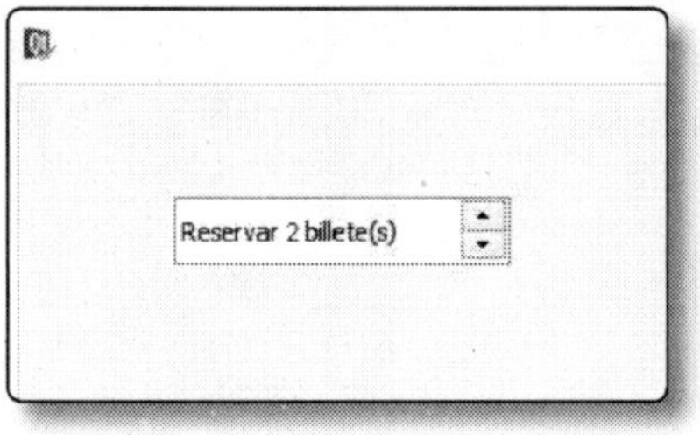

Si hacemos uso de una etiqueta y *Double Spin Box* podríamos tener:

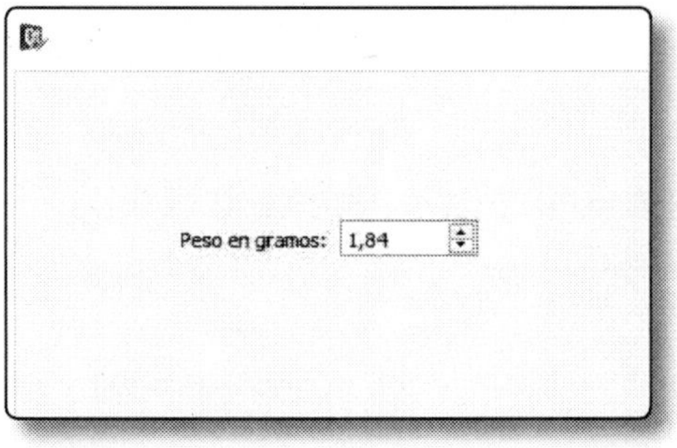

O colocar toda la información dentro del *Double Spin Box*:

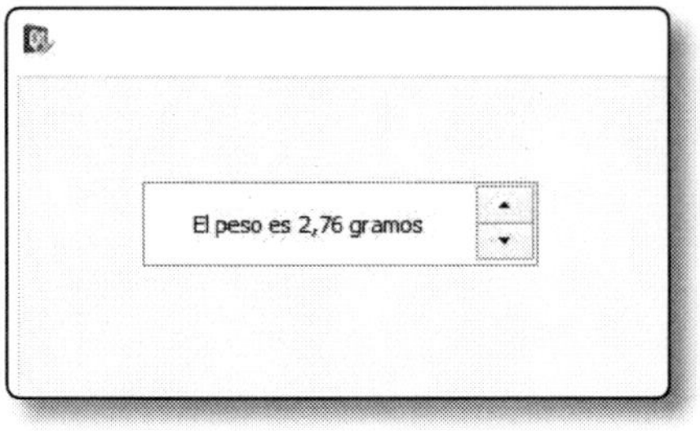

Al ser en realidad dos *widgets* independientes, están basados en dos clases distintas:

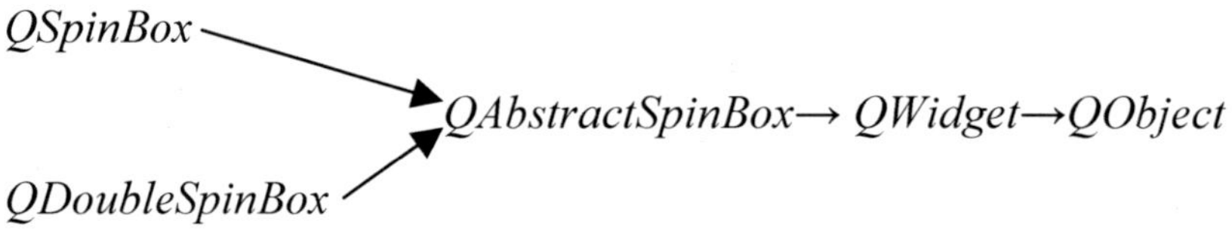

Con unas características comunes:

Clase	Característica	Comentario
QObject	objectName	Es el nombre que tendrá el *Spin Box* en el programa
QWidget	enabled	Habilita/deshabilita el *Spin Box*
	geometry	Podremos indicar coordenadas, ancho y alto del *Spin Box*
	minimumSize	Tamaño mínimo del *Spin Box*
	maximumSize	Tamaño máximo del *Spin Box*
	font	Indicamos características del texto en el *Spin Box*
QAbstractSpinBox	wrapping	Indicamos si queremos que el *Spin Box* sea circular[34]
	frame	Indicamos si queremos o no marco en el *Spin Box*
	alignment	Indicamos la alineación horizontal y vertical del contenido del *Spin Box*
	readOnly	Indicamos si queremos o no que el *Spin Box* sea de solo lectura (no editable)
	buttonSymbols	Indicamos el estilo[35] de los botones que nos permiten variar los números en el *Spin Box*
	specialValueText	Es el texto que aparecerá inicialmente en el *Spin Box*

Y otras derivadas de la clase particular. En el caso de *QSpinBox*:

QSpinBox	suffix	Texto (opcional) que aparecerá después del número entero
	prefix	Texto (opcional) que aparecerá antes del número entero
	minumum	Valor mínimo del número entero
	maximum	Valor máximo del número entero
	singleStep	Número entero positivo que nos marca el incremento (o decremento) que se aplicará
	value	Valor actual (número entero).
	displayIntegerBase	Base en la que se representará el número entero[36]

34 Significa que al llegar a su máximo valor, si incrementamos volvemos al valor mínimo, y si estamos decrementando y llegamos al valor mínimo, el siguiente será el máximo. Si el comportamiento no es circular, en ambos casos no modificaría el valor límite en el que estemos.

35 El estilo de botones + y - solo está disponible en el estilo *Windows* y en el *Fusion*.

36 Las más habituales son base 10 (la que usamos en la vida cotidiana), base 16 (hexadecimal) y base 8 (octal).

Y en el de *QDoubleSpinBox*:

QDoubleSpinBox	prefix	Texto (opcional) que aparecerá antes del número real
	suffix	Texto (opcional) que aparecerá después del número real
	decimals	Número de decimales del número real que aparecerán
	minumum	Valor mínimo del número real
	maximum	Valor máximo del número real
	singleStep	Número real positivo que nos marca el incremento (o decremento) que se aplicará
	value	Valor actual (número real)

En realidad las diferencias entre ellas vienen derivadas del uso de enteros o reales como el tipo de los números representados.

Los métodos que veremos en este caso serán (en el caso del *widget Spin Box*):

Clase	Método	Comentario
QWidget	setEnabled	Mediante un booleano indicamos si está o no habilitado el *Spin Box*
	setFocus	Hacemos (sin pasar parámetro) que esté enfocado el *Spin Box*
QAbstractSpinBox	text	Nos devuelve el texto entero que aparece en el *Spin Box*
QSpinBox	setValue	Pasamos el valor del número entero del *Spin Box*
	setSingleStep	Pasamos el valor del incremento entero del *Spin Box*
	setMinimum	Pasamos el valor del número mínimo del *Spin Box*
	setMaximum	Pasamos el valor del número máximo del *Spin Box*
	setRange	Pasamos el rango posible de valores con dos valores enteros
	setWrapping	Configuramos si el *Spin Box* es o no circular
	setPrefix	Pasamos el texto que precede al número en el *Spin Box*
	setSuffix	Pasamos el texto que sucede al número en el *Spin Box*
	value	Nos devuelve el valor entero del número del Spin Box
	cleanText	Nos devuelve el texto que aparece en el Spin Box sin texto prefijo, sufijo o espacios en blanco

Para *Double Spin Box* tendremos los mismos nombres de los métodos vistos para *Spin Box*, con la salvedad de que los números que mandaremos o recibiremos serán reales en lugar de enteros. Además de eso, existen los siguientes propios:

Clase	Método	Comentario
QDoubleSpinBox	setDecimals	Pasamos el número de decimales del número real del *Spin Box*
	decimals	Nos devuelve el número de decimales del número real del *Spin Box*

8.3.4.5 EDITORES DE FECHA Y HORA

Editor de hora *(Time Edit)*

Editor de fecha *(Date Edit)*

Editor de fecha y hora *(Date/Time Edit)*

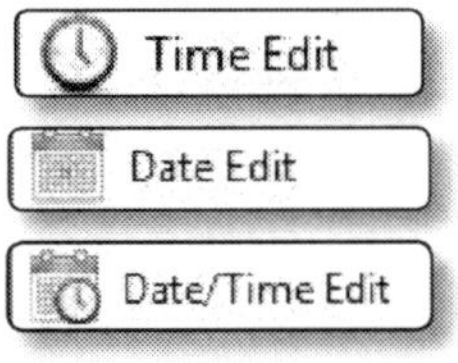

En esta categoría he incluido tres *widgets* en los que podemos introducir, dentro de una caja y con distintos formatos, la hora y/o la fecha que deseemos. Existe la opción de editar cada una de las partes en que se dividen (hora, minutos, segundos, día, mes, año) con el valor correcto que queramos. Un ejemplo de su apariencia (usando el formato por defecto que tiene cada uno de ellos) sería:

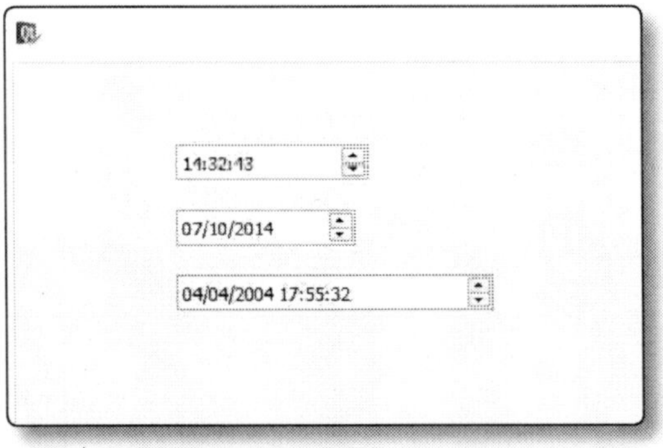

Las tres clases de las que surgen estos objetos con *QTimeEdit*, *QDateEdit* y *QDateTimeEdit*, teniendo:

QTimeEdit ↘
QDateTimeEdit→ *QAbstractSpinBox*→ *QWidget*→*QObject*
QDateEdit ↗

Sus características principales (y que engloban a los tres *widgets*) son:

Clase	Característica	Comentario
QObject	objectName	Es el nombre que tendrá el *Editor* en el programa
QWidget	enabled	Habilita/deshabilita el *editor*
	geometry	Podremos indicar coordenadas, ancho y alto del *Editor*
	minimumSize	Tamaño mínimo del *Editor*
	maximumSize	Tamaño máximo del *Editor*
	font	Indicamos características del texto en el *Editor*
QAbstractSpinBox	wrapping	Indicamos si queremos que el *Editor* sea circular[37]
	frame	Indicamos si queremos o no marco en el *Editor*
	alignment	Indicamos la alineación horizontal y vertical del contenido del *Editor*
	readOnly	Indicamos si queremos o no que el *Editor* sea de solo lectura (no editable)
	buttonSymbols	Indicamos el estilo[38] de los botones que nos permiten variar los números en el *Editor*
	specialValueText	Es el texto que aparecerá inicialmente en el *Editor*
QDateTimeEdit	dateTime	Indica la fecha y la hora
	date	Indica la fecha
	time	Indica la hora
	maximumDateTime	Indica la fecha y hora máxima
	minimumDateTime	Indica la fecha y hora mínima
	maximumDate	Indica la fecha máxima
	minimumDate	Indica la fecha máxima
	maximumTime	Indica la hora máxima
	minimumTime	Indica la hora máxima
	displayFormat	Configuramos (con símbolos especiales) el formato en el que se representará la fecha y la hora
	calendarPopup	Habilitamos la aparición de un calendario de cara a seleccionar la fecha

37 Significa que al llegar a su máximo valor, si incrementamos volvemos al valor mínimo, y si estamos decrementando y llegamos al valor mínimo, el siguiente será el máximo. Si el comportamiento no es circular, en ambos casos no modificaría el valor límite en el que estemos.

38 El estilo de botones + y - solo está disponible en el estilo *Windows* y en el *Fusion*.

Es interesante una opción que nos permite la aparición de un calendario con el que introducir de forma más cómoda y segura la fecha (*calendarPopup*):

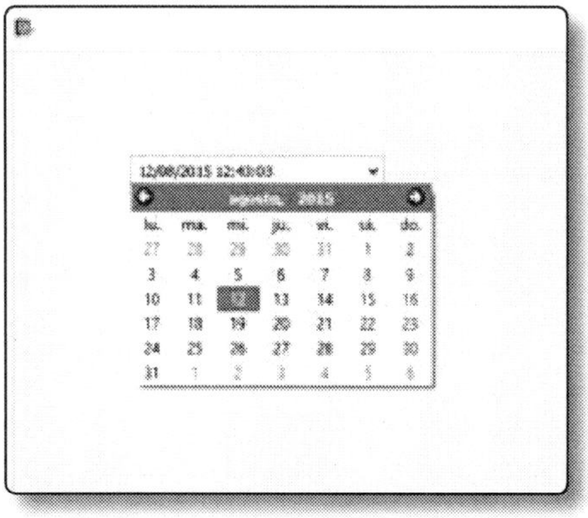

Podríamos ver muchos de los métodos que tienen estos *widgets*, pero nos centraremos en:

Clase	Método	Comentario
QWidget	setEnabled	Mediante un booleano indicamos si está o no habilitado el *Editor*
	setFocus	Hacemos (sin pasar parámetro) que esté enfocado el *Editor*
QAbstractSpinBox	text	Nos devuelve el texto entero que aparece en el *Editor*
QDateTimeEdit	setDate	Damos valor a la fecha pasando un objeto de tipo *QDate*
	setTime	Damos valor a la hora pasando un objeto de tipo *QTime*
	setDateRange	Indicamos con dos objetos *QDate* el rango de fechas posibles
	setTimeRange	Indicamos con dos objetos *QTime* el rango de horas posibles
	date	Nos devuelve en un objeto *QDate* la fecha que tenemos en el *Editor*
	time	Nos devuelve en un objeto *QTime* la hora que tenemos en el *Editor*

8.3.4.6 SELECTORES EN RANGO

Dial (*Dial*)

Deslizadores (*Sliders*)

Horizontal

Vertical

En este apartado trataremos dos *widgets* que nos permitirán seleccionar un valor **entero** dentro de un rango de valores establecido por nosotros. Son los *diales*, que se basan en un elemento circular y las *barras deslizadoras*, que tienen aspecto lineal. Los primeros son más usados si tenemos algún elemento que se puede describir mejor en forma angular. Ejemplos típicos del uso de selectores de rango son:

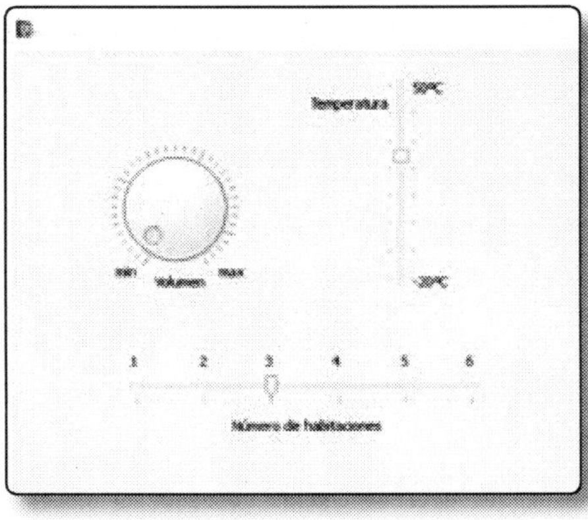

Las clases en las que se basan son:

QDial → *QAbstractSlider*→*QWidget*→*QObject*

QSlider → *QAbstractSlider*

Las características más importantes de ambos son:

Clase	Característica	Comentario
QObject	objectName	Es el nombre que tendrá el selector en el programa
QWidget	enabled	Habilita/deshabilita el selector
	geometry	Podremos indicar coordenadas, ancho y alto del selector
	minimumSize	Tamaño mínimo del selector
	maximumSize	Tamaño máximo del selector
QAbstractSlider	minimum	Número entero que marca el valor mínimo del selector. Iremos a él con la tecla *Inicio*
	maximum	Número entero que marca el valor máximo del selector. Iremos a él con la tecla *Fin*
	singleStep	Incremento que tendrá el valor del selector (por teclado usando las flechas *left/right* o *up/down*)
	pageSetup	Incremento que tendrá el valor del selector (por teclado usando *Av Pág/Re Pág* o mediante clic con ratón)
	value	Nos marca el valor actual del selector
	sliderPosition	Nos marca el valor actual de la posición del selector
	tracking	Habilita/Deshabilita que esté mandando constantemente señales al cambiar el selector de valor
	orientation	Orientación del selector
	invertedAppearance	Invierte la apariencia del selector
	invertedControls	Invierte los controles del selector

Se añadirá, en el caso del dial:

QDial	wrapping	Nos indica si el dial es o no circular[39]
	notchTarget	Número de valores que existe entre muesca y muesca del dial
	notchesVisible	Permite visualizar/ocultar las muescas en el dial

39 Nos permitiría pasar del último valor del rango al primero (o al revés) de manera continua.

Y en el caso de las barras deslizadoras:

QSlider	tickPosition	Nos permite indicar el estilo de las marcas de la barra, y si éstas existen o no en ella
	tickIntervalt	Nos permite indicar la distancia en número de valores entre marca y marca de la barra

Si la característica *wrapping* del dial está desactivada, no hay diferencia real en el comportamiento de ambos *widgets*, sino solamente en su presentación.

Los métodos interesantes comunes a ambos son:

Clase	Método	Comentario
QWidget	setEnabled	Mediante un booleano indicamos si está o no habilitado el *Editor*
	setFocus	Hacemos (sin pasar parámetro) que esté enfocado el *Editor*
QAbstractSlider	setValue	Configuramos el valor del *widget*
	setRange	Configuramos el rango del *widget*
	setSingleStep	Configuramos el paso simple.
	setPageStep	Configuramos el paso de página
	value	Nos devuelve el valor del *widget*
	maximum	Configuramos el valor máximo
	minimum	Configuramos el valor mínimo

El dial añadirá:

QDial	setWrapping	Le indicamos con un booleano si el dial es o no circular
	wrapping	Nos devuelve booleano indicando si el dial es o no circular

Y las barras deslizadoras:

QSlider	setTickInterval	Le indicamos con un entero el valor del intervalo entre marcas
	tickInterval	Nos devuelve un entero indicando intervalo entre marcas
	setTickPosition	Le indicamos mediante un objeto *TickPosition* el estilo de las marcas de la barra
	tickPosition	Nos devuelve un objeto *TickPosition* indicando el estilo de las marcas de la barra

8.4 PROGRAMANDO APLICACIONES. CONECTANDO EVENTOS CON ACCIONES (SIGNAL/SLOT)

En el apartado 8.2.3 realizamos con éxito (usando *Qt Designer)* la pequeña aplicación gráfica que originalmente creamos mediante solo código en el apartado 8.2.2. Para que al pulsar el botón se saliese de la aplicación usamos la configuración de *Signals/Slots* predefinidas de que dispone *Qt Designer*. ¿Cómo podríamos ahora personalizar estos elementos para crear comportamientos a medida de nuestras necesidades? Para ejemplificarlo vamos a generar una nueva aplicación desde *Qt Designer* sobre la base de un formulario de la clase *QWidget* (como vimos en el primer ejemplo) y con el esquema (los tamaños y demás detalles pueden ser a gusto del lector) que indicaremos. Se han indicado los nombres (la característica *objectName*) de los distintos *widgets*, que son los que luego se usarán para referenciarlos en el código, de ahí su importancia. No debemos confundirlo con su característica *text*, que es el texto que contiene el *widget*. El esquema en cuestión, que guardaremos en nuestra carpeta con el nombre *Segundo_ejemplo_GUI.ui* es :

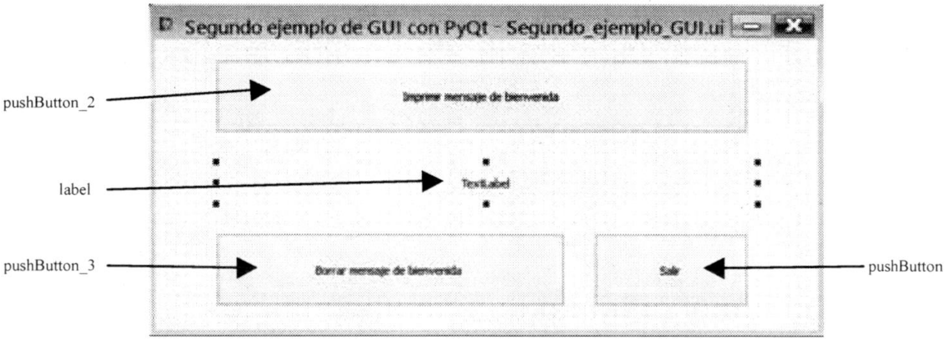

Dada la simplicidad del programa, no hemos renombrado los nombres que aparecen por defecto para los diferentes *widgets* (cosa muy aconsejable en casos más complejos), y se muestran en la figura superior.

Nuestro objetivo es generar una aplicación que, al pulsar el botón superior, muestre en el espacio de la etiqueta un mensaje de bienvenida, al hacerlo sobre el botón inferior izquierdo borre el (posible) mensaje mostrado y que al hacer clic en el botón *Salir* o en el botón *Cerrar* de la ventana, termine la aplicación. Queremos que el texto salga centrado y que inicialmente no aparezca nada, por lo que borraremos *"TextLabel"* como contenido de la característica *text* de la etiqueta y configuraremos su alineación:

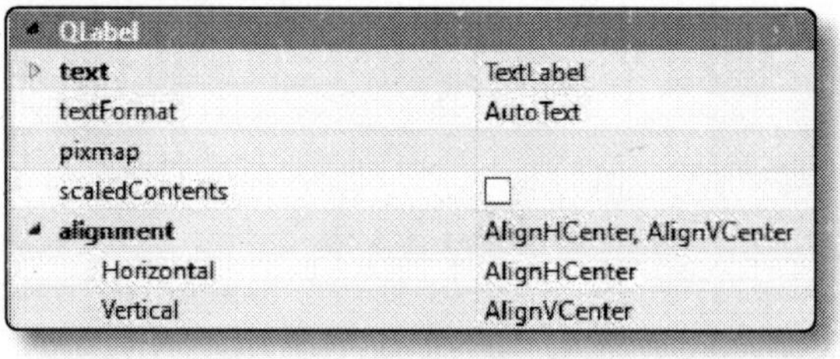

Una vez preparado el esquema, debemos enlazar los elementos para que tengan el comportamiento deseado. Ya vimos cómo enlazar el evento clic en el botón *Salir* con la acción *salir del programa* (por lo que procederemos de igual manera), pero no en los dos otros casos (mostrar y borrar el mensaje de bienvenida). Para el segundo, desde el editor de *signals/slots*, uniríamos[40] el botón de borrado con la etiqueta, obteniendo:

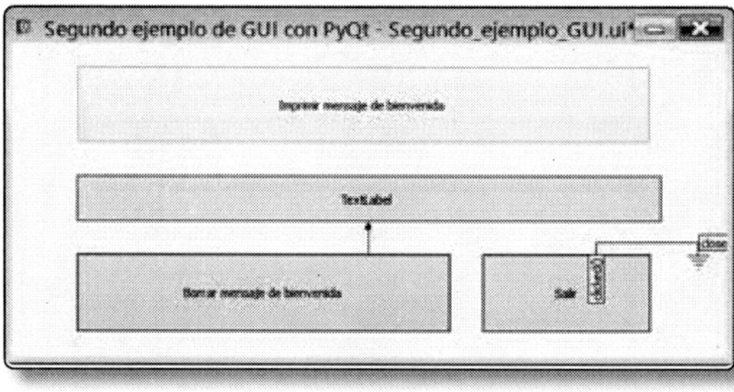

Y un menú emergente:

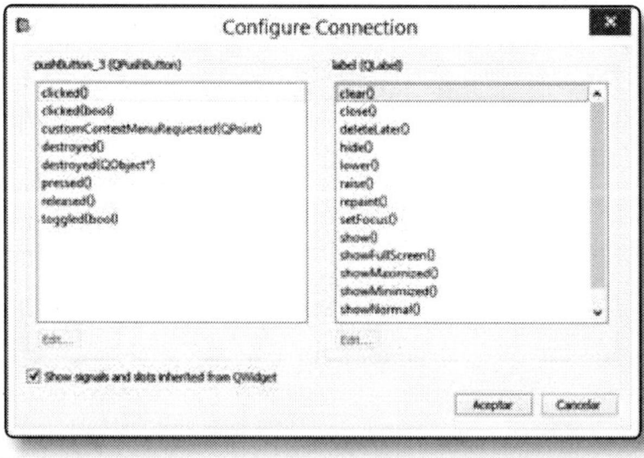

40 Haciendo clic en el botón y arrastrándolo hasta el interior de la etiqueta.

En él aparecen los dos elementos junto a los posibles eventos del primero y las posibles acciones (métodos) del segundo. Elegimos *clicked()* y *clear()*, con lo que configuramos que al hacer clic en el botón, el contenido de la etiqueta se borre.

Hasta aquí todo sencillo pero, ¿cómo configuramos que al hacer clic en el botón de mostrar mensaje, éste aparezca? Al conectar el botón de mostrar mensaje y la etiqueta, los métodos que nos aparecerán serán los mismos que muestra la imagen superior, es decir, los predefinidos, entre los cuales no aparece el método *setText()* que necesitaríamos para nuestro propósito. Pero sabemos el formato del código, por lo que lo haremos cuando tecleemos nuestro programa principal. Siguiendo con la dinámica de crear nuestro fichero gráfico (con extensión *.pyw*) generaremos mediante *pyuic4* el fichero *Segundo_ejemplo_GUI.py* ejecutando desde la ventana de comandos abierta en nuestra carpeta lo siguiente:

pyuic4 Segundo_ejemplo_GUI_.ui > Segundo_ejemplo_GUI.py

Abriéndolo posteriormente con *PyScriper* nos fijaremos en la clase *Ui_Form* creada:

```
class Ui_Form(object):
    def setupUi(self, Form):
        Form.setObjectName(_fromUtf8("Form"))
        Form.resize(651, 284)
        self.pushButton = QtGui.QPushButton(Form)
        self.pushButton.setGeometry(QtCore.QRect(430, 190, 151, 71))
        self.pushButton.setObjectName(_fromUtf8("pushButton"))
        self.pushButton_2 = QtGui.QPushButton(Form)
        self.pushButton_2.setGeometry(QtCore.QRect(60, 20, 521, 71))
        self.pushButton_2.setObjectName(_fromUtf8("pushButton_2"))
        self.label = QtGui.QLabel(Form)
        self.label.setGeometry(QtCore.QRect(60, 120, 531, 41))
        self.label.setAlignment(QtCore.Qt.AlignCenter)
        self.label.setObjectName(_fromUtf8("label"))
        self.pushButton_3 = QtGui.QPushButton(Form)
        self.pushButton_3.setGeometry(QtCore.QRect(60, 190, 341, 71))
        self.pushButton_3.setObjectName(_fromUtf8("pushButton_3"))

        self.retranslateUi(Form)
        QtCore.QObject.connect(self.pushButton, QtCore.SIGNAL(_fromUtf8("clicked()")), Form.close)
        QtCore.QObject.connect(self.pushButton_3, QtCore.SIGNAL(_fromUtf8("clicked()")), self.label.clear)
        QtCore.QMetaObject.connectSlotsByName(Form)

    def retranslateUi(self, Form):
        Form.setWindowTitle(_translate("Form", "Segundo ejemplo de GUI con PyQt", None))
        self.pushButton.setText(_translate("Form", "Salir", None))
        self.pushButton_2.setText(_translate("Form", "Imprimir mensaje de bienvenida", None))
        self.label.setText(_translate("Form", "TextLabel", None))
        self.pushButton_3.setText(_translate("Form", "Borrar mensaje de bienvenida", None))
```

He resaltado en negrita las dos conexiones *Signal/Slot* que hemos configurado desde *Qt Designer*. Fijémonos en la segunda:

```
QtCore.QObject.connect(self.pushButton_3, QtCore.SIGNAL(_fromUtf8("clicked()")), self.label.clear)
```

Llamamos al método *connect()* del objeto *QObject*, que es la clase en la que se basan absolutamente todos los demás objetos de la librería *Qt*. Como parámetros tenemos:

- El elemento generador del evento, en nuestro caso *pushButton_3*.
- El tipo de evento, *clicked()*, entre comillas.
- El nombre del método (sin paréntesis) que ejecutaremos cuando aparezca el evento en el elemento, *label.clear* en este ejemplo.

Podríamos, de cara a generar mediante código nuestra conexión entre el botón y la etiqueta, copiar este formato, modificando solo lo que nos interese. Están marcados en negrita los elementos que deberíamos modificar del código:

```
QtCore.QObject.connect(self.pushButton_2, QtCore.SIGNAL(_fromUtf8("clicked()")), self.label.setText("Bienvenido"))
```

El fichero *.py* no debemos modificarlo en absoluto, sino que debe ser el *.pyw* el que añada las relaciones concretas que queremos. Esto, unido al programa modelo que ya vimos con anterioridad, hace que nuestro fichero *Segundo_ejemplo_GUI.pyw* sea el siguiente:

```
import sys
from Segundo_ejemplo_GUI import *

class MiFormulario(QtGui.QWidget):
    def __init__(self, parent=None):
        QtGui.QWidget.__init__(self, parent)
        self.ui = Ui_Form()
        self.ui.setupUi(self)
        self.connect(self.ui.pushButton_2, QtCore.SIGNAL('clicked()'), self.sacatexto)

    def sacatexto(self):
        self.ui.label.setText("Bienvenido")

if __name__ == "__main__":
    mi_aplicacion = QtGui.QApplication(sys.argv)
    mi_app = MiFormulario()
    mi_app.show()
    sys.exit(mi_aplicacion.exec_())
```

He marcado en negrita la parte que nos permite sacar a través de la etiqueta el texto de bienvenida al pulsar el botón. Mediante el método *connect()* enlazamos el clic en *pushButton_2* con el método *sacatexto()*, un método que creamos para dar el valor *"Bienvenido"* al texto de la etiqueta. Ejecutando el fichero desde *PyScripter* comprobaremos que todo funciona correctamente.

Con este ejemplo he querido visualizar que no solo se puede conectar un *widget* en concreto con el formulario, sino también entre ellos. Y no solo con las acciones predeterminadas, sino con métodos creados a medida por nosotros.

8.5 EVENTOS EN WIDGETS FUNDAMENTALES

En el capítulo anterior vimos como, de cara a programar una aplicación gráfica, era importantísimo conectar *eventos* y *acciones* en *widgets*. De estos últimos hemos estudiado sus características y métodos, pero no nos detuvimos en los posibles eventos que pueden generar. Sabiendo ahora de su importancia, haremos un repaso de los más interesantes para los *widgets* fundamentales que ya conocemos[41].

8.5.1 Push Button (QPushButton)

Clase	Señal	Comentario
QAbstractButton	clicked	Se emite señal al hacer clic en el botón
	pressed	Se emite señal al presionar en el botón
	released	Se emite señal al soltar el botón
	toggled	Se emite señal al conmutar el botón

8.5.2 Radio Button (QRadioButton)

Clase	Señal	Comentario
QAbstractButton	toggled	Se emite señal al cambiar el botón a *on* o a *off*
	clicked	Se emite señal al hacer clic en el botón
	pressed	Se emite señal al presionar en el botón
	released	Se emite señal al soltar el botón

41 Las *label* y los *layouts* consideramos que no tienen señales interesantes.

8.5.3 Check Box (QCheckBox)

Clase	Señal	Comentario
QAbstractButton	clicked	Se emite señal al hacer clic en el botón
	pressed	Se emite señal al presionar en el botón
	released	Se emite señal al soltar el botón
	toggled	Se emite señal al conmutar el botón
QCheckBox	stateChanged	Se emite señal al cambiar de estado el *Check Box*

8.5.4 Button Box (QDialogButtonBox)

Clase	Señal	Comentario
QDialogButtonBox	accepted	Se emite señal al pulsar un botón de aceptación de la caja
	clicked	Se emite señal al pulsar un botón cualquiera de la caja
	helpRequested	Se emite señal al pulsar un botón de ayuda de la caja
	rejected	Se emite señal al pulsar un botón de negación de la caja

8.5.5 Calendar (QCalendarWidget)

Clase	Señal	Comentario
QCalendarWidget	activated	Se emite señal al hacer doble clic o pulsar *Enter* en una determinada fecha en el calendario
	currentPageChanged	Se emite señal al cambiar el mes de la fecha que teníamos en el calendario
	selectionChanged	Se emite señal al cambiar la fecha que teníamos en el calendario

8.5.6 LCD numbers (QLCDNumber)

Clase	Señal	Comentario
QLCDNumber	overflow	Se emite señal al intentar representar en el *widget* un número o un texto demasiado grande

8.5.7 Progress Bar (QProgressBar)

Clase	Señal	Comentario
QProgressBar	valueChanged	Se emite señal cuando cambia el valor representado en la barra de progreso

8.5.8 Combo Box (QComboBox)

Clase	Señal	Comentario
QComboBox	activated	Se emite señal al seleccionar un ítem en la caja (incluso si no cambia respecto al que ya está)
	currentIndexChanged	Se emite señal al cambiar el índice en la caja
	editTextChanged	Se emite señal al editar texto en la caja

8.5.9 Font Combo Box (QFontComboBox)

Clase	Señal	Comentario
QFontComboBox	currentFontChanged	Se emite señal al cambiar la fuente en la caja

8.5.10 Line Edit (QLineEdit)

Clase	Señal	Comentario
QLineEdit	editingFinished	Se emite señal al pulsar *Enter* o salir de la línea de edición (que ésta deje de estar "enfocada")
	textChanged	Se emite señal cuando se cambia el texto de la línea de edición
	textEdited	Se emite señal cuando se edita el texto de la línea de edición
	returnPressed	Se emite señal cuando se pulsa el botón *Enter* (o *Return*) estando en la línea de edición
	selectionChanged	Se emite señal cuando la selección de la línea de edición cambia

8.5.11 Spin Box (QSpinBox)

Clase	Señal	Comentario
QAbstractSpinBox	editingFinished	Se emite señal al finalizar la edición del *Spin Box*, bien por pulsar *Enter* o por perder el *focus*
QSpinBox	valueChanged	Se emite señal al cambiar el valor del *Spin Box* (mediante botones o por el método *setValue*)

8.5.12 Date/Time edit (QDateTimeEdit)

Clase	Señal	Comentario
QAbstractSpinBox	editingFinished	Se emite señal al finalizar la edición del *widget*, bien por pulsar *Enter* o por perder el *focus*.
QDateTimeEdit	dateTimeChanged	Se emite señal si la fecha o la hora cambia
	dateChanged	Se emite señal si la fecha cambia
	timeChanged	Se emite señal si la hora cambia

8.5.13 Dial (QDial) y Vertical and Horizontal Sliders (QSlider)

Clase	Señal	Comentario
QAbstractSlider	rangeChanged	Se emite señal cuando se cambia el rango del *widget*
	sliderPressed	Se emite señal cuando se presiona el desplazador para moverlo
	sliderMoved	Se emite señal cuando se mueve el desplazador del *widget*
	sliderReleased	Se emite señal cuando se suelta el desplazador del *widget*
	valueChanged	Se emite señal cuando se cambia el valor del *widget*

8.6 EJEMPLOS DE APLICACIONES GRÁFICAS SENCILLAS CON QT DESIGNER

Ya tenemos los conocimientos necesarios para poder desarrollar ejemplos sencillos de aplicaciones gráficas. En este capítulo crearemos varias de ellas. En la descripción de cómo realizar todo el proceso seré menos minucioso que con anterioridad, ya que muchas de las tareas son mecánicas y se efectúan del modo que ya conocemos. Los códigos no serán comentados tan detalladamente como en capítulos anteriores, dejando al lector la tarea de descubrir su funcionamiento interno. Observando, en los esquemas que adjuntaré, el nombre que aparece en la ventana de la aplicación podremos saber qué elemento he usado como base para el formulario. Por ejemplo, si aparece *Form* habré usado un *widget* genérico (clase *QWidget*), si aparece *Dialog* un diálogo (clase *QDialog*) y si lo hace *MainWindow* se habrá utilidad una ventana principal (clase *QMainWindow*).

Este capítulo puede también interpretarse como seis ejercicios que se plantean al lector (su funcionamiento es fácilmente deducible visualizando la imagen de la aplicación que se adjunta para todos ellos), por lo que sería interesante (y recomendable) que intentase en primer lugar hacerlos él mismo. Si aún no se ve con fuerzas para ello, el análisis del código que adjunto será el camino a seguir.

8.6.1 Operaciones con dos números reales

En esta aplicación queremos poder aplicar la operación suma, resta, multiplicación o división a dos números enteros introducidos mediante teclado, obteniendo por pantalla una frase indicando la operación realizada y el resultado. Para ello iremos a *Qt Designer* y realizaremos el siguiente esquema general, que guardaremos en nuestra carpeta con el nombre *Calculadora_simple.ui*:

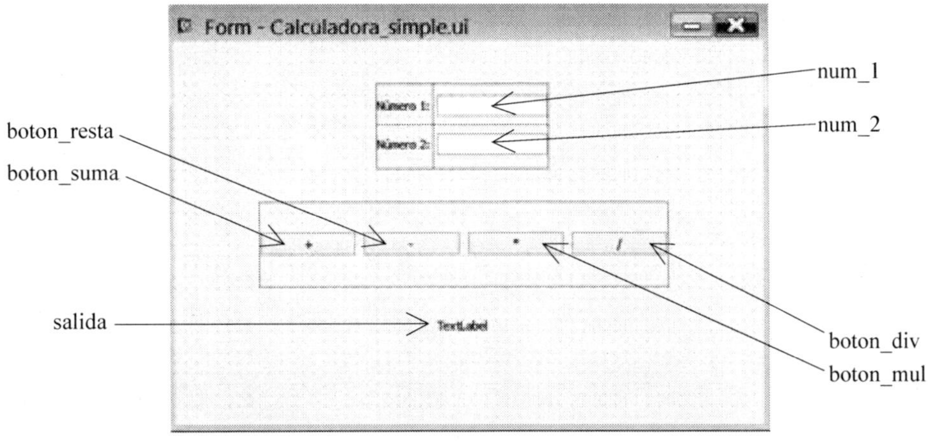

He usado *layouts*, cambiado el texto de las etiquetas y los botones, y renombrado los diferentes *widgets* de la forma indicada, para dar posteriormente más claridad a la hora de programar el código. He representado el texto por defecto de la etiqueta por claridad, pero en realidad dejaré vacío su contenido, ya que quiero que no aparezca nada de inicio en ella.

Generaremos a continuación el fichero *Calculadora_simple.py* mediante el comando *pyuic4* y lo guardaremos en nuestra carpeta. El fichero *Calculadora_simple.pyw* será el siguiente:

```
import sys
from Calculadora_simple import *

class MiFormulario(QtGui.QWidget):
    def __init__(self, parent=None):
        QtGui.QWidget.__init__(self, parent)
        self.ui = Ui_Form()
        self.ui.setupUi(self)
        QtCore.QObject.connect(self.ui.boton_suma, QtCore.SIGNAL(' clicked ()'), self.imprime_suma)
        QtCore.QObject.connect(self.ui.boton_resta, QtCore.SIGNAL(' clicked ()'), self.imprime_resta)
        QtCore.QObject.connect(self.ui.boton_mul, QtCore.SIGNAL(' clicked ()'), self.imprime_mul)
        QtCore.QObject.connect(self.ui.boton_div, QtCore.SIGNAL(' clicked ()'), self.imprime_div)
    def imprime_suma(self):
        if len(self.ui.num_1.text())!=0:
            numero_1 = float(self.ui.num_1.text())
        else:
            numero_1 = 0.0
        if len(self.ui.num_2.text())!=0:
            numero_2= float(self.ui.num_2.text())
        else:
            numero_2 = 0.0
        suma = numero_1 + numero_2
        self.ui.salida.setText("La suma de " + str(numero_1)+ " y " + str(numero_2)+ " es " + str(suma))
    def imprime_resta(self):
        if len(self.ui.num_1.text())!=0:
            numero_1 = float(self.ui.num_1.text())
        else:
            numero_1 = 0.0
        if len(self.ui.num_2.text())!=0:
            numero_2= float(self.ui.num_2.text())
        else:
            numero_2 = 0.0
        resta = numero_1 - numero_2
        self.ui.salida.setText("La resta de " + str(numero_1)+ " y "+ str(numero_2)+ " es " + str(resta))
    def imprime_mul(self):
        if len(self.ui.num_1.text())!=0:
            numero_1 = float(self.ui.num_1.text())
        else:
            numero_1 = 0.0
        if len(self.ui.num_2.text())!=0:
            numero_2= float(self.ui.num_2.text())
        else:
```

```
            numero_2 = 0.0
        mul = numero_1 * numero_2
        self.ui.salida.setText("La multiplicacion de " + str(numero_1)+ " y "+ str(numero_2)+ " es " + str(mul))
    def imprime_div(self):
        if len(self.ui.num_1.text())!=0:
            numero_1 = float(self.ui.num_1.text())
        else:
            numero_1 = 0.0
        if len(self.ui.num_2.text())!=0:
            numero_2= float(self.ui.num_2.text())
        else:
            numero_2 = 0.0
        div = numero_1 / numero_2
        self.ui.salida.setText("La division de " + str(numero_1)+ " y "+ str(numero_2)+ " es " + str(div))

if __name__ == "__main__":
    mi_aplicacion = QtGui.QApplication(sys.argv)
    mi_app = MiFormulario()
    mi_app.show()
    sys.exit(mi_aplicacion.exec_())
```

He creado cuatro métodos, uno para cada operación, y los he enlazado con el evento *hacer clic* en cada botón. Los métodos comprueban que hay datos en las casillas (si no es así les asigna valor *0.0*), realizan la operación correspondiente sobre los números y sacan por pantalla (mediante la etiqueta) el resultado de la operación. He de resaltar que el valor de la casilla de texto es precisamente eso, texto, por lo que para operar sobre su contenido de forma numérica tendremos que transformarlo en número. Como nosotros queremos operar con números reales, usaremos la función *float()* para ello. Al revés, si queremos sacar el resultado numérico en la etiqueta, necesitaremos tenerlo en formato de texto, para lo cual usamos la función *str()*.

La aplicación final tendrá un aspecto como el siguiente:

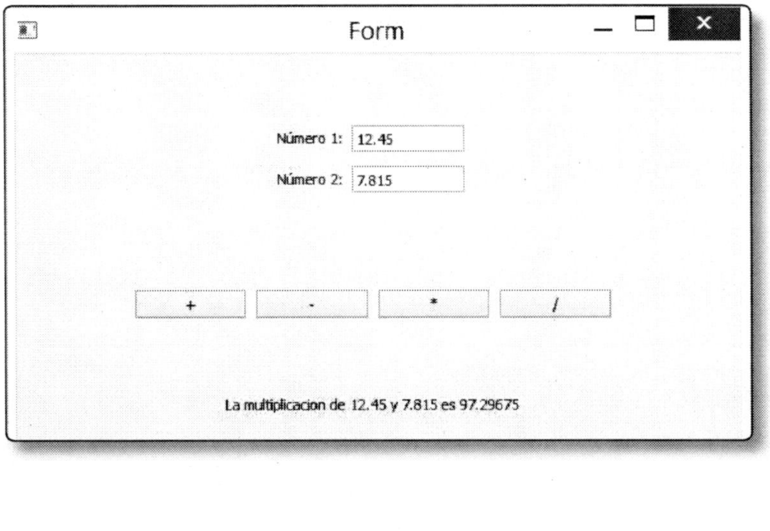

Quizá el lector haya pensado que hubiese sido mejor crear solo un método (aprovechando la parte que es común a los cuatro métodos, es decir, la recogida y transformación de los números) y distinguir en él qué botón fue pulsado, para posteriormente aplicar un código u otro. Ello nos obligaría a pasar argumentos al *slot* en particular, algo que es posible, pero no sin explicar conceptos más sofisticados (como las *funciones lambda*) que caen fuera del ámbito de este libro. Por lo tanto, nuestro campo de actuación serán los *slots* sin argumento, forma en la cual hemos realizado el código.

Modificaremos ahora nuestra aplicación sustituyendo los botones pulsadores por botones de opción y un solo botón pulsador de cálculo, de la siguiente manera:

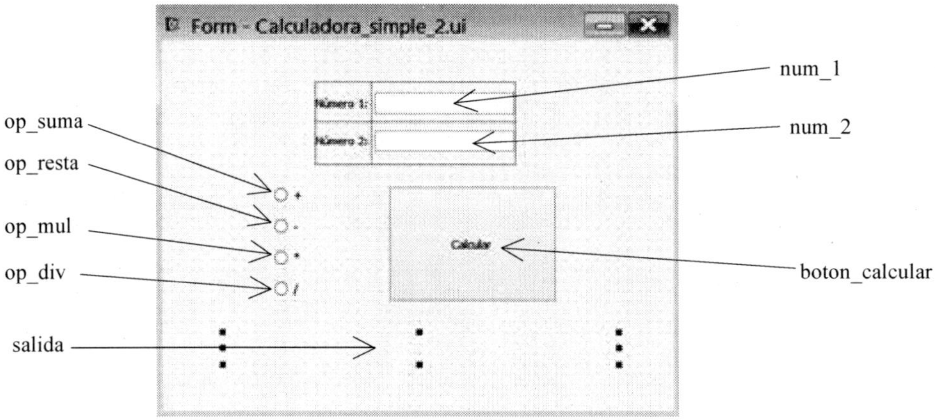

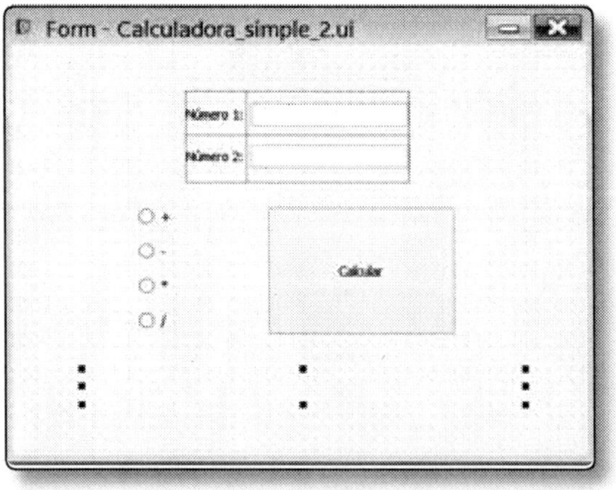

Lo guardaremos con nombre *Calculadora_simple_2.ui* en nuestra carpeta, y generaremos, mediante *pyuic4*, *Calculadora_simple_2.py*. El código de *Calculadora_simple_2.pyw* será:

```
import sys
from Calculadora_simple_2 import *

class MiFormulario(QtGui.QWidget):
    def __init__(self, parent=None):
        QtGui.QWidget.__init__(self, parent)
        self.ui = Ui_Form()
        self.ui.setupUi(self)
        QtCore.QObject.connect(self.ui.boton_calcular, QtCore.SIGNAL(' clicked ()'), self.imprime)

    def imprime(self):
        if len(self.ui.num_1.text())!=0:
            numero_1 = float(self.ui.num_1.text())
        else:
            numero_1 = 0.0
        if len(self.ui.num_2.text())!=0:
            numero_2= float(self.ui.num_2.text())
        else:
            numero_2 = 0.0
        if self.ui.op_suma.isChecked() == True:
            suma = numero_1 + numero_2
            self.ui.salida.setText("La suma de " + str(numero_1)+ " y " + str(numero_2)+ " es " + str(suma))
        if self.ui.op_resta.isChecked() == True:
            resta = numero_1 - numero_2
            self.ui.salida.setText("La resta de " + str(numero_1)+ " y "+ str(numero_2)+ " es " + str(resta))
        if self.ui.op_mul.isChecked() == True:
            mul = numero_1 * numero_2
            self.ui.salida.setText("La multiplicacion de " + str(numero_1)+ " y " + str(numero_2)+ " es " + str(mul))
        if self.ui.op_div.isChecked() == True:
            div = numero_1 / numero_2
            self.ui.salida.setText("La division de " + str(numero_1)+ " y "+ str(numero_2)+ " es " + str(div))


if __name__ == "__main__":
    mi_aplicacion = QtGui.QApplication(sys.argv)
    mi_app = MiFormulario()
    mi_app.show()
    sys.exit(mi_aplicacion.exec_())
```

En él he conectado la acción clic del botón *Calcular* con el método *imprime()*, que recoge los números, comprueba (mediante el método *isChecked()* de la clase *QRadioButton*) qué botón de opción está seleccionado y realiza en base a ello la operación correspondiente antes de representarla en pantalla.

La aplicación tendrá el siguiente aspecto:

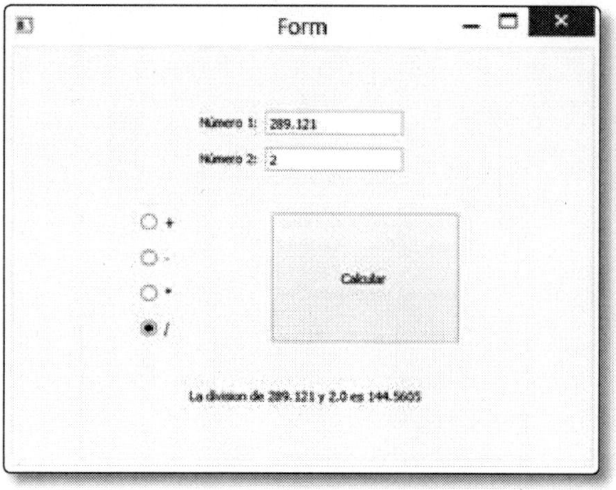

En ella se da por hecho que el usuario introduce los datos de forma correcta.

8.6.2 Pequeño pedido en frutería

En esta pequeña aplicación simularemos un pedido en una frutería, donde podremos elegir varios alimentos y la cantidad de ellos que compramos. Se nos indicará el precio/unidad de los artículos y nos aparecerán los totales de fruta, verdura y legumbre que tenemos en nuestro pedido. Además nos mostrará el número de artículos distintos y el precio total de lo que hemos seleccionado. El esquema y el código son los siguientes:

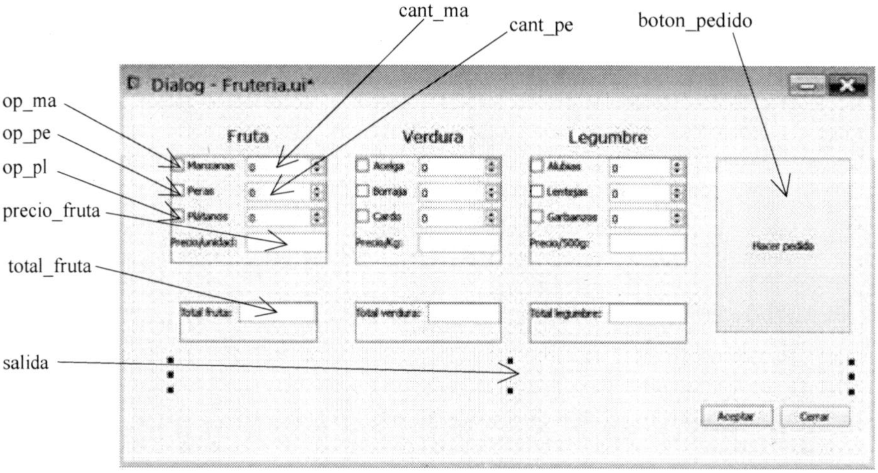

Fruteria.pyw:

```
import sys
from Fruteria import *

class MiFormulario(QtGui.QDialog):
    def __init__(self, parent=None):
        QtGui.QDialog.__init__(self, parent)
        self.ui = Ui_Dialog()
        self.ui.setupUi(self)
        self.ui.precio_fruta.setText("0.25")
        self.ui.precio_verdura.setText("1.50")
        self.ui.precio_legumbre.setText("1.25")
        QtCore.QObject.connect(self.ui.boton_pedido, QtCore.SIGNAL(' clicked ()'), self.imprime)
        QtCore.QObject.connect(self.ui.cant_ma, QtCore.SIGNAL('editingFinished()'), self.marca_ma)
        QtCore.QObject.connect(self.ui.cant_pe, QtCore.SIGNAL('editingFinished()'), self.marca_pe)
        QtCore.QObject.connect(self.ui.cant_pl, QtCore.SIGNAL('editingFinished()'), self.marca_pl)
        QtCore.QObject.connect(self.ui.cant_ac, QtCore.SIGNAL('editingFinished()'), self.marca_ac)
        QtCore.QObject.connect(self.ui.cant_bo, QtCore.SIGNAL('editingFinished()'), self.marca_bo)
        QtCore.QObject.connect(self.ui.cant_ca, QtCore.SIGNAL('editingFinished()'), self.marca_ca)
        QtCore.QObject.connect(self.ui.cant_al, QtCore.SIGNAL('editingFinished()'), self.marca_al)
        QtCore.QObject.connect(self.ui.cant_le, QtCore.SIGNAL('editingFinished()'), self.marca_le)
        QtCore.QObject.connect(self.ui.cant_ga, QtCore.SIGNAL('editingFinished()'), self.marca_ga)

    def imprime(self):
        ma = float(self.ui.cant_ma.value())
        pe = float(self.ui.cant_pe.value())
        pl = float(self.ui.cant_pl.value())
        precio_fruta = float(self.ui.precio_fruta.text())
        total_fruta = (ma+pe+pl) * precio_fruta
        self.ui.total_fruta.setText(str(total_fruta))

        ac = float(self.ui.cant_ac.value())
        bo = float(self.ui.cant_bo.value())
        ca = float(self.ui.cant_ca.value())
        precio_verdura = float(self.ui.precio_verdura.text())
        total_verdura = (ac+bo+ca) * precio_verdura
        self.ui.total_verdura.setText(str(total_verdura))

        al = float(self.ui.cant_al.value())
        le = float(self.ui.cant_le.value())
        ga = float(self.ui.cant_ga.value())
        precio_legumbre = float(self.ui.precio_legumbre.text())
        total_legumbre = (al+le+ga) * precio_legumbre
        self.ui.total_legumbre.setText(str(total_legumbre))

        total_productos = 0
        if self.ui.op_ma.isChecked():
            total_productos += 1
```

```
        if self.ui.op_pe.isChecked():
            total_productos += 1
        if self.ui.op_pl.isChecked():
            total_productos += 1
        if self.ui.op_ac.isChecked():
            total_productos += 1
        if self.ui.op_bo.isChecked():
            total_productos += 1
        if self.ui.op_ca.isChecked():
            total_productos += 1
        if self.ui.op_al.isChecked():
            total_productos += 1
        if self.ui.op_le.isChecked():
            total_productos += 1
        if self.ui.op_ga.isChecked():
            total_productos += 1

        self.ui.salida.setText("La compra de " + str(total_productos) + \
        " productos distintos asciende a un total de " + str(total_fruta+total_verdura+total_legumbre) + " euros" )

    def marca_ma(self):
        self.ui.op_ma.setChecked(True)
    def marca_pe(self):
        self.ui.op_pe.setChecked(True)
    def marca_pl(self):
        self.ui.op_pl.setChecked(True)
    def marca_ac(self):
        self.ui.op_ac.setChecked(True)
    def marca_bo(self):
        self.ui.op_bo.setChecked(True)
    def marca_ca(self):
        self.ui.op_ca.setChecked(True)
    def marca_al(self):
        self.ui.op_al.setChecked(True)
    def marca_le(self):
        self.ui.op_le.setChecked(True)
    def marca_ga(self):
        self.ui.op_ga.setChecked(True)

if __name__ == "__main__":
    mi_aplicacion = QtGui.QApplication(sys.argv)
    mi_app = MiFormulario()
    mi_app.show()
    sys.exit(mi_aplicacion.exec_())
```

Un ejemplo de su apariencia final sería:

Podremos modificar nuestra aplicación de frutería para eliminar el botón de pedido y hacer que se vayan actualizando los datos a medida que vamos seleccionando artículos. El esquema sería ahora:

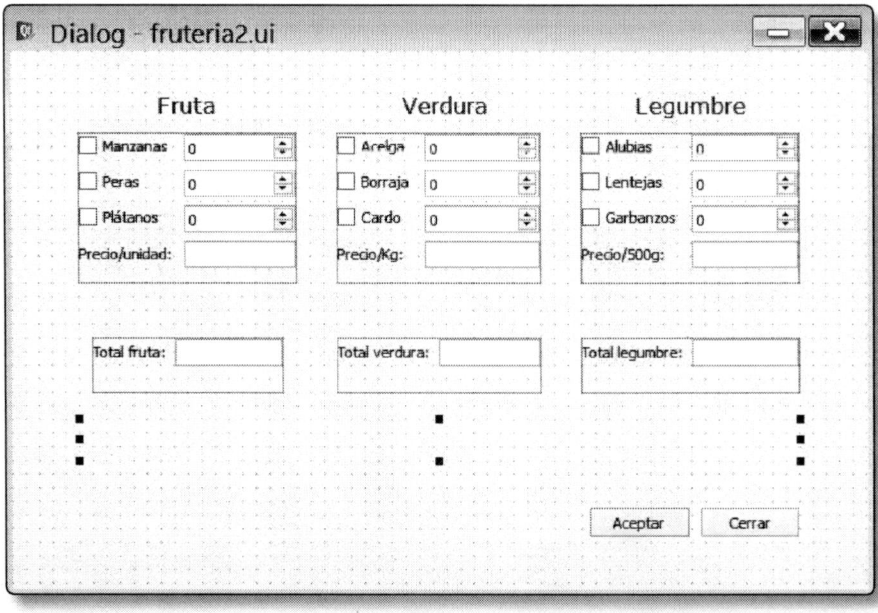

Cuyo código principal, *Fruteria2.pyw*:

```
import sys
from Fruteria2 import *

class MiFormulario(QtGui.QDialog):
    def __init__(self, parent=None):
        QtGui.QDialog.__init__(self, parent)
        self.ui = Ui_Dialog()
        self.ui.setupUi(self)
        self.ui.precio_fruta.setText("0.25")
        self.ui.precio_verdura.setText("1.50")
        self.ui.precio_legumbre.setText("1.25")
        QtCore.QObject.connect(self.ui.cant_ma, QtCore.SIGNAL('valueChanged(int)'), self.marca_ma)
        QtCore.QObject.connect(self.ui.cant_pe, QtCore.SIGNAL('valueChanged(int)'), self.marca_pe)
        QtCore.QObject.connect(self.ui.cant_pl, QtCore.SIGNAL('valueChanged(int)'), self.marca_pl)
        QtCore.QObject.connect(self.ui.cant_ac, QtCore.SIGNAL('valueChanged(int)'), self.marca_ac)
        QtCore.QObject.connect(self.ui.cant_bo, QtCore.SIGNAL('valueChanged(int)'), self.marca_bo)
        QtCore.QObject.connect(self.ui.cant_ca, QtCore.SIGNAL('valueChanged(int)'), self.marca_ca)
        QtCore.QObject.connect(self.ui.cant_al, QtCore.SIGNAL('valueChanged(int)'), self.marca_al)
        QtCore.QObject.connect(self.ui.cant_le, QtCore.SIGNAL('valueChanged(int)'), self.marca_le)
        QtCore.QObject.connect(self.ui.cant_ga, QtCore.SIGNAL('valueChanged(int)'), self.marca_ga)

        QtCore.QObject.connect(self.ui.op_ma, QtCore.SIGNAL(' clicked ()'), self.ver_ma)
        QtCore.QObject.connect(self.ui.op_pe, QtCore.SIGNAL('clicked()'), self.ver_pe)
        QtCore.QObject.connect(self.ui.op_pl, QtCore.SIGNAL('clicked()'), self.ver_pl)

    def imprime(self):
        ma = float(self.ui.cant_ma.value())
        pe = float(self.ui.cant_pe.value())
        pl = float(self.ui.cant_pl.value())
        precio_fruta = float(self.ui.precio_fruta.text())
        total_fruta = (ma+pe+pl) * precio_fruta
        self.ui.total_fruta.setText(str(total_fruta))

        ac = float(self.ui.cant_ac.value())
        bo = float(self.ui.cant_bo.value())
        ca = float(self.ui.cant_ca.value())
        precio_verdura = float(self.ui.precio_verdura.text())
        total_verdura = (ac+bo+ca) * precio_verdura
        self.ui.total_verdura.setText(str(total_verdura))

        al = float(self.ui.cant_al.value())
        le = float(self.ui.cant_le.value())
        ga = float(self.ui.cant_ga.value())
        precio_legumbre = float(self.ui.precio_legumbre.text())
        total_legumbre = (al+le+ga) * precio_legumbre
        self.ui.total_legumbre.setText(str(total_legumbre))
```

```
        total_productos = 0
        if self.ui.op_ma.isChecked():
            total_productos += 1
        if self.ui.op_pe.isChecked():
            total_productos += 1
        if self.ui.op_pl.isChecked():
            total_productos += 1
        if self.ui.op_ac.isChecked():
            total_productos += 1
        if self.ui.op_bo.isChecked():
            total_productos += 1
        if self.ui.op_ca.isChecked():
            total_productos += 1
        if self.ui.op_al.isChecked():
            total_productos += 1
        if self.ui.op_le.isChecked():
            total_productos += 1
        if self.ui.op_ga.isChecked():
            total_productos += 1

        self.ui.salida.setText("La compra de " + str(total_productos) + \
        " producto/s distintos asciende a un total de " + str(total_fruta+total_verdura+total_legumbre) + " euros" )

    def marca_ma(self):
        if self.ui.cant_ma.value() != 0:
            self.ui.op_ma.setChecked(True)
        else:
            self.ui.op_ma.setChecked(False)
        self.imprime()

    def marca_pe(self):
        if self.ui.cant_pe.value() != 0:
            self.ui.op_pe.setChecked(True)
        else:
            self.ui.op_pe.setChecked(False)
        self.imprime()

    def marca_pl(self):
        if self.ui.cant_pl.value() != 0:
            self.ui.op_pl.setChecked(True)
        else:
            self.ui.op_pl.setChecked(False)
        self.imprime()

    def marca_ac(self):
        if self.ui.cant_ac.value() != 0:
            self.ui.op_ac.setChecked(True)
        else:
            self.ui.op_ac.setChecked(False)
```

```
        self.imprime()

    def marca_bo(self):
        if self.ui.cant_bo.value() != 0:
            self.ui.op_bo.setChecked(True)
        else:
            self.ui.op_bo.setChecked(False)
        self.imprime()

    def marca_ca(self):
        if self.ui.cant_ca.value() != 0:
            self.ui.op_ca.setChecked(True)
        else:
            self.ui.op_ca.setChecked(False)
        self.imprime()
    def marca_al(self):
        if self.ui.cant_al.value() != 0:
            self.ui.op_al.setChecked(True)
        else:
            self.ui.op_al.setChecked(False)
        self.imprime()

    def marca_le(self):
        if self.ui.cant_le.value() != 0:
            self.ui.op_le.setChecked(True)
        else:
            self.ui.op_le.setChecked(False)
        self.imprime()

    def marca_ga(self):
        if self.ui.cant_ga.value() != 0:
            self.ui.op_ga.setChecked(True)
        else:
            self.ui.op_ga.setChecked(False)
        self.imprime()

    def ver_ma(self):
        if self.ui.cant_ma.value() != 0:
            self.ui.op_ma.setChecked(True)
        else:
            self.ui.op_ma.setChecked(False)

if __name__ == "__main__":
    mi_aplicacion = QtGui.QApplication(sys.argv)
    mi_app = MiFormulario()
    mi_app.show()
    sys.exit(mi_aplicacion.exec_())
```

Por economizar código solo he implementado en los artículos de fruta la imposibilidad de marcarlos sin hacer ningún pedido. Ejemplo de apariencia:

Para los cuatro ejemplos restantes, por motivos de espacio, simplemente se representará la apariencia de la aplicación. Los códigos los podrá encontrar el lector en la página web del libro.

8.6.3 Gráficos de factura, gas y volumen de audio

Los ficheros serán: *gas.ui, gas.py* y *gas.pyw.*

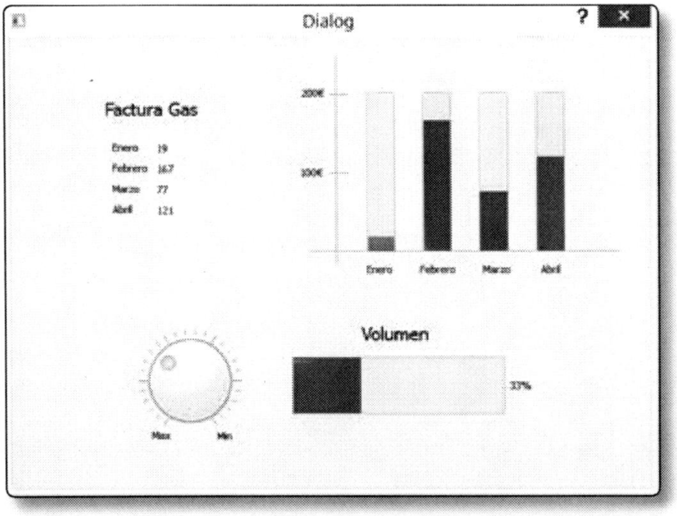

8.6.4 Reserva de hotel

Los ficheros serán: *hotel.ui, hotel.py y hotel.pyw.*

8.6.5 Inmobiliaria

Los ficheros serán: *inmobiliaria.ui, inmobiliaria.py* e *inmobiliaria.pyw*.

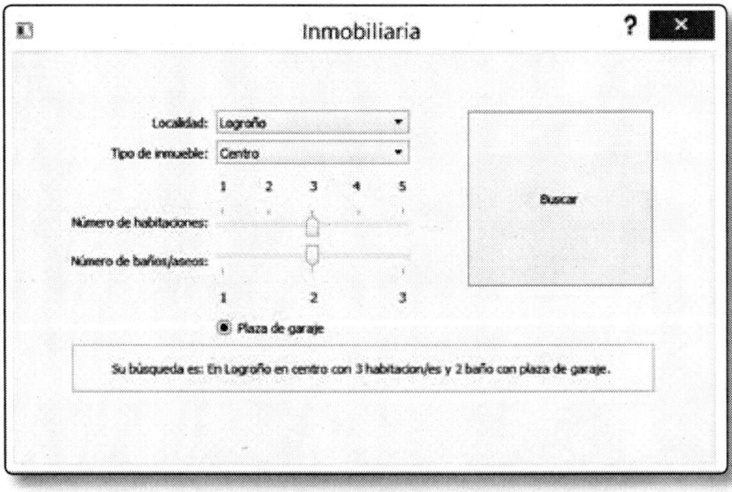

8.6.6 Ejemplo de uso de Spin Box

Los ficheros serán: *spin.ui, spin.py, spin.pyw*

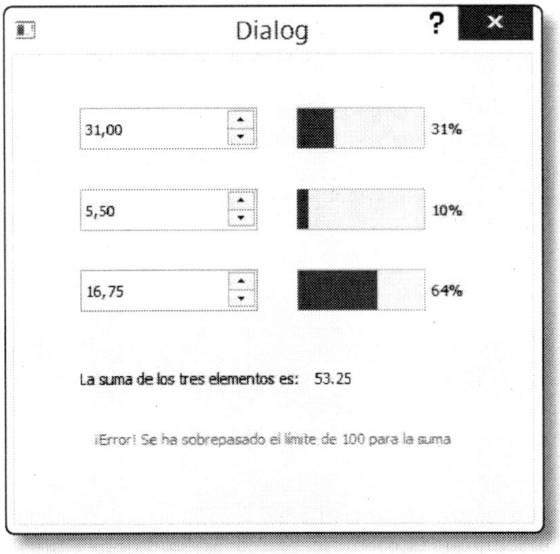

8.7 APLICACIONES Y WIDGETS AVANZADOS EN QT DESIGNER. EJEMPLOS

El conocimiento de lo que he denominado *widgets fundamentales* nos ha permitido crear aplicaciones interesantes. Existen muchos más, con los que podremos por ejemplo:

- Insertar una página web (clase *QWebView*).
- Insertar gráficos (clase *QGraphicsView*).
- Insertar cajas de texto (clase *QtextEdit*).
- Insertar elementos multimedia (clase *QMdiArea*).
- Agrupar elementos (clase *QGroupBox*).
- Insertar elementos que permitan visualizar varios elementos en un mismo espacio (clases *QToolBox, QTabWidget* y *QStackedWidget*).
- Visualizar elementos en forma de lista, árbol o tabla (clases *QListWidget, QTreeWidget* y *QTableWidget* respectivamente).
- ...

El lector puede indagar en su comportamiento, visualizar sus características y consultar en la documentación sus métodos.

También tenemos la posibilidad, mediante el *editor de acciones (Action Editor)*, de proporcionar menús a nuestras aplicaciones, o almacenar recursos (como por ejemplo imágenes) mediante el mostrador de recursos (*Resource Browser*), al margen de hacer uso del editor integrado de señal/código (*Signal/Slot Editor*).

No profundizaré en estos aspectos, pero para el lector interesado, en la web del libro hay varios ejemplos de su uso. Son los siguientes:

***w_web.pyw*:**

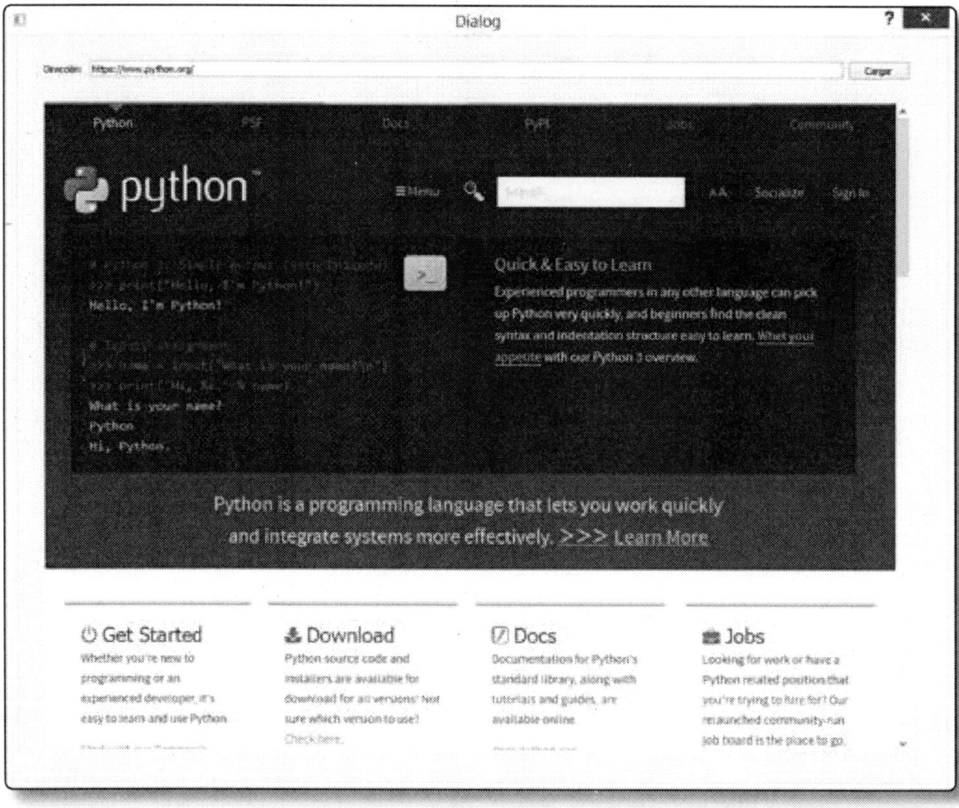

w_graficos.pyw:

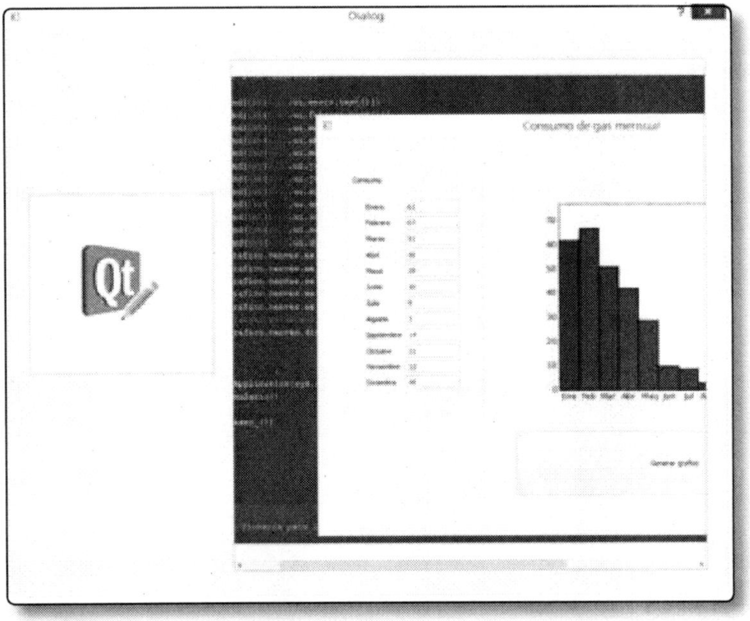

w_listas.pyw:

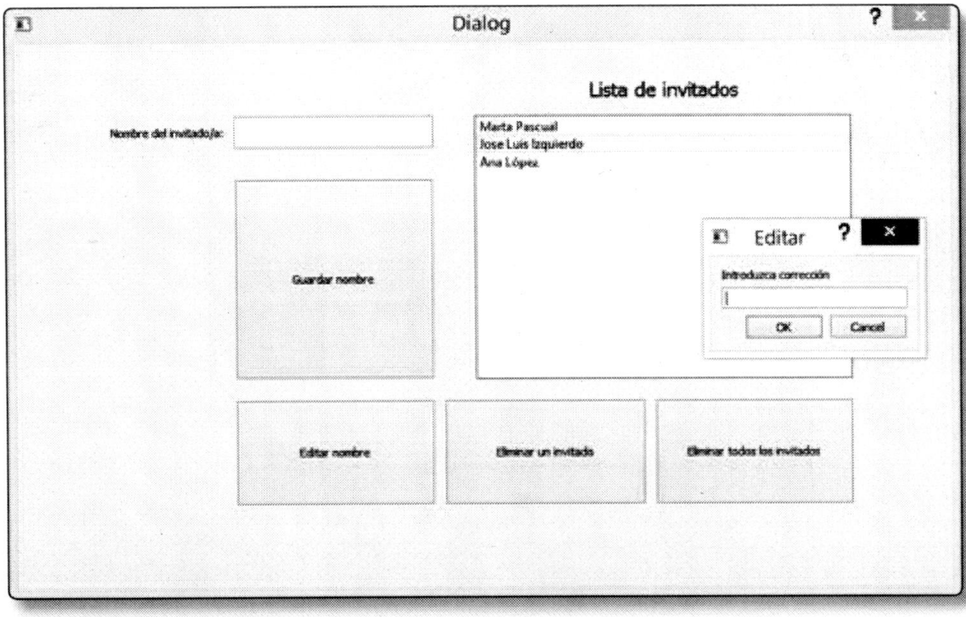

w_menus_2.pyw:

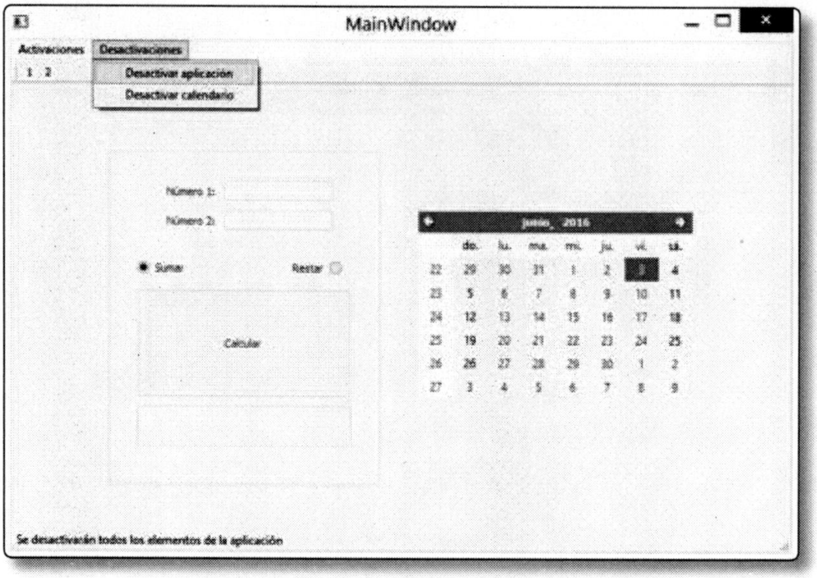

w_table.pyw:

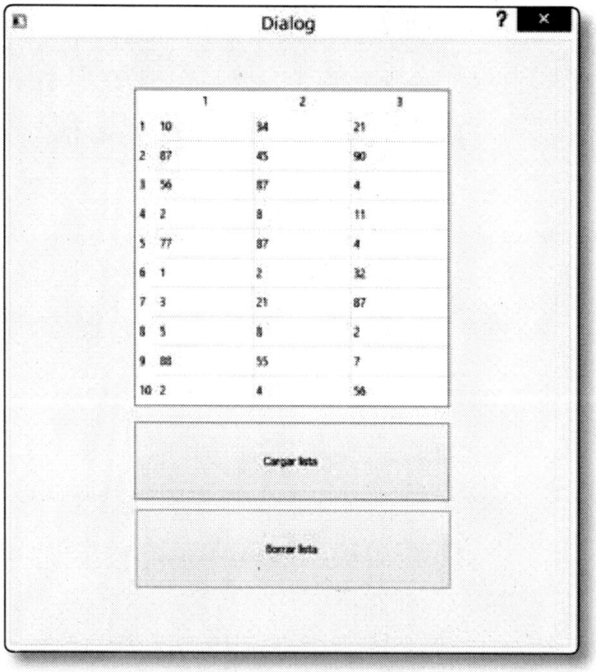

w_table_2.pyw:

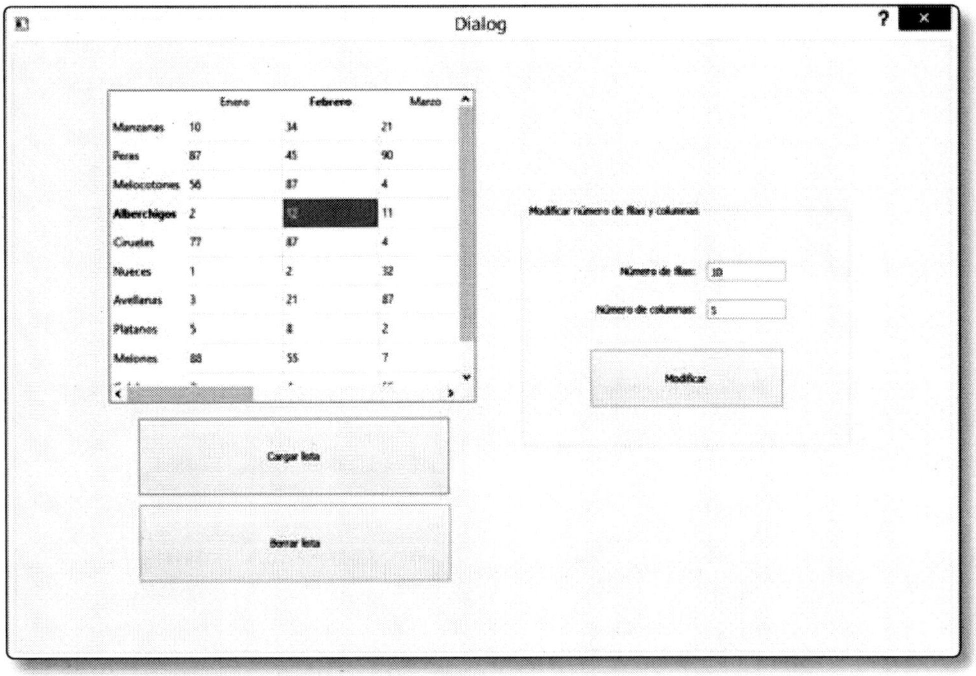
Dialog
Enero
Febrero
Marzo
Manzanas
Peras
Melocotones
Alberchigos
Ciruelas
Nueces
Avellanas
Platanos
Melones
Modificar número de filas y columnas
Número de filas:
Número de columnas:
Modificar
Cargar lista
Borrar lista

9

GENERACIÓN DE GRÁFICOS EN PYTHON MEDIANTE MATPLOTLIB

Llegados a este punto ya conocemos los fundamentos de *Python* y, mediante *PyQt*, la posibilidad de programar aplicaciones gráficas con él. Pero un programa más completo nos requerirá poder generar gráficos de calidad que nos permitan representar funciones, figuras, valores, etc., e incluso poder interactuar con ellos. Imaginemos que queremos crear un programa de ajedrez. Necesitaremos representar gráficamente el tablero, las figuras y mover éstas mediante el ratón. En un programa de contabilidad podríamos requerir, en base a unos datos, generar un determinado tipo de gráfico (de barras, circulares...) que nos los hagan más fácilmente visibles o interpretables.

En la instalación estándar de *Python*, del mismo modo que teníamos *Tkinter* para la creación de programas tipo *GUI*, viene por defecto una herramienta para la creación de gráficos: *turtle*, consistente en una pequeña tortuga que va por la pantalla dibujando lo que le indiquemos. En su momento consideré oportuno no incluir esta herramienta al explicar los fundamentos de *Python* ya que quería centrar las explicaciones en ellos. Y ahora pasaré a explicar otra mucho más potente y versátil, que constituye uno de los pilares fundamentales del ecosistema *Python*, sobre todo en lo referido a generación de gráficos en dos dimensiones (2D): *Matplotlib*.

9.1 GENERACIÓN DE GRÁFICOS EN PYTHON. MATPLOTLIB

En *Python*, de cara a generar gráficos de distintos tipos, tenemos multitud de alternativas, cada una con sus particularidades , virtudes y defectos. El estándar *de facto* para generar gráficos 2D (que también tiene una capacidad más que aceptable para representar gráficos 3D) es *Matplotlib*, uno de los programas "históricos" dentro del ecosistema *Python* y usado ampliamente por su comunidad de usuarios, especialmente a nivel científico ya que genera unos gráficos de gran calidad[1]. *Matplotlib* se creó en un principio para simular el comportamiento gráfico de *Matlab*, un programa matemático muy usado en ingeniería.

9.2 INSTALACIÓN DE MATPLOTLIB. CREACIÓN DE UN ENTORNO VIRTUAL CON ANACONDA

Hasta el momento tenemos en nuestro sistema dos elementos:

- La *instalación estándar* de *Python*, concretamente la versión 3.3.5.
- Las librerías *PyQt4* versión *4.10.4* para *Python 3.3*.

Para ello solamente fue necesario descargar un determinado fichero de las direcciones indicadas de internet, ejecutarlo y seguir los pasos de instalación, siendo de vital importancia en ella la selección correcta de los directorios[2]. Con esto hemos podido trabajar tranquilamente, pero en el *mundo Python* habitualmente las cosas no son tan sencillas. En general trabajaremos con multitud de librerías distintas, algunas de ellas con determinadas dependencias[3]. A veces, al instalar una librería en nuestro sistema desde la página web correspondiente, en ella se nos indica que tiene 3, 4, 5 o más dependencias de otras librerías que no nos instalará por defecto, con lo que puede ser una tarea muy engorrosa configurar correctamente todo ese entramado. Este, además de ser el caso de *Matplotlib*, es uno de los quebraderos de cabeza habituales en el *ecosistema Python* y uno de los mayores generadores de frustraciones para el usuario. Afortunadamente, en los últimos años han aparecido herramientas que nos facilitan la tarea de instalación de paquetes[4], con todas sus dependencias, de forma automática. Entre ellas destaca *Anaconda3*, de la empresa *Continuum Analytics*®, que nos va a permitir crear entornos[5] completos e independientes[6], lo que nos será de mucha ayuda, tanto ahora como en el futuro.

A pesar de ya tener nuestra instalación de *Python 3.3.5* y de *PyQt4 v4.10.4*, vamos a generar desde cero un nuevo entorno independiente que, además de estos dos elementos, tenga también *Matplotlib*. También indicaré cómo poder añadir a este

---

1 Especialmente interesante en el caso de gráficos impresos para publicaciones científicas.
2 También denominados carpetas. Por lo general las carpetas que nos aparecen por defecto en las instalaciones son las que dejamos seleccionadas.
3 Que necesitan a otras para poder funcionar.
4 Programas o librerías.
5 Un entorno es una instalación de la versión que queramos de *Python* más las librerías que deseemos, con todas sus dependencias
6 Todos los elementos los tendremos almacenados en una determinada carpeta.

nuevo entorno creado las librerías que creyésemos conveniente en el futuro a medida que las fuésemos necesitando. Todo de forma muy sencilla y cómoda. Lo primero será descargar e instalar *Anaconda3* en nuestro sistema. Para ello accederemos a la siguiente dirección web:

https://www.continuum.io/downloads

Posteriormente haremos clic en *Windows 32-bit Graphical Installer* dentro de la zona de *Python 3.5*:

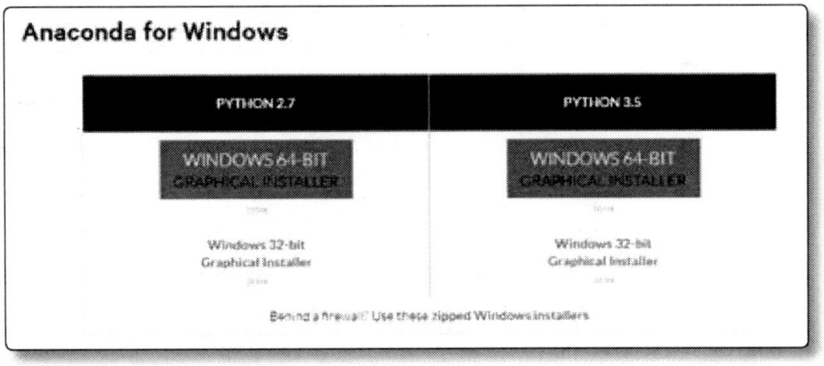

Tras descargar el fichero[7] (de nombre *Anaconda3-4.0.0-Windows x86* y de tamaño *283 MB*) lo ejecutaremos. Aparecerá la ventana inicial de carga del programa, tras lo cual clicaremos *Next*, *I agree*, *Next, Next*, *Install* en las sucesivas ventanas que irán apareciendo. Finalmente se procederá a la instalación:

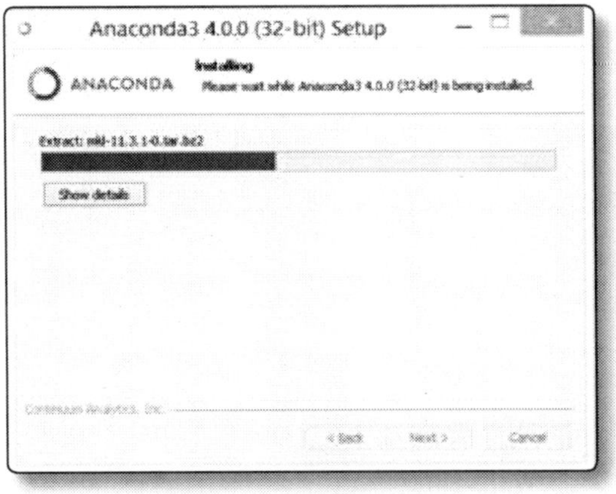

7 Si ha aparecido alguna versión mas moderna de Anaconda, buscaremos el fichero indicado en la sección de archivos antiguos (habrá un enlace directo a ella).

Tardará unos minutos hasta que se nos indique que el proceso está completado. Tras hacer clic en *Next* y *Finish* (desactivando la opción *Learn more about Anaconda Cloud*) ya tendremos instalado *Anaconda3* en nuestro sistema. Posteriormente lo buscaremos en *Aplicaciones* de *Windows* y ejecutaremos *Anaconda Navigator*, una aplicación gráfica que nos permitirá crear entornos personalizados:

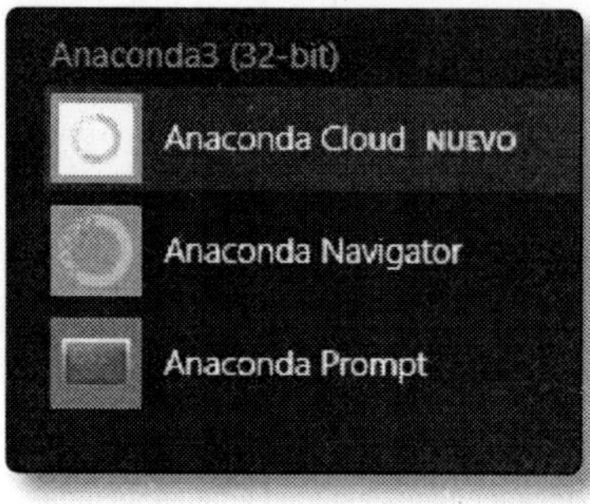

Aparecerá la ventana principal. Seleccionando *Environments* en la parte izquierda y *Create* en la parte inferior, tendremos:

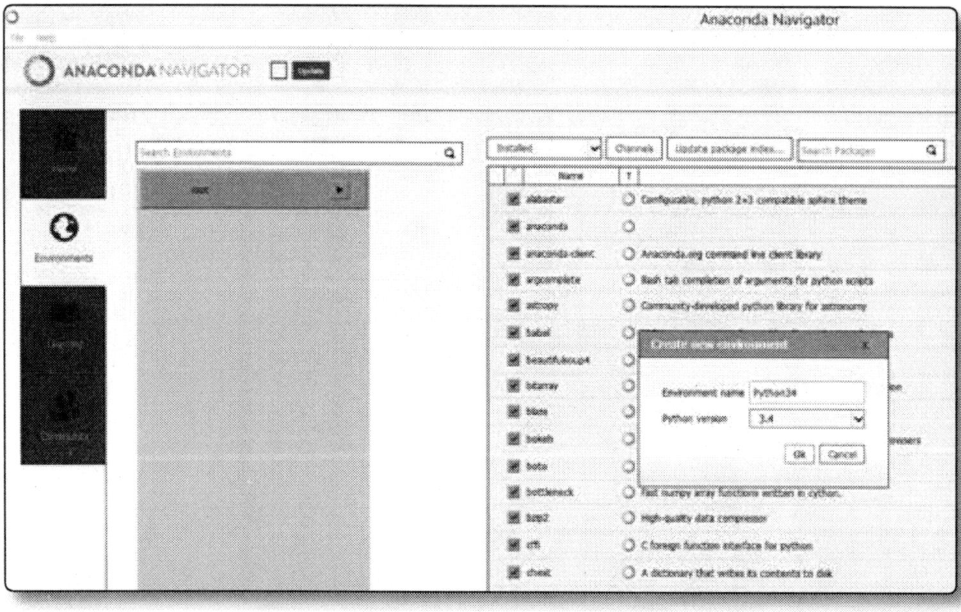

Crearemos un entorno llamado *Python3_3_5* basado en la versión 3.3.5, que es con la que hemos estado trabajando hasta ahora. En un principio parece que no nos deja, ya que solo podemos elegir entre las versiones *3.4* y *3.5*. Elegimos la primera de ellas (en breve veremos cómo cambiarla), damos el nombre indicado al entorno y hacemos clic en *Ok*. Tarda un rato creando el entorno. Tras hacerlo tenemos una serie de elementos a la derecha de la pantalla ya instalados (entre los que se encuentran la versión *4.11.4* de *PyQt*) en nuestro ordenador, disponibles para ser (no es obligatorio) incluidos en el entorno. Como queremos empezar de cero, marcaremos todos los elementos incluidos por defecto para que no nos los incluya. Eso se hace haciendo clic[8] sobre el elemento y seleccionando lo siguiente:

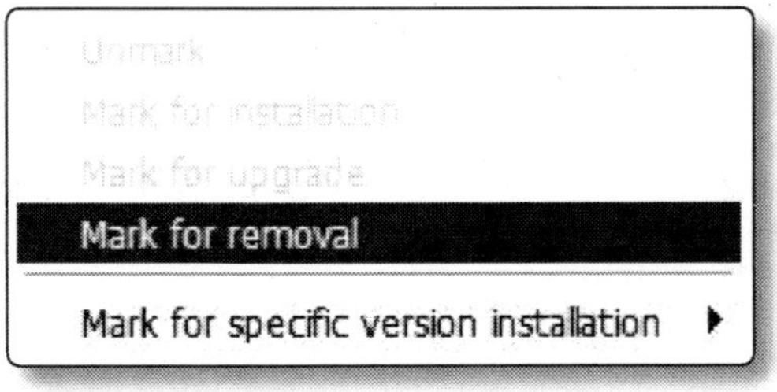

Tras lo cual lo marcará con una *X*. Finalizado el proceso, hacemos clic en *Apply* en la parte inferior derecha de la pantalla y, tras pedirnos confirmación (a la que decimos que sí) nos encontramos que nuestro entorno tiene ahora 0 paquetes. Es entonces cuando iremos a la parte superior central de la pantalla y seleccionaremos los paquetes no instalados, buscando la palabra *"python"* (para instalar el intérprete lo primero):

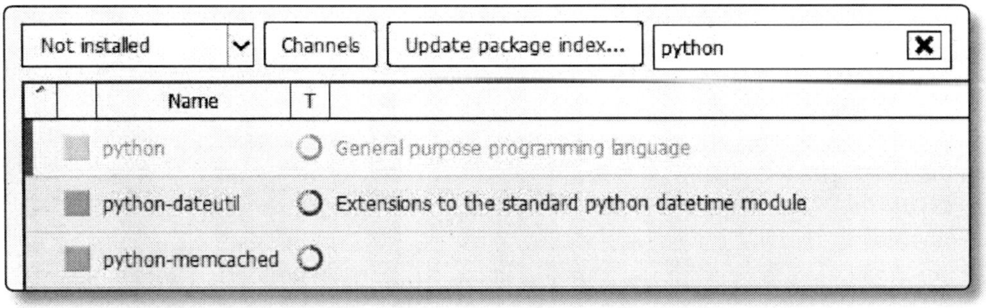

Haciendo clic sobre el elemento que nos indica que es el lenguaje de programación, seleccionamos *Mark for installation,* indicando con ello que queremos añadir ese elemento a nuestro entorno. A la derecha aparece la versión. Como no es la que queremos, volvemos a hacer clic y seleccionamos, en *Mark for specific*

8 Recordemos que si no se especifica nada más, hacer *clic* es siempre con el botón izquierdo del ratón.

version installation la *3.3.5*. Tras ello hacemos clic en *Apply* y nos añadirá no solo el intérprete en sí, sino tres elementos más[9]. Procederíamos de la misma manera que hemos hecho para el intérprete de cara a añadir *PyQt 4.10.4* (en la anterior imagen teclearíamos *PyQt* en la casilla superior derecha) y *Matplotlib 1.4.3*, que son las versiones con las que se ha desarrollado el libro. Finalmente tendríamos:

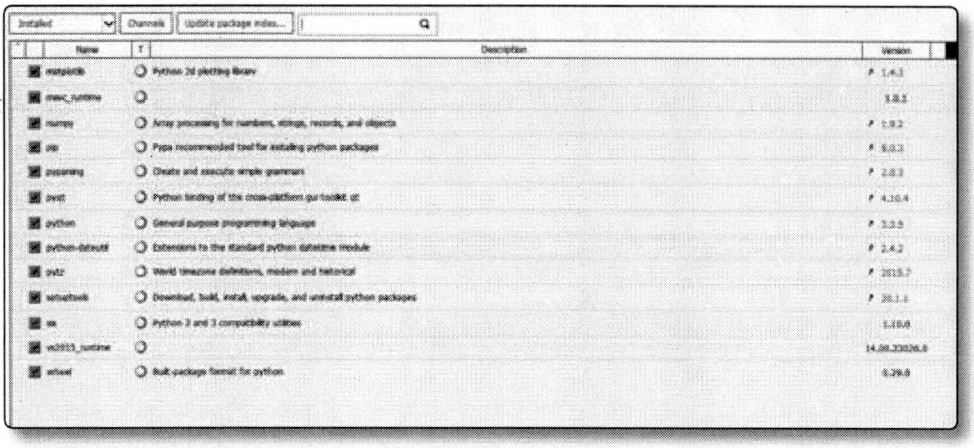

Son los elementos que tenemos en nuestro entorno, con todas sus dependencias. Físicamente todo está alojado en la carpeta:

C:\Users\flop\Anaconda3\envs\Python3_3_5

Con todo este proceso hemos logrado crear un entorno independiente (almacenado en un directorio) con las librerías que queremos y con todas las dependencias que se generan entre ellas ya resueltas.

Hay otra forma de crear un entorno, sin la ayuda de un asistente gráfico, que requiere del uso de comandos. Debido a la sencillez de estos, es muy recomendable conocerla por si tuviésemos algún problema con lo visto hasta ahora[10]. Para ello iremos desde *Windows* a las aplicaciones y ejecutaremos en este caso *Anaconda Prompt*, con lo que accedemos a una ventana de comandos donde teclearemos lo siguiente:

conda create -n miPython3_3_5 python=3.3.5

---

9 Podemos visualizarlos si seleccionamos los elementos instalados.

10 Incluso sin haber tenido ningún problema con la instalación gráfica, muchos lectores pueden preferir esta forma alternativa por claridad y rapidez.

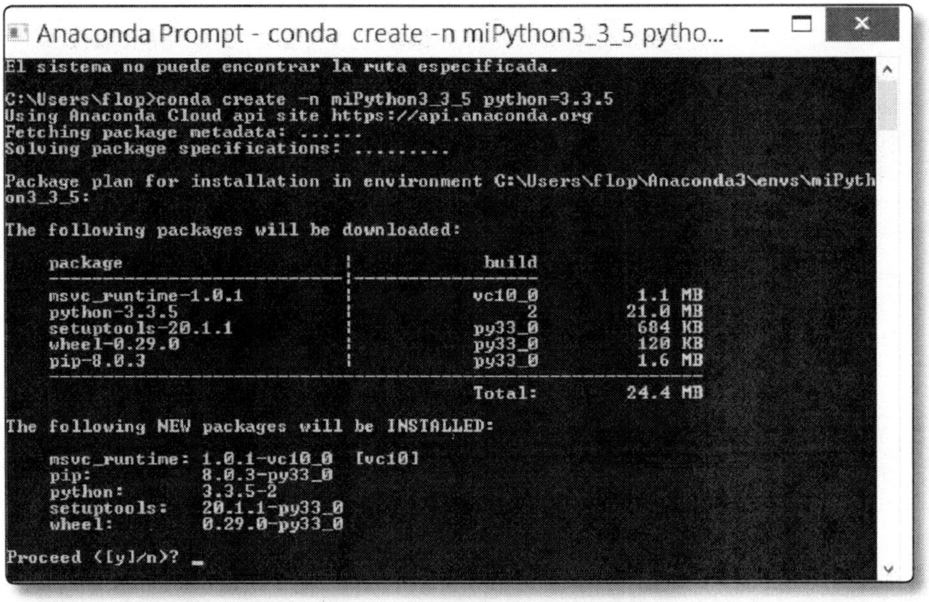

Con el citado comando crearemos un entorno con el nombre *miPython3_3_5* cuyo intérprete sea la versión 3.3.5. Se nos detallan los paquetes necesarios, que serán cargados en nuestro entorno. Indicaremos, tecleando '*y*' y pulsando *Enter*, que queremos que comience la descarga. Al finalizar tendremos:

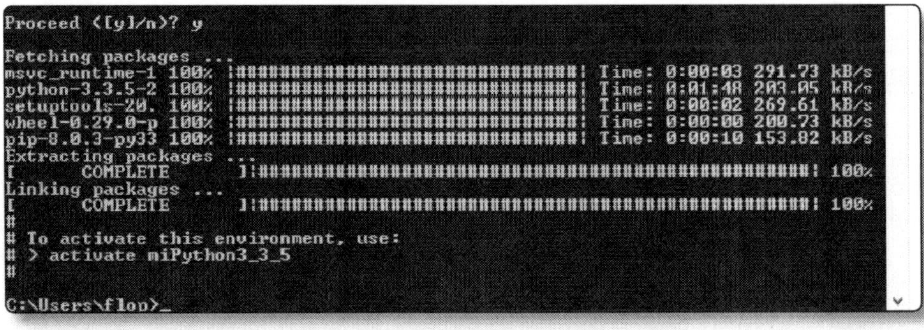

Se nos indica que para activar el entorno debemos teclear el siguiente comando:

activate miPython3_3_5

Lo hacemos, obteniendo:

```
C:\Users\flop>activate miPython3_3_5
Deactivating environment "C:\Users\flop\Anaconda3"...
Activating environment "C:\Users\flop\Anaconda3\envs\miPython3_3_5"...

[miPython3_3_5] C:\Users\flop>_
```

Ahora, para añadir cualquier programa a nuestro entorno usaremos el siguiente formato[11]:

conda install -n nombre_entorno nombre_paquete

Por lo tanto para instalar las librerías *PyQt* teclearemos:

conda install -n miPython3_3_5 pyqt

Aparece la versión de las librerías compatible con nuestro entorno:

```
[miPython3_3_5] C:\Users\flop>conda install -n miPython3_3_5 pyqt
Using Anaconda Cloud api site https://api.anaconda.org
Fetching package metadata: ......
Solving package specifications: .........

Package plan for installation in environment C:\Users\flop\Anaconda3\envs\miPyth
on3_3_5:

The following packages will be downloaded:

    package                    |            build
    ---------------------------|-----------------
    pyqt-4.10.4                |          py33_1        25.2 MB

The following NEW packages will be INSTALLED:

    pyqt: 4.10.4-py33_1

Proceed ([y]/n)? _
```

Le indicamos que queremos proceder con la instalación. Tras descargarla, procederemos de igual manera para instalar *Matplotlib*:

conda install -n miPython3_3_5 matplotlib

Nos instalará la versión *1.4.3* y todas sus dependencias. Podríamos actuar de esta manera de cara a instalar en nuestro entorno cualquier otro programa/librería.

11 En el momento de indicar el nombre del paquete, podría usarse el formato *nombre_del_paquete = versión,* pero de la manera indicada nos aseguramos de que es compatible.

Con la instalación de *Anaconda* no solo se instalan las herramientas vistas, sino que también lo hacen las siguientes:

- *IPython:* es un shell interactivo con características muy interesantes basado en cuadernos (*Notebooks*) y diseñado sobre tecnologías web. Trabaja desde el navegador. Suele usarse en combinación con *Matplotlib*.
- *Jupyter*: se puede considerar como el sucesor de *IPython*, que añade soporte para otros lenguajes como *Julia, Haskell, R* y *Ruby*.
- *Spider*: es un *IDE* científico cuyo diseño está inspirado en *Matlab*.

Sobre ellas solo indicar, ya que no son objeto de este libro, que aportan gran potencia al ecosistema *Python*, sobre todo si trabajamos en el entorno científico y necesitamos interactividad.

9.3 USO DE MATPLOTLIB

Ya tenemos instalado todo lo necesario para usar *Matplotlib* en nuestro ordenador, dentro del entorno virtual creado, que en estos momentos se compone del intérprete *Python 3.3.5*, las librerías *PyQt4 v4.10.4*, *Matplotlib 1.4.3* y, además de algún otro elemento, también *numpy 1.9.2* (es una de las dependencias de *Matplotlib* para funcionar). *Numpy* es una librería para tratar con números de manera ágil y potente. El que en un principio *Matplotlib* se crease para simular el comportamiento a nivel gráfico que ofrecía *Matlab*, explica en parte las tres formas que tenemos de usarlo:

- De una forma similar a *Matlab*, usando un módulo llamado *pyplot*: de esta manera, usando funciones y comandos similares a los usados en *Matlab*, podemos indicar a *Matplotlib* qué es lo que queremos representar gráficamente, sin tener que crear o hacer referencia a los objetos que existen en un nivel inferior. Es una forma muy cómoda de trabajar, ideal para hacerlo de forma interactiva, ya que cualquier modificación del gráfico se muestra automáticamente en pantalla.
- Usando los objetos propios de la librería *Matplotlib*: es una forma un poco más compleja ya que debemos crear y hacer referencia a los objetos que componen la librería, trabajando con la filosofía de *POO*. Como ventaja tenemos la capacidad de configurar de forma mucho más completa nuestros gráficos, además de poder incrustarlos en aplicaciones tipo *GUI*

como las que generamos con *PyQt*. Esta es la forma más *pythónica*[12] de usar *Matplotlib* y por tanto la más recomendada.

- Mediante el módulo *pylab*, que fusiona *Matplotlib* y *numpy* para generar un entorno lo más similar posible a *Matlab*, con comandos fusionados[13] y funciones. De forma interna *numpy* se encarga de la parte matemática y *Matplotlib* de la representación gráfica. Esta manera es la menos recomendable para usar Matplotlib, ya que perdemos la referencia de cómo se trabaja de forma interna con los objetos, además de que los comandos están más orientados a cómo se hace en *Matlab* y en su facilidad de uso. El uso de *pylab* está recomendado cuando queremos una alternativa libre a *Matlab* para trabajar de forma muy similar a él, sin preocuparnos por cómo opera a nivel básico, es decir, a nivel de objetos.

Después de ver las posibles maneras de usar *Matplotlib*, descartaremos la tercera (*pylab*) y nos centraremos en las dos restantes, ya que nos interesa más *programar* con la librería *Matplotlib* que solo hacer un uso interactivo de ella. Empezaremos viendo el uso de *pyplot* de forma directa. Posteriormente trabajaremos más a bajo nivel con los objetos para poder integrar los gráficos en una aplicación de tipo *GUI* hecha con *PyQt*. Pero antes de nada, aclararé que en este libro no seguiremos la forma habitual de trabajar con *Matplotlib*, que es usando de forma intensiva las funciones de *numpy* en detrimento (ya que son más rápidas y más cómodas) de las nativas (que aparecen en las librerías estándar) de *Python*. Ello es debido a que, por una parte, tendríamos que explicar (al menos parcialmente) *numpy*, algo que se sale del alcance del libro. Por otra, podríamos perder de vista el uso de librerías estándar ya vistas y que son perfectamente válidas cuando la complejidad o el tamaño de la tarea a realizar no sea grande (nuestro caso en todo momento). Por todo ello nos centraremos en el trabajo con los objetos de *Matplotlib* usando las herramientas estándar vistas hasta ahora en *Python*, teniendo siempre presente que para un uso más sofisticado (incluso para un uso del todo correcto de *Matplotlib*) deberíamos aprender[14] *numpy*.

---

12 Se denomina así a la forma más ortodoxa, pura, o acorde a lo que el creador y los expertos en *Python* consideran que es la que mejor encaja con la filosofía del lenguaje.

13 Se juntan los comandos de *Matplotlib* y *numpy* en un entorno integrado lo más similar posible a *Matlab*.

14 Por lo menos determinadas funciones.

9.3.1 Uso de Matplotlib directamente: Módulo pyplot

Veamos en primer lugar un ejemplo muy sencillo del uso del módulo *pyplot* de *Matplotlib*. Antes de ello, configuraremos *PyScripter* para que haga uso del entorno *Python3_5_5* que hemos creado[15] y que, junto al intérprete 3.3.5, contiene las librerías (con todas sus dependencias) *PyQt 4.10.4* y *Matplotlib 1.4.3*. Debemos indicar que el motor remoto[16] de *Python* es precisamente el contenido en el entorno creado mediante *Anaconda3*. Eso se hace indicándolo en *Configurar ejecución externa* dentro del menú *Ejecutar*:

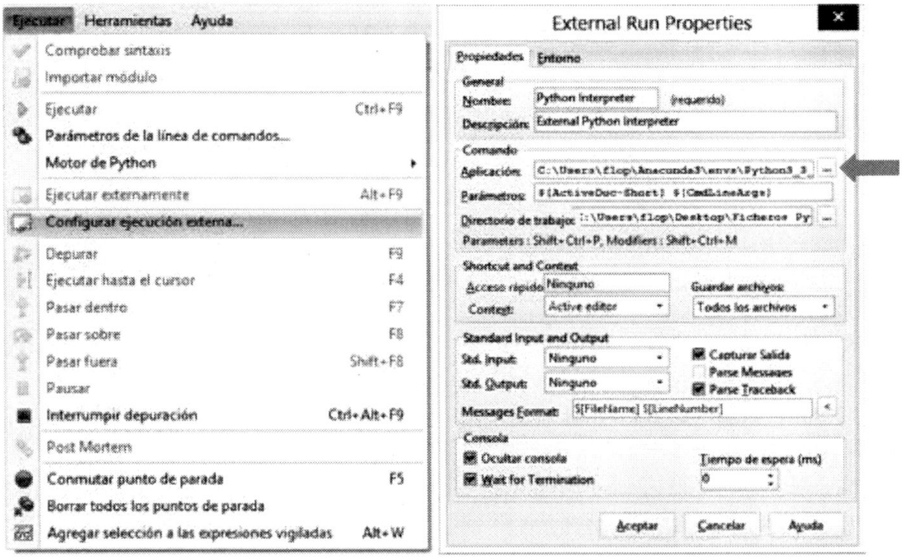

Y seleccionando el intérprete *Python* de nuestro entorno[17] en *Aplicación*, como se indica en la imagen superior. Con ello ya podríamos[18] crear el siguiente programa y guardarlo en nuestra carpeta con el nombre *mpl_1.pyw*:

---

15 Si hubiésemos tenido problemas en ello y al final el que tenemos es *miPython3_3_5* procederíamos de igual modo.

16 Recordemos que era necesario su uso para ejecutar ficheros gráficos.

17 En mi caso es: *C:\Users\flop\Anaconda3\envs\Python3_3_5.python.exe*, pero el lector deberá poner la dirección particular en su caso. Haciendo clic en el icono con tres puntos suspensivos podemos buscarlo en el árbol de directorios de *Windows*.

18 Si hubiese algún problema, podríamos indicarle en el menú *Herramientas → Configurar herramientas → Python & Interpreter* (doble clic), mediante la casilla de entrada *Aplicación* dentro de la pestaña *Propiedades*, la dirección del intérprete de nuestro entorno *Python3_3_5* como vimos anteriormente.

```
import matplotlib.pyplot as plt

X = [1,2,3,4,5]
Y = [77.77, 34.56, 89.32, 90.21, 29.12]
plt.plot(X, Y)
plt.show()
```

Al ejecutarlo[19], obtendremos una ventana emergente en la pantalla:

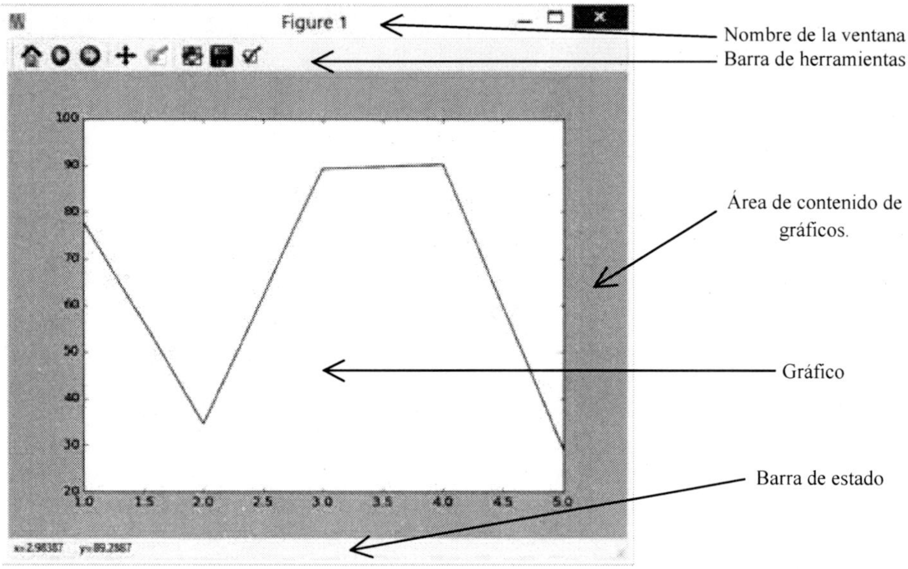

La ventana se puede minimizar, maximizar o cerrar mediante los botones de la esquina superior derecha o mediante el menú que aparece al hacer clic en el icono superior izquierdo. También nos aparece la siguiente barra de herramientas, cuyos botones tienen el siguiente significado:

19 Si al intentar ejecutarlo desde *Windows* no nos lo permite, debemos colocarnos encima de un fichero *.pyw*, hacer clic con el botón derecho del ratón y *Abrir con → Elegir programa predeterminado → Más opciones → Buscar otra aplicación en el equipo* y buscar nuestro intérprete *pythonw*.

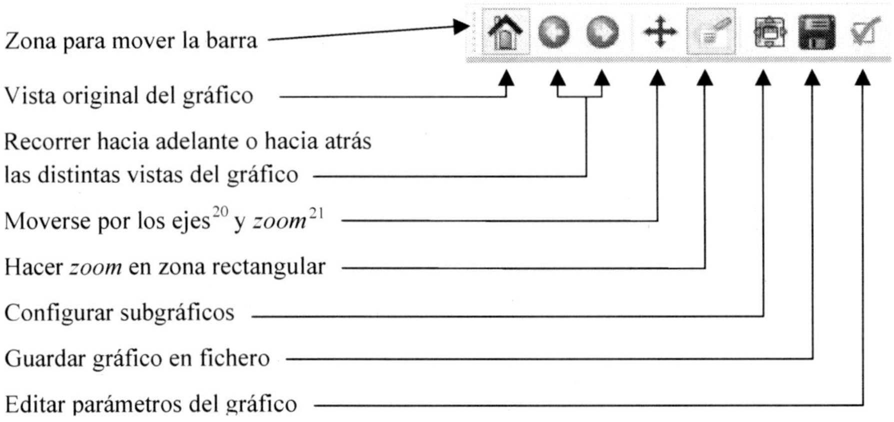

La barra de herramientas la podemos colocar (agarrándola por su extremo izquierdo y arrastrándola) arriba, abajo, a la izquierda, a la derecha o flotante dentro de la ventana. La zona de fondo gris está pensada para contener uno o varios gráficos (subgráficos). Modificando adecuadamente los parámetros que aparecen al hacer clic en el botón *configurar subgráficos* y colocando la barra en la parte derecha de la ventana podríamos obtener lo siguiente:

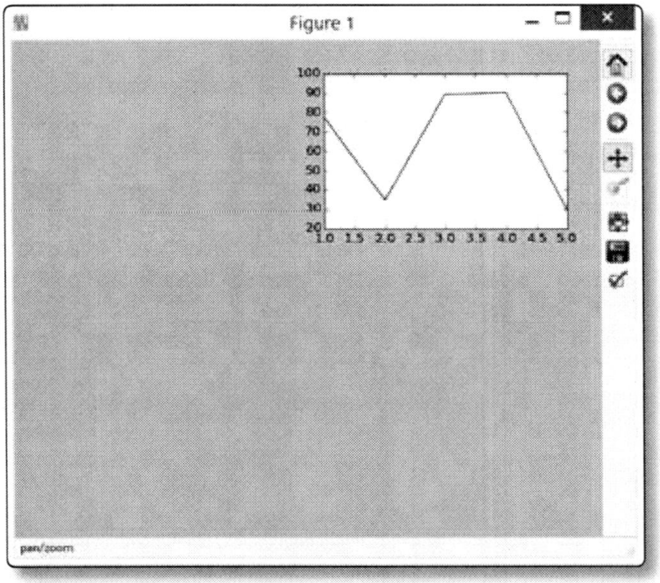

20 Manteniendo pulsado el botón izquierdo del ratón y moviéndolo.
21 Manteniendo pulsado el botón derecho del ratón y moviéndolo.

Se representan y configuran de forma automática los ejes *x* e *y* acorde a los valores que tenemos en las dos listas pasadas como parámetros a la función ***plot()***, que es la que genera el gráfico, mostrándose posteriormente mediante la función *show()*. Analicemos paso a paso las líneas de este sencillo código:

```
import matplotlib.pyplot as plt
```

Importamos el módulo *pyplot* de *Matplotlib*, que es el que nos permitirá generar gráficos de forma directa mediante funciones. Por comodidad de uso lo referenciamos como *plt*.

```
X = [1, 2, 3, 4, 5]
Y = [77.77, 34.56, 89.32, 90.21, 29.12]
```

Creamos dos listas con cinco elementos cada una. Una para el *eje x* y otra para el *eje y*.

```
plt.plot(X, Y)
```

Genera un gráfico con los datos que le pasamos en las dos listas. En este tipo en concreto se unen los puntos de coordenadas correspondientes mediante una línea recta:

$$(1, 77.77) \rightarrow (2, 34.56) \rightarrow (3, 89.32) \rightarrow (4, 90.21) \rightarrow (5, 29.12)$$

```
plt.show()
```

La función *plot()* no visualiza en pantalla el gráfico y es necesario para ello usar la función ***show()***.

En este primer sencillo caso vemos cómo, en base a unos datos, se genera un tipo de gráfico sin crear ningún objeto de forma explícita, sino mediante la función *plot()* directamente. ¿Cómo haríamos para representar, dentro de la misma ventana, varios gráficos? Mediante el uso de la función ***pyplot.subplot2grid()***, que tiene el siguiente formato:

pyplot.subplot2grid *((num_filas, num_columnas), (a, b), rowspan =alto, colspan = ancho)*

- Tupla que nos indica el número de filas y de columnas en que se divide el espacio para los gráficos
- Coordenadas dentro de la cuadrícula en la que se insertará el gráfico (comienzan desde el valor 0)
- Número de filas que ocupa el gráfico (opcional)
- Número de columnas que ocupa el gráfico (opcional)

Por ejemplo, si queremos representar dos gráficos muy sencillos podemos teclear el siguiente programa (que guardaremos como *mpl_2.pyw*):

```
import matplotlib.pyplot as plt

X = list(range(50))
Y1 = [1/(x+5) for x in X]
Y2 = [x**2 for x in X]
plt.subplot2grid((1,2), (0,0), colspan=1, rowspan=1)
plt.plot(X, Y1)
plt.subplot2grid((1,2), (0,1), colspan=1, rowspan=1)
plt.plot(X, Y2)
plt.show()
```

Genera una salida en forma de ventana flotante con este aspecto:

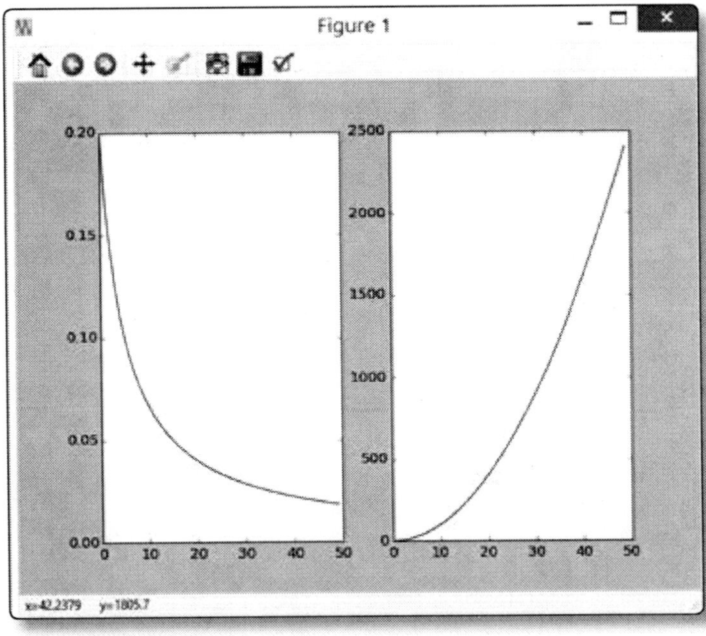

Analizaremos brevemente algunos elementos del código:

```
X = list(range(50))
Y1 = [1/(x+5) for x in X]
Y2 = [x**2 for x in X]
```

En estas líneas creamos tres listas: *X* para el eje *x*, que consistirá en una lista de 50 números enteros consecutivos (del *0* al *49*); *Y1* que contendrá los valores de la función $y = 1/(x+5)$ para los valores de *X*; e *Y2* que hará lo mismo para la función $y = x^2$.

```
plt.subplot2grid((1,2), (0,0), colspan=1, rowspan=1)
plt.plot(X, Y1)
```

En la primera línea dividimos (mediante la tupla (1,2)) el área gráfica en una fila y dos columnas, nos colocamos en la zona que tiene como coordenadas (0,0) (la columna izquierda) e indicamos que el ancho de nuestro subgráfico será de una fila y una columna (algo que podríamos haber omitido ya que es el valor que tendría por defecto). Posteriormente representamos la función en el subgráfico indicado.

```
plt.subplot2grid((1,2), (0,1), colspan=1, rowspan=1)
plt.plot(X, Y2)
```

En este caso repetimos en proceso anterior para la segunda función, indicando previamente que ahora el subgráfico tiene coordenadas (0,1), es decir, será en la segunda columna.

```
plt.show()
```

Visualizamos el gráfico en pantalla.

Otros ejemplos de código que hacen uso de la función *subplot2grid()* son:

mpl_3.pyw:

```
import matplotlib.pyplot as plt

X = list(range(50))
Y1 = [1/(x+5) for x in X]
Y2 = [x**2 for x in X]
Y3 = [((x-2)/(x+1))**0.5 for x in X ]
plt.subplot2grid((2,2), (0,0),rowspan=1)
plt.plot(X, Y1)
plt.subplot2grid((2,2), (0,1),rowspan=1)
plt.plot(X, Y2)
plt.subplot2grid((2,2), (1,0),colspan=2)
plt.plot(X, Y3)
plt.show()
```

Genera la siguiente salida:

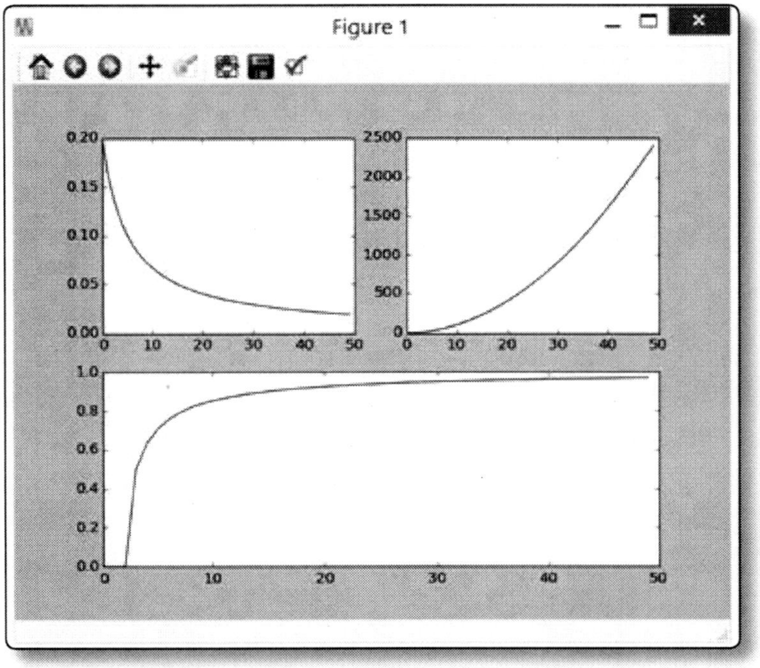

mpl_4.pyw:

```
import matplotlib.pyplot as plt

X = list(range(50))
Y1 = [1/(x+5) for x in X]
Y2 = [x**2 for x in X]
Y3 = [((x-2)/(x+1))**0.5 for x in X ]
plt.subplot2grid((2,2), (0,0),rowspan=2)
plt.plot(X, Y1)
plt.subplot2grid((2,2), (0,1))
plt.plot(X, Y2)
plt.subplot2grid((2,2), (1,1))
plt.plot(X, Y3)
plt.show()
```

Su salida es:

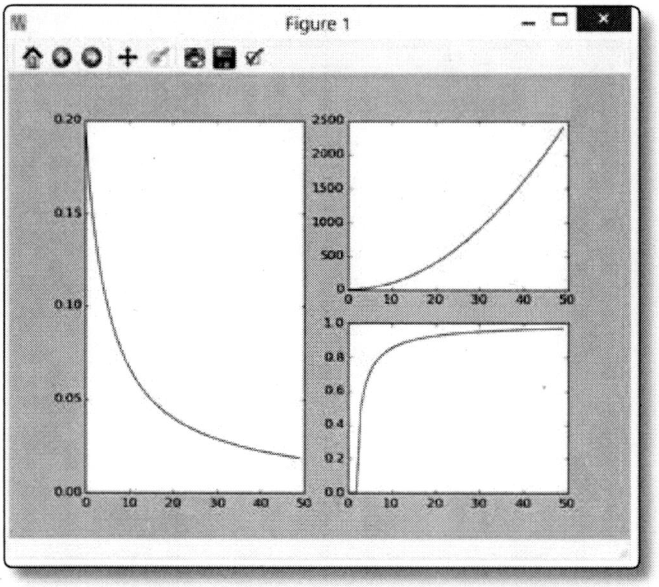

En el caso de querer representar en el mismo subgráfico varias curvas, sería tan fácil como llamar varias veces a la función *plot()*. Esto es debido a que, por defecto, la función ***plt.hold()*** tiene un valor *True*. Si colocásemos *ptl.hold(False)* antes de representar las curvas, solo nos mantendría la última, ya que cada llamada a la función *plot()* borraría la curva previa (si la hay). En determinados casos necesitaremos este comportamiento.

Cada curva tendrá un color (que si no es indicado de forma expresa lo elige el propio *Matplotlib*) para ser fácilmente distinguibles (la primera azul, la segunda verde, la tercera rojo, la cuarta *cyan*...). Un ejemplo de ello será *mpl_5.pyw*:

```
import matplotlib.pyplot as plt

X = list(range(10))
Y1 = [x**0.5 for x in X]
Y2 = [x for x in X]
Y3 = [x**1.5 for x in X ]
Y4 = [ x**2 for x in X]
plt.suptitle ("Ejemplo de funciones simultaneas", fontsize=24)
plt.subplot2grid((2,2), (0,0),colspan=2)
plt.title("Cuatro funciones representadas simultaneamente", fontsize = 10)
plt.plot(X, Y1)
plt.plot(X, Y2)
```

```
plt.plot(X, Y3)
plt.plot(X, Y4)
plt.subplot2grid((2,2), (1,0), colspan=2)
plt.title("Dos funciones representadas simultaneamente", fontsize = 10)
plt.plot(X, Y1)
plt.plot(X, Y2)
plt.show()
```

Su salida es:

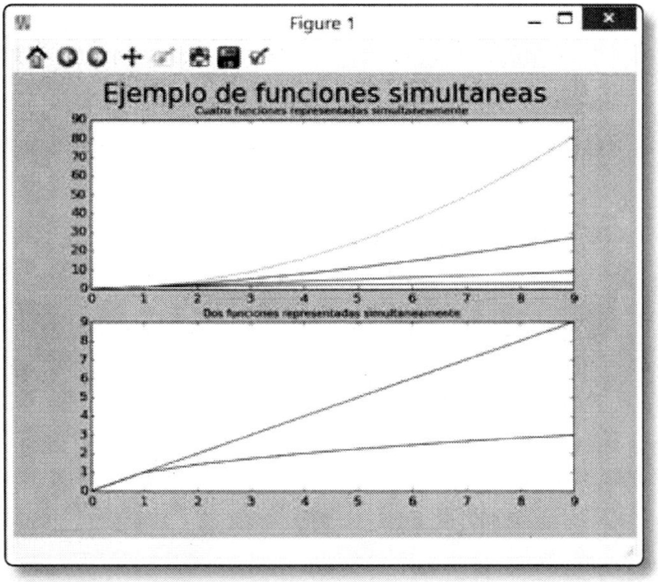

La función *plot()* nos permite, en el caso de querer representar varias curvas a la vez, indicarlo en una sola llamada a la función. En el código anterior podríamos haber sustituido las cuatro llamadas consecutivas a la función *plot()* por:

```
plt.plot(X, Y1, X, Y2, X, Y3, X, Y4)
```

O incluso poner las expresiones de *X, Y1,..., Y4* directamente dentro de la función.

En el código he usado la función ***title()***, que nos permite colocar un título a cada uno de los subgráficos, y la función ***suptitle()***, que coloca un título general a todos los subgráficos. En ambas funciones hemos usado uno de los múltiples parámetros posibles (*fontsize*) para indicar el tamaño en puntos de la fuente del texto.

¿Cómo haríamos para colocar rótulos en ambos ejes indicativos de qué es lo que representan? Usando las funciones ***xlabel()*** e ***ylabel()***. Veamos el ejemplo *mpl_6.pyw*:

```
import matplotlib.pyplot as plt

X = list(range(11))
Y1 = [x*75 for x in X]
Y2 = [x*58 for x in X]
plt.subplot2grid((1,2), (0,0))
plt.title("HOMBRES")
plt.xlabel('Numero de hombres')
plt.ylabel('Peso acumulado medio')
plt.plot(X, Y1)
plt.subplot2grid((1,2), (0,1))
plt.title("MUJERES")
plt.xlabel('Numero de mujeres')
plt.plot(X, Y2)
plt.show()
```

Tiene la siguiente salida:

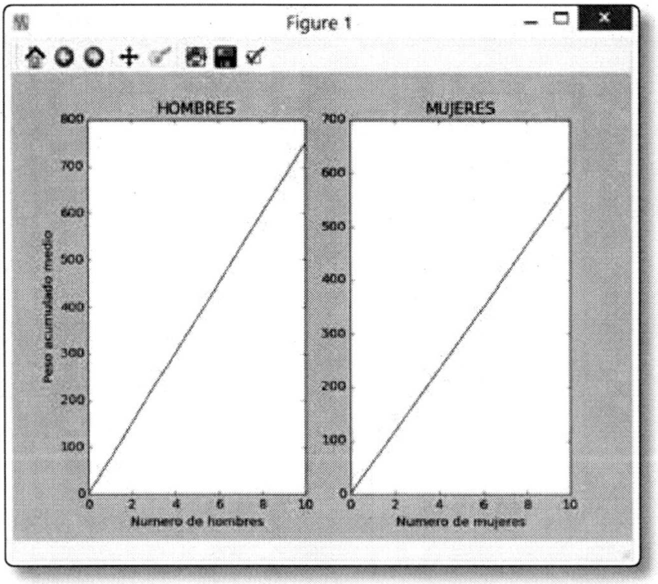

En este código hemos aumentado en un elemento la lista del eje *x*, resultando en una readaptación de las marcas en él, que ahora aparecen cada dos unidades. También observaremos que, como ha ocurrido hasta el momento, el *eje y* de cada uno de los gráficos se adapta a los valores del gráfico, resultando en nuestro caso particular que el límite superior en el subgráfico izquierdo es 800 y en el derecho 700. Si quisiésemos hacer una comparación más "realista", debemos cambiar el límite de valores en el eje *y* del segundo gráfico y darle valor 800. Eso se consigue mediante la función ***ylim()***, indicando entre paréntesis los límites inferior y superior del eje. Colocamos:

```
plt.xlabel('Numero de mujeres')
plt.ylim(0, 800)
plt.plot(X, Y2)
```

Así conseguiremos que el rango de ambos *ejes y* sea el mismo. La función ***xlim()*** realiza la misma operación pero sobre el eje *x*. Si a nuestro código actual le añadimos *plt.xlim(0,20)* antes de cada una de las dos llamadas a *plt.plot()*, obtendremos:

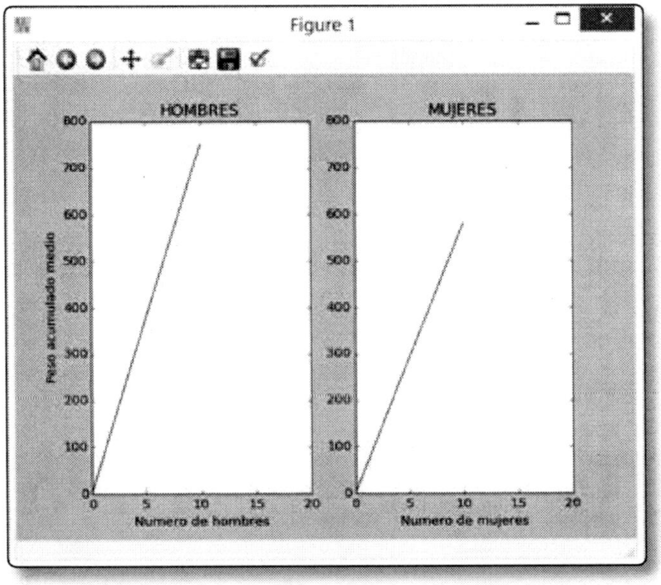

Podríamos argüir (con razón) que, a pesar de haber conseguido el objetivo de tener el límite del eje y de ambos subgráficos en el mismo valor, eso lo hemos logrado colocándolo "a mano" después de ver el resultado en pantalla. Nuestro reto es programar un código que se adapte a los distintos rangos posibles en ambos ejes y y se configure de forma automática en el mayor de ellos. Consideraremos el último ejemplo, en el que por definición los valores en el eje *y* son siempre positivos. Para lograr nuestro objetivo usaremos la función ***axis()*** de dos maneras distintas:

- Recogiendo los datos de una llamada sin argumentos:

  (xmin, xmax,ymin,ymax)←axis()

  Nos devuelve una tupla con los cuatro datos de los límites del eje *x* e *y* que tenga el gráfico.

- Pasándole los argumentos que deseemos establecer:

  axis([xmin, xmax,ymin,ymax]).

  En este caso le pasamos una lista (o tupla) con los cuatro valores que queremos establecer.

El fichero *mpl_7.pyw* hace uso de todo lo indicado:

```
import matplotlib.pyplot as plt

X = list(range(11))
Y1 = [x*75 for x in X]
Y2 = [x*58 for x in X]
plt.subplot2grid((1,2), (0,0))
plt.title("HOMBRES")
plt.xlabel('Numero de hombres')
plt.ylabel('Peso acumulado medio')
plt.plot(X, Y1)
ejes1_tupla = plt.axis()
plt.subplot2grid((1,2), (0,1))
plt.title("MUJERES")
plt.xlabel('Numero de mujeres')
plt.plot(X, Y2)
ejes2_tupla = plt.axis()
if ejes1_tupla[3] > ejes2_tupla[3]:
    ejes2_lista = list(ejes2_tupla)
    ejes2_lista[3] = ejes1_tupla[3]
    plt.axis(ejes2_lista)
else:
    ejes1_lista = list(ejes1_tupla)
    ejes1_lista[3] = ejes2_tupla[3]
    plt.subplot2grid((1,2), (0,0))
    plt.axis(ejes1_lista)
    plt.xlabel('Numero de hombres')
    plt.ylabel('Peso acumulado medio')
    plt.plot(X, Y1)
plt.show()
```

Su salida es:

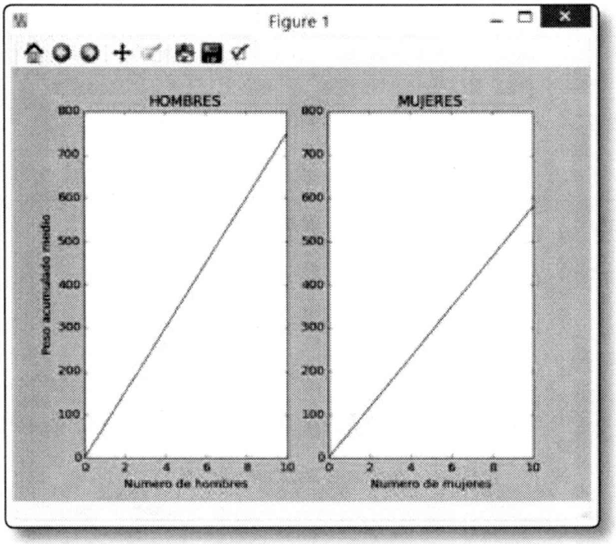

Tiene la particularidad de que está programado para adaptarse de forma automática al mayor valor de los dos gráficos representados (si éstos pudiesen cambiar). Para ello, antes de analizar el código en sí, podríamos cambiar en la cuarta línea de código:

```
Y2 = [x*58 for x in X]
```

El 58 por 85, obteniendo:

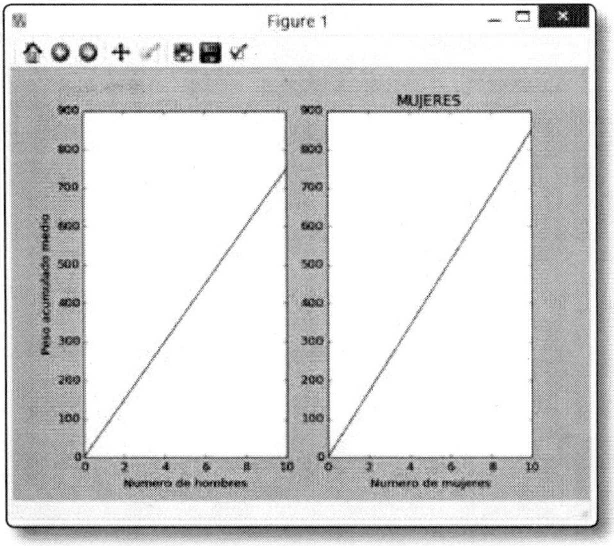

Observamos que ahora el límite superior para el eje son 900, adaptándose al mayor de los dos gráficos, que en este caso ha cambiado y es el de la derecha. Comentaremos a continuación las partes más interesantes del código:

```
plt.subplot2grid((1,2), (0,0))
plt.title("HOMBRES")
plt.xlabel('Numero de hombres')
plt.ylabel('Peso acumulado medio')
plt.plot(X, Y1)
ejes1_tupla = plt.axis()
```

En este bloque, de forma consecutiva dividimos la zona gráfica en dos columnas, colocándonos en la de la izquierda. Le ponemos un título, rotulamos el eje *x* e *y*, generamos la curva (que en este caso es una recta) y obtenemos mediante la función *axis()* la tupla que nos informa de los límites de los dos ejes. El siguiente bloque en el código hace lo mismo pero para el subgráfico de la derecha.

```
if ejes1_tupla[3] > ejes2_tupla[3]:
    ejes2_lista = list(ejes2_tupla)
    ejes2_lista[3] = ejes1_tupla[3]
    plt.axis(ejes2_lista)
else:
    ejes1_lista = list(ejes1_tupla)
    ejes1_lista[3] = ejes2_tupla[3]
    plt.subplot2grid((1,2), (0,0))
    plt.axis(ejes1_lista)
    plt.xlabel('Numero de hombres')
    plt.ylabel('Peso acumulado medio')
    plt.plot(X, Y1)
```

En este bloque lo primero que debemos hacer es comparar el cuarto valor (de índice 3) de las dos tuplas que hemos obtenido (*ejes1_tupla* y *ejes2_tupla*) para determinar cuál es el mayor de ellos. Estamos en el gráfico de la derecha, por lo que si el mayor es el del gráfico de la izquierda (la condición del *if* verdadera), solo deberemos cambiar el valor máximo en nuestro eje *y*. Como las tuplas no se pueden modificar, hago una conversión a lista, modifico el cuarto valor y lo configuro mediante la función *axis*. En el caso de condición del *if* falsa, tendremos que ir al gráfico de la izquierda y hacer la misma operación, con el añadido de tener que volver a colocar su título y sus etiquetas de ejes.

Podríamos haber hecho el código más compacto, y *Matplotlib* tiene formas más eficientes de tratar ejemplos como el visto. Lo interesante para nosotros es ver el funcionamiento de la función *axis()* y el comportamiento de *subplot2grid()* en este caso concreto.

En algunos momentos nos interesará añadir una cuadrícula a nuestro gráfico, o poder etiquetar de alguna manera las curvas representadas, sobre todo si existen varias. Lo primero lo conseguiremos fácilmente con la función ***grid()***, y para lo segundo podremos añadir texto al gráfico mediante la función ***text()***, flechas mediante la función ***annotate()*** o colocar leyendas de las curvas que queramos con la función ***legend()***. Veamos a continuación estas cuatro funciones.

Rescataremos el fichero *mpl_5.pyw*:

```
import matplotlib.pyplot as plt

X = list(range(10))
Y1 = [x**0.5 for x in X]
Y2 = [x for x in X]
Y3 = [x**1.5 for x in X ]
Y4 = [ x**2 for x in X]
plt.suptitle ("Ejemplo de funciones simultaneas", fontsize=24)
plt.subplot2grid((2,2), (0,0),colspan=2)
plt.title("Cuatro funciones representadas simultaneamente", fontsize = 10)
plt.plot(X, Y1)
plt.plot(X, Y2)
plt.plot(X, Y3)
plt.plot(X, Y4)
plt.subplot2grid((2,2), (1,0), colspan=2)
plt.title("Dos funciones representadas simultaneamente", fontsize = 10)
plt.plot(X, Y1)
plt.plot(X, Y2)
plt.show()
```

Tenía la siguiente salida:

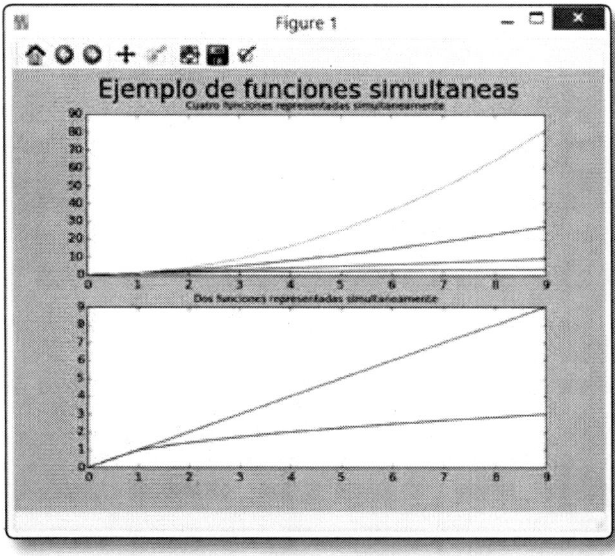

Imaginemos que queremos añadir una cuadrícula al subgráfico superior, además de rotular la curva de color *cyan*[22]. Para el inferior querríamos indicar mediante leyendas a qué función corresponden esas curvas, y señalar la de menor valor (representada en color azul) con una flecha. Nuestro código quedaría así (lo guardaremos como *mpl_5_2.pyw*):

```
import matplotlib.pyplot as plt

X = list(range(10))
Y1 = [x**0.5 for x in X]
Y2 = [x for x in X]
Y3 = [x**1.5 for x in X ]
Y4 = [ x**2 for x in X]
plt.suptitle ("Ejemplo de funciones simultaneas", fontsize=24)
plt.subplot2grid((2,2), (0,0),colspan=2)
plt.title("Cuatro funciones representadas simultaneamente", fontsize = 10)
plt.plot(X, Y1)
plt.plot(X, Y2)
plt.plot(X, Y3)
plt.plot(X, Y4)
plt.grid(True, ls = '-', color ='0.5')
plt.text(4.2,30, "y = x^2")
plt.subplot2grid((2,2), (1,0), colspan=2)
plt.title("Dos funciones representadas simultaneamente", fontsize = 10)
plt.plot(X, Y1, label = 'Curva 1')
plt.plot(X, Y2, label = 'Curva 2')
plt.grid()
plt.legend()
plt.annotate('y = x', xytext = (1.5, 7), xy = (5.5, 5.6), ha = 'right', va = 'bottom',
            arrowprops = { 'facecolor' : 'blue', 'shrink' : 0.02 })
plt.annotate('y = x^0.5', xytext = (7, 5),xy = (6, 2.6), ha = 'center', va = 'center',
            arrowprops = { 'arrowstyle': '->', 'color': 'red' } )
plt.show()
```

22 Que es que tiene mayores valores de las cuatro.

He marcado en negrita el código añadido. La salida sería la siguiente:

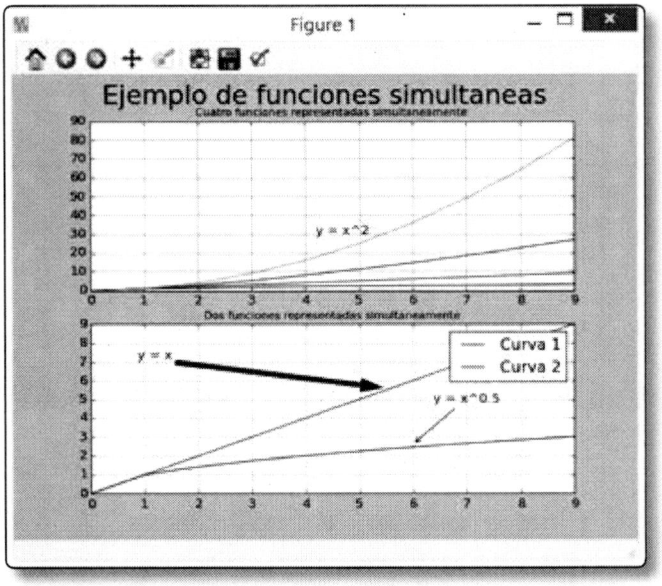

A simple vista se observa que en el subgráfico superior hemos etiquetado mediante un texto una de las curvas e incluido una cuadrícula continua. En el inferior se ha añadido una zona de leyendas, una cuadrícula discontinua y señalado mediante flechas de distintas características las dos curvas presentes en él. Analicemos el código añadido:

```
plt.grid(True, ls = '-', color ='0.5')
plt.text(4.2, 30, "y = x^2")
```

Al estar dentro de la zona delimitada mediante la función *subplot2grid()* para el subgráfico de arriba, es allí donde se aplicará. Mediante la función *grid()* añadimos la cuadrícula. En este caso le pasamos tres parámetros: *True* para indicarle que queremos que aparezca la citada cuadrícula (a veces no es necesario hacerlo); *ls='-'* para indicarle que queremos líneas continuas en él; y *color='0.5'* para indicar que el color de la cuadrícula será un gris de valor *0.5* en una escala de *0 (negro)* a *1(blanco)*. Aparte de esto hay varias formas más de indicar el color que queremos en *Matplotlib*:

- Indicando uno de los siguientes valores: '*b*' o "*blue*", '*g*' o "*green*", '*r*' o "*red*", '*c*' o "*cyan*", '*m*' o "*magenta*", '*y*' o "*yellow*", '*k*' o "*black*", '*w*' o "*white*" para, respectivamente, los colores azul, verde, rojo, *cyan*, magenta, amarillo, negro y blanco.

- Una tupla (*R,G,B*) donde *R*, *G* y *B* son números reales entre *0* y 1(inclusive) que nos indican respectivamente el porcentaje de color rojo (*Red*), verde (*Green*) y azul (*Blue*) que tiene nuestro color[23]. Por ejemplo (*1,0,0*) será el color rojo, (*0,0,1*) el azul, (*0,0,0*) el negro y (*1,1,1*) el blanco. Otro ejemplo sería (*0.4,0.2,0.7*), que generaría un color mezcla 40% de rojo, 20% de verde y 70% de azul.

- Una cadena hexadecimal del seis elementos, con el formato:

  #RRGGBB

  Aquí R, G y B son dígitos hexadecimales (*0...F*). También, como en el caso anterior, nos indican el porcentaje de rojo, verde y azul que tenemos. Por ejemplo *#00FF00* será el color verde.

Mediante la función *text()* colocamos en las coordenadas *x=4.2* e *y=30* indicadas el texto *"y = x^2"*.

```
plt.plot(X, Y1, label = 'Curva 1')
plt.plot(X, Y2, label = 'Curva 2')
plt.grid()
plt.legend()
plt.annotate('y = x', xytext = (1.5, 7), xy = (5.5, 5.6), ha = 'right', va = 'bottom',
            arrowprops = { 'facecolor' : 'blue', 'shrink' : 0.02 })
plt.annotate('y = x^0.5', xytext = (7, 5),xy = (6, 2.6), ha = 'center', va = 'center',
            arrowprops = { 'arrowstyle': '->', 'color': 'red' } )
```

En este caso el código está en la zona asignada mediante *subplot2grid()* al subgráfico de abajo, con lo cual actuará sobre él. Si queremos representar una leyenda en el gráfico, al usar la función *plot()* para cada una de las curvas, debemos incluir mediante el parámetro *label()* el texto que deseamos que aparezca en ella. Es eso lo que hacemos en las dos primeras líneas. En la tercera añadimos una cuadrícula sin ningún argumento, con lo cual aplica el valor de los parámetros por defecto, que son líneas discontinuas de color gris. En la cuarta línea indicamos que queremos que aparezca la leyenda, en la que incluirá solamente las curvas marcadas de la forma indicada con anterioridad. Las dos últimas líneas dibujan mediante la función *annotate()* las dos flechas con su texto asociado. En ellas indicamos, en este orden, el texto asociado que aparecerá, dos tuplas para introducir las coordenadas del texto y de la punta de la flecha (*xytext* y *xy*), cómo se coloca el texto tanto horizontal (*ha*) como verticalmente (*va*) y un diccionario (*arrowprops*) en el que proporcionar multitud de posibles parámetros de la flecha, como el color (*facecolor*, *color*), el estilo (*arrowstyle*) o la distancia desde el texto al inicio de la flecha (*shrink*).

---

23 Para la representación de colores en pantalla se usa el código RGB, que mezcla rojo verde y azul para generar todos los colores.

Hasta el momento solo hemos trabajado con un tipo concreto de gráfico, denominado *curva*, que representa una función mediante puntos unidos linealmente. Puntos cuyas coordenadas para el eje *x* y para el eje *y* están en dos listas. Para ello usamos la función *plot()*. Pero podríamos querer generar otro tipo de gráfico para visualizar nuestros datos en forma de columnas, puntos individuales, o en porciones proporcionales circulares. Para lograrlo, *Matplotlib* nos proporciona funciones para cada tipo de gráfico en concreto. Por ejemplo, para representar únicamente los puntos (sin unirlos de forma consecutiva) tenemos la función ***scatter()***. Un sencillo ejemplo será el siguiente (*mpl_8.pyw*):

```
import matplotlib.pyplot as plt

eje_x = list(range(1,11))
eje_y = [23, 4, 32, 77, 8, 43, 45, 90, 12, 68]
plt.xlim(0, 11)
plt.ylim(0, 100)
plt.scatter(eje_x, eje_y)
plt.show()
```

Generará una salida como la siguiente:

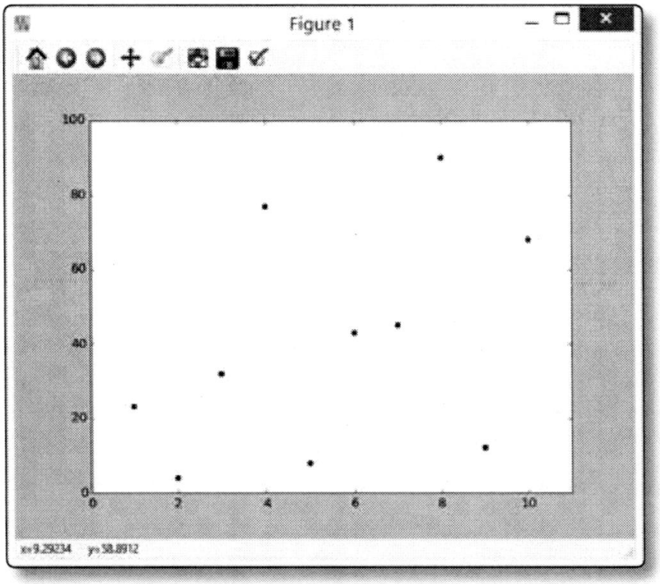

El código simplemente genera dos listas, una para el eje *x* con los números enteros de 1 a 10, y otra con los valores para el eje *y*, que elegimos arbitrariamente. Posteriormente, colocamos los límites de los ejes para una visualización más cómoda de los datos y usamos *scatter()* en lugar de *plot()* para visualizar solamente los puntos individuales. La forma de usar *scatter()* es muy similar a *plot()*, y como ocurría con este, tiene múltiples parámetros que podríamos añadir para realizar cosas como cambiar el color y/o tamaño del punto, o colocar en lugar de él otro símbolo.

Otro tipo de gráfico habitual es el de barras, tanto horizontales como verticales[24]. Para ello, *Matplotlib* tiene la función ***bar()*** (barras verticales) y ***barh()*** (barras horizontales). Un ejemplo de su uso es el siguiente (*mpl_9.pyw*):

```
import matplotlib.pyplot as plt

eje_x = list(range(1,11))
eje_y = [23, 4, 32, 77, 8, 43, 45, 90, 12, 68]
plt.subplot2grid((1,2), (0,0), colspan=1, rowspan=1)
plt.xlim(0, 11)
plt.ylim(0, 100)
plt.bar(eje_x, eje_y)
plt.subplot2grid((1,2), (0,1), colspan=1, rowspan=1)
plt.xlim(0, 100)
plt.ylim(0, 11)
plt.barh(eje_x, eje_y)
plt.show()
```

Su salida es:

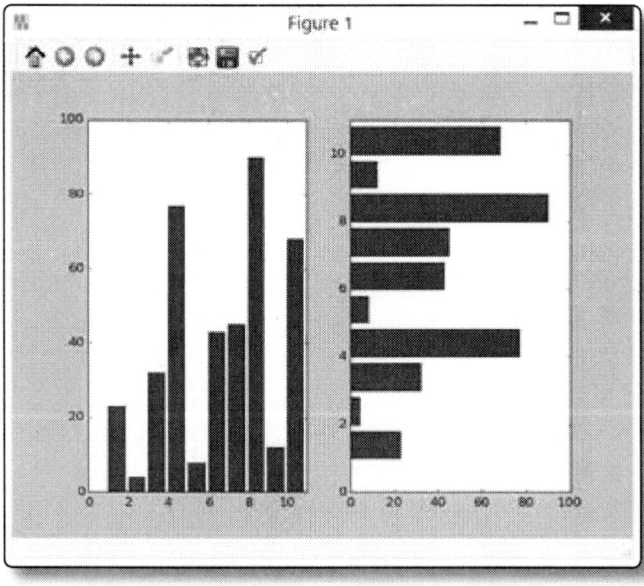

24 Se puede denominar *columnas* a las barras verticales. No es tan importante la denominación como el qué realizan.

Vemos al instante que los dos gráficos de barras (verticales y horizontales) puede que no tengan la apariencia deseada (o la que nos gustaría representar). Fijémonos en el gráfico de la izquierda, en el eje *x*. Si queremos etiquetar todos los números enteros del 0 al 10 en ese eje, de momento lo tenemos hecho solo con los pares, ya que, como indiqué con anterioridad, *Matplotlib* los representa de forma automática como él considera oportuno. Comentaré un poco más adelante cómo solucionar este problema. Observando ahora el valor *2* para el eje *x*, notamos que representa por defecto una barra vertical que va (a lo ancho) desde la marca del *2* hasta casi (exactamente el 80%) la marca (no visualizada) del 3. Puede que no sea así como nos gustaría que apareciese la barra. Tanto su anchura como su disposición en relación a los valores en el eje *x* (además de muchos parámetros más) son configurables en la función *bar()*. Lo mismo ocurre con *barh()*, que tiene un comportamiento similar con barras horizontales. Una distribución distinta y más atractiva visualmente sería la siguiente:

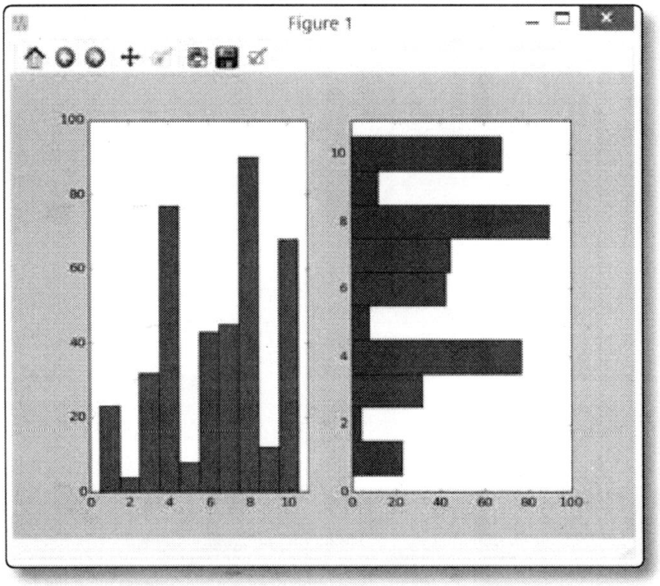

Es la salida del siguiente código (*mpl_9_2.pyw*):

```
import matplotlib.pyplot as plt

eje_x = list(range(1,11))
eje_y = [23, 4, 32, 77, 8, 43, 45, 90, 12, 68]
plt.subplot2grid((1,2), (0,0), colspan=1, rowspan=1)
plt.xlim(0, 11)
plt.ylim(0, 100)
plt.bar(eje_x, eje_y, width = 1, color = 'green', align = 'center')
plt.subplot2grid((1,2), (0,1), colspan=1, rowspan=1)
```

```
plt.xlim(0, 100)
plt.ylim(0, 11)
plt.barh(eje_x, eje_y, height = 1, color = 'red', align = 'center')
plt.show()
```

Simplemente hemos indicado a las funciones *bar()* y *barh()* que la anchura o altura es el 100% de la distancia entre marcas (mediante *width* y *height* respectivamente), que el color de las barras es verde o rojo (mediante *color*) y que la alineación de la barra respecto a la marca (horizontal o vertical en cada caso) es centrada (mediante *align*).

Existen varios tipos de gráficos con barras, por ejemplo, barras apiladas. Para ello solo debemos colocar las barras en el mismo lugar y hacer uso del parámetro *bottom* de la función *bar()*. Veamos un ejemplo (*mpl_10.pyw*):

```
import matplotlib.pyplot as plt

eje_x = list(range(1,11))
eje_y = [23, 4, 32, 77, 8, 43, 45, 90, 12, 68]
eje_y2 = [45, 10, 3, 7, 65, 4, 32, 21, 38, 6]
plt.xlim(0, 11)
plt.ylim(0, 120)
plt.bar(eje_x, eje_y, color = 'green', align = 'center')
plt.bar(eje_x, eje_y2, color = 'blue', align = 'center', bottom = eje_y)
plt.show()
```

Genera la salida:

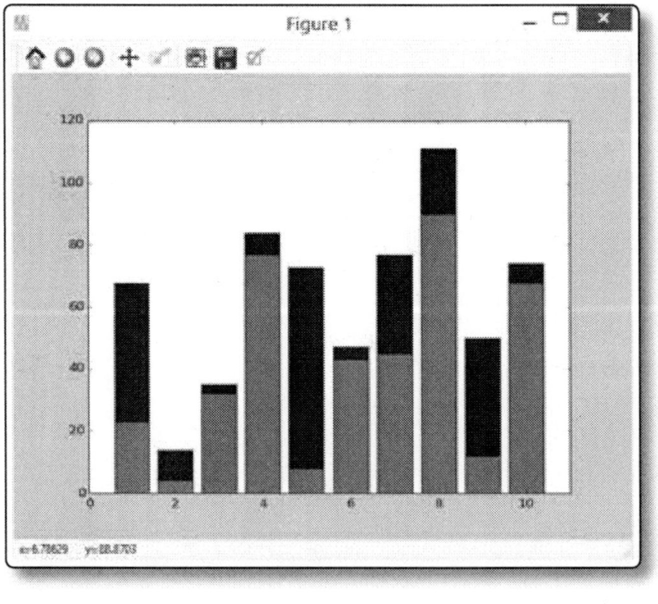

El parámetro *bottom* indica sobre qué barra se va a colocar la nuestra. En nuestro caso le indicamos que es sobre los datos almacenados en *eje_y*. Si no lo hubiésemos indicado se habrían superpuesto, apareciendo en algunos casos solo la barra de color azul, ya que ésta es la última que se dibuja. Podríamos apilar todas las barras que quisiésemos, siempre que se lo indiquemos apropiadamente mediante *bottom*.

El caso de barras horizontales sería similar, usando *barh()* en lugar de *bar()* y *left* en lugar de *bottom*. Veámoslo (*mpl_11.pyw*):

```
import matplotlib.pyplot as plt

eje_y = list(range(1,11))
eje_x = [23, 4, 32, 77, 8, 43, 45, 90, 12, 68]
eje_x2 = [45, 10, 3, 7, 65, 4, 32, 21, 38, 6]
eje_x3 = [11, 98, 42, 71, 12, 67, 4, 9, 2, 52]
plt.ylim(0, 11)
plt.barh(eje_y, eje_x, color = 'green', align = 'center')
plt.barh(eje_y, eje_x2, color = 'blue', align = 'center', left = eje_x)
plt.barh(eje_y, eje_x3, color = 'cyan', align = 'center', left = [eje_x[i]+eje_x2[i] for i in range(len(eje_x))])
plt.show()
```

La salida generada es:

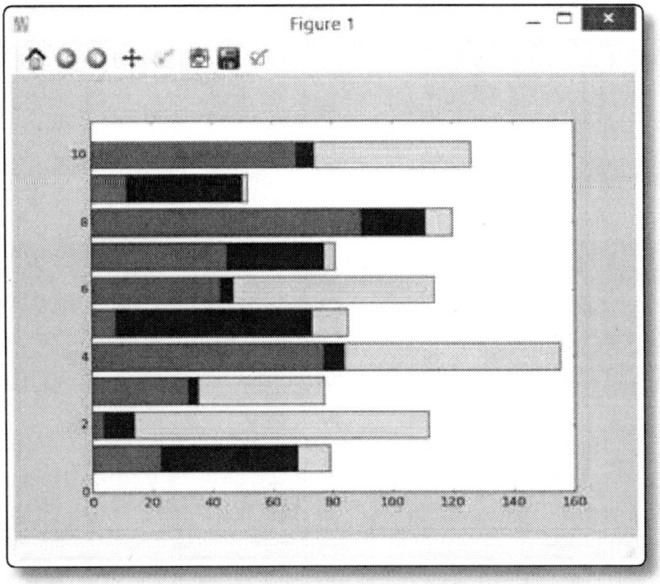

Como en este caso las columnas no están unas encima de otras sino al lado, es el parámetro *left* el que indica el valor que hay que sumarle. En las columnas de color azul es simplemente el valor de la lista *eje_x*, pero en la de color *cyan* hemos tenido que crear (mediante *list comprehensions*) una lista que fuese la suma de *eje_x* y *eje_x2* para indicarle el valor correcto[25].

Sería fácil ampliar *mpl_10.pyw* para apilar verticalmente tres barras. Será *mpl_10_2.pyw*:

```
import matplotlib.pyplot as plt

eje_x = list(range(1,11))
eje_y = [23, 4, 32, 77, 8, 43, 45, 90, 12, 68]
eje_y2 = [45, 10, 3, 7, 65, 4, 32, 21, 38, 6]
eje_y3 = [45, 10, 3, 7, 65, 4, 32, 21, 38, 6]
plt.xlim(0, 11)
plt.ylim(0, 140)
plt.bar(eje_x, eje_y, color = 'green', align = 'center')
plt.bar(eje_x, eje_y2, color = 'blue', align = 'center', bottom = eje_y)
plt.bar(eje_x, eje_y3, color = 'cyan', align = 'center',\
        bottom = [eje_y[i]+eje_y2[i] for i in range(len(eje_x))])
plt.show()
```

Otra forma interesante de usar las barras es colocándolas "espalda con espalda" para poder hacer una comparación de dos valores. Por ejemplo, imaginemos que queremos comparar el número de chicos y chicas entre 10 y 19 años que hay en una determinada localidad, visualizándolo de forma gráfica por años. Para ello debemos colocar con valor negativo los valores de una de las barras. Un ejemplo podría ser el siguiente (*mpl_12.pyw*):

```
import matplotlib.pyplot as plt

eje_y = list(range(10,20))
eje_x = [23, 4, 7, 77, 81, 43, 45, 90, 12, 68]
eje_x2 = [45, 10, 3, 67, 65, 24, 32, 21, 38, 56]
plt.ylim(9,20)
plt.barh(eje_y, eje_x, color = 'red', align = 'center')
plt.barh(eje_y, [-eje_x2[i] for i in range(len(eje_x2))], color = 'yellow', align = 'center')
plt.show()
```

Aquí hemos variado ligeramente los datos, colores y límites del eje *y*, además de indicarle en la segunda función *barh()* que los datos queremos que aparezcan con signo negativo, para lo que hemos tenido que crear una nueva lista mediante *list comprehensions*. El resultado es el siguiente:

25 Usando *numpy* podríamos haberlas sumado directamente.

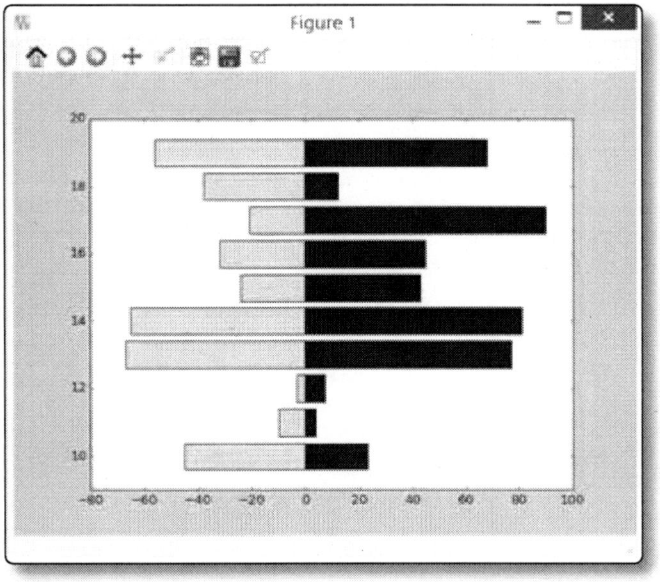

En el caso de que queramos varios gráficos de barras juntos para cada dato, sin superponerse, deberemos jugar con el espacio que tenemos en el eje, la anchura de cada una de las barras y la colocación de éstas respecto a las marcas que hayamos indicado para obtener un resultado visualmente atractivo. Analicemos el siguiente código (*mpl_13.pyw*):

```
import matplotlib.pyplot as plt

eje_x = list(range(1,11))
for i in range(len(eje_x)):
    eje_x_2 = [x + 1/3 for x in eje_x]
for i in range(len(eje_x)):
    eje_x_3 = [x + 2/3 for x in eje_x]
eje_y = [23, 4, 32, 77, 8, 43, 45, 90, 12, 68]
eje_y2 = [45, 10, 3, 7, 65, 4, 32, 21, 38, 6]
eje_y3 = [11, 98, 42, 71, 12, 67, 4, 9, 2, 52]
plt.xlim(1-1/6, 11-1/6)
plt.ylim(0, 100)
plt.grid(linestyle = ‘--’, axis = ‘y’)
plt.bar(eje_x, eje_y, width = 1/3, color = ‘green’, align = ‘center’)
plt.bar(eje_x_2, eje_y2, width = 1/3, color = ‘blue’, align = ‘center’)
plt.bar(eje_x_3, eje_y3, width = 1/3, color = ‘yellow’, align = ‘center’)
plt.show()
```

En él tenemos tres listas (*eje_y*, *eje_y2*, *eje_y3*) para representar cada una de las barras correspondientes a los datos almacenados en la lista *eje_x*, que son números enteros del *1* al *10* (inclusive). Por lo tanto, en el eje *x* hay un espacio de una unidad para poder colocar las barras. Si queremos aprovecharlo todo, la anchura de cada una de ellas será de *1/3*. Para que no se solapen, crearemos dos nuevas listas que contengan los valores originales de *eje_x* pero desplazados en valor *1/3* y *2/3* de él. De esta manera se colocarán las tres barras consecutivas. Pero no ocuparán exactamente el espacio entre los valores (visibles o no) enteros del eje *x*, sino que irán desde un poco antes de ella a un poco antes de la siguiente, ya que le hemos indicado mediante el parámetro *align* de la función *bar()* que queremos que la marca esté centrada en la barra. Ese "un poco" es la mitad de la anchura de la columna, es decir, de valor *1/6*. Es por ello que para que solo se representen gráficamente el espacio de las columnas se ha restado ese valor en la función *xlim()*. El valor tope de *100* dado a la función *ylim()* es *a posteriori*, sabiendo los valores que tenemos. Como añadido hemos colocado una cuadrícula solo aplicada al eje *y* con estilo de rayas. El resultado es el siguiente:

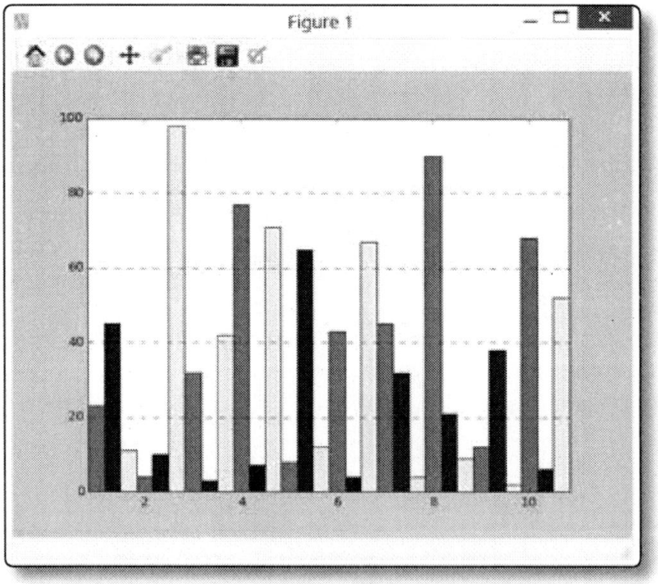

La forma de proceder para lograr el mismo efecto con barras verticales es similar y queda como ejercicio para el lector.

También nos podría interesar en un momento dado generar un gráfico de tipo circular. Para ello *Matplotlib* tiene la función ***pie()***, que es muy sencilla de usar ya que se basa en solo una lista. El ejemplo más sencillo (*mpl_14.pyw*):

```
import matplotlib.pyplot as plt

datos = [23, 12, 32, 77, 38]
plt.pie(datos)
plt.show()
```

Genera una salida como la siguiente:

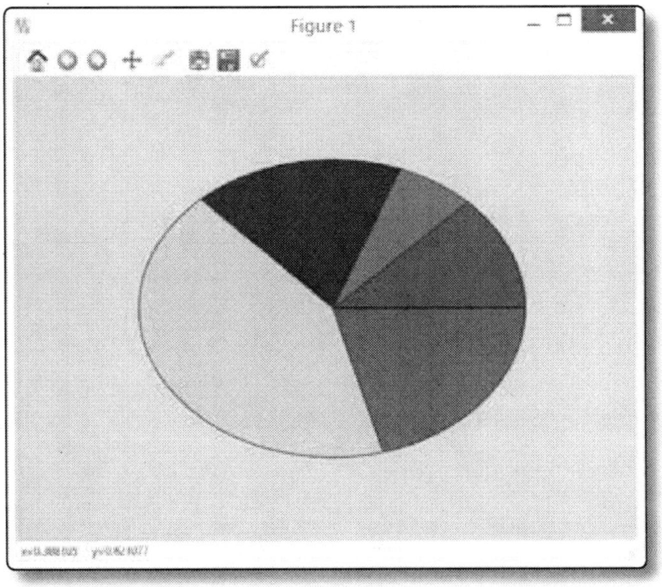

Sin embargo, tenemos múltiples parámetros que configurar dentro de la función *pie()*. Actualizaremos *mpl_14.pyw* de la siguiente manera, donde he marcado en negrita los cambios:

```
import matplotlib.pyplot as plt

datos = [23, 12, 32, 77, 38]
plt.pie(datos)
plt.pie(datos, labels =['Ana','Eva','Juan','Marta','Javier'], shadow = True, labeldistance= 0.7 )
plt.show()
```

Genera:

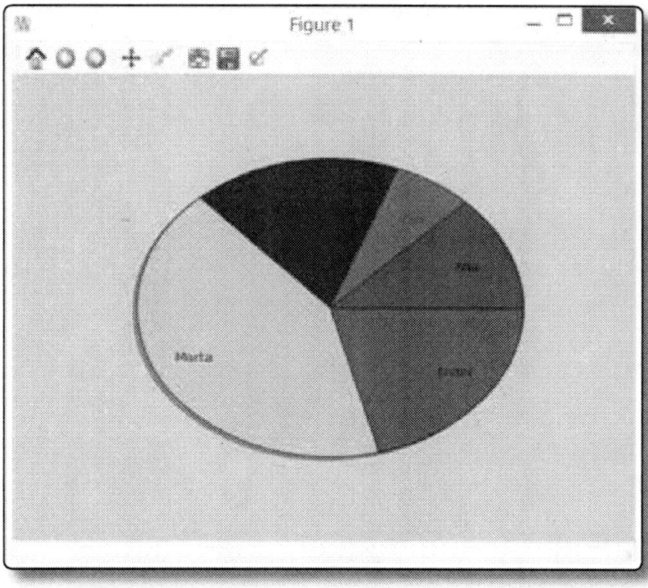

Hemos incluido sombra al gráfico y etiquetas a una determinada distancia para las porciones. Como en todos los casos anteriores, hay muchas más opciones que podríamos en un momento dado añadir a nuestro gráfico.

Existen otros tipos de gráficos en *Matplotlib*, como los *histogramas*, los *boxplots* o las *triangulaciones*, que no veremos por motivos de espacio.

Intentemos ahora solucionar algunos de los problemas que nos pueden aparecer a la hora de configurar determinados gráficos. Imaginemos que necesitamos generar un gráfico del consumo de agua de una determinada comunidad de regantes mes a mes. Queremos representar en el eje *x* los meses y en el eje *y* el consumo mensual en relación a la capacidad total de nuestro estanque. Con lo que sabemos hasta ahora podríamos crear el siguiente código (*mpl_15.pyw*):

```
import matplotlib.pyplot as plt

eje_x = list(range(1,13))
eje_y = [23, 4, 32, 77, 48, 93, 75, 90, 32, 28, 21, 18]
plt.xlim(0.5, 12.5)
plt.ylim(0, 100)
plt.bar(eje_x, eje_y, color = ‘cyan’, align = ‘center’, width = 1)
plt.show()
```

Nos genera la siguiente salida:

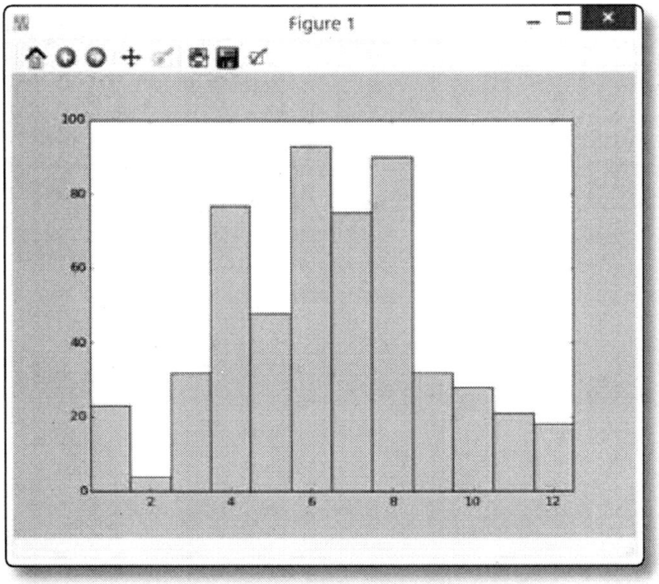

También queremos que las marcas del eje *y* sean cada 10 unidades en lugar de las 20 que aparecen automáticamente en nuestro gráfico, y en lugar de marcas numéricas en el eje *x* deseamos que aparezcan los nombres de los meses.

Para solucionar el primer obstáculo haremos uso de la función de *pyplot* llamada ***yticks()***, que nos coloca las marcas que le indiquemos en el eje *y*. Modificando *mpl_15.pyw* (los cambios se indican en negrita) obtendríamos:

```
import matplotlib.pyplot as plt

eje_x = list(range(1,13))
eje_y = [23, 4, 32, 77, 48, 93, 75, 90, 32, 28, 21, 18]
plt.xlim(0.5, 12.5)
plt.ylim(0, 100)
plt.yticks([10*x for x in range(11)])
plt.bar(eje_x, eje_y, color = 'cyan', align = 'center', width = 1)
plt.show()
```

Pasamos a la función *yticks()* una lista con todos los valores de las marcas que queremos que aparezcan en el eje *y*, consiguiendo con ello el efecto deseado:

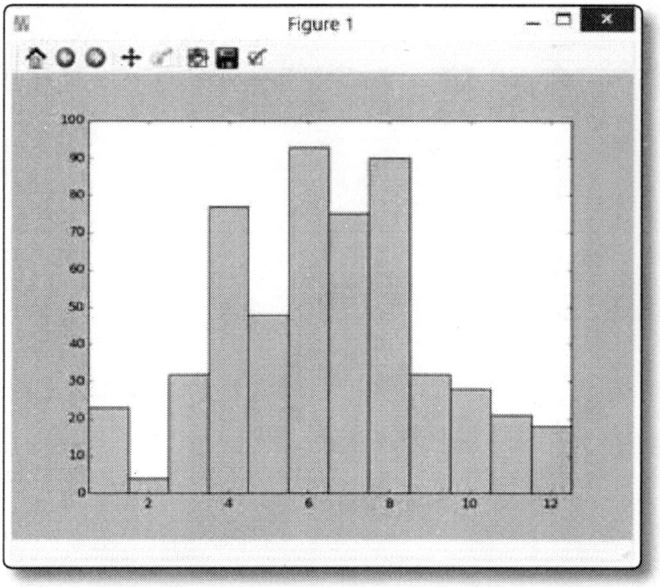

Para actuar en el eje *x* usaremos la función de *pyplot* de nombre ***xticks()***. Pero en este caso no solo queremos marcar los distintos meses de forma individual (en lugar de dos en dos), sino también darles nombres en lugar de valores numéricos. La función *xticks()* permite[26] asociar texto a cada una de las marcas, simplemente añadiendo en los argumentos una segunda lista del mismo tamaño que la primera. Seguimos modificando nuestro fichero *mpl_15.pyw*:

```
import matplotlib.pyplot as plt

eje_x = list(range(1,13))
eje_y = [23, 4, 32, 77, 48, 93, 75, 90, 32, 28, 21, 18]
plt.xlim(0.5, 12.5)
plt.ylim(0, 100)
plt.xticks([x for x in range(1,13)], ["Enero", "Febrero", "Marzo", "Abril"," Mayo" ,\
                                      "Junio","Julio","Agosto","Septiembre","Octubre",\
                                      "Noviembre","Diciembre"], fontsize = 7)
plt.yticks([10*x for x in range(11)])
plt.bar(eje_x, eje_y, color = 'cyan', align = 'center', width = 1)
plt.show()
```

26 La función *yticks()* tiene también esa misma posibilidad.

Obtenemos:

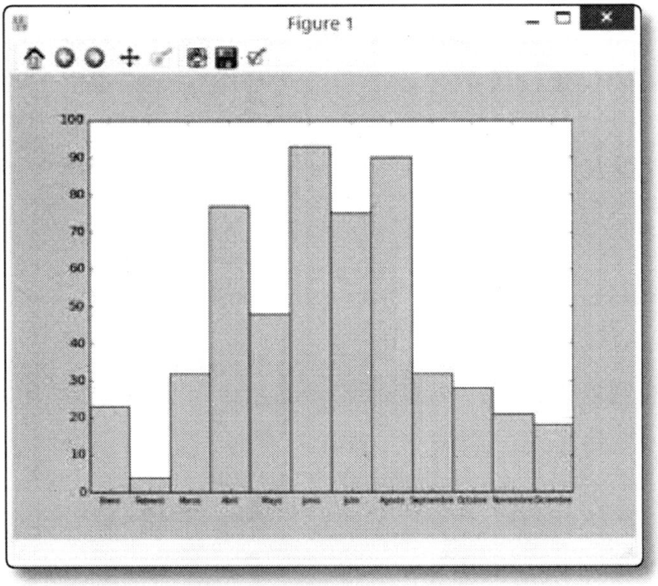

Dado nuestro tamaño de gráfico hemos tenido que poner un tamaño de letra muy pequeño para que los nombres no se solapasen entre ellos. Si quisiésemos aumentar el tamaño de la letra (por ejemplo a 12 puntos), tendríamos dos opciones:

1. Si no podemos modificar el tamaño de la ventana, colocar el texto con una cierta inclinación mediante el parámetro *rotation de xticks()*[27]. En nuestro caso elegiremos girar los nombres 25° en sentido antihorario:

```
import matplotlib.pyplot as plt

eje_x = list(range(1,13))
eje_y = [23, 4, 32, 77, 48, 93, 75, 90, 32, 28, 21, 18]
plt.xlim(0.5, 12.5)
plt.ylim(0, 100)
plt.xticks([x for x in range(1,13)], ["Enero", "Febrero", "Marzo", "Abril"," Mayo" ,\
                                      "Junio","Julio","Agosto","Septiembre","Octubre",\
                                      "Noviembre","Diciembre"], fontsize = 12, rotation = 25)
plt.yticks([10*x for x in range(11)])
plt.bar(eje_x, eje_y, color = 'cyan', align = 'center', width = 1)
plt.show()
```

27 De forma similar podríamos hacer algo parecido con *yticks()*.

Tenemos:

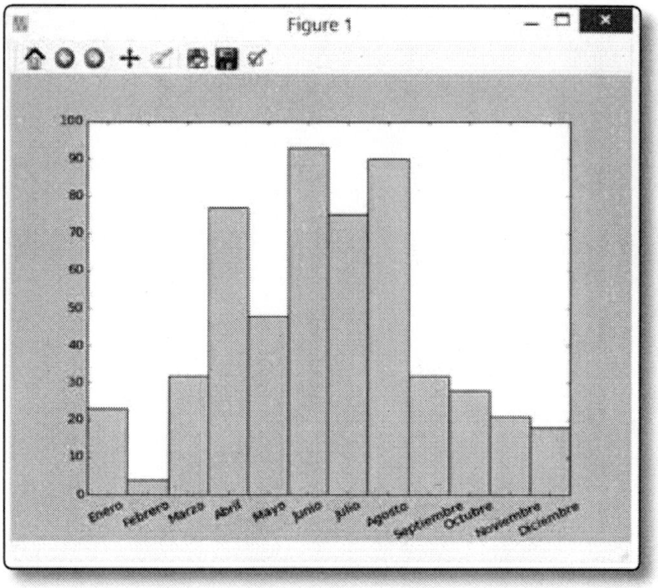

2. Si podemos modificar el tamaño de la ventana, lo haremos mediante código con el parámetro *figsize* de la función *figure()* de *pyplot*, que funciona indicando el ancho y el alto en pulgadas mediante una tupla[28]. Por lo tanto, no usaremos el parámetro *rotation de xticks()* visto con anterioridad:

```
import matplotlib.pyplot as plt

plt.figure(figsize=(14,8))
eje_x = list(range(1,13))
eje_y = [23, 4, 32, 77, 48, 93, 75, 90, 32, 28, 21, 18]
plt.xlim(0.5, 12.5)
plt.ylim(0, 100)
plt.xticks([x for x in range(1,13)], ["Enero", "Febrero", "Marzo", "Abril"," Mayo" ,\
                                      "Junio","Julio","Agosto","Septiembre","Octubre",\
                                      "Noviembre","Diciembre"], fontsize = 12)
plt.yticks([10*x for x in range(11)])
plt.bar(eje_x, eje_y, color = 'cyan', align = 'center', width = 1)
plt.show()
```

28 También podríamos haber evitado el uso de la función *figure()* ampliando mediante el ratón, tras su aparición en pantalla, la ventana hasta que los nombres que inicialmente se solapaban no lo hicieran. He preferido el uso de *figure()* por considerarlo más ortodoxo y didáctico.

Conseguimos finalmente:

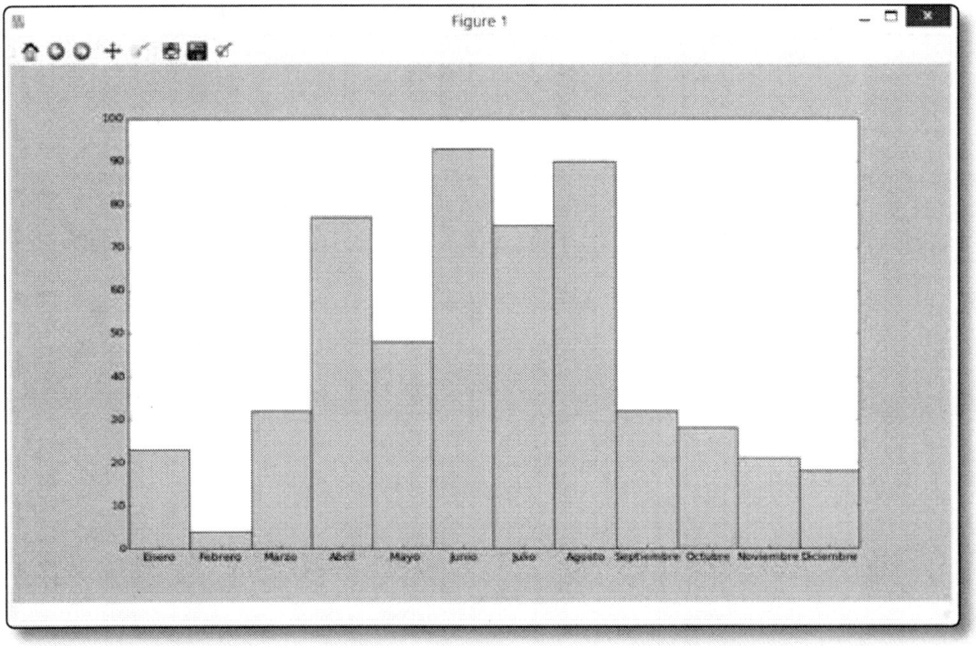

Los valores adecuados para cada tamaño de pantalla pueden variar. En mi caso he colocado 14 pulgadas de ancho y 8 de alto, pero el lector puede adecuar el tamaño como considere más oportuno. El uso de la función *figure()* para cambiar el tamaño por defecto de la ventana del gráfico se comprenderá más profundamente al leer el apartado siguiente. Antes de ello, a modo de resumen, presentaremos las funciones empleadas de *pyplot* en la siguiente tabla[29]:

29 Se recomienda consultar la documentación oficial de *Matplotlib* para aprender más funciones del módulo *pyplot*. Se puede descargar en formato pdf desde la dirección *http://matplotlib.org/1.4.3/Matplotlib.pdf* o desde la web del libro (con nombre *Matplotlib.pdf*).

	Módulo : *pyplot*
Método	Descripción
annotate()	Para hacer anotaciones con flechas
axis()	Actuamos sobre los ejes del gráfico
bar()	Dibuja un gráfico de barras vertical (columnas)
barh()	Dibuja un gráfico de barras horizontal
grid()	Le indicamos que coloque una rejilla
hold()	Permite (o no) dibujar varios gráficos
legend()	Inserta una leyenda
pie()	Genera gráficos de tarta
plot()	Dibuja una curva
scatter()	Dibuja un gráfico de puntos individuales
subplot2grid()	Divide el espacio de la ventana en subespacios para gráficos
suptitle()	Inserta título superior
text()	Inserta texto en el gráfico
title()	Le indicamos el título
xlabel()	Le indicamos las etiquetas para el eje *x*
xlim()	Le indicamos los límites del eje *x* del gráfico
xticks()	Le indicamos las marcas en el eje *x*
ylabel()	Le indicamos las etiquetas para el eje *y*
ylim()	Le indicamos los límites del eje *x* del gráfico
yticks()	Le indicamos las marcas en el eje *y*

9.3.2 Uso de Matplotlib mediante los objetos de su librería

Al inicio del capítulo comentamos las tres formas principales que tenemos de trabajar con *Matplotlib*: con los módulos *pylab*, *pyplot* o directamente con los objetos de la librería. Descartamos el primer enfoque y en el apartado anterior vimos cómo trabajar con el módulo *pyplot*, consiguiendo generar gráficos de varios tipos con interesantes características. Aprenderemos ahora a trabajar directamente con los objetos de *Matplotlib* (manteniendo por comodidad aún algunos elementos del módulo *pyplot*[30]), lo que nos permitirá un gran control sobre sus características. Empezaremos por ver los distintos tipos de objeto que componen una figura, desde el nivel más alto al más bajo[31]:

- *FigureCanvas:* es la clase contenedora de la clase *Figure*.
- *Figure:* clase contenedora de la clase *Axes*.
- *Axes:* es el área rectangular que contiene los elementos gráficos (líneas, círculos, texto...). Será el elemento donde representaremos el gráfico como tal.

Podríamos visualizarlo esquemáticamente así:

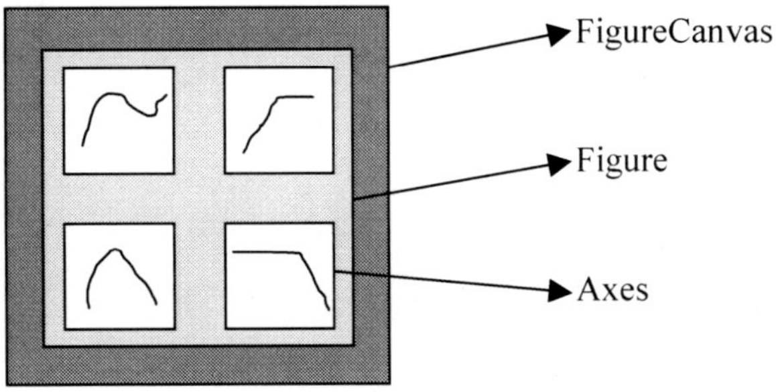

Con *pyplot* creábamos mediante *subplot2grid()* los distintos espacios para subgráficos de cara a representarlos (recordemos *mpl_2.pyw*) mediante *plt.plot()* o alguna función similar. Ahora procederemos de la siguiente manera[32]:

1. Generamos mediante la función *plt.figure()* un objeto de tipo *Figure*[33].
2. Usaremos el método *add_subplot()* para generar los distintos objetos de tipo *Axes*.
3. Usaremos el método *plot()* o similares sobre los objetos Axes generados de la misma forma vista con anterioridad en *pyplot*, pudiendo en este caso también recoger los objetos que devuelve para su posterior uso.

---

30 Más adelante trabajaremos con los objetos que componen la librería a un nivel aún más bajo.

31 En la documentación oficial de *Matplotlib* podremos ver todas las clases y métodos de forma pormenorizada. Es muy aconsejable su uso.

32 Consideraremos a partir de ahora incluida la librería *pyplot* y renombrada como plt mediante *import matplotlib.pyplot as plt*.

33 Es justamente lo que hicimos en el apartado anterior, usando el argumento *figsize* para cambiar el tamaño.

El formato del método *add_subplot()* es el siguiente:

add_subplot(**num_ ilas, num_columnas, subgrá ico_activo**): Axes

Vemos que *num_filas* y *num_columnas* nos indican respectivamente el número de filas y columnas en el que vamos a dividir nuestro objeto *Figure*. En esos espacios es donde se van a almacenar los objetos de tipo *Axes* usados para representar el gráfico correspondiente. El tercer parámetro (*subgráfico_activo*) nos indica el número del espacio que está activo, es decir, el objeto *Axes* donde actuará el método gráfico que utilicemos (*plot()*, *scatter()*, *bar()*, *pie()*...). El método devuelve precisamente este objeto por si en un momento dado nos puede interesar recogerlo. Como ejemplo, pensemos que hemos creado un objeto *f* de tipo *Figure* mediante *plt.figure()*. Si aplicamos el método *add_subplot* de la siguiente manera:

f.add_subplot(2,2,3)

Significa que hemos dividido así nuestro objeto *Figure*:

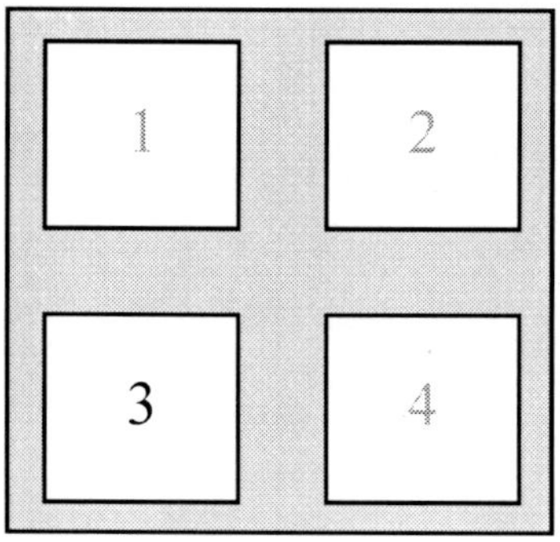

Tendremos dos filas y dos columnas, estando activa la zona 3. Por lo tanto, se nos devolverá un objeto de tipo *Axes* que es el que estará en la zona 3 indicada. Observamos que la numeración empieza en 1 hasta el número de filas por el de columnas. La norma que seguiremos para nombrar ese objeto *Axes* devuelto por *add_subplot()* será *ax* seguido del número que le corresponda en la cuadrícula (en nuestro caso sería 3). Se nos permite eliminar las comas entre argumentos del método *add_subplot()*, pudiendo poner:

f.add_subplot(223)

Veamos la forma de reescribir el código *mpl_2.pyw* de esta nueva forma (lo guardaremos como *mpl_2_2.pyw*):

```
import matplotlib.pyplot as plt

X = list(range(50))
Y1 = [1/(x+5) for x in X]
Y2 = [x**2 for x in X]
fig = plt.figure()
ax1= fig.add_subplot(121)
ax1.plot(X,Y1)
ax2 = fig.add_subplot(122)
ax2.plot(X,Y2)
plt.show()
```

Cuya salida es la misma que ya conocemos:

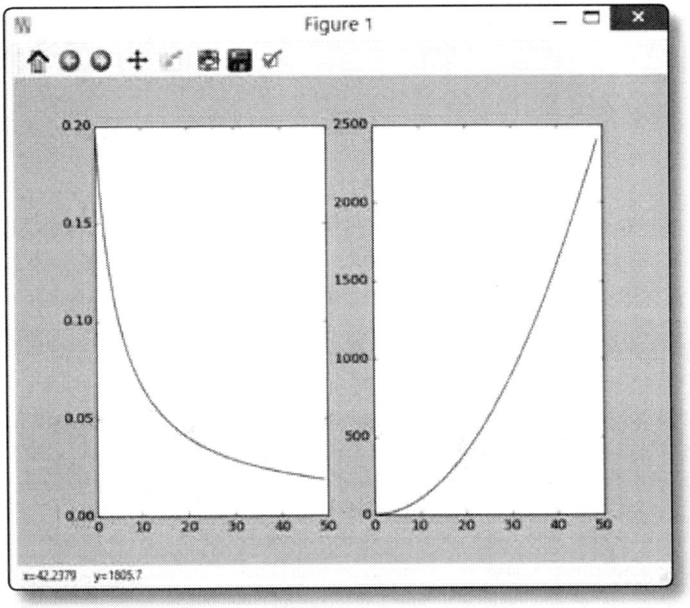

El uso de los objetos directamente nos permite cosas interesantes. Por ejemplo, el método *plot()* nos devuelve una lista con todos los elementos que componen el gráfico (en nuestro caso solo una curva). Podríamos recoger ese objeto para modificarlo con posterioridad. Si quisiésemos cambiar el color del gráfico de la derecha sin tener que volver a usar *plot()* con el parámetro *color* haríamos lo siguiente (actualizamos *mpl_2_2.pyw*):

```
import matplotlib.pyplot as plt

X = list(range(50))
Y1 = [1/(x+5) for x in X]
Y2 = [x**2 for x in X]
fig = plt.figure()
ax1= fig.add_subplot(121)
ax1.plot(X,Y1)
ax2 = fig.add_subplot(122)
c2, = ax2.plot(X,Y2)
c2.set_color("green")
plt.show()
```

He resaltado en negrita los cambios respecto al código original. La coma detrás de *c2* es necesaria para el correcto funcionamiento. El objeto *c2* es la curva de la derecha, y *set_color()* un método que le aplicamos para cambiarle el color.

Ahora, en lugar de trabajar exclusivamente con el módulo *pyplot*, lo haremos en gran medida con las clases *FigureCanvas*, *Figure* y *Axes*. La primera la veremos en el siguiente apartado. Estudiaremos a continuación la segunda (generada a partir de *plt.figure()*[34]) y tercera (generada a partir del método *add_subplot()* de un objeto de la clase *Figure*). Para ello intentaremos conseguir lo que obtuvimos con el uso del módulo *pyplot*, indicando los elementos que no varían en su formato y resaltando los que sí.

Quiero generar, sobre la base de *mpl_2_2.pyw*, dos tipos de gráfico distintos a los que ya tenemos: uno de barras y otro de puntos individuales. También cambiar el tamaño de la ventana, ponerle un título, eliminar tanto las barras de herramientas como de estado que la acompañan por defecto, añadir rejillas de distinto tipo a los gráficos, dar determinado color a los elementos y cambiar el tamaño de los caracteres que aparezcan dentro de la ventana.

Para ello nos ayudaremos de los siguientes métodos de la clase *Axes*[35]:

34 En el siguiente apartado veremos otra forma de generar el objeto, directamente del módulo.
35 Hacemos una visión rápida de ellos, sin entrar en comentar todos sus posibles parámetros.

	Clase : *Axes*
Método	Descripción
annotate()	Para hacer anotaciones con flechas
bar()	Dibuja un gráfico de barras
grid()	Le indicamos cómo colocar una rejilla en el objeto *Axes*
pie()	Genera gráficos de tarta
scatter()	Dibuja un gráfico de puntos individuales
set_color()	Configura el color
set_tick_params()	Configura los parámetros de las marcas
set_title()	Le indicamos el título para en objeto *Axes* correspondiente
set_xlabel()	Le indicamos las etiquetas para el eje *x*
set_xlim()	Le indicamos los límites del eje *x* del gráfico
set_xticklabels()	Le indicamos las etiquetas para las marcas en el eje *x*
set_xticks()	Le indicamos las marcas en el eje *x*
set_ylabel()	Le indicamos las etiquetas para el eje *y*
set_ylim()	Le indicamos los límites del eje *x* del gráfico
set_yticklabels()	Le indicamos las etiquetas para las marcas en el eje *y*
set_yticks()	Le indicamos las marcas en el eje *y*
tick_params()	Configuramos los parámetros de las marcas
twinx()	Nos permite compartir el eje *x* con ejes *y* independientes
twiny()	Nos permite compartir el eje *y* con ejes *x* independientes

Debemos recordar que funciones que usábamos en el módulo *pyplot* tienen en muchos casos métodos asociados a ellas en la clase *Axes*, por lo que podríamos usarlas en ella[36].

36 Para más información, consultar la ayuda oficial de *Matplotlib*, donde se indican las distintas clases, métodos y funciones (con los correspondientes formatos) que componen sus librerías.

De la clase *Figure* usaremos:

	Clase : *Figure*
Método	Descripción
set_window_title()	Coloca un título a la ventana
suptitle()	Coloca un título global al objeto *Figure*

Y las funciones de *pyplot*:

	Módulo : *pyplot*
Función	Descripción
figure()	Crea un objeto *Figure* con determinadas características
rcParams()	Modifica los parámetros que tienen todos los gráficos de *Matplotlib* por defecto y que están almacenados en un fichero llamado *matplotlibrc*

Con todos estos elementos crearemos el siguiente código (*mpl_16.pyw*):

```
import matplotlib.pyplot as plt

plt.rcParams['toolbar'] = 'None'
plt.rcParams['font.size'] = '10'

X = list(range(1, 11))
Y1 = [x**0.5 for x in X]
Y2 = [x**1.5 for x in X]

fig = plt.figure(figsize = (12,5), frameon = False, facecolor = "yellow")
fig.canvas.set_window_title("Ventana con dos tipos de graficos distintos")
fig.suptitle("Titulo superior", fontsize = 15, color = "red")

ax1= fig.add_subplot(121)
ax1.set_xlim(0.5,10.5)
ax1.set_ylim(0, max(Y1) * 1.05)
ax1.grid(True, axis = "y", ls = '-', color ='0.3')
ax1.set_xticks([i for i in range(1, 11)])
ax1.set_xlabel("Eje x primer grafico", color = "magenta")
ax1.set_ylabel("Eje y primer grafico", color = "magenta")
ax1.set_title("Primer grafico", color = "blue")
ax1.bar(X,Y1, width = 1, color = 'green', align = 'center')

ax2 = fig.add_subplot(122)
ax2.set_xlim(0.5,10.5)
ax2.set_ylim(0, max(Y2) * 1.05)
ax2.grid(True, axis = "x", ls = '-', color ='0.3')
```

```
ax2.set_xticks([i for i in range(1, 11)])
ax2.set_xticklabels(['uno','dos', 'tres','cuatro','cinco','seis','siete', 'ocho','nueve','diez'],\
                    fontsize = 9, color = "b")
ax2.set_xlabel("Eje x segundo grafico", color = "r")
ax2.set_ylabel("Eje y segundo grafico", color = "r")
ax2.set_title("Segundo grafico", color ="green")
ax2.scatter(X,Y2)

plt.show()
```

Genera la salida:

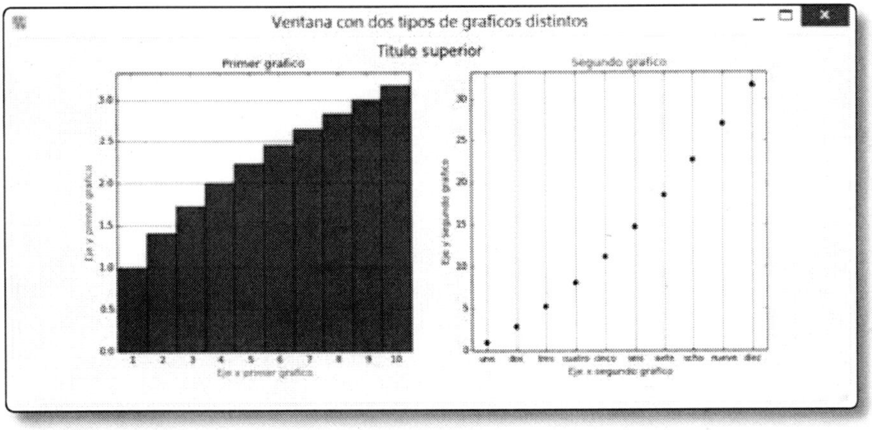

Observamos a simple vista muchas de las características que comentamos al plantear el programa.

Pasaremos a comentar por bloques el código del programa:

```
import matplotlib.pyplot as plt

plt.rcParams['toolbar'] = 'None'
plt.rcParams['font.size'] = '10'
```

Seguimos usando por comodidad algunos elementos del módulo *pyplot*, entre ellos la función *rcParams()*, que permite modificar la configuración por defecto de muchos de los elementos que configuran el gráfico en su totalidad y que está almacenada en el fichero *matplotlibrc* (sin extensión) ubicado en la siguiente carpeta[37]:

C:\Users\flop\Anaconda3\envs\Python3_3_5\Lib\site-packages\matplotlib\mpl-data

37 Si el lector tiene curiosidad puede acceder al citado fichero y ver con un editor de texto su contenido.

En nuestro código indicamos que no queremos que aparezcan barras de herramientas en la ventana y que el tamaño de los caracteres será por defecto de 10 puntos. La función no modifica el fichero *matplotlibrc* sino que solo es válida en la ejecución del programa.

```
X = list(range(1, 11))
Y1 = [x**0.5 for x in X]
Y2 = [x**1.5 for x in X]
```

Creamos la lista para los datos del eje *x* (una serie de 10 enteros del 1 al 10) y dos listas para el eje *y* (dos funciones aplicadas a los elementos de la primera lista).

```
fig = plt.figure(figsize = (12,5), frameon = False , facecolor = "yellow")
fig.canvas.set_window_title("Ventana con dos tipos de graficos distintos")
fig.suptitle("Titulo superior", fontsize = 15, color = "red")
```

En la primera línea creamos un objeto de tipo *Figure* mediante la función *figure()*, que nos permite una gran cantidad de posibles argumentos[38]. Entre ellos *figsize*, con el que indicaremos mediante una tupla el tamaño (ancho y alto) en pulgadas de la ventana. Con *frameon* activaremos o desactivaremos el fondo del objeto *Figure*, y mediante *facecolor* podremos cambiar el color de éste. En nuestro caso se ha desactivado el fondo, pero el lector puede colocar *frameon* a valor *True* y ver el resultado.

En la segunda línea colocamos mediante el método *set_window_title()* el título de la ventana.

En la tercera incluimos un título de color rojo y tamaño 15 puntos en la parte superior del fondo de nuestro objeto *Figure*, ayudándonos para ello del método *suptitle()* y de sus argumentos *fontsize* y *color*.

```
ax1= fig.add_subplot(121)
```

Empezamos aquí a trabajar con los objetos *Axes*, en concreto con *ax1*. Lo primero es crearlo (mediante el método *add_subplot()* de la clase *Figure*) con los argumentos que nos interesan.

```
ax1.set_xlim(0.5,10.5)
ax1.set_ylim(0, max(Y1) * 1.05)
```

Configuramos los límites del eje *x* y del eje *y* mediante *set_xlim()* y *set_ylim()* respectivamente. En el primer caso desplazamos 0.5 unidades dado que tendremos un gráfico de barras y centraremos posteriormente cada una de ellas respecto a la

38 Para una descripción más detallada de todos ellos, consultar la ayuda de *Matplotlib*.

marca. En el segundo caso conseguimos que el *eje y* vaya desde 0 hasta un 5% más del valor más alto que tenga la función.

```
ax1.grid(True, axis = "y", ls = '-', color ='0.3')
```

Colocamos mediante *grid()* una rejilla horizontal continua de color gris.

```
ax1.set_xticks([i for i in range(1, 11)])
```

Colocamos las 10 marcas en el eje *x*.

```
ax1.set_xlabel("Eje x primer grafico", color = "magenta")
ax1.set_ylabel("Eje y primer grafico", color = "magenta")
ax1.set_title("Primer grafico", color = "blue")
```

Colocamos nombres con colores a cada uno de los ejes y al propio subgráfico.

```
ax1.bar(X,Y1, width = 1, color = 'green', align = 'center')
```

Dibujamos las barras con anchura total, color verde y centradas respecto a las marcas.

```
ax2 = fig.add_subplot(122)
ax2.set_xlim(0.5,10.5)
ax2.set_ylim(0, max(Y2) * 1.05)
ax2.grid(True, axis = "x", ls = '-', color ='0.3')
ax2.set_xticks([i for i in range(1, 11)])
ax2.set_xticklabels(['uno','dos', 'tres','cuatro','cinco','seis','siete', 'ocho','nueve','diez'],\
                    fontsize = 9, color = "b")
ax2.set_xlabel("Eje x segundo grafico", color = "r")
ax2.set_ylabel("Eje y segundo grafico", color = "r")
ax2.set_title("Segundo grafico", color ="green")
ax2.scatter(X,Y2)
```

Este segundo bloque de código para el objeto *ax2* es muy similar al ya comentado, salvo en los tres elementos resaltados en negrita. El primero indica que la rejilla será vertical. El segundo hace uso de *xticklabels()* para indicar las etiquetas que aparecerán en las marcas (evidentemente el número de elementos proporcionado mediante la lista debe coincidir en número con éstas), y mediante *fontsize* y *color* hemos indicado su tamaño y color, respectivamente. Mediante el tercero generamos un gráfico del tipo diagrama de puntos.

```
plt.show()
```

Finalmente, no debemos olvidar usar la función *show()* para que se muestre el gráfico en la pantalla, o de lo contrario no obtendríamos nada en ella.

Un sencillo ejemplo del uso del método *twinx()*, que nos permite compartir el eje *x* para dos curvas, es *ejemplo_twinx.pyw*:

```
import matplotlib.pyplot as plt

X = list(range(50))
Y1 = [1/(x+5) for x in X]
Y2 = [x**2 for x in X]
fig = plt.figure()
ax1= fig.add_subplot(111)
ax1.plot(X,Y1, color ="magenta")
ax1.set_xlabel("Eje comun")
ax1.set_ylabel("Curva magenta")
ax2 = ax1.twinx()
c2, = ax2.plot(X,Y2)
c2.set_color("green")
ax2.set_ylabel("Curva verde")
plt.show()
```

Genera:

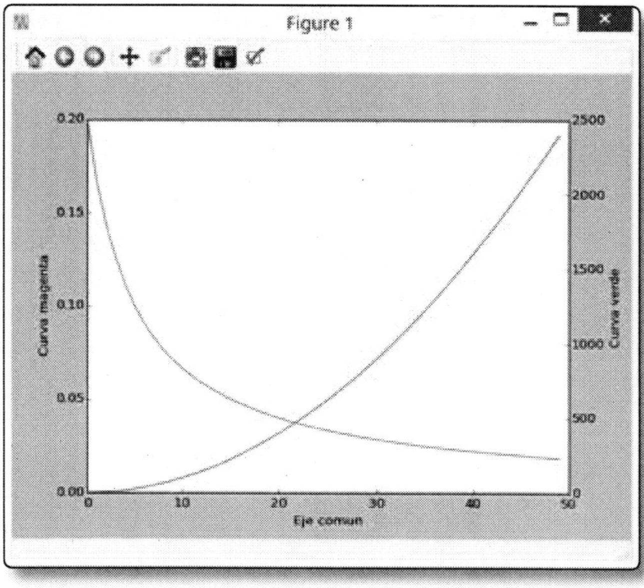

A continuación se muestra un programa de nombre *mpl_graficos_1.pyw* que presenta varias características interesantes. Su comprensión queda como ejercicio para el lector.

```
import matplotlib.pyplot as plt

X = list(range(50))
Y1 = [1/(x+5) for x in X]
Y2 = [x**2 for x in X]
```

```
plt.rcParams['toolbar'] = 'None'
fig = plt.figure(frameon = True, facecolor = '1')
fig.canvas.set_window_title("Gráficos en Matplotlib ")
ax1= fig.add_subplot(121)
ax1.tick_params(width = 0)
ax1.spines["top"].set_visible(False)
ax1.spines["right"].set_visible(False)
ax1.set_title("Primera función", loc = "left", color = "b")
ax1.plot(X,Y1)
ax2 = fig.add_subplot(122)
ax2.tick_params(width = 0)
ax2.spines["top"].set_visible(False)
ax2.spines["right"].set_visible(False)
ax2.set_title("Segunda función", loc = "right", color = "g")
ax2.grid(True, axis = "both", ls = '-.', color ='0.3')

c2, = ax2.plot(X,Y2)
c2.set_color("green")
ax1.annotate('y = 1/(x+5)', xytext = (25, 0.10), xy = (15, 0.05), ha = 'left',  va = 'top',\
            arrowprops = dict(arrowstyle = '->', linewidth = 1.5, connectionstyle = 'angle3',\
            color = (0.5,0.5,0.5)))
ax2.annotate('y = x**2', xytext = (20, 1200), xy = (30, 890), ha = 'right', va = 'bottom',color = "blue",\
            arrowprops = dict(arrowstyle = '<->', linewidth = 2, connectionstyle = 'angle',\
            color = (0.7,0.1,0.9)))

plt.show()
```

Su salida es:

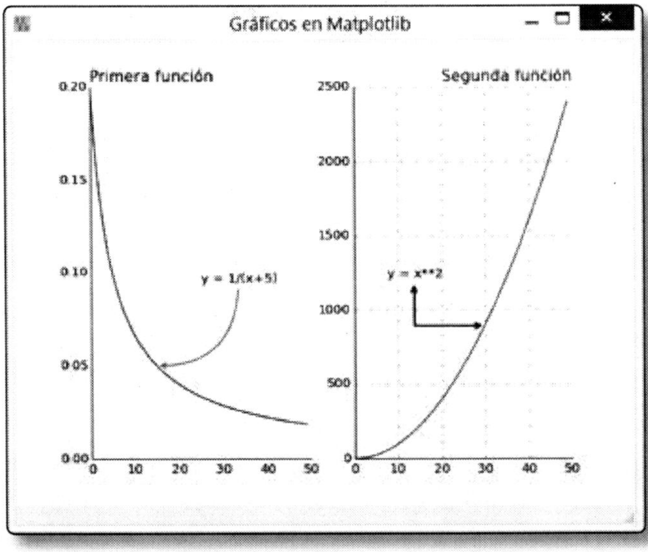

El único elemento al que no hemos hecho referencia con anterioridad es *spines()*, que es una clase propia de *Matplotlib* que tiene un método asociado del mismo nombre en la clase *Axes* (que es la que usamos en el código). Los *spines* son las líneas que conectan las marcas de los ejes y que delimitan el área gráfica. En el ejemplo se han eliminado el superior y el derecho.

El lector también podría analizar *mpl_graficos_2.pyw*:

```
import matplotlib.pyplot as plt
import random

plt.rcParams['toolbar'] = 'None'
plt.rcParams['font.size'] = '10'

X = list(range(1, 11))
Y1 = []
Y2 = []
Y3 = []
Y4 = []
for y in range(10):
    Y1.append(10)
    Y2.append(random.randint(1,50))
    Y3.append(random.randint(1,50))
    Y4.append(random.randint(1,50))

nombres = ["Ajos", "Patatas", "Lechugas","Berzas", "Fresas",\
            "Lechugas", "Puerros", "Tomates", "Pimientos", "Coles"]
colores = ['b' , 'g' , 'r', '0.65', 'c', 'm' , '0.85', 'y' , 'w' , (0.7,0.1,0.3) ]

fig = plt.figure(figsize = (12, 10),frameon = False)
fig.canvas.set_window_title("Gráfico tipo tarta")
fig.suptitle("Número de productos pedidos", fontsize = 15, color = "blue")

ax1= fig.add_subplot(221)
ax1.set_title("Colores por producto", color = 'k')
ax1.pie(Y1, labels = nombres, shadow = True, colors = colores,\
        explode = [0.1,0.1,0.1,0.1,0.1,0.1,0.1,0.1,0.1,0.1])

ax2= fig.add_subplot(222)
ax2.set_title("Cliente: Manolo", color = 'r')
ax2.pie(Y2,autopct= '%d' , shadow = True, colors = colores,\
        explode = [0.1,0.1,0.1,0.1,0.1,0.1,0.1,0.1,0.1,0.1])
```

```
ax3= fig.add_subplot(223)
ax3.set_title("Cliente: Ana", color = 'b')
ax3.pie(Y3,autopct= '%d', shadow = True, colors = colores,\
        explode = [0.1,0.1,0.1,0.1,0.1,0.1,0.1,0.1,0.1,0.1])

ax4= fig.add_subplot(224)
ax4.set_title("Cliente: Laura", color = 'm')
ax4.pie(Y4,autopct= '%d' , shadow = True, colors = colores,\
        explode = [0.1,0.1,0.1,0.1,0.1,0.1,0.1,0.1,0.1,0.1])

plt.show()
```

Genera la siguiente salida:

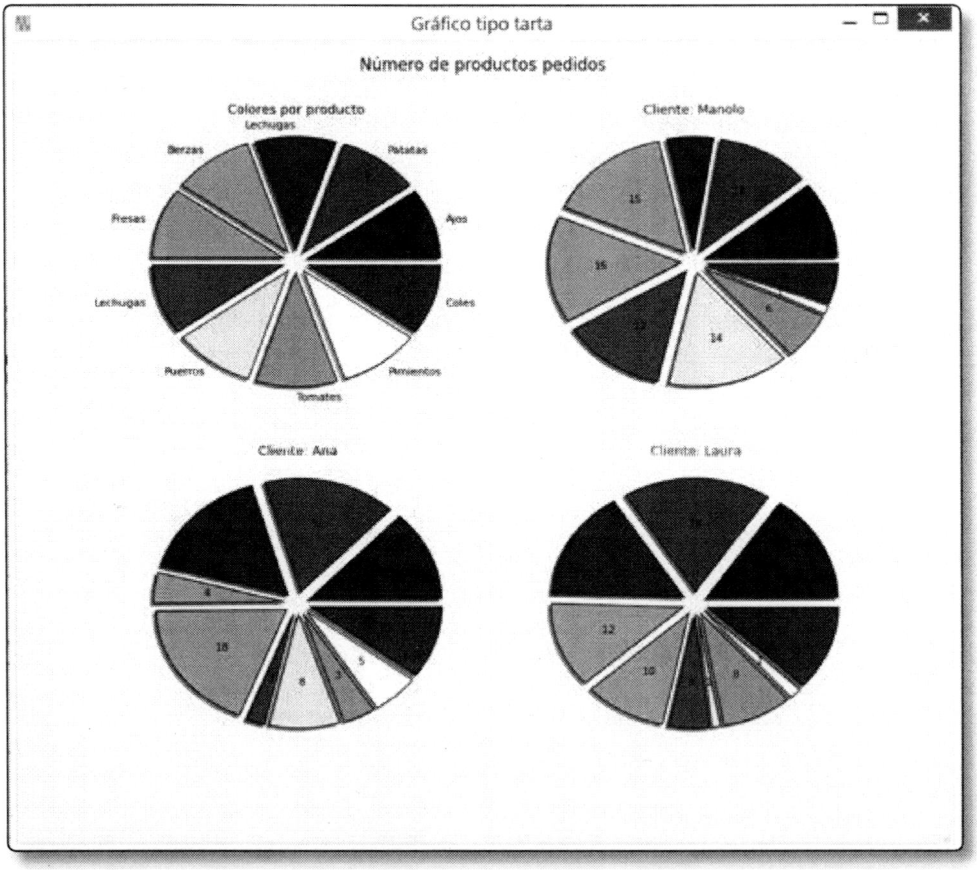

9.4 INSERCIÓN DE MATPLOTLIB EN UNA APLICACIÓN PYQT. EJEMPLOS PRÁCTICOS

Hasta este momento todos los gráficos que hemos generado con *Matplotlib* estaban renderizados[39] directamente por él. Importábamos su librería en nuestro código *Python* y mediante los comandos pertinentes creábamos el gráfico determinado en una ventana flotante en la pantalla.

Lo que queremos en este instante es incrustar un gráfico de *Matplotlib* en una aplicación desarrollada con las librerías *PyQt* mediante *Qt Designer*. Conocemos tres clases de las librerías *Matplotlib* (de mayor a menor nivel):

- *FigureCanvas*
- *Figure*
- *Axes*

El objeto *FigureCanvas* en realidad solo lo conocemos de forma teórica, ya que hemos trabajado únicamente con los objetos *Figure* (que creábamos mediante *plt.figure()*) y *Axes* (que se creaban a partir de *add_subplot()*, un método de la clase *Figure*). Un objeto *FigureCanvas* sabemos que es un contenedor de un objeto *Figure*, por lo que necesitamos que el primero sea reconocido en nuestra aplicación *PyQt*. Para ello *Matplotlib* nos proporciona varias clases *FigureCanvas* compatibles con las librerías gráficas más habituales[40], entre las que está *Qt*, y por tanto, *PyQt*. En nuestro caso se trata de un objeto *FigureCanvas* que es además un *widget* de *PyQt*, con lo cual podremos usarlo en las aplicaciones que creemos con este entorno gráfico. Se trata de *FigureCanvasQTAgg* que está en *matplotlib.backends.backend_qt4agg*, por lo que deberemos hacer uso de él (importándolo con anterioridad). Veamos cómo hacerlo (*mpl_qt4agg.pyw*):

```
import sys
from PyQt4 import QtGui
from matplotlib.figure import Figure
from matplotlib.backends.backend_qt4agg import FigureCanvasQTAgg as FigureCanvas

class Mpl_Canvas111(FigureCanvas):
    def __init__(self):
        self.fig = Figure()
        self.ax = self.fig.add_subplot(111)
        FigureCanvas.__init__(self, self.fig)
    def grafico(self):
```

39 Dibujados, creados.
40 *wxpython*, *tkinter*, *qt4*, *gtk*, y *macosx*.

```
        X = list(range(50))
        Y1 = [1/(x+5) for x in X]
        self.ax.plot(X, Y1)

Mi_App = QtGui.QApplication(sys.argv)
Mi_Canvas = Mpl_Canvas111()
Mi_Canvas.grafico()
Mi_Canvas.show()
sys.exit(Mi_App.exec_())
```

Nuestro código generará la siguiente salida:

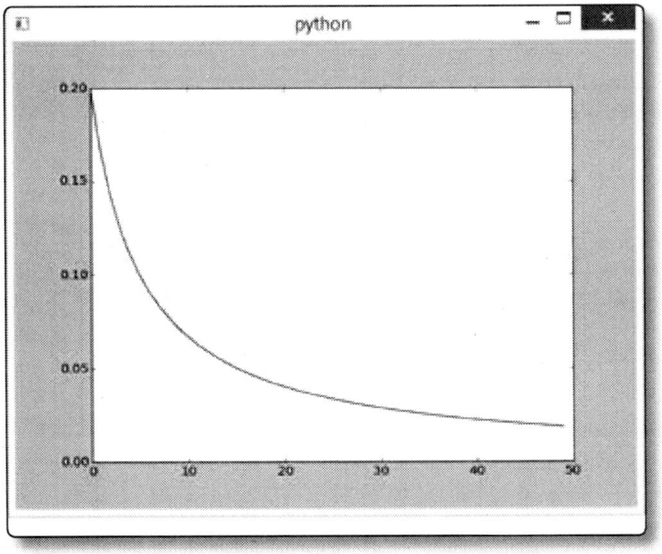

En ella observamos que en la ventana no nos aparecen ni la barra de herramientas ni la de estado, habituales en los gráficos de *Matplotlib*. Eso es debido a que en nuestro *FigureCanvas* solo hemos incluido un objeto *Figure*. Lo importante del ejemplo es que la clase *Mpl_Canvas111*, al ser generada a partir de la clase (renombrada como *FigureCanvas* para más claridad) *FigureCanvasQTAgg*, sería compatible para su uso dentro de una aplicación *PyQt*.

El programa comienza importando los elementos que vamos a necesitar: *sys* y *QtGui* para crear la aplicación, junto a *Figure* y *FigureCanvas* para crear nuestra nueva clase, a la que he llamado *Mpl_Canvas111* por *Matplotlib* (*Mpl*), usar la clase *FigureCanvas* (*Canvas*) y distribuir los objetos *Axes* en su interior en forma de un solo elemento en una matriz de 1x1 (111). Posteriormente se diseña la clase con dos campos: *fig* para el objeto *Figure* y *ax1* para el objeto *Axes*, inicializando la clase *Figure_Canvas* con el argumento *fig*. También tenemos un método (llamado *grafico*) para representar una curva en *ax1* mediante el método *plot()*. Finalmente creamos la aplicación, donde generamos un objeto *Mpl_Canvas111*, ejecutamos el método grafico y mediante el método *show()* lo hacemos visible en pantalla. Es muy importante la inclusión de este último método ya que si no lo hacemos no representará nada en pantalla.

En el caso de que quisiésemos incluir la barra de herramientas en el gráfico generado, podríamos crear una nueva clase para ello, de la siguiente manera (*mpl_qt4agg_2.pyw*):

```
import sys
from PyQt4 import QtGui
from matplotlib.figure import Figure
from matplotlib.backends.backend_qt4agg import FigureCanvasQTAgg as FigureCanvas
from matplotlib.backends.backend_qt4agg import NavigationToolbar2QT as NavigationToolbar

class Mpl_Canvas111(FigureCanvas):
    def __init__(self):
        self.fig = Figure()
        self.ax = self.fig.add_subplot(111)
        FigureCanvas.__init__(self, self.fig)

class MatplotlibWidget111(QtGui.QWidget):
    def __init__(self, parent = None):
        QtGui.QWidget.__init__(self, parent)
        self.canvas = Mpl_Canvas111()
        self.vbl = QtGui.QVBoxLayout()
        self.vbl.addWidget(self.canvas)
        self.toolbar = NavigationToolbar(self.canvas, self)
        self.vbl.addWidget(self.toolbar)
        self.setLayout(self.vbl)
    def grafico(self):
        X = list(range(50))
        Y1 = [1/(x+5) for x in X]
        self.canvas.ax.plot(X, Y1)

Mi_App = QtGui.QApplication(sys.argv)
Mi_Widget = MatplotlibWidget111()
Mi_Widget.grafico()
Mi_Widget.show()
sys.exit(Mi_App.exec_())
```

Genera:

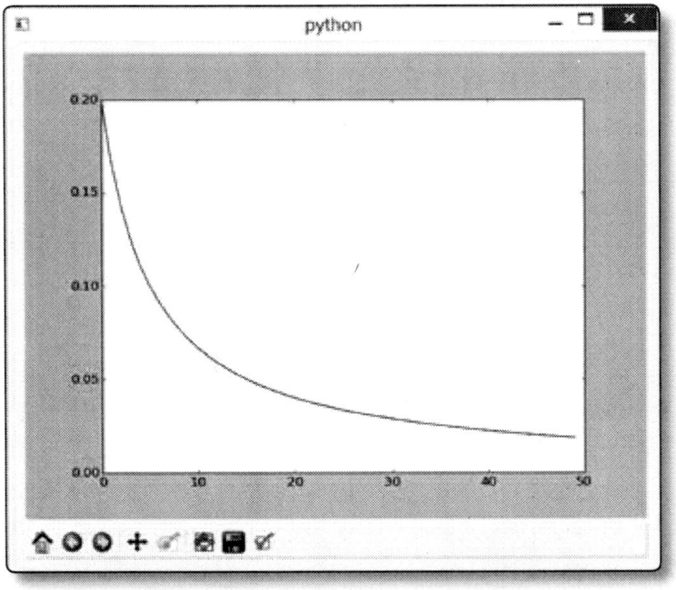

Aquí ya hemos incluido (en este caso en la parte inferior) la barra de herramientas de *Matplotlib*. Teniendo como base la clase *Mpl_Canvas111* desarrollada con anterioridad, he creado una nueva (basada en *QtGui.QWidget*) con dos campos (distribuidos gráficamente de forma vertical mediante un *QtGui.QVBoxLayout*):

- *canvas* para un objeto de tipo *Mpl_Canvas11*.
- *toolbar* para un objeto de tipo *NavigationToolbar2QT* (que importamos previamente), que es la clase que genera la barra de herramientas de *Matplotlib* para el entorno *Qt*.

Veamos a continuación cómo incrustar un gráfico de *Matplotlib* en una aplicación *PyQt* diseñada mediante *Qt designer*. Para ello necesitaremos usar las clases que hemos definido en nuestros dos últimos códigos. Como solo necesitamos la definición de las citadas clases, generaremos un nuevo fichero al que llamaremos *clases_mpl_pyqt.py* donde tendremos la definición de varias clases que podemos usar con posterioridad en nuestras aplicaciones gráficas. Su contenido será el siguiente:

```
from PyQt4 import QtGui
from matplotlib.figure import Figure
from matplotlib.backends.backend_qt4agg import FigureCanvasQTAgg as FigureCanvas
from matplotlib.backends.backend_qt4agg import NavigationToolbar2QT as NavigationToolbar
```

```
class MplCanvas11(FigureCanvas):
    def __init__(self):
        self.fig = Figure()
        self.ax = self.fig.add_subplot(111)
        FigureCanvas.__init__(self, self.fig)

class MplCanvas22(FigureCanvas):
    def __init__(self):
        self.fig = Figure()
        self.ax1 = self.fig.add_subplot(221)
        self.ax2 = self.fig.add_subplot(222)
        self.ax3 = self.fig.add_subplot(223)
        self.ax4 = self.fig.add_subplot(224)
        FigureCanvas.__init__(self, self.fig)

class MatplotlibWidget11(QtGui.QWidget):
    def __init__(self, parent = None):
        QtGui.QWidget.__init__(self, parent)
        self.canvas = MplCanvas11()
        self.vbl = QtGui.QVBoxLayout()
        self.vbl.addWidget(self.canvas)
        self.toolbar = NavigationToolbar(self.canvas, self)
        self.vbl.addWidget(self.toolbar)
        self.setLayout(self.vbl)

class MatplotlibWidget11_sin(QtGui.QWidget):
    def __init__(self, parent = None):
        QtGui.QWidget.__init__(self, parent)
        self.canvas = MplCanvas11()
        self.vbl = QtGui.QVBoxLayout()
        self.vbl.addWidget(self.canvas)
        self.setLayout(self.vbl)

class MatplotlibWidget22(QtGui.QWidget):
    def __init__(self, parent = None):
        QtGui.QWidget.__init__(self, parent)
        self.canvas = MplCanvas22()
        self.vbl = QtGui.QVBoxLayout()
        self.vbl.addWidget(self.canvas)
        self.toolbar = NavigationToolbar(self.canvas, self)
        self.vbl.addWidget(self.toolbar)
        self.setLayout(self.vbl)

class MatplotlibWidget22_sin(QtGui.QWidget):
    def __init__(self, parent = None):
        QtGui.QWidget.__init__(self, parent)
        self.canvas = MplCanvas22()
        self.vbl = QtGui.QVBoxLayout()
        self.vbl.addWidget(self.canvas)
        self.setLayout(self.vbl)
```

Lo primero que aclararé será la base usada para los nombres de las clases, ya que han sido ligeramente variados respecto a los ejemplos anteriores:

- *MplCanvas11 FigureCanvas* compatible con *Qt4* configurado para albergar solo un elemento *Axes* (matriz de elementos 1x1, de ahí lo de11).
- *MplCanvas22 FigureCanvas* compatible con *Qt4* configurado para albergar cuatros elementos *Axes* (matriz de elementos 2x2, de ahí lo de 22).
- *MatplotlibWidget11 Widget* de *Matplotlib* preparado para ser usado en *Qt4*. Se compone de un *FigureCanvas* de tipo *MplCanvas11* y de una barra de herramientas en la parte inferior.
- *MatplotlibWidget11_sin Widget* de *Matplotlib* preparado para ser usado en *Qt4*. Se compone de un *FigureCanvas* de tipo *MplCanvas11* simplemente.
- *MatplotlibWidget22 Widget* de *Matplotlib* preparado para ser usado en *Qt4*. Se compone de un *FigureCanvas* de tipo *MplCanvas22* y de una barra de herramientas en la parte inferior.
- *MatplotlibWidget22_sin Widget* de *Matplotlib* preparado para ser usado en *Qt4*. Se compone de un *FigureCanvas* de tipo *MplCanvas22* simplemente.

Estas serán las clases que usaremos posteriormente cuando creemos nuestra aplicación gráfica desde *Qt Designer*. En caso de necesitar más clases (por ejemplo, si queremos visualizar matrices de elementos *Axes* distintas de los ya diseñados) su código sería escrito y añadido fácilmente al fichero siguiendo la forma vista.

Para ilustrar el proceso de incrustar estas clases dentro de un proyecto diseñado con *Qt Designer*, propongo construir una pequeña aplicación gráfica que nos permita visualizar gráficamente los datos del consumo de gas de una vivienda, teniendo la posibilidad de introducir los valores mensuales de consumo de forma manual. Esquemáticamente sería:

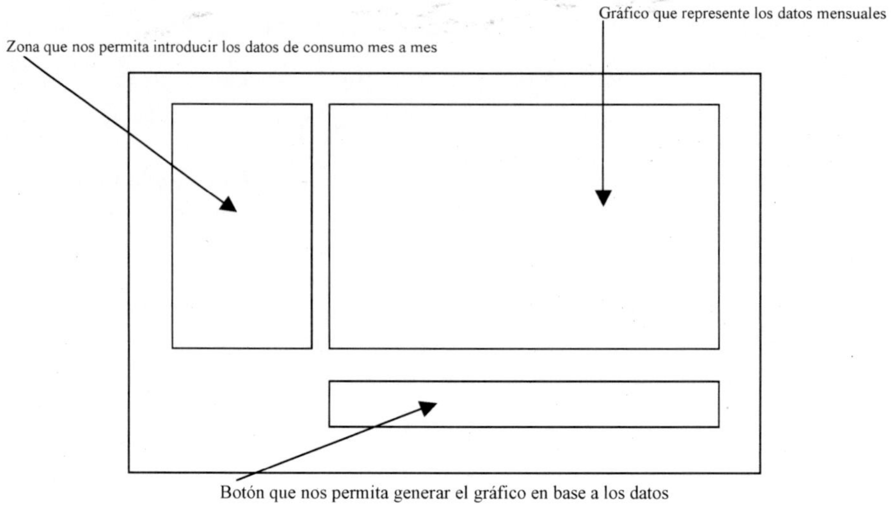

Para ello debemos realizar tres pasos:

1. Diseñar mediante *Qt Designer* la aplicación, enlazando con las clases que hemos creado. Generaremos un fichero con extensión *.ui*.

2. Crear en base al fichero *.ui* un fichero *.py* mediante *pyuic*.

3. Crear el fichero final *.pyw* importando previamente el fichero *.py* ya creado.

Vayamos entonces por partes:

Paso 1: Diseño mediante Qt Designer

Crearemos, partiendo de un formulario tipo *diálogo sin botones*, el siguiente esquema con los elementos que ya conocemos. Su nombre será *consumo.ui*. Identifico los nombres relevantes de los elementos, de cara a su posible reconocimiento en el código posterior:

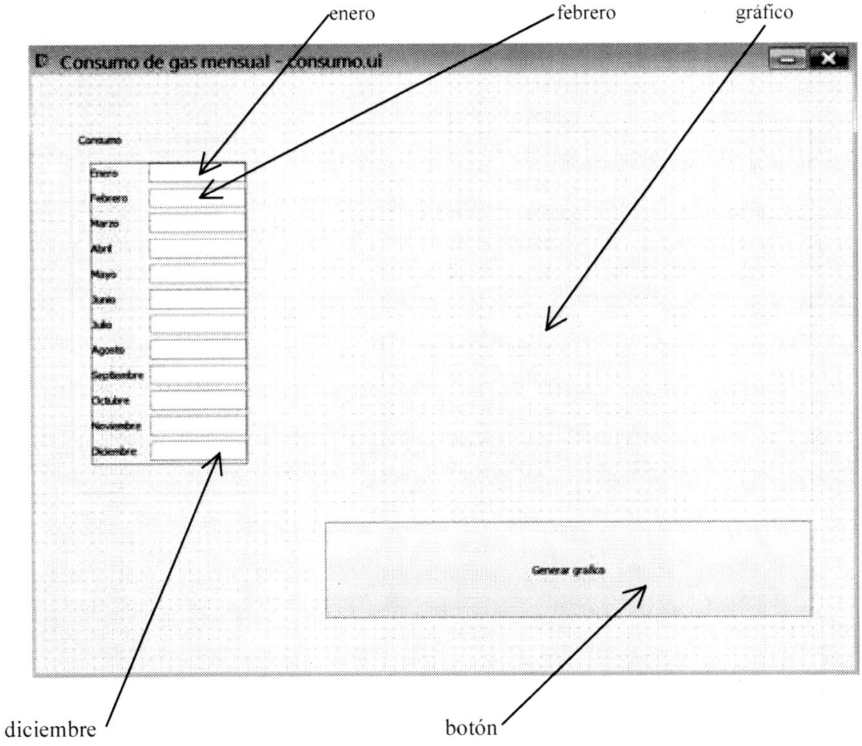

La parte dedicada a la introducción de datos se ha diseñado mediante un *Form Layout* (marcado por línea roja) con una etiqueta y un *QLineEdit* (nombrado por el nombre del mes en minúsculas) por línea, dentro de un *groupBox*. El botón es un *QPushButton*. La zona donde insertaremos el gráfico es un *Widget* al que pondremos de nombre *grafico*. Lo que queremos es colocar nuestro gráfico *Matplotlib* ahí, para lo que ya tenemos hecho el paso previo, es decir, tener unas clases que además de serlo de *Matplotlib*, también son *Widgets* de las librerías *Qt*. La clave ahora es enlazar ese *Widget* genérico que tenemos insertado en nuestro esquema con los *Widgets* específicos que creamos con anterioridad en la librería *clases_mpl_pyqt.py*. Para ello debemos **promocionarlo** haciendo clic con el botón derecho del ratón dentro del *Widget* dedicado al gráfico.

Con ello obtendremos lo siguiente:

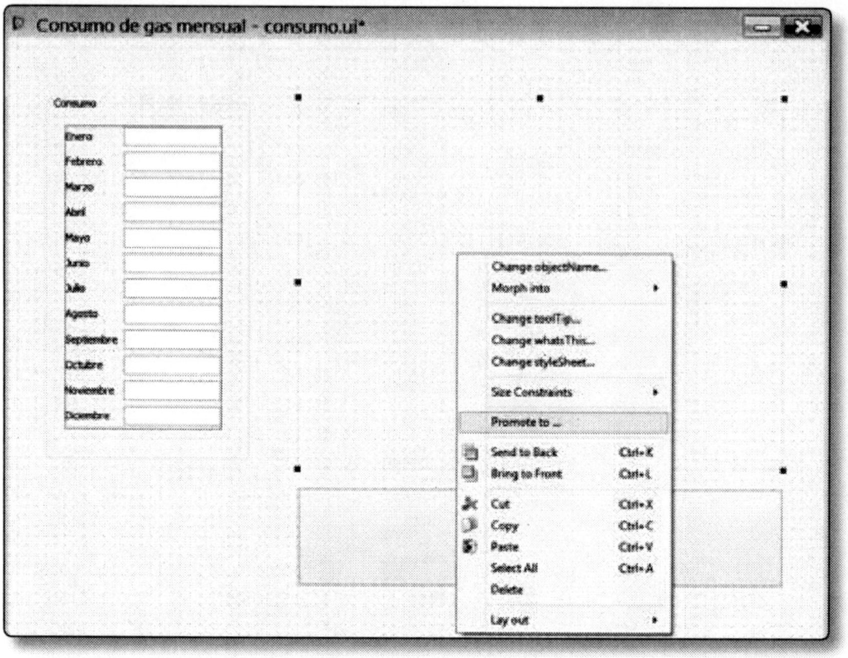

Haciendo clic aparecerá:

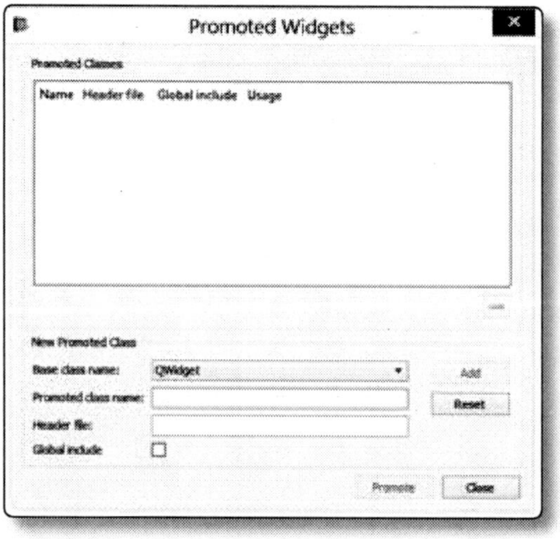

Debemos rellenar las dos casillas con los nombres de nuestra clase y del fichero donde está ubicada:

Promoted class name: MatplotlibWidget11_sin

Header file: clases_mpl_pyqt.py

Pulsaremos el botón *Add* para incluir nuestra clase en la lista de clases promocionadas (aparecerá en la parte superior). Posteriormente pulsamos el botón *promote* y automáticamente observaremos en el editor de propiedades (a la derecha de la pantalla) que nuestro *widget* ya aparece como un objeto de la clase *MatplotlibWidget11_sin*:

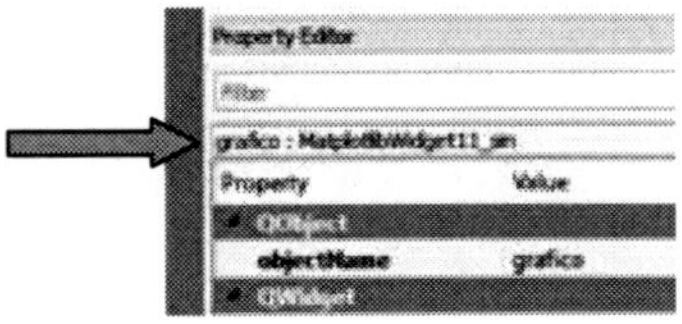

Con esto ya hemos completado nuestro primer paso. Solo nos queda guardar el esquema y pasar al siguiente.

Paso 2: Convertir fichero *.ui* a *.py*

Eso lo lograremos yendo a nuestra carpeta, abriendo una ventana de comandos allí[41] y tecleando:

pyuic4 consumo.ui > consumo.py

Ya tendríamos *consumo.py* en ella.

Paso 3: Crear el fichero *.pyw* que genere la aplicación gráfica

El nombre será *consumo.pyw* y su código el siguiente:

```
import sys
from consumo import *
import matplotlib.ticker as ticker

class MiFormulario(QtGui.QDialog):
    def __init__(self, parent=None):
```

41 Recordemos que usábamos para ello el botón derecho del ratón manteniendo la tecla de mayúsculas (*shift*) pulsada.

```
        QtGui.QWidget.__init__(self,parent)
        self.ui = Ui_Dialog()
        self.ui.setupUi(self)
        self.ui.enero.setText("62")
        self.ui.febrero.setText("67")
        self.ui.marzo.setText("51")
        self.ui.abril.setText("42")
        self.ui.mayo.setText("29")
        self.ui.junio.setText("10")
        self.ui.julio.setText("9")
        self.ui.agosto.setText("3")
        self.ui.septiembre.setText("14")
        self.ui.octubre.setText("21")
        self.ui.noviembre.setText("33")
        self.ui.diciembre.setText(("45"))
        QtCore.QObject.connect(self.ui.boton, QtCore.SIGNAL('clicked()'), self.graficar_funcion)

    def graficar_funcion(self):
        meses = ["Ene", "Feb", "Mar", "Abr"," May" ,"Jun","Jul","Ago","Sep","Oct","Nov","Dic"]
        X = [i for i in range(12)]
        data = []
        data.append(int(self.ui.enero.text()))
        data.append(int(self.ui.febrero.text()))
        data.append(int(self.ui.marzo.text()))
        data.append(int(self.ui.abril.text()))
        data.append(int(self.ui.mayo.text()))
        data.append(int(self.ui.junio.text()))
        data.append(int(self.ui.julio.text()))
        data.append(int(self.ui.agosto.text()))
        data.append(int(self.ui.septiembre.text()))
        data.append(int(self.ui.octubre.text()))
        data.append(int(self.ui.noviembre.text()))
        data.append(int(self.ui.diciembre.text()))
        self.ui.grafico.canvas.ax.clear()
        self.ui.grafico.canvas.ax.axis([-0.5,11.5, 0,max(data)+10])
        self.ui.grafico.canvas.ax.xaxis.set_major_locator(ticker.FixedLocator((X)))
        self.ui.grafico.canvas.ax.xaxis.set_major_formatter(ticker.FixedFormatter((meses)))
        self.ui.grafico.canvas.ax.bar(X, data, align = 'center', width = 1)
        self.ui.grafico.canvas.draw

if __name__ == "__main__":
    app = QtGui.QApplication(sys.argv)
    myapp = MiFormulario()
    myapp.show()
    sys.exit(app.exec_())
```

Al ejecutarlo aparecerá una ventana con nuestra aplicación. Haciendo clic en el botón obtendremos el gráfico buscado:

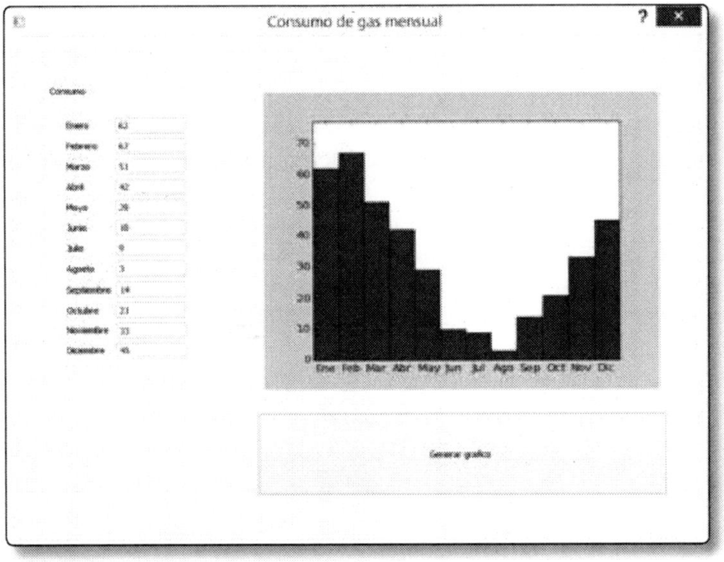

Podemos modificar los valores de consumo mensual y actualizar el gráfico volviendo a hacer clic en el botón o simplemente pulsando *Enter*.

Un ejemplo más completo sería *consumo2.pyw*, que he creado en base a *consumo2.ui* y *consumo2.py*. Su análisis queda como ejercicio para el lector. La salida que proporciona es la siguiente:

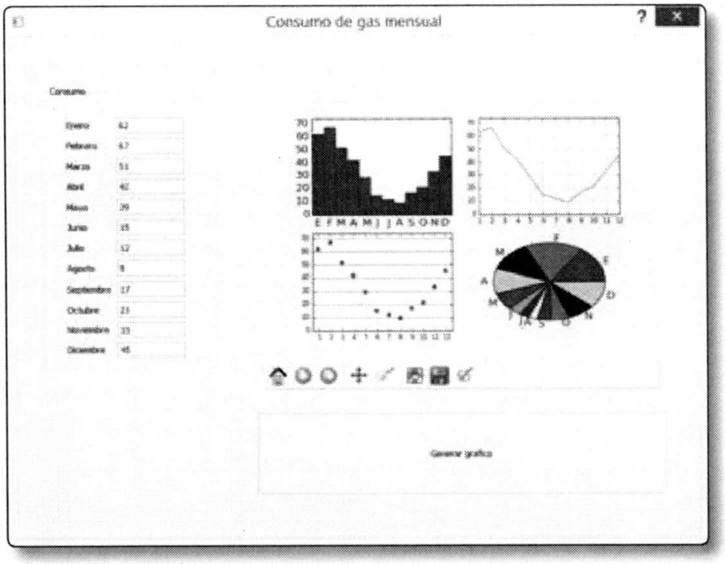

9.5 USO INTERACTIVO DE MATPLOTLIB EN UNA APLICACIÓN PYQT. EJEMPLO

A lo largo de todo el capítulo hemos aprendido a generar gráficos de distinto tipo mediante *Matplotlib* e insertarlos en una aplicación gráfica creada con la ayuda de *Qt Designer*. Tenemos la opción de actuar sobre ellos (moverlos, hacer *zoom*, configurar elementos...), pero sería muy interesante poder hacerlo de forma personalizada, logrando que se realicen determinadas tareas cuando haya una interacción (vía ratón o teclado) con el gráfico. Para ilustrar la forma en la que lo lograríamos, como de costumbre, propondré la realización de una sencilla aplicación. En este caso queremos que nos aparezcan los distintos productos que podremos seleccionar (pensando por ejemplo en una cesta de la compra) de forma gráfica. Al hacer clic sobre la zona reservada para cada producto, éste se añadirá a una lista. Una vez que hayamos incluido el producto, no se podrá añadir más veces, y marcaremos de alguna manera que el elemento ya está en nuestra lista. Esquemáticamente sería:

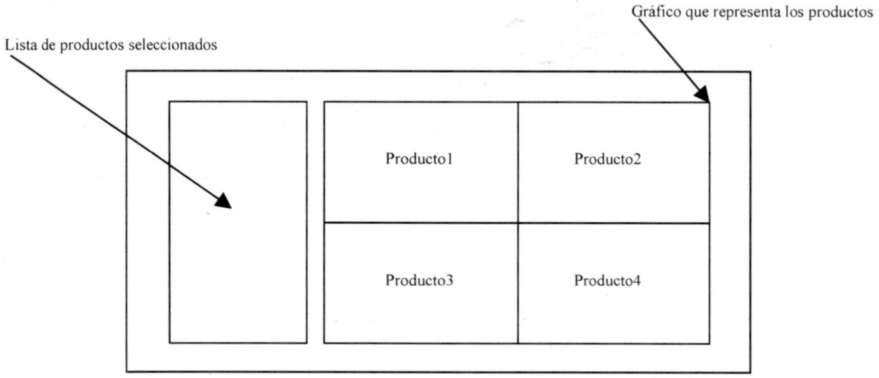

Para ello comenzaremos creando un esquema en *Qt Designer*, llamado *consumo_i.ui*, que será:

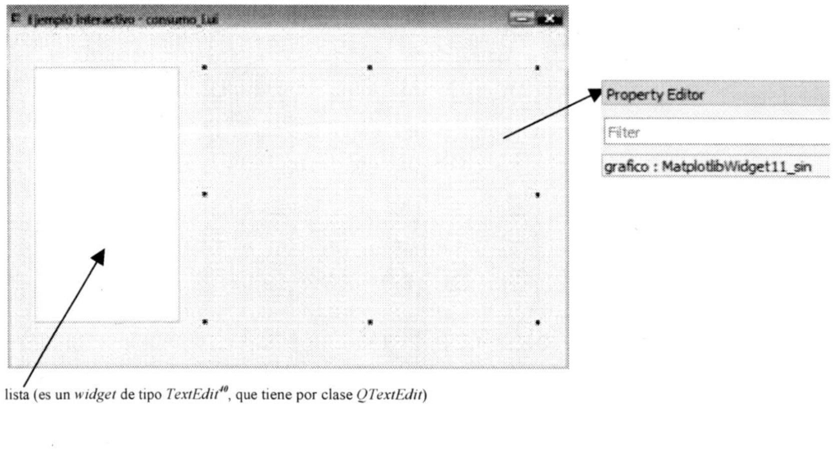

Se indican los nombres dados a los elementos, que posteriormente usaremos para referirnos a ellos en el programa con extensión *.pyw*. De la forma explicada en el capítulo anterior, he creado un elemento de la clase *MatplotlibWidget11_sin* que albergará la representación gráfica de los productos. Generamos posteriormente en nuestra carpeta el fichero *consumo_i.py* mediante *pyuic4*.

El fichero *consumo_i.pyw* tendrá el siguiente código:

```
import sys
from consumo_i import *
import matplotlib as mpl
import matplotlib.patches as patches
import matplotlib.lines as lines

class MiFormulario(QtGui.QDialog):
  def __init__(self, parent=None):
    QtGui.QWidget.__init__(self,parent)
    self.ui = Ui_Dialog()
    self.ui.setupUi(self)
    self.ui.grafico.canvas.ax.axis([0,100,0,100])
    self.ui.grafico.canvas.ax.plot([0,0],[100,0], color ="blue", lw=2)
    self.ui.grafico.canvas.ax.plot([100,0],[100,100], color ="blue", lw=2)
    self.ui.grafico.canvas.ax.plot([100,100],[100,0], color ="blue", lw=2)
    self.ui.grafico.canvas.ax.plot([100,0],[0,0], color ="blue", lw=2)
    self.ui.grafico.canvas.ax.plot([0,100],[50,50], color ="blue", lw=1)
    self.ui.grafico.canvas.ax.plot([50,50],[0,100], color ="blue", lw=1)
    self.ui.grafico.canvas.ax.text(25,75,"Patatas", horizontalalignment= "center")
    self.ui.grafico.canvas.ax.text(75,75,"Alubias", horizontalalignment= "center")
    self.ui.grafico.canvas.ax.text(25,25,"Ajos", horizontalalignment= "center")
    self.ui.grafico.canvas.ax.text(75,25,"Melocotones", horizontalalignment= "center")
    self.ui.grafico.canvas.ax.axis('off')
    self.patatas = self.alubias = self.ajos = self.melocotones = False
    self.ui.grafico.canvas.mpl_connect('button_press_event', process_button)

def mi_procesado(event):
  if((0<event.xdata<50) and (50<event.ydata<100) and (myapp.patatas == False)):
    myapp.ui.lista.append("Patatas")
    myapp.ui.grafico.canvas.ax.add_patch(patches.Rectangle((0, 50), 50, 50 ,color = "green"))
    myapp.ui.grafico.canvas.draw_idle()
    myapp.patatas = True
  if((50<event.xdata<100) and (50<event.ydata<100) and (myapp.alubias == False)):
    myapp.ui.lista.append("Alubias")
    myapp.ui.grafico.canvas.ax.add_patch(patches.Rectangle((50, 50), 50, 50 ,color = "blue"))
    myapp.ui.grafico.canvas.draw_idle()
    myapp.alubias = True
  if((0<event.xdata<50) and (0<event.ydata<50) and (myapp.ajos == False)):
    myapp.ui.lista.append("Ajos")
    myapp.ui.grafico.canvas.ax.add_patch(patches.Rectangle((0, 0), 50, 50 ,color = "red"))
```

```
        myapp.ui.grafico.canvas.draw_idle()
        myapp.ajos = True
    if((50<event.xdata<100) and (0<event.ydata<50) and (myapp.melocotones == False)):
        myapp.ui.lista.append("Melocotones")
        myapp.ui.grafico.canvas.ax.add_patch(patches.Rectangle((50, 0), 50, 50 ,color = (0.7,0.5,0.7)))
        myapp.ui.grafico.canvas.draw_idle()
        myapp.melocotones = True

if __name__ == "__main__":
    app = QtGui.QApplication(sys.argv)
    myapp = MiFormulario()
    myapp.show()
    patatas = alubias = ajos = melocotones = False
    sys.exit(app.exec_())
```

Genera nuestra aplicación gráfica:

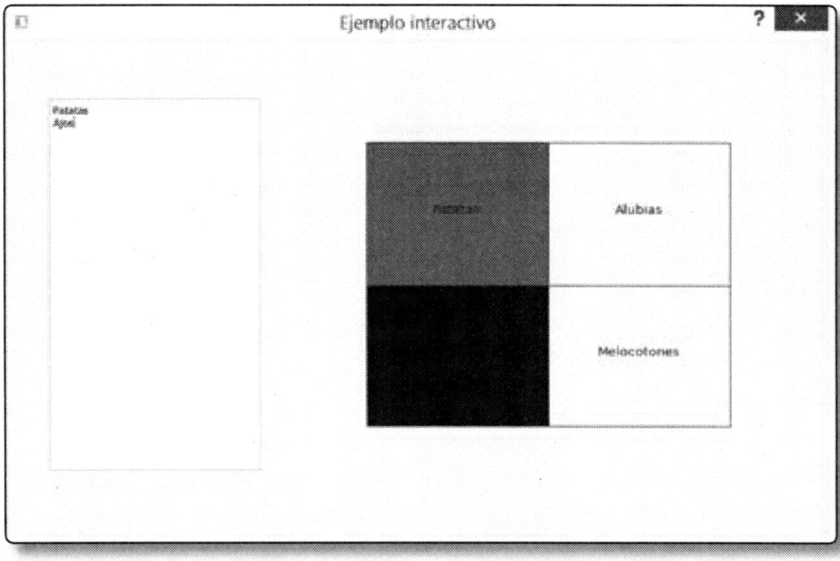

En ella, al hacer clic en el cuadrado de cada uno de los productos, éste se añade a la lista de la izquierda y, para indicar que ya está seleccionado, se colorea. En el caso mostrado en la imagen se ha hecho clic en *Patatas* y *Ajos*. Una vez insertado en nuestra lista de la compra, sucesivos clics en los productos seleccionados no tendrán repercusión sobre ella.

He marcado en negrita el código que nos puede resultar más novedoso. Haré un repaso de los elementos más interesantes que hay en él:

1. En la definición de la clase *MiFormulario*, después de indicar un rango de 0 a 100 para los ejes *x* e *y*, he usado los métodos *plot()* y *text()* para dibujar los cuadrados y el texto de los productos. Tras ello he desactivado los ejes.

2. La última línea de la clase Miformulario nos marca el formato de la interactividad:

   ***objeto_FigureCanvas.mpl_connect** (tipo_de_evento, función_que_lo_maneja)*

   Mediante el método *mpl_connect()* de la clase *FigureCanvas*[42] conectamos un determinado evento con una función que lo maneje. A esa función se le enviará un objeto llamado *event* que tendrá información sobre el evento. En nuestro código:

   ```
   self.ui.grafico.canvas.mpl_connect('button_press_event', mi_procesado)
   ```

   Aquí indicamos que al presionar el botón del ratón (*'button_press_event'*) sobre el elemento *canvas*, se enviará un objeto *event* a la función *mi_procesado()* para su tratamiento. Además de *'button_press_event'* tenemos otros eventos posibles[43] como *'button_release_event'* (soltar botón del ratón), *'key_press_event'* (pulsar una tecla), *'resize_event' (evento de cambio de tamaño)* o *'figure_enter_event'* (entrar en un objeto *figure*).

3. En la función *mi_procesado()* recojo el objeto event y uso sus atributos[44] *xdata* e *ydata* (que nos indican las coordenadas[45] en las que se hizo clic con el ratón) para determinar (mediante el uso de varios *if*) en que zona concreta estamos y así identificar el producto.

4. Para rellenar de color la zona de cada producto seleccionado he usado objetos de la clase *Rectangle* del módulo *patches*[46], añadiéndolos a canvas.ax mediante el método *add_patch()*. Posteriormente, mediante el método *draw_idle()* lo representamos en la pantalla.

---

42 Recordemos que el campo *canvas* de nuestra clase *MatplotlibWidget11_sin* está basado el ella.

43 Para saber la lista competa consultar la documentación oficial de *Matplotlib*.

44 Otros atributos (*x* e *y*) nos indican las coordenadas en píxeles desde la parte inferior izquierda de la pantalla.

45 Los valores dentro del gráfico, que hemos configurado de *0* a *100* tanto para el eje *x* como para el *y*.

46 El módulo dispone de múltiples elementos gráficos como arcos, elipses, líneas, conexiones... que nos serán de mucha utilidad en otros casos. La forma de usarlos es la misma vista aquí.

Si quisiésemos hacer uso del teclado la forma de proceder sería muy similar.

De esta manera, y sin entrar en muchos detalles, hemos logrado crear una aplicación interactiva muy sencilla pero que nos da muestra de las múltiples posibilidades que tenemos.

Con todo lo que sabemos en este momento, el lector puede embarcarse en la realización de cualquier aplicación gráfica a medida que desee, uno de los objetivos finales del libro. Como sugerencia, podría intentar crear el clásico juego de hundir barcos dando coordenadas, ya que sigue la línea marcada en los ejemplos presentados.

BIBLIOGRAFÍA

- Introduction to programming using Python. Y. Daniel Liang. Pearson, 2013.
- Python for everyone. Cay Horstmann y Rance D. Necaise. Wiley, 2014.
- Python para todos. Raúl González Duque (bajo licencia Creative Commons).
- Tutorial de Python. Guido Van Rossum. Traducido por la comunidad de Python de Argentina. 2013.
- Learning Python. Mark Lutz. O´Reilly. 2009.
- Introduction to Python programming and developing GUI applications with PyQt. B.M. Harwani. © 2012, Course Tecnology.
- Matplotlib plottig cookbook. Alexandre Devert. 2014, PACKT publishing.
- Matplotlib for Python Developers. Sandro Tosi. 2009, PACKT publishing.

MATERIAL ADICIONAL

El material adicional de este libro puede descargarlo en nuestro portal web: *http://www.ra-ma.es*.

Debe dirigirse a la ficha correspondiente a esta obra, dentro de la ficha encontrará el enlace para poder realizar la descarga. Dicha descarga consiste en un fichero ZIP con una contraseña de este tipo: XXX-XX-XXXX-XXX-X la cual se corresponde con el ISBN de este libro.

Podrá localizar el número de ISBN en la página IV (página de créditos). Para su correcta descompresión deberá introducir los dígitos y los guiones.

Cuando descomprima el fichero obtendrá los archivos que complementan al libro para que pueda continuar con su aprendizaje.

INFORMACIÓN ADICIONAL Y GARANTÍA

- RA-MA EDITORIAL garantiza que estos contenidos han sido sometidos a un riguroso control de calidad.
- Los archivos están libres de virus, para comprobarlo se han utilizado las últimas versiones de los antivirus líderes en el mercado.
- RA-MA EDITORIAL no se hace responsable de cualquier pérdida, daño o costes provocados por el uso incorrecto del contenido descargable.
- Este material es gratuito y se distribuye como contenido complementario al libro que ha adquirido, por lo que queda terminantemente prohibida su venta o distribución.

ÍNDICE ALFABÉTICO

R

S

T

Nueva Librería dio término a la presente tirada
de esta obra en sus propios talleres gráficos,
sitos en Estados Unidos 301,
(1101) Ciudad Autónoma de Buenos Aires, Argentina
Tel.: (54 11) 4362 9266
En el mes de abril de 2018

imprenta@nuevalibreria.com.ar
www.nuevalibreria.com.ar